비즈니스 모델 혁신

개념, 분석, 사례

Allan Afuah 지음 • 서우종 옮김

Σ 시그마프레스

비즈니스 모델 혁신 개념, 분석, 사례

발행일 | 2017년 2월 28일 1쇄 발행
　　　 2018년 1월 28일 2쇄 발행
　　　 2021년 1월 15일 3쇄 발행

저　자 | Allan Afuah
역　자 | 서우종
발행인 | 강학경
발행처 | (주)시그마프레스
디자인 | 김은경
편　집 | 류미숙

등록번호 | 제10-2642호
주소 | 서울특별시 영등포구 양평로 22길 21 선유도코오롱디지털타워 A401~402호
전자우편 | sigma@spress.co.kr
홈페이지 | http://www.sigmapress.co.kr
전화 | (02)323-4845, (02)2062-5184~8
팩스 | (02)323-4197

ISBN | 978-89-6866-857-9

BUSINESS MODEL INNOVATION: Concepts, Analysis, and Cases

＊ 책값은 책 뒤표지에 있습니다.

이 도서의 국립중앙도서관 출판예정도서목록(CIP)은 서지정보유통지원시스템 홈페이지(http://seoji.nl.go.kr)와 국가자료공동목록시스템(http://www.nl.go.kr/kolisnet)에서 이용하실 수 있습니다.(CIP제어번호 : CIP2017003906)

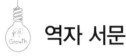

역자 서문

세상은 끊임없이 변한다. 계속해서 달라지는 세상을 외면하는 기업은 살아남을 수 없다. 기업은 하나의 시스템으로서 끊임 없이 환경과 상호작용하면서, 변화하는 환경에 적절히 적응 또는 대응을 해나가야만 생존할 수 있는 것이다. 기업의 적응과 대응의 핵심에는 비즈니스 모델 혁신이 있다. 자신의 비즈니스 모델을 환경에 대해 효과적으로 변화시키지 못하는 기업은 경쟁력을 논하기 이전에 생존 그 자체에 위기를 맞이하게 될 것이다. 시간이 흐르면서 모든 기업의 비즈니스 모델은 계속해서 진화해 나간다. 이러한 진화에는 단지 그 속도와 변화의 깊이 그리고 변화의 범위에 차이가 있을 뿐이다.

비즈니스 모델 혁신에 있어 타이밍은 매우 중요하다. 생물이 온도라는 환경 요인에 대응해야 하는 시점을 놓치면 치명적 피해를 입거나 생존에 실패하게 되듯이, 기업이 시장의 요구와 같은 환경 요인에 대응해야 하는 시점을 놓치는 경우 매우 가혹한 대가를 치르기도 한다. 휴대전화로 한때 세계를 제패했던 노키아가 결국 사라지게 된 결정적인 원인 또한 시장의 니즈 변화에 대해 적응해야 하는 타이밍을 놓쳤기 때문이다. 오늘날 기업이 경쟁력을 갖기 위해서는 특히 시장 또는 고객의 니즈에 민감하게 반응할 줄 알아야 하는데, 단순히 이를 따라가는 정도의 노력이 아니라 니즈 자체를 발견하고 부각시켜서 새로운 시장을 만들어 나가는 능력과 노력이 필요하다. 한때 워크맨으로 유명했던 전자제품의 선두기업 소니를 보라. 오늘날 소니의 모습은 전자제품 외에도 과거에 고객들이 전혀 예상하지 못했던 영화, 음악, 게임 등과 같은 엔터테인먼트 분야와 통신 및 금융 분야를 주력 사업 분야로 영위해 나가고 있다. 이는 그동안 소니가 세상의 변화에 적극적으로 대응할 수 있는 새로운 비즈니스 모델 개발에 성공함으로써 완전히 새로운 모습으로 변신한 결과다.

지금 이 순간에도 많은 기업들은 자신의 비즈니스 모델을 개선시키거나 새로운 비즈니스 모델을 만들어내기 위해 끊임없이 고군분투하고 있다. 경제적·기술적·사회적 요인들을 중심으로 한 환경 요인들의 변화 속도가 계속해서 증가하고 있는 것으로 전문가들은 일관되게 진단하고 있다. 이러한 현실에서 기업들은 그 어느 때보다도 환경에 대해 민감하게 변신해 나가야 하는 스트레스에 시달리고 있다. 그래서 우리는 그 어느 때보다도 자주 '혁신'이라는 외침을 듣고 있는 것이다. 잘 보라! 모든 기업의 고위 관리자들이 창립 기념일이나 중요한 행사장에서 공통적으로 예외 없이 사용하는 단어 중 하나가 바로 '혁신'이다. 이를 지켜보는 이들 중에는 '혁신'이란 용어를 단지 상투적인 구호로 치부하는 사람들도 많이 있는 것으로 보인다. 과거 기업에서 '혁신'이란 용어의 사용은 전략적 방향성 또는 발전의 의지를 표현하는 추상적 수준에 머물러 있었던 시절도 있었다. 그러나 이제는 과거와는 달리, '혁신'이 하나의 구체적인 경영 원리이자 모델로 학계와 업계에서는 다루어지고 있다. 선두적인 기업들은 '혁신' 부서를 두고서 혁신을 체계적으로 기획하고 관리해 나가는 일을 일상화하고 있다. 한편 선진국의 대학들에서는 이미 '혁신'과 관련된 이론들을 체계화한 교육 프로그램들과 연구활동이 활발히 전개되고 있다. 그러한 교육 프로그램들을 보면 커리큘럼이 표준화되어 학교 별로 유사한 형태를 보이고 있는데, 이는 혁신에 대한 학문 체계가 성숙되어 있음을 의미한다. 이러한 혁신 교육 프로그램들을 보면, '비즈니스 모델 혁신'을 핵심 주제로 다루고 있음을 알 수 있다. 게다가 '비즈니스 모델 혁신'은 '창업' 또는 '스타트업' 관련 교육과정에서도 핵심적인 과목으로 여겨지고 있다. '스타트업'이 성공하기 위한 본질적인 요건 중 하나가 바로 성공적인 비즈니스 모델의 설계이기 때문이다. 비즈니스 모델의 설계가 잘못 이루어지면, 모델 실현에 필요한 다양한 자원들을 아무리 잘 조직화해도 기대한 성과를 얻기 힘들 것이다. 이러한 관점에서 이 책은 혁신 및 스타트업에 초점을 맞춘 교육과정은 물론이고 일반 경영학 교육과정에서도 매우 유용하게 활용될 수 있을 것으로 기대된다.

역자가 처음 이 책을 접했을 때 느꼈던 그 반가움은 지금도 잊혀지지 않는다. 비즈니스 모델 혁신에 관한 국내 서적이 몇 가지 나와 있으나 대학에서 수업교재로 사용하기에 적합한 책은 찾을 수 없었다. 요즘과 같이 경영과 관련하여 학계와 산업계를 막론하고 혁신과 스타트업이 최고의 키워드가 된 상황에서 이 책은 시의적절한 책이 아닐 수 없다. 이 책의 장점으로는 최신 이론들뿐만 아니라 멋진 사례들이 풍부하게 제공되고 있다는 점을 특별히 꼽을 수 있다. 이 책의 주요 독자는 비단 대학생에만 국한되지 않는다. 기업의 혁신, 전략, 또는 신사업 개발 부서 등의 직원들이라면 반드시 읽어볼 만한 내용이라 확신한다. 현재 기업에서 임원의 직위에 올라 있는 사람들은 물론이고 장래에 임원이 되고자 하는 사람들이라면 그 누구라도 이 책에 시간을 투자하기를 권한다. 특히 스타트업을 꿈꾸고 있거나, 구체적으로 준비를 시작했거나, 아니면 이미 스타트업을 만들어서 현재 열심히 일하고 있는 사람들이라면 이 책을 통해 자신의 비즈니스 모델을 어떻게 준비하고 어떻게 보완해 나가야 할지 매우 유용한 아이디어와 통찰력을 얻을 수 있을 것이다. 미래에 멋진 비즈니스를 만들어 나가고 싶은 모든 이들에게 이 책이 그 어떤 책보다도 큰 도움이 될 수 있기를 희망해본다.

서우종

Allan Afuah는 최근 비즈니스 모델 개발, 혁신경영, 전략분석 분야에서 선구적인 역할을 해오고 있는 사상가다. 비즈니스 모델 혁신에 대한 그의 최근 저서를 통해, 그는 우리를 21세기 기업에 대한 전략적 사고의 중요한 다음 단계 ― 비즈니스 모델 개발과 혁신물의 결합을 통해 기업이 참신하고 독창적인 비즈니스 방식을 찾아냄으로써, 기업으로 하여금 가치 창출과 확보를 모두 할 수 있는 ― 에 이르도록 해주고 있다. Afuah 교수의 책은 이러한 주제와 관련된 주제들을 종합적으로 다루고 있으며, 유용한 분석 도구들뿐만이 아니라 구체적인 적용 사례들도 제공하고 있다. 창의적인 비즈니스 모델의 중요성과 그것이 어떻게 설계되어야 하는지에 대해 관심이 많은 비즈니스 리더라면, 이 책을 꼭 읽어보기 바란다.

미국 뉴욕대학교 스턴경영대학

Ira Ginsberg 교수

기술 변화와 불확실성 그리고 복잡성이 심화되는 것으로 특징지어질 수 있는 21세기가 더욱 진전됨에 따라, 비즈니스 모델 혁신은 전략 분야에서 가장 뜨거운 주제가 되어 가고 있다. 비즈니스 모델 혁신 분야에서 Allan Afuah 교수는 경영자들이 경쟁우위를 획득하고 유지하기 위해 새로운 방식들로 비즈니스를 수행하는 데 영향을 줄 수 있는 신선한 패러다임을 주도하고 있다. 이 책의 내용은 아주 흥미진진하고, 통찰력이 돋보이며, 실용적이다.

미국 조지아공과대학교

Frank T. Rothaermel 교수

Allan Afuah 교수는 분명, 그의 뛰어난 연구 업적으로 주목을 받고 있는 학자이다. 이번에 그는 비즈니스 모델 혁신을 다루는 놀라운 새 책을 출간한다. 그는 이 책에서 자신의 뛰어난 학식을 바탕으로 최근의 현상들을 탐색하고, 그것들이 비즈니스 모델들과 어떻게 관련되는지를 설명하고 있다. 비즈니스 모델 혁신에 대한 논의는 현재 벌어지고 있는 일들(롱테일, 소셜 미디어, 크라우드소싱 등)에 대해서뿐만 아니라, 기업들이 적합한 역량들을 가지고 내일의 가치를 어떻게 창출하고 확보할 수 있는지를 집중적으로 다루고 있다. 이 책의 특징으로는 각각의 장들이 실무적인 관점에서 사례 연구들과 더불어 유용한 시사점들을 제시하고 있다는 점을 들 수 있다. 이례적이라 할 정도로 뛰어난 이 책은 여러분이 전념할 만한 가치가 충분히 있다.

영국 그렌필드대학교 경영대학교

Patrick Reinmoller 교수

전략경영 연구에 바탕을 두고 작성된 이 책은 기술 혁신, 글로벌화, 그리고 점점 더 심화되어 가고 있는 지식집약적 경제에 직면한 기업들이 경쟁우위를 획득하고 유지할 수 있도록 해주는 개념, 도구, 기법을 다루고 있다. 이 책은 조직들이 비즈니스 모델 혁신을 통해, 다음과 같은 현상으로부터 발생되는 비즈니스 기회들을 어떻게 활용할 수 있는지를 심층적으로 보여준다.

- 크라우드소싱(crowdsourcing)과 오픈 이노베이션(open innovation)
- 롱테일(long tail)
- 소셜 미디어(social media)
- 파괴적 기술(disruptive technologies)
- 레스이즈모어 혁신물(less-is-more innovations)
- 네트워크 효과(network effects)
- 보완적인 역량들의 희소성(scarcity of complementary capabilities)

또한 이 책은 기업이 비즈니스 모델 혁신을 통해, 어떻게 위협을 활용하고 방어할 수 있는지에 대해서도 다루고 있다. 게다가 이 책은 독자들이 이 책에서 다루고 있는 개념과 기법을 실제 상황에 적용하는 데 도움을 줄 수 있는 12개의 보조 사례를 제공하고 있다. 이러한 점들을 고려할 때, 이 책은 비즈니스 모델 혁신의 기본 원리들을 충실히 이해하고자 하는 사람에게는 반드시 필요한 책이 될 것이다.

저자 서문

훌륭한 이론은 우리로 하여금 설명하고, 예측하고, 계획하고, 실행할 수 있도록 해준다. 쿠르트 레빈(Kurt Lewin)에 따르면, "훌륭한 이론만큼 그렇게 실천적인 것은 없다."는 것이다. 중력 이론은 인간으로 하여금 사물이 왜 떨어지는지 설명하고, 중력이 달을 끌어당기는 힘이 어떨지를 예측하고, 사람이 달에 어떻게 착륙할지를 계획하고, 달에 도달하는 계획을 실행하는 것을 가능케 해주었다.

물론 사회과학 이론들은 물리학 이론들처럼 정확하지 않을 수도 있다. 그러나 전략 경영 학자들은 사회과학을 기반으로, 왜 어떤 산업이나 기업은 다른 산업이나 기업들보다 더 수익을 올리는지 설명하고, 기술 혁신이 산업이나 기업의 수익성에 얼마나 영향을 미치는지 예측하며, 기업 역량이 기업 성과에 미치는 영향을 설명하고 예측하며, 역량을 활용하거나 구축하기 위해 어떤 계획들이 좋아 보이는지를 제시하고, 전략이나 계획을 어떻게 실행하면 좋을지를 제시할 수 있는 이론들을 개발해 왔다. 이러한 이론들로는 경쟁 포지셔닝 관점(competitive positioning view), 즉 제품-시장-포지션 관점(product-market-position view), 자원 기반 관점(resource-based view), 동적 역량 관점(dynamic capabilities view), 소셜 네트워크 이론(social network theory), 진화 경제학(evolutionary economics), 대리인 이론(agency theory), 조직제도 이론(institutional theory), 자원 의존 이론(resource dependence theory), 거래 비용 경제학(transaction cost economics) 등을 들 수 있다.

이 책은 이러한 이론들을 활용하여 비즈니스 모델, 수익성, 비즈니스 모델의 계획 및 수행에 고려되는 환경 등을 대상으로 이것들 간의 관계를 설명하고 예측하는 것에 관해 다루고 있다. 이러한 설명과 예측은 경영자들이 비즈니스 모델을 보다 잘 만들어 내고 수행하는 데 도움이 될 것이다. 더욱 중요한 점은 이 책은 기술 혁신, 글로벌화, 그리고 점점 더 심화되어 가고 있는 지식집약적 경제와 같은 상황 속에서 기업이 어떻게 경쟁우위를 획득하고 유지할 수 있는지 그리고 왜 그렇게 될 수 있는지를 설명하고 예측하기 위한 경영 이론들을 다루고 있다는 점이다. 특히 이 책은 크라우드소싱, 소셜 미디어, 롱테일, 레스이즈모어 혁신물, 파괴적 기술, 희소 자원과 같은 현상들로부터 발생되는 비즈니스 기회와 위협을 조직들이 비즈니스 모델 혁신을 통해 어떻게 활용할 수 있는지 심층적으로 보여주고 있다.

물론 경제 이론의 원리들이 소위 신경제라 하는 것을 효과적으로 탐색할 수 있도록 바뀌지는 않았는데, 아마 바뀔 필요가 없었을지도 모른다. 이러한 현상들 중 일부, 가령 크라우드소싱, 롱테일, 소셜 미디어는 수세기 동안 우리 주변에 존재해 왔다. 그러나 기술 혁신, 지식 경제로의 이동, 글로벌화 등은 우리가 이러한 현상들과 관련된 기회 및 위협을 보다 잘 이해하고 그러한 기회들을 어떻게 활용하고 그러한 위협들에 대해 어떻게 방어할 수 있는지를 보다 잘 이해할 수 있는 환경을 창출해 왔다.

이 책은 높은 성과를 내는 비즈니스 모델들을 생성하고 실행할 수 있는 개념, 도구, 기법을 다루기 때문에 영리 조직에서든 비영리 조직에서든 간에 가치를 창출하거나 확보하는 데 기여하고자 하는 모든 이들—경영자, 학자, 기업가, 또는 벤처캐피털—에게 유용할 것이다.

이 책의 고유한 특징

이 책은 전략경영 이론들과 여타의 경영 분야에서 수행되어 온 연구들을 활용함으로써, 다음과 같은 특징들을 제공한다.

- 비즈니스 모델 전체 범위를 포괄하면서도 최적화된 구조로 설명해줄 수 있는 요소들을 다섯 가지로 집약해서 제공한다.
- 비즈니스 모델, 제품, 자원, 브랜드, 활동, 그리고 여타의 역량들에 대한 잠재적 수익성 평가에 활용될 수 있는 실용적 프레임워크(VARIM)—자원 기반 관점과 제품-시장-포지션 관점 모두에 기반을 둔—를 제공한다.
- 기술 혁신, 글로벌화, 그리고 심화되고 있는 기술집약적 경제에 직면하여 경영진과 기업 활동에 대한 영향력이 빠르게 증대되고 있는 다음과 같은 일곱 가지 현상의 특성에 대해 종합적인 설명을 제공한다: 크라우드소싱, 소셜 미디어, 롱테일, 파괴적 기술, 네트워크 효과, 레스이즈모어 혁신물, 역량의 희소성.
- 이러한 현상들—크라우드소싱, 소셜 미디어 등—각각이 조직의 비즈니스 모델에 미치는 영향에 대해 상세한 분석을 제공한다.
- 성과, 특히 수익성에 초점을 맞춘다.
- 책 전반에 걸쳐 다양한 예들을 제공한다.

- 이 책의 핵심적인 개념, 도구, 기법의 활용을 보여줄 수 있는 최신 사례들을 제공한다.

이 책의 일반적인 특징

위에서 설명한 고유한 특징들 외에도, 이 책은 다음과 같은 일반적인 특징들을 가지고 있다.

- 특히 혁신물과 관련하여 가치 창출과 확보가 무엇인지 다룬다.
- 선발주자 이점 및 난점을 설명한다
- 역량으로서의 조직의 활동 체계를 설명한다.

이 책의 구성

제1부는 2개의 장으로 구성되어 있으며, 도입에 해당하는 내용을 다룬다. 제1장에서는 비즈니스 모델과 비즈니스 모델 혁신의 개념을 소개하고, 그다음 비즈니스 모델 전체 범위를 포괄하면서도 최적화된 구조로 설명해줄 수 있는 요소들을 다섯 가지로 집약해서 제시하고, 각각에 대해 살펴본다. 또한 이 장에서는 비즈니스 모델 혁신의 네 가지 유형에 대해서도 살펴보고, 기업이 비즈니스 모델에 대한 초상화를 어떻게 그려낼 수 있는지에 대해서도 설명한다.

비즈니스 모델들과 전략경영은 성과를 다루기 때문에 승자가 되었든 패자가 되었든 간에, 비즈니스 모델을 어떻게 생성하고 실행하는지 설명할 수 있는 것은 매우 중요하다. 따라서 제2장은 비즈니스 모델의 잠재적 수익성을 평가하는 데 초점을 맞춘다. 비즈니스 모델은 제품, 역량, 활동, 전략, 사업 부문 등의 잠재적 수익성을 평가하는 데에도 사용될 수 있다.

제2부는 비즈니스 모델 혁신에 대한 구상, 생성, 구현과 관련하여 기업이 직면할 수 있는 기회와 위협들을 살펴본다. 제2부의 첫 번째 장인 제3장에서는 롱테일이 도대체 무엇인지 살펴보고, 롱테일이 비즈니스 모델들에 대한 혁신의 원천으로서 가지는 잠재력을 살펴본다. 제4장에서는 크라우드소싱과 오픈 이노베이션에 대해, 그것들이 비즈니스 모델 혁신에 미치는 잠재적 영향력에 초점을 맞춰 살펴본다. 제5장에서는 소셜 미디어를 소개하고, 그것이 비즈니스 모델 혁신에 대해 제공하는 잠재적 기회와 위협들을 살펴본다. 제6장에서는 레스이즈모어 혁신물로 불리는 현상과 그것이 비즈니스

모델 혁신에 미치는 영향에 대해 살펴본다. 왜 많은 것이 항상 좋지만은 않은지, 그리고 이것이 비즈니스 모델 혁신에 대해 시사하는 바는 무엇인지를 다룬다. 제2부의 마지막 장인 제7장에서는 매우 유용하지만 종종 오인되기도 하는 파괴적 기술을 다룬다.

제3부에서는 제2부에서 다룬 기회와 위협에 대해 비즈니스 모델을 구상, 생성, 실행하는 데 있어 기업이 가질 수 있는 강점과 약점을 살펴본다. 어떤 비즈니스 모델에서든 역량들은 핵심적인 부분이므로, 제8장에서는 역량을 구성하는 자원 및 활동들을 집중적으로 다룬다. 즉, 자원과 활동이 무엇인지 설명하는 데 초점을 맞춘다. 제9장에서는 가치 창출 및 확보 — 제8장에서 다루었던 자원 및 활동들이 가치 창출 및 확보에 어떻게 사용되는지 — 에 대해 살펴본다. 처음으로 진입하거나 후발주자가 되는 것은 혁신물에 대해 중요한 시사점을 가진다. 따라서 제10장에서는 선발주자 이점과 난점들을 집중적으로 다룬다. 비즈니스 모델 혁신이 얼마나 유망하든 간에 잘 실행되지 못한다면 충분한 효과를 얻지 못할 것이다. 따라서 제11장에서는 비즈니스 모델 혁신에 대한 구현을 집중적으로 다룬다.

이 책이 아직 전략 분야의 핵심 과목을 수강하지 않은 학생들을 대상으로 열린 과목에서 사용된다면, 제2부에 앞서 제3부를 먼저 다루는 것도 좋을 것이다. 왜냐하면 제3부에서는 제2부의 내용을 이해하는 데 필요한 기본적인 전략 개념을 다루고 있기 때문이다.

제4부에서는 비즈니스 모델 혁신 개념들의 일부를 글로벌화와 성장에 대해 적용한 내용을 다룬다. 이에 따라 제12장에서는 비즈니스 모델 혁신을 위한 글로벌화와 시사점을 다룬다.

제5부에서는 기업들의 흥미로운 비즈니스 모델 혁신 사례들을 제공한다.

이 책의 기원

이 책에 대한 작업은 전략적 혁신 : 경쟁우위를 위한 새로운 게임 전략(*Strategic Innovation: New Game Strategies for Competitive Advantage*)의 개정판을 목표로 시작되었다. 그러나 전략적 혁신을 사용해본 교수, 경영자, 학생의 제안들을 반영하는 과정에서 이 개정 작업이 개정판 이상의 새로운 책 — 전략보다는 비즈니스 모델에 있어 혁신물들을 중심으로 한 내용에 초점을 맞춘 — 을 만들어내고 있음을 재빨리 깨달을 수 있었다.

차례

제1부   도입

제1장   비즈니스 모델 혁신에 대한 소개   3

서론 3 | 비즈니스 모델 혁신 4 | 비즈니스 모델 혁신 유형 18
외부 환경과 비즈니스 모델 혁신 22
비즈니스 모델 초상화 생성을 위한 비즈니스 모델 발견 프로세스 23
비영리 조직의 비즈니스 모델 26 | 주석 31

제2장   비즈니스 모델 혁신에 대한 수익성 평가   35

서론 35 | VARIM 프레임워크 36
사례 1 : 구글의 2013년 검색 비즈니스 모델에 대한 평가 46
혁신의 요소 52 | VARIM 프레임워크의 활용 52 | 주석 60

제2부   기회와 위협

제3장   롱테일과 비즈니스 모델 혁신   65

서론 65 | 크리스 앤더슨과 롱테일 66 | 롱테일 현상 68
관리자들에 대한 시사점 77 | 주석 88

제4장   크라우드소싱과 오픈 이노베이션   89

서론 89 | 미래로 돌아가다 91 | 크라우드소싱 프로세스 93
크라우드소싱의 장점과 단점 95
비즈니스 모델에 대한 크라우드소싱의 영향 99

크라우드소싱은 왜 중요한가 103 | 롱테일과 크라우드소싱 105
크라우드소싱이 만능은 아니다 107 | 오픈 이노베이션 108 | 주석 117

제5장 **소셜 미디어와 비즈니스 모델** 121

서론 121 | 소셜 미디어 122
소셜 미디어가 비즈니스 모델에 미치는 영향 129
소셜 미디어 기업의 비즈니스 모델 예 : 트위터 134 | 결론 140 | 주석 141

제6장 **레스이즈모어 혁신물** 145

서론 145 | 레스이즈모어 혁신물 147 | LIMI와 MIBI 155
LIMI와 비즈니스 모델 158 | LIMI와 여타의 최근 개념들 간의 관계 160
주석 164

제7장 **파괴적 기술** 167

서론 167 | 포스터의 S-커브 169 | 파괴적 기술 : 그 현상 171
파괴적 기술을 통한 수익 창출에 있어 비즈니스 모델의 역할 181
파괴적 기술은 시장의 게임을 얼마나 변화시키는가 183
파괴적 기술이 경제에 미치는 영향 184
앞의 질문으로 되돌아가서 185 | 주석 190

제3부 **강점과 약점**

제8장 **역량 : 비즈니스 모델의 핵심** 195

서론 195 | 역량 : 정의 195 | 혁신물에 대한 역량 198
팀의 잠재적 수익성 평가 205
기존 혁신물에 대한 역량 : 자산 또는 장애물 207
네트워크 효과 209 | 주석 218

제9장 **혁신음 통한 가치 창출 및 확보** 221

서론 221 | 가치 창출 및 확보 223

누가 얼마나 많은 가치를 확보하는가   230

주자들의 유형   238 | 주석   249

제10장   선발주자의 이점/난점과 전략적 중요성   251

서론   251 | 선발주자 이점   252 | 선발주자 난점   265

경쟁자들의 약점   267 | 선발주자 vs 후발주자 : 몇 가지 결론   270

주석   278

제11장   비즈니스 모델 혁신의 구현   281

서론   281 | BS^{2}PE 프레임워크   283

비즈니스 모델 혁신의 구현   294 | 주석   301

제**4**부   응용

제12장   글로벌화와 비즈니스 모델 혁신   305

서론   305 | 이 장의 시작 사례 : 글로벌 시장에서의 가치 확보   306

글로벌화   316 | 경쟁우위를 위한 글로벌화   324

혁신을 통한 글로벌 경쟁우위 획득   330 | 주석   334

제**5**부   사례

사례 1   스퀘어   337

서론   337 | 잭 도시   338 | 스퀘어의 시작   339 | 구글 월렛   342

페이팔 히어   342 | 그루폰페이먼츠   343

머천트 커스터머 익스체인지   343 | 뱅크 오브 아메리카   344

다음은 무엇인가   346 | 주석   347

| 사례 2 | 비타민워터 : 이 회사의 미래는 과거처럼 건강할까 | 349 |

에너지 브랜즈의 초창기 히스토리 350 | 미국의 무알코올 음료산업 351
새로운 유형의 음료 352 | 새로운 시장 진입자 355
더욱 강화된 마케팅 혁신 357 | 주석 360

| 사례 3 | 넷플릭스 : 게임의 법칙 바꾸기 | 362 |

넷플릭스 이전의 영화 대여 363
넷플릭스의 온라인 DVD 대여 분야 진입 363
넷플릭스의 온라인 DVD 대여 비즈니스와의 경쟁 366
블록버스터 366 | 다운로드 가능한 비디오 369
와치 나우와의 경쟁 371 | 넷플릭스 상 372 | 블록버스터의 종말 372
레드박스의 부흥 373 | 전자업체와의 협력 374
더 치열해진 넷플릭스 스트리밍 비즈니스의 경쟁 374
영광스러웠던 18개월 375 | 넷플릭스의 어려움 375
경기를 위한 치열한 전투 377 | 산업의 다른 여러 발전 양상 380
넷플릭스의 결정 381 | 주석 387

| 사례 4 | 시카고의 스레드리스 | 389 |

커뮤니티 디자인과 시장 390 | 주석 392

| 사례 5 | 징가 | 393 |

서론 393 | 소셜 게임 394
소셜 게임과 소셜 네트워크의 만남 395 | 주석 404

| 사례 6 | 미니트클리닉 | 407 |

서론 407 | 소형진료소 408 | 파괴적 혁신? 미국에서의 보건의료 410
미니트클리닉 411 | 저가 의료보건 비즈니스의 미래 413 | 주석 416

| 사례 7 | 스와치 : 시간의 전쟁 | 417 |

서론 417 | 스위스 시계산업의 배경 417
일본 시계회사 '세이코'에 의한 석영 혁명 418
스위스 시계산업의 전복 419
스위스 시계산업의 르네상스 : 우물쭈물할 시간이 없다 420
10년 후 : 새로운 도전 423 | 주석 425

사례 8   에스페리온 : 당신의 동맥을 위한 드라노   427

콜레스테롤   428 | 심혈관계 약제 시장   430 | 약제 개발 프로세스   431
경쟁   432 | 에스페리온 테라퓨틱스   434 | 주석   443

사례 9   픽사 : 게임의 법칙 바꾸기   445

픽사 디지털 기술의 기원   445
픽사의 탄생(1984~현재) : 창조적인 발전   447
네 가지 애니메이션 영화에 대한 이야기   450 | 경쟁자   453
픽사의 미래에 대한 숙고-다음은 어디인가   453 | 주석   456

사례 10   리피토 : 세계 최대의 매출 약제(2008)   457

관상동맥 질환   457 | 스타틴의 역할   458
리피토에 대한 연구개발   458 | 주석   462

사례 11   뉴 벨지움 : 사회적 책임 맥주기업   463

미국의 맥주산업   463 | 수제 맥주   464
1991년 : 콜로라도의 포트콜린스   464 | 주석   470

사례 12   닌텐도 Wii   471

게임업체 간의 경쟁 : 초창기   471 | Wii가 직면한 시장   472
Wii   474 | 주석   477

찾아보기   478

제1부

도입

비즈니스 모델 혁신에 대한 소개

학습목표

- 비즈니스 모델과 비즈니스 모델 혁신을 정의할 수 있다.
- 비즈니스 모델의 요소들을 이해할 수 있다.
- 비즈니스 모델 혁신의 유형들(평범한, 역량-구축, 포지션-구축, 혁명적)을 설명할 수 있다.

서론

다음의 사례를 살펴보자.

캐나다의 금광채굴업체인 골드코프(Goldcorp)는 캐나다의 레드 레이크(Red Lake)에서 노다지를 캐는 데 상당한 어려움을 겪고 있었다. 당시 골드코프는 해결책을 찾기 위해 세상 사람들에게 도움을 청하기로 했다. 이 회사는 엄청난 양의 지질조사 데이터들을 분석하여 금이 있는 곳을 알려줄 수 있는 사람이라면 그 누구에게라도 상금을 제공했는데, 그 금액이 총 575,000달러에 달했다. 호주의 프랙탈 그래픽(Fractal Graphics)이라는 회사가 가장 많은 상금을 탔는데, 그 금액은 105,000달러였다. 더 중요한 점은 이러한 대회를 통해 골드코프는 목표량을 크게 증가시킬 수 있었다는 것이다. 즉, 골드코프는 연간 생산량 목표를 504,000온스(약 14.3톤)로, 비용 목표는 온스당 59달러로 세울 수 있게 되었는데, 이는 대회 이전에 온스당 360달러[1]의 비용으로 53,000온스를 생산했던 것과 비교하면, 그야말로 엄청난 성과가 아닐 수 없었다!

2008년 내내 1,600억 달러 이상의 시장 가치를 유지했던 구글은 세계에서 가장 가치가 높은 기업 중 하나였다. 구글은 2007년, 166억 달러의 매출액과 42억 달러의 순이익으로 25.4%의 순이익률을 보였는데, 이는 유사한 규모의 그 어떤 기업보다도 높은 수치였다. 닷컴 산업이 고전을 하던 2002년, 구글의 매출액은 4억 3,900만 달러, 순이익은 9,900만 달러에 불과했었다.

이러한 엄청난 스토리들은 하이테크 비즈니스에만 국한된 것은 아니다. 2000년에 세워진 스레드리스(Threadless)라는 온라인 티셔츠 회사는 2006년, 1,800만 달러의 매출에 600만 달러의 순이익을 거두었는데, 이러한 수익률은 동종업계에서 최고 수준에 해당한다. 이러한 비결은 이 회사의 티셔츠 제품에 대한 디자인, 마케팅, 구매 등과 같은 활동들이 모두 소비자들에 의해 수행되었다는 점에서 찾아볼 수 있다.

세계적 제약업체인 파이저(Pfizer)의 제품 리피토(Lipitor)는 2007년에 127억 달러의 매출을 달성했는데, 이는 동종업계의 가장 유사한 경쟁업체인 플래빅스(Plavix)의 매출액(59억 달러)과 비교해볼 때, 2배 이상이 되는 금액이다. 2007년은 리피토가 베스트셀러 리스트에 오른 지 세 번째 되는 해였다. 리피토에 대해 가장 많이 회자되는 얘기 중 하나는 일반적으로 3~4위를 하는 제품은 거의 살아남지 못한다는 콜레스테롤 저하제 시장에서 한때 5위였던 리피토가 결국 혼자 살아남아 세계적인 베스트셀러 자리를 차지했다는 것이다.

비즈니스 모델 혁신

이와 같이 흥미로운 성공 스토리들의 핵심에는 비즈니스 모델 혁신이 있다. 비즈니스 모델 혁신을 정의하기 위해 우선 비즈니스 모델과 혁신 각각에 대한 개념을 살펴보자. 비즈니스 모델(business model)은 수익 창출 — 가치 창출 및 확보 — 프레임워크 또는 방안이라 할 수 있다.[2] 한편 혁신(innovation)이란 기존과는 다른 방식으로 무엇인가를 수행하는 것을 의미한다. 따라서 비즈니스 모델 혁신(business model innovation)은 기존과는 다른 방식으로 가치를 창출하고 확보하는 프레임워크 또는 방안으로 정의할 수 있다.[3] 혁신은 게임의 규칙을 변경하는 것으로도 종종 설명된다. 예를 들어, 골드코프는 캐나다 온타리오의 레드 레이크에 관한 지질조사 데이터들을 다른 사람들이 접근하기 어려운 상태로 단순히 유지해 나가면서 금이 묻혀 있는 정확한 위치를 찾기 위해 고군분투하는 대신, 이 데이터들을 전세계 대중에게 공개하고 그들로 하여금 금의 위치를 찾도록 도전의식을 고취시키는 방법을 택했다. 골드코프는 자신의 문제를 해결하기 위해 직원이나 계약업체들 대신 대중에게 기대를 걸고 있었던 것이다. 승자들―가치 있는 결과를 도출한 자들―만이 보상을 받았다. 이러한 상황을 직원들이나 계약업체가 금을 찾아내는 데 성공하든 실패하든 간에 이들에게 비용을 지불하는 경우와 대조해보라.

비즈니스 모델 혁신이라는 것을 항상 다른 업체들보다 더 나은 제품 특성을 제공하는 가운데 시장에서 급부상하는 업체들과 관련된 것으로만 볼 필요는 없다. 사실 더욱 흥미로운 비즈니스 모델 혁신들 중에는 심지어 일부 고객들에게는 매우 신성하게까지 여겨지는 제품/서비스 특성들을 약화시키는 접근을 하는 경우도 있다. 예를 들어, 예전에 닌텐도(Nintendo)가 Wii를 공급할 때, 이 회사는 기술적 사양에서 마이크로소프트(Microsoft)나 소니(Sony) 등에 대적하기 위한 노력을 하는 대신, 의도적으로 3년이나 지난 기술이 적용된 매우 싼 마이크로프로세서와 그래픽 기술들을 사용했다. 반면, 당시에 마이크로소프트와 소니는 새로운 게임기가 등장할 때마다 열광적으로 호응했던 많은 게이머들이 바라던 대로, 속도는 가장 빠르지만 그러나 가격은 비쌌던 그러한 최신 기술들을 사용했다. Wii의 기술 적용 전략은 이와 달랐지만, 대신 Wii는 사용자들이 운동을 하도록 만드는 특징을 제공함으로써 오히려 일반적인 게임기에는 별 관심이 없던 사람들에게 더욱 인기를 끌 수 있었던 것이다.

더욱 중요한 점은 높은 수익성이 기대되는 비즈니스 모델 혁신 중 일부는 제품과 직접적인 관련이 없다는 것이다. 제록스(Xerox) 914 복사기 사례는 정말 깜짝 놀랄 만한 스토리라 할 수 있다.[4] 914 복사기는 훌륭한 신제품이었지만 대놓고 팔기에는 너무 비쌌다. 이 문제에 대해 제록스는 컨설팅 회사들에게 자문을 받았는데, 그들의 조언은 복사기의 경제성 때문에 판매를 보류하는 것이 좋겠다는 것이었다. 그러나 제록스는 이 복사기에 대해 판매가 아닌 대여로 방향을 결정했고, 이어서 곧 매출액과 수익률이 치솟기 시작했다.

비즈니스 모델 혁신의 승자 자리는 최초로 게임의 법칙을 바꾼 기업이나 후발로 진입하여 더 나은 모델을 추구한 회사들이 차지할 수 있을 것이다. 구글은 검색엔진 분야에 처음으로 진입한 회사도 아니었고 광고 수익 모델을 처음으로 사용한 회사도 아니었다. 그러나 구글은 새로운 게임의 법칙을 만들어내는 데 매우 유능했다. 즉, 구글은 더 나은 비즈니스 혁신 모델을 창출하는 데 실력을 발휘했고, 그 결과 검색엔진 사업으로 매출을 올리는 데 큰 성공을 거두었다. 비즈니스 모델 혁신을 이해하기 위해서는 우선 비즈니스 모델이란 무엇인지, 이것부터 이해하는 것이 중요하다. 이러한 작업은 비즈니스 모델을 구성하는 다섯 가지 공통 요소를 가지고 시작할 수 있다.[5] (이 요소들이 어떻게 도출되었는지에 관한 자세한 내용은 이 장의 부록을 참조하기 바란다.)

비즈니스 모델의 구성요소

비즈니스 모델의 구성요소는 그림 1.1에서 볼 수 있다. 요소들 각각에 대해 자세히 살펴보기 전에, 우선 이 요소들과 그것들 간의 관계를 뒷받침하는 근거들을 살펴보자. 비즈니스 모델이란 수익 창출에 초점을 두고 있으며, 그 수익은 고객으로부터 나온다는 점을 상기할 필요가 있다. 기업은 자사의 구매 고객들을 위해서, 그들의 니즈를 만족시킬 수 있는 그 무엇인가를 그들에게 제공해야 한다. 즉, 기업은 타당한 고객 가치 제안(customer value proposition)을 제공해야 한다는 것이다. 그러나 고객 가치 제안이 아무리 타당해도 그것이 부적합한 고객에게 제공된다면, 그 기업은 기대한 수익을 얻기 힘들 것이다. 기업은 자신이 고객들의 니즈를 만족시킬 수 있고 지불의사가 높은 다수의 고객들이 존재하는 세분 시장(market segment)을 제대로 겨냥할 때 더 나은 수익을 거둘 수 있다.

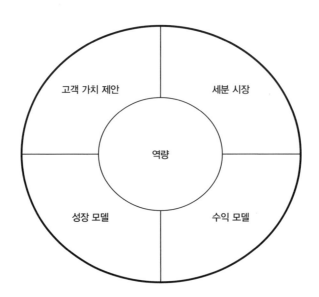

그림 1.1 비즈니스 모델의 구성요소

수익 모델(revenue model)은 기업이 고객에게 제공하는 가치 제안을 바탕으로 수익을 창출하는 구조를 의미한다. 잘못된 수익 모델은 기대 수익을 달성하기 못하거나 고객들을 잃는 결과를 초래할 수 있다. 만약 기업이 효과적인 가치 제안과 수익 모델을 가지고 지불의사가 높은 세분 시장을 공략함으로써 수익을 창출하기 시작한다면, 경쟁자들은 그 기업을 따라 하고 싶어 할 것이다. 따라서 기업의 비즈니스 모델은 경쟁자들이 자신을 모방하더라도 어떻게 수익을 증대시켜 나갈 수 있는지를 설명할 수 있는 성장 모델(growth model)을 구성요소 중 하나로 포함해야 한다. 결국, 목표로 하는 세분 시장에 고객 가치 제안을 제공하는 것을 비롯하여 필요한 일들을 수행해 나가기 위해서는 적합한 **역량**(capabilities) — 적합한 자원/자산 그리고 그러한 자원/자산을 사용하여 가치를 창출하고 확보할 수 있는 활동들 — 을 보유해야 한다. 이제부터 구성요소들을 하나씩 자세히 살펴보자(그림 1.1).[6]

고객 가치 제안

고객에 대한 기업의 가치 제안은 고객들의 문제를 해결해주거나 고객들의 니즈를 만족시켜줄 수 있도록 기업과 그 기업의 제품/서비스가 제공해주는 것들로 구성되는데, 이것들은 경쟁자가 제공하는 것들보다 더 효과적일 때 의미가 있다. 고객 가치 제안은 다음과 같은 질문에 대한 답을 줄 수 있어야 한다. 경쟁자들로부터 또는 고객들의 방관적 입장으로부터 고객들의 마음을 빼앗아 오기 위해 기업이 제공해야 하는 것과 관련하여, 무엇이 그렇게 고객들을 눈을 뗄 수 없거나 매력적으로 느끼거나 보람 있거나 즐겁도록 만들 수 있는가? 고객 가치 제안은 기업과 그 기업의 제품이 고객들에게 제공하는 이점은 무엇인가 그리고 고객들이 그 이점의 가치를 얼마나 크게 인식하는가와 관련된다. 효과적인 고객 가치 제안은 고객들의 니즈를 만족시키거나 그들의 문제를 해결해주고, 그들에게 경쟁자가 아닌 자사로부터 구매해야 하는 이유를 제공해준다. 한편, 고객들은 자신이 제품이나 서비스를 통해 무엇을 필요로 하는지를 항상 미리 알고 있는 것은 아니라는 점에도 주목할 필요가 있다. 예를 들어, 많은 고객들이 아이폰을 사용하기 전까지는 휴대용 전화기와 관련하여 터치스크린과 인터넷 접속의 필요성을 알지 못했다. 거의 대부분의 고객들은 인터넷을 사용하기 전까지는 그것이 자신들의 생활을 얼마나 많이 바꾸어 놓을지 알지 못했다. 따라서 고객 가치 제안에는 고객들이 제품/서비스에 대해 추후에 깨닫게 될 니즈를 발견하는 데 도움을 주는 부분도 포함시킬 필요가 있다.

기업의 고객 가치 제안은 제품/서비스의 속성뿐만 아니라 그 기업의 명성/이미지, 그리고 브랜드나 고객과의 관계 등과 같이 그 기업이 통제할 수 있는 여타의 자산들에 의해서도 영향을 받는다. 예를 들어, 어떤 자동차의 열성 팬에게는 자동차가 단지 성능이 좋다는 이유뿐만 아니라 BMW 또는 렉서스라는 브랜드가 구매 결정에 중요한 영향 요인으로 작용할 수 있다. 한편, 브랜드를 중요시 여기는 고객은 원하는 제품을 판매하는 곳이 여러 곳이 아니라 단 한 곳뿐이라는 이유만으로도 그 제품을 사고자 할 수 있다. 실제 고객 가치 제안이 제품/서비스뿐만 아니라 브랜드, 유통채널 등과 같은 여타의 자산들에 의해서도 영향을 받는 경우를 종종 찾아볼 수 있다.

세분 시장

돈은 고객으로부터 나온다. 따라서 기업은 고객들이 원하는 것이 무엇인지, 그러한 고객들의 수는 얼마나 되는지, 그들의 구매의지는 어느 정도인지, 이러한 고객들로부터 수익을 얼마나 창출할 수 있는지를 알 필요가 있다. 세분 시장 요소는 가치 제안이 이미 대상으로 하고 있거나 향후 대상으로 삼아야 할 고객 집단, 각 집단의 고객 수, 각 집단 내 고객들의 지불의사, 각 집단의 관심 포인트 등과 관련된다. 대상으로 하는 세분 시장의 규모가 클수록 더 큰 수익을 기대할 수 있을 것이다. 그리고 고객들의 구매의지가 클수록 기업은 가격 면에서 더 유리한 입장을 가질 수 있을 것이다. 또한 세분 시장 요소는 협력경쟁자들(coopetitors) ― 가치를 창출하기 위해 협력하고 가치를 확보하기 위해 경쟁하는 공급자, 고객, 보완업자[*], 경쟁자, 그리고 여타의 조직들 ― 의 능력 및 수와도 관련된다.[7] 협력의 관점에서 보면 기업은 식견 있는 고객, 공급자, 정부기관, 보완업자, 그리고 심지어는 경쟁자들과도 함께 일할 필요가 있는데, 그 이유는 이들과 제품을 공동으로 만들어냄으로써 결국 고객의 니즈를 더욱 잘 만족시키고 구매의지가 높은 고객들의 수를 늘릴 수 있기 때문이다. 한편, 경쟁의 관점에서 보면 경쟁이 치열한 세분 시장, 즉 협상력이 높은 고객과 공급자가 존재하고, 경쟁이 치열하며, 대체재 및 잠재적 시장 진입자들이 난무하는 시장에서는 경쟁이 약한 세분 시장에 비해 수익성이 낮을 가능성이 높다.[8] 산업계의 세력들이 약한(매력적인) 세분 시장은 산업계의 세력들이 강한(매력적이지 않은) 시장에 비해 더 높은 수익성이 기대된다는 것이다. 그러나 대상으로 하는 세분 시장이 매력적이든 아니든 간에, 그 시장 내에서 자

----

[*] 역주 : 보완업자(complementor)란 공통의 시장을 상대로 어떤 회사의 제품이나 서비스의 가치를 추가하는 제품이나 서비스를 판매하는 업체를 의미한다.

신의 포지션을 향상시키기 위해 기업이 어떤 노력을 하느냐 또한 중요하다. 세분 시장에서의 포지션에 큰 영향을 미치는 요인 중 하나가 바로 기업의 고객 가치 제안이다.[9]

　시장은 고객 유형과 그들이 선호하는 것들의 유형, 제품 유형, 인구통계적 특성, 지역, 구매의지, 유통채널, 그리고 기업과 고객 간의 관계 등에 의해 세분화될 수 있다. 시장 세분화를 통해 시장은 틈새(niche) 시장, 대량판매(mass) 시장, 다면(multi-sided) 시장과 같은 유형들로 구분될 수 있다.[10] 여기서 다면 시장이란 2개 이상의 고객 집단들이 서로 밀접한 관계를 맺고 있고, 기업은 이러한 관계를 통해 수익을 창출하는 시장을 의미한다.[11] 예를 들어, 신용카드 시장은 양면(two-sided) 시장이라 할 수 있는데, 왜냐하면 이 시장의 한편에는 카드 소유자들이 있고 다른 한편에는 상인들이 있기 때문이다. 어떤 특정 카드를 소유한 사람들이 많아질수록, 그 카드를 취급하는 상인들의 경제적 이득은 더욱 커질 것이며, 당연히 그 카드 회사의 경제적 이득 또한 더욱 커질 것이다.

　고객들은 종종, 특히 어떤 혁신적인 제품과 관련하여 자신들의 니즈를 인식하지 못하기 때문에, 기업가들은 그러한 고객들—특히, 리드유저(시장 트렌드를 선도하는 사용자)들—이 자신들의 니즈를 발견할 수 있도록 도와야 한다는 점에 주목할 필요가 있다.[12] 또한 세분 시장에 대한 매력도는 제품/서비스가 해당 시장의 니즈를 만족시킬 수 있는 정도뿐만 아니라 해당 시장으로부터 수익을 창출하는 데 필요한 유통채널, 브랜드 인지도, 고객과의 관계 등과 같은 여타의 자산들에 대한 보유 수준에 따라서도 달라질 수 있다는 점에 주목할 필요가 있다.

수익 모델

비즈니스 모델에서 수익 모델 요소는 제품/서비스에 대해 얼마나 많은 고객들이 언제, 어떻게, 그리고 얼마나 많은 돈을 지불하는지를 다룬다. 수익 모델은 제시된 가치 제안을 마음에 들어 하는 고객들이 가격 부담으로 구매를 포기하지 않는 선에서 유보가격(reservation price)—고객이 해당 제품에 대해 지불할 용의가 있는 가장 높은 가격—에 근접한 가격을 지불하도록 할 수 있어야 한다. 수익 창출은 매출로부터 시작된다. 매출이 없다면 비용절감도 의미가 없다. 가끔 일간지 등에서는 수익 모델이 '비즈니스 모델'로 표기되는 일도 있다. 수익 모델의 유형으로는 광고, 면도기-면도날, 중개, 구독료(또는 정기 이용료), 프리미엄, 임대, 라이선싱, 자산매각, 특매품, 미끼, 사용료, 현금판매, 순환수익 등이 있다.[13] 예를 들어, 구글의 광고 모델은 두 가지의 고객 부류를 대상으로 하고 있는데, 하나는 검색을 수행하는 사람들이고, 다른 하나는 광고를 의뢰하는 사람들이다. 구글은 이 두 부류 모두에 대해 강력한 가치를 제공하고 있음에도 불구하고, 이 두 부류 중 한 부류만이 구글에게 직접 돈을 지불하고 있다. 일반적으로 각각의 수익 모델은 비즈니스의 성패에 영향을 미칠 수 있는 나름대로의 장단점을 가지고 있다. 예를 들어, 면도기-면도날 모델을 사용하는 기업은 제품(예 : 면도기)을 가장 낮은 가격에 파는 대신 더 자주 구매하게 되는 보완재(예 : 면도날)는 상대적으로 비싸게 판매할 수도 있다. 코닥(Kodak)은 필름에 기반한 사진촬영 업계에 대해 면도기-면도날 모델을 활용하였는데, 이 모델은 멋지게 작동하였다. 그러나 이 회사는 디지털 사진 시대에서도 동일한 모델을 유지하려다 결국 비참한 실패를 경험했다.[14]

가격은 수익의 중요한 요소이므로 기업의 가격결정(pricing) 모델은 일반적으로 수익 모델의 중요한 부분으로 다루어진다. 고객 가치 제안에 대해 지불하고자 하는 고객의 수는 가격에 따라 크게 달라지므로, 가격결정은 수익에 직접적인 영향을 미치는 중요한 요인이라 할 수 있다. 가격을 너무 높게 책정하면 고객들은 경쟁사 제품이나 대체재로 옮겨갈 것이다. 한편, 어떤 특별한 전략적 동기 없이 가격을 너무 낮게 책정하는 경우에는 불필요한 경제적 손실을 초래할 것이다. 가격결정 모델의 유형으로는 경매가격제, 공시가격제, 원가가산방식, 스키밍, 단계별가격제, 정찰가격제, 제한가격제, 일괄판매, 경품, 특별가격제, 이부가격제 등이 있다.

수익의 원천 또한 중요할 수 있다. 다수의 자동차 딜러들은 판매 자체가 아니라 차량 점검 서비스를 통해 돈을 번다. 사실 IBM이 수년간의 퇴조를 반전시킬 수 있었던 이유는 수익 창출의 핵심 원천으로 제품에만 초점을 맞추지 않고 서비스에 초점을 맞추기로 결정했기 때문이다. 라이언에어(Ryanair)의 2103년 수익은 기내 판매, 광고, 호텔, 자동차 렌트 소개 등으로부터 창출되었다. 즉, 이 항공사의 수익은 비행기 티켓 외의 다양한 원천들로부터 창출되었던 것이다.

이상적인 수익 모델이란 자신들의 유보가격에 근접한 가격을 기꺼이 지불하고자 하는 고객들을 최대한 많이 확보할 수 있는―고객 가치 제안의 매력을 깨달은 고객들이 가격부담으로 인해 발길을 돌리지 않도록 하는 한도 내에서―모델이라 할 수 있다.

기업의 수익 및 가격결정 모델들은 고객 가치 제안, 세분 시장, 성장 모델, 역량 등과 같은 비즈니스 모델 요소의 영향을 받는다. 예컨대, 어떤 기업이 대상으로 하는 세분 시장에 경쟁이 거의 없거나 전무하고 게다가 높은 지불의사를 가진 고객들까지 존재하고 있다면, 그 기업은 가격을 높게 책정할 수 있을 것이다.

성장 모델

비즈니스 모델의 한 요소인 성장 모델에 대해 중요한 질문 다음과 같다. 기업은 수익 측면에서 어떻게 성장해 나갈 수 있는가? 대부분의 기업들은 성장하기를 원한다. 그러나 수익성이나 수익에 대한 전략적 방향이 고려되지 못한 성장은 무책임한 성장이다. 비즈니스 모델에서 성장 요소는 기업이 고객의 수를 증가시키고 지불의사를 증가시키며 비용은 낮게 유지하면서도 가격은 고객의 유보가격에 근접한 수준으로 유지하기 위해 무엇을 해야 하는가에 관한 내용을 다룬다. 이러한 일은 매우 어려울 수 있는데, 왜냐하면 일단 기업이 적합한 고객들에게 적합한 가치를 제공하고 돈을 벌기 시작하면, 협력경쟁자들이 이에 대응하는 어떤 행위를 할 가능성이 높아지기 때문이다. 즉, 공급자들이 그 기업의 투입물에 대해 더 높은 가격이나 더 낮은 품질로 그 기업을 공략함으로써, 그 기업의 비용이 증가되거나 더 낮은 품질의 제품을 고객에게 제공하게 될 수도 있다는 것이다. 이에 반해 고객들은 더 낮은 가격이나 더 높은 품질의 제품을 요구하게 될 수도 있다.

　더욱 중요한 것은 경쟁자들(현재 존재하고 있는 경쟁자와 잠재적 신규 시장 진입자 모두)이 그 기업의 가격을 더 낮추거나 비용을 증대시키도록 압력을 행사하는 가운데, 그 기업을 모방하거나 능가하려는 시도를 할 수 있다는 것이다. 또한, 수요 증가나 정부 규제 강화 등과 같은 거시적 환경 요인들로 인해 투입물의 비용이 증가할 수도 있다. 일부 국가에서는 정부가 가격 인하를 요구하면서 시장에 개입하는 경우가 발생하기도 한다. 협력경쟁자들에 대한 대응보다 더욱 관심을 가져야 할 점은 경쟁자, 공급자, 고객들에게 어떤 이득을 제공할 수 있는 기술의 진보 등과 같은 일들이 발생함으로써 기존 비즈니스 모델의 근간이 파괴할 수도 있다는 것이다. 예를 들어, 인터넷은 다수의 신문을 비롯한 여타의 전통적 매체들이 유지해 왔던 수익성의 근간을 침식시키는 가운데 전통적 매체의 비즈니스 모델을 엉망으로 만들었다. 비즈니스 모델은 경쟁자들보다 수익성을 더욱 효과적으로 향상시키거나 더 높은 수준으로 유지할 수 있도록 해주고 비용을 더 낮은 수준으로 유지하거나 비용을 수익에 비해 상대적으로 더 낮출 수 있도록 해줄 때 그 의미가 있는 것이다.

　높은 수익 유지하기. 기업은 수익과 수익성 있는 성장에 대한 침식을 막기 위해 세 가지 전략을 추구할 수 있다.[15] 첫째는 차단(block) 전략이다. 이 전략은 기업이 시장에서 자신의 위치를 적극적으로 수호하고자 하는 전략으로서, 더 많은 고객들을 자기편으로 끌어들이기 위한 전략으로도 사용될 수 있다. 이 전략의 예로는 제약회사가 신약에 대한 특허를 취득하고 이를 바탕으로 다른 경쟁자들의 신약 복제를 법적으로 차단시킴으로써, 적극적으로 자신의 위치를 수호하려고 노력하는 것을 들 수 있다. 만약 어떤 회사가 자사의 지적재산을 침해한 것으로 판단되는 경우, 그 침해 회사를 고소하거나 또는 다른 방식으로 보복한다면, 이는 자신에 대한 도전에 대응하기 위해 차단 전략을 취하고 있는 것으로 볼 수 있다. 둘째는 달리기(run) 전략이다. 이 전략은 남보다 발 빠르게 혁신을 추진하고, 경쟁자들이 심각한 위협이 될 수 있는 기회를 잡을 듯하면 그에 앞서 다시 한 번 혁신함으로써, 계속해서 남보다 앞서 달려나가는 전략이다. 즉, 달리기 전략은 기업이 시장을 성장시킴으로써 자신이 성장하는 그런 전략이라 할 수 있다. 예를 들어, 1980년대 이후 인텔(Intel)은 종종, 시장에 출시한 마이크로프로세서의 매출이 최고의 정점을 찍기 전에 그다음 세대의 제품을 출시해 왔다.[16] 애플(Apple)은 아이팟(iPod)을 출시하고 난 다음 아이폰(iPhone)에 이어서 아이패드(iPad)를 순차적으로 출시해 왔는데, 이는 달리기 전략에 따른 것이었다. 애플과 인텔을 통해 입증되었듯이, 달리기 전략은 수익성을 증대시키기 위한 최고의 접근방법 중 하나이다.

세 번째 전략은 기업이 한 개 이상의 협력경쟁자들과 팀을 만드는 팀 구축(teaming up) 전략이다. (협력경쟁자란 가치를 창출하기 위해 협력하고 가치를 확보하기 위해 경쟁해야 하는 공급자, 고객, 보완업자, 경쟁자, 그리고 여타의 다른 조직들을 의미하는 용어임을 상기하기 바란다.) 팀 구축은 일반적으로 전략적 제휴, 인수, 합작투자, 인허가, 벤처자본 참여 등과 같은 방식을 통해 이루어진다. 팀 구축을 통해 참여 기업들은 팀이 수익성을 확보하고 유지할 수 있도록 해주는 가치 있고 희소한 보완적 자산들을 공유할 수 있게 된다. 예를 들어, 픽사(Pixar)는 디즈니(Disney)와 팀을 만들었는데 ― 처음엔 전략적 제휴를 통해 그리고 나중엔 인수를 통해 ― 이 회사들은 각자의 강점을 팀으로 가져왔다. 픽사는 디지털 애니메이션 기술을 그리고 디즈니는 애니메이션 영화, 캐릭터 상품의 시장지배력, 테마파크, 유통채널, 스토리텔링 역량 등에 있어 가치 있고 희소하며 모방이나 대체가 어려운 브랜드를 팀으로 가져왔던 것이다. 장기적인 성장을 목표로 한 팀 구축은 일종의 혁신으로서 다음과 같은 아프리카 속담을 연상시킨다. "당신이 빨리 가고 싶다면 혼자 가라. 그러나 당신이 멀리 가고 싶다면 함께 가라." 많은 기업이 차단, 달리기, 팀 구축과 같은 전략들을 복합적으로 추구하고 있으며, 이러한 전략들은 동시에 병행해서 또는 시간에 따라 순차적으로 추진되고 있다.[17]

비용 구조. 기업은 성장 과정에서 다음과 같은 활동들과 관련하여 발생하는 비용에 관심을 기울여야 한다. 고객들에게 잘 맞는 가치 제안을 제시하는 것, 적합한 세분 시장의 니즈를 만족시키는 것, 적합한 수익 모델을 추진하는 것, 적합한 기초 역량들을 획득하는 것. 기업이 걱정해야 하는 비용은 크게 생산비용과 거래비용 두 가지로 구분할 수 있다. 생산비용(production cost)은 고정비, 변동비, 한계비용, 매몰비용 등으로 구성되는데, 이러한 비용들은 제품을 기획, 설계, 제조하고 서비스를 제공하는 데 드는 비용이라 할 수 있다. 거래비용(transaction cost)은 (1) 입력물에 대한 정보 검색 및 획득, (2) 가치 창출 및 확보 활동들과 관련된 계약, (3) 계약/협정에 대한 모니터링 및 시행 등과 관련된 비용들을 의미한다. 이와 같은 비용 명세가 바로 비즈니스 모델의 비용 구조이다.[18]

비용과 관련해서 중요한 포인트는 비용을 낮은 수준으로 유지하는 것인데, 이는 차별화 주도의(즉, 차별화에 초점을 맞춘) 비즈니스 모델보다 비용 주도의(즉, 비용에 초점을 맞춘) 비즈니스 모델의 경우에 특히 더 중요하다. 비용 주도의 비즈니스 모델을 채택한 기업은 시장에서 저비용 공급자의 위치를 점유할 때 경쟁우위를 확보할 수 있다. 비용 주도의 비즈니스 모델을 채택하고 있는 대표적인 기업으로는 월마트(Wal-Mart)를 들 수 있다. 차별화 주도의(differentiation-driven) 비즈니스 모델[때로는 가치 주도의(value-driven) 비즈니스 모델로도 불림]을 채택한 기업은 시장에서 차별화된 제품 공급자로 인정받을 때 경쟁우위를 확보할 수 있다. 차별화 주도의 비즈니스 모델을 채택하고 있는 대표적인 기업으로는 애플을 들 수 있다. 어떤 모델을 채택하든 기업이 성장하는 상황에서뿐만 아니라 어떤 어려운 상황을 겪는 상황에서도 비용의 증가 속도가 수익의 증가 속도보다 빠르지 않도록 하는 것이 중요하다.

물론 성장은 근본적인 역량들에 의해 크게 좌우된다. 기업이 차단 전략을 추진하기 위해서는 모방이나 대체가 어려운 역량들을 보유할 필요가 있다. 달리기 전략을 추진하기 위해서는 혁신에 필요한 것들을 가지고 있어야 한다. 그러나 달리기 전략을 추진하고자 하는 기업들이 모두 그렇지는 못할 것이다. 애플은 스티브 잡스(Steve Jobs)라는 강력한 브랜드 역량과 차별화된 디자인 역량을 가지고 있었는데, 이것들이 달리기 전략을 추진하는 데 있어 중요한 역할을 했다. 팀 구축 전략을 성공적으로 추진하기 위해서는 팀 멤버 각자가 서로에게 보완이 될 수 있는 역량들을 팀으로 가져올 수 있어야 한다.

역량

앞에서 이미 감을 잡았겠지만 역량은 모든 비즈니스 모델의 핵심적인 요소이다.[19] 예를 들어 모든 비즈니스 모델의 핵심에는 사람이 있는데, 사람에는 사업상의 모험적 시도에 자금을 조달하고 신제품을 출시해야 하는 기업가가 포함된다. 구글의 비즈니스 모델의 핵심에는 많은 고객들이 매우 신뢰하는 검색기능을 제공하는 검색기술 역량, 소수의 고객들이 가지고 있는 니즈를 만족시켜줄 수 있는 소프트웨어, 자사의 앱 개발자들에게 제공되는 많은 도구들, 룩앤필과 관련된 많은 저작권 등 다양한 요소가 자리잡고 있다. 기업가가 도전적으로 수행해야 하는 중요한 역할로는 더 나은 고객 가치 제안을 제시하고, 고객의 니즈를 만족시켜줄 수 있는 매력적인 세분 시장을 찾아내고, 현재의 시장에서 강한 지불의사를 가지고 있는 고객들의 수를 증대시키거나 또는 새로운 시장으로 이동하고, 더 나은 수익 모델들을 찾거나 기존의 수익 모델을 개선하고, 더 나은 가격 모델을 시행하고, 수익률을 증대시키는 것 등을 들 수 있다.

역량(capability)은 자원(resources)과 활동(activities)으로 구성된다. 자원, 즉 자산은 기업이 소유하고 있거나 접근 가능한(사용 가능한) 것들을 의미하며, 활동은 기업이 수행하는 활동들을 의미한다. 자원은 활동을 통해 창출되거나 확보된 가치로 변환된다. 얼마나 큰 가치가 창출되고 확보되는지는 자원의 품질에 따라서 달라질 수 있다.[20] 자원에는 브랜드, 사람, 장비, 제품, 문화, 조달자금, 지식, 특허, 저작권, 상표, 영업비밀, 생태계상에서의 협력경쟁자들과의 관계, 유통채널, 진열공간, 네트워크상의 또는 협력경쟁자들에 대한 포지션, 컴퓨팅 플랫폼 기반 등이 포함된다. 최근의 연구들은 기업의 사회적 자본이 다른 자원들 못지않게 비즈니스 모델에서 중요하게 고려되어야 할 자원이라는 점을 주장하고 있다.[21] 예컨대 기업은 비즈니스 모델을 창출하거나 실행하는 데 있어 사회적 네트워크에 속한 멤버들과의 관계를 활용하여 중요한 정보를 찾거나 획득할 수 있다.[22]

또한 자원의 구축 및 변환을 통해 얼마나 큰 가치가 창출되고 확보되는지는 이를 위해 어떤 활동들이 수행되는지, 누가 그 활동들을 수행하는지, 그리고 그들이 언제, 어디에서, 어떤 방식으로 이러한 활동을 수행하는지에 따라서도 달라질 수 있다.[23] 가치사슬, 가치 네트워크, 가치 상점(value shop)** 상에서 이루어지는 모든 활동도 창출되는

** 역주 : 가치 상점이란 고객의 문제 해결을 도와주는 조직, 즉 고객의 문제를 찾고, 해결방안들을 도출하고, 해결방안을 구현하고, 그 결과에 대해 평가해주는 등의 역할을 하는 조직을 의미한다. 대표적인 예로는 경영컨설팅 기업을 들 수 있다.

가치의 크기에 영향을 미치는 요인들로 고려될 수 있다.[24] 이러한 활동들에는 (전방향 및 후방향의) 수직적 통합이나 전략적 제휴로부터 외상매출금과 같이 외견상 일상적인 것들에 이르는 모든 활동이 포함될 수 있다. 중요하게 보이지 않는 활동을 선별해내는 것이 가치 창출 및 확보에 어떻게 영향을 미치는지는 제넨테크(Genentech)사 설립 사례에서 찾아볼 수 있다. 제넨테크의 설립자는 클라이너 퍼킨스(Kleiner Perkins)라는 중량급 벤처캐피털 회사를 찾아가서 300만 달러의 지원을 요청했는데, 그중 대부분은 유전자 접합에 대한 개척 연구에 필요한 장비를 구입하는 데 필요했다. 이 연구는 인간의 인슐린 생성 유도를 포함하여 다양한 역할을 하는 단백질을 생산하기 위한 것이었다. 클라이너 퍼킨스는 이 설립자가 이러한 연구 작업의 일부를 다른 과학 연구소에 외주를 주도록 설득함으로써 그 설립자가 필요로 했던 투자금을 결국 25만 달러로 줄일 수 있었고, 그 금액은 더욱 타당한 것으로 인정받을 수 있었다.[25]

좀 더 구체적으로 설명하면 활동은 기업이 자원의 구축 및 변환을 통해 가치를 창출하거나 확보하는 데 사용하는 수단이라 할 수 있다. 이러한 활동의 예로는 광고를 통해 브랜드를 구축하거나 촉진시킴으로써 제품에 대해 고객들이 인식하는 가치를 향상시키고, 유통채널을 활용하여 고객들이 제품을 구매하도록 하며, 특허에 포함된 지식을 신제품으로 변환시키고, 디자인을 제품으로 변환시키며, 협력경쟁자들에 대한 그리고 공급자들과의 네트워크에 대한 입지 강화를 바탕으로 한 가격결정 활동을 통해 고객으로부터의 수익을 증대시키는 것 등을 들 수 있다. 또한 갈수록 기업들은 크고 믿을 수 있는 네트워크/플랫폼을 구축하고 활용하기 위해 더 많은 노력을 기울이고 있다.[26]

실질적으로 역량은 자원/자산 그리고 가치를 창출하고 확보하기 위해 이러한 자원들을 활용하는 활동들—즉, 적절한 고객 가치 제안을 제공하고, 적합한 세분 시장을 설정하며, 수익 모델의 수익성을 촉진시키고, 기업의 이윤을 증대시키는 것과 같은 활동들—로 구성된다.

시스템으로서의 비즈니스 모델

일반적으로 비즈니스 모델은 구성요소들과 구성요소 간의 연결관계들로 이루어진 하나의 시스템—서로 밀접하게 연관된 구성요소들로 이루어진 시스템—이라 할 수 있다.[26] 그러나 여기서 상호연관성은 대칭적이라 할 수 없는데, 그 이유는 하나의 구성요소인 역량이 다른 네 가지 구성요소를 견인하기 때문이다. 비즈니스 모델의 시스템 특성으로 인한 강점 중 하나는 비록 비즈니스 모델이 구성요소의 일부를 모방하는 것은 쉬울지 몰라도, 모든 구성요소와 더불어 구성요소 간의 모든 연결관계를 복제하는 것은 어렵다는 점이다.[27] 이와 같이 비즈니스 모델을 모방하는 데 발생할 수 있는 어려움은 차단 전략을 추구하고자 하는 기업에게는 자산이 될 수 있다. 한 가지 단점이 있다면, 그것은 기업이 자신의 비즈니스 모델의 덫에 걸려서 심지어는 경쟁사가 파괴적 기술을 이용하여 자신의 비즈니스 모델을 뛰어넘어 자신의 경쟁우위를 침탈하는 순간에도 이에 대응하지 못할 수가 있다는 점이다.[28]

결국 사업 계획은 비즈니스 모델의 핵심적인 요소들을 포함한다는 점에 주목할 필요가 있다. 즉, 벤처캐피털의 지원 요청을 위해 기업가나 관리자가 제시한 사업 계획서의 내용은 나중에 후임 기업가에 의해 상당히 달라질 수도 있겠지만, 그렇다 하더라도 달라진 사업 계획서에는 여전히 비즈니스 모델의 핵심 요소들이 포함되어 있다는 것이다. 일반적으로 사업 계획서의 어딘가에서는 사업을 수익성 있게 실행하기 위해 필요한 고객 가치 제안, 고객 가치 제안이 대상으로 하는 시장, 수익 모델(가격 모델과 수익 원천을 포함한), 성장 모델, 역량(특히 사람과 자금조달에 관한) 등이 명확하게 기술되어 있거나 다른 요소들에 대한 설명에 포함되어 있다. (비즈니스 모델이란 상호작용하는 요소들로 구성된 하나의 시스템이기 때문에, 이러한 시스템 구조를 하나의 프레임워크로 활용하여 비즈니스 모델을 분석하는 경우, 그 요소들의 상호작용 관계 때문에 설명이 중복될 가능성이 있다는 점에 유념하라.)

비즈니스 모델 혁신의 개념

지금까지 우리는 비즈니스 모델의 요소들을 살펴보았다. 이제 다음의 질문을 생각해 보자. 이러한 요소들을 고려할 때 비즈니스 모델 혁신이란 무엇을 의미하는가? 비즈니스 모델 혁신은 뭔가 다르게 하는 것, 즉 변화에 관한 것이다. 비즈니스 모델 혁신은 수익 창출을 위해 종종 게임의 법칙에 대한 변화—약간의 또는 근본적인—를 다룬다. 이러한 게임의 법칙의 변화들은 종종 가치를 더욱 잘 창출하고 확보할 수 있는 기회를 만들어내거나 활용하는 것과 관련된다. 이러한 변화들은 하나 이상의 비즈니스 모델 요소들을 통해 명확하게 설명될 수 있다. 많은 혁신 제품들은 경쟁사의 제품이나 여타의 부차적인 것들로부터 고객들의 마음을 빼앗아 올 수 있을 정도의 새로운 고객 가치 제안을 수반하고 있다. 이러한 고객 가치 제안은 새로운 아이디어/역량 또는 기존의 아이디어/역량의 (재)결합으로부터 나올 수 있다. 이에 관한 예로는 애플의 아이팟 비즈니스 모델을 들 수 있는데, 이 모델로 인해 이제는 사람들이 음원을 구매하는 방식이 아이튠즈(iTunes)라는 음원 스토어를 통해 구매하는 방식으로 바뀌었을 뿐만 아니라, MP3 플레이어 생산자와 음반회사 간의 관계와 관련해서도 게임의 법칙이 바뀌었다. 또한 아이폰 비즈니스 모델로 인해 인터넷으로 접속하는 애플의 앱 스토어(App Store)가 등장하고 애플과 칩 공급자들 간의 관계도 변화되었는데, 이러한 변화 또한 게임의 법칙이 바뀐 예라 할 수 있다. 닌텐도의 Wii 비즈니스 모델도 비디오 게임 콘솔 분야에서 게임의 법칙을 바꾸어 놓은 사례라 할 수 있다. 포드의 혁신적인 조립라인 모델 또한, 모델-T 시작으로 게임의 법칙을 바꾼 예가 된다.

비즈니스 모델의 혁신은 거래 방식과 관련해서도 이루어질 수도 있다. 예를 들어, 1990년대와 2000년대 초에 델(Dell)은 PC 산업의 게임의 법칙을 주문생산(build-to-order) 방식으로 바꾸었다. 이러한 혁신 그 자체는 하나의 수익 모델이 되기도 한다. 이에 관한 예로는 이미 앞에서 살펴본 제록스의 사례를 들 수 있다. 제록스는 이 회사를 정상으로 올려놓은—그리고 무엇을 "제록스하다"라는 문구가 통용되도록 제록스라는 단어를 동사로 사용되도록 만든—제록스 914라는 제품을 판매하는 대신 대여하는 방식으로 수익을 창출하기로 결정한 바 있다.[29] 후원 광고 모델은 검색 시장에서 광고에 대한 일대 변혁을 일으켰고 구글이 명성을 떨칠 수 있도록 만들었다.

기업들이 혁신을 추진하는 동안 종종 저지르는 일반적인 실수는 혁신이 비즈니스 모델의 다른 요소들에 대해 미치는 잠재적 영향을 간과한 채 오직 한 요소에만 집중하는 것이다. 다시 한 번 코닥 사례를 살펴보자. 코닥은 필름을 사용하는 사진기술에 대해 놀라울 정도로 효과적이었던 면도기-면도날 수익 모델을 취했다.[30] 즉, 코닥은 카메라를 상대적으로 낮은 가격에 팔고 대신 필름, 화학물질, 종이 등으로부터의 수익을 극대화했던 것이다. 디지털 사진기 시대가 되자 코닥도 디지털 기술을 개발했지만 필름에 기반한 사진기술에서 그렇게 효과적이었던 면도기-면도날 수익 모델을 더 이상 효과적으로 활용하지 못했다. 그 결과 코닥의 새로운 비즈니스 모델은 실패하게 되었고, 결국 코닥은 파산에 이르게 되었다.

사실 비즈니스 모델 혁신을 추구하는 기업들이 변화를 설계해야 하는 요소들이 무엇인지, 그리고 이로 인해 어떤 변화가 일어날지를 보다 면밀하게 잘 바라보고 있다. 비즈니스 모델의 요소들에 대해 어떠한 변화가 필요한지, 그리고 이러한 변화들이 비즈니스 모델의 수익성에 어떤 영향을 미칠지에 대해 보다 잘 파악할 수 있도록 도와줄 수 있는 질문들은 다음과 같다.

- 고객 가치 제안 : (예전 모델에 비해 상대적으로) 새로운 비즈니스 모델이 경쟁사들이나 여타의 부차적인 기업들로부터 고객의 마음을 끌어올 수 있는 고객 가치 제안의 매력 포인트는 무엇인가?
- 세분 시장 : 새로운 비즈니스 모델은 얼마나 많은 고객들을 끌어올 수 있는가? 그러한 고객 중에서 시장의 성장으로 인해 새로 생겨난 고객들은 얼마나 되는가 그리고 기존 시장에 속했던 고객들은 얼마나 되는가? 그들의 지불의사는 어느 정도나 되는가? 새로운 시장이 기존 시장에 비해 더 매력적인가?
- 수익 모델 : 비즈니스 모델 혁신이 새로운 수익 모델에 대한 기회를 만들어 주는가? 그리고/또는 기존의 수익 모델을 변화시키는가? 비즈니스 모델 혁신이 새로운 가격 전략을 필요로 하는가?
- 성장 모델 : 해당 기업은 수익 측면에서 어떻게 성장할 수 있는가?
- 역량 : 해당 기업은 탁월한 고객 가치 제안을 지불의사가 높은 다수의 고객들에게 전달하고 적절한 수익 모델과 성장 모델을 추구하는 데 필요한 역량을 갖추고 있는가? 기업의 기존 역량은 혁신을 통해 새로운 비즈니스 모델을 성공적으로 수행하는 데 어느 정도나 도움이 되는가?

비즈니스 모델 혁신 유형

비즈니스 모델 혁신을 다루는 기업에게 중요한 질문 하나는 다음과 같다. 비즈니스 모델 혁신으로 인해 게임의 법칙이 어느 정도나 바뀔 수 있는가?[31] 즉, 비즈니스 모델 혁신은 게임의 변화를 얼마나 초래할 수 있는가? 게임의 법칙은 기존의 방식을 더 이상 유효하지 않을 정도로 만들 수 있는가? 비즈니스 모델 혁신을 통해 게임의 법칙이 얼마나 바뀌는지를 이해하기 위해서는 다음과 같은 두 가지 중요한 전략 변수들을 활용할 필요가 있다.[32] 첫 번째 변수는 혁신으로 인해 기존의 제품/서비스의 경쟁력이 떨어지는 정도이다. 새로운 비즈니스 모델로 인해 게임의 법칙이 근본적으로 변화된다면, 그 모델로 인해 기존 모델에 뿌리를 두고 있는 제품/서비스는 새로운 비즈니스 모델을 다루는 시장에서 더 이상 경쟁력을 가질 수 없게 될 것이다. 두 번째 변수는 기존의 역량들이 새로운 비즈니스 모델로 인해 쓸모없어지는 정도이다. 새로운 비즈니스 모델로 인해 게임의 법칙이 급격하게 변화되는 상황에서, 그 새로운 모델을 추진하기 위해서는 기존과 다른 역량을 필요로 하게 되는데, 이에 따라 기존의 역량은(새로운 모델을 추진하는 데 있어) 진부한 것들로 취급받게 될 수 있다. 예를 들어, 사진기술이 필름 기반에서 디지털 기반으로 변화됨에 따라 게임의 법칙이 크게 바뀌게 되었고, 이로 인해 필름 기반의 역량들은 진부한 것이 되었던 것이다.[33] 이러한 두 가지 변수는 그림 1.2의 2×2 매트릭스에서 볼 수 있다.

2×2 매트릭스의 4/4분면은 각각 상이한 유형의 비즈니스 모델 혁신을 보여주고 있다. 게임의 법칙이 변화하는 정도는 왼쪽 아래 시작점에서 오른쪽 위 꼭짓점 방향으로 갈수록 커진다. 평범한 비즈니스 모델 혁신에서는 게임의 법칙에 변화가 거의 없거나 아예 없다.[34] 게임의 법칙의 변화가 가장 큰 경우는 혁명적 비즈니스 모델 혁신인데, 이는 기존 제품의 경쟁력이 상실되고 기존 역량들이 무용화되기 때문이다. 포지션-구축 비즈니스 모델 혁신과 역량-구축 비즈니스 모델 혁신에서는 게임의 법칙의 변화 정도가 거의 비슷하다. 이제 네 가지 유형 각각에 대해 자세히 살펴보자.

평범한 비즈니스 모델 혁신

평범한 비즈니스 모델 혁신(regular business model innovation)은 기업의 기존 역량들―

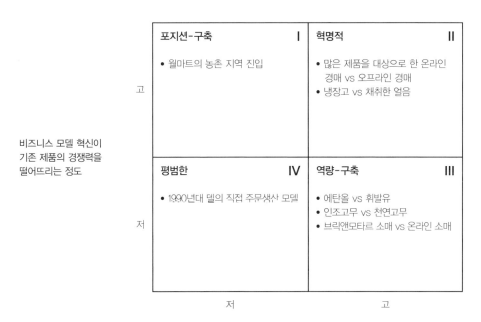

그림 1.2 비즈니스 모델 혁신 유형

가령, 가치 사슬 활동들과 근간이 되는 자원들 — 을 활용하여 새로운 비즈니스 모델을 구축하는 경우를 의미한다. 이러한 유형의 비즈니스 모델은 시장에서 기존 제품이 경쟁력을 유지한 채 남아 있을 수 있도록 하는 그런 모델이다. 즉, 평범한 비즈니스 모델에 뿌리를 두고 있는 제품들은 기존 모델을 사용하는 제품들의 시장점유율의 일부분을 빼앗아 오긴 하지만, 기존 모델에 기반한 제품들은 시장에서 경쟁력을 유지하는 것으로 평가 받을 정도로 수익성을 유지할 수 있다. 1990년대, 델은 주문생산 방식을 도입했는데, 이것이 바로 평범한 비즈니스 모델 혁신이었다. 델은 유통업체를 통해 컴퓨터를 판매하는 것이 아니라 고객들로부터 그들이 원하는 구체적인 사양이 포함한 주문을 직접 받아서 판매하였던 것이다. 델은 기존과 다른 방식으로 일을 했지만, 이러한 방식에 사용된 역량들은 기존의 간접적인 판매 방식에서 요구되는 역량들과는 근본적으로 다르지 않았다. 더욱 중요한 점은 델의 비즈니스 모델은 컴팩(Compaq)이나 HP와 같이 유통업체를 통해 판매하는 컴퓨터 제조사들이 여전히 시장에서 경쟁력을 유지하는 것을 가능케 했다는 점이다.

역량-구축 비즈니스 모델 혁신

역량-구축 비즈니스 모델 혁신(capability-building business model innovation)에서는 새로운 모델이 가치를 창출하고 확보하기 위해 필요로 하는 역량들이 기존 모델에서 요구되었던 역량들과는 근본적으로 다르다(그림 1.2 참조).[35] 그러나 기존의 비즈니스 모델에 뿌리를 두고 있는 제품들은 여전히 경쟁력을 유지한다. 게임의 법칙의 변화는 주로 역량과 관련되어 있다. 이러한 유형의 모델을 추진하기 위해서는 필요한 역량들을 기반이 없는 상태에서 전적으로 구축해야 하거나 또는 어떤 다른 방법을 통해 외부로부터 가져와야 하기 때문에, 이러한 모델은 역량-구축 비즈니스 모델이라 표현될 수 있다. 예를 들어, 재생산이 가능한 자원들로부터 에너지를 생산하고자 하는 기업이라면 석유를 기반으로 한 기존의 비즈니스 모델에서 요구되었던 역량들과는 매우 다른 새로운 역량들을 개발해야 하기 때문에, 역량-구축 비즈니스 모델 혁신을 추진해야 할 것이다. 에탄올을 자동차 연료로 사용하는 것을 고려해보자. 에탄올을 만드는 것은 — 특히 사탕수수, 설탕, 옥수수, 고구마 등을 이용하여 — 자동차에 사용할 수 있는 석유를 얻기 위해 땅을 파 들어가고, 원유를 퍼내고, 운송하고, 정제하는 데 사용되는 역량들과는 매우 다르다. 그러나 이 두 가지 연료는 시장에서 공존하고 있다. 따라서 재생에너지 비즈니스 모델은 역량-구축 유형에 해당한다.

역량-구축 비즈니스 모델의 또 다른 예로는 타이어 제조를 위한 합성고무(석유로 만드는)와 천연고무(나무로부터 나오는)의 사용을 들 수 있다. 석유를 가지고 합성고무를 생산하는 과정은 열대우림의 나무들에서 수액을 받아 고무를 만드는 천연고무의 생산 과정과는 매우 다르다. 합성고무는 천연고무에 대한 하나의 혁신이었고, 역량-구축 비즈니스 모델을 필요로 했다. 최근 합성고무 타이어의 비중이 늘어나고 있는 추세이지만, 천연고무 타이어는 많은 시장에서 여전히 경쟁력을 유지한 채 존재하고 있다.

선진국에서 찾아볼 수 있는 유사한 예로는 브릭앤모타르(brick-and-mortar) 대 온라인 소매를 들 수 있다. 이 두 가지에 요구되는 역량은 서로 매우 다르지만, 이 두 가지는 아직까지 시장에 공존하고 있으며 잘 작동하고 있다.

포지션-구축 비즈니스 모델 혁신

포지션-구축 비즈니스 모델 혁신(position-building business model innovation)에서는 새로운 비즈니스 모델에 뿌리를 둔 제품/서비스가 기존의 비즈니스 모델에 뿌리를 두고 있는 제품/서비스의 경쟁력을 무력화시킨다(그림 1.2 참조). 그러나 새로운 비즈니스 모델을 뒷받침하는 역량들은 기존의 비즈니스 모델을 뒷받침하는 역량들과 상당 부분 같거나 그것들을 기반으로 한다. 이러한 비즈니스 모델은 기존의 제품들을 경쟁력이 없도록 만든다는 의미에서 포지션-구축 비즈니스 모델로 표현할 수 있다. 미국의 소도시들로 옮겨간 월마트의 비즈니스 모델은 포지션-구축 비즈니스 모델의 예라 할 수 있다. 월마트의 비즈니스 모델이 기반으로 하는 역량들은 현재 다른 소매 비즈니스 모델들을 뒷받침하고 있는 역량들과 상당 부분 일치하거나 그것들을 기반으로 하고 있다. 그러나 월마트의 비즈니스 모델은 월마트가 소도시에서 다른 많은 소기업보다 고객들에게 더 저렴한 가격으로 제품을 제공할 수 있도록 만듦으로써 그 경쟁자들을 무력하게 만들었다.

혁명적 비즈니스 모델 혁신

혁명적 비즈니스 모델 혁신(revolutionary business model innovation)에서는 새로운 모델을 뒷받침하는 핵심역량들이 기존의 비즈니스 모델을 뒷받침하는 역량들과 매우 달라 기존의 역량들이 쓸모없게 된다.[36] 기존의 비즈니스 모델들에 뿌리를 두고 있는 제품들 또한 진부한 것으로 취급받게 된다. 혁명적 비즈니스 모델은 이전에 가치 사슬 활동들의 수행 방식을 크게 바꾸면서 시장에서 가치를 창출하고 확보하는 주체를 완전히 재정의한다. 게임의 법칙은 더욱 역량 중심적으로 그리고 시장 중심적으로 바뀐다. 게임의 법칙이 가장 많이 바뀌는 비즈니스 모델 혁신이 바로 이 유형이다. 혁명적 비즈니스 모델 혁신의 예로는 이베이(eBay)와 같은 온라인 경매 모델을 들 수 있다. 온라인 경매에 요구되는 역량들은 오프라인 경매의 역량들과는 근본적으로 다른데, 많은 제품들에 있어 오프라인 경매 모델은 이제 더 이상 경쟁력을 발휘하지 못하고 있다. 채취한 얼음을 대체한 냉장고 제조업체의 비즈니스 모델 또한 혁명적 비즈니스 모델 혁신의 예라 할 수 있다.

역동성과 응용

그림 1.2의 비즈니스 모델 혁신 유형들은 한 시점을 기준으로 바라본 유형이라는 점을 유념할 필요가 있다. 이 그림은 비즈니스 모델 혁신 유형들이 정적이라는—어떤 비즈니스 모델 혁신이 평범한 모델에 해당한다면 그것은 영원히 그 유형으로 남는다는— 가정을 바탕으로 표현된 것이다. 그러나 평범한 모델로 시작된 많은 비즈니스 모델 혁신들은 머지않아 포지션-구축이나 역량-구축, 또는 혁명적 모델 유형으로 바뀔 수도 있다. 사실 파괴적 기술은 포지션-구축이나 혁명적 혁신으로 평가받기 전에 평범한 또는 역량-구축 혁신으로 시작된 경우가 많다. 어떤 비즈니스 모델이 어떤 유형으로 진화해 나갔는지는 그림 1.2에 시간을 표시함으로써 보여줄 수 있다. 또한 그림 1.2를 활용하여 경쟁사들의 비즈니스 모델 혁신이 진화해 나가고 있는 모습을 상대적 포지션에 점으로 표시하여 보여줄 수도 있다.

외부 환경과 비즈니스 모델 혁신

기업인들과 기업들은 외부와 단절된 상태에서 자신들의 비즈니스 모델들을 추진하지 않는다. 기업은 산업 환경과 지배적인 거시적 환경으로 구성된 생태계에서 작동한다 (그림 1.3). 산업 생태계는 해당 기업이 가치 창출을 위해 협력해야 하거나 창출된 가치를 확보하기 위해 경쟁해야 하는 공급자, 고객, 보완업자, 대체재업자, 그리고 여타의 조직들로 구성된다.[37] 거시적 환경은 정치적/법적, 경제적, 사회적/인구통계적, 기술적, 자연 환경으로 구성된다. 기업들은 보통 비즈니스 모델을 통해 그들의 환경에 존재하는 기회와 위협을 활용한다. 이러한 기회와 위협들은 파괴적 기술, 레스이즈모어(less

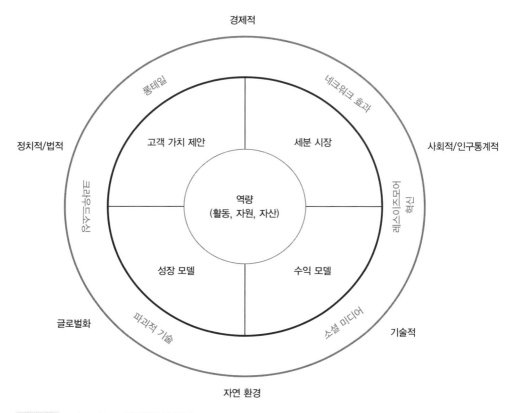

경제적

롱테일   네크워크 효과

정치적/법적

크라우드소싱

고객 가치 제안   세분 시장

역량
(활동, 자원, 자산)

성장 모델   수익 모델

파괴적 기술   소셜 미디어

사회적/인구통계적

크라우드소싱

글로벌화   기술적

자연 환경

그림 1.3   비즈니스 모델 혁신의 환경

-is-more)[***] 혁신, 크라우드소싱, 소셜 미디어, 롱테일과 같은 현상들로부터 나온다(그림 1.3). 또한 기회와 위협들은 정부 규제와 같은 요인들로부터도 나온다.

비즈니스 모델 초상화 생성을 위한 비즈니스 모델 발견 프로세스

비즈니스 모델 발견 프로세스는 사람들이 기업이 가치를 어떻게 창출하고 확보하는지를 비즈니스 모델의 구성요소들을 이용하여 발견하고 기술하는 절차라 할 수 있다.[38] 즉, 이 프로세스는 비즈니스 모델에 대한 초상화를 그리는 프로세스인 것이다. 이 프로세스는 대상 기업이 이미 비즈니스 모델을 가지고 있는지 여부에 따라 달라진다. 이 두

- -

[***] 역주 · 많은 양을 제공할 때보다 적은 양을 제공할 때 더욱 효과적인 경우를 의미한다.

가지 경우 모두에 대한 설명은 아래와 같다.

비즈니스 모델이 이미 존재하는 경우

기업이 이미 비즈니스 모델을 가지고 있다면 해야 할 일은 그것을 표현하는 것이다. 이는 사소한 일처럼 들릴 수 있지만 그렇지 않다. 그 이유는 바로 비즈니스 모델의 모든 요소들에 대해 알고 있어야 함에도 불구하고 그것들을 제대로 알고 있는 직원들이 CEO를 포함하여 매우 드물기 때문이다.

여기서 기본 관점은 그 기업이 적절한 일을 하고 있는지 아닌지에 대해 판단하고자 하는 것이라기보다는 비즈니스 모델의 구성요소 각각에 관련된 일들이 어떻게 돌아가고 있는지를 상세하게 파악하고자 하는 것이다. 이러한 작업은 '눈에 보이는 그대로 묘사하는 일'이라 할 수 있다. 기업은 비즈니스 모델의 정확한 모습을 묘사한 후, 그 모델의 장점과 단점이 무엇인지 그리고 그 기업이 이러한 단점은 개선하고 장점은 더욱 강화시키기 위해 할 수 있는 일은 무엇인지를 결정하기 위해 그 모델을 평가할 수 있다.

이 프로세스는 단순하지만 많은 노력을 필요로 한다. 우선 비즈니스 모델의 다섯 가지 구성요소와 관련된 그룹들이 포스트잇을 붙일 수 있는 게시판 또는 벽면 앞에 모이도록 해야 한다. 여기에서 참석자들로 하여금 각각의 구성요소에 관해 자신들의 아이디어들을 게시판의 적절한 구성요소 영역에 붙이게 함으로써, 모든 참석자들이 이를 검토하고, 이를 통해 깨닫고 (또는 새로운 것을 발견하고), 의견을 제시할 수 있도록 해야 한다. 이 프로세스가 마무리되어 가는 무렵에 참여 그룹들은 기존의 비즈니스 모델에 포함된 것들은 무엇인지 그리고 빠진 것은 무엇인지 — 즉 기업의 가치 창출과 확보 활동을 구성하는 것들은 무엇인지 그리고 빠진 것은 무엇인지 — 를 판단하기 위해 투표를 하거나 전문가들의 도움을 요구할 수도 있다.

이러한 프로세스는 상이한 장소에 머물러야 하는 사람들 중 참여를 원하는 사람이면 그 누구라도 동참할 수 있도록 위키(wiki)와 같은 소셜 미디어를 통해 수행되는 경우가 늘어나고 있다. 어떤 경우라도 참여 그룹들이 다양할 때 비즈니스 모델의 초상화는 더욱 정확하게 그려질 가능성이 높아진다. 이러한 경향은 평범한, 포지션-구축, 또는 역량-구축과 같은 유형보다는 특히 혁명적 유형의 경우에 더욱 강하다.

기업들이 비즈니스 모델 발견 프로세스를 수행하는 데 있어 — 비즈니스 모델에 대한 초상화를 그리는 데 있어 — 이를 수행하는 사람들이 종종 범하는 실수로는 우선 보이는 것들부터 판단(또는 비판)하기 시작하는 것을 꼽을 수 있다. 이러한 판단은 이들을 방어적으로 만드는데, 특히 그들이 대상 회사의 직원들이라면 더욱 그러하다. 비즈니스 모델 초상화가 이미 그려져 있는 상황에서는 제2장에서 살펴볼 VARIM 프레임워크를 이용하여 그 모델의 모습을 판단해볼 수 있을 것이다. 두 번째 실수는 각 요소에 대해 중요하지도 않은 아이템들이 많이 들어간 긴 목록을 작성하는 것이다. 비즈니스 모델 초상화에 포함되는 아이템들을 선정하는 작업은 포괄적이면서도 검소하게 수행하는 것이 바람직하다. 즉, 비즈니스 모델에 들어가야 할 것들을 빠뜨리지 않으면서도, 이와 동시에 들어가지 말아야 할 것은 들어가지 않도록 해야 한다는 것이다. 이러한 포괄성과 검소함을 보장하기 위한 방법 중 하나는 외부인—해당 산업에 대해 잘 알고 객관적인 시선으로 그 기업을 바라볼 수 있는 컨설턴트와 같은—을 관찰자로 참여시키는 것이다. 비즈니스 모델에 대한 초상화를 그리는 과정에서 발생할 수 있는 세 번째 실수는 전 과정을 한 사람에게만 맡기는 것이다. 많은 기업들에서는 심지어 CEO조차도 비즈니스 모델의 다섯 가지 요소가 어떻게 돌아가고 있는지 제대로 파악하지 못하고 있다.

비즈니스 모델이 존재하지 않는 경우

많은 스타트업(start-up)들과 기업가들은 아직도 비즈니스 모델을 가지고 있지 못하다. 따라서 이들은 비즈니스 모델에 대한 초상화를 그릴 수 없다. 결과적으로 이러한 상황에서 그들이 해야 할 일은 그 모델에 포함되어야 하는 것들을 결정하는 것이다. 이 과정에서 그들은 새로운 모델에 포함되어야 할 것과 그렇지 않은 것들을 판단해야 한다. 이러한 작업을 가장 잘할 수 있는 방법 중 하나는 제2장에서 소개하는 VARIM 모델을 이용하는 것이다. 다른 방법으로는 이미 앞에서 보았던 비즈니스 모델 혁신에 관한 질문들을 활용하는 것인데, 그 질문은 다음과 같다.

- 고객 가치 제안 : 이 스타트업이 경쟁사들이나 여타의 부차적인 기업들로부터 고객들의 마음을 끌어올 수 있는 고객 가치 제안의 매력 포인트는 무엇인가?
- 세분 시장 : 이 스타트업은 얼마나 많은 고객들을 원하는가? 이 고객들 중 시장의 성장에 따라 확보된 고객과 기존 시장에서 확보된 고객은 각각 얼마나 되는가? 이러한 고객 집단은 각각 어떤 이유로 구매를 하려고 하는가? 시장은 얼마나 매력적인가?
- 수익 모델 : 새로운 비즈니스 모델 혁신은 수익성이 높은 수익 모델을 가능케 하는가? 이 스타트업은 더 유리한 가격 전략을 추구할 수 있는가?

- **성장 모델** : 이 스타트업은 수익 측면에서 어떻게 성장할 수 있는가?
- **역량** : 이 스타트업은 강한 지불의사를 가진 많은 고객들에게 탁월한 고객 가치 제안을 제공하고 효과적인 수익 모델 및 성장 모델을 추진하는 데 필요한 역량을 사용하거나 획득할 수 있는가?

이러한 질문에 대한 대답은 스타트업이 비즈니스 모델을 개발하는 데 도움이 될 것이다.

비영리 조직의 비즈니스 모델

우리는 비즈니스 모델을 수익 창출을 위한 하나의 프레임워크 또는 방안으로 정의했기 때문에, "비영리 조직의 비즈니스 모델"이라는 문구는 모순된 내용처럼 보일 수 있다. 그러나 어떤 비영리 조직에 그러한 모순이 적용되는지는 자세히 들여다볼 필요가 있다. 비영리 조직의 고객은 일반적으로 기부자와 수혜자, 이 두 가지로 구분될 수 있다. 기부자는 보통 자신의 돈을 놓고 경쟁하는 여러 비영리 조직들을 상대한다. 따라서 비영리 조직 입장에서는 기부자가 다른 조직이 아닌 자신을 선택하도록 만들기 위해 기부자들이 자신의 경쟁 조직으로부터는 얻을 수 없는 그 무엇을 제공할 수 있어야 한다. 또한 이 과정에서 소요되는 비용을 낮게 유지할 수도 있어야 한다. 따라서 비영리 조직은 각자 자신의 고객들(수혜자와 기부자)에게 그들이 가치 있게 생각하는 가치 제안을 제공할 필요가 있다. 세분 시장은 지리, 인구통계, 수혜자들에게 제공되는 서비스 유형 등으로부터 영향을 받을 수 있다. 비영리 조직이 영리 조직에 대해 가지는 차이점 중에 눈에 띄는 것은 바로 가격 정책이다. 비영리 조직은 어떤 가격(금액)을 자신이 설정하지 않고 기부자가 정하는 금액에 따른다는 것이다. 이는 영리 목적의 조직이 기부 모델을 사용할 수 없다고 얘기하는 것이 아니다. 여기서 요점은 비영리 조직도 영리 조직만큼이나 비즈니스 모델이 필요하다는 것이다. 사실 영리 조직과 비영리 조직 간의 주요한 차이점은 영리 조직은 수익과 비용 간의 차이를 주주들에게 재분배하는 반면, 비영리 조직은 그 차이를 수혜자들에게 재투자한다는 점이다.

비영리 조직은 수혜자들이 가치 있는 것으로 생각하는 혜택을 수혜자들에게 더 잘 제공하고 기부자들이 계속해서 기부를 하도록 더 잘 설득하기 위해서는 비즈니스 모델에 주목할 필요가 있다. 비영리 조직이 환경 변화에 민첩하게 대응하지 못하여 혜택들이 진부해지거나 혜택을 제공하는 과정에서 발생하는 비용이 증가한다면, 경영진은 영리 목적 또는 비영리 목적의 비즈니스 모델 혁신을 추진할 필요가 있다. 이와 관련된 예로는, 학사학위를 따는 데 드는 비용이 매우 높아진 미국의 고등교육을 들 수 있다. 오클라호마주립대학교의 반스 프리드(Vance Fried) 교수는 대학생들이 저렴한 비용으로 고품질의 교육을 받을 수 있도록 해주는 고등교육 모델을 제시한 바 있다.[39] 프리드 교수가 제시한 시나리오에 따르면, 미국에서 학부생 한 명이 최상급 교육을 받기 위해서는 연간 연구중심 공립대학에서는 25,900달러, 사립대학에서는 51,500달러가 들지만, 그가 제안한 모델을 적용하는 경우에는 6,700달러로 해결될 수 있다는 것이다.[40] 영리를 추구하는 다수의 스타트업들은 기존의 고비용 모델들이 와해되기를 바라면서 프리드 교수의 아이디어를 활용한 새로운 비즈니스 모델 혁신을 통해 미국의 고등교육 시장을 공략하고 있다.

핵심정리

- 비즈니스 모델은 수익 창출─가치 창출 및 확보─프레임워크 또는 방안이라 할 수 있다. 한편, 혁신이란 기존과는 다른 방식으로 무엇인가를 수행하는 것을 의미한다. 따라서 **비즈니스 모델 혁신**은 기존과는 다른 방식으로 가치를 창출하고 확보하는 프레임워크 또는 방안으로 정의할 수 있다.
- 비즈니스 모델은 다음과 같은 요소들로 구성된다.
  - **고객 가치 제안** : 고객들의 문제를 해결해주거나 고객들의 니즈를 만족시켜줄 수 있도록 기업과 그 기업의 제품/서비스가 제공해주는 것들로 구성되는데, 이것들은 경쟁자가 제공하는 것들보다 더 효과적일 때 의미가 있다. 고객 가치 제안은 다음과 같은 질문에 대한 답을 줄 수 있어야 한다. 경쟁자들로부터 또는 고객들의 방관적 입장으로부터 그들의 마음을 빼앗아 오기 위해 기업이 제공해야 하는 것과 관련하여, 무엇이 고객들을 그렇게 눈을 뗄 수 없거나 매력적이거나 보람 있거나 즐겁게 만들 수 있는가?
  - **세분 시장** : 가치 제안이 이미 대상으로 하고 있거나 향후 대상으로 삼아야 할 고객 집단, 각 집단의 고객 수, 고객들의 지불의사, 그리고 각 세분 시장의 매력도와 관련된다.
  - **수익 모델** : 얼마나 많은 고객들이 어떤 제품/서비스에 대해 언제, 어떻게 그리고 얼마나 많은 돈을 지불하는지에 관한 것이다.

- **성장 모델** : "기업은 수익 측면에서 어떻게 성장해 나갈 수 있는가?"라는 질문에 대한 대답이다.
- **역량** : 자원과 활동으로 구성된다. 자원, 즉 자산은 기업이 소유하고 있거나 접근 가능한(즉 사용 가능한) 것들을 의미하며, 활동은 기업이 수행하는 활동들을 의미한다. 자원은 활동을 통해 창조된 그리고/또는 확보된 가치로 변환된다. 얼마나 큰 가치가 창출되고 확보되는지는 자원의 품질에 달려 있으며, 어떤 활동들이 수행되는지, 누가 그 활동들을 수행하는지, 그리고 그들이 언제, 어디에서, 어떤 방식으로 이러한 활동들을 수행하는지에 따라서도 달라질 수 있다.

■ 비즈니스 모델 혁신은 비즈니스 모델의 구성요소들의 변화를 통해 이루어질 수 있다.
■ 비즈니스 모델 혁신은 다음과 같은 네 가지 유형으로 구분될 수 있다.

- **평범한 비즈니스 모델 혁신**은 기업 기존의 역량들―가령, 가치 사슬 활동과 기반이 되는 자원―을 활용하여 새로운 비즈니스 모델을 구축하는 경우를 의미한다. 이 유형의 비즈니스 모델은 시장에서 기존 제품이 경쟁력을 유지한 채 남아 있을 수 있도록 하는 그런 모델이다.
- **역량-구축 비즈니스 모델 혁신**에서는 가치를 창출하고 확보하기 위한 새로운 모델에서 필요로 하는 역량들이 기존 모델에서 요구되었던 역량들과는 근본적으로 다르다(그림 1.2 참조).
- **포지션-구축 비즈니스 모델 혁신**에서는 새로운 비즈니스 모델에 뿌리를 둔 제품/서비스가 기존의 비즈니스 모델에 뿌리를 두고 있는 제품/서비스의 경쟁력을 무력화시킨다(그림 1.2 참조).
- **혁명적 비즈니스 모델 혁신**에서는 새로운 모델을 뒷받침하는 핵심역량들이 기존의 비즈니스 모델을 뒷받침하는 역량들과 매우 달라 기존의 역량들이 쓸모없게 된다. 또한 기존의 비즈니스 모델들에 뿌리를 두고 있는 제품들도 경쟁력이 없어진다.

■ 비즈니스 모델은 진공 상태에서는 작동될 수 없다. 주변의 경쟁 환경뿐만 아니라 거시적인 환경 또한 비즈니스 모델의 수익성에 큰 영향을 미친다. 이러한 환경 속에서 크라우드소싱, 롱테일, 소셜 미디어, 레스이즈모어 혁신, 번영을 위한 파괴적 기술과 같은 현상들이 일어나고 있으며, 이러한 현상들은 기업의 비즈니스 모델에서 중요한 역할을 하고 있다.
■ 기업의 비즈니스 모델은 어떻게 찾아낼 수 있는가? 직원이나 협력경쟁자들과 같은 다양한 그룹들로 하여금 비즈니스 모델의 초상화를 그려볼 수 있는 탐색과 발견 프로세스를 수행토록 하면 된다. 이는 비즈니스 모델에 대해 어떤 판단을 하기 위한 시도가 아니다. 모델을 평가하는 것은 참여자들을 방어적으로 만들고, 모델의 진정한 모습

을 그려내는 데 소극적으로 참여하게 만든다. 특히 그들이 직원들인 경우 더욱 그러하다. 만약 해당 업체가 스타트업이고, 게다가 아직 비즈니스 모델도 없다면 어떻게 해야 할까? 이러한 경우 비즈니스 모델을 생성하기 위해 제2장에서 설명하는 VARIM 모델을 사용하거나 다음과 같은 질문들에 답하는 방식을 사용할 수 있을 것이다. **고객 가치 제안** : 이 스타트업이 경쟁사들이나 여타의 부차적인 기업들로부터 고객들의 마음을 끌어올 수 있는 고객 가치 제안의 매력 포인트는 무엇인가? **세분 시장** : 이 스타트업은 얼마나 많은 고객들을 원하는가? 이 고객들 중 시장의 성장에 따라 확보된 고객과 기존 시장에서 확보된 고객은 각각 얼마나 되는가? 이러한 고객 집단들은 각각 어떤 이유로 구매를 하려고 하는가? 시장은 얼마나 매력적인가? **수익 모델** : 새로운 비즈니스 모델 혁신은 수익성이 높은 수익 모델을 가능케 하는가? 이 스타트업은 더 유리한 가격 전략을 추구할 수 있는가? **성장 모델** : 이 스타트업은 수익 측면에서 어떻게 성장할 수 있는가? **역량** : 이 스타트업은 강한 지불의사를 가진 많은 고객들에게 탁월한 고객 가치 제안을 제공하고 효과적인 수익 모델 및 성장 모델을 추진하는 데 필요한 역량들을 사용하거나 획득할 수 있는가?

■ 비영리 조직은 영리 조직만큼이나 비즈니스 모델이 필요하다.

부록 비즈니스 모델링 구성요소 도출

이 장에서 소개한 다섯 가지의 비즈니스 모델 구성요소가 어떻게 해서 도출되었는지 설명하고자 한다. 2013년 7월 20일 나는 '비즈니스 모델'로 구글 검색을 하였고, 그 결과 가장 인용빈도가 높은 20가지의 출판물을 검토하게 되었다. 이를 통해 나는 비즈니스 모델의 구성요소들을 가지고 모델의 특성을 명시적으로 설명하고 있을 뿐만 아니라 각각의 구성요소 자체에 대해서도 상세히 설명하고 있는 인용빈도가 가장 높은 경영 학술지 2개와 최고의 경영 서적 두 가지를 선택하였다. 그다음 나는 자원 기반 관점(resource-based view), 경쟁 포지셔닝 관점(competitive positioning view), 동적 역량 관점(dynamic capabilities view)과 같은 이론들을 기반으로 제시된 '역량' 개념 중 어느 것이 더 넓은 개념을 가지고 있는지 파악하기 위해, 이 이론들에 대한 최근 논문들을 검토하였다. 표 1.1은 첫 번째 열에서 이 다섯 가지 요소를 보여준다. 보다 구체적인 내용은 본 저자의 워킹 페이퍼를 참조하기 바란다.[41]

표 1.1 비즈니스 모델의 요소에 대한 통합

이 책의 요소	Afuah and Tucci (2001)[1]	Chesbrough and Rosenbloom (2002)[2]	Morris, Shindehutte, and Allen (2006)[3]	Osterwalder and Pigneur (2010)[4]
• 고객 가치 제안	• 고객 가치	• 가치 제안	• 제안 관련 요인 • 경쟁 전략 요인	• 가치 제안
• 세분 시장	• 범위	• 세분 시장	• 고객 요인 • 경제적 요인	• 고객 집단
• 수익 모델	• 수익 자원 • 가격		• 경제적 요인	• 수익 패턴
• 성장 모델	• 지속가능성	• 비용 구조 및 예상 수익	• 성장/탈출 요인	• 비용 구조
• 역량	• 연관 활동 • 구현 • 역량	• 가치 사슬 • 가치 네트워크 내의 위치 • 경쟁 전략	• 내부 역량 요인 • 경쟁 전략 요인	• 핵심 자원 • 핵심 활동 • 핵심 파트너십 • 고객관계 • 채널

1. Afuah, A., & Tucci, C. L. (2001). *Internet businee models and strategies: Text and case.* New York: McGraw-Hill(pp. 80-81).

2. Chesbrough, H. W., & Rosenbloom, R. S. (2002). The role of the business model in capturing form innovation: Evidence from Xerox Corporation's technology spinoff companies. *Industrial and Corporate Change*, 11(3), 529-555(pp. 533-634).

3. Morris, M., Schindehutte, M., & Alen, J. (2005). The entrepreneur's business model: Toward a unified perspective. *Journal of Business Reseatch*, 58(6), 726-735(pp.729-731).

4. Osterwalder, A., & Pigneur, Y. (2010). *Business model generation.* Wiley: New York (p. 17).

주요용어

고객 가치 제안(customer value proposition)

비즈니스 모델(business model)

비즈니스 모델 초상화 (business model portrait)

비즈니스 모델 혁신 (business model innovation)

역량(capabilities)

역량-구축 비즈니스 모델 혁신 (capabilities-building business model innovation)

자원(resources)

포지션-구축 비즈니스 모델 혁신 (position-building business model innovation)

평범한 비즈니스 모델 혁신 (regular business model innovation)

혁명적 비즈니스 모델 혁신 (revolutionary business model innovation)

활동(activities)

1. 여러분이 일하고 싶은 기업의 비즈니스 모델을 구축해보라.
2. 여러분이 창업하고 싶은 회사 또는 비영리 조직의 비즈니스 모델을 구축해보라.
3. 1, 2번에서 제시한 모델 중 어느 것이 더 나은지 평가해보라.

주석

1 Tapscott, D., & Williams, A. D. (2006). *Wikinomics: How Mass Collaboration Changes Everything*. New York: Penguin Books.
Tischler, L. (2002). He struck gold on the net (really). *Fast Company*. Retrieved April 29, 2010, from www.fastcompany.com/magazine/59/mcewen.html.

2 See the following for more definitions of business models: Johnson, M. W., Christensen, C. C., & Kagermann, H. (2008). Reinventing your business model. *Harvard Business Review*, 86(12), 50–59. Amit, R., & Zott, C. (2001). Value creation in e-business. *Strategic Management Journal*, 22(6–7), 493-520. Baden-Fuller, C., & Morgan, M. S. (2010). Business models as models. *Long Range Planning*, 43(2–3), 156–171. Timmers, P. (1998). Business models for electronic markets. *Electronic Markets*, 8(2), 3–8. Zott, C., & Amit, R. (2010). Designing your future business model: An activity system perspective. *Long Range Planning*, 43(2–3), 216–226. Teece, D. J. (2010). Business models, business strategy and innovation. *Long Range Planning*, 43(2–3), 172–194.

3 For more on business model innovation, please see: Chesbrough, H. W. (2010). Business model innovation: Opportunities and barriers. *Long Range Planning*, 43(2–3): 354–363. Yip, G. (2004). Using strategy to change your business model. *Business Strategy Review*, 15(2), 17–24. Osterwalder, A., & Pigneur, Y. (2010). *Business Model Generation*. Wiley: New York. Sosna, M., Trevinyo-Rodríguez, R. N., & Velamuri, S. R. (2010). Business models innovation through trial-and-error learning: The Naturhouse case. *Long Range Planning*, 43(2–3), 383–407. McGrath, R. G. (2010). Business models: A discovery driven approach. Long Range Planning, 43(2–3), 247–261. Gambardella, A., & McGahan, A. M. (2010). Business model innovation: General purpose technologies and their implications for industry structure. *Long Range Planning*, 43(2–3), 262–271.

4 Chesbrough, H. W., & Rosenbloom, R. S. (2002). The role of the business model in capturing value from innovation: Evidence from Xerox Corporation's technology spin-off companies. *Industrial and Corporate Change*, 11(3), 529–555.

5 For more on the components of a business model, please see: Zott, C., Amit, R., & Massa, L. (2011). The business model: Recent developments and future research. *Journal of Management*, 37(4), 1019–1042. Bonaccorsi, A., Giannangeli, S., & Rossi, C. (2006). Entry strategies under competing standards: Hybrid business models in the open source software industry. *Management Science*, 52(7), 1085–1098. Morris, M., Schindehutte, M., & Allen, J. (2005). The entrepreneur's business model: Toward a unified perspective. *Journal of Business Research*, 58(6), 726–735. Casadesus-Masanell, R., & Ricart, J. E. (2010). From strategy to business models and to tactics. *Long Range Planning*, 43(2–3), 195–215. Clemons, E. K. (2009). Business models for monetizing internet applications and websites: Experience, theory and predictions. *Journal of Management Information Systems*, 26(2), 15–41. Magretta, J. (2002). Why business models matter. *Harvard Business Review*, 80(5), 86–92. Markides, C., & Charitou, C. D. (2004). Competing with dual business models: A contingency approach. *Academy of Management Executive*, 18(3): 22–36.

6 Afuah, A. N. (2004). *Business Models: A Strategic Management Approach*. McGraw-Hill: New York.

7 Brandenburger, A., & Nalebuff, B. (1996). *Co-opetition*. New York: Double Day.
Afuah, A. N. (2000). How much do your co-opetitors' capabilities matter in the face of technological change? *Strategic Management Journal*, March, Special Issue, 21, 387–404.

8 Porter, M. E. (1985). *Competitive Advantage: Creating and Sustaining Superior Performance*. New York: Free Press.

9 Porter, M. E. (1985). *Competitive Advantage: Creating and Sustaining Superior Performance*. New York: Free Press.

10 Afuah, A., & Tucci, C. L. (2001). *Internet Business Models and Strategies: Text and Cases*. New York: McGraw-Hill. Chesbrough, H. W., & Rosenbloom, R. S. (2002). The role of the business model in capturing value from innovation: Evidence from Xerox Corporation's technology spin-off companies. *Industrial and Corporate Change*, 11(3), 529–555. Osterwalder, A., & Pigneur, Y. (2010). *Business Model Generation*. New York: Wiley.

11 Parker, G., & Van Alstyne, M. (2005). Two-sided network effects: A theory of information product design. *Management Science*, 51(10), 1494–1504. Brousseau, E., & Penard, T. (2006). The economics of digital business models: A framework for analyzing the economics of platforms. *Review of Network Economics*, 6(2), 81–110. Eisenmann, T. R., Parker, G., & van Alstyne, M. (2006). Strategies for two-sided markets. *Harvard Business Review*, 84(10), 92–101.

12 von Hippel, E. (2005). *Democratizing Innovation*. Cambridge, MA: MIT Press.

13 Clemons, E. K. (2009). Business models for monetizing internet applications and websites: Experience, theory and predictions. *Journal of Management Information Systems*, 26(2), 15–41. Rappa, M. (2001). Business models on the web: Managing the digital enterprise. Retrieved July 31, 2013 from digitalenterprise.org/models/models.html.

14 Tripsas, M. (2009). Technology, identity, and inertia through the lens of "The Digital Photography Company". *Organization Science*, 20(2), 441–460.

15 Afuah, A. N. (2003). *Innovation Management: Strategies, Implementation, and Profits*. New York: Oxford University Press. Afuah, A. N. (1999). Strategies to turn adversity into profits. *Sloan Management Review*, 40(2), 99–109.

16 Afuah, A. N. (2003). *Innovation Management: Strategies, Implementation, and Profits*. New York: Oxford University Press. Afuah, A. N. (1999). Strategies to turn adversity into profits. *Sloan Management Review*, 40(2), 99–109.

17 Afuah, A. N. (2003). *Innovation Management: Strategies, Implementation, and Profits*. New York: Oxford University Press. Afuah, A. N. (1999). Strategies to turn adversity into profits. *Sloan Management Review*, 40(2), 99–109.

18 Williamson, O. E. (2002). The theory of the firm as governance structure: From choice to contract. *Journal of Economic Perspectives*, 16(3), 171–195.

19 Barney, J. B. (1991). Firm resources and sustained competitive advantage. *Journal of Management*, 17(1), 99–120. Peteraf, M. A. (1993). The cornerstones of competitive advantage: A resource-based view. *Strategic Management Journal*, 14(3), 179–191. Barney, J. B., & Hesterly, W. S. (2011). *Strategic Management and Competitive Advantage: Concepts*. Upper Saddle River, NJ: Pearson Education. Penrose, E. T. (1959). *The Theory of the Growth of the Firm*. New York: Wiley. Amit, R., & Schoemaker, P. J. H. (1993). Strategic assets and organizational rent. *Strategic Management Journal*, 14(1), 33–46. Mahoney, J. T., & Pandian, J. R. (1992). The resource-based view within the conversation of strategic management. *Strategic Management Journal*, 15(5), 363–380. Teece, D. J., Pisano, G., & Shuen, A. (1997). Dynamic capabilities and strategic management. *Strategic Management Journal*, 18(7), 509–533. Eisenhardt, K. M., & Martin, J. A. (2000). Dynamic capabilities: What are they? *Strategic Management Journal*, 22(10–11), 1105–1121.

20 Afuah, A. N. (2002). Mapping technological capabilities into product markets and competitive advantage: The case of cholesterol drugs. *Strategic Management Journal*, 23(2), 171–179. Henderson, R. M., & Cockburn, I. (1994). Measuring competence? Exploring firm effects in pharmaceutical research. *Strategic Management Journal*, 15 (Winter special issue), 63–84.

21 Rost, K. (2011). The strength of strong ties in the creation of innovation. *Research Policy*, 40(4), 588–604. Reagans, R., & McEvily, B. (2003). Network structure and knowledge transfer: the effects of cohesion and range. *Administrative Science Quarterly*, 48(2), 240–267. Perry-Smith, J. E., & Shalley, C. E. (2003). The social side of creativity: A static and dynamic social network perspective. *Academy of Management Review*, 28(1), 89–106. Adler, P. S., & Kwon, S. W. (2002). Social capital: prospects for a new concept. *Academy of Management Review*, 27(1), 17–40. Burt, R. S. (1997). The contingent value of social capital. *Administrative Sciences Quarterly*, 42(2), 339–365. Zott, C., & Amit, R. (2009). The business model as the engine of network-based strategies. In P. R. Kleindorfer & Y. J Wind (eds.), *The Network Challenge*: 259–275. Upper Saddle River, NJ: Wharton School Publishing. Atuahene-Gima, K., & Murray, J. Y. (2007). Exploratory and exploitative learning in new product development: A social capital perspective on new technology ventures in China. *Journal of International Marketing*, 15(2), 1–29.

22 Hansen, M. T. (1999). The search-transfer problem: The role of weak ties in sharing knowledge across organizational subunits. *Administrative Sciences Quarterly*, 44(1), 82–111. Afuah, A. N. (2013). Are network effects all about size? The role of structure and conduct. *Strategic Management Journal*, 34(3), 257–273.

23 Afuah, A. (2004). *Business Models: A Strategic Management Approach.* New York: Irwin/McGraw-Hill. Zott, C., & Amit, R. (2010). Designing your future business model: An activity system perspective. *Long Range Planning,* 43(2–3), 216–226. Amit, R., & Zott, C. (2001). Value creation in e-business. *Strategic Management Journal,* 22(6–7), 493–520. Zott, C., & Amit, R. (2007). Business model design and the performance of entrepreneurial firms. *Organization Science,* 18(2), 181–199.

24 Stabell, C. B., & Fjeldstad, O. D. (1998). Configuring value for competitive advantage: On chains, shops, and networks. *Strategic Management Journal,* 19(5), 413–437.

25 Sheremata, W. A. (2004). Competing through innovation in network markets: Strategies for challengers. *Academy of Management Review,* 29(3), 359–377. Schilling, M. A. (2002). Technology success and failure in winner-take-all markets: The impact of learning orientation, timing, and network effects. *Academy of Management Journal,* 45(2), 387–398. Gawer, A., & Cusumano, M. A. (2008). How companies become platform leaders. *MIT Sloan Management Review,* 49(2), 28–35.

26 Zott, C., & Amit, R. (2007). Business model design and the performance of entrepreneurial firms. *Organization Science,* 18(2), 181–199. Zott, C., & Amit, R. (2008). The fit between product market strategy and business model: Implications for firm performance. *Strategic Management Journal,* 29(1), 1–26.

27 Rivkin, J. (2000). Imitation of complex strategies. *Management Science,* 46(6), 824–844. Porter, M. E. (1996). What is strategy?, *Harvard Business Review,* 74(6), 61–78.

28 Leonard-Barton, D. (1992). Core capabilities and core rigidities: a paradox in managing new product development. *Strategic Management Journal,* 13 (Summer Special Issue), 111–125. Gargiulo, M., & Benassi, M. (2000). Trapped in your own net: Network cohesion, structural holes, and the adaptation of social capital. *Organization Science,* 11(2), 183–196. Uzzi, B. (1997). Social structure and competition in interfirm networks: The paradox of embeddedness. *Administrative Science Quarterly,* 42(1), 35–67. Atuahene-Gima, K. (2005). Resolving the capability-rigidity paradox in new product innovation. *Journal of Marketing,* 69(4), 61–83.

29 Chesbrough, H. W., & Rosenbloom, R. S. (2002). The role of the business model in capturing value from innovation: Evidence from Xerox Corporation's technology spin-off companies. *Industrial and Corporate Change,* 11(3), 529–555.

30 Tripsas, M., & Gavetti, G. (2000). Capabilities, cognition, and inertia: Evidence from digital imaging. *Strategic Management Journal,* 21(10–11), 1147–1161.
    Tripsas, M. (2009). Technology, identity, and inertia through the lens of "The Digital Photography Company". *Organization Science,* 20(2), 441–460.

31 The rest of what follows draws heavily from Chapter 1 of: Afuah, A. N. (2009). *Strategic Innovation: New Game Strategies for Competitive Advantage.* New York: Routledge.

32 These two variables come from the two major views of strategy: The competitive positioning (product–market–positions) view and the resource-based view. See, for example: Porter, M. E. (1996). What is strategy? *Harvard Business Review,* 74(6), 61–78. Peteraf, M. A., & Barney, J. B. (2003). Unraveling the resource-based tangle. *Managerial and Decision Economics,* 24(4), 309–323.

33 Tripsas, M. (2009). Technology, identity, and inertia through the lens of "The Digital Photography Company". *Organization Science,* 20(2), 441–460.

34 This terminology builds on the classifications in the seminal paper: Abernathy, W., & Clark, K. B. (1985). Mapping the winds of creative destruction. *Research Policy,* 14(1), 3–22.

35 Tushman, M. L., & Anderson, P. (1986). Technological discontinuities and organizational environments. *Administrative Science Quarterly,* 31(3), 439–465.

36 Tushman, M. L., & Anderson, P. (1986). Technological discontinuities and organizational environments. *Administrative Science Quarterly,* 31(3), 439–465. Hill, C. W. L., & Rothaermel. T. T. (2003). The performance of incumbent firms in the face of radical technological innovation. *Academy of Management Review.* 28(2), 257–274. Henderson, R., & Clark, K. B. (1990). Architectural innovation: The reconfiguration of existing product technologies and the failure of established firms. *Administrative Sciences Quarterly,* 35(1): 9–30.

37 Afuah, A. N. (2000). How much do your co-opetitors' capabilities matter in the face of technological change? *Strategic Management Journal,* March, Special Issue, 21, 387–404.

38 This process is similar to the business model canvas process detailed by Professor Yves Pigneur of the University of Lausanne and Dr. Alexander Osterwalder Strategyzer. However, there are some important differences between the two processes that we will point out as we go along. See: Osterwalder, A., & Pigneur, Y. (2010). *Business Model Generation.* New York: Wiley.

39 Fried, V. (2011). Federal higher education policy and the profitable nonprofits. *Policy Analysis,* 678, Cato Institute. Fried, V. (2011). Opportunities for efficiency and innovation: A primer on how to cut college costs.

Future of American Education Project. American Enterprise Institute.

40 *The Economist.* (2011). How to make college cheaper. Retrieved August 4, 2013, from www.economist.com/node/18926009?story_id=18926009.

41 Afuah, A. N. (2013). The theoretical basis of a framework for assessing the profitability potential of a business model. Working paper, Stephen M. Ross School of Business at the University of Michigan.

비즈니스 모델 혁신에 대한 수익성 평가

학습목표

- 가치성, 적응성, 희소성, 모방불가성, 수익성으로 구성된 VARIM 프레임워크의 근거들을 이해할 수 있다.
- 비즈니스 모델의 잠재적 수익성을 평가할 수 있다.
- VARIM 프레임워크를 적용하여 주력 제품, 자원, 활동, 전략, 비즈니스 모델 단위, 새로운 비즈니스 등에 대한 잠재적 수익성을 평가할 수 있다.

서론

제1장에서는 비즈니스 모델의 구성요소들을 살펴보고, 조직이 기존의 비즈니스 모델이나 새로운 비즈니스 모델에 대한 초상화를 어떻게 그려낼 수 있는지에 대해 간단히 논의하였다. 이제 다음의 질문을 생각해보자. 어떤 조직의 비즈니스 모델이 성공작인지 실패작인지를 어떻게 얘기할 수 있을까? 이 장에서는 비즈니스 모델 또는 비즈니스 모델 혁신에 대한 잠재적 수익성을 평가하는 데 사용될 수 있는 프레임워크를 제시함으로써 이 질문에 대한 답을 제공하고자 한다.

VARIM 프레임워크

비즈니스 모델의 잠재적 수익성을 평가하기 위한 VARIM(**V**alue, **A**daptability, **R**areness, **I**nimitability, **M**onetization)(가치성, 적응성, 희소성, 모방불가성, 수익성) 프레임워크의 요소들은 그림 2.1에서 볼 수 있다. 이 모델은 수익성을 결정짓는 역량 속성들을 탐색해 온 전략경영의 이론[1] — 자원 기반 관점(resource-based view), 경쟁 포지셔닝(제품 – 시장 – 포지션) 관점(competitive positioning view), 동적 역량 관점(dynamic capabilities view) — 을 기반으로 도출되었다. 이러한 이론들에 따르면 역량의 네 가지 특성이 기업의 예상되는 수익성을 결정짓는데, 그 특성들은 바로 가치성, 적응성, 희소성, 모방불가성이다. 제1장에서 보았듯이 역량은 비즈니스 모델의 핵심요소이므로 비즈니스 모델의 잠재적 수익성을 측정하는 데 이러한 네 가지 특성을 이용할 수 있다. 즉, 우리는 이러한 특성들 — 가치성, 적응성, 희소성, 모방불가성 — 이 각각 수익성에 미치는 영향을 살펴봄으로써 비즈니스 모델의 잠재적 수익성을 평가할 수 있다.[2] 좀 더 구체적으로 말하면, 우리는 다음과 같은 질문들에 대한 대답을 통해 각각의 속성들이 수익성에 미치는 영향을 평가할 수 있다는 것이다.

가치성(Value) : 이 비즈니스 모델은 고객이 가치 있게 느끼는 혜택을 제공하는가?

적응성(Adaptability) : 이 비즈니스 모델 — 또는 이것의 핵심적인 부분 — 은 고객들이 가치 있게 느끼는 혜택을 제공할 수 있도록 비용 대비 효과적으로 재구성 또는 재배치되어 있는가?

희소성(Rareness) : 이 기업은 고객에게 혜택을 제공하는 유일한 기업인가? 그렇지 않다면 이 기업이 제공하는 혜택의 수준은 경쟁자의 수준보다 더 높은가?

모방불가성(Inimitability) : 그 혜택은 다른 기업들이 모방하거나 대체하거나 또는 능가하기가 어려운가?

수익성(Monetization) : 이 기업은 고객에게 혜택을 제공함으로써 수익을 올리고 있거나 올리게 될 것 같은가?

이와 같은 VARIM 프레임워크의 요소들은 그림 2.1에서 볼 수 있으며 더 자세한 내용은 아래 설명에서 볼 수 있다. 그러나 각각의 요소에 대한 자세한 설명에 들어가기 전에, 우선 이 프레임워크를 뒷받침하는 근거들을 살펴보자.

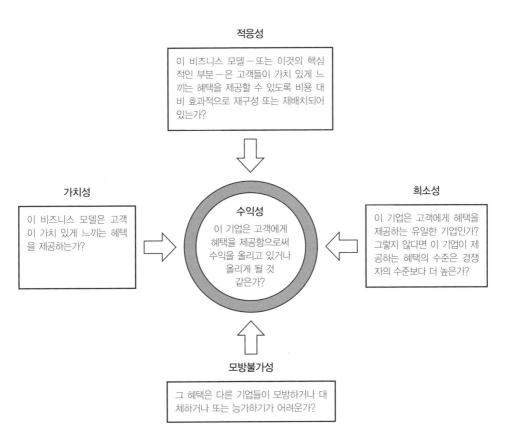

그림 2.1　VARIM 프레임워크의 요소

VARIM 프레임워크의 근거

비즈니스 모델은 돈을 벌기 위한 프레임워크이며 돈은 고객으로부터 나오기 때문에, 비즈니스 모델은 고객이 지불하고자 할 정도로 가치를 느낄 수 있는 혜택을 고객에게 제공해야 한다. 따라서 비즈니스 모델은 고객이 어느 정도나 가치를 느낄 수 있는지를 평가하는 가치성 요소를 고려해야 한다. 끊임없이 변화하는 세상에서 비즈니스 모델은 변화하는 고객의 니즈를 만족시키고, 새로운 시장에 대응하고, 기술혁신과 같은 도전 과제 등을 만족시키는 데 필요한 유연성을 가져야 한다. 이러한 점 때문에 고객이 가치를 느낄 수 있는 혜택을 제공하는 데 있어 — 특히 변화에 직면해서 — 비즈니스 모델 또는 이것의 핵심적인 부분들을 비용 대비 효과적으로 재구성 또는 재배치할 수 있는 적응성 요소를 고려할 필요가 있다.[3]

고객이 가치를 느끼는 혜택을 제공하는 것은 매우 중요하다. 그러나 모든 업체들이 같은 수준의 혜택을 제공한다면, 고객들은 굳이 여러분의 회사에 돈을 지출할 이유가 없을 것이다. 이러한 맥락에서 평가 프레임워크의 희소성 요소는 고객이 지속적으로 그 혜택을 구매할 정도로 다른 곳에서는 그 혜택을 찾기 어렵다는 점을 확인하는 역할을 해야 한다. 오늘은 찾기 힘든 혜택이라 해도 그것이 모방되거나 대체되거나 능가될 수 있다면, 내일은 그렇지 않을 것이다. 따라서 고객 혜택이 모방되거나 대체되거나 능가되기 어려운 정도를 의미하는 **모방불가성** 요소가 프레임워크의 한 요소로 다루어질 필요가 있다. 이는 고객이 가치를 느끼는 것을 제공하는 것만으로는 수익 창출을 보장할 수 없다는 의미이다. 기업이 돈을 벌기 위해서는 제공하는 혜택에 대해 가격을 잘 책정하고, 제대로 된 수익 원천을 공략하며, 매력적인 시장에서 자리매김을 잘하는 것 등이 요구된다. 이를테면 어떤 기업이 가격을 너무 높게 책정한다면, 이는 고객들을 멀리 쫓아버리는 결과를 초래하게 될 것이다. 만약 어떤 기업이 어떤 전략적 동기도 없이 가격을 너무 낮게 책정한다면, 그 기업은 불필요하게 돈을 버리는 상황을 초래하게 될 것이다. 따라서 수익성은 VARIM 프레임워크의 한 요소로 다루어질 필요가 있는 것이다. 이제 이러한 요소들 각각에 대해 자세히 살펴보자.

가치성

돈은 고객으로부터 나오는데, 제품이 고객의 니즈를 만족시킬 때에만 고객은 지속적으로 그 제품을 구매할 것이다. 따라서 시장에서 돈을 벌기 위한 필수 조건은 고객이 가치 있게 느끼는 혜택을 제공하는 것이다. 즉, 가치성은 다음과 같은 질문과 관련된다. 비즈니스 모델은 고객이 가치 있게 느끼는 혜택을 제공하는가? 대답이 "예"라면, 그 기업은 지금까지 해오고 있는 것을 더욱 강화시키고자 할 것이다. 그러나 대답이 "아니요"라면, 그 기업은 상황을 반전시키기 위한 어떤 행위를 강구해야 할 것이다. 비즈니스 모델이 고객이 가치를 느끼는 혜택을 얼마나 잘 제공하는지를 측정할 수 있는 척도로는 고객 만족도와 충성도, 시장점유율, 경쟁사와 차별화될 수 있는 혜택, 고객들이 인식하는 평판/이미지를 고려할 수 있다(표 2.1).[4]

이러한 척도들은 다음과 같은 두 가지 이유로 인해 보완되거나 더욱 적합한 것들로 대체될 수 있다. 첫째, 스타트업과 같이 아직 초창기 단계에 있는 기업의 경우, 아직 제품을 출시하지 못한 상태에 머물러 있을 수 있다. 둘째, 이러한 척도들을 통해 데이터를 수집하고 해석하는 것은 신뢰성이 보장되지 않을 수 있다. 따라서 무엇을 바탕으로

표 2.1 비즈니스 모델에 대한 VARIM 프레임워크 평가 척도의 예

요소	핵심 질문	척도(예)
가치성	이 비즈니스 모델은 고객이 가치 있게 느끼는 혜택을 제공하는가?	• 고객 만족도와 충성도 • 시장점유율 • 경쟁사와 차별화될 수 있는 혜택 • 고객들이 인식하는 평판/이미지 • 자원의 품질 • 활동의 품질
적응성	이 비즈니스 모델—또는 이것의 핵심적인 부분—은 고객들이 가치 있게 느끼는 혜택을 제공할 수 있도록 비용 대비 효과적으로 재구성 또는 재배치되어 있는가?	• 기업에 제공하는 신제품(혜택)의 수와 다양성 • 고객이 인식하는 혜택의 향상 수준 • 신제품으로부터의 수익 • 가치 있는 역량들의 유연성
희소성	이 기업은 고객에게 혜택을 제공하는 유일한 기업인가? 그렇지 않다면 이 기업이 제공하는 혜택의 수준은 경쟁자의 수준보다 더 높은가?	• 경쟁자나 대체재업자의 수 • 경쟁자들의 제품과 비교할 때 혜택의 상대적 수준
모방불가성	그 혜택은 다른 기업들이 모방하거나 대체하거나 또는 능가하기가 어려운가?	• 모방자들의 수 • 자원의 모방불가성 • 활동의 모방불가성
수익성	이 기업은 고객에게 혜택을 제공함으로써 수익을 올리고 있거나 올리게 될 것 같은가?	• 매출이익률 또는 여타의 수익성 척도 • 적절한 가격결정 • 보완적 자산의 중요성과 가치성 • 높은 지불의사를 가진 고객들의 수 • 수익 원천들의 수와 품질 • 비용 구조 • 산업 매력도와 산업 내 기업 포지션

이러한 척도들이 도출되었는지, 즉 비즈니스 모델로 하여금 고객이 가치를 느낄 수 있는 혜택을 제공하도록 만드는 것들은 무엇인지를 살펴볼 필요가 있다. 고객이 혜택의 가치를 느끼는 정도는 기반 역량—그 혜택의 토대가 되는 자원과 활동으로 구성되는—의 품질에 따라 달라진다. 다시 말해 기업이 보유하고 있거나 사용할 수 있는 자원의 품질과 기업이 수행하는 활동 체계의 품질이 고객에게 제공되는 혜택의 품질에 많은 영향을 미친다는 것이다.

자원의 품질

제약업종의 어떤 스타트업이 인용빈도가 높은 특허를 가지고 있거나 새로운 회사들을 성공적으로 출범시킨 기록을 가지고 있는 창립자들에 의해 만들어졌다면, 이 회사는 그러한 창립자들을 가지고 있지 못한 스타트업에 비해 새로운 질병 치료제를 성공적

으로 개발해낼 가능성이 높을 것으로 기대할 수 있다. 유명 브랜드는 비유명 브랜드에 비해 높은 지불의사를 가진 세분 시장에서 관심을 끌 가능성이 더욱 높다. 잠재고객들이 구독료(또는 정기 이용료) 수익 모델을 가진 어떤 회사에 대해 그 회사가 돈을 챙겨 중간에 사라지지 않을 것이라고 믿을 정도의 평판을 가지고 있다면, 그 회사의 비즈니스 모델은 효과적으로 작동할 가능성이 더 높다. 또한 고객들이 구입하고 있는 제품이 네트워크 효과를 가지고 있다면, 네트워크의 규모가 클수록 그 네트워크의 멤버들이 얻을 수 있는 가치도 커지므로, 고객들은 가장 큰 네트워크를 보유한 회사를 선호하게 될 것이다. 예를 들어, 어떤 워드프로세서 소프트웨어에 의해 생성된 워드 파일이 소수가 아니라 다수의 사용자들에 의해 열리고, 읽히고, 수정될 수 있다면, 그 제품의 사용자 네트워크를 구성하고 있는 멤버들은 그 소프트웨어로부터 더욱 큰 가치를 얻을 수 있게 된다.

활동의 품질

기업이 수행하는 활동의 품질은 해당 비즈니스 모델로부터 기대할 수 있는 고객 혜택의 유형을 가늠할 수 있게 해준다. 복잡한 주요(1급) 공항이 아닌 2급 공항에서만 운영되는 어떤 항공사의 활동들을 보면, 여러 가지 유형의 비행기 ─ 보잉 737이나 에어버스 A320s ─ 를 두루 다루지 않고 오직 한 가지 기종만 다루고 있으며, 직원들 간의 저비용 문화를 함양하고, 저비용 전략과 일관성을 보여주고 있다. 이러한 항공사는 결국 가격에 신경 쓰지 않는 고객들이 아니라 검소한 고객들에게 더욱 어필할 것이다.[5]

또한 비즈니스 모델이 산업의 가치를 주도하는 요인들을 활용할 때 더욱 향상된 고객 혜택을 제공할 수 있다. 따라서 비즈니스 모델의 이러한 능력은 고객이 가치를 발견할 수 있는 혜택을 제공하는 정도를 측정할 수 있는 척도로 활용될 수 있다. 산업의 가치 주도 요인은 산업에 특화된 요인으로서 고객들이 원하는 혜택이나 그 혜택이 제공하는 가격, 그 혜택의 품질과 그 혜택을 원하는 고객들의 수, 또는 여타의 수익성 주도 요인들에 상당한 영향을 미칠 수 있다. 예를 들어 오프라인 소매점과 관련하여 위치는 해당 산업의 가치성을 주도하는 요인이 될 수 있는데, 그 이유는 위치 요인이 물건을 사고자 하는 고객들의 수와 유형, 그곳에서 일하고자 하는 직원들의 유형, 경쟁자들의 수와 유형, 운영비용, 소매점 공간비용, 제공될 수 있는 서비스 유형, 가능한 가격 등에 영향을 미칠 수 있기 때문이다. 따라서 적합한 위치를 선정한 기업은 해당 업계의 가치성 주도 요인을 활용하고 있는 것이라 할 수 있다. 이에 관한 예로는 월마트가 저비용을 유지하고 충성고객들을 확장하기 위해 미국 남서부의 소도시들로 진출한 것을 들수 있다.

닌텐도의 Wii 비즈니스 모델이 멋지게 작동했던 이유는, 그것이 마이크로칩에 대한 업계의 가치성 주도 요인—급격하게 떨어진 마이크로칩 가격—을 활용했기 때문이다. 닌텐도는 나온 지 3년이 된 칩을 콘솔에 사용했는데, 그 칩의 가격은 소니나 마이크로소프트가 사용했던 당시의 최신 칩보다 가격이 70% 이상 저렴했다. 닌텐도의 콘솔 제작비용은 경쟁사들의 콘솔보다 훨씬 더 저렴했고 수익을 낼 수 있었지만, 경쟁사들은 게임과 온라인 게임 판매로 수익을 기대하면서 자신들의 콘솔에 대해 적자를 감수했다.

적응성

오늘날과 같이 글로벌화가 심화되고 기술이 빠르게 발전하는 시대에서는 고객들의 니즈가 쉽게 변화될 수 있고, 기업은 해외 고객들을 확보할 수 있고, 기술 혁신은 고객들에게 탁월한 혜택을 제공할 수 있는 강력한 방법들을 제공할 수 있다. VARIM 프레임워크의 적응성 요소는 비즈니스 모델이 고객의 새로운 니즈—특히 변화에 직면하여—를 만족시키는 정도에 관한 것이다. 보다 구체적으로 설명하면 적응성 요소는 다음과 같은 질문에 관한 것이라 할 수 있다. 이 비즈니스 모델—또는 이것의 핵심적인 부분—은 고객들이 가치 있게 느끼는 혜택을 제공할 수 있도록 비용 대비 효과적으로 재구성 또는 재배치되어 있는가?

조직의 역량은 비즈니스 모델의 핵심요소이므로 역량의 적응성을 살펴봄으로써 비즈니스 모델의 적응성에 대한 유용한 정보들을 많이 얻을 수 있다.[6] 역량에 대한 얘기는 자원에 관한 것부터 시작해 보자. 브랜드, 유통채널, 진열공간 등을 비롯한 자원들은 종종 서로 다른 여러 제품에 걸쳐 또는 동일 제품의 경우에는 새로운 모델이나 버전에 걸쳐 사용된다. 어떤 기술 자원들은 소위 역량-파괴 혁신(competence-destroying innovation)이 그 기술 자원들을 진부하게 만들 때까지 제품의 다양한 세대들에 걸쳐 사용되기도 한다. 컴퓨터나 스마트폰의 운영체제와 같이 시간이 흘러도 여러 플랫폼에 걸쳐 지속적으로 사용되는 것들을 종종 볼 수 있다. 경우에 따라서는 하나의 자원이 또 다른 시장에도 투입될 수도 있다. 흔히 볼 수 있는 예로는 혼다(Honda)의 엔진 역량을 들 수 있는데, 이 역량은 혼다의 일반 자동차뿐만 아니라 잔디 깎는 기계, 오토바이, 발전기, 산악용 운송수단, 해상용 운송수난 등에도 활용된다.

자원과 마찬가지로 가치 사슬상의 다양한 활동들도 다양한 제품들이나 동일 제품의 여러 세대에 걸쳐 재구성되거나 재배치될 수 있다. 예컨대 제품을 쉽게 사용하는 데 초점을 맞춘 애플의 디자인 활동들은 여러 세대의 제품들과 여러 제품 라인들에 걸쳐 적용되어 왔다.

지금까지 비즈니스 모델의 핵심 요소인 역량의 높은 적응성이 어떻게 모델의 잠재적 수익성을 높일 수 있는지 논의하였다. 그러나 어떤 변화와 마주할 때, 어떤 역량들은 가치 창출과 확보를 위해 비용 대비 효과적으로 재배치되거나 재구성될 수 없어서 결국 진부한 것으로 취급받게 된다. 더욱 중요한 점은 이러한 역량들이 심지어는 새로운 비즈니스 모델을 추진하는 데 있어 장애가 될 수도 있다는 점이다.[7] 예를 들어, 넷플릭스(Netflix)는 블록버스터(Blockbuster)의 브릭앤모타르 영화 서비스 모델—온라인 서비스 모델을 겸비한—을 공략했는데, 블록버스터는 이에 대해 자신의 온라인 모델로 대응하기로 결정했다. 그러나 블록버스터의 브릭앤모타르 상점들—브릭앤모타르 비즈니스 모델에서 자산으로 여겨졌던—이 넷플릭스와의 싸움을 위해 만들어진 온라인 모델에게는 장애물이 되어 갔다. 비용이 많이 소모되는 소매점을 필요로 하지 않았던 넷플릭스와 경쟁을 해야 하는 블록버스터의 입장에서는 자신의 오프라인 소매점들에 들어가는 비용이 너무 큰 부담 요소로 작용하였던 것이다. 그 결과 결국 블록버스터는 파산에 이르게 되었다.

또 다른 예로는 PC 업계와 관련하여 과거 델과 컴팩의 시대를 들 수 있다. 델은 고객으로부터 직접 주문을 받아 생산하고 전달하는 주문생산(build-to-order) 모델을 따른 반면, 컴팩은 제품을 생산한 이후 유통업체들을 통해 제품을 판매하는 전통적인 계획생산(build-to-stock) 모델을 따랐다. 컴팩이 계획생산 모델을 접고 주문생산 모델을 따르기로 결정했을 때, 컴팩과 관련된 유통업체들은 컴팩이 고객에게 직접 팔면, 자신들은 컴팩의 어떠한 제품도 유통시키지 않을 것이라고 주장하면서 결국 컴팩이 양다리 걸치기를 할 수 없을 거라고 말했다. 컴팩은 유통업체들의 비협조로 수익을 잃게 되고 이로 인해 회사가 망할까 두려워, 결국 주문생산 모델을 포기하지 않을 수 없었다.

또 다른 예로는 코닥의 면도기–면도날 수익 모델을 들 수 있는데, 이 모델은 과거 코닥이 화학/필름 사진기술 시장의 왕좌를 차지하고 있을 때에는 멋지게 발휘되었지만, 디지털 사진 시대를 맞이해서는 가치를 창출하고 확보하기 위한 노력에 장애요소로 작용하였다.[8] 결국 면도기–면도날 모델은 코닥의 파산을 초래하는 역할을 했다.

비즈니스 모델의 수익성을 평가하는 데 있어 적응성 관점에서 제시될 수 있는 질문은 다음과 같다. 이 비즈니스 모델―또는 이것의 핵심적인 부분―이 고객들이 가치 있게 느끼는 혜택을 제공할 수 있도록 비용 대비 효과적으로 재구성 또는 재배치되어 있는가? 만약 대답이 "예"라면, 그 기업은 그러한 비즈니스 모델의 핵심요소들을 더욱 강화시키고 싶어 할 수도 있다. 그러나 대답이 "아니요"라면, 그 기업은 비즈니스 모델의 역량들이 가치 창출 및 확보에 지장을 주는지 그리고 이러한 곤경에서 빠져나오기 위해서는 어떤 행위를 해야 하는지에 대해서 알고 싶어 할 것이다.

보다 표면적인 수준에서 보면 적응성에 대해 사용 가능한 세 가지 척도는 다음과 같다: (1) 기업이 이미 제공할 수 있는 능력을 가진 신제품(또는 혜택)의 개수와 다양성, (2) 고객들이 인식하는 혜택의 '증진' 정도, (3) 신제품들로부터 얻는 수익 규모. 이들 척도 외에 역량의 유연성과 관련된 척도들도 고려할 수 있다.[9]

희소성

가치성과 적응성의 수준이 높은 비즈니스 모델들은 고객들에게 그들이 원하는 것을 제공할 수 있지만―특히 주요한 변화에 직면하여―다른 기업들이 고객들에게 동일한 혜택을 제공한다면 해당 기업은 큰 수익을 거두기가 어려울 것이다. 그러나 해당 기업의 비즈니스 모델이 고객들에게 원하는 것을 제공할 수 있는 유일한 기업이라면, 그 기업은 경쟁이 없고 고객들의 관심을 크게 받을 수 있어 큰 수익을 거둘 가능성이 높다. 만약 다른 기업들이 동일한 유형의 혜택을 제공하지만 해당 기업이 제공하는 혜택의 수준이 더 높다면, 그 기업은 자사가 제공하는 혜택의 장점을 활용하여 경쟁사들보다 고객의 관심을 더 끌 수 있어 수익 창출이 가능하다. 또한, 해당 기업의 혜택과 경쟁사들의 혜택 간에 존재하는 수준 차이가 작고 경쟁사도 몇 안 되는 경우, 그 기업이 적절한 전략을 사용하기만 한다면 수익을 창출할 수 있다. 코카콜라와 펩시콜라가 오랜 기간 동안 아주 잘 해오고 있는 탄산음료 산업의 경우를 보라.

실질적으로 비즈니스 모델의 수익성을 평가하는 데 있어 고려할 만한 중요한 실문은, 해당 기업이 고객에게 혜택을 제공하는 유일한 기업인가이다. 그렇지 않다면 그 기업이 제공하는 혜택의 수준은 경쟁사의 혜택 수준보다 더 높은가라는 질문을 고려할 필요가 있다. 이에 대한 대답은 동일한 유형의 혜택 또는 대체재를 제공하는 다른 기업들의 수를 단순히 집계하거나 각 경쟁사나 대체재가 제공하는 혜택 간의 수준 차이를 관찰함으로써 얻을 수 있다. 대상 기업이 "예"라고 대답한다면, 그 기업의 비즈니스 모델은 수익성이 높다는 것을 의미하며, 따라서 그 기업은 그러한 혜택의 특성을 제공하는 비즈니스 모델의 관련 부분들을 강화시키고 싶어 할 것이다. 대답이 "아니요"라면, 그 기업은 자신이 고객들에게 제공하는 혜택을 증진시키기는 데 필요한 경쟁력 있는 조치들을 취하고자 할 것이다.

모방불가성

어떤 기업의 비즈니스 모델이 희소성 있는 혜택을 고객들에게 제공할 수 있고 그 모델의 적응성 또한 높다면, 그 기업은 그 혜택이 모방되거나, 대체되거나, 능가되지 않는 한 계속해서 수익을 창출할 수 있을 것이다. 즉, 혜택의 모방불가성, 대체불가성, 도약 가능성들 또한 기업이 추구해야 할 중요한 요인들인 것이다. 모방, 도약, 대체의 가장 주요한 원천 두 가지는 기술 혁신과 글로벌화다. 그동안 이미 기존에 구축된 경쟁우위들을 와해시켜 온 많은 기술 혁신들을 보라. 이러한 위협들을 고려할 때 비즈니스 모델의 잠재적 수익성을 평가하는 데 있어 중요한 질문 하나는 다음과 같다. 그 혜택은 다른 기업들이 모방하거나 대체하거나 또는 능가하기가 어려운가? 대답이 "예"라면, 그 기업은 수익을 창출해 나갈 가능성이 높고 비즈니스 모델의 관련 부분을 더 강화시켜 나가고 싶어 할 것이다. 대답이 "아니요"라면, 그 기업은 더 나은 대안들에 대한 추진 가능성을 살펴볼 것이다. 이러한 대안들을 추진하는 데 있어 중요한 점은 모방성이 항상 나쁜 것만은 아니라는 것이다. 종종 일부 경쟁자들은 시장과 이윤을 증대시키는 데 도움이 되기도 한다. 코카콜라와 펩시콜라 사례를 보라.

　기업이 지속되는 모방자들과 대체재업자들의 위협으로부터 벗어나기 위해서는 자신이 고객들에게 제공하는 혜택이 어느 정도나 모방, 대체, 능가될 수 있는지를 이해할 필요가 있고, 이를 위해서는 고객 혜택의 기반이 되는 역량들을 분석할 수도 있을 것이다. 우리는 이러한 혜택이 어떤 자원들과 활동들로부터 나오는지 고려할 필요가 있다. 복잡한 관계들뿐만 아니라 보호된 지적자산으로부터 직접 나오는 혜택들은 모방하기 어려울 것이다. 예를 들어, 마이크로소프트의 제품들을 뒷받침하는 마이크로코드(microcode)* 와 제품들의 룩앤필(look and feel)** 은 저작권과 상표법을 통해 보호받는다. 마이크로소프트는 다수의 PC 제조업체, 휴대용 기기 제작업체, 자신의 소프트웨어가 돌아가는 여타의 플랫폼 소유업체들, 그리고 오랜 기간에 걸쳐 자신의 소프트웨

----

* 　역주 : 중앙처리장치(CPU)나 각종 제어장치를 제어하는 명령어 집합
** 　역주 : 컴퓨터 사용자가 어떻게 행위를 해야 하는지 알 수 있게 해주는 컴퓨터 화면의 아이콘이나 메뉴와 같은 사용자 환경

어 사용법을 익힘으로써 전환비용을 축적해 온 개인 사용자들과 기업들로 구성된 거대한 네트워크 등을 대상으로 자사의 제품이나 서비스를 모방하기 어렵도록 하는 관계를 구축해 왔다.

고객들이 평가하는 혜택이 어떤 체계를 통해 나오고 그 체계가 다수의 상호작용하는 요소들을 포함하고 있다면, 그러한 시스템은 모방되기가 매우 어려울 것이다.[10] 또한, 기업이 자신의 지적자산에 대해 특허를 받고 그러한 지적자산을 침해하는 대상에 대해 보복함으로써 잠재적 모방자들에게 자신은 그 어떤 침해자들과도 싸울 것이라는 점을 알리는 효과를 얻을 수 있다.[11]

수익성

비즈니스 모델이 수익을 올리기 위해서는 고객의 니즈를 다른 경쟁자들보다 더 잘 만족시켜 줄 수 있는 고객 혜택을 제공하는 것이 필요하긴 하지만, 그것이 충분조건은 아니다. 이 외에도 수익성에 영향을 미치는 요인들은 많다.[12] 첫째, 혜택에 대한 적정 가격을 들 수 있다. 기업이 전략적 동기도 없이 가격을 너무 낮게 책정한다면, 이는 돈을 낭비하는 것이다. 만약 가격을 너무 높게 책정한다면, 고객들을 쫓아버리는 불필요한 결과를 초래할 수 있다. 결국 기업이 돈을 벌기 위해서는 효과적인 가격 정책을 세워야 한다는 것이다. 둘째, 높은 지불의사를 가진 다수의 고객들을 확보할 필요가 있다. 단순 계산으로 봐도 기업이 높은 지불의사를 가진 고객들을 많이 보유할수록 수익에 바람직한 결과를 얻을 수 있을 것이다. 셋째, 수익 모델을 들 수 있다. 비즈니스 모델의 다른 요소들과 잘 연동되는 수익 모델을 선택하는 것은 수익성 증대의 가능성을 높여준다. 예를 들어, 잠재고객들이 어떤 회사의 서비스를 사용하는 동안 그 회사가 중간에 사라지는 일은 없을 거라고 믿을 수 있을 정도로 그 기업의 인지도가 높다면, 그 회사의 구독료(또는 정기 이용료) 수익 모델은 그 회사에 기여할 가능성이 높다. 넷째, 고객들에 대한 혜택을 제공하는 데 드는 비용이다. 고객들이 원하는 혜택을 제공하고 여타의 가치를 창출 및 확보하는 데 비용이 많이 든다면, 그 회사는 아마 제대로 수익을 낼수 없을 것이다. 따라서 기업은 비즈니스 모델이 수익을 내는 데 드는 비용을 낮게 유지할 필요가 있다. 다섯째, 보완적 자산을 들 수 있다. 기업이 비즈니스 모델을 수행하기 위해서는 이에 필요한 적절한 보완적 자산을 갖추어야 한다.

결국 기업이 매력적인 산업에서 좋은 포지션을 차지하지 못하면, 그 기업의 협력경쟁자들(coopetitors)이 더 높은 시장점유율을 확보하게 되면서 그 기업의 수익은 감소될 것이다.[13] 예를 들어, 어떤 기업의 공급자들이 그 기업에 대해 강력한 협상력을 가지고 있다면, 공급자들은 자신들이 제공하는 투입물에 대해 더 높은 가격을 부과함으로써 그 기업의 비용을 증가시키게 될 것이고, 결국 그 기업은 자신이 얻을 수 있었던 수익의 상당 부분을 공급자들에게 빼앗기는 결과를 맞이하게 될 것이다. 한편 고객들이 그 기업에 대해 강력한 협상력을 가지고 있는 경우에는, 그 기업은 가격 인하를 요구하는 압력을 통해 자신이 얻을 수 있었던 수익의 상당 부분을 잃게 될 수 있다.

실질적으로 비즈니스 모델의 수익성을 평가하는 데 있어 고려할 만한 중요한 질문은, 해당 기업이 고객들에게 혜택을 제공함으로써 수익을 창출하거나 또는 곧 그렇게 될 것 같은가이다. 이에 대한 대답은 매출이익률에서 자본이익률에 이르기까지의 다양한 수익성 기준을 통해 제시될 수 있다. 이러한 기준 외에도 해당 기업은 자신이 적정한 가격 전략을 가지고 있는지, 높은 지불의사를 가진 고객들을 많이 보유하고 있는지, 저비용 구조를 가지고 있는지, 그리고 목표 산업에서 잘 자리매김하고 있는지 등 (표 2.1)을 따져볼 필요가 있다. 그리고 이 과정에서 그 기업은 자신의 비즈니스 모델의 약점을 개선시키고 자신이 이미 잘하고 있는 것을 더 잘하기 위해서 앞으로 무엇을 해야 하는지 결정할 수 있을 것이다.

사례 1 : 구글의 2013년 검색 비즈니스 모델에 대한 평가

여러분이 구글의 비즈니스 모델에 대한 평가를 요청 받았다고 가정해보자. 여러분은 이를 어떤 방식으로 수행하겠는가? 여러분이 이미 구글의 비즈니스 모델에 대해 알고 있다면, 바로 평가를 시작할 수 있을 것이다. 그렇지 않다면 여러분은 평가에 들어가기에 앞서서 구글의 비즈니스 모델에 대한 초상화를 그려보고자 할 것이다.

구글의 비즈니스 모델에 대한 초상화

여러분은 제1장에서 설명한 비즈니스 모델 발견 프로세스를 이용하여 구글의 비즈니스 모델에 대한 초상화를 그릴 수 있다. 비즈니스 모델 발견 프로세스에서 비즈니스 모델에 대한 초상화는 대상 모델이 승자인지 패자인지에 관한 판단 없이, 비즈니스 모델이 단순히 묘사되기만 하면 된다. 구글의 비즈니스 모델에 대한 초상화는 그림 2.2와 같다.

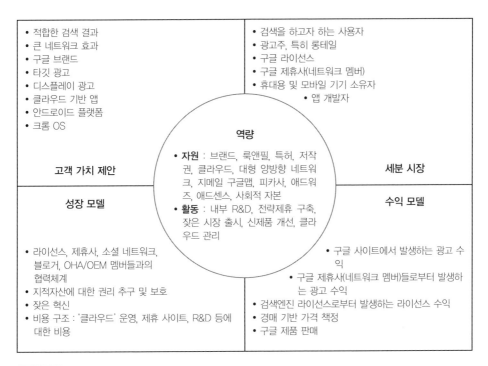

고객 가치 제안
- 적합한 검색 결과
- 큰 네트워크 효과
- 구글 브랜드
- 타깃 광고
- 디스플레이 광고
- 클라우드 기반 앱
- 안드로이드 플랫폼
- 크롬 OS

세분 시장
- 검색을 하고자 하는 사용자
- 광고주, 특히 롱테일
- 구글 라이선스
- 구글 제휴사(네트워크 멤버)
- 휴대용 및 모바일 기기 소유자
  - 앱 개발자

역량
- **자원** : 브랜드, 룩앤필, 특허, 저작권, 클라우드, 대형 양방향 네트워크, 지메일 구글맵, 피카사, 애드워즈, 애드센스, 사회적 자본
- **활동** : 내부 R&D, 전략제휴 구축, 잦은 시장 출시, 신제품 개선, 클라우드 관리

성장 모델
- 라이선스, 제휴사, 소셜 네트워크, 블로거, OHA/OEM 멤버들과의 협력체계
- 지적자산에 대한 권리 추구 및 보호
- 잦은 혁신
- 비용 구조 : '클라우드' 운영, 제휴 사이트, R&D 등에 대한 비용

수익 모델
- 구글 사이트에서 발생하는 광고 수익
- 구글 제휴사(네트워크 멤버)들로부터 발생하는 광고 수익
- 검색엔진 라이선스로부터 발생하는 라이선스 수익
- 경매 기반 가격 책정
- 구글 제품 판매

그림 2.2　구글의 검색 비즈니스 모델에 대한 초상화

구글의 비즈니스 모델에 대한 평가

VARIM 프레임워크를 활용하여 구글의 비즈니스 모델의 잠재적 수익성을 평가한 내용은 다음과 같다.

가치성 : 구글의 검색 비즈니스 모델은 고객들이 가치 있다고 느끼는 혜택을 제공하는가? 이에 대한 대답은 "예"이다. 2013년 구글은 검색 비즈니스 영역의 다른 고객들을 끌어올 수 있는 뭔가를 제공했다. 즉, 구글은 검색을 수행하는 인터넷 사용자들을 대상으로 텍스트, 오디오, 비디오, 블로그, 뉴스, 지도 등과 같은 형태의 결과들을 사용자들이 빠르고 적합하고 광범위하게 느낄 수 있도록 제공했다. 광고주들은 검색자들에게 적합한 것으로 생각하는 핵심 검색 단어들에 대한 가격 제안을 평가하고 자신이 선택한 제안에 따라 지불했다. 광고주에 대한 링크들은 검색 결과의 위, 아래 또는 측면에 게시되었는데, 가끔은 '스폰서 광고(sponsored ads)'*** 라는 제목과 함께 제시되기도

*** 역주 : 광고주가 일반 광고에 비해 더 많은 비용을 세공함으로써 검색엔지 상단, 즉 눈에 잘 띄는 위치에 게시되는 광고를 의미한다.

하였다.

또한 구글의 고객들은 검색자들과 광고주들 간의 양방향 기업 네트워크에서 나오는 네트워크 효과에 대해서도 평가했다. 웹사이트에서는 검색하는 사람이 많을수록 누군가 그 사이트에 게재된 광고를 클릭할 가능성이 더 높아진다. 게다가 광고주가 많을수록 쇼핑하는 사람들이 원하는 것을 찾아낼 가능성도 더 높아지는데, 이렇게 될수록 그 웹사이트는 온라인 쇼퍼들에게 더 가치가 높아진다. (웹 검색의 40%가 제품이나 서비스 제공자에 대한 정보를 얻기 위해 이루어지며,[14] 온라인 구매의 70%는 이러한 검색을 거쳐 이루어지는 것으로 조사된 바 있다.[15])

구글 검색엔진은 스폰서 광고의 노출을 강화시키기 위해 제휴사들 — 구글이 네트워크 멤버라 부르는 — 에서도 사용되었다. 즉, 제휴사 웹사이트에 구글의 검색엔진 기능을 삽입함으로써, 제휴사 사이트의 방문자가 이를 통해 검색을 할 때 구글 사이트에서와 마찬가지로 동일한 스폰서 광고들이 나타날 수 있도록 했던 것이다. 이러한 스폰서 광고의 광고주들은 자신의 광고가 노출된 제휴사에게도 광고비를 지불했고, 그 제휴사는 받은 광고비의 일부를 구글에게 지불했다. 구글은 제휴사들에게 자신의 검색엔진을 이용하여 검색을 수행할 수 있는 권한을 주었던 것이다.

구글의 이러한 혜택을 고객은 얼마나 가치 있는 것으로 느꼈을까? 2013년 검색 시장에서 마이크로소프트가 17%, 야후가 11.8%의 점유율을 보인 반면, 구글은 67%의 점유율을 보였다. 구글의 브랜드 랭킹은 세계 100대 브랜드 중 애플에 이어 2위를 차지했다. 구글의 고객 만족도는 매우 높았다. 이미 오래전 무엇인가를 '복사하다'라는 의미로 "제록스하다"라는 표현이 사용된 것과 마찬가지로, "구글하다"라는 이름 자체는 이미 많은 고객들에게 '구글로 검색하다'라는 의미로 동사화되어 있었다.

구글의 검색 비즈니스 모델이 고객들이 가치 있게 인식하는 혜택에 얼마나 많이 기여하는지를 측정하는 기준에는 앞에서 언급한 것들과 같이 직접적으로 측정 가능한 척도 외에도 정량화하기 어려운 다른 척도들을 더 찾아볼 수 있다. 예를 들어, 검색엔진 시장의 세 가지 산업 가치성 주도 요인을 그 척도로 들 수 있는데, 첫째는 검색 결과가 제시되는 속도, 둘째는 질의에 대한 결과의 적합성, 셋째는 검색의 포괄성이다. 구글은 이러한 가치성 주도 요인들을 이용하여 페이지랭크(PageRank)와 같은 알고리즘을 개발했는데, 이것은 검색엔진으로 하여금 적합한 것으로 인식할 만한 수준의 검색 결과를 만들어내고 이것을 빠르게 전달할 수 있도록 해주는 역할을 한다.

구글 웹사이트의 룩앤필 또한 고객들의 관심을 끌어오는 데 기여했다. 구글은 롱테일 영역의 고객들에 대해서도 초점을 맞춤으로써, 과거 브릭앤모타르 세상에서 광고를 노출시키기 어려웠던 많은 사람들까지도 고객으로 만들 수 있었다. 종합적으로 말하면, 구글은 일부 높은 지불의사를 가진 광고주들을 포함하여 더 많은 광고주들과 연결되고 있었다는 것이다.

적응성 : 구글의 검색 비즈니스 모델―또는 이것의 핵심적인 부분―은 고객들이 가치 있게 느끼는 혜택을 제공할 수 있도록 비용대비 효과적으로 재구성 또는 재배치되어 있는가? 이에 대한 대답은 "예"이다. 구글은 지속적으로 자신의 검색 비즈니스를 혁신시키고, 검색 알고리즘을 개선시키며, 제품들을 다른 플랫폼에 접목시키고, 다양한 유형의 광고들을 실험하고 있었다. 예를 들어, 구글은 고객들이 구글 검색에서 느끼는 혜택과 광고주들이 구글에 게시하는 광고 효과를 증대시킬 수 있는 새로운 서비스를 제공하기 위해 오랜 시간에 걸쳐 페이지랭크 및 애드센스와 같은 역량들을 검색 비즈니스 모델의 여러 부분에 반복적으로 재배치하고 있었다. 구글은 또한 데스크톱 컴퓨터에서 모바일 기기에 이르기까지 검색과 광고에 관한 지식들을 성공적으로 재구성하고 재배치하면서 빠르게 수익을 증대시키고 있었다. 구글의 브랜드, 룩앤필, 고객들과의 관계 등은 다른 플랫폼들과 시장들에 성공적으로 재배치되어 오고 있었다.

구글은 또한 엔지니어들이 신제품들을 다른 시장에 출시할 수 있도록 하는 방법들을 통해 혁신적인 기업이 되어 있었다. 예를 들어, 엔지니어들로 하여금 업무 시간의 20%를 자신이 선택한 프로젝트에 사용할 수 있도록 하는 등 다양한 활동을 통해, 구글은 다양한 영역에 걸쳐 더욱 혁신에 박차를 가해 왔다. 마침내 구글은 검색 시장 공간에 진입하고자 하는 기업들을 선제적으로 막거나 진입 자체를 지연시키려는 목적으로 다른 업체들에 대해 소송을 제기하기도 하였다. 그러나 구글이 급속한 기술 혁신과 같은 중요한 변화에 대응해서 자신의 역량들 중 어떤 것들을 성공적으로 재구성하거나 재배치할 수 있는지 계속해서 살펴볼 필요가 있다.

희소성 : 구글이 고객 혜택을 제공하는 유일한 기업인가? 그렇지 않다면 구글이 제공하는 혜택의 수준은 경쟁자들에 비해 높은가? 이에 대한 대답은 "아니요"이기도 하고 "예"이기도 하다. 2013년 구글은 고객들이 가치 있게 느끼는 혜택을 제공할 수 있는 검색 비즈니스 모델을 가진 유일한 기업은 아니었다. 마이크로소프트와 야후(Yahoo)는 자신들이 고객들에게 구글과 유사한 혜택을 제공하고 있다고 주장했다. 그러나 시장에서는 구글이 가진 역량의 수준이 경쟁사들의 수준보다 높은 것으로 인식되었다. 예를 들어, 많은 고객들은 구글의 검색 서비스를 다른 경쟁사들의 검색 서비스보다 더

신뢰할 만한 것으로 인식하고 있었다. 앞에서 언급했듯이 2012년 온라인 검색자들의 67%가 구글을 이용하고 있었다.

모방불가성 : 구글의 검색 비즈니스 모델을 다른 기업들이 모방하거나, 대체하거나 또는 능가하기가 어려운가? 대답은 "예"이기고 하고 "아니요"이기도 하다. 2013년 마이크로소프트와 야후가 구글과 견줄 만한 고객 혜택을 제공하긴 하였으나 구글의 수준이 더 높았다. 구글이 제공하는 가치를 모방하거나 그것을 능가하는 기업이 거의 없었던 이유는 구글의 지적자산 보호와 구글이 수행하는 활동 체계의 복잡성 때문이었다. 예를 들어, 구글의 룩앤필, 브랜드, 알고리즘을 보복 위협과 함께 뒷받침하는 저작권, 특허, 상표권, 거래기밀 때문에 다른 기업들은 구글의 비즈니스 모델을 모방할 수 없었다. 구글이 고객들에게 제시한 가치를 모방하기 위해서는 구글의 핵심 자원들뿐만 아니라 그 자원들을 구축하고 그것들이 고객들이 원하는 혜택으로 변환시키기 위해 수행되는 활동 체계들까지도 모방할 수 있어야 한다.

자원을 모방하는 데 따르는 또 다른 어려움은 사용자들과 광고주들로 구성된 대규모의 양향방 네트워크였다. 애드워즈 셀프서비스를 자신의 비즈니스 모델에 활용했던 업체들의 전환비용은 증대되고 있었다. 이와 마찬가지로 구글의 검색엔진과 애드센스 소프트웨어를 사용하는 제휴사들의 경우에도 전환비용이 증대되고 있었다. 전환비용이 가장 크게 발생하는 부분은 지메일(gmail)에 있었다. 일단 어떤 사람이 하나의 메일 시스템을 자주 사용하게 되면 그 메일 계정에 많은 이메일들이 쌓이게 되는데, 이로 인해 그 사람은 다른 메일 서비스로 옮겨가서 모든 것을 다시 시작하는 것이 매우 어려워질 것이다. 단지 구글에서 검색만 하려고 구글에 들어온 사람들의 전환비용은 상당히 낮았다. 그러나 소셜 네트워킹 사이트인 구글플러스(Google+)가 구축되었을 때 그것으로 인해서 발생되는 전환비용은 더욱 고착화될 조짐을 보였는데, 그 이유는 대규모의 네트워크에서 사회적 관계를 구축하고 구글의 클라우드에 개인 블로그, 문서, 사진, 비디오 등을 저장하는 일들이 수반되기 때문이었다.

수익성 : 구글은 고객에게 혜택을 제공함으로써 돈을 벌고 있거나 벌게 될 것 같은가? 대답은 "예"이다. 2012년 구글 검색 서비스의 전체 이익률은 63%였는데, 수익 구조를 보면 광고 수익이 전체 수익의 94.6%를 차지하고 있었다. 구글의 광고 수익의 연간 성장률은 20%였다.[16]

구글은 단순히 고객들에게 혜택을 제공하는 것을 넘어, 충분히 수익을 창출할 정도로 다른 일들도 잘했던 것이다. 구글의 검색 비즈니스 수익 모델은 광고였다. 검색을 하는 사람들은 돈을 지불하지 않았지만 광고주들은 돈을 지불했다. 구글은 잠재적 광고주들이 입찰을 통해 검색 결과의 상단이나 측면 또는 아래에 키워드를 제공하는 스폰서 광고를 수익 모델로 활용했다. 고객은 스폰서 광고의 키워드를 클릭하면 해당 광고주의 사이트로 가게 된다. 구글은 소위 클릭당 지불(pay-per-click, PPC) 또는 클릭당 비용(cost-per-click, CPC)이라는 모델도 사용하였는데, 이는 광고주가 고객이 해당 키워드를 실제 클릭했을 때에만 지불하는 방식이다. 이러한 모델들은 노출된 시간만큼 지불하는 디스플레이 또는 배너 광고와는 다른 방식의 모델이라 할 수 있다.

구글 검색 비즈니스의 주요한 수익 원천으로는 구글 사이트에 게시되는 광고, 제휴사의 사이트에 게시되는 광고, 라이선싱 수수료, 모바일 기기에 게시되는 광고 네 가지를 들 수 있다. 구글은 이 중 앞의 세 가지 수익 원천에 있어서는 업계에서 가장 앞서가고 있으며 네 번째 원천과 관련해서는 트위터를 추월하고 있는 것으로 보인다.

경매 원리에 따른 가격결정 방식은 고객의 최대 지불의사(유보가격)에 가장 근접할 수 있는 최고의 방법 중 하나다. 따라서 구글은 고객들의 유보가격에 가장 근접한 가격을 책정하기 위해 시장에서의 자신의 입지를 활용하여 광고주들이 키워드를 놓고 입찰에 응하도록 하고 있다.

광고주들은 구글 사이트나 제3의 제휴사 사이트 또는 컴퓨터 및 모바일 기기에 광고를 제공하고 있다. 이러한 광고주들은 매우 다양하다. 그러나 구글은 특이하게도 매우 소규모인 광고주들—소위 롱테일 광고주 범주에 해당하는—을 많이 가지고 있다. 이러한 광고주들은 보통 브릭앤모타르 세계에서는 광고를 하지 않는다. 각각의 소규모 광고주들로부터 얻을 수 있는 수익은 작지만, 이러한 롱테일로부터 얻는 수익을 모두 합치면 그 규모가 컸고, 구글은 애드워즈와 같은 셀프서비스를 이용하여 롱테일 광고주들에게 비용 대비 효과적인 서비스를 제공할 수 있었다. 또한 구글은 라이선스 시장—자신의 검색엔진의 이용 허가를 받은 조직들—으로부터도 수익을 얻을 수 있었다.

구글의 비용 구조는 투명하지 못했다. 그러나 구글이 초창기에 채택했던 일부 비용 정책들은 비용 감소에 상당한 효과가 있었음을 알 수 있다. 첫째, 구글은 검색엔진과 스폰서 광고 분야에서 2인자가 됨으로써 1인자가 시장과 기술의 불확실성을 줄이기 위해 지불해야 했던 비용을 절감할 수 있었다. 둘째, 구글은 초창기에 선 마이크로시스템즈(Sun Microsystems), HP의 서버들보다는 느렸지만 매우 저렴했던 인텔 마이크로프로세서 기반의 서버들을 사용했다. (인텔 마이크로프로세서 기반의 서버들은 나중에 결국 비용 절감 이상의 속도를 확보할 수 있게 되었다.) 서버들은 많은 열을 내는 과정에서 많은 양의 전기를 소모하기 때문에 구글은 서버들을 서늘한 장소에 두었다. 이러한 방식은 향후 소위 클라우드를 구축하고 싶어 하는 기업들이 고려할 만한 점이다. 이러한 조치는 구글이 비용을 줄이기 위해 취한 조치 중 일부라 할 수 있다.

검색 산업의 매력이 관심을 받는 동안 구글에 대한 새로운 진입자나 대체자의 위협은 낮았고, 시장의 경쟁은 치열하지 않았으며, 구글의 공급자들과 구매자들은 큰 힘을 발휘하지 못했다. 즉, 검색 비즈니스는 구글에게 매력적인 시장이었던 것이다. 그러나 하이테크 비즈니스라는 것이 결코 그 어느 누구도 오랫동안 편안함을 누릴 수 있는 영역은 아니다. 이러한 시각은 인텔의 CEO였던 앤디 그로브(Andy Grove)가 쓴 승자의 법칙(*Only the Paranoid Survive*)이라는 책에서 잘 묘사되고 있다.

혁신의 요소

지금까지 우리는 VARIM 프레임워크를 이용하여 비즈니스 모델을 평가해 왔다. 이 시점에서의 질문은 "비즈니스 모델 혁신은 어떻게 하는 것인가?"이다. '혁신'이란 단어는 뭔가 다른 방식으로 수행하는 것 또는 뭔가 다른 방식으로 수행한 결과물을 의미한다. 따라서 비즈니스 모델 혁신은 비즈니스 모델에 있어 뭔가 다른 방식으로 수행하는 것을 의미하거나 다른 방식으로 수행한 결과물로서 생성된 새로운 비즈니스 모델을 의미한다고 할 수 있다. 어떤 비즈니스 모델 혁신이 후자를 의미할 때, 우리는 VARIM 프레임워크를 이용하여 그것을 평가할 수 있다. 혁신이 전자를 의미한다면, 처음의 비즈니스 모델과 변화를 겪은 후의 비즈니스 모델 모두 VARIM 프레임워크를 이용하여 평가될 수 있는데, 이때 생성되는 두 가지 결과 간의 차이가 바로 혁신의 내용이 될 것이다.

VARIM 프레임워크의 활용

VARIM 프레임워크가 역량의 특성에 기반을 두고 있기 때문에 역량의 요소들과 그 역량들에 의존하는 개체들을 평가하는 데 사용될 수 있다. 이를테면 이 프레임워크는 브랜드, 제품, 특허, 인적자원 등에 대한 잠재적 수익성을 평가하는 데 활용될 수 있다. 또한 R&D, 제휴, 마케팅 등과 같은 행위들을 평가하는 데에도 활용될 수 있다. VARIM 프레임워크가 비즈니스 모델 외에도 다른 무엇인가에 어떻게 활용될 수 있는지, 그 예로써 제품에 관한 경우를 살펴보자.

제품

제품에 대한 잠재적 수익성을 평가를 목적으로 VARIM 프레임워크를 활용하기 위해서는 앞에서 했던 질문들을 다음과 같이 약간 변형할 필요가 있다.

- **가치성** : 해당 제품은 고객이 가치 있게 느끼는 혜택을 제공하는가?
- **적응성** : 해당 제품은 고객이 가치 있게 느끼는 혜택을 제공하는 데 있어 비용 대비 효과적으로 재구성되거나 재배치되어 있는가?
- **희소성** : 해당 제품은 고객에게 혜택을 제공하는 유일한 제품인가? 그렇지 않다면 해당 제품이 제공하는 혜택의 수준은 다른 경쟁사들의 제품보다 높은가?
- **모방불가성** : 다른 업체들이 해당 제품의 혜택을 모방하거나 대체하거나 또는 능가하기가 어려운가?
- **수익성** : 해당 기업은 혜택을 제공함으로써 수익을 올리고 있거나 올리게 될 것 같은가?

잠재적 수익성을 분석하기 위해 VARIM 프레임워크를 어떻게 활용할 수 있는지 보기 위해 다음의 사례를 살펴보자.

사례 : 2012년의 보톡스

보톡스는 엘러간(Allergan)사가 보톨리늄(botulinum) 제재에 붙인 상품명이다. 그것은 주름을 치료하는 데 사용된다. 2002년 보톡스는 미국 식품의약국(FDA)으로부터 주름 치료제에 대한 승인을 받았다. 2013년 6월경, 보톡스는 적어도 85개국 이상에 걸쳐 26가지 이상의 다른 증상 ─편두통 예방에서 요실금에 이르기까지─을 치료하는 데 사용되고 있었다. 보톡스가 가장 많이 활용되는 경우는 여전히 주름 치료였는데, 이 경우 보톡스는 약 6개월 정도 주름이 사라지게 하는 효과를 보여주지만, 그 이후에 고객은 다시 보톡스 시술을 다시 받아야 했다.

가치성 : 보톡스는 고객이 가치 있게 느끼는 혜택을 제공하는가? 대답은 "예"이다. 보톡스가 미국 FDA와 다른 나라들의 보건당국으로부터 승인을 받아 85개 국가에서 26가지 증상을 치료하는 데 사용되기 위해서는 그러한 증상들을 치료하는 데 상당한 효과를 내야만 한다. 보톡스의 고객들은 FDA, 흰지들을 대신해서 보톡스를 선택한 의사

들, 환자 자신들, 이렇게 크게 세 집단으로 나눌 수 있는데, 이들과 관련하여 많은 사람들이 보톡스를 선택하고 시술했다는 것 자체가 보톡스가 고객들에게 그들이 가치 있게 느끼는 혜택을 제공했다는 증거가 된다.

적응성 : 보톡스는 고객이 가치 있게 느끼는 혜택을 제공하는 데 있어 비용 대비 효과적으로 재구성되거나 재배치되어 있는가? 대답은 "예"이다. 많은 증상들에 대해 보톡스의 효과가 입증된 점을 고려할 때, 이 약제는 다양한 시장에서 중요한 기여를 할 수 있도록 재구성되고 재배치된 것으로 볼 수 있다. (만약 이 약제가 특정 질병에 대해서만 유용한 것으로 입증된 상태라면, 또 다른 긴 승인 프로세스를 성공적으로 통과하기 전까지는 다른 분야의 시장에서 판매될 수 없었을 것이다.)

희소성 : 보톡스는 고객에게 혜택을 제공하는 유일한 제품인가? 그렇지 않다면 해당 제품이 제공하는 혜택의 수준은 다른 경쟁사들의 제품보다 높은가? 대답은 "예"이기도 하고 "아니요"이기도 하다. 보톡스는 2013년 미국에서 주름 제거에 사용되어 왔던 다른 2개의 보툴리늄 성분 경쟁사인 디스포트(Dysport)[렐록신(Reloxin)으로도 알려진]와 엑소민(Xeomin)과 경쟁하고 있었다. 게다가 소위 진피충전제(dermal filler)라는 것도 주름 시술에 사용되고 있었다. 그러나 이러한 경쟁 또는 대체 제품들은 주름 또는 다른 여러 증상으로 고통받는 사람들의 니즈를 충족시키는 데 있어서 보톡스만큼 효과가 좋지 못한 것으로 인식되고 있었다. 더욱 중요한 것은 여러 시장에서 보톡스의 독점적 파워를 약화시킬 만한 경쟁자가 없었다는 점이다. 사실 보톡스의 용도가 인정받은 25개의 분야 중 상당 부분에서 보톡스가 유일하게 효과를 가진 약이었던 것이다.

모방불가성 : 다른 업체들이 보톡스의 혜택을 모방하거나 대체하거나 또는 능가하기가 어려운가? 대답은 "예"이다. 엘러간은 보톡스의 비법을 뒷받침해주는 지식을 보호하기 위해 특허를 내지 않기로 결정했다. (미국에서 특허 소유자는 일반적으로 관련 지식을 공개하는 것을 조건으로 일정 기간 동안 발명이나 발견 결과에 대한 독점적 사용권을 부여 받는다.) 따라서 보톡스를 모방하기가 어려웠던 것이다. 그러나 이미 앞에서 보았듯이, 적어도 2개의 회사가 경쟁 제품들을 시장에 출시하는 데 성공했다. 그럼에도 불구하고 보톡스는 여전히 이러한 경쟁사들의 제품보다 더 우수한 것으로 인식되었다. 미래에는 더 많은 기업들이 보톡스를 모방할 가성이 있다. 이 외에 미용 성형외과를 포함한 대체재업자도 존재한다. 게다가 기술 혁신 시대를 맞아 보톡스를 능가하는 신기술이 나올 가능성도 배재할 수 없다. 그러나 사람들에게 얼굴이 얼마나 중요한지—특히 주름을 제거하고 싶어 하는 사람들에게 있어서—를 고려할 때, 아주 강력한

이유 없이는 보톡스 사용자들과 의사들이 보톡스의 경쟁사들로 옮겨갈 가능성은 매우 희박하다. 이 외에도 보톡스는 장기간에 걸쳐 축적된 대용량의 데이터를 가지고 있었던 데 반해 다른 신약들은 그렇지 못했다.

수익성 : 엘러간은 혜택을 제공함으로써 수익을 창출하고 있거나, 아니면 곧 수익을 창출할 준비가 되어 있는가? 대답은 "예"이다. 2013년을 기준으로 볼 때 엘러간은 보톡스라는 강력한 브랜드를 이미 구축한 상태였고, 진료 시 보톡스를 요구하는 많은 고객들을 이미 확보한 상태였다. 결과적으로 엘러간은 의사들에 대해 파워를 가지고 있던 것이다. 특히 보톡스가 FDA 승인을 막 취득한 직후 생성된 새로운 시장에는 경쟁자가 거의 없었다. 2002년 보톡스 한 병을 생산하는 데 40달러의 비용이 들었지만, 이것을 엘러간은 의사들에게 400달러에 팔았다. 의사들은 고객들에게 보톡스 한 명을 주사해주고 약 2,800달러를 받았다.[17] 즉, 보톡스는 주름 시장에서 유리한 위치를 점하고 있었고, 엘러간은 이러한 위치를 활용하여 수익을 올리고 있었던 것이다. 엘러간이 제약품에 일반적으로 적용되는 소위 스키밍(skimming)이라 불리는 가격 전략을 사용했는지에 대해서 학생들의 의견은 보통 양분되었다. (스키밍 가격 전략이란 어떤 기업이 가격 탄력성과 경쟁이 없는 시장에서 가격을 높게 책정함으로써 고객으로부터의 수익을 최대로 얻어가는 전략을 의미한다.) 결국 나중에 경쟁자들이 시장에 진입하면, 그때 가서 기존 세력은 가격을 낮출 수도 있다(그러나 이는 경쟁자를 내쫓기 위한 의도는 아니다). 보톡스의 가격이 높다고 생각하는 학생들은 엘러간이 스키밍 전략을 사용한 것이며, 이는 당시 상황에서 적합한 전략이었다고 판단한다. 반면, 보톡스의 가격이 너무 낮다고 생각하는 학생들은 스키밍 전략과 일치하는 수준으로 가격을 높여야 했다고 주장한다.

VARIM 프레임워크는 언제 활용할 수 있는가

이 질문은 비즈니스 모델이나 제품 또는 브랜드의 잠재적 수익성에 대한 분석은 언제 필요한지, 그리고 결과적으로 이러한 분석에 VARIM 프레임워크를 사용할 수 있는지를 물어보는 것이다.

비즈니스 모델 혁신의 결과 비교

조직이 비즈니스 모델을 생성할 때 추가하거나 뺄 것이 무엇인지 그리고 언제 중단해야 할지를 알기 위해서는 그 모델을 평가할 수 있어야 한다. 이러한 평가를 위해서는 기존 비즈니스 모델의 잠재적 수익성과 새로운 비즈니스 모델의 잠재적 수익성을 비교하는 것이 중요한데, VARIM 프레임워크가 바로 이러한 작업에 유용하게 활용될 수 있다. 이 프레임워크는 일반적으로 비즈니스 전략, 비즈니스 단위, 브랜드, 제품, 기업 전략, 기술, R&D 전략, 파트너십, 획득, 세분 시장 등에 관한 잠재적 수익성을 상이한 시나리오를 바탕으로 비교할 때 사용될 수 있다.

주요 의사결정

기업가, 벤처캐피털, 투자가 등을 비롯한 여타의 이해관계자들은 관심 기업이 추구하고자 하는 비즈니스 모델 혁신의 잠재적 수익성에 관심이 있을 것이다. "측정할 수 없는 것은 관리할 수 없다."라는 격언이 사실인 만큼이나, 각각의 이해관계자들은 그 비즈니스 모델이 얼마나 잘하고 있는지 측정하거나 더 잘하기 위해서는 어떻게 해야 하는지를 판단할 필요가 있다. 어떤 활동들을 수행해야 할지, 어떤 역량들을 구축하거나 촉진시켜야 할지, 비즈니스 모델의 어떤 요소에 초점을 맞추어야 할지에 대한 의사결정을 할 때, 관리자는 어떤 대안들이 가치 창출 및 확보에 가장 크게 기여할지 그리고 어떻게 그렇게 될 수 있는지를 알 필요가 있다. 기업은 각각의 비즈니스 모델 대안들에 대한 잠재적 수익성을 평가함으로써 그 모델에 무엇이 포함되어야 할지에 대해 더욱 현명한 결정을 할 수 있다.

데이터에 대한 플랫폼 구성

성장/공유 매트릭스(growth/ share matrix)에서 포터(Porter)의 경쟁세력 모델(Five Forces model)에 이르는 대부분의 전략 프레임워크들과 마찬가지로, VARIM도 회의나 토론 등에서 데이터를 보여주면서 이슈나 질문 관련 생각을 쉽게 정리할 수 있도록 해주는 데 매우 유용하다.

전략 수립

전략 수립은 보통 전략 분석에서부터 시작된다. 기업은 자신이 도달하고자 하는 위치와 그곳에 도달하는 방법을 알기 위해 현재 자신의 위치—특히 경쟁자에 대한 상대적 위치—를 알아야 한다. 즉, 기업은 전략 수립 프로세스에 들어가기 전에 우선 현재의 비즈니스 모델/전략과 잠재적 수익성에 대해 이해할 필요가 있다. VARIM 분석은 현재의 비즈니스 모델/전략의 잠재적 수익성이 여러 시나리오하에서 어떻게 다른지 그리고 경쟁자들의 잠재적 수익성은 어떤지에 대해 분석하는 데 활용될 수 있다.

경쟁자 이해

경쟁자에 대한 분석은 경쟁자들의 제품이나 전략적 변화뿐만 아니라 비즈니스 모델에 대한 비교도 포함해야 한다. 또한, 이러한 비교 과정에서는 경쟁자의 비즈니스 모델 각각에 대한 평가도 이루어져야 한다.

비영리 조직 관리

VARIM 프레임워크는 비영리 조직의 잠재력을 평가하는 데에도 사용될 수 있다는 점에 주목할 필요가 있다. 그렇다, 바로 비영리 조직에 대해서! 왜냐고? 제1장에서 이미 보았듯이 비영리 조직 또한 가치를 창출해야—기부자들과 고객들에게 혜택을 제공하는 데 드는 비용을 초과하지 않는 범위에서 그들이 가치 있게 느끼는 무엇인가를 해야—하기 때문이다. 비영리 조직들도 돈을 벌어들이고 비용을 낮게 유지해야 한다. 즉, 그들은 가치를 '확보'해야 하는 것이다. 영리 조직과 비영리 조직 간의 주요한 차이점은 영리 조직은 자신의 수익을 기업의 소유자들에게 재분배하는 반면 비영리 조직은 '수익'을 수혜자들에게 재투자해야 한다는 점이다. 만약 어떤 비영리 조직이 가치를 창출하지 못한다면, 기부자들은 자신의 돈을 가치 창출 능력이 있는 다른 비영리 조직으로 가져갈 것이다. VARIM 프레임워크는 가치 창출과 확보를 다루는 것이므로 조직의 가치 창출 및 확보 능력을 평가하는 데 사용될 수 있다.

VARIM 프레임워크와 VRIO 프레임워크 간의 관계

이제 VARIM과 VRIO 프레임워크 간의 유사점과 차이점을 살펴보는 것으로 이 장을 마무리하고자 한다. VRIO는 가치성(Value), 희소성(Rarity), 모방불가성(Imitability), 조직(Organization)을 의미한다. VRIO 프레임워크는 유타대학교의 제이 바니(Jay Barney) 교수와 윌리엄 헤스털리(William Hesterly) 교수에 의해 개발되었는데, 이것은 바니 교수와 다른 학자들이 자원 기반 관점(resource-based view)에서 수행한 조기 연구를 기반으로 하고 있다.[18] VRIO와 VARIM 간의 유사점과 차이점들은 표 2.2[19]에 정리되어 있다. VRIO에서는 기업이 가치 있고 드물고 모방하는 데 비용이 많이 드는 자원을 가지고 있고 또한 그러한 자원을 활용할 수 있도록 조직화되어 있다면, 그 기업은 경쟁 우위를 지속적으로 유지할 수 있는 가능성이 높다.[20] 이 두 가지의 프레임워크는 모두 자원 기반 관점에 바탕을 두고 있다. 그러나 VARIM은 전략적 포지셔닝 관점(strategic positioning view)—경쟁 포지셔닝 관점(competitive positioning view) 또는 제품–시장–

표 2.2 VRIO 프레임워크와 VARIM 프레임워크 간의 유사점과 차이점

	VARIM		VRIO
가치성(Value)	비즈니스 모델은 고객이 가치 있게 느끼는 혜택을 제공하는가?	가치성(Value)	이 기업은 해당 자원/역량을 가지고 기회를 활용하거나 외부의 위협을 무력화시킬 수 있는가?
적응성 (Adaptability)	이 비즈니스 모델 ― 또는 이것의 핵심적인 부분 ― 은 고객들이 가치 있게 느끼는 혜택을 제공할 수 있도록 비용 대비 효과적으로 재구성 또는 재배치되어 있는가?	해당 없음	해당 없음
희소성 (Rareness)	이 기업은 고객에게 혜택을 제공하는 유일한 기업인가? 그렇지 않다면 이 기업이 제공하는 혜택의 수준은 경쟁자의 수준보다 더 높은가?	희소성(Rare)	해당 자원/역량을 관리할 수 있는 업체는 소수인가?
모방불가성 (Inimitability)	그 혜택은 다른 기업들이 모방하거나 대체하거나 또는 능가하기가 어려운가?	모방불가성 (Inimitable)	해당 자원/역량을 모방하기가 어려운가, 그리고 이것들을 획득하거나 개발하거나 복제하려는 기업에게는 상당한 비용 부담이 초래되는가?
수익성 (Monetization)	이 기업은 고객에게 혜택을 제공함으로써 수익을 올리고 있거나 올리게 될 것 같은가?	조직 (Organization)	이 기업은 해당 자원/역량을 활용할 수 있도록 조직화되고, 준비되고, 활용할 능력을 갖추고 있는가?

포지션 관점(product-market-position view)으로도 불리는 ― 에도 근간을 두고 있는데, 이것은 하버드대학교의 마이클 포터(Michael Porter) 교수에 의해 개척된 개념이다.[21] VARIM에서 M(Monetization, 수익성)은 해당 산업에서의 포지셔닝이 수익성에 미치는 영향을 포함한다.

이 두 가지 프레임워크 간의 또 다른 차이점은 분석 수준에서 찾아볼 수 있다. 가치성, 희소성, 모방불가성과 같은 세 가지 변수가 같긴 하지만, 그것들과 관련된 질문 자체는 다르다. 예를 들어, '가치성' 변수를 보면, VRIO에서의 질문은 "이 기업은 해당 자원/역량을 가지고 기회를 활용하거나 외부의 위협을 무력화시킬 수 있는가?"인 반면, VARIM에서는 "비즈니스 모델은 고객이 가치 있게 느끼는 혜택을 제공하는가?"와 같이 보다 실질적인 비즈니스 행위를 물어보고 있다. 또한 VARIM은 VRIO에는 없는 '적응성'이라는 요소를 추가적으로 포함하고 있다. 이 요소는 전략에 대한 동적 역량 관점(dynamic capabilities view)[22]에 기반한 것으로서, "비즈니스 모델 ― 또는 이것의 핵심적인 부분 ― 은 고객들이 가치 있게 느끼는 혜택을 제공할 수 있도록 비용 대비 효과

적으로 재구성 또는 재배치되어 있는가?"라는 질문을 통해, '변화'를 보다 직접적으로 다루는 역할을 한다. 이 요소는 상당히 중요한데, 특히 역량이 한때는 유용했을지라도 어떤 새로운 변화에 직면해서는 오히려 커다란 걸림돌이 될 수도 있다는 점을 강조하고 있다는 점에서 더욱 그러하다. '적응성' 요소는 혁명적인 비즈니스 모델 혁신을 마주하고 있는 기존의 관리자에게는 매우 부담스러운 요소가 될 수 있다.

핵심정리

- 여러 가지 이유들로 인해 — 그중 하나는 "측정할 수 없는 것은 관리할 수 없다."라는 사실 때문에 — 관리자들은 종종 비즈니스 모델의 잠재적 수익성에 대한 평가를 할 필요가 있다.
- VARIM[가치성(Value), 적응성(Adaptability), 희소성(Rareness,) 모방불가성(Inimitability), 수익성(Monetization)] 프레임워크는 비즈니스 모델, 제품, 브랜드, 핵심 인력, R&D 활동, 특허, 전략 제휴, 그룹 등으로 인한 잠재적 수익성을 평가하는 데 사용될 수 있다.
- 비즈니스 모델의 잠재적 수익성을 평가하기 위해서는 다음과 같은 질문들을 고려할 수 있다.
  - **가치성** : 이 비즈니스 모델은 고객이 가치 있게 느끼는 혜택을 제공하는가?
  - **적응성** : 이 비즈니스 모델 — 또는 이것의 핵심적인 부분 — 은 고객들이 가치 있게 느끼는 혜택을 제공할 수 있도록 비용 대비 효과적으로 재구성 또는 재배치되어 있는가?
  - **희소성** : 이 기업은 고객에게 혜택을 제공하는 유일한 기업인가? 그렇지 않다면 이 기업이 제공하는 혜택의 수준은 경쟁자의 수준보다 더 높은가?
  - **모방불가성** : 그 혜택은 다른 기업들이 모방하거나 대체하거나 또는 능가하기가 어려운가?
  - **수익성** : 이 기업은 고객에게 혜택을 제공함으로써 수익을 올리고 있거나 올리게 될 것 같은가?
- VARIM 모델은 세 가지 전략경영 이론 — 자원 기반 관점, 경쟁 포지셔닝(제품-시장-포지션) 관점, 동적 역량 관점 — 으로부터 도출되었다.
- 비즈니스 모델 혁신에 대한 잠재적 수익성에 대한 평가는 보통 혁신에 의한 변화가 수

반된 새로운 비즈니스 모델에 대한 잠재적 수익성을 의미한다.

■ VARIM 프레임워크를 이용하여 제품에 대한 잠재적 수익성을 평가할 때에는 비즈니스 모델에 대한 평가를 위한 질문과는 달리 다음과 같은 질문들을 고려할 수 있다.

- **가치성** : 해당 제품은 고객이 가치 있게 느끼는 혜택을 제공하는가?

- **적응성** : 해당 제품은 고객이 가치 있게 느끼는 혜택을 제공하는 데 있어 비용 대비 효과적으로 재구성되거나 재배치되어 있는가?

- **희소성** : 해당 제품은 고객에게 혜택을 제공하는 유일한 제품인가? 그렇지 않다면 해당 제품이 제공하는 혜택의 수준은 다른 경쟁사들의 제품보다 높은가?

- **모방불가성** : 다른 업체들이 해당 제품의 혜택을 모방하거나 대체하거나 또는 능가하기가 어려운가?

- **수익성** : 해당 기업은 혜택을 제공함으로써 수익을 올리고 있거나 올리게 될 것 같은가?

주석

1 This framework builds on the seminal work in this area done by:
   Barney, J. B. (1991). Firm resources and sustained competitive advantage. *Journal of Management*, 17(1), 99–120. Peteraf, M. A. (1993). The cornerstones of competitive advantage: A resource-based view. *Strategic Management Journal*, 14(3), 179–191. Barney, J. B., & Hesterly, W. S. (2011). *Strategic Management and Competitive Advantage: Concepts*. Upper Saddle River, NJ: Pearson Education. Penrose, E. T. (1959). *The Theory of the Growth of the Firm*. New York: Wiley. Amit, R., & Schoemaker, P. J. H. (1993). Strategic assets and organizational rent. *Strategic Management Journal*, 14(1), 33–46. Mahoney, J. T., & Pandian, J. R. (1992). The resource-based view within the conversation of strategic management. *Strategic Management Journal*, 15(5), 363–380. Teece, D. J., Pisano, G., & Shuen, A. (1997). Dynamic capabilities and strategic management. *Strategic Management Journal*, 18(7), 509–533. Eisenhardt, K. M., & Martin, J. A. (2000). Dynamic capabilities: What are they? *Strategic Management Journal*, 22(10–11), 1105–1121.

2 For more details, please see Afuah, A. N. (2013). The theoretical basis for a framework for appraising the profitability potential of a business model innovation. Working paper, Stephen M. Ross School of Business at the University of Michigan.

3 Helfat, C. E., & Winter, S. G. (2011). Untangling dynamic and operational capabilities: Strategy for the (n)ever-changing world. *Strategic Management Journal*, 32(11), 1243–1250. Teece, D. J., Pisano, G., & Shuen, A. (1997). Dynamic capabilities and strategic management. *Strategic Management Journal*, 18(7), 509–533. Eisenhardt, K. M., & Martin, J. A. (2000). Dynamic capabilities: What are they? *Strategic Management Journal*, 22(10–11), 1105–1121. Helfat, C. E. (1997). Know-how and asset complementarity and dynamic capability accumulation: the case of R&D. *Strategic Management Journal*, 18(5), 339–360. Foster, R. N., & Kaplan, S. (2001). *Creative Destruction: Why Companies that are Built to Last Underperform the Market and How to Successfully Transform Them*. New York: Doubleday/Currency.

4 For more measures, see Kaplan, R. S., & Norton, D. P. (1996). Using the balanced scorecard as a strategic management system, *Harvard Business Review* 74(1), 75–85.

5 Porter, M. E. (1996). What is Strategy? *Harvard Business Review*, 74(6), 61–78.

6 Helfat, C. E., & Winter, S. G. (2011). Untangling dynamic and operational capabilities: Strategy for the (n)ever-changing world. *Strategic Management Journal*, 32(11), 1243–1250. Teece, D. J., Pisano, G., & Shuen, A. (1997). Dynamic capabilities and strategic management. *Strategic Management Journal*, 18(7), 509–533. Eisenhardt,

K. M., & Martin, J. A. (2000). Dynamic capabilities: What are they? *Strategic Management Journal*, 22(10–11), 1105–1121. Helfat, C. E. (1997). Know-how and asset complementarity and dynamic capability accumulation: the case of R&D. *Strategic Management Journal*, 18(5), 339–360. Døving, E., & Gooderham, P. N. (2008). Dynamic capabilities as antecedents of the scope of related diversification: The case of small firm accountancy practices. *Strategic Management Journal*, 29(8): 841–857. Zott, C. (2003). Dynamic capabilities and the emergence of intraindustry differential firm performance: Insights from a simulation study. *Strategic Management Journal*, 24(1), 97–125. Teece, D. J. (2007). Explicating dynamic capabilities: The nature and microfoundations of (sustainable) enterprise performance. *Strategic Management Journal*, 28(13), 1319–1350. Sirmon, D. G., Hitt, M. A., & Ireland, R. D. (2007). Managing firm resources in dynamic environments to create value: Looking inside the black box. *Academy of Management Review*, 32(1), 273–292.

7   Leonard-Barton, D. (1992). Core capabilities and core rigidities: a paradox in managing new product development. *Strategic Management Journal*, 13 (Summer Special Issue), 111–125. Gargiulo, M. & Benassi, M. (2000). Trapped in your own net: Network cohesion, structural holes, and the adaptation of social capital. *Organization Science*, 11(2), 183–196. Uzzi, B. (1997). Social structure and competition in interfirm networks: The paradox of embeddedness. *Administrative Science Quarterly*, 42(1), 35–67. Atuahene-Gima, K. (2005). Resolving the capability-rigidity paradox in new product innovation. *Journal of Marketing*, 69(4), 61–83.

8   Tripsas, M. (2009). Technology, identity, and inertia through the lens of "The Digital Photography Company". *Organization Science*, 20(2), 441–460. Tripsas, M. & Gavetti, G. (2000). Capabilities, cognition, and inertia: Evidence from digital imaging. *Strategic Management Journal*, 21(10–11), 1147–1161.

9   Research in this area is still ongoing.

10   Rivkin, J. W. (2000). Imitation of complex strategies. *Management Science*, 46(6), 824–844. Porter, M. E. (1996). What is Strategy? *Harvard Business Review*, 74(6), 61–78.

11   Chen, M-J., Lin, H-C., & Michel, J. G. (2010). Navigating in a hypercompetitive environment: the roles of action aggressiveness and TMT integration. *Strategic Management Journal*, 31(13), 1410–1430.

12   Afuah, A. N. (2013). The theoretical basis for a framework for appraising the profitability potential of a business model innovation. Working paper, Stephen M. Ross School of Business at the University of Michigan.

13   Porter, M. E. (1996). What is strategy? *Harvard Business Review*, 74(6), 61–78.

14   Norris, S. (2003, November 1). Search engine consolidation, Revolution. Retrieved June 12, 2013 from www.brandrepublic.com/news/193503/

15   Bartley, C., & Weinstein, S. (November 4, 2003). High growth in search creates opportunities for niche players. *Pacific Crest Securities*, 2.

16   Accessed July 4, 2013 from http://investor.google.com/financial/tables.html.

17   Creager, E. (2002). Move over, Tupperware: Botox injections are the latest thing at home parties. Retrieved September 14, 2007 from www.woai.com/guides/beauty/story.aspx?content_id=16358daf-d7db-4ade-a757-9e8d7cf30212.

18   Barney, J. B., & Hesterly, W. S. (2011). *Strategic Management and Competitive Advantage: Concepts*. Upper Saddle River, NJ: Pearson Education. VRIO variables are derived from: Barney, J. B. (1991). Firm resources and sustained competitive advantage. *Journal of Management*, 17(1), 99–120. Peteraf, M. A. (1993). The cornerstones of competitive advantage: A resource-based view. *Strategic Management Journal*, 14(2), 179–199. Barney, J. B., & Hesterly, W. S. (2011). *Strategic Management and Competitive Advantage: Concepts*. Upper Saddle River, NJ: Pearson Education. Penrose, E.T., (1959). *The Theory of the Growth of the Firm*. New York: Wiley. Amit, R., & Schoemaker, P. J. H. 1993. Strategic assets and organizational rent. *Strategic Management Journal*, 14(1), 33–46. Mahoney, J. T., & Pandian, J. R. (1992). The resource-based view within the conversation of strategic management. *Strategic Management Journal*, 15(5), 363–380.

19   Afuah, A. N. (2013). The theoretical basis for a framework for appraising the profitability potential of a business model innovation. Working paper, Stephen M. Ross School of Business at the University of Michigan.

20   Barney, J. B., & Hesterly, W. S. (2011). *Strategic Management and Competitive Advantage: Concepts*. Upper Saddle River, NJ: Pearson Education.

21   Porter, M. E. (1996). What is strategy? *Harvard Business Review*, 74(6), 61–78. Porter, M. E. (1985). *Competitive Advantage: Creating and Sustaining Superior Performance*. New York: Free Press.

22   Helfat, C. E., & Winter, S. G. (2011). Untangling dynamic and operational capabilities: strategy for the (n)ever-changing world. *Strategic Management Journal*, 32(11), 1243–1250. Teece, D. J., Pisano, G., & Shuen, A. (1997).

Dynamic capabilities and strategic management. *Strategic Management Journal*, 18(7), 509–533. Eisenhardt, K. M., & Martin, J. A. (2000). Dynamic capabilities: What are they? *Strategic Management Journal*, 22(10–11), 1105–1121. Helfat, C. E. (1997). Know-how and asset complementarity and dynamic capability accumulation: the case of R&D. *Strategic Management Journal*, 18(5), 339–360.

제2부

기회와 위협

롱테일과 비즈니스 모델 혁신

학습목표

- 롱테일 개념을 이해할 수 있다.
- 기업이 롱테일로부터 어떻게 수익을 창출할 수 있는지 설명할 수 있다.
- 롱테일은 인터넷과 제품에 국한된 현상이 아니라는 점을 이해할 수 있다.
- 롱테일의 영향이 비즈니스 모델 혁신에 미치는 영향을 이해할 수 있다.
- 롱테일의 전략적 중요성을 이해할 수 있다.

서론

매년 수많은 영화들이 출시되지만, 그중 단 몇 편만이 박스오피스 히트작, 즉 블록버스터가 된다. 이러한 히트작들은 각각 엄청난 수익을 거두는 반면, 히트를 치지 못한 영화들은 수익이 매우 부진하다. 매년 수많은 책들이 출판되지만, 그중 소수만이 베스트셀러 리스트에 오른다. 음반 산업에서도 소수의 노래만이 히트를 친다. 이러한 세 가지 분야를 통틀어 볼 때 소수의 블록버스터, 히트송, 베스트셀러가 매출의 대부분을 차지하며, 대다수의 결과물들이 거두는 매출은 미미하다는 것을 알 수 있다. 이러한 행태는 그림 3.1의 그래프를 통해 파악될 수 있다. 이 그림에서 수직축은 판매량을 나타내는 반면 수평축은 수익을 가져오는 제품들(영화, 책, 음원)을 의미한다. 수평축에서 오른쪽으로 갈수록 매출액은 늘어나지만 판매량은 계속해서 감소된다. 이 그래프는 왼

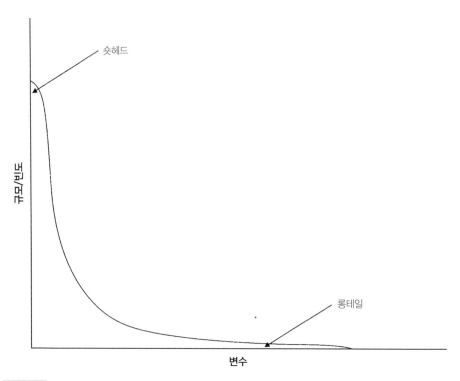

숏헤드

규모/빈도

롱테일

변수

그림 3.1 롱테일 분포

쪽에는 짧은 상단 **숏헤드**(short head)를, 오른쪽에는 긴 하단 **롱테일**(long tail)을 한 모양을 보여주고 있다. 소수의 대상물과 관련해서만 대부분의 활동이 일어나고, 다수의 대상물과 관련해서는 활동이 거의 없는 이러한 현상은 제품 판매에만 국한된 것이 아니다. 이러한 현상은 인터넷상에서도 종종 볼 수 있다. 예를 들어, 블로그의 경우 소수의 블로그들에만 많은 방문자들이 몰리고 다른 대부분의 블로그들에는 방문자가 얼마 되지 않는다는 점은 이미 주지의 사실이다. 이와 마찬가지로 책에서는 "the"와 같은 소수의 단어들은 매우 빈번하게 등장하는 반면, "consequently"와 같은 다수의 다른 단어들은 거의 잘 등장하지 않는다. 많은 국가들에서는 80%의 부(wealth)가 겨우 10%도 안 되는 국민들에 의해 소유되고 있다.

크리스 앤더슨과 롱테일

롱테일 현상은 수세기 동안 통계학자들에 의해 그림 3.1과 같은 모습으로 설명되어 왔으며, 파레토 법칙(Pareto Law, Pareto Principle), 80/20 법칙, 헤비테일(heavy tail), 멱급수테일(power-law tail), 또는 그냥 파레토라는 이름으로 불려왔지만, **롱테일**이라는 이름을 사용한 사람은 바로 와이어드라는 매거진의 편집장이며 전 이코노미스트 매거진의 기자였던 크리스 앤더슨(Chris Anderson)이다. 그는 기업이 소수의 히트 상품 각각을 대량으로 판매하지 않는 대신 인터넷의 특성 — 거의 무한대에 가까운 진열공간과 같은 — 을 활용하여 소량의 독특하고 다양한 제품들을 판매하는 것이 어떻게 수익으로 연결될 수 있는지를 설명하기 위해 롱테일이라는 용어를 사용했다.[1] 그는 MIT(매사추세츠 공과대학교) 교수들인 에릭 브리뇰프슨(Erik Brynjolfsson), 제프리 후(Jeffrey Hu), 마이클 스미스(Michael Smith)가 쓴 워킹 페이퍼를 읽었는데, 이를 통해 그는 아마존닷컴(Amazon.com)의 매출이 브릭앤모타르 상점에서는 찾아볼 수 없는 무명의 책들로부터 나온다는 점을 깨달았던 것이다.[2] 이후 크리스 앤더슨은 추가적인 연구를 통해 다음과 같은 점들에 주목하게 되었다.

- 이베이 수익의 상당 부분은 다수의 흔치 않은(독특한) 제품들을 소량으로 판매하는 데에서 나온다.
- 넷플릭스가 대여하는 많은 DVD 타이틀이 브릭앤모타르 매장에서는 찾아볼 수 없는 비인기 영화들이다.
- 구글 수익의 대부분은 브릭앤모타르에서의 광고주들처럼 거액을 지불하는 소수의 온라인 광고주들로부터가 아니라 다수의 주목받지 못하는 군중들이 광고를 클릭할 때 발생하는 소액의 수입들로 구성된다.

이러한 점들은 모두 기업이 인터넷을 활용하여 분포의 긴 하단 부분을 합침으로써 돈을 벌 수 있었던 바로 그 롱테일 분포의 예들이다. 실제 인터넷을 통해 롱테일에 해당하는 다수의 제품들이 함께 시장에서 차지하는 점유율은 적어도 분포의 숏헤드 부분에 해당하는 소수의 인기 상품들과 영화들이 차지하는 점유율 이상은 된다.[3] 그럼 이제부터는 롱테일이 수익성 있는 비즈니스 모델 혁신의 기회를 어떤 이유로 그리고 언제 제공할 수 있는지를 이해하기 위해 롱테일 현상을 뒷받침하는 근거들을 살펴보자.

롱테일 현상

롱테일에 대한 근거

질문 : 어떤 제품들은 롱테일의 모습으로 쇠퇴한 처지에 놓이는 반면, 또 다른 어떤 제품들은 인기 상품이나 베스트셀러 또는 블록버스터가 되는 이유는 무엇인가? 즉, 그림 3.1과 같은 롱테일 분포의 모습은 어떻게 설명될 수 있는가? 소수의 제품들이 롱테일 분포의 숏헤드 부분을 차지하면서 잘나가는 반면 다수의 제품들은 롱테일 영역에서 시들하게 머무는 이유는 제품 특성을 떠나 다음과 같은 세 가지 이유들로 정리해볼 수 있다.

1. 유통채널과 진열공간에 대한 높은 비용과 희소성
2. 제품 선택에 대한 고객의 인지적 한계와 어려움
3. 고객의 다양성, 그리고 모든 고객 각각의 고유한 니즈를 만족시키는 데 따르는 높은 비용과 어려움

유통채널과 진열공간에 대한 높은 비용과 희소성

첫째, 많은 제품들에 있어 진열공간과 유통채널은 한계가 있는데, 특히 오프라인 세상에서 그러하다. 즉, 오프라인 세상에서는 제품들을 진열하는 공간에 대한 비용이 매우 높으며, 많은 제품을 운송하기로 결정한 유통업체들에게도 비용은 높게 소요된다. 만약, 생산업체가 모든 사람들의 고유한 니즈를 만족시킬 수 있는 차별화된 제품들을 다양하게 제공하고 싶어 하더라도, 그러한 제품들을 비용 대비 효과적으로 진열할 수 있는 공간을 충분히 확보하기는 어려울 것이다. 또한 모든 제품을 적정한 비용으로 보유할 수 있는 보관 공간이나 유통채널상의 공간도 충분히 확보하기 어려울 것이다. 실제 많은 제품들에 있어 진열공간과 유통채널은 희소한 자원이자 진입장벽이다. 따라서 희소한 자원을 사용할 수 있는 몇몇 제품들은 베스트셀러나 인기 상품이 될 수 있는 기회를 얻을 수 있다. 희소한 자원들을 사용할 수 없는 제품들이라면 롱테일 상황에 처하거나 유통되지 못할 가능성이 높다.

제품 선택에 대한 고객의 인지적 한계와 어려움

만약 모든 사람의 니즈를 만족시키는 모든 제품을 진열할 수 있는 공간이 충분히 있더라도 대부분의 고객들은 그 엄청난 다양성 때문에 제품을 선택하는 데 어려움을 겪을

것이다. 인간의 인지적 한계를 고려할 때, 수백 또는 수천 개는 고사하고, 단지 다섯 가지 정도의 유사한 제품 중 하나를 선택하는 것만도 힘든 경험이 될 수 있다. 여러분이 구입 가능한 차들 중에서 하나를 고른다는 것이 얼마나 어려운 일이 될 수 있는지 생각해보라. 이러한 인지적 한계 때문에 고객들 중 일부는 자신들이 정말로 원하는 것이 아닐 수도 있지만 생산량이 많아 흔히 볼 수 있거나 많은 사람들이 구매하는 그런 제품을 구매하게 될 수도 있다.

고객의 다양성, 그리고 모든 고객 각각의 고유한 니즈를 만족시키는 데 따르는 높은 비용과 어려움

단 두 사람이라도 같은 취향을 가진 경우를 찾아보기는 힘들다(일란성 쌍둥이를 제외하곤). 따라서 만약 각 개인의 취향을 만족시킬 수 있도록 맞춤화된 제품들이 제공된다면, 이는 아주 이상적인 상황이 될 것이다. 그러나 이런 상황에서는 어떤 제품들의 경우 엄청나게 비쌀 것이다. 어떤 제약회사가 환자 각각의 생리학적인 차이에 맞춰 그에 맞는 약을 개발하고 생산해야 한다면, 얼마나 많은 비용이 들지 상상해보라. 그래서 대부분의 기업들은 가능한 한 많은 고객들을 대상으로 제공할 수 있는 하나의 제품을 대량으로 생산하고 시장에 내놓는 것이다. 이러한 접근은 그 기업들이 다수의 고객들을 대상으로 하나의 제품을 설계, 생산, 출시, 판촉, 판매하는 데에서 규모의 경제 효과를 얻을 수 있게 해준다. 만약 대량으로 생산되고 판매되는 하나의 제품이 시장에서 경쟁에 성공한다면, 그것은 인기 상품이 될 수 있다. 이때 경쟁에서 실패한 제품들은 시장에서 롱테일의 영역에서 점차 시들해지거나 유통채널 밖으로 밀려날 것이다.

　이상의 세 가지 요인으로 인해 한정된 종류의 제품들만이 대량으로 생산되고 제공되며, 그중 일부만이 한정된 진열공간과 유통채널을 계속해서 차지하게 된다. 이러한 제품들 중 어떤 것들은 시간이 지나면서 높은 인지도를 얻게 되는 것들은 결국 롱테일 분포에서 숏헤드 부분에 위치하게 되며, 그렇지 못한 것들은 결국 롱테일 부분으로 밀려나게 된다.

인터넷과 여타 혁신물의 등장

정보기술(IT) 분야의 혁신물들로 인해 숏헤드 부분의 제품들이 롱테일 부분의 제품들보다 훨씬 더 유리했던 이유들 중 일부가 바뀌었다. 이러한 변화는 롱테일 분포의 변화를 초래할 수도 있다. 어떻게? 컴퓨터 하드웨어, 소프트웨어, 인터넷 등의 성능이 비용에 대비하여 엄청나게 높아짐에 따라 웹사이트가 많은 제품들의 진열공간을 대신하게 되었다. 이에 따라 서점이나 여타 소매점들은 오프라인 세상에서 가능했던 제품들보다 훨씬 더 많은 제품들을 온라인 진열공간에 제시할 수 있게 되었다. 또한 음원이나 영화와 같은 디지털 제품들도 전자적으로 유통할 수 있게 되었다. 게다가 검색엔진, 온라인 후기, 소셜 네트워크에 기반을 둔 온라인 커뮤니티 대화, 구매자들의 과거 구매이력을 바탕으로 한 상품 추천 서비스, 블로그 등으로 인해 소비자들은 제품 선택에 많은 도움을 받을 수 있게 되었다.

더욱이 IT는 생산자들과 고객들이 저렴한 비용으로 서로 접촉할 수 있도록 해주었다. 이로 인해 생산자들은 고객들에 대해 더 많은 것을 파악할 수 있게 되었고, 고객들과 협력하여 그들의 니즈에 보다 더 잘 부합하는 제품들을 제공할 수 있게 되었다. 기업들은 IT를 통해 저렴한 비용으로 고객과 상호작용을 할 수 있게 됨에 따라, 일반적으로 신경쓰기 어려운 극소수의 고객들에게도 제품을 팔 수 있는 상황이 되었다. 이에 대한 예로는, 구글이 다수의 소규모 광고주들에게 광고 기회를 제공하는 것을 들 수 있다. 이러한 기회 제공은 구글이 개발한 셀프서비스 소프트웨어를 통해 이루어지고 있는데, 이 소프트웨어는 다수의 소규모 광고주들로 하여금 구글과 '상호작용'할 수 있도록 해준다. 이와 같이 이제는 많은 기업들과 고객들이 다양한 소프트웨어 도구들을 활용하여 더욱 낮은 비용으로 맞춤화된 제품이나 서비스를 다루고 있다.

실제, 인터넷과 여타의 IT 혁신물의 특성들 — 저렴한 비용의 진열공간과 더 나은 구매 선택을 가능케 해주는 유통채널 도구, 생산자들이 고객의 니즈를 더욱 잘 만족시킬 수 있도록 해주는 저렴한 도구 — 은 일부 제품들이 롱테일로 밀려나는 이유들을 약화시켜 왔다. 오프라인 진열대에서는 결코 찾아보기 힘든 제품들이 이제 전자적 진열대로 향하고 있다. 예를 들어 찾는 사람이 거의 없어 오프라인 매장에는 진열하는 것이 비경제적인 책들을 이제는 매우 저렴한 비용으로 온라인 쇼핑몰 리스트에서 보여줄 수 있다. 이제 고객들은 소프트웨어를 통해 자신의 취향에 더욱 잘 맞는 제품들을 선택할 수 있게 된 것이다. 즉, 과거엔 롱테일 영역에서 점차 사라져 가던 제품들이 이제는 그것들을 원하는 취향을 가진 고객들에게 흘러갈 수 있는 길이 열린 것이다. 인터넷은 롱테일 분포에서 하단 부분의 영역을 더 길어지게 했을 뿐만 아니라 더욱 두꺼워지도록 만들었다(그림 3.2).[4]

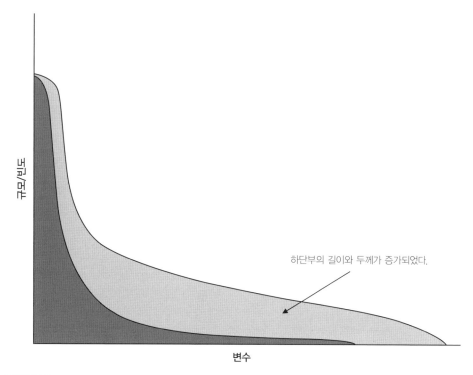

하단부의 길이와 두께가 증가되었다.

규모/빈도

변수

그림 3.2   롱테일 분포에 대한 인터넷의 영향

인터넷과 수익을 넘어서 : 롱테일 사례

지금까지 우리는 크리스 앤더슨의 아이디어에 기반하여 롱테일을 살펴보았다. 즉, 우리는 롱테일 분포에서 세로축은 수익 또는 판매량 그리고 가로축은 제품을 의미하고 롱테일을 활용할 수 있는 혁신적 도구는 바로 인터넷[5]이라는 설명을 하였다. 그러나 이러한 생각은 다음과 같이 확장될 수 있다. 즉, 세로축은 관심을 갖는 종속변수로 그리고 가로축은 그 종속변수에 영향을 주는 독립변수로, 그리고 혁신물은 롱테일 부분의 낮은 가치를 창출했던 요인들을 변화시키는 데 사용되는 것으로 확장될 수 있다는 것이다. 다음의 사례들에서 볼 수 있듯이, 많은 혁신물—기술적인 그리고 비기술적인—은 롱테일을 활용할 수 있는 기회를 제공한다.

보톡스와 성형수술

성형수술은 수술 또는 의료적 시술을 통해 사람의 외모를 향상시키는 것을 의미한다. 미국에서는 최고의 외과 전문의들이 많은 수술을 수행하고 돈도 많이 버는 반면, 지명도가 높지 못한 외과 의사들이나 비전문의들은 수술로 거의 돈을 벌지 못한다. 즉, 성형수술 파레토 분포를 놓고 보면, 유명 외과 전문의들은 롱테일 분포의 숏헤드 영역에 위치하며 지명도가 낮은 외과 의사들과 비전문의들은 롱테일 영역에 위치하는 것이다. (이 분포에서 Y축은 수익을, X축은 의사 유형이 될 수 있다.) 그리고 여기서 혁신물은 보톡스가 될 것이다. 보톡스는 2002년 4월 FDA에 의해 성형시술용으로 승인되었는데, 이러한 승인은 많은 변화를 예고하는 것이었다.[6] 보톡스 시술은 정밀하게 측정할 수 있는 주삿바늘을 이용하여 주름진 부위나 어떤 특정 부위에 물질을 주입하는 방식으로 이루어진다. 이 시술은 몇 분간 지속되며 수술이나 마취를 필요로 하지 않으며, 환자는 시술 당일 바로 일터로 돌아갈 수 있다. 더욱 중요한 점은 어떤 분야의 의사라도 그 시술을 수행할 수 있도록 허락된다는 것이다. 즉, 이 시술은 외과 의사들에게만 허락된 것이 아니다. 따라서 성형시술 분포에서 롱테일 영역에 해당하는 지명도가 낮은 외과 의사들이나 비전문의들도 이제는 보톡스를 이용한 성형시술로 예전보다 돈을 더 많이 벌 수 있게 되었다.

개발도상국에서의 휴대전화

무선 휴대전화를 사용하기 이전에, 개발도상국의 많은 마을이나 소도시들에서는 전화통화 서비스가 거의 이루어지지 않았거나 아예 없었다. 오직 지정된 전화들만이 사용 가능했는데, 그 이유는 인구밀도가 낮은 지역에서는 일반인들을 위한 전화선과 관련 장비를 설치하는 데 비용이 매우 많이 들었기 때문이다. 즉, 시골 지역을 대상으로 전화통화 서비스를 제공하는 것은 매우 비경제적이었던 것이다. (또한 정부 산하의 독점적 전화통신 업체들의 능력도 매우 모자랐다.) 따라서 많은 주민들이 전화통화 서비스를 제공받을 수 없었다. 이와 같이 서비스가 부족한 지역에서 전화통화를 하고 싶다면, 작은 읍내로 나가서 전화를 해야 했다. 따라서 도시 사람들에 의한 전화통화 건수가 시골 사람들의 통화 건수보다 훨씬 많았다. 실제 각 나라의 전화통화 서비스를 볼 때, 시골 마을을 대상으로 한 전화통화 서비스는 전화통신 분야에서 롱테일에 위치한다. 휴대전화 서비스는 모든 것을 바꾸어 놓았다. 무선전화 서비스는 전화선을 필요로 하지 않았고, 따라서 전화선 설치 비용도 더 이상 제약조건이 되지 못했다. 더욱이 많은 나라에서는 정부 독점의 전화통신 업체들이 사라지게 되었고, 대신 경쟁체계가 도입되었다. 시골 지역에서만 갑자기 전화통신 서비스가 급증한 것이 아니고 도시 지역에서도 그러했다. 즉, 숏헤드와 롱테일 부분 모두에서 전화통신 서비스가 증가한 것이다.

시골 지역의 할인마트

월마트가 미국 남서부의 시골 지역으로 들어오기 전에는 시골 지역에서 대부분의 제품 매출은 할인마트 분야의 롱테일에 해당되었다. 대부분의 할인마트 매출은 대도시의 대형 할인마트에서 발생했다. 시골 사람들은 필요한 물건을 사거나 시어스(Sears)와 같은 대형 할인마트에 물건을 주문하기 위해 때때로 도시로 나가곤 했다. 월마트의 전략은 인접한 작은 마을들을 자신의 작은 상점들로 채우는 것이었다. 월마트는 다수의 작은 마을들에서의 판매를 통해 대도시의 대형 매장을 운영하는 경쟁자들의 매출액만큼 또는 그 이상으로 매출성과를 올릴 수 있었다. 이와 동시에 월마트는 최신 정보기술을 도입하고, 최고 수준의 물류 시스템을 구축하며, 저비용 문화를 구축하고, 규모를 키우는 등의 많은 노력도 기울였다.

미국에서의 인터넷과 정치헌금

인터넷 시대 이전엔 대부분의 정치헌금—특히 대통령 후보에 대한 헌금—은 기금 모금을 위한 식사나 댄스 파티 등을 비롯한 다양한 모임을 통해 몇몇 영향력 있는 기부자들에 의해 이루어졌다. 노조와 같은 조직들 또한 메일이나 모임 등을 통해 후보자들을 위한 기금을 모금했다. 많은 수의 소액 기부자들은 롱테일 영역에 위치했다. 문제는 이러한 소액 기부금들을 모두 모을 수 있는 경제적인 방법이 없었다는 것이다. 인터넷의 도래는 모든 것을 바꾸어 놓았다. 인터넷은 더 많은 사람들이 소액 기부자로 참여할 수 있도록 함으로써, 기부 분포 하단부의 높이가 더 높아지고 그 길이 또한 더 길어지는 결과를 만들어냈다. 버락 오바마(Barack Obama) 상원의원과 같은 대통령 후보자들은 평범한 국민들로부터 엄청나게 큰 금액의 기부금을 모금할 수 있게 된 것이다. 결국 버락 오바마는 미국 대통령이 되었다.

인터넷과 사용자 혁신

MIT의 에릭 폰 히펠(Eric von Hippel) 교수는 최근 몇 년간 계속해서 제품 생산자만큼이나 사용자들과 공급자들 또한 제품 혁신의 좋은 원천이라는 주장을 해오고 있다.[7] 예를 들어, 사용자들은 다른 사용자나 생산자가 할 수 없거나 하지 않을 제품 향상에 기여할 수도 있다는 것이다. 인터넷을 사용하기 이전엔 이와 같은 사용자들의 많은 혁신적 제안들이 언제나 혁신 분포의 롱테일 영역을 벗어나지 못했다. 그러나 인터넷과 여타의 혁신적인 기술들로 인해, 생산자들은 이러한 사용자들의 혁신적인 제안들을 수집할 수 있게 되었고, 이에 따라 고객들에게 더욱 높은 가치를 제공할 수 있는 제품들을 개발할 수 있게 되었다.

소액금융

많은 개발도상국들에서는 소수의 부자들이나 기업들이 은행, 신용조합, 또는 여타의 주요 대출기관들로부터 많은 대출을 받고 있다. 그러나 대다수의 국민들은 이러한 금융 혜택을 받지 못하고 있으며, 대출을 받았다 하더라도 매우 높은 이자율을 감당해야 한다. 이와 같은 다수의 국민들은 대출 분포에서 롱테일에 해당한다고 할 수 있을 것이다. 아주 소규모인 대출기관들도 대출기관 분포에서 롱테일에 해당한다고 할 수 있을 것이다. 소액금융(microfinancing)은 이러한 두 가지의 롱테일에 변화를 일으킬 수 있는 혁신적인 방법이다. 소액금융은 개발도상국들에서 주로 이루어지는데, 가난한 사람들이 적정한 이자율로 소액의 대출을 받을 수 있도록 해준다. 이 금액들이 모이면 대형 대출기관이 이 소액금융 시장에 뛰어들 정도로 큰 액수가 될 수 있다. 이는 소액 대출 기관들이 대출 시장에서 경쟁력 있는 존재가 될 수도 있다는 것을 의미한다.

식료품 시장에서 롱테일인 유기농 식품

선진국들에서는 오랫동안 기존 방식에 따라 생산된 농축산물들(곡물 및 육류)이 식료품 시장에서 숏헤드 영역을 차지해 온 반면, 유기농 식품들은 롱테일 부분을 차지해 왔다. 유기농 곡물이란 인공비료나 살충제 또는 분뇨나 하수 침전물 등을 사용하지 않고 재배한 곡물을 의미하며, 유기농 가축이란 성장호르몬이나 항생물질을 사용하지 않고 키운 가축을 의미한다. 이러한 두 가지 유형의 유기농 식품을 생산하는 데에는 전리방사선이나 음식첨가물도 사용되지 않으며, 일부 국가에서는 유전적 변형도 허용되지 않는다. 유기농 식품 생산자들은 재생자원의 활용뿐만 아니라 토양 및 수자원의 보존도 강조하고 있다. 예전엔 식료품들이 이러한 조건들에 제약받지 않았으며 유기농 식품의 이점이 널리 인식되어 있지도 않았기 때문에, 대부분 기존 방식에 따라 생산되었다. 유기농 식품에 대한 구매 가능성은 농부들이 경작할 수 있는 작물들과 지역 시장이나 협동조합 등을 통해 판매될 수 있는 작물들로 국한되는 경향이 있었다. 농부들은 기존의 농축산물에 대한 규모의 경제를 누릴 수 없었던 것이다.

1978년 유기농 식료품 판매를 목적으로 하는 홀 푸드 마켓(Whole Foods Market)이 설립되었다. 홀 푸드 마켓은 유기농 식품이 건강에 좋고 환경보호에도 기여한다는 인식의 확산을 기회로 인식하고 다양한 유기농 및 천연 식품 매장들을 미국에 오픈하였다. 홀 푸드와 그에 대한 경쟁자들은 자신들의 매장이 있는 동네에서 유기농 식품의 점유율을 늘려나갔다. 즉, 이러한 업체들은 유기농 식품―예전엔 슈퍼마켓에서 롱테일에 머물렀던―의 매출을 증대시켰던 것이다.

인쇄기와 글말 표기

인쇄기술이 세상에 나오기 전에는 모든 작품이 손으로 작성되었고, 그것들에 대한 재생산도 수작업으로 이루어졌는데, 이러한 과정에는 시간과 비용이 매우 많이 소요되었다. 따라서 왕이나 수도승 또는 사제 등과 같이 오직 특권을 가진 사람들만이 손으로 작성된 정보에 접근할 수 있었다. 일반 사람들은 손으로 작성된 문건에 거의 또는 아예 접근이 불가능했기 때문에, 이들은 롱테일 영역에 머물렀다고 볼 수 있다. 아주 부유하거나 도서관에 갈 만한 여유가 있는 사람들만이 그러한 문건들을 볼 수 있었다. 그러나 인쇄기의 발명으로 모든 상황이 바뀌었다. 인쇄기는 손으로 작성되었던 많은 글을 대중이 볼 수 있도록 해주었다. 따라서 책을 통한 일반인들의 학습량은 점차 늘어나게 되었고, 마침내는 왕이나 수도승 또는 여타의 높은 위치에 있던 사람들의 학습량과 맞먹거나 초과하게 되었다.

라디오와 TV 방송

라디오와 TV가 나오기 전에는 주로 도시 사람들이 새로운 소식을 빨리 접할 수 있었는데, 그들은 가까이 모여 살고 있어서 구전으로 소식을 전하기가 수월했고 극장에서 뉴스도 볼 수 있었기 때문이다. 한편, 뉴스는 신문을 통해 전파되기도 했지만, 예전에는 여전히 많은 마을들과 소도시들이 뉴스의 롱테일 영역에 놓여 있는 경우가 많았다. 그러나 TV가 세상에 나오고 작은 마을 사람들까지도 TV를 갖게 됨에 따라 이러한 상황은 완전히 바뀌었다.

비디오테이프 레코더와 블록버스터

넷플릭스가 인터넷을 활용하여 블록버스터의 경쟁우위를 조금씩 약화시킨 사례는 기업이 롱테일을 활용하여 기존의 세력을 대체해 가는 전형적인 예라 할 수 있다. 그러나 실제로는 블록버스터도 롱테일을 활용할 수 있는 신기술을 통해 나름대로의 경쟁우위를 확보했다. 블록버스터가 사용한 신기술은 바로 홈 비디오테이프 레코더(home videotape recorder)였다. 홈 비디오테이프 레코더가 없었던 시절에는 사람들이 영화를 보기 위해서 극장에 가거나 아니면 언젠가 TV에서 그 영화가 방영되기를 기대하는 수밖에 없었다. (집에 영사기를 가지고 있는 극소수의 사람들만이 집에서 영화를 볼 수 있었다.) 더욱이 극장에서 개봉된 영화는 성패가 드러나는 데에는 불과 며칠 걸리지 않았다. 극장에서 상영된 영화들은 TV 방송국의 방영 제의가 없는 경우, 몇 주 후에는 사장되어 더 이상 볼 기회를 가지기 어려웠다.

소니는 홈 비디오테이프 레코더 장비(베타맥스 형식)를 1975년에 출시하였고, 1977년에는 조지 아킨슨(George Atkinson)이 비디오 스테이션이라는 최초의 비디오 대여점을 로스앤젤레스에 오픈하였다.[8] 1985년에는 사람들이 집에서 편안하게 비디오를 볼 수 있도록 비디오카세트를 대여하는 블록버스터 비디오가 설립되었다. 이로 인해 비디오 대여점 근처에 살면서 비디오테이프 레코더를 갖추고 있던 사람들은 자신의 집을 영화관으로 변신시킬 수 있었다. 과거에는 동네 영화관에서 볼 수 있는 영화의 편수가 10여 개에 불과했지만, 비디오테이프 대여점이 등장하자 선택할 수 있는 영화의 편수가 엄청나게 늘어났다. 이는 영화 분포의 숏헤드 부분에 해당하는 히트작들과 롱테일 부분에 해당하는 비히트작들 모두 그 매출이 증대되는 결과를 가져왔다. 어떻게? 첫째, 히트작을 극장에서 보고 나온 사람들 중 그 영화를 다시 보고 싶은 사람들은 이제 집에서 그 영화를 다시 볼 수 있게 되었고, 이로 인해 히트작의 매출이 늘어날 수 있었던 것이다.

둘째, 극장에서는 일반적인 상영 기간을 제대로 채우지도 못했거나 아예 극장에 진입조차 하지 못했던 비히트작들까지도 집에서 볼 수 있게 되었기 때문이다. 이러한 상황은 롱테일의 매출을 증대시켰다. 셋째, 성인 오락 영화와 같이 많은 극장에서 상영될 수 없었던 영화들도 이제는 집에서 볼 수 있게 되었다. 이러한 상황 또한 롱테일 영화의 매출을 증대시켰다. 또한, 공급사슬에 있어서도 일부 변화가 생겼다. 이러한 변화의 초창기에는 일부 영화사들이 극장을 건너뛰고 곧바로 비디오 가게나 최종 고객에게 직접 영화를 공급하는 일이 발생했다. 다수의 성인영화 제작사들은 이제 비디오 레코더를 가진 소비자들에게 직접 그들의 영화를 팔 수 있게 된 것이다. 시간이 지나면서 결국에는 DVD, 인터넷, 주문형 영화와 같은 것들을 통해 롱테일 효과를 활용할 수 있는 상황에 이르게 되었다.

관리자들에 대한 시사점

그렇다면 롱테일에 관한 이러한 정보들이 관리자에게 의미하는 바는 무엇인가? 이 질문에 답하기 전에 지금까지 설명한 롱테일에 대한 짧은 사례들을 다시 종합적으로 정리해보자. 많은 상황에서 소수의 히트작이나 블록버스터, 또는 높은 빈도나 큰 규모의 경우들—파레토 20/80 법칙에서 80%의 행위를 유발시키는 20%의 경우—이 분포의 숏헤드 부분을 차지한다. 그리고 이러한 경우가 아닌 경우들—20%의 행위를 유발시키는 80%의 경우—은 롱테일을 차지한다. 롱테일의 모습을 만들어내는 일반적인 핵심 요인들에는 기술적 요인과 비기술적 요인 두 가지가 있다. 이러한 요인들의 영향을 변화시키는 혁신은 롱테일 분포를 크게 변화시킬 수 있다. 결국, 이러한 혁신을 비즈니스 모델에 결합시키는 기업은 롱테일로부터 수익을 창출할 수 있는 기회를 증대시킬 수 있을 것이다.

롱테일 효과가 수익(Y축)과 틈새시장(X축)에 국한되지 않으며 혁신물인 인터넷에도 국한되지 않는다는 점에 유념하라. 롱테일 효과는 롱테일 분포—원하는 변수들을 Y축으로 설정한—로 표현될 수 있는 모든 현상에서 나타날 수 있다. 예를 들어, 롱테일 효과는 직원 생산성 대비 직원 유형에도 적용될 수 있다. 다음의 질문에 대해 생각해보자. 당신은 관리자로서 당신이 일하고 있는 기업이 롱테일 효과를 어떻게 활용할 수 있도록 할 수 있겠는가? 당신은 당신이 일하고 있는 기업이 다음의 단계들을 통해 롱테일로부터 수익을 창출할 수 있는 기회를 증대시킬 수 있을 것이다.

- 당신 회사의 기존 또는 향후 비즈니스 모델의 요소 각각에 대한 롱테일 분포를 찾아보라.
- 그 비즈니스 모델에 대해 VARIM 프레임워크 등을 활용하여 잠재적 수익성을 평가하라.
- 이 분석을 바탕으로 그 비즈니스 모델을 가지고 무엇을 할 수 있는지 결정하라.

이러한 세 단계를 설명하기 위해 아이튠즈 뮤직 스토어(iTunes Music Store, iTMS)를 분석해보자.

2013년의 아이튠즈 뮤직 스토어

아이튠즈 뮤직 스토어는 2003년 4월 28일에 오픈했는데, 여기서 첫 주만 해도 100만

곡이 팔렸다. 그 해 10월 윈도우 버전도 출시되었는데, 그날로부터 단 3일하고 반나절이 지난 시점까지 100만 곡 이상이 다운로드되었고, 스토어를 통해서도 100만 곡 이상이 팔렸다.[9] 그 해 후반엔 타임지에서 아이튠즈 뮤직 스토어를 '2003년의 가장 매력적인 혁신물'로 공표하였다.[10] 이 스토어에서 제공되는 음원들은 불편 없이 아이튠즈나 애플의 아이팟에서만 플레이되었다. 그러나 그 음원들은 CD로 구울 수도 있어 다른 디지털 오디오 플레이어에서도 들을 수 있었다.

또한, 애플은 음원에 대한 권리 침해를 방지해줄 수 있는 페어플레이(FairPlay)라는 디지털 저작권 관리(digital rights management, DRM) 시스템을 개발했다. 보호된 음원이 아이튠즈 스토어로부터 구매될 때, 그 음원은 허가되지 않은 컴퓨터에서 플레이될 수 없도록 페어플레이를 통해 암호화된다. 2007년경 아이튠즈는 다음과 같은 두 가지의 주요 기능을 가지고 있었다. (1) 그중 하나는 아이튠즈 뮤직 스토어와의 인터페이싱을 위한 것이었는데, 이 기능은 음원 및 비디오 파일들을 구성하고 플레이하는 역할을 했다. (2) 다른 하나는 아이팟과의 인터페이싱을 목적으로 한 것이었는데, 이 기능은 음원 및 비디오를 저장하고 플레이하는 역할을 했다.[11] 실제 아이튠즈는 아이튠즈 뮤직 스토어 및 아이팟과 연동하여 사용자들이 수많은 곡들에 접근하고, 구매를 결정하고, 그 곡들을 DVD나 CD에 복사하고, 그 파일들을 디지털 오디오 플레이어에 복사하고, 팟캐스트들을 다운로드 및 플레이하고, 음원들을 플레이 리스트에 구성하는 등의 기능을 수행할 수 있도록 해주었다.

2006년 2월, 아이튠즈는 10억 번째 곡을 판매했으며, 그 해 9월에는 장편 영화를 판매하기 시작했다. 2008년 1월 기준으로 아이튠즈 음원은 20억 개, TV 1회 방송분은 5,000만 건, 그리고 영화는 130만 건의 판매를 기록했다. 게다가 2008년 애플은 아이튠즈를 통해 영화 대여 서비스도 시작했다. 2008년 7월 앱 스토어가 출시되었고, 그 해 10월에는 아이튠즈의 고화질 서비스가 시작되었다. 그다음 해인 2009년 1월에는 그동안 판매된 모든 아이튠즈 음원에 대해 적용되었던 DRM이 해제되었다.

아이튠즈 스토어 초기에는 고객들이 한 곡을 0.99달러에 살 수 있었는데, 그중 0.65달러는 음반회사로 들어갔고, 0.25달러는 유통비용으로 소비되었다.[12] 따라서 애플에게 남는 금액은 9센트 정도가 되었다. 나중에 음반회사들은 음원 가격을 어렵게 올렸다. 한편 디지털 앨범은 10달러에 팔렸다.[13]

질문: 애플은 롱테일 효과를 어느 정도 활용하고 있었는가?

아이튠즈 비즈니스 모델의 롱테일 분포

비즈니스 모델의 각 요소에 대한 롱테일 효과의 영향은 그림 3.3에서 볼 수 있다.

고객 가치 제안

아이튠즈 뮤직 스토어가 나오기 전에는 오직 히트곡들이나 신곡들만이 합법적으로 판매되었던 반면, 비히트곡이나 대부분의 예전 곡들은 롱테일 영역에서 잊혀져 가거나 온라인상에서 해적판으로 유통되었다. 영화나 TV 프로그램들 중에서도 블록버스터가 아니거나 오래된 것들은 이와 같은 운명을 겪었다. 인터넷과 MP3 기술 그리고 여타 정보기술들 간의 결합은 롱테일의 활용을 가능케 하는 혁신적인 도구가 되었다. 이러한 결합은 (1) 음원을 매우 저렴한 비용으로 무한한 진열공간과 유통을 가능케 하며, (2) 생산자와 고객이 오프라인 매장을 거치지 않고 접촉할 수 있도록 해줌으로써, 접촉 비용을 더욱 저렴하게 만들어주고 더욱 효과적인 접촉이 가능토록 만들어주며, (3) 음원들을 대상으로 음원을 더 효과적으로 고를 수 있는 방법을 고객들에게 제공해

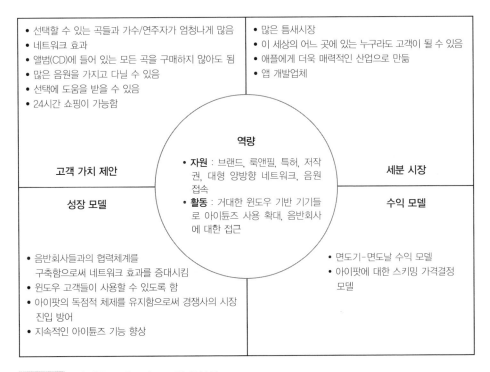

그림 3.3　아이튠즈 비즈니스 모델 초상화

주었다.

중요한 점은 사람들이 이제는 더 이상 앨범에 들어 있는 모든 곡을 사지 않고, 원하는 곡만 살 수 있도록 해주었다는 점이다. 사람들은 원하는 곡만 구매하고 그것을 '멋진' 아이팟에 옮겨서 들을 수 있게 되었다. 게다가 고객들은 연중무휴로 하루 24시간 동안 쇼핑을 할 수 있고, 어떤 음원이든 아이튠즈를 통해 곡의 일부를 들어볼 수 있게 되었다.

아이튠즈가 나오기 전에는 소수의 가수나 연주자들의 음반이 시장 매출의 상당 부분을 차지하는 경향이 있었고, 또한 그러한 음반들은 몇몇 장르와 나라들에만 국한되는 경향도 있었다. 그러나 아이튠즈가 이러한 현상을 바꾸어 놓은 것이다. 이제는 전세계 어느 곳의 아티스트라도 자신의 음원을 아이튠즈 리스트에 올릴 수 있고, 이를 통해 그 음원의 판매 기회를 크게 증대시킬 수 있다. 이러한 상황은 이 세상에 음원의 공급을 증대시키는 결과를 가져왔다.

세분 시장

아이튠즈 스토어가 세상에 나오기 이전에는 시장에서 인기가 상승하는 유명 아티스트들의 히트곡 또는 신곡을 마침 좋아하게 된 소수의 사람들을 대상으로 대부분의 음원 판매가 이루어졌다. 독특한 취향을 가진 잠재고객들은 일반적인 시장 밖에 머무르고 있었다─롱테일로 밀려나 있는 채로! 그런데 애플의 아이튠즈가 이 모든 것을 바꾸어 놓았다. 고객들은 전세계 어느 곳에 있든 아이튠즈 사이트를 방문할 수 있고, 거기서 그들이 곡 추천 기능을 통해 원하는 곡을 찾는 데 도움을 받을 수 있었다. 고객들은 곡에 대한 순위를 확인하거나 소셜 네트워킹을 이용하여 곡 선택에 도움을 받을 수도 있었다. 실제 아이튠즈는 지리적, 인구통계학적, 국가중심적 성향을 비롯한 여타의 성향들에 국한되었던 수요들을 통합하여 훨씬 더 큰 시장을 형성하였다.

또한, 아이튠즈는 시장의 협력형 경쟁 세력들을 변화시켰다. 비즈니스 모델의 세분 시장 요소 또한 협력경쟁자들─기업이 가치를 창출하기 위해 협력하거나 가치를 확보하기 위해 경쟁해야 하는 공급자, 고객, 보완업자, 그리고 여타의 기관들─의 질과 수에 관련된다. 아이튠즈가 세상에 나오기 이전, 음반 산업을 주도하던 회사들은 저작권 침해 문제를 다루는 데 어려움을 겪었다. 애플은 저작권 침해로부터 음원을 보호할 수 있는 페어플레이라는 디지털 저작권 관리(DRM) 시스템을 개발함으로써 음반회사 및 뮤지션들의 저작권 침해에 대한 불안감을 줄일 수 있었다. 애플은 이러한 음반회사들에게 그들의 음원을 온라인으로 팔 권리를 부여하면서 그들과 협약을 맺었다. 애플은 음반회사들에게 그들의 지적재산이 온라인 침해로부터 보호될 수 있다는 점을 설명하고 그들과 협력함으로써 효과적으로 협상력을 발휘하고 있었다. 음반회사들은 자신들의 음원이 불법적인 방식으로 공짜로 사용되는 것을 앉아서 바라만 보고 있거나, 아니면 애플과 협력해서 음원당 65센트라도 수익을 얻는 길을 택해야 했다.

또한, 음반회사들과의 협약서는 애플이 여타의 MP3 플레이어 생산자들과 벌였던 경쟁을 감소시켜주었다. 아이튠즈가 윈도우 사용자들은 사용할 수 없을 때, 애플 매출의 대부분은 열성 팬들로부터 나왔고, 그다음으로는 애플 컴퓨터 사용자들로부터 나왔다. 당시 윈도우 사용자들의 상당수는 애플 고객의 롱테일에 해당되었다. 아이튠즈가 윈도우에서 돌아가게 되자, 애플은 윈도우 사용자들에게도 다가갈 수 있게 되었고, 그 결과는 성공적이었다.

수익 모델

애플은 면도기-면도날(razor-and-blade) 수익 모델을 사용했다. 즉, 애플은 음원 자체에 대한 판매를 통해서는 거의 수익을 내지 못했지만—음원 가격 99센트 중 수익은 단 9센트밖에 되지 않음—대신에 아이팟 판매를 통해서 수익을 크게 낼 수 있었던 것이다. 음반회사들은 하나의 좋은 곡과 그렇지 않은 곡을 하나의 비싼 앨범에 묶어서 판매하는 일괄판매(bundling) 관행을 포기해야 했다. 애플은 아이팟에 대해 스키밍 전략을 사용했다. 즉, 초기에는 아이팟 제품을 꼭 사용하고 싶어 했던 사람들에게 매우 높은 가격을 받다가, 이후 경쟁자가 생기자 가격을 크게 낮추었던 것이다.

성장 모델

애플은 팀 구축, 달리기, 차단 등의 전략들을 복합적으로 사용함으로써 수익 측면에서 성장할 수 있었다.[14] 애플은 음반회사들과 팀을 구축하고, 윈도우 사용자들도 아이튠즈 스토어를 사용할 수 있도록 윈도우 버전을 제공함으로써, 중요한 간접적 네트워크 효과들을 촉진할 수 있었다. 어떻게? 음반회사들로부터 가져온 엄청난 양의 음원들이 고객들의 관심을 끌었던 것이다. 그러자 이번엔 고객들―그중 상당수는 윈도우 사용자들―이 자신의 곡들을 애플의 많은 고객들에게 노출시키고 싶어 했던 아티스트들과 음반회사들의 더 많은 관심을 끌었다. 이는 판매 증대로 이어졌다. 애플은 아이튠즈 스토어를 계속해서 향상시켰고 새로운 버전의 아이팟을 시장에 출시하였다. 이에 못지 않게 중요한 점은, 애플이 면도기-면도날 전략이 작동할 수 있도록 아이팟의 독점적 역할을 유지했다는 것이다. 또한 애플은 자신의 상표나 그 어떤 지적재산 및 협약을 침해 또는 위반하는 자가 있으면, 그게 누구라도 보복할 준비가 되어 있었다.

역량

역량은 기업이 소유한 것과 기업이 사용할 수 있는 것으로서 자원은 물론이고 자원을 구축하거나 수익으로 변환시키는 데 사용되는 활동 모두를 포함하는 개념이다. 애플의 아이튠즈를 뒷받침하는 자원으로는 소프트웨어와 아이튠즈 스토어에 대한 가상 로지스틱스 인프라스트럭처, 애플의 룩앤필을 뒷받침하는 지적재산, 세련된 디자인 역량, 그리고 매우 이해하기 쉬운 운영체제 등을 들 수 있다. 활동으로는 아이튠즈가 엄청난 양의 음원을 사용할 수 있도록 해주는 음반회사와의 제휴관계를 구축하고 활용하는 것을 들 수 있다. 또한, 애플이 아이팟을 윈도우 플랫폼에서 작동될 수 있도록 함으로써 엄청난 수의 윈도우 사용자들을 잠재고객군에 편입시켜 나가고 있는 것도 들 수 있다. 결국 아이튠즈 자체는 한편에는 아이팟 소유자와 그리고 다른 한편에는 음원 생산자들과 연결되어 있는 양방향 네트워크였던 것이다.

아이튠즈 비즈니스 모델의 잠재적 수익성 평가

이제 우리는 비즈니스 모델의 각 요소에 대한 롱테일 효과가 수익성에 대해 무엇을 의미하는지 이해할 수 있게 되었다. 물론 아이튠즈가 훌륭한 가치 제안을 가지고 있다는 점을 알게 되었다는 점도 좋은 일이다. 그러나 정작 중요한 질문은 다음과 같다. 아이튠즈는 수익을 창출하는가? 만약 그렇다면 그 이유는 무엇인가? 이에 대한 답을 위해 VARIM 모델(그림 3.4)을 이용하여 아이튠즈의 비즈니스 모델에 대한 잠재적 수익성을 평가해보자.

가치성 : 아이튠즈 비즈니스 모델은 고객이 가치 있게 느끼는 혜택을 제공하는가? 대답은 "예"이다. 아이튠즈에서 팔린 수많은 음원들, 애플 MP3 플레이어(아이팟)의 시장 점유율, 롱테일 영역의 음원들에 대한 엄청난 선택 가능성, 아이튠즈 출시에 따른 애플의 이미지 상승 등은 모두 고객들이 아이튠즈를 가치 있게 느낄 수 있는 혜택의 근거들이었다. 이와 같은 외관적인 요인 이상으로 중요한 것이 바로 아이튠즈를 뒷받침하는 역량들(자원과 활동)의 품질이었다. 산업의 가치성 주도 요인들을 활용하는 정도가 기업 활동의 품질에 대한 하나의 지표임을 상기해보라. 애플은 온라인 음원 산업의 두 가

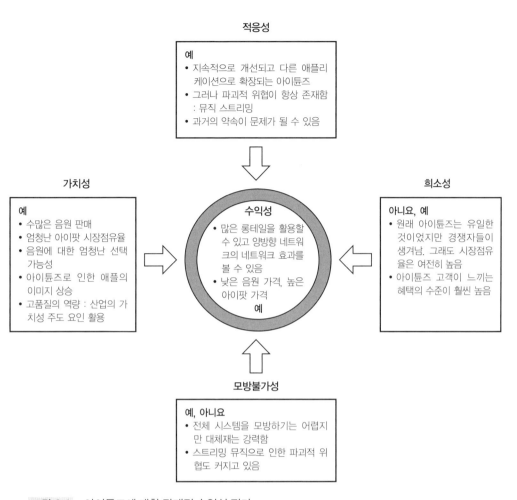

그림 3.4　아이튠즈에 대한 잠재적 수익성 평가

지 가치성 주도 요인을 활용하였다. 하나는 아티스트들의 지적재산을 보호하는 것이었고, 다른 하나는 거대한 양방향 네트워크를 구축하는 것이었다. 애플의 페어플레이 디지털 저작권 관리 소프트웨어는 음반업체들과 아티스트들이 아이튠즈를 통해 판매된 음원들이 무단으로 사용되지 않을 것이라는 확신을 가질 수 있도록 해주었다. 음반업체들과 아티스트들과의 제휴관계를 맺고 사용자들이 윈도우를 통해 아이튠즈에 접근할 수 있도록 한 것은 가치가 큰 거대한 양방향 네트워크가 구축되는 결과를 낳았다.

적응성 : 아이튠즈 비즈니스 모델―또는 이것의 핵심적인 부분―은 가치 있게 느끼는 혜택을 제공하는 데 있어 비용 대비 효과적으로 재구성되거나 재배치되어 있는가? 대

답은 "예"이다. 아이폰에 대한 앱 스토어는 아이튠즈 기술을 기반으로 하고 있다. 또한, 아이폰과 관련해서 애플은 면도기-면도날 수익 모델을 사용했다. 즉, 대부분의 앱들을 무료로 제공하고 일부 앱들에 대해서만 가격의 30%만 수익으로 챙기는 대신, 아이폰 자체는 비싸게 판매했던 것이다. 애플은 비디오, TV 프로그램, 영화 대여 서비스 제공을 위해 관련 업체들과 많은 계약을 맺었는데, 이러한 계약들에는 과거에 음반회사들과의 계약에 사용했던 전략을 다시 적용하였다. 이에 못지 않게 중요한 점은 아이튠즈 기술의 일부가 여타의 많은 애플 애플리케이션들에도 적용되었다는 사실인데, 이는 아이튠즈 기술이 다른 비즈니스 모델 요소들에 대한 플랫폼 역할을 했다는 것을 의미한다. 그러나 스트리밍 뮤직에 기반을 둔 기술적 변화나 비즈니스 모델에 대해서는, 애플의 아이튠즈 비즈니스 모델이 고객이 원하는 스트리밍 혜택을 제공하는 데 있어 비용 대비 효과적으로 재구성되었거나 재배치되었다고 얘기하기가 쉽지 않다. 더욱 중요한 점은 애플이 과거에 협력경쟁자들과 맺었던 관계 때문에 스트리밍 서비스를 적극적으로 추진하는 것이 어려울 수도 있었다는 점이다.

희소성 : 해당 기업은 고객 혜택을 제공하는 유일한 회사인가? 그렇지 않다면 그 기업이 제공하는 혜택의 수준은 경쟁자들보다 더 우월한가? 대답은 "아니요"이기도 하고 "예"이기도 하다. 아이튠즈는 고객 혜택을 제공하는 유일한 존재는 아니었다. 2013년 당시, 아이튠즈의 경쟁자들로는 아마존 MP3, 구글 뮤직, 랩소디(Rhapsody), 판도라(Pandora), 스포티파이(Spotify) 등이 있었지만, 아이튠즈는 여전히 시장의 63%를 장악하고 있었다.[15] 아이튠즈가 제공하는 혜택의 수준은 경쟁자들의 수준보다 더욱 높은 것으로 인식되고 있었는데, 그 이유는 고객들이 아이튠즈에 대해 선택할 수 있는 음원을 훨씬 더 많이 제공하고, 양방향 네트워크를 통해 훨씬 더 큰 네트워크 효과를 기대할 수 있으며, 애플의 제품들과 연결된 음원 라이브러리에 접근하는 사용자 규모가 방대하고, 아이팟 및 아이폰의 디자인이 세련되고, 협력경쟁자들과 좋은 관계를 유지하고 있는 것으로 생각했기 때문이다.

모방불가성 : 다른 업체들이 해당 제품의 혜택을 모방하거나 대체하거나 또는 능가하기가 어려운가? 대답은 "예"이기도 하고 "아니요"이기도 하다. 아이튠즈가 제공하는 혜택의 수준에 필요한 역량을 고려할 때, 다른 기업들이 아이튠즈 비즈니스 모델을 모방하고 같은 혜택을 제공하는 것은 어려운 일이 될 것이다. 그러나 대체재업체들은 강했다. 더욱 중요한 점은 스트리밍 뮤직이나 다른 기술에 기반한 비즈니스 모델이 아이튠즈 모델에 대해서는 그것을 진부하게 만들어 버릴 수 있는 파괴적인 요인들이 될 수도

있다는 점이다.

수익성 : 애플은 고객들에게 혜택을 제공함으로써 수익을 올리고 있거나 올리게 될 것 같은가? 대답은 "예"이다. 애플은 아이튠즈를 통해 많은 수익을 올렸는데, 그중 상당 부분은 간접적으로 얻어진 것이었다(그림 3.4 참조). 애플의 아이튠즈 비즈니스 모델은 네트워크 효과와 연계될 때 롱테일로부터 어떻게 수익을 창출할 수 있는지를 보여주는 멋진 사례였다. 애플은 음반회사 및 아티스트들과의 협력관계를 통해 음원에 대한 엄청난 선택을 가능케 함으로써 아티스트들의 롱테일뿐만 아니라 음원들에 대한 롱테일에도 도달할 수 있었다. 또한, 음원에 대한 엄청난 선택 가능성은 롱테일에 속한 많은 고객들에게 접근할 수 있도록 해주었다. 게다가 애플은 수많은 윈도우 사용자들도 음원에 대한 엄청난 선택을 할 수 있도록 사용자 기반을 확장함으로써 더욱 효과적으로 롱테일 고객들에게 다가갈 수 있었다.

또한, 애플의 가격 전략은 면도기-면도날 수익 모델과 일치했는데, 이를 통해 애플은 네트워크 효과와 롱테일 효과를 활용할 수 있었다. 어떻게? 애플은 음원 가격을 99센트로 책정하고, 그중 65센트는 음반회사가, 25센트는 유통업체가 가져가도록 했고, 애플은 단 9센트만 가져갔다. 이러한 판매 과정에서 음반회사들은 아무런 비용이 들지 않았다. 음반회사들이 애플의 비즈니스를 따르지 않았다면, 그들은 자신들의 음원이 무단으로 사용되는 가운데 계속해서 아무것도 얻지 못했을 것이다. 애플은 음원 판매를 통해서 9센트라는 작은 이익을 얻었지만, 대신 아이팟 판매로 큰 이익을 얻을 수 있었다. 더욱 중요한 점은 이러한 저가 전략으로 인해 고객들은 음반회사 및 아티스트들의 음원에 대해 더 많은 관심을 갖게 되었고, 이로 인해 애플은 아이팟을 높은 가격에 매우 많이 팔 수 있었다는 점이다.

아이튠즈가 세상에 나오기 이전에는 음반회사들과 여타의 콘텐츠 제공자들이 산업 생태계 속에서 강력한 협상력을 가지고 있었다. 예를 들어, 음반회사들은 비록 CD에 대한 수요가 감소하고는 있었지만, 그래도 여전히 고객들에게 스트리밍 방식이나 CD 형태로 직접 음원을 판매할 수 있었다. 이러한 상황에서 애플은 음반회사들과 협력관계를 구축하고 윈도우 사용자들로 사용자 규모를 확대해 나갔는데, 이러한 활동들은 결국 음반회사들의 협상력을 약화시키는 결과를 초래했다.

실제 애플은 비인기 시장에 진입하여 적절한 비즈니스 모델 혁신 활동을 통해 혼자의 힘으로 시장을 매력적인 것으로 바꾸었고 많은 수익을 올렸다. 애플은 엄청나게 많은 유형의 곡들을 낮은 가격으로 판매함으로써 많은 틈새시장들로부터 얻는 작은 수익들을 모아 큰 수익을 창출할 수 있었다. 즉, 애플은 롱테일 음원들을 활용하여, 아이팟을 갖고 싶어 했던 상당수의 롱테일 고객들을 중심으로 커다란 고객 네트워크를 구축했던 것이다. 그다음으로는 아이팟을 비싼 가격에 팔아 애플은 큰 수익을 거둘 수 있었다.

이러한 VARIM 분석을 바탕으로 애플은 앞으로 아이튠즈에 대해 어떤 일을 해나가야 할까? 제2장에서 보았듯이 VARIM 분석과 관련해서 가장 중요한 점은 무엇이 적합한지 규명하고 그것을 강화시키는 것이다―한편으로는 적합하지 않은 것을 바로 잡으면서. 애플이 수행한 대부분의 활동―협력관계를 구축하고, 혁신하고, 방어하고, 양방향 네트워크를 구축하고, 전략적으로 가격 정책을 세우고, 수익 모델을 선택한 활동들―은 바람직했다. 애플은 앞으로도 이러한 활동들을 계속해서 강화시켜 나가는 것이 바람직할 것이다. 그러나 우리는 애플이 비용을 지속적으로 낮게 유지하기 위해 계속해서 어떤 노력을 하고 있는지에 관해서는 많이 알지 못한다. 애플이 제품 차별화에 성공하긴 했지만, 그렇다 하더라도 여전히 비용은 최대한 낮게 유지하고 싶어 할 것이다. 더욱 중요한 점은 스트리밍 방식의 음원 제공이 여전히 애플에게는 파괴적 기술로 다가오고 있을 수도 있다는 것이며, 따라서 애플은 그 기술에 대해 더 많이 관심을 기울이고 있을지 모른다는 것이다.

핵 심 정 리

- 많은 시장에서는 인기 제품/서비스가 소수이고 그렇지 못한 것들이 다수일 가능성이 높다. 인기 제품들은 소위 파레토 법칙, 80/20 법칙, 헤비테일, 멱급수테일, 또는 롱테일이라 부르는 분포에서 숏헤드 부분을 차지하고 비인기 제품들은 롱테일 부분을 차지한다.

- 크리스 앤더슨은 비즈니스와 관련하여 롱테일이라는 이름을 처음으로 사용하면서, 기업들이 인터넷을 이용하여 롱테일 영역에 해당하는 비인기 제품들로부터 어떻게 수익을 창출할 수 있는지 설명하였다. 그의 주장에 따르면 인터넷을 활용하면 롱테일에 해당하는 많은 제품들을 판매할 수 있는데, 이 매출들을 합치면 숏헤드 부분을 차지하는 소수의 인기 제품들에 대한 매출 이상을 능가할 수도 있다는 것이다. 따라서 적절한 혁신을 통해 비인기 제품들을 모아서 판매한다면, 기업은 인기 제품들에 대한

매출 이상의 수익을 올릴 수도 있다.

■ 인터넷은 제품의 유통과 진열공간 비용을 크게 줄여주고 소비자의 선택을 용이하게 해주며, 더욱 다양한 소비자의 취향을 만족시켜줄 수 있다. 따라서 기업들은 인터넷을 활용하여 롱테일에 머물러 있는 제품들의 매출을 증대시킬 수 있다.

■ 크리스 앤더슨에 의해 제시된 롱테일 분포에서는 수직축이 수익이나 판매량을, 수평축은 제품이나 제품에 상응할 수 있는 것들을 의미하며, 롱테일을 활용할 수 있는 혁신적 도구는 바로 인터넷이다.

■ 이 책은 롱테일 개념을 다음과 같이 확장하였다. 즉, 세로축은 관심을 갖는 종속변수로 그리고 가로축은 그 종속변수에 영향을 주는 독립변수로 그리고 혁신물들은 롱테일 부분에서 낮은 가치를 창출하는 요인들을 변화시키는 데 사용되는 것으로 이렇게 확장된 개념이 적용될 수 있는 사례들은 다음과 같다.

- 보톡스와 성형수술
- 휴대전화
- 시골 지역의 할인마트
- 인터넷과 정치헌금
- 인터넷과 사용자 혁신
- 소액금융
- 유기농 식품 매장
- 인쇄기
- 라디오와 TV 방송
- 비디오테이프 레코더

■ 롱테일에 관한 지식을 활용하기 위해 여러분은 관리자로서 다음과 같은 것들을 해야 한다.

1. 당신 회사의 기존 또는 향후 비즈니스 모델의 요소 각각에 대한 롱테일 분포를 찾아 보라.

2. 그 비즈니스 모델에 대해 VARIM 프레임워크 등을 활용하여 잠재적 수익성을 평가 하라.

3. 이 분석을 바탕으로 그 비즈니스 모델을 가지고 무엇을 할지 결정하라.

■ 비즈니스 모델 초상화를 어떻게 기술할 수 있는지 그리고 VARIM 프레임워크를 통해 비즈니스 모델의 잠재적 수익성을 어떻게 평가할 수 있는지 설명하기 위해 애플의 아이튠즈 비즈니스 모델을 사례로 활용하였다.

주석

1 Anderson, C. (2006). *The Long Tail: Why the Future of Business is Selling Less of More*. New York: Random House Business Books.

2 Brynjolfsson, E., Hu, Y., & Smith, M. D. (2003). Consumer surplus in the digital economy: Estimating the value of increased product variety at online booksellers. *Management Science*, 49(11), 1580–1596.

3 See similar arguments by Shirky, C. (2003, February 8). Power laws, weblogs and inequality. Retrieved July 9, 2008, from www.shirky.com/writings/powerlaw_weblog.html.

4 Brynjolfsson, E., Hu, Y., & Simester, D. (2006). Goodbye pareto principle, hello long tail: The effect of search costs on the concentration of product sales. Retrieved July 9, 2008, from http://papers.ssrn.com/sol3/papers.cfm?abstract_id=953587. See also Brynjolfsson, E., Hu, Y., & Smith, M. D. (2003). Consumer surplus in the digital economy: Estimating the value of increased product variety at online booksellers. *Management Science*, 49(11), 1580–1596.

5 See also Elderse, A. (2008). Should you invest in the long tail? *Harvard Business Review*, 86(7/8), 88–96.

6 Agarwal, A., Johnson, M., Link, T., Patel, S., Stone, J., & Tsuchida, K. (2006). *Botox's Makeover*. Ann Arbor, MI: Ross School of Business, University of Michigan.

7 von Hippel, E. (2005). *Democratizing Innovation*. Cambridge, MA: MIT Press.

8 Film History of the 1970s. (n.d.). Retrieved December 10, 2007, from www.filmsite.org/70sintro.html

9 One Million Copies of iTunes for Windows Software Downloaded in Three and a Half Days. (2003). Retrieved September 15, 2007, from www.apple.com/pr/library/2003/oct/20itunes.html

10 Taylor, C. (2003). The 99 cent solution. Retrieved December 7, 2007, from www.time.com/time/2003/inventions/invmusic.html

11 Apple. (2013). iPod + iTunes Timeline. Retrieved July 9, 2013, from www.apple.com/pr/products/ipodhistory

12 Taylor, C. (2003). The 99 cent solution. Retrieved December 7, 2007, from www.time.com/time/2003/inventions/invmusic.html

13 Covert, A. (2013, April 25). A decade of iTunes singles killed the music industry. Retrieved July 9, 2013, from http://money.cnn.com/2013/04/25/technology/itunes-music-decline/index.html

14 Afuah, A. N. (1999). Strategies to turn adversity into profits. *Sloan Management Review*, 40(2), 99–109.

15 Covert, A. (2013, April 25). A decade of iTunes singles killed the music industry. Retrieved July 9, 2013, from http://money.cnn.com/2013/04/25/technology/itunes-music-decline/index.html

크라우드소싱과 오픈 이노베이션

학습목표

- 크라우드소싱의 기본 원리를 이해할 수 있다.
- 비즈니스 모델에 대한 크라우드소싱의 영향을 이해할 수 있다.
- 오픈 이노베이션과 크라우드소싱 간의 관계를 이해할 수 있다.

서론

2000년대의 가장 멋진 혁신 스토리 중 하나는 크라우드소싱(crowdsourcing)과 관련된 것들이다. 2008년 페이스북(Facebook)은 자사의 영문 웹사이트를 다른 언어들로도 제공하기 위해 자사의 직원들이나 또는 주변에서 번역을 잘하는 사람들과 계약을 하는 대신, 사용자, 다시 말해 대중의 도움에 의시하기로 하였다. 이 작업에는 누구라도 참여할 수 있었다. 이러한 결정이 공개된 지 24시간 후 페이스북의 웹사이트는 프랑스어로 번역되었고, 2주 후에는 스페인어로도 번역되었다.[1] 2010년 말경 페이스북의 웹사이트는 영어에서 70가지 언어로 바뀌어 있었고, 이러한 과정은 페이스북이 10억 명의 등록된 사용자들을 확보하는 데 도움을 주었다. 골드코프의 스토리는 주목할 만하다. 1990년대 후반 이 회사는 캐나다 온타리오 주의 레드 레이크에 소재한 자신의 소유지에서 금의 위치를 정확히 찾아내는 데 어려움을 겪고 있었고, 이를 해결하기 위해 대중의 도움에 의지하기로 결정하였다.[2] 골드코프는 자사의 지질학자들의 조언과는 반대로, 자사의 탐사 데이터베이스를 온라인으로 대중들에게 공개하기로 하였으며, 소유지의 어디에서 금을 찾을 수 있는지를 알려주는 사람에게는 현금으로 포상하기로 하였다. 이렇게 해서 제공받은 해답들을 통해 골드코프는 많은 금을 찾아낼 수 있었고, 1억 달러였던 자사의 가치는 몇 년 뒤 90억 달러로 증가되었다.

이와 같은 두 가지의 스토리가 바로 크라우드소싱의 사례인데, 크라우드소싱은 오픈 이노베이션(open innovation)의 한 형태라 할 수 있다. 어떤 주체(조직, 팀, 국가, 또는 개인)가 어떤 임무를 자신이 직접 수행하거나 또는 그 임무를 어떤 지정된 계약자에게 위탁하는 대신, 그 임무를 공개 모집 방식을 통해 대중에게 위탁할 때, 그 주체는 그 임무를 '크라우드소싱한다'라고 말할 수 있다.[3] 임무를 수행하는 멤버들은 어떠한 사전 계약도 없이 그 임무를 수행한다. 이러한 정의를 설명하기 위해 페이스북의 번역 사례를 다시 살펴보자. 페이스북은 내부에 번역 그룹을 만들어 웹사이트를 번역하거나 아니면 번역회사를 골라 계약을 맺을 수도 있었지만 그렇게 하지 않았다. 오히려 페이스북은 이 문제를 공개 모집 형태로 대중에게 위탁했다. 번역 작업을 스스로 선택한 사람들은 페이스북과의 어떠한 사전 계약도 없이 그 일을 수행했다. [이 장 전반을 통해 우리는 어떤 문제에 대한 해결하고자 하는 기업, 개인, 또는 국가를 '수요자(seeker)'로 부를 것이며, 그리고 그 문제를 해결하는 사람이 누구든 그를 '해결자(solver)'라 지칭할 것이다.]

학자들의 초기 연구 결과들은 골드코프와 페이스북 스토리만큼이나 멋졌다. 예를 들어, 보코니대학교의 라스 제페슨(Lars Jeppesen) 교수와 하버드 비즈니스 스쿨의 카림 라카니(Karim Lakhani) 교수는 12,000여 명의 과학자들이 관련된 166개의 과학 도전과제들을 분석한 결과, "해결방안의 우수성은 해결자의 기술적 전문 영역과 문제의 핵심 영역이 거리가 멀수록 더 높았다. 그리고 과학 분야의 외곽에 위치하는 것으로 알려진 여성 해결자들이 남자들보다 성공적인 해결방안을 더 잘 개발했다."는 점을 발견했다.[4]

주목할 만한 사례들은 비영리 조직의 가치 창출과 확보를 목적으로 한 크라우드소싱에만 국한되지 않는다. 비영리 조직의 가치 창출에 초점을 맞춘 많은 크라우드소싱 프로젝트들도 수행되어 왔다. 예를 들어, 미국의 의회도서관은 오래된 사진들 속에서 보이는 사람들이 누구인지 알 수 없다는 문제에 직면했었다. 이 의회도서관은 사진 공유 사이트 플리커(Flickr)의 도움에 의지했다. 그 결과 먼 친척들과 지인들이 즉각 사진 속의 많은 인물들을 식별해냈다.[5] 다르푸르 분쟁이 정점에 다다르고 있을 때 반집단학

살 조직인 아에구스 트러스트(Aegus Trust)는 전범자 수배(Wanted for War Crimes) 웹사이트를 만들었다. 이 웹사이트에서는 구글 맵 기능을 제공하고 있는데, 전세계 어느 곳에서든지 누구라도 다르푸르 분쟁과 관련된 전범 용의자를 목격하게 되면, 그 구글 맵에 자신이 목격한 장소를 표시함으로써 목격 사실을 보고할 수 있다.[6]

위키피디아(Wikipedia)는 규모가 가장 큰 온라인 백과사전인데, 이것은 크라우드소싱에 대한 또 하나의 사례이다. 위키피디아는 직원들로 하여금 조사를 하고 백과사전에 기록하도록 하거나 지정된 계약자들에게 그 일을 위탁하는 대신 대중에게 의지하고 있다. 전세계 어느 곳에 있는 그 누구라도 자유로이 어떤 특정 주제에 대해 조사하고 입력할 수 있다. 크라우드소싱의 한 형태로 볼 수 있는 크라우드펀딩(crowdfunding)은 기존의 일반적인 방식으로는 전혀 모금을 할 수 없거나 소수의 기부자들이나 투자자들로부터만 모금이 가능했던 사회단체나 기업들이 제법 큰 금액을 모금하기 위해 다수의 개인들로부터 소액의 돈을 모금하는 것을 의미한다.

미래로 돌아가다

지금까지 설명한 사례들이 독자들에게 크라우드소싱이 인터넷으로 인해 가능해진 최근 현상이라는 인상을 줄 수 있지만, 크라우드소싱을 활용한 문제 해결의 사례는 인터넷이 없던 몇 세기 전에도 찾아볼 수 있다. 크라우드소싱의 역사는 원대한 도전, 오픈소스, IT 기반 등과 같은 세 가지 시대로 구분해서 생각해볼 수 있다.

세 가지 시대

원대한 도전(grand challenges)의 시대에는 정부와 비영리 조직들이 사회의 본질적인 문제들과 마주하고 있었는데, 그들은 이러한 문제의 해결책들이 사회에 광범위하고 지속적으로 긍정적인 영향을 미치게 될 것으로 믿고 있었다. 그런데 이러한 상황에서 정부들은 문제를 해결할 능력도 없었고 문제 해결을 누구에게 맡겨야 할지도 몰랐다. 따라서 이러한 정부들은 크라우드소싱에 의존했던 것이다. 예를 들어, 1714년 영국 정부는 바다에 떠 있는 배의 위치를 알아내는 방법을 중요한 문제로 여기고, 이 문제를 해결하는 사람에게 현금 포상 ─ 경도상(Longitude Prize)이라 불리는 ─ 을 제공하겠다고 공표하였다.[7] 결국 시계 제작공이었던 존 해리슨(John Harrison)이 이 상금의 주인공이 되었다. 분명한 점은 영국 정부가 당시에 해양 분야에 대해 가장 훌륭한 전문가에게 이 문제를 맡겼다면, 그 시계 제작공은 문제 해결에 기여할 기회를 얻지 못했을 것이라는 점이다.

1810년 프랑스 정부(나폴레옹)는 영국의 면직물이 프랑스로 들어오는 것을 막기 위해, 아마 방적 기계를 발명하는 사람에게 100만 프랑(2013년의 화폐가치로는 약 387만 달러)의 상금 ─ 아마 기계 상금(Prize for a Flax Machine)로도 불리는 ─ 을 포상하겠다고 제안했다. 필립 드 지라르(Philippe de Girard)라는 프랑스인이 이 기계를 발명했지만 상금을 받지 못하게 되자, 그는 그의 발명품을 어디론가 가져가 버렸다. 18세기 후반, 유럽에서는 설탕이 귀해서 수입을 해야 했다. 따라서 독일 농업장려협회는 천연식물로부터 설탕을 추출하는 사람에게 제공하는 포상(Prize for Sugar from Native Plants)을 제안했다. 알제이 브라우어(RJ Brouwer)라는 사람이 수상을 했고 거액을 벌었다.

오픈 소스 시대에는 소프트웨어의 소스코드를 공개함으로써 누구라도 그것을 더 유용한 것으로 향상시킬 수 있게 되었는데, 이러한 작업은 커뮤니티를 형성하는 자발적 참여자들에 의해 이루어졌다.[8] 이러한 결과로 만들어진 소프트웨어(프로그램)와 소스코드는 무료로 보급되었다. 이와 관련하여 경영학자들이 다음과 같은 의문을 가졌다. 사람들은 ─ 그중 일부는 전업으로 직장 일을 일부러 하지 않으면서까지 ─ 대가도 받지 못하면서, 결국 남들에게 무료로 제공될 그러한 소프트웨어를 개발하는 데 왜 그렇게 시간을 많이 투자했는가? 분석 결과 자신의 능력을 잠재적 고용주에게 알리기 위해, 미래의 직장을 위해 자신의 능력을 축적하기 위해, 소프트웨어는 무료여야 한다는 자신의 믿음을 실천하기 위해, 자신이 참여하고 있는 커뮤니티에서 자신의 위상을 구축하거나 재확인하기 위해, 세상에 영향을 주기 위해, 또는 단지 재미를 위해, 그 많은 사람들이 오픈 소스 소프트웨어 프로젝트에 참여했다는 점이 밝혀졌다.[9] 나중에 오픈 소스 개념은 하드웨어와 컴퓨터가 아닌 제품들로도 확장되었다.[10]

저비용 그리고 인터넷 활용, 그리고 휴대용 기기를 비롯한 여타의 정보기술 활용이 IT 기반 시대가 열리게 만들었는데, 이 시대에는 문제들이 훨씬 더 쉽게 전세계의 대중들에게 전달될 수 있고, 해결자들은 다른 해결자들과 더 쉽게 협력할 수 있으며, 대중은 다른 대중의 해결책을 평가하는 데 활용될 수도 있다. 이는 더 많은 정부의 도전 과제들이 전세계의 더 많은 잠재적 해결자들에게 전달될 수 있다는 것뿐만 아니라 조직 및 개인들이 인터넷을 활용하여 나름대로의 해결책을 얻을 수 있다는 것을 의미한다. 여기서 해결책을 얻는 크라우드소싱 방식으로는 (1) 해결자들이 다수의 해결책들을 제시하고 그중 승자가 포상을 받는 도전형(challenge-type) 크라우드소싱, (2) 다수의 해결자들이 완벽한 해결책을 만들기 위해 집단적으로 작업을 함으로써 오직 하나의 해결책만이 제시되는 오픈 소스형(open source-type) 크라우드소싱 등을 들 수 있다.

크라우드소싱의 유형

크라우드소싱에 관한 연구는 2013년에 막 시작되었기 때문에, 아직 이 분야의 용어들은 유동적이고 혼동되어 있는 경향이 있다.[11] 예를 들어, 크라우드소싱과 관련된 용어들로는 크라우드펀딩(crowdfunding), 크라우드보팅(crowdvoting), 크라우드서칭(crowdsearching) 등을 들 수 있다. 문제 해결 관점에서, 그리고 앞에서 설명한 크라우드소싱 개요의 맥락에서 보면, 이러한 크라우드소싱 유형들은 시합 기반(tournament-based)과 협력 기반(collaboration-based), 두 영역으로 나눌 수 있다.[12] 시합 기반 크라우드소싱에서는 우승자가 가져갈 수 있는 포상을 대상으로 해결자들로부터 제시된 다수의 해결책들이 경쟁한다. 경도상이나 아마 기계에 대한 포상과 같은 원대한 도전은 모두 이 영역에 속한다. 바느질 자국이 없는 티셔츠 디자인 콘테스트나 금광에서 금의 위치를 찾아내는 골드코프의 도전과제 등도 이 영역에 속한다.

협력 기반 크라우드소싱에서는 군중의 멤버가 함께 작업하여 그들이 제공할 수 있는 최고의 해결책을 제시한다. 위키피디아와 페이스북의 번역 프로젝트 모두 이 영역에 속한다. 어떤 프로젝트의 비용을 마련하기 위해, 개인 각각에 대해서는 소액이지만 많은 개인들을 대상으로 모금함으로써 큰돈을 마련하는 소위 크라우드펀딩이라 불리는 것도 역시 이 영역에 속한다. 크라우드보팅은 군중들이 최고의 해결책을 뽑는 투표 프로세스를 의미하는데, 이것은 시합 기반 방식으로 수행될 수 있지만, 협력 기반 방식으로도 수행될 수 있다. 크라우드서칭은 군중들로 하여금 무엇인가를 찾도록 만드는 프로세스인데, 이 역시 경우에 따라 이 두 가지 영역 중 하나에 속할 수 있다.

크라우드소싱 프로세스

크라우드소싱은 하나의 프로세스로서 문제 정의 및 포상 방식에 대한 결정, 문제 해결을 위한 도전자들의 자발적 참여 결정, 해결책에 대한 평가, 해결책 수용과 실행의 네 가지의 단계로 수행된다.

문제 정의 및 포상 방식에 대한 결정

일단 수요자가 문제를 크라우드소싱하기로 결정했다면, 그 수요자는 그 문제를 사람들에게 알리기 전에 우선 그 문제를 정의하고 사람들이 이해할 수 있는 언어로 변환시켜야 한다.[13] 문제의 예로는 새로운 제품/건물 설계, 새로운 소프트웨어 알고리즘의 최적화, 문서 번역, 범죄자 체포, 특정 성분을 가진 화학물질 분리, 새로운 칩을 테스트하기 위한 소프트웨어 개선, 새로운 기계의 발명 등을 들 수 있다.[14] 문제를 언어적 표현으로 변환하는 데 있어 주의할 점은, 그 문제가 대중에게 효과적으로 전달되고 이해될 수 있어서 최고의 해결책을 제시하는 것이 가능할 정도로 표현되어야 한다는 것이다. 또 하나 주의할 점은 수요자의 전략에 관한 정보들이나 경쟁자들이 수요자의 지적재산을 손쉽게 침해할 수 있도록 만들 수 있는 정보들을 무심코 너무 많이 제공하는 일이 없어야 한다는 것이다.

문제를 잘 정의하고 난 다음에는, 포상 또는 보상을 적절하게 설정해야 한다. 보상 수준이 너무 낮으면 대중은 문제 해결에 참여할 동기를 제대로 부여받을 수 없을 것이며, 보상 수준이 너무 높으면 돈을 낭비하거나 문제 해결에 참여하려는 조직 내부의 직원들에게 잘못된 신호를 보내는 결과를 초래하게 될 것이다. 보상 또는 포상의 규모는 해결책에 대한 추정 가치뿐만 아니라 해결자들의 관심을 끌 수 있는 비금전적 이득의 정도를 고려해서 결정해야 한다.

문제 해결을 위한 도전자들의 자발적 참여 결정

다음 단계는 대중 중 일부 멤버들이 제시된 문제 해결에 대한 참여를 자발적으로 결정하는 것이다. 수요자는 이 단계를 직접 통제할 수 없다. 잠재적 해결자들의 문제 해결 참여 여부는 포상 및 비금전적 동기부여 요인들에 달려 있다. 해결자들은 단순히 재미로, 또는 커뮤니티 내에서 자신의 위상을 향상시키기 위해, 또는 미래의 고용주에 대해 자신의 능력을 보여주기 위해, 또는 전세계에 영향을 미치기 위해, 또는 기타 등등의 이유 때문에 자발적으로 참여를 결정한다는 점을 상기하라.

해결책에 대한 평가

일단 해결책이 준비가 되면 그것들은 평가되어야 하며, 이에 따라 승자가 결정되어야 한다. 이 단계는 문제 해결만큼이나 도전적이며, 때로는 제시된 해결책들에 대한 평가가 다른 대중 집단을 통해 이루어지기도 하는데, 그 이유로는 다음과 같은 두 가지를 들 수 있다. 첫째, 해결책이 어떠해야 하는지를 판단하는 데에는 큰 불확실성이 존재할 수 있기 때문이다. 예를 들어, 제시된 문제가 어떤 시장을 대상으로 새로운 자동차를 설계하는 것이라면, 그 시장의 잠재고객들이 그 디자인을 보기 전까지는 그 고객들이 어떤 디자인을 가장 선호할지 판단하기 어려울 것이다. 이 경우 그 고객들이 제시된 디자인 결과물을 직접 판단하도록 하는 것이 더 나을 수 있다. 둘째, 제시된 문제의 해결책이 너무 복잡하거나 비용 대비 효과적으로 평가하기에는 제시된 해결책들이 너무 많을 수 있기 때문이다. 따라서 평가 프로세스는 현명하게 설계되어야 한다.

해결책 수용과 실행

결국, 수요자들이 속한 조직은 문제에 대한 해결책들을 받아들이고 그것들을 조직의 가치 창출 및 확보 활동들로 통합시켜야 한다. 외부에 위탁하여 마련된 해결책을 조직에 들여올 때, 수요자는 다음과 같은 잠재적 위험들에 대해 주의를 기울일 필요가 있다. 첫째, 수요자의 직원들이 NIHS(not-invented-here-syndrome) — 외부에서 만들어진 해결책은 성공에 필요한 자원으로 고려되지 않는 문화 — 를 가지고 있을 수 있다.[15] 둘째, 외부에서 만들어진 해결책이 매우 특이하다면, 수요자는 그것을 이해하고 조직 내부의 가치 창출 및 확보 활동들로 통합하는 데 필요한 (지식과 관련된) 흡수 역량(absorptive capacity)을 가지고 있지 못할 수가 있다. 왜냐하면 새로운 지식을 흡수하기 위해서는 관련 지식이 있어야 하기 때문이다. 셋째, 크라우드소싱은 조직 내부의 집단에서 해결책을 만드는 경우보다 더욱 탁월한 해결책을 보다 낮은 비용으로 더욱 신속하게 제공할 수 있기 때문에, 일부 직원들은 크라우드소싱을 그들의 자리나 임금을 위협하는 것으로 볼 가능성이 있다.

크라우드소싱의 장점과 단점

크라우드소싱이 비즈니스 모델에 미치는 영향을 이해하기 위해서는 — 이 점이 이 장의 궁극적인 목적임 — 크라우드소싱의 장점과 단점 모두를 이해하는 것이 중요하다.

크라우드소싱의 장점

보다 깊고 넓은 지식을 가진 인재 풀에 접근할 수 있다

선 마이크로시스템즈의 공동창업자인 빌 조이(Bill Joy)는 "세상에서 가장 스마트한 사람들은 당신을 위해 일하고 있지 않다."라고 언급한 바 있다. 조직의 재정 능력과 권력이 어느 정도가 되었든 세상에서 가장 영리한 일꾼들을 성공적으로 채용하고 동기부여시킬 수 있는 조직은 없다. 게다가 인간이란 존재는 인지적 한계를 가지고 있다. 따라서 많은 조직들은 문제 해결 능력을 발휘하기 위해 어떤 특정 분야에 국한해서 집중할 필요가 있다. 글로벌화와 기술 변화가 증대되고 있는 현실에서, 기업들은 다음과 같은 해결책을 필요로 하는 문제들에 직면하게 될 것이다. (1) 기업이 보유하고 있는 것보다 더 높은 수준의 지식, 또는 (2) 해당 기업의 분야와 다른 분야의 지식. 어떤 기업이 되었든 그 기업의 밖에는 자신보다 문제 해결을 더 잘할 수 있는 다수의 사람이 항상 존재한다. 크라우드소싱의 장점은 조직들이 조직 밖에 있는 엄청난 규모의 인재 풀을 활용할 수 있도록 해준다는 점이다.

더 낮은 비용으로 더 높은 가치의 해결책을 획득할 수 있는 가능성이 높다

시합 기반 크라우드소싱에서는 수요자가 최고의 해결책에 대해서만 지불하면 된다. 제시한 해결책이 선정되지 못한 경우, 그 해결자는 해결책 개발비용을 스스로 감당해야 한다. 수요자는 탈락한 해결책 제시자들에게는 비용을 지불할 필요가 없기 때문이다. 이 방식을 따를 때 수요자는 가장 낮은 비용으로 높은 가치의 해결책을 얻을 수 있다. 문제가 전달되는 대중의 수가 많을수록 수요자가 높은 가치의 해결책을 얻게 될 가능성은 높아진다. 어떤 문제들에 대해서는 크라우드소싱이 가장 이득을 크게 볼 수 있는 최고의 기회가 되기도 한다.

좋은 채용 도구가 될 수 있다

일부 해결자들은 잠재적 고용주들에게 자신의 능력을 알리기 위한 목적으로 크라우드소싱에 참여하기도 한다.[16] 따라서 크라우드소싱은 채용에 매우 유용한 도구가 될 수 있다. 직원을 채용하고자 하는 사람 입장에서는 지원자가 채용되는 경우 회사에서 보여줄 수 있는 능력을 알고 싶어 할 것이다. 그러나 인터뷰만으로는 그러한 능력을 제대로 파악하는 것이 불가능하다. 크라우드소싱에 지원하여 보여주는 능력은 그 지원자가 채용되었을 때 회사에서 보여줄 수 있는 능력으로 간주될 수 있으므로, 채용 담당자에게는 매우 유용한 정보가 될 것이다. 제1장에서 살펴본 골드코프 경우 토너먼트를 통해 준결승에 오른 10명이 골드코프에 채용되는 결과로 이어졌다.[17] 그리고 다른 많은 참가자들도 다른 광산업체들에서 일할 수 있게 되었다.

대중만이 해결할 수 있는 문제의 해결책을 획득할 수 있다

어떤 문제들은 대중만이 풀 수 있는 그러한 경우에 해당될 수 있다. 의회도서관 사례에서 친척들과 지인들이 도서관의 오래된 사진들 속의 인물들을 식별할 수 있었다는 점을 상기해보라. 친척들과 지인들이 포함된 대중만이 ─ 의회도서관의 직원이나 다른 계약자들이 아닌 ─ 이 문제를 해결하는 데 필요한 분산된 지식을 가지고 있었던 것이다. 자발적인 참여자들만으로 위키피디아는 비용 부담 없이 풍부한 내용이 담긴 백과사전을 구축할 수 있었다.

해결책은 이미 존재하고 있을 수 있다

경우에 따라서는 이미 대중 속의 누군가가 문제에 대한 해결책을 가지고 있거나 또는 거의 근접한 해결책을 가지고 있을 수도 있다. 이러한 경우 크라우드소싱은 시간과 비용을 절약해줄 뿐만 아니라 의뢰 기업의 시간과 노력도 줄여줄 수 있다.

인재 관리 노력을 해방시켜줄 수 있다

기업이 어떤 문제를 내부적으로 해결하기로 결정했다면, 그 프로세스를 관리해야 할 것이다. 한편, 기업이 어떤 문제를 외부 계약자에게 위탁하기로 결정했다면, 그 기업은 계약자와의 관계를 관리해야 할 것이다. 그러나 기업이 크라우드소싱 방식을 택하는 경우, 그 기업은 최고의 해결책에 대한 수용과 그것에 대한 지불만 신경쓰면 된다. 해결책 마련의 실패와 비용에 대한 걱정은 할 필요가 없다.

수요자가 협력경쟁자들에게 자신의 전략을 알리는 기회로 활용할 수 있다

수요자는 대중에게 과업을 위탁함으로써 자신의 협력경쟁자들에게 자신이 어떤 활동에 신경을 쓰고 있는지 알리는 효과를 얻을 수 있다. 예컨대 어떤 수요자의 경쟁자들이 새로운 제품을 시장에 출시할 때 그 수요자는 자신이 그와 유사하거나 더 나은 제품 생산을 추진하고 있다는 사실을 자신의 충성 고객들에게 알리고 싶어 할 것이다. 그렇게 함으로써 수요자는 자신의 충성 고객들에게 보다 새롭고 나은 제품이 목전에 있으니 경쟁사의 제품으로 선환하지 말라는 메시지를 전달할 수 있다. 즉, 기업은 크라우드소싱을 자신의 제품에 대한 정보를 알리는 마케팅 도구로 활용할 수 있다는 것이다.

크라우드소싱의 단점

크라우드소싱은 단점도 가지고 있다. 첫째, 사전에 문서로 작성된 계약서나 비공개 협약서 등이 없기 때문에 수요자는 크라우드소싱 과정에서 대중에게 공개되는 자신의 지적재산을 보호하기 힘들다. 수요자는 문제를 크라우드소싱을 할 때 누군가의 기회주의적인 행위에 노출될 수 있다. 둘째, 아무도 문제 해결에 자발적으로 나서지 않거나 나서는 사람이 있다 하더라도 그가 좋은 사람이 아닐 수 있다는 위험이 존재한다. 이런 경우 수요자는 아무 해결책도 얻지 못할 수 있다. 셋째, 크라우드소싱은 암묵지를 필요로 하는 과업에는 적합하지 않을 수 있다. 왜냐하면 암묵지를 대중이 이해할 수 있는 형태로 변환하고 전달하는 것은 어려운 일이기 때문이다. 암묵지는 행동이나 경험에 의한 학습을 통해 개인 간에 직접 전달된다. 게다가 크라우드소싱은 비행기를 설계하고 만드는 것과 같이 장기적이고 복잡한 과업에는 바람직하지 않을 수 있다. 그러한 과업들은 모니터링, 지속적인 동기부여, 그리고 여타의 장기적인 책무들을 필요로 한다.

넷째, 해결책을 수요자의 조직 그리고/또는 제품/서비스에 통합시키는 것이 어려울 수 있다.[18] 예를 들어, 어떤 조직이 흡수 역량－관련 지식－을 가지고 있지 않다면, 해결책을 평가하고, 받아들이고, 자신의 가치 창출 및 확보 활동들에 통합시키는 활동들을 제대로 수행하지 못할 것이다. 다섯째, 조직이 크라우드소싱에 너무 많이 의존하는 경우에는, 결국 가치를 창출하고 확보하는 데 필요한 외부 지식을 평가하고, 받아들이고, 활용할 수 있는 흡수 역량을 갖지 못하게 될 수 있다. 여섯째, 기회주의적 경쟁자들은 작동하지 않을 것을 아는 악의적인 해결책으로 수요자의 문제를 공략할 가능성이 있다.

이러한 크라우드소싱의 단점 중 일부는 조직의 적절한 처리방식을 통해 제거되거나 경감될 수도 있다.[19] 흥미롭게도 이러한 단점들은 이러한 단점과 관련된 문제를 해결할 수 있는 회사를 만드는 기회가 되기도 한다. 이노센티브(InnoCentive)의 비즈니스 모델은 크라우드소싱의 단점들로 인한 문제들을 해결하도록 설계되었다. 이 회사는 수요자와 해결자 사이에서 중개역할을 하는데, 수요자의 정체를 숨겨줄 수 있고, 따라서 경쟁자들이 수요자의 전략적 방향을 알아차리는 기회를 줄여줄 수 있다. 또한, 이노센티브는 해결자들이 이해할 수 있는 방식으로 수요자들이 문제를 묘사하고 제시하는 것을 도와줄 수도 있다.

비즈니스 모델에 대한 크라우드소싱의 영향

크라우드소싱의 장점과 단점을 고려할 때, "크라우드소싱이 비즈니스 모델에 미치는 영향을 무엇인가?"라는 질문을 생각해볼 수 있다. 이에 대한 답을 위해서는 비즈니스 모델의 다섯 가지 구성요소를 살펴볼 필요가 있는데, 이 다섯 가지 구성요소는 고객 가치 제안, 세분 시장, 수익 모델, 성장 모델, 역량임(제1장 참조)을 상기하라. 크라우드소싱은 이 요소들의 대부분에 변화를 초래할 가능성이 있다.

논의를 보다 용이하게 진행시키기 위해, 스레드리스(Threadless) 사례를 활용하고자 한다. 이 티셔츠 회사는 2000년에 세워졌으며, 티셔츠 디자인을 내부 그룹이나 외부의 디자이너들에게 맡기지 않고, 크라우드소싱을 했다. 어느 곳에 있는 누구라도 티셔츠 디자인 결과물을 제공할 수 있도록 했다. 그리고 대중―그중 상당수는 티셔츠 고객―으로 하여금 최고의 디자인에 대해 투표를 하도록 했다. 2013년, 매주 우승자들이 선정되었으며 그들은 자신이 제시한 디자인에 대한 평가 결과에 따라 250~2,000달러에 이르는 현금을 받았다. 또한, 우승자들은 자신의 디자인에 따라 제작된 티셔츠 매출의 3~20%를 저작권료로 받았다.[20]

고객 가치 제안

비즈니스 모델의 고객 가치 제안 요소는 고객이 경쟁사나 여타 회사들의 제품/서비스보다 더 관심을 끌 정도로 가치 있게 느끼는 혜택을 다루는 것임을 상기하라. 크라우드소싱은 어떤 문제에 대해 가치가 높은 해결책을 획득하기 위해 수행되는 활동으로서, 고객들이 가치 있게 느끼는 혜택을 제공하기 위한 목적으로도 수행될 수 있다. 시합 기반 크라우드소싱에서는 높은 가치를 지닌 해결책들이 선정되는데, 이때 수요자는 선정되지 못한 해결책들에 대해서는 어떤 포상을 제공할 필요가 없다. 수요자는 높은 가치의 해결책을 활용하여 고품질의 제품/서비스를 낮은 비용으로 그리고 더 적절한 시점에서 고객들에게 제공할 수 있다. 만약 제품을 설계하고 그 결과물을 선정한 대중이 고객들로 구성되어 있다면, 최종 제품이 고객들의 니즈를 만족시킬 가능성은 크게 높아질 것이다.[21] 스레드리스 사례를 고려해보라. 티셔츠 디자인 콘테스트에서 활약하는 많은 평가자들은 바로 다름 아닌 자신의 고객들이다. 따라서 이러한 고객들은 그 디자인에 따른 티셔츠가 제조되기 전에 이미 원하는 디자인을 선택한 것이므로, 그 고객들은 티셔츠 구매를 위해 알아보는 탐색비용을 절감하는 효과를 얻을 수 있다. 스레드리스는 높은 가치의 디자인 결과물을 얻을 수 있고, 선정되지 않은 사람들에게는 대가를 지불하지 않아도 된다. 또한 이 회사는 이미 고객들이 어떤 티셔츠를 원하는지 알고 있기 때문에, 시장조사를 수행할 필요도 없다. 게다가 이 회사는 이러한 장점들을 거의 비용을 들이지 않고도 얻을 수 있다.

세분 시장

세분 시장 요소는 고객 가치 제안이 이미 대상으로 하고 있거나 향후에 대상으로 삼아야 할 고객 집단, 각 집단의 고객 수, 고객들의 지불의사, 그리고 대상 시장의 매력도 등을 다루는 것임을 상기하라. 고객들이 문제를 해결하고 평가하는 대중의 일부인 경우에는 그렇지 않은 경우보다, 선택된 해결책이 고객의 니즈를 더욱 잘 반영할 가능성이 높다. 게다가 시합 기반 크라우드소싱에서는 가치가 가장 높은 해결책만이 선택되므로, 그 해결책을 선택한 고객들은 실제 그 해결책이 실현될 때 그것을 선택할 가능성이 가장 높다. 이러한 상황은 고객들의 지불의사와 해당 제품을 구매하고자 하는 고객 수를 증대시킬 것이다. 티셔츠 디자인에 대해 투표를 한 스레드리스의 고객들은 다른 디자인의 제품보다 그들이 선택한 디자인의 제품에 더 높은 지불의사를 가질 것이다.

이에 못지않게 중요한 점은 크라우드소싱을 통해 얻은 높은 가치의 해결책은 비록 일시적일지라도 수요자가 시장의 공간 — 안정 타점 영역(sweet spot), 공백(white space), 블루오션(blue ocean), 비경쟁시장(uncontested market) 등의 다양한 명칭으로 불리는 — 을 점유할 수 있도록 해주기도 한다는 것이다. 이러한 공간은 경쟁자가 진입하기 전까지는 독점적 이윤을 창출할 수 있는 매력적인 시장을 제공한다. 문제 해결에 참여한 대중은 다른 수요자를 위해 동일한 문제에 도전하기도 하므로, 기존에 제시되었던 해결책을 모방하거나, 대체하거나, 능가하는 해결책이 제시될 가능성이 있다. 시합 기반 크라우드소싱의 도전자들은 그들의 해결책을 수요자의 경쟁자에게도 가지고 갈 수 있다. 이러한 경우 모방의 결과가 초래될 가능성이 높다.

수익 원천

수익 원천과 관련해서 크라우드소싱의 주자들은 수요자, 해결자, 그리고 수요자와 해결자 간에 중재 역할을 하는 중개자, 이렇게 세 그룹으로 구분될 수 있다.

수요자

수요자의 수익 원천은 해결책과 비즈니스 모델의 요소들을 활용하여 생산한 제품과 서비스에 의해 결정된다. 그러나 크라우드소싱은 고객의 지불의사를 증대시킬 수 있기 때문에, 수요자는 고객들의 최대 지불의사를 초과하지 않는 범위 내에서 가격 범위를 더 넓힐 수 있다. 즉, 가격 유연성을 증대시킬 수 있다. 예를 들어, 면도기-면도날 수익 모델에서는 '면도날'에 대한 고객들의 지불의사가 높을수록 그 회사는 '면도기'에 대한 가격을 더욱 낮출 수 있다.

어떤 비즈니스 모델에서는 가격 정책이 직관과 배치되기도 한다. 예를 들어, 2013년 퀄키(Quirky)는 부실하거나 장난스러운 아이디어들을 줄이기 위해 참가자들이 제시하는 모든 아이디어에 대해 신청료를 청구하였다.

해결자

해결자들은 상금을 받는다. 어떤 경우에는 해결자들이 자신의 해결책이 반영된 최종 제품/서비스 매출의 일정 비율을 받기도 한다. 스레드리스의 경우 티셔츠 디자인 콘테스트의 승리자들은 선불금과 로열티를 받는다. 퀄키의 경우 해결자들은 그들의 해결책이 반영된 제품의 미래 판매에 대해 미리 로열티를 받는다.[22] 또한 해결자들은 문제 해결 능력을 어필한 후 채용이 되거나, 또는 그들의 커뮤니티에서 지위를 인정받거나, 또는 세상에 영향을 주는 만족감을 얻거나, 또는 문제 해결 과정을 통해 새로운 지식이나 깨달음을 얻는 것으로 보상을 받기도 한다. 골드코프의 경우 회사 소유지의 어느 곳에 금이 있는지를 찾아내는 시합에서 준결승에 진출한 10명의 사람이 골드코프에 채용된 사실을 상기해보라.

중개자

중개자는 자신의 플랫폼에 해결자들의 해결책을 게시할 수 있도록 하는 대신 게시에 대한 수수료를 받아 수익을 올릴 수 있다. 또한, 중개자는 우승자가 받은 상금에 대해 수수료를 받을 수도 있을 것이다. 또 다른 방법으로는 해결책으로 인해 발생하는 미래의 현금 흐름의 일정 비율을 받는 것을 들 수 있다. 2012년 크라우드소싱 중개업체인 이노센티브는 수요자들이 자신의 문제들을 도전자들이 볼 수 있도록 이 회사의 사이트에 올릴 수 있도록 하고, 게시 수수료를 받았다. 또한, 이노센티브는 게시자들 중에서 승자가 나올 경우 그들이 받은 상금의 일정 비율을 수수료 받았다. 그러나 이 회사는 자신을 거쳐간 해결책들이 발생시키는 수요자의 미래 수익에 대해서는 어떠한 대가도 받지 않았다.

성장 모델

비즈니스 모델의 성장 요소는 수익 측면에서 성장하는 것—가격은 높게 그리고 비용은 낮게 유지하면서 성장하는 것—임을 상기하라. 또한, 수익 측면에서 성장을 추구하는 세 가지 주요 전략으로는 차단, 달리기, 팀 구축[23]이 있다는 점도 상기하라. 크라우드소싱은 이 세 가지 전략 모두에 영향을 미친다. 앞에서 주장했듯이 크라우드소싱은 어떤 수요자가 문제 해결을 위탁했던 대중을 그 수요자의 경쟁자들도 활용할 수 있기 때문에, 해결책의 모방성이 증대되는 결과를 초래할 수도 있다. 따라서 해결책과 관련해서는 차단 전략이 크라우드소싱에는 별로 효과적이지 않을 수 있다. 그러나 수요자가 가치 있고 모방하기 어려운 보완적 자산들을 가지고 있다면, 그러한 자산들을 활용하여 제품 시장에서 자신의 포지션을 방어할 수 있다. 달리기 전략은 차단 전략에 비해 크라우드소싱에 더 잘 맞는다. 달리기 전략을 채택한 기업은 항상 혁신을 꾀함으로써 모방자가 그 혁신물을 따라잡을 즈음이면, 이미 그 기업은 또 다른 혁신물을 가지고 더 앞서가 있다는 점을 상기하라. 수요자는 동일한 대중 또는 상이한 대중을 활용하여 혁신 분야를 주도해 나갈 수 있다.

팀 구축 전략 또한 크라우드소싱과 매우 잘 맞는다. 수요자는 고객들과 팀을 이루어 공동으로 제품을 창조할 수 있다. 스레드리스가 한 일이 바로 그것이다. 스레드리스는 고객들이 티셔츠 디자인을 평가하는 팀의 일부가 되도록 함으로써, 고객들과 함께 제품을 개발했던 것이다. 고객이 문제를 해결하고 평가하는 대중의 일부분이라면, 수익 측면의 성장 가능성은 더 높다. 왜? 위에서 언급했듯이 고객들이 문제 해결이나 해결책 평가에 참여할 때, 그들의 지불의사가 높아질 가능성이 크고, 시장의 불확실성은 감소할 가능성이 크기 때문이다. 결국 수익이 상승하는 한편 비용은 낮아진다는 것이다. 크라우드소싱을 수행하는 동안 수요자는 보완적 자산을 활용하기 위해 팀을 만들 수도 있다.

수요자는 수익 측면에서 성장해 나가기 위해 크라우드소싱에 대해 이 세 가지 전략을 모두 추진하는 것이 가능하다. 수요자는 차단 전략을 활용하여 해결책과 관련된 보완적 역량을 방어할 수 있고, 팀 구축 전략을 활용해서는 더 높은 가치의 해결책을 더 낮은 비용으로 획득할 수 있으며, 달리기 전략을 활용해서는 경쟁자보다 더 앞서 있을 수 있다. 물론, 이러한 전략들의 추진 효과는 그 기업이 바람직한 비용 구조를 가지고 있을 때 얻을 수 있다.

역량

크라우드소싱은 다음과 같은 세 가지의 방식으로 역량에 영향을 미친다. 첫째, 기술 혁신에 대한 연구에 따르면, 해결책으로부터 수익을 얻기 위해서는 수요자는 해결책뿐만 아니라 유통채널, 진열공간, 브랜드, 협력경쟁자들과의 관계, 마케팅 및 제조 능력 등과 같은 보완적 자산들도 필요하다.[24] 앞에서 언급한 바와 같이 크라우드소싱은 해결책에 대한 모방, 대체, 또는 능가의 기회를 증대시킨다. 따라서 수요자가 해결책으로부터 얻을 수 있는 수익성은 그 수요자가 가지고 있는 보완적 자산에 대한 모방 또는 대체의 어려움 정도에 따라 달라질 수 있다. 즉, 크라우드소싱이 점점 더 일반화되고 가치 있는 것으로 인식될수록, 모방이나 대체가 어려운 보완적 자산의 중요성이 더욱더 커진다. 둘째, 보다 낮은 비용으로 보다 높은 가치의 해결책을 얻는 문제와는 상관없이, 고객들이 문제 해결이나 해결책 평가를 하는 대중의 일부인 경우, 수요자는 자신의 자원을 시장의 불확실성과 관련된 활동들에 투입할 필요가 없다. 스레드리스는 티셔츠를 제조하기 전에 이미 얼마나 많은 고객들이 그 티셔츠를 좋아하는지 알 수 있다. 왜냐하면 티셔츠 콘테스트의 결과를 판정하는 다수의 사람들이 바로 그들의 고객이기 때문이다. 이러한 점은 시장 조사 및 예측비용을 줄여준다. 셋째, 문제가 크라우드소싱될 때, 그 문제를 이미 해결할 수도 있었던 수요자의 직원들은 다른 과업을 수행해야 한다. 해결자들이 해결해야 할 문제로부터 관심을 돌릴 수 있는 다른 과업이 없다면, 이로 인해 문제가 생길 수도 있다. 이러한 점이 수요자에게는 골칫거리가 될 수 있다.

크라우드소싱은 왜 중요한가

이 장의 시작 부분에서 보았듯이 크라우드소싱을 활용한 문제 해결은 적어도 1700년대부터 수행되어 왔다. 사실 크라우드소싱은 기업들이 공식적인 내부 R&D를 수행하기에 앞서, 주요한 도전과제들을 해결하기 위해 사용되고 있었다. 다음과 같은 질문에 대해 생각해보자. 크라우드소싱이 예전에 비해 훨씬 더 중요해지고 규모도 커진 이유는 무엇일까?

기술 혁신

휴대전화, 컴퓨터, 소셜 미디어, 그리고 인터넷과 같은 기술 혁신의 성과물들의 성장은 문제의 묘사, 전파, 반응 등을 매우 용이하게 만들었다. 이러한 현상은 전세계 어느 곳에 있는 그 누구라도 크라우드소싱 콘테스트에 참여할 수 있음을 의미한다. 다수의 다양한 해결자들이 참여함으로써 높은 가치의 해결책이 제시될 가능성이 증대되었다. 예를 들어, 소셜 미디어와 같은 혁신물들로 인해 해결자들은 크라우드소싱 프로젝트에 참여할 수 있게 되었다. 위키피디아나 범죄 해결에 대한 대중의 기여를 보라.

글로벌화

글로벌화가 가속화됨에 따라 경쟁뿐만 아니라 기업들이 제품을 제공할 수 있는 시장의 숫자와 다양성도 증가되었다. 제품의 수명주기가 짧아지는 것뿐만 아니라 개발된 신제품들이 새로 구축된 시장이나 새로운 다양한 시장들에 제공되는 기회도 많아졌다. 분명한 점은 이러한 수요와 직면하여 자신의 문제를 모두 해결할 수 있는 조직이 별로 없다는 것이다. 크라우드소싱은 다른 방법에 비해 더 높은 가치의 해결책을 보다 짧은 시간에 제공해줄 수 있기 때문에 심화되는 글로벌 상황에서 누군가가 원하는 것을 정확히 제공해줄 수 있는 효과적인 방법이 될 수 있다.

선진국들의 지식경제로의 이동

선진국에서는 브릭앤모타르 경제가 지식경제로 급격하게 변화되었다. 예를 들어, 아이폰을 개발하고 판매하는 데 있어 대부분의 부가가치는 지식을 기반으로 하고 있다ㅡ단, 2% 이내의 부가가치만이 노동력에 기반한다. 결국, 해결해야 할 많은 문제들은 전자적으로 잠재적 해결자들에게 전달될 수 있고, 이에 대한 해결책도 위탁 기업에게 전자적으로 전달될 수 있다. 이로 인해 문제가 성공적으로 크라우드소싱될 수 있는 기회가 증대되고 있다.

잠재적 해결자 수의 증가

교육받은 사람들이 더욱더 늘어나고, 사람들이 더 부유해지며, 자신이 원하는 곳에서 살면서 좋아하는 것을 할 수 있는 여유를 더 많이 가질 수 있게 됨에 따라, 잠재적 해결자들의 수도 계속해서 증가하고 있다. 이는 최고의 자동차 디자이너가 디트로이트나

LA 또는 슈트트가르트에 굳이 있지 않아도 됨을 의미한다. 호주, 남아프리카, 플로리다, 또는 캘리포니아에 거주하는 은퇴자가 자동차 디자이너 역할을 할 수도 있다. 일자리가 사람에게 가는 것이지 사람이 일자리로 가는 것이 아니다.

사람들이 점점 부유해지고 소득에 비해 많은 제품들이 점점 더 저렴해짐에 따라, 문제 해결에 필요한 장비비용은 잠재적 해결자들이 다수의 대중으로부터 나올 수 있을 정도로 낮아지고 있다. 예를 들어 카메라, 휴대전화, 컴퓨터, 네트워크 접속 등의 가격이나 비용은 많은 사람들이 손쉽게 사용할 만한 수준으로 떨어져 있다. 주요한 사건이 벌어지는 동안 대중에 의해 찍힌 사진들은 범죄 해결에 필요한 유용한 정보들을 제공할 수 있다.

롱테일과 크라우드소싱

2009년 시카고에서 연간 행사로 경영학술(Academy of Management) 컨퍼런스가 열렸는데, 거기서 이노센티브의 CEO인 듀에인 스프라들린(Duayne Spradlin) 박사는 자신의 기업—크라우드소싱 및 오픈 이노베이션 스타트업으로서 해결자와 수요자로 구성된 커다란 커뮤니티를 가지고 있는—이 실제 롱테일 비즈니스를 하고 있다고 주장하였다.[25] 왜 그가 옳았는지를 이해하기 위해 그림 4.1의 롱테일 분포를 고려해보자. 수직축은 해결된 문제로부터 얻은 수익을 나타내고 수평축은 문제의 유형을 나타낸다. 소수의 매우 성공적인 해결책들은 많은 수익을 발생시키는 반면, 그렇지 못한 다수의 해결책들은 수익을 거의 또는 전혀 발생시키지 못한다. 이제 해당 기업은 롱테일의 문제들을 해결하기 위해, 이노센티브의 커뮤니티에 참여하고 있는 잠재적 해결자들에게 문제 해결을 위탁할 수 있게 되었다. 문제 해결을 위탁한 기업은 해결자들을 통해 롱테일의 많은 문제들—전에는 잘 해결될 수 없었거나 아예 해결이 불가능했던—을 해결하고, 이로 인해 발생되는 수익을 모두 모을 수 있게 됨에 따라, 위탁 기업은 분포의 숏헤드 부분에 해당하는 히트 상품의 수익보다 더 많지는 않더라도 그에 버금가는 꽤 큰 수익을 올릴 수 있게 되었다.

수직축은 해결책들을 의미하고, 수평축은 사람들을 의미하는 것이 될 수도 있다(그림 4.2). 어떤 사람들은 문제에 흥미나 매력, 의욕 등을 느끼고 보상이 좋게 보이는 탓에, 많은 문제에 도전하기도 한다. 또 다른 어떤 사람들은 문제가 별로 도전적이지 않거나 보상이 적어, 문제 해결에 적극적으로 도전하지 않고 롱테일 영역에 머물러 있기

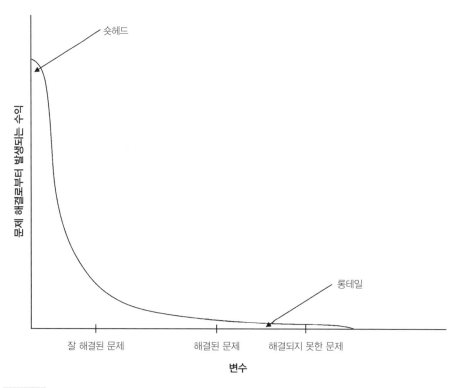

그림 4.1 롱테일과 크라우드소싱 간의 관계에 대한 수요자 관점

도 한다. 이노센티브의 해결자 커뮤니티에 가입함으로써 해결자들은 적극적인 참여 동기를 제공해줄 수 있는 도전적이고 보수가 좋은 문제들을 찾을 수도 있을 것이다. 어떤 해결자는 자신을 계속해서 행복하게 만들어줄 정도의 문제를 발견할 수도 있을 것이다.

이러한 관점에서 보면 수직축은 기업에서 해결된 문제의 수를 의미하고, 수평축은 해결자들의 유형을 의미하는 것이 될 수도 있다(그림 4.3). 기업은 대부분의 문제를 자신의 직원들이나 때로는 문제 해결을 위해 일시적으로 고용된 전문 컨설턴트들을 통해 해결한다. 그러나 빌 조이가 말했듯이 "세상에서 가장 스마트한 사람은 당신을 위해 일하지 않기" 때문에, 기업의 외부와 기업이 선택할 컨설턴트 그룹의 외부에는 유능한 사람들이 많이 존재한다. 기업은 다양한 분야의 롱테일 영역에 해당되는 대중들 —이노센티브의 해결자 커뮤니티와 같은— 에 접근함으로써 어떤 문제들에 대해서는 더 나은 해결책을 얻을 수 있다. 사실 기업은 예전에 심지어는 해당 분야의 전문 컨설

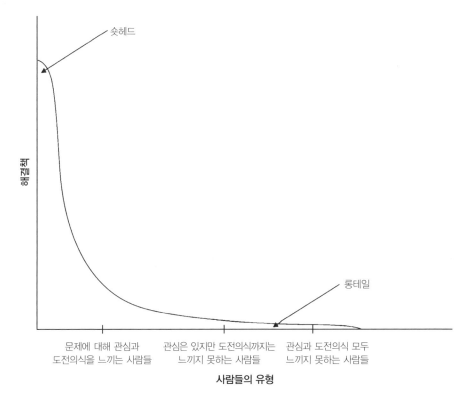

세로축: 해결책

숫헤드

롱테일

문제에 대해 관심과
도전의식을 느끼는 사람들

관심은 있지만 도전의식까지는
느끼지 못하는 사람들

관심과 도전의식 모두
느끼지 못하는 사람들

사람들의 유형

그림 4.2   롱테일과 크라우드소싱 간의 관계에 대한 해결자 관점

턴트의 도움을 받아서라도 해결해본 적이 없는, 그러한 문제들에 대해 해결책을 얻는 것이 가능하다.

크라우드소싱이 만능은 아니다

크라우드소싱이 이 장에서 보여준 예만큼 훌륭하다면, 왜 훨씬 더 자주 활용되고 있지 않는가? 크라우드소싱은 우리 주위에서 계속되어 왔지만 이 분야에 대한 연구는 아직 걸음마 단계이다.[26] 인터넷과 여타의 정보기술이 확산되기 이전에는 문제를 해결자들에게 설명하고 전파하는 기술이 크라우드소싱에 대한 가장 큰 장애물이었다. 그러나 연구자들은 인터넷을 통한 크라우드소싱이 모든 문제에 대한 답은 아니라는 점을 깨닫고 있는 중이다.[27] 문제가 너무 암묵적이어서 묘사하거나 널리 알리는 것이 어렵고, 해결을 위해서는 수요자와 해결자 간의 상당한 상호작용이 필요하다면, 크라우드소싱

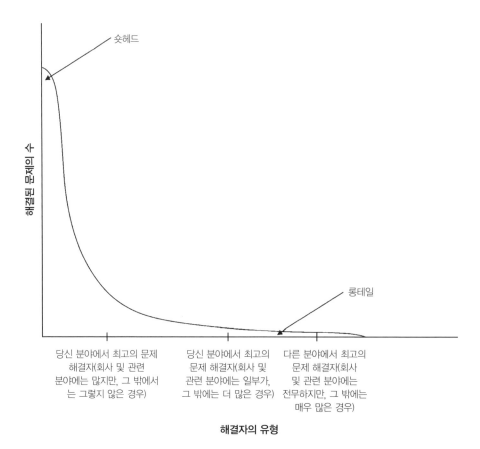

그림 4.3 수요자의 문제를 해결할 수 있는 해결자의 분포

은 가치와 저렴한 비용이라는 기대를 충족시키기 어려울 것이다. 수요자가 보호되어야 하는 지적재산을 가지고 있는 상황에서, 크라우드소싱이 지적재산의 보호를 위태롭게 한다면 수요자는 크라우드소싱을 하지 않는 것이 더 나을 수 있다.

오픈 이노베이션

"제록스하다"라는 표현은 너무 일반화되어서, 어떤 학생들은 실제 제록스라는 회사 이름이 제록스라는 동사에서 따온 것이라고 생각하기도 한다. 그러나 그러한 동사가 만들어지게 한 원인은 바로 제록스의 복사기였다. 더욱 중요한 점은 학생들이 레이저 프린터, 개인용 컴퓨터, 컴퓨터 마우스, GUI(graphical user interface), 이더넷(Ethernet)

LAN, 객체지향 프로그래밍, 유비쿼터스 컴퓨팅, pdf 파일 등을 발명한 것으로 명성이 높은 제록스의 R&D 부문, 즉 팰로앨토 연구소(PARC)를 모른다는 것이다.[28] 더욱 주목할 만한 점은 제록스가 이러한 발명품들부터 제대로 이윤을 창출하지 못했다는 점이다. 제록스는 매년 수천억 달러에 이르는 발명품들의 매출로부터는 거의 이익을 얻지 못하고 있다. 이러한 사실은 다음과 같은 질문을 제시하도록 만든다. 제록스가 자사의 발명품들로부터 더 많은 이윤을 창출하기 위해서는 어떤 일을 했더라면 좋았겠는가?

이 질문에 대한 대답은 바로 **오픈 이노베이션**(open innovation)이다. 제록스가 오픈 이노베이션을 했더라면, 자사의 발명품들로부터 더 많은 이윤을 창출할 수 있었을 것이다. 버클리에 소재한 캘리포니아대학교의 헨리 체스브로(Henry Chesbrough) 교수가 '오픈 이노베이션'이란 용어를 처음 사용했는데, 그는 이것을 "의도적인 지식의 유입과 유출을 통해 내부 혁신을 가속화시키고 혁신물의 시장을 확장하는 것"이라 정의했다.[29]

오픈 이노베이션의 필요성을 뒷받침하는 근거로는 두 가지를 들 수 있다. 첫째, 인간은 인지에 한계가 있기 때문에 하나의 기업이 모든 것을 다 아는 것은 불가능하다. "세상에서 가장 스마트한 사람은 당신을 위해 일하지 않는다."라는 빌 조이의 격언을 상기하라. 따라서 기업은 혁신이나 여타의 가치 창출 활동을 하는 동안 성공적인 결과물을 만들어내는 데 필요한 지식을 모두 가지고 있지 않을 가능성이 높다. 따라서 이러한 기업들은 내부의 아이디어들을 보완하거나 대체하기 위해 외부로부터 아이디어들을 가져오는 것이 더 나을 수도 있다. 직관과는 다소 대치되지만 기업은 일부 아이디어들에 대해 계속해서 독점하기보다는 외부인들이 사용할 수 있도록 개방하는 것이 바람직할 수도 있다. 둘째, 이에 못지않게 중요한 점이라 할 수 있는데, 그것은 유통채널, 진열공간, 제조 능력, 마케팅 능력, 고객과의 관계, 브랜드의 명성 등과 같이 개발 제품들을 상업화하는 데 중요한 보완적 자산들이 부족하고 획득하는 것 또한 어려울 수 있다. 따라서 그러한 보완적 자산들을 가지고 있지 않은 개발자들은 그것들을 가지고 있는 사람들과 팀을 구축하는 것이 더 나을 수 있다. 팀 구축은 라이선싱, 전략제휴, 조인트벤처 혹은 합병 등의 방식을 통해 이루어질 수 있다.

정말 오픈 이노베이션 관점에서 추정해보면 제록스가 외부의 아이디어들을 적극적으로 받아들이고, 자신의 아이디어들을 독점적으로 유지하기보다는 외부에 개방했다면, 그리고 발명품들을 상업화시키는 데 필요한 보완적 자산들을 가진 업체들과 팀을 구축했거나 다른 업체들의 발명품들을 상업화시키기 위해 자신의 보완적 자산들을 활용했더라면, 큰돈을 벌 수도 있었을 것이다. 의도적인 지식의 유입/유출 그리고 시상

에 이르는 내부 및 외부 경로들의 활용은 적어도 1960년대 이후 기술 혁신 분야의 연구주제이다.[30]

지식 유입

기업은 혁신에 수반되는 가치 창출 및 확보 활동들을 수행하는 동안 기존의 제품들을 보완하거나 대체하기 위해 종종 외부 지식이 필요한 경우들이 발생한다. 가치 창출 및 확보를 위한 외부 지식의 획득과 사용의 성공 여부는 그러한 지식을 찾는 깊이와 넓이, 흡수 역량, 정보 여과장치, 사람 및 문화, 외부 환경 등에 영향을 받는다.

지식을 찾는 깊이와 넓이

세상에서 스마트한 사람들은 어떤 하나의 기업을 위해 일하지 않기 때문에 지역, 국가, 인구통계, 전문 영역 등에 걸쳐 똑똑한 사람들을 찾아낼 수 있는 좋은 기회가 존재한다. 따라서 어떤 문제를 해결하기 위한 지식을 찾을 때, 최대한 스마트한 사람들에게 많이 접근하기 위해서 규모가 큰 네트워크에 비용을 지불해야 할 수도 있다. 코펜하겐 비즈니스 스쿨의 켈트 라우르센(Keld Laursen) 교수와 임페리얼 칼리지 런던의 아몬 솔터(Ammon Salter) 교수는 영국의 제조업체들에 관한 연구에서 외부 지식 원천에 문호를 개방하는 것과 기업 성과 사이에는 긍정적인 관계가 있음을 발견했다.[31] 그러나 그 관계는 정비례의 관계가 아니고(즉, U 모양과 반대의 형태로) 외부 지식 원천의 다양성이 어느 일정 수준에 도달할 때까지만 성과가 향상된다는 것이다. 성과는 그 지점에서부터 지식 원천이 늘어남에 따라 하락하기 시작한다. 달리 설명하면 많은 지식 원천에 대해 접근할 때 수확체감의 원리가 작동한다는 것이다. 이러한 수확체감은 주로 가치 창출 및 확보 프로세스에 지식 원천을 늘려나가는 데 따른 비용의 증대로 발생한다. 예를 들어 외부의 지식 원천들을 너무 많이 늘리면 기업은 기존의 흡수 역량, 인지적 틀, 문제 해결 절차 등과 같은 역량들이 유용하게 작동될 수 없는 상황에 봉착하게 될 수 있다. 이러한 역량들을 재구축할 필요가 있는 기업에게 이러한 상황은 역량 재구축에 많은 지장과 비용을 초래할 것이다.[32]

흡수 역량

듀크대학교의 웨슬리 코헨(Wesley Cohen) 교수와 펜실베이니아대학교의 댄 레빈탈(Dan Levinthal) 교수에 따르면, 흡수 역량(absorptive capacity)이란 "새로운 정보의 가치를 인식하고, 완전히 이해하고, 상업적 목적에 적용하는 기업의 능력"을 의미한다.[33] 이러한 개념은 기업이 가치를 창출하고 확보하기 위해 필요한 지식을 인식하고, 평가하고, 획득하고, 받아들이고, 사용하는 것을 가능케 해주는 관련 지식을 포함한다.[34] 예를 들어, 기업이 생물학에 대해 적합한 깊이와 넓이의 지식을 가지고 있지 못하다면, 신약개발을 위해 바이오테크 특허를 획득하고 활용하는 데 어려움을 겪을 것이다. 실질적으로 기업은 바람직한 지식 유입을 위해 적합한 흡수 역량을 갖출 필요가 있다.

정보 여과장치

흡수 역량과 마찬가지로 정보 여과장치(information filter)도 의도적인 지식 유입이 이루어지도록 하는 데 있어 중요한 역할을 할 수 있다. 기업들은 항상 쏟아지는 온갖 종류의 정보들을 마주하고 있는데, 원하지 않는 정보를 계속해서 배제하면서 원하는 정보만 받아들이기 위해서는 정보 여과장치가 필요하다. 이러한 정보 여과장치는 인지적 틀들(cognitive frames) ─ 일련의 믿음 그리고 어떤 정보가 가치 창출 및 확보에 활용할 만한 가치가 있는지에 관한 가정들 ─ 로 구성된다.[35] 또한 정보 여과장치는 어떤 유형의 정보들은 받아들이고 또 다른 어떤 유형의 정보들은 배제시키는 일상적인 절차들도 포함한다. 기업이 바람직한 정보 여과장치를 가지고 있지 못하다면, 좋은 정보들을 배제시키고 좋지 않은 정보들을 받아들이는 결과를 초래하게 될 것이며, 이는 결국 그 기업의 가치 창출 및 확보에 부정적인 영향을 미치게 될 것이다. 급진적인 기술 변화가 일어나는 상황에서는 정보 여과장치들이 장애물이 될 수도 있다.[36] 이러한 점은 어떤 급진적 변화가 일어나는 동안 기업이 문제들을 크라우드소싱하는 것이 왜 더 유리할 수 있는지에 대한 이유 중 하나가 될 수 있다.

사람 및 문화

기업에서 사람들이 수행하는 역할은 목적성이 있는 지식 유입의 품질과 유형을 결정한다. 이러한 역할 중 하나가 바로 문지기(gatekeeper)이다. 문지기는 양 집단을 긴밀하게 연계시키고 양 집단의 커뮤니케이션 방식(용어)을 이해할 수 있는 사람으로서 정보 전송 및 수신 개체들 사이에서 변환기 역할을 한다. 문지기는 종종 전달되는 정보의 유형, 전송 방식, 전송량 등을 결정하는 데 있어 중요한 역할을 한다. 조직의 문화 ─ 직원들에 의해 공유되는 가치, 규범, 믿음 등의 집합 ─ 도 기업에 유입되는 정보를 결정하는 데 중요한 역할을 한다. 만약 정보 또는 정보 지체를 얻는 행위가 조직의 가치 ─ 조직에서 중요하게 여기는 것 ─ 와 배치된다면, 그 정보는 가치를 창출하고 확보하기 위해 조직으로 유입되거나 효과적으로 사용되기는 어려울 것이다.

외부 환경

공급자, 보완업자, 고객, 경쟁자, 잠재적 신규 진입자, 대체업자, 그리고 대단히 중요한 주변 환경들로 구성된 기업의 생태계 또한 지식 유입에 영향을 미친다.[37] 기술 경영 분야의 연구들은 고객, 공급자, 보완업자 등이 때로는 생산자가 아니라 혁신자 역할을 한다고 주장해 왔다.[38] 따라서 생산자는 이러한 협력경쟁자들로부터 지식을 입수할 수 있는 방법을 찾아냄으로써 득을 볼 수 있다. 기업은 혁신물에 대한 정보를 넘어서, 공급자들로부터는 입력물에 관한 정보를 그리고 고객들로부터는 그들의 니즈에 관한 정보를 얻을 필요가 있을 것이다. 지배적인 주변 환경은 정치적/법적, 경제적, 사회적/인구통계적, 기술적 환경들과 자연 환경으로 구성되는데, 이러한 환경도 지식 유입에 영향을 미친다. 예를 들어, 기업의 자원을 진부한 것으로 만들어 버리는 급진적인 기술 혁신이 이루어지는 환경에서, 그 기업은 필요한 대부분의 지식을 외부로부터 얻어야 할 수도 있다. 예를 들어, 디지털 사진 기술이 코닥의 기존 사진 기술 역량의 대부분을 진부하게 만들어 가고 있는 환경에서, 코닥은 디지털 사진 기술에 관한 것들을 배우기 위해 외부에 최대한 개방적인 입장을 취해야 했다.[39]

지식 유출

기업은 가치 있는 지식을 배우고 축적하기 위해 지식 유입을 추진할 필요가 있다는 점은 이해할 수 있다. 그러나 이 반대의 경우 ─ 지식 유출을 추진하는 것 ─ 는 어떠한가? 보다 구체적으로 말하면 기업은 왜 자신의 기술을 의도적으로 외부에 공개하고 싶어 하며, 왜 그러한 기술을 계속해서 독점적으로 유지하지 않고 외부인들에게 제공하는가? 기업이 지식 유출을 추진하거나 독려하는 주요 이유로는 아래와 같은 네 가지를 들 수 있다.

교환의 목적

기업은 지식을 획득하기 위해 종종 자신이 가지고 있던 지식을 원하는 지식과 교환하기도 한다. 이러한 프로세스는 비공식적일 수도 있고 공식적일 수도 있다. 비공식적인 노하우 거래와 관련해서 한 기업의 엔지니어들이나 과학자들은 자신들이 가지고 있는 지식을 가지고 다른 기업의 엔지니어들이나 과학자들과 거래를 하기도 하는데, 이러한 거래는 그 어떤 공식적인 협약 없이 수행되기도 한다. 특히 그렇게 하는 것이 자신의 기업에 해가 되지 않는다고 판단될 때, 그러한 거래를 할 가능성이 더욱 커진다.[40] 공식적인 노하우 거래는 일반적으로 상호 학습에 대한 협정을 공식적으로 규정한 전략적 제휴를 통해 이루어진다.[41]

보완적 자산에 대한 접근 권한 확보

기업이 어떤 발명품으로부터 수익을 창출하기 위해서는 유통채널, 진열공간, 마케팅 능력, 제조 능력, 고객과의 관계와 같은 보완적 자산/역량이 필요하다.[42] 많은 발명업체들이 적절한 보완적 자산뿐만 아니라 그것들을 확보할 수 있는 자금도 가지고 있지 않은 경우가 종종 있다. 발명업체들이 자금을 가지고 있다 하더라도 그들이 필요로 하는 보완적 자산이 희소하거나, 모방이 불가능하거나, 이동시킬 수 없거나, 또는 판매되지 않는 경우가 발생할 수 있다. 이러한 경우 발명업체들은 그러한 보완적 자산들을 사용할 수 있는 권한을 얻기 위해 돈 대신 자신의 발명품을 대가로 제공하기도 한다.

표준의 승자가 되기 위해

표준이 중요한 산업에서는 기업이 자신의 기술을 산업 표준으로 자리매김시키고 산업을 지배해 나가는 데 도움을 줄 수 있는 중요한 기업들의 관심을 끌기 위해 자신의 기술을 개방하고 싶어 할 수도 있다. 예로 구글은 터치스크린 기기에 대한 안드로이드 운영체제를 오픈 핸드셋 얼라이언스(open handset alliance, OHA)에 개방했다. 구글은 이 연합체의 멤버 기업들이 구글의 앱들이 돌아가는 기기들(전화기, 태블릿 등)을 생산하길 바라는 마음으로 그렇게 했던 것이다. 이 연합체에 가입하는 기업이 늘어날수록 그리고 그 기업 중 구글의 앱이 사용될 수 있는 기기를 만드는 업체들이 늘어날수록, 안드로이드 플랫폼에서 돌아갈 수 있는 앱이 더 많이 만들어질 것이고, 그렇게 되면 이 연합체 회원사들이 생산하는 기기들에 관심을 갖게 되는 고객도 더 늘어날 것이다. 이 연합체의 회원사들이 생산하는 기기에 대해 관심을 갖는 사람들이 늘어날수록, 그 연합체에 관심을 갖는 회원사들이 늘어날 가능성도 커진다. 이러한 긍정적인 피드백 순환고리는 연합체들의 산업을 지배하는 호환 가능한 제품들을 통해서 회원사들에게 도움이 되어 왔다. IBM은 자신의 PC 기술을 개방하여 경쟁자들이 IBM PC와 호환이 되는 PC를 생산할 수 있도록 힘으로써 IBM의 고객 기반을 확장해 나갈 수 있었다. 그객이 크게 늘자, IBM PC에서 돌아갈 수 있는 애플리케이션을 개발하려는 소프트웨어 회사들도 더 늘어났다. 많은 애플리케이션이 IBM 기술에 바탕을 둔 PC용으로 개발되자, 이어서 이러한 PC에 관심을 갖는 고객들이 더 늘어나게 되었다. 이러한 일들은 IBM 기술에 바탕을 둔 PC가 빠르게 시장의 표준으로 부상하도록 만들었다. 인텔 및 마이크로소프트—나중에 윈텔 캠프(Wintel camp)라고도 불린—와 같이 표준을 기반으로 발전한 생태계의 멤버들은 표준을 바탕으로 엄청난 이윤을 창출해 나가고 있다.

하류 시장을 확장하거나 상류 시장의 품질을 향상시키기 위해

기업은 하류 시장을 겨냥하여 기술을 개발하고 그것을 나누어 줌으로써 그 기술을 투입물로 사용하는 제품들의 시장을 확장시킬 수 있다. 예컨대 인텔은 새로운 세대의 마이크로프로세서를 개발할 때마다 그에 대한 PC 제조사들의 채택을 가속화시키기 위해 PC 제조사들에 앞서 자신이 직접 그러한 마이크로프로세서를 장착한 새로운 PC를 개발했다. 그런 다음 인텔은 자신의 새로운 마이크로프로세서를 이용하여 PC를 만들고 싶어 하는 업체들에게 그 기술을 공개했지만, 그 기술에 대한 독점적 권리는 계속 유지했다. 인텔은 PC와 여타의 시스템에 들어가는 마이크로칩을 공급하는 비즈니스를 통해, 자신의 칩을 사용하는 하류의 PC 시장을 확장시킬 수 있었던 것이다.

개발도상국에 진출한 패스트푸드 체인은 자신의 레스토랑에서 필요로 하는 식재료들을 공급하는 상류 시장을 개선하거나 구축해야 할 수도 있다. 그러한 패스트푸드 체인은 감자 농장을 세우고 하류 시장의 레스토랑에서 요구하는 수준의 고품질 감자를 어떻게 생산할 수 있는지를 그 나라의 많은 국민들에게 가르칠 수도 있을 것이다. 즉, 기업은 어떤 투입물의 품질을 향상시키기 위해 자신의 기술을 그 투입물의 공급자들에게 나누어 줄 필요가 있을 수도 있다.

핵 심 정 리

- 어떤 주체(조직, 팀, 국가, 또는 개인)는 어떤 과업을 자신이 직접 수행하거나 지정된 계약 공급자에게 위탁하지 않고 공개 모집의 형식을 통해 대중에게 위탁할 수 있는데, 이를 크라우드소싱이라 한다.
- 인터넷과 여타의 정보기술은 더 많은 사람이 크라우드소싱을 활용할 수 있도록 해주었지만, 공개 모집 형식으로 대중에게 문제를 위탁하는 개념은 적어도 1700년대부터

존재해 왔다.

- 크라우드소싱은 수요자들이 외부의 잠재적 해결자들을 포함한 모든 이들에게 접근할 수 있도록 해준다.
- 크라우드소싱의 유형은 시합 기반과 협력 기반, 이 두 가지로 나눌 수 있다.
- 시합 기반 크라우드소싱에서는 다수의 해결자들이 해결책 제시를 통해 포상을 받기 위한 경쟁을 한다. 예로는 경도상과 같은 원대한 도전과제뿐만 아니라 자사가 소유한 지역에서 금을 더 잘 찾는 방법을 요구하는 골드코프의 도전과제와 같이 원대하지 않은 도전과제들로 찾아볼 수 있다.
- 크라우드소싱은 하나의 프로세스로서 다음과 같은 네 가지 단계로 구성된다.

  - 문제 정의 및 포상 방식에 대한 결정
  - 문제 해결을 위한 도전자들의 자발적 참여 결정
  - 해결책에 대한 평가
  - 해결책 수용과 실행

- 크라우드소싱의 장점으로는 다음과 같은 것을 들 수 있다.

  - 보다 깊고 넓은 지식을 가진 인재 풀에 접근할 수 있다.
  - 더 낮은 비용으로 더 높은 가치의 해결책을 획득할 수 있는 가능성이 높다.
  - 좋은 채용 도구가 될 수 있다.
  - 대중만이 해결할 수 있는 문제의 해결책을 획득할 수 있다.
  - 어디엔가 이미 존재하고 있는 해결책을 찾아냄으로써 불필요한 개발 노력을 반복하지 않을 수 있다.
  - 인재 관리 노력을 해방시켜줄 수 있다.
  - 수요자가 협력경쟁자들에게 자신의 전략을 알리는 기회로 활용할 수 있다.

- 크라우드소싱의 단점으로는 다음과 같은 것을 들 수 있다.

  - 수요자는 자신의 지적재산을 보호하기 힘들다.
  - 수요자가 해결책을 전혀 얻지 못할 위험성도 있다.
  - 크라우드소싱은 암묵지의 비중이 큰 과업에는 적합하지 않을 수 있다.
  - 해결책을 수요자의 제품과 조직에 통합시키는 것이 어려울 수 있다.
  - 크라우드소싱은 수요자가 기회주의적 행동에 노출되게 만들 수 있다.

- 이러한 단점 중 다수는 중개자 사용과 같은 적절한 조직의 처리방식을 통해 제거되거나 경감될 수 있다. 2012년, 이노센티브가 바로 그런 중개자 역할을 했다.
- 크라우드소싱 확산의 원인으로는 기술 혁신, 글로벌화, 선진국의 경우 브릭앤모타르

경제에서 지식경제로의 이동, 잠재적 해결자 수의 증가 등을 들 수 있다.

■ 크라우드소싱은 비즈니스 모델 혁신에 상당한 변화를 초래할 가능성이 있다.

• **고객 가치 제안** : 크라우드소싱은 가능한 최고의 가치를 가장 저렴한 비용으로 고객에게 전달함으로써 고객 가치 제안을 크게 바꿀 수 있다.

• **세분 시장** : 크라우드소싱은 고객의 지불의사를 증대시킬 수 있다. 또한 경쟁자가 나타나기 전까지는 비경쟁 시장에서 독점적 지위를 확보할 수 있도록 해줄 수도 있다.

• **수익 원천** : 수요자, 해결자, 중개자와 같은 세 가지 측면에서 볼 수 있다. 수요자는 고객이 높은 가치의 해결책에 대해 더 높은 지불의사를 가지기 때문에 시장에서 해결책에 대해 보다 높은 가격을 받을 수 있다. 또한 수요자는 해결자들에게 일정 비용을 지급할 수도 있다. 해결자는 포상, 미래 현금 흐름의 일정 부분, 또는 비금전적 보상 등을 받을 수 있다. 중개자는 게시비용, 상금에 대한 수수료, 미래 현금 흐름의 일정 부분 등을 받을 수 있다.

• **성장 모델** : 크라우드소싱은 보완적 자산을 활용한 차단 전략, 혁신적 크라우드소싱을 통한 달리기 전략, 더 높은 가치의 해결책을 획득하기 위한 협력경쟁자들과의 팀 구축 전략 등 세 가지의 성장 전략을 모두 활용할 수 있다. 팀 구축 전략과 달리기 전략은 비용을 감소시키는 효과도 있다.

• **역량** : 크라우드소싱은 모방 가능성을 높일 가능성이 있기 때문에 가치 있고, 희소하며, 모방이 힘든 보완적 자산들이 더욱 중요해진다. 또한 크라우드소싱은 시장 조사 비용을 절감시켜줄 수도 있지만 사람과 같은 중요한 자원들을 내모는 결과를 초래할 수도 있다.

■ 크라우드소싱과 롱테일 간의 관계는 매우 긴밀해서 크라우드소싱 기업은 롱테일 비즈니스를 하는 기업으로 이야기될 수도 있다.

■ 모든 문제가 경제적으로 크라우드소싱될 수 있는 것은 아니다. 표현하기 힘든 문제들을 크라우드소싱으로 해결하고자 하는 경우에는 수요자와 해결자 간의 상당한 상호작용이 필요하고, 보호되어야 할 지적재산이 침해받을 위험이 있다.

■ '오픈 이노베이션'이란 용어는 체스브로 교수가 처음 사용했는데, 이는 기업이 혁신을 추진하는 동안 기업으로 아이디어가 들고 나도록 하며, 기업의 역량과 외부자의 역량을 통해 발명품을 상업화시키는 것을 의미한다. 그러한 유입/유출은 더 나은 성과를 만들어낸다.

■ 지식 유입은 지식을 찾는 깊이와 넓이, 기업의 흡수 역량, 정보 여과장치, 사람 및 문화, 외부 환경 등으로부터 영향을 받는다.

■ 지식 유입의 다양성—원천 등과 관련하여—은 성과에 상당히 긍정적인 영향을 미친다.

■ 기업이 종종 지식 유출을 허용하는 이유로는 교환의 목적, 보완적 자산에 대한 접근 권한 확보, 표준의 승자가 되기 위해, 하류 시장으로 확장하거나 상류 시장에서의 품질을 향상시키기 위해서 등을 들 수 있다.

주석

1   This introduction is based on the following papers: Afuah, A., & Tucci, C. L. (2012). Crowdsourcing as a solution to distant search. *Academy of Management Review*, 37(3), 355–375. Afuah, A., & Tucci, C. L. (2013). Value capture and crowdsourcing. *Academy of Management Review*, 38(3), 457–460.

2   Tapscott, D., & Williams, A. D. (2006). *Wikinomics: How Mass Collaboration Changes Everything*. New York: Penguin Books.

3   Howe, J. (2006). The rise of crowdsourcing. Retrieved on April 29, 2010, from www.wired.com/wired/archive/14.06/crowds.html. Afuah, A., & Tucci, C. L. (2012). Crowdsourcing as a solution to distant search. *Academy of Management Review*, 37(3), 355–375.

4   Jeppesen, L. B., & Lakhani, K. R. (2010). Marginality and problem solving effectiveness in broadcast search. *Organization Science*, 21(5), 1016–1033 (pp. 1016).

5   *Economist*. (2008, September 4). Following the crowd. *The Economist*, 388 (8596), 10–11.

6   *Economist*. (2008, September 4). Following the crowd. *The Economist*, 388 (8596), 10–11.

7   *Economist*. (2008, September 4). Following the crowd. *The Economist*, 388 (8596), 10–11.

8   von Hippel, E., & von Krogh, G. (2003). Open source software and the "private-collective" innovation model: Issues for Organization Science. *Organization Science*, 14(2), 208–223.

9   Lerner, J., & Tirole, J. (2002). Some simple economics of open source. *Journal of Industrial Economics*, 50(2), 197–234. von Krogh, G., Haefliger, S., Spaeth, S., & Wallin, M. W. (2012). Carrots and rainbows: Motivation and social practice in open source software development. *MIS Quarterly*, 26(2), 649–676.

10 Open-source hardware: Open sesame. (2008). Retrieved June 20, 2013, from www.economist.com/node/11482589

11 Boudreau, K. J., & Lakhani, K. J. (2013). Using the crowd as an innovation partner. *Harvard Business Review*, 91(4), 61–69.

12 Afuah, A., & Tucci, C. L. (2012). Crowdsourcing as a solution to distant search. *Academy of Management Review*, 37(3), 355–375. Afuah, A., & Tucci, C. L. (2013). Value capture and crowdsourcing. *Academy of Management Review*, 38(3), 457–460.

13 For good examples, see Spradlin, D. (2012). The power of defining the problem. Retrieved on August 2, 2013, from http://blogs.hbr.org/cs/2012/09/the_power_of_defining_the_prob.html

14 Afuah, A., & Tucci, C. L. (2012). Crowdsourcing as a solution to distant search. *Academy of Management Review*, 37(3), 355–375. Afuah, A., & Tucci, C. L. (2013). Value capture and crowdsourcing. *Academy of Management Review*, 38(3), 457–460.

15 Katz, R., & Allen, T. J. (1982). Investigating the not invented here (NIH) syndrome: A look at the performance, tenure, and communication patterns of 50 R&D project groups. *R&D Management*, 12(1), 7–19.

16 Lerner, J., & Tirole, J. (2002). Some simple economics of open source. *Journal of Industrial Economics*, 50(2), 197–234. von Krogh, G., Haefliger, S., Spaeth, S., & Wallin, M. W. (2012). Carrots and rainbows: Motivation and social practice in open source software development. *MIS Quarterly*, 26(2), 649–676.

17 Tapscott, D., & Williams, A. D. (2006). *Wikinomics: How Mass Collaboration Changes Everything*. New York: Penguin Books. Marjanovic, S., Fry, C., & Chataway, J. (2012). Crowdsourcing based business models: In search of evidence for innovation 2.0. *Science and Public Policy*, 39(3), 318–332.

18 Lakhani, K. R., Lifshitz - Assaf, H., & Tushman, M. (2013). Open innovation and organizational boundaries: task decomposition, knowledge distribution and the locus of innovation. Chapter 19 in *Handbook of Economic*

Organization: Integrating Economic and Organization Theory, edited by Anna Grandori, 355–382. Northampton, MA: Edward Elgar Publishing.

19   Nickerson, J. A., & Zenger, T. R. (2004). A knowledge-based theory of the firm—the problem-solving perspective. *Organization Science*, 15(6), 617–632.

20   Submit a design to Threadless. (2013). Retrieved on July 27, 2013, from www.threadless.com/threadless

21   von Hippel, E. (2005). *Democratizing Innovation*. Cambridge, MA: MIT Press.

22   Afuah, A. N. (2013). The theoretical basis for a framework for assessing the profitability potential of a business model. Working paper, Stephen M. Ross School of Business at the University of Michigan.

23   Afuah, A. N. (1999). Strategies to turn adversity into profits. *Sloan Management Review*, 40(2), 99–109.

24   Teece, D. J. (1986). Profiting from technological innovation: Implications for integration, collaboration, licensing and public policy. *Research Policy*, 15(6), 285–306.

25   Lakhani, K. R., Jeppesen, L. B., Lohse, P. A., & Panetta, J. A. (2007). *The value of openness in scientific problem solving*. Harvard Business School, Working paper, No. 07–050, January 2007.

26   Bayus, B. L. (2013). Crowdsourcing new product ideas over time: An analysis of the dell idea storm community. *Management Science*, 59(1), 226–244.

27   Afuah, A., & Tucci, C. L. (2012). Crowdsourcing as a solution to distant search. *Academy of Management Review*, 37(3), 355–375. Afuah, A., & Tucci, C. L. (2013). Value capture and crowdsourcing. *Academy of Management Review*, 38(3), 457–460.

28   Smith, C. M., & Alexander, P. L. (1988). *Fumbling the Future*. New York: William Morrow and Company. Chesbrough, H. W. (2003). *Open Innovation: The New Imperative for Creating and Profiting from Technology*. Boston, MA: Harvard Business School Press.

29   Page 1 of Chesbrough, H. (2006). Open innovation: A new paradigm for understanding industrial innovation. In Henry Chesbrough, Wim Vanhaverbeke, & Joel West (Eds.), *Open Innovation: Researching a New Paradigm* (1–12). Oxford: Oxford University Press.

30   Allen, T. J., & Cohen, S. I. (1969). Information flow in research and development laboratories. *Administrative Science Quarterly*, 14(1), 12–19. Dahlander, L., & Gann, D. M. (2010). How open is innovation? *Research Policy*, 39(6), 699–709.

31   Laursen, K., & Salter, A. (2006). Open for innovation: The role of openness in explaining innovation performance among U.K. manufacturing firms. *Strategic Management Journal*, 27(2), 131–150.

32   Edmondson, A. C., Bohmer, R. M., & Pisano, G. P. (2001). Disruptive routines: Team learning and new technology implementation in hospitals. *Administrative Science Quarterly*, 46(4), 685–716.

33   Cohen, W. M., & Levinthal, D. A. (1990). Absorptive capacity: a new perspective on learning and innovation. *Administrative Science Quarterly*, 35(1), 128–152.

34   Cohen, W. M., & Levinthal, D. A. (1990). Absorptive capacity: a new perspective on learning and innovation. *Administrative Science Quarterly*, 35(1), 128–152.
      Zahra, S. A., & George, G. (2002). Absorptive capacity: A review, reconceptualization, and extension. *Academy of Management Review*, 27(2), 185–203.

35   Dane, E. (2010). Reconsidering the trade-off between expertise and flexibility: A cognitive entrenchment perspective. *Academy of Management Review*, 35(4), 579–603. Kaplan, S., & Tripsas, M. (2008). Thinking about technology: Applying a cognitive lens to technical change. *Research Policy*, 37(5), 790-805. Tripsas, M., & Gavetti, G. (2000). Capabilities, cognition, and inertia: Evidence from digital imaging. *Strategic Management Journal*, 21(10–11), 1147–1161.

36   Henderson, R. M., & Clark, K. B. (1990). Architectural innovation: the reconfiguration of existing product technologies and the failure of established firms. *Administrative Science Quarterly*, 35(1), 9–30.

37   Afuah, A. (2000). Do your co-opetitors capabilities matter in the face of a technological change. *Strategic Management Journal*, 21(10–11), 378-404. Afuah, A., & Bahram, N. (1995). The hypercube of innovation. *Research Policy*, 4(1), 51–66.

38   Baldwin, C., & von Hippel, E. (2011). Modeling a paradigm shift: From product innovation to user and open collaborative innovation. *Organization Science*, 22(6), 1399–1417. von Hippel, E. A., de Jong, J., & Flowers, S. (2012). Comparing business and household sector innovation in consumer products: Findings from a representative survey in the United Kingdom. *Management Science*, 58(9), 1669–1681. Bogers, M., Afuah, A., & Bastian, B. (2010). Users as innovators: A review, critique, and future research directions. *Journal of Management*, 36(4), 857–875. von Hippel, E. (2005). *Democratizing Innovation*. Cambridge, MA: MIT Press.

39   Tripsas, M. (2009). Technology, identity, and inertia through the lens of "The Digital Photography Company". *Organization Science*, 20(2), 441–460.

40   Schrader, S. (1991). Information technology transfer between firms: Cooperation through information trading. *Research Policy*, 20(2), 153–170.

41   Alexy, O., George, G., Salter, A. (2012). Cui Bono? The selective revealing of knowledge and its implications for innovative activity. *Academy of Management Review*, 38(2), 270–291.

42   Teece, D. J. (1986). Profiting from technological innovation: Implications for integration, collaboration, licensing and public policy. *Research Policy*, 15(6), 285–306.

소셜 미디어와 비즈니스 모델

학습목표

● 현대적인 소셜 미디어의 개념을 설명할 수 있다.

● 비즈니스 모델에 대한 소셜 미디어의 영향을 이해할 수 있다.

● 트위터와 같은 소셜 미디어 기업의 비즈니스 모델을 분석할 수 있다.

서론

2013년, '비즈니스 모델'—한때 엄청나게 유행했던—이란 용어는 시들해지고, 대신 '소셜 미디어(social media)'라는 용어가 부상하였다. '소셜 미디어'라는 단어로 검색을 하면 '비즈니스 모델'로 검색할 때보다 결과물이 10배 이상 더 많이 나온다. 이러한 성장이 흥미롭긴 하지만 관리자들 또는 기업의 수익에 관심이 있는 그 누구에게라도 더 중요한 질문이 있다. 소셜 미디어는 비즈니스 모델에 어떤 영향을 미치는가? 이 장의 목적은 이 질문에 대해 탐색하는 것이다. 그러나 우선 비즈니스 모델에 영향을 미칠 가능성이 높아 보이는 소셜 미디어의 특성에 대해 먼저 살펴보자.

소셜 미디어

소셜 미디어의 의미를 이해하기 위한 한 가지 방법은 우선 '소셜(social)'이라는 단어를 정의하는 것이다. 메리엄 웹스터 온라인 사전에서는 '소셜'의 개념을 (1) "동맹국 또는 연합국과 관련됨, 다른 사람과 협력적이고 독립적인 관계를 형성하는 경향이 있음, (2) 인간 사회의 또는 인간 사회와 관련하여 개인과 그룹의 상호작용, (3) 또는 사회의 일원으로서 인간이 누리는 행복"과 같이 세 가지로 정의하고 있다.[1] 인간이란 존재는 항상 개인으로서 기능하고자 하는 욕구와 사회적 욕구 — 다른 사람들과 협력적이고 독립적인 관계를 유지하면서 그리고 집단 의식을 강화하면서 자신과 다른 사람들 간의 일정 거리를 유지하고자 하는 욕구 — 간의 균형을 이루면서 살아가야 했다. 이를 위한 한 가지 방법은 기술을 활용하는 것이다. 어떤 개인과 그 개인이 교류하고 싶어 하는 '다른 사람들' 사이의 거리가 멀수록 인간은 기술에 의존해야 했다. 수렵인들은 적과 싸우거나 짐승을 사냥하기 위해 연기 신호, 드럼, 연락병 등을 활용하여 동맹국이나 연합국을 소집했었다. 그 이후엔 우체국을 통한 재래식 우편을 활용하여 서로 간의 관계를 구축하고 유지하며 의견을 교환했다. 또한 사람들은 책, 신문, 잡지, 전보, 전화, 라디오, TV 등을 통해 자신이 교류하고 싶은 사람들과 정보(콘텐츠)를 교환하고, 협력하며, 의사소통을 할 수 있게 되었다. 이와 같이 시간에 따라 개인이 다른 사람들과 교류하는 것을 가능케 했던 도구들이 달라져 왔는데, 이것들이 바로 소셜 미디어인 것이다.

인터넷, 모바일 기술, 그리고 여타의 기술적 혁신물들은 개인을 사람들과 연결시켜 주는 것 — 사회적 매체를 제공하는 것 — 과 관련하여, '누가? 어디서? 언제? 무엇을? 어떻게?'에 대한 것들을 급격하게 발전시켜 왔다. '누가?'와 '어디서?'의 영역에서는 그러한 신기술들이 과거 그 어느 때보다도 이 세상 사람들이 서로 협력하여 콘텐츠를 창조, 공유, 교환하는 것을 더욱 가능하게 만들어 주었다. '언제?' 영역은 타이밍 — 개인이 정보를 원하는 사람들에게 얼마나 신속하게 동시에 전달할 수 있는지 — 과 관련된다. 그러한 신기술들은 과거의 그 어느 때보다도 상호작용의 동시성과 즉시성을 크게 증대시켰다. '무엇을?'이란 질문은 사람들이 서로 상호작용하는 데 있어 신기술이 무엇을 할 수 있는지를 다룬다. 사람들은 더욱 풍부한 콘텐츠 — 사진(이미지), 비디오, 음성, 텍스트 — 를 즉시 교환할 수 있을 뿐만 아니라, 그러한 신기술을 활용하여 이러한 콘텐츠를 함께 만들어낼 수도 있게 되었다.

'어떻게?'라는 질문은 그러한 신기술들이 이 세상 사람들이 동시에 그리고 즉각적으로 협력하여 콘텐츠를 창조, 공유, 교환하는 일들을 어떻게 수행할 수 있는지를 물어보는 것이다. 이에 대한 대답은 다음과 같다: 다양한 사이트에서 제공되는 인터넷 기반의 애플리케이션들을 통해서. 이러한 애플리케이션들로는 블로깅, 마이크로블로깅, 소셜 북마킹, 소셜 네트워크, 콘텐츠 공유 커뮤니티, 위키 사이트, 가상 세계/게임 ─ 즉, 전체적으로 말하면 소셜 미디어라고 하는 것들 ─ 을 들 수 있다.[2] 사람들이 협력하여 콘텐츠를 창조, 공유, 교환할 수 있도록 해주는 이와 같은 인터넷 기반의(또는 모바일 기반의) 애플리케이션들이 바로, 현재 우리가 살고 있는 시대의 소셜 미디어인 것이다.[3] 이제 이러한 애플리케이션들과 그것들을 제공하는 웹사이트들에 대해 살펴보자.

블로깅과 마이크로블로깅

블로그(blog)는 날짜가 찍히는 입력 게시물 ─ 포스트(post)라고도 불리는 ─ 들로 구성된 토론 사이트다. 메리엄 웹스터 온라인 사전에서는 블로그를 "생각, 코멘트, 그리고 종종 작성자에 의해 제공되는 하이퍼링크 등이 게시된 온라인 개인 일기 사이트"로 기술하고 있다.[4] 블로깅(blogging)은 개인이나 기업에 의해서 수행될 수 있다. 블로깅 기업들은 오디오, 이미지, 비디오 등에 대한 링크를 제공하는 정도가 아니라 직접 이러한 데이터들을 제공할 수도 있다. 이러한 블로그 사이트의 콘텐츠들을 블로그라 부르기도 하는데, 이러한 블로그들에는 보통 독자들의 코멘트가 따른다. 콘텐츠의 양이 제한된 사이트를 마이크로블로그(micro-blog)라 부른다. 마이크로블로그의 예로는 트위터(Twitter)를 들 수 있는데, 이것은 각각의 블로그, 즉 트윗(tweet)을 140글자 이내로 제한하고 있다. 단방향 커뮤니케이션의 뉴스레터와 같은 과거의 전통적인 방식은 구독자들에게만 전달되고, 검색되지 않았으며, 한 번 삭제되면 완전히 사라져 버리는 데에 반해 블로깅은 많은 장점을 가지고 있다. 블로깅은 다중방향의 커뮤니케이션이 되며, 누구에게든 전달될 수 있고, 검색될 수 있다는 장점이 있지만, 한 번 전달된 콘텐츠는 회수하기 힘들다는 단점도 있다. 또한, 블로깅은 조직 내부만을 대상으로 ─ 직원들만 볼 수 있는 포스트들을 제공하는 방식으로 ─ 수행될 수 있다. 많은 경우 블로깅은 비즈니스 모델에 긍정적인 영향을 줄 수 있는 소셜 미디어의 장점을 가지고 있다.

기업은 더욱 통제 가능한 웹상의 존재성을 구축할 수 있다

오늘날의 기업들에게 블로그는 과거 브릭앤모타르 시대의 옐로페이지(Yellow Page)와 같은 것이다. 블로그는 기업에 웹상에서의 존재성을 제공한다. 블로그는 전세계 누구에 의해서도 검색될 수 있다. 이때 블로그는 과거 브릭앤모타르 시대에 옐로페이지가 기업들에게 제공했던 그러한 유형의 존재성을 제공하지만, 자신의 정보에 대해 옐로페이지보다 더 많이 통제할 수 있다는 점에서는 큰 차이가 있다. 더욱 중요한 점은 기업들은 언제든지 블로그를 수정할 수 있고, 블로그는 어디서든지 검색될 수 있다는 것이다. 한편 블로그는 보는 이들은 삭제할 수 없는데, 이는 보는 이들이 시기가 지난 전화번호부와 옐로페이지를 버릴 수 있는 것과는 대조적인 특성이라 할 수 있다.

독자는 블로그에 코멘트를 남길 수 있다

독자들이 어떤 콘텐츠에 코멘트를 하면 그 코멘트 역시 그 콘텐츠의 일부가 될 수 있다는 사실은 가치 창출과 확보에 중요할 수 있는데, 그 이유로는 다음과 같은 세 가지를 들 수 있다. 첫째, 블로그를 구축한 회사는 고객, 공급자, 보완업자, 그리고 해당 주제에 관해 관심이 있는 모든 이들로부터 피드백을 받을 수 있다. 블로깅을 하는 업체와 독자들 간의 이러한 상호작용은 커뮤니티로부터의 그리고 커뮤니티에 의한 학습을 의미할 수 있다. 이러한 과정은 블로거(blogger)가 더 빠르게 더 신뢰할 수 있는 피드백을 받을 수 있도록 해줌으로써 블로거의 혁신 능력을 향상시켜줄 수 있다. 둘째, 기업은 간접적으로 시장 조사를 하고 있는 것이라 할 수 있는데, 이를 통해 비용을 줄이는 가운데 시장에서 실패할 제품들의 생산 기회를 줄일 수 있다. 셋째, 기업은 독자들이 더 나은 소속감을 가질 수 있는 커뮤니티를 구축할 수 있다.

기업은 네트워크 효과를 누릴 수 있다

블로그에서는 독자들이 코멘트를 달 수 있다. 이로 인해 어떤 독자들은 블로거가 올린 콘텐츠보다는 다른 독자들이 달아 놓은 코멘트로부터 원하는 것을 배울 수 있다는 기대감으로 블로그를 방문하기도 한다. 독자들이 많을수록 다른 독자들의 관심을 끌 수 있는 좋은 독자들이 많을 가능성이 더 높다.[5] 이는 좋은 독자들이 다른 독자들의 관심을 끈다는 측면에서 긍정적인 피드백 효과를 가져올 수 있으며, 이로 인해 독자의 규모가 커져 경쟁자들은 그 블로그에 대한 도전이나 그것을 능가하는 것이 더욱 어려워진다. 또한, 블로거가 글을 올리면 독자는 이에 대해 코멘트를 하는 식의 블로거와 독자 간 상호작용을 통해, 블로거는 독자들과의 관계를 구축할 수 있다. 이러한 관계는 블로거의 독자들이 다른 블로거로 옮겨가는 것을 막을 수 있다. 이러한 관계는 전환비용을 발생시키는데, 이는 시장에서 자신의 포지션에 대한 위협을 방어하고자 하는 블로거에게는 중요할 수 있다.

혁신물과 브랜드 구축[6]

블로거가 다양한 독자들로부터 많은 코멘트를 받는다는 사실은 그 블로거가 어떤 일을 크라우드소싱으로 해결할 수 있는 가능성을 가지고 있음을 의미한다. 블로거는 독자들로부터 뛰어난 아이디어를 얻어 자신 나름대로의 아이디어를 보완하거나 대체할 수 있는데, 특히 혁신물을 만들어내는 동안에는 더욱 그러할 수 있다. 블로거들은 특히 스타트업의 경우 블로깅을 통해 평판과 브랜드도 구축할 수 있다.[7]

인적자원 확보

독자들의 코멘트 중에는 그들의 전문성이 드러나는 것들이 있다. 이러한 점은 결국 기업이 자신이 원하는 전문지식을 가진 후보자를 찾는 능력을 향상시키는 결과로 이어질 수 있다.

실시간 효과

소셜 미디어는 세상의 누구에게든지 정보를 신속하고 동시적으로 보내는 데 활용될 수 있다. 소셜 미디어로 전달되는 시위나 행사에 관한 메시지나 비디오 등은 현장 밖에 있는 사람들에게 도움에 필요한 유용한 정보를 제공할 수 있다. 이러한 소셜 미디어의 특성은 특히 위기 상황에서 크라우드소싱을 용이하게 만들어줄 수 있다.

기업 블로깅의 단점

여러분과 여러분의 회사만이 블로깅의 장점을 아는 것은 아니다. 첫 번째 (외부를 향한) 블로깅의 단점은 바로 이러한 장점을 알고 있으며, 그 장점을 활용하여 수익을 증대시키고 싶어 하는 사람들과 기업들이 매우 많다는 점이다. 블로거가 되는 비용이 매우 낮아지고 있기 때문에, 동일한 독자들을 대상으로 경쟁하는 블로거들이 매우 많아질 수 있다. 따라서 블로거는 독자, 콘텐츠, 독자들과의 상호작용 방식 등을 선택하는 데 있어 전략적인 관점으로 접근해야 한다. 둘째, 블로거의 실수는 마치 좋은 메시지만큼이나 빠르게 확산될 가능성이 높다. 셋째, 어떤 기업에 대한 비방자들이 그 기업의 웹사이트와 닮은 블로깅 사이트를 만들고, 그것을 이용하여 그 회사에 대한 비호의적인 메시지들을 전파할 수도 있다.

소셜 북마킹

소셜 북마킹(social bookmarking) 사이트에서는 사용자들이 다른 사이트의 북마크를 생성, 추가, 평가, 수정, 공유할 수 있다. 즉, 누구라도 소셜 북마킹 사이트를 이용하여, 다른 사람들에게 어디서 정보를 찾아볼 수 있는지를 알려줄 수 있다는 것이다. 이러한 정보들은 보다 구체적인 범위로 제공될 수 있는데, 이로 인해 정보를 찾는 노력이 감소될 수 있다.

소셜 네트워킹

세상의 모든 사람들은 페이스북, 마이스페이스, 포럼, 구글플러스 등과 같은 소셜 네트워크 사이트에 참여할 수 있다. 사람들은 그 네트워크 안에서 소속, 배경, 또는 관심사 등이 같은 사람들로 구성된 그룹들을 선택하여 참여할 수 있다.[8] 이러한 사이트들에서 사람들은 자신의 프로파일을 작성하거나 친구 리스트로부터 사람을 추가하거나 삭제할 수 있고 텍스트, 사진, 비디오, 또는 음성 등과 같이 다양한 형태의 콘텐츠들을 게시하고 공유할 수도 있다. 기업들은 이러한 네트워크를 대상으로 매장을 차릴 수도 있다. 예를 들어, 2013년 징가(Zynga)는 페이스북 멤버들이 네트워크를 기반으로 할 수 있는 소셜 게임을 개발한 바 있다. 소셜 네트워킹은 다음과 같은 여러 가지 장점을 가지고 있다.

상당한 수준의 네트워크 효과를 발휘할 수 있다

소셜 네트워크의 규모가 클수록 그 네트워크에 참여하는 사람이 자신과 유사한 관심사, 배경, 소속을 가진 그룹을 발견할 수 있는 가능성이 높아진다. 기업들은 소셜 네트워크에서 광고를 할 때 네트워크 효과(network effect)의 이점을 활용할 수 있다. 예를 들어, 사람들은 어떤 구매와 관련하여 판매자보다는 친구들의 조언에 더 귀를 기울일 가능성이 높기 때문에, 광고주들은 소셜 네트워크의 그룹들에서 다른 멤버들과 강한 유대관계를 맺은 몇몇의 멤버들이 자사 제품을 상당히 선호하도록 만들 필요가 있다. 그러면 그러한 멤버들은 다른 멤버들에게 광고 메시지를 확산시키는 역할을 하게 될 것이다.

기업은 더 낮은 비용으로 관계 역량을 구축하고 활용할 수 있다

관계 역량(relational capabilities)은 기업이 가치를 창출하고 확보하는 능력을 뒷받침하는 중요한 요소이다.[9] 소셜 미디어는 전통적 미디어에 비해 비용이 적게 들기 때문에, 가치를 창출하고 확보하기 위한 관계들을 구축, 유지, 촉진하는 데 선호된다. 예를 들어, 기업은 소셜 미디어를 활용하여 초청장, 사진, 문서 등을 클릭 한 번으로 자신이 원하는 만큼 많은 사람들에게 보낼 수 있다. 브릭앤모타르 시대에서 이와 같이 많은 콘텐츠들을 그만큼 많은 사람들에게 보낼 때 소요되었던 비용과 비교해보라. 또한, 멤버들은 문제 해결에 필요한 정보를 얻기 위해 친구들과의 관계를 강화시킬 수도 있다. 블로깅을 하는 기업에서는 소셜 네트워크를 활용하여 직원들이 서로 더 잘 화합하고 더욱더 가치 창출을 잘할 수 있도록 도와줄 수 있는 인프라스트럭처를 제공할 수 있을 것이다.

다른 사람들에 대한 정보의 원천

또한 소셜 네트워크 사이트는 직원, 상인, 문의자들에게 풍부한 정보를 제공해줄 수 있는 원천이기도 하다. 이 사이트에서 볼 수 있는 사용자의 친구, 소속, 활동 등은 잠재적 고용주에게 그 사용자의 이력서에서 볼 수 없는 많은 정보를 제공해줄 수 있다. 더욱이 이러한 정보는 고용주가 거의 비용을 들이지 않고도 수집할 수 있다. 기업은 수집한 멤버들에 대한 정보를 금광석으로 생각하겠지만, 그러한 데이터를 사용하는 방법에 대해서는 매우 신중을 기할 필요가 있다.

소셜 네트워킹의 단점

한편 소셜 네트워킹은 단점도 가지고 있다. 정보가 사람들이 볼 수 있도록 웹사이트에 게시되고 나면, 그것을 회수하거나 전파를 차단시키는 것이 매우 어려울 수 있다. 브릭앤모타르 시대에는 문서, 사진, 비디오, 음성 기록들을 파괴할 수 있었는데, 이는 그와 관련된 정보들이 더 이상 사용될 수 없는 상황이 되었음을 의미한다. 그러나 일단 정보가 웹에 게시되고 나면, 그것을 통제하는 것은 매우 어려워질 수 있다. 또한 못된 이들은 개인이나 기업에 관한 허위 정보를 가지고 개인이나 기업에게 해를 줄 수도 있다.

위키

메리엄 웹스터 온라인 사전에 따르면 위키는 "방문자들이 변경, 작성, 또는 수정할 수 있는" 웹사이트이다. 위키의 대표적인 예로는 위키피디아를 들 수 있다. 위키를 뒷받침하는 소프트웨어는 초기 상태로 되돌리는 것이 쉽고 정확하게 이루어질 수 있도록 모든 편집 내역을 추적한다. 위키를 사용하면 이 세상 어느 곳의 누구라도 제시된 문제에 대해 자신의 지식을 제공할 수 있기 때문에 고품질의 해답을 낮은 비용으로 얻을 수 있다. 그런데 이러한 개방성은 단점도 유발할 수 있다. 예를 들어, 기여할 만한 자격을 갖추지 못한 사람들도 자신의 지식을 제공할 수 있는데, 이런 경우 문제 해결이 후퇴될 수 있다. 너무 많은 사람들이 너무 많은 변경을 하려 하기 때문에 문제 해결이 급속하게 혼돈 상태로 빠질 수도 있다. 심지어는 그러한 사람들 중에 위키의 개방성을 이용하여 문제 해결을 방해하려는 사람이 포함되어 있을 수도 있다. 이러한 이유들 때문에 위키피디아와 같은 대중용 위키의 경우, 프로세스를 안내하는 어떤 유형의 구조가 시행되어야 한다. 그러나 한편으로는 이러한 개방성에 대한 제약이 혁신적인 해결책들을 차단하는 결과를 초래할 수도 있다는 점에 유의할 필요가 있다.

위키를 기업에서 내부적으로 활용하고 있는 경우에는, 한편으로는 위키의 단점을 감소시키면서 다른 한편으로는 장점을 활용하기 위한 구조와 규칙들을 제공하기에 매우 유리한 입장에 있다고 볼 수 있다. 따라서 이러한 기업 내 위키는 직원들이 세계 어느 곳에 있든 문제 해결 시간과 비용을 줄이는 가운데 서로 협업을 하는 데 효과적으로 기여할 수 있다. 또한, 이러한 위키는 고객, 공급자, 보완업자 등과의 협업에도 사용될 수 있다.[10] 기업은 이러한 협업을 통해 고객들의 지불의사를 높이면서 고품질의 제품들을 생산할 수 있다.

콘텐츠 공유

비디오, 이미지, 슬라이드, 책 등과 같은 콘텐츠를 공유하기 위한 소셜 미디어 사이트들도 있다. 이러한 사이트들의 예로는 유튜브(YouTube), 플리커(Flickr), 슬라이드쉐어(Slideshare), 북크로싱(BookCrossing)을 들 수 있다. 이 사이트들에서 사용자들은 해당 사이트의 콘텐츠가 많아질수록 그 사이트에서 원하는 것을 찾을 수 있는 기회가 더 많아지는 네트워크 효과를 누리고 있다. 예를 들어, 유튜브에서 영상이 더 많아질수록, 사용자들은 자신이 원하는 영상을 찾을 수 있는 기회가 더 많아진다. 기업은 외적으로는 유튜브와 같은 콘텐츠 공유 사이트를 활용하여 자사의 브랜드를 더 알리고, 새로운 광고를 테스트하는 등의 일을 할 수 있다. 한편, 기업은 내적으로도 역시 콘텐츠 공유 사이트를 활용하여 기존 디자인에 대한 지식, 문제에 대한 해결책, 문서 등을 찾거나 공유할 수 있다. 그러나 내적인 콘텐츠 공유는 주의 깊게 추진되어야 하는데, 왜냐하면 회사에 불만을 품은 직원이 문서를 다운받아 세상의 어딘가에 있는 누군가에게 보내버릴 수 있기 때문이다.

가상세계와 가상게임

가상세계(virtual worlds)는 우리가 살고 있는 현실세계를 재현하고자 하는 3차원의 가상환경이라 할 수 있다.[11] 가상세계에서 사람들은 자신이 선택한 특성을 가진 아바타로 등장하여 현실세계에서처럼 다른 사람들과 상호작용한다. 이러한 상호작용은 그가 현실세계에서 살아가는 방식으로 살아가거나, 아니면 다른 역할을 하는 사람으로 살아가는 것을 의미한다.

소셜 미디어가 비즈니스 모델에 미치는 영향

이제 지금까지 설명한 소셜 미디어에 대한 배경 지식을 바탕으로, 다음과 같은 이 장의 핵심 질문으로 돌아가 보자. 소셜 미디어가 비즈니스 모델에 어떤 영향을 미치는가? 조직이 소셜 미디어를 활용하여 가치를 창출하고 확보하는 비즈니스 모델을 가지고 있는 경우를 고려해보자. 이어지는 설명은 제1장에서 살펴본 바와 같이 다음과 같은 비즈니스 모델의 구성요소를 중심으로 전개하고자 한다: 고객 가치 제안, 세분 시장, 수익 모델, 성장 모델, 그리고 역량.

고객 가치 제안

비즈니스 모델의 고객 가치 제안 요소는 어떤 기업과 그 기업의 제품들이 고객에게 제공하는 혜택 그리고 그 혜택에 대해 고객들이 인식하는 가치의 정도와 관련된다. 이러한 맥락에서 다음과 같은 질문을 고려해보자. 소셜 미디어는 고객들이 가치 있게 인식하는 혜택에 어떻게 영향을 미치는가? 블로그나 소셜 네트워크와 같은 소셜 미디어는 기업이 웹상에서 합리적인 통제 메커니즘을 가지고 자신의 존재성을 구축할 수 있도록 해줄 수 있기 때문에, 기업들은 고객들이 자사의 제품을 가치 있게 인식하는 정도를 높이는 가운데 브랜드 자산을 보다 효과적으로 구축하고 향상시킬 수 있다. 블로거로서의 기업은 자신의 가치 창출 활동에 대해 고객, 보완업자, 공급자 들이 제공하는 코멘트들로부터, 고객에게 더 나은 제품과 서비스를 제공하는 데 도움이 되는 정보를 얻을 수 있다. 기업은 위키를 활용하여 협력경쟁자들과 제품을 공동으로 만들어낼 수 있다. 중요한 점은 기업이 적합한 소셜 미디어를 선택하고 적절한 행위를 할 때, 그 기업과 그 기업의 고객들이 네트워크를 통해 인식할 수 있는 가치를 높이면서, 네트워크 효과에 기여하고 그것을 누릴 수 있다는 점이다. 이러한 모든 요인들은 기업이 고객에게 제공하는 혜택과 고객들이 그 혜택에 대해 인식할 수 있는 가치를 증대시킬 수 있다.

이러한 개념을 구체화시키기 위해 스레드리스 사례를 다시 한 번 살펴보자. 이 회사는 자사에서 티셔츠를 직접 디자인하지 않고 전세계의 누구든 상관없이 원하는 대중으로 하여금 그 일을 수행토록 한다는 점을 상기하라. 스레드리스의 커뮤니티에 등록된 멤버—2013년에 180만 명—에 의해 선정된 승리자들의 일부는 바로 그 회사가 생산한 티셔츠의 고객이다. 이 회사의 콘테스트에 참여하는 많은 티셔츠 디자이너들은 자기 나름대로의 웹사이트를 가지고 있는데, 거기에서 그들은 자신의 디자인 결과물을 블로그에 올리고 자신의 팔로워들(followers)로부터 코멘트를 받는다. 그런데 그 팔로워들의 상당수는 스레드리스의 커뮤니티 멤버들로서, 향후 베스트 티셔츠를 선정하는 투표에 참여하게 될 사람들인 것이다. 이 커뮤니티 멤버들은 스레드리스 제품에 대해 블로그를 올리거나 코멘트를 달면서 서로 교류한다. 이러한 활동들은 티셔츠가 생산에 있어 고객들이 원하는 점을 반영할 수 있는 기회를 증대시킨다. 스레드리스의 소셜 미디어 활용은 자사의 가치 제안을 향상에 실질적으로 도움을 주고 있다.

보다 일반적으로 설명하면 기업은 블로그, 위키, 또는 소셜 네트워크를 활용하여 협력경쟁자들—고객, 공급자, 보완업자, 여타 이해관계자들—과 상호작용을 하면서 고객의 니즈를 보다 잘 만족시킬 수 있는 제품개발에 필요한 지식을 얻을 수 있다는 것이다. 협력경쟁자들은 디자인과 개발의 진행에 따라 제품 특성에 대해 코멘트를 할 수 있다. 그들은 그 기업과의 협업을 통해 높은 지불의사를 가진 고객들의 니즈를 보다 잘 만족시킬 수 있는 제품들을 보다 손쉽게 공동으로 개발할 수 있다. 스레드리스의 경우에서처럼 다른 기업들도 문제 해결과 해결책 평가를 소셜 미디어에 연결된 네트워크의 멤버들에게 크라우드소싱하는 것이 가능하다. 물론 기업은 브랜드 자산—제품에 대한 인식에 영향을 미치는 중요한 요인—을 구축, 강화, 보호하기 위해 소셜 미디어 상에서의 자신의 존재성을 활용할 수 있다.

세분 시장

제1장에서 설명했듯이 비즈니스 모델의 세분 시장 요소는 가치 제안의 대상이 되는 고객 집단, 각 집단의 고객 수, 고객의 지불의사, 그리고 각 세분 시장의 매력도 등과 관

련되어 있다는 점을 상기하라. 세분 시장을 공략하는 기업의 목표는 그 시장의 매력을 높이는 가운데, 낮은 비용으로 지불의사가 높은 고객들을 가능한 한 많이 확보하는 것이다. 소셜 미디어는 기업이 이런 목표를 달성하는 데 도움을 줄 수 있다. 어떻게? 첫째, 소셜 미디어는 사람 간에 정보를 빠르게 확산시켜주는 구전 (마케팅) 효과를 제공해줄 수 있다. 소셜 미디어를 통한 구전 마케팅이 성공할 수 있는 이유 중 하나는 사람들이 광고보다는 자신이 신뢰하는 친구나 동료, 또는 어떤 다른 이들로부터 조언을 받으려는 성향이 높기 때문이다. 따라서 가까운 친구들로 구성된 네트워크의 멤버들에게 제품에 관한 정보를 전달하기 위해서 기업은 단지 그 멤버 중 몇 명에게만 접근해도 된다. 그러면 그들을 통해 그 정보는 구전으로 다른 멤버들에게 전달될 것이다. 예를 들어, 의사들은 처방을 위해 제약회사가 제공하는 제품 정보보다는 여론 주도자의 견해에 더 의존하는 경우가 종종 있다.[12] 따라서 강한 관계(접촉이 잦고 친밀한 관계)로 연결된 의사들을 대상으로 한 마케팅에서는 여론 주도자가 확신을 갖도록 만드는 데 초점을 맞추는 것이 중요하다. 어떤 경우이든 블로깅이나 소셜 네트워크 또는 여타의 소셜 미디어를 제대로 활용하면 구전을 통한 정보 확산이 효과적으로 이루어질 수 있다.

둘째, 기업은 소셜 미디어를 활용하여 여러 측면에서 강력한 관계를 가진 네트워크를 구축할 수 있다. 여기서 기억해야 할 중요한 포인트는 네트워크의 규모보다 네트워크 멤버들의 품질이 더 중요할 수 있다는 것이다.[13] 예를 들어, 독자들이 제시한 코멘트의 품질이 코멘트의 숫자보다 훨씬 더 중요하다. 품질이 높은 멤버들의 관심을 끌기 위한 활동은 더 많은 고객뿐만 아니라 더 높은 지불의사를 가진 고객들을 대상으로 수행되어야 한다. 이렇게 할 때 결국 기업은 소셜 미디어를 통해 자사의 브랜드를 구축할 수 있고 유통채널에서 우위를 점할 수 있게 될 것이다. 예를 들어, 기업은 트위터와 같은 마이크로블로그를 활용하여 팔로워들을 증가시키고, 이를 통해 브랜드를 강화시킬 수 있다. 이러한 브랜드의 강화는 해당 기업의 제품 차별화에 도움을 줄 수 있고, 이에 따라 협력경쟁자들에 대한 위상도 향상되는 결과를 얻을 수 있다.

수익 모델

제1장에서 설명했듯이 비즈니스 모델의 수익 모델 요소는 얼마나 많은 고객들이 언제 그리고 어떻게 어떤 제품/서비스에 얼마나 지불하는지에 관한 것이다. 수익 모델은 고객 가치 제안을 좋아하고 가격 부담으로 인해 다른 제품/서비스로 떠나가지 않으면서 최대의 지불의사에 근접한 가격을 지불하는 고객을 최대한 많이 확보하는 것과 관련

된다. 소셜 미디어는 수익 모델에 어떻게 영향을 미치는가? 구독료(또는 정기 이용료) 및 프리미엄 수익 모델을 고려해보자. 구독료 모델은 여러 장점—가령 개별 판매 방식으로 인한 변동성의 감소—이 있지만, 거래 당사자들 간의 더 많은 신뢰를 필요로 한다. 고객들은 대상 기업이 자신의 구독료를 가지고 달아나지 않을 것이라는 것을 믿을 수 있어야 한다. 소셜 미디어는 대상 기업이 이러한 신뢰를 구축할 수 있도록 해주며, 또한 전통적인 단일 판매 수익 모델이 아니라 구독료 수익 모델을 추진하는 것도 가능케 해준다. 또한 소셜 미디어는 더 많은 고객을 더 쉽게 확보할 수 있도록 해주면서 동시에 고객 확보 비용도 줄여줄 수 있다. 서비스 제공자는 자신의 서비스를 이용하는 소셜 네트워크상의 그룹 멤버들의 의견을 거의 비용을 들이지 않고 청취할 수 있는데, 그들의 의견은 고객 확보 전략을 개발하는 데 유용하게 활용될 수 있다.

프리미엄 수익 모델은 기업이 기본적인 제품/서비스를 무료로 제공하지만, 더 나은 기능이나 보조물들은 유료로 제공하는 것을 의미한다. 기업의 소셜 미디어 활용은 기업이 다음의 두 가지 일을 할 수 있도록 해줌으로써, 프리미엄 수익 모델을 더욱 활성화시킬 수 있도록 해준다. 첫째, 소셜 미디어는 무료로 서비스를 제공할 수 있을 정도로 비용을 낮춘다. 이를 테면 기업은 대중으로 하여금 위키를 사용하여 제품을 설계하도록 함으로써, 제품을 거저 주는 정도의 낮은 가격으로 제공할 수 있다. 둘째, 해당 기업은 소셜 미디어—특히 블로깅, 소셜 네트워킹, 위키 등과 같은—를 활용하여 거저 주는 비용을 만회하는 것 이상의 높은 가격으로 팔 수 있는 고급 기능이나 보완 제품들을 고객들과 함께 작업하여 결정하고 제공할 수 있다.

소셜 미디어는 기업이 고객들에 대해 더 많은 것들을 알 수 있도록 해주기 때문에 기업은 가격 차별화가 용이하도록 세분 시장을 더 잘 나눌 수 있다. 또한, 기업은 더 많이 알게 된 고객 정보를 통해 각 세분 시장에서 고객의 최대 지불의사에 근접한 가격 수준으로 가격 차별화를 추진해 나갈 수도 있다.

성장 모델

비즈니스 모델의 성장 모델 요소는 수익 측면에서 성장하는 것—비용은 낮게 유지하면서 수익을 증대시키는 것—과 관련된다. 성장은 보통 달리기, 팀 구성, 차단과 같은 세 가지 전략[14]을 복합적으로 추진함으로써 이루어질 수 있다는 점을 상기하라.

달리기 전략은 기업이 지속적인 혁신을 통해 시장에서 현재의 혁신물이 경쟁자에 의해 모방되어 갈 때쯤이면, 다시 새로운 혁신물을 제공하는 식으로 항상 경쟁자보다 앞서 달려가는 전략을 의미한다. 소셜 미디어는 발명, 발전, 상업화로 구성되는 프로세스가 용이하게 수행될 수 있도록 도와줄 수 있기 때문에, 결과적으로 달리기 전략을 촉진시킨다고 할 수 있다. 예를 들어, 기업은 위키를 활용하여 협력경쟁자들과 제품을 공동으로 개발함으로써 신제품 출시율을 증가시킬 수 있다. 그러나 이 방법보다는 크라우드소싱을 통해 제품개발 과정에서 발생하는 문제들을 해결하는 것이 더 나을 수도 있다. 2013년, 스레드리스는 크라우드소싱을 통해 일주일마다 디자인 결과물을 1,000여 개나 받을 수 있었는데, 그때마다 그중에서 디자인을 10개씩 선택했다.

팀 구축 전략은 기업이 전략적 제휴나 조인트벤처, 또는 흡수 등을 통해 협력경쟁자들과 파트너 관계를 맺음으로써 가치 창출 및 확보 성과를 올리고자 하는 전략이다. 이런 일이 제대로 이루어지도록 하기 위해서는 파트너들이 서로 협력하고 상호작용하면서 함께 정보를 생성, 공유, 교환할 필요가 있다. 소셜 미디어는 이러한 일들을 수행하는 데 있어 이상적인 도구라 할 수 있다.

차단 전략은 경쟁자가 자신의 비즈니스 모델을 모방하는 것을 막기 위해 보복조치 등을 포함하여 대응에 필요한 조치들을 적극적으로 추진하는 전략을 의미한다.[15] 기업은 소셜 미디어를 활용하여 협력경쟁자들과 희소하고 모방이 어려운 관계들을 구축해 나갈 수 있다.

또한, 기업은 소셜 미디어를 활용하여 생산비용과 거래비용 모두를 줄일 수도 있다. 예를 들면, 스레드리스가 했던 것처럼 위키를 이용하여 제품을 설계함으로써 생산비용을 현저하게 줄일 수 있다. 게다가 소셜 미디어를 이용하여 특정 유형의 정보를 검색하고 확보하는 것과 관련된 거래비용도 현저하게 줄일 수 있다. 예를 들어, 기업은 블로깅과 소셜 네트워크를 통해 채용에 필요한 정보를 얻음으로써 채용 과정에서 소요되는 비용을 줄일 수 있다.

역량

비즈니스 모델의 중심에는 역량—기업이 제대로 된 가치 제안을 고객에게 제공하고, 제대로 된 세분 시장을 공략하며, 제대로 된 수익 모델을 추진하고, 제대로 된 성장 모델을 추구하는 데 필요한 자원들과 활동들—이 있다. 소셜 미디어는 이러한 역량들에 대해 어떻게 영향을 미치는가? 소셜 미디어는 기업이 가치 창출과 확보를 위해 역량을 사회적 자본(social capital)의 형태로 구축하거나 기존의 역량들을(사회적 자본을 포함한) 강화시킬 수 있도록 해준다. 재닌 나파에트(Janine Nahapiet) 교수와 수만트라 고샬

(Sumantra Ghoshal) 교수에 따르면, 사회적 자본은 "개인이나 사회적 단위가 가진 관계 네트워크에 내재된, 그리고 그 네트워크를 통해 사용될 수 있는, 그리고 그러한 네트워크로부터 나오는 실질적이고 잠재적인 자원들의 합"이다.[16]

사회적 자본의 구축

블로깅, 위키, 소셜 네트워킹, 소셜 북마킹, 또는 콘텐츠 커뮤니티 중 무엇을 통해서든지 간에 기업은 사회적 자본을 구축할 수 있는 많은 기회를 얻을 수 있다.[17] 어떻게? 기업은 블로깅과 블로깅 독자들이 제공하는 코멘트들을 활용하여 규모에 의한 네트워크 효과를 누리면서 서로 신뢰하는 멤버들과 커다란 네트워크를 구축해 나갈 수 있다. 또한, 기업은 소셜 네트워크에 참여함으로써 멤버들과 강력한 관계를 구축하거나 위키를 사용하여 제품을 공동으로 개발할 수 있다. 이에 못지 않게 중요한 점은 기업이 소셜 북마킹을 활용하여 신뢰할 만한 그리고 여타의 이유로 필요한 협력경쟁자들을 보다 쉽게 발견할 수 있는 사이트를 찾아낼 수 있다는 것이다.

사회적 자본의 활용

소셜 미디어는 기업이 가치를 창출하고 확보하기 위해 기존의 사회적 자본을 활용하는 데에도 유용한 도움을 줄 수 있다. 예를 들면 공급자와의 강력한(접촉이 빈번하고 밀접한) 관계는 기업이 공급자들의 능력과 혁신성을 활용하는 것을 가능케 한다. 구체적인 예로, 다이어(Dyer) 교수와 노베오카(Nobeoka) 교수는 토요타(Toyota)의 혁신성은 토요타의 공급자 네트워크(토요타의 사회적 자본)를 통해 얻은 부분이 많았음을 밝힌 바 있다.[18]

게다가 기업이 위키를 사용하여 공급자 및 고객들과 제품을 공동으로 생산하고자 하는 경우, 협력경쟁자들과의 관계가 그 기업이 함께 문제를 해결할 대상을 식별하는 데 도움이 될 수 있다. 어떤 제약회사가 의사들로 구성된 소셜 네트워크에서 여론을 주도해 온 의사들과 사전에 잘 구축된 관계를 맺고 있다면, 그 제약회사는 그러한 의사들과의 관계를 활용하여 신약을 출시할 수도 있을 것이다.

소셜 미디어 기업의 비즈니스 모델 예 : 트위터

소셜 미디어 비즈니스 모델의 두 번째 사례는 기업들의 비즈니스 모델 성과 향상을 위해 사용될 수 있는 소셜 미디어를 제공하는 업체의 비즈니스 모델이다. 그 예로 트위터 (그림 5.1)를 살펴보자.

고객 가치 제안

비즈니스 모델의 고객 가치 제안 요소는 어떤 기업과 그 기업의 제품들이 고객에게 제공하는 혜택 그리고 그 혜택에 대해 고객들이 인식하는 가치의 정도와 관련된다는 점을 상기하라. 2013년 트위터는 다음과 같은 세 가지 고객 부류를 대상으로 가치를 창출했다. (1) 트위터의 인프라스트럭처를 사용하여 콘텐츠를 보내고, 받고, 공유하고, 토의하는 사용자들, (2) 광고나 제품 판촉에 지불하는 상인들, (3) 앱 개발자들. 사용자들은 어디에서는 트윗을 보내거나 수신할 수 있는데, 이때 하나의 트윗은 140글자를 초과할 수 없다. 사용자는 개인, 기업, 또는 여타의 조직이 될 수 있다. 사용자는 이 서비스를 이용하여 친구, 정치인, 연예인, 브랜드, 전문가 등의 얘기를 들을 수 있다. 기업은 이 서비스를 이용하여 팔로워들에게 메시지를 전파함으로써 자사의 브랜드를 홍보하거나 자사의 사이트로 고객을 유도하는 등의 일을 할 수 있다. 조직은 이 서비스를

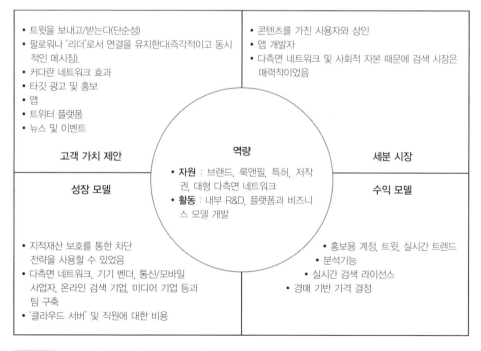

그림 5.1 트위터의 비즈니스 모델에 대한 초상화

이용하여 좋은 목적을 위해 모금을 할 수 있다.

트위터에 등록된 멤버들에 어필하는 요인들은 여러 가지가 있다. 첫째, 메시지의 단순성—트윗당 140글자를 초과할 수 없는—은 데스크톱에서 트위터의 웹사이트나 애플리케이션 등을 통해서 메시지를 보낼 수 있을 뿐만 아니라, 스마트폰이나 태블릿을 통해서도 메시지를 보낼 수 있다. 둘째, 트위터의 인프라스트럭처는 멤버들이 자신의 팔로워들에게 동시에 메시지를 보낼 수 있도록 해준다는 점을 들 수 있다. 이러한 특징들로 인해, 사람들은 자신의 스마트폰을 통해 정치적 시위와 같은 활동들을 실시간으로—행사가 진행 중인 상황에서—보도할 수 있다.

셋째, 트위터 사용자들은 큰 규모의 네트워크로부터 기인하는 네트워크 효과를 누릴 수 있다. 트위터 네트워크 효과의 원천을 이해하기 위해서는 이 네트워크가 팔로워, 연예인, 기업, 브랜드, 그리고 그들이 따르는 이들로 구성되어 있다는 점을 생각해볼 필요가 있다. 이러한 원천들 중 맨 끝의 원천을 그룹 리더라 부르기로 하자. 어떤 네트워크상에 리더들이 많을수록, 그 네트워크는 팔로워들에게 가치가 더욱 높아진다. 왜냐하면 그 팔로워들은 자신들이 원하는 리더들(연예인, 브랜드 등)을 찾을 수 있는 확률이 더 높아지기 때문이다. 마찬가지로 어떤 네트워크상에 팔로워들이 많을수록, 그 네트워크는 리더들에게 더욱 가치가 높아진다. 왜냐하면 그 리더들은 자신을 따르고자 하는 팔로워들을 찾을 수 있는 가능성이 더 높아지기 때문이다.[19] 실제 트위터의 대규모 네트워크—2012년 기준으로 5억 1,700만 명으로 추산되는[20]—는 경쟁자들이 가지고 있는 소규모의 네트워크에 비해 더욱 가치가 높았다.

트위터의 많은 사용자들은 콘텐츠를 교환하거나 공유하고 있었는데, 상인들은 이러한 콘텐츠로부터 사용자들의 선호도를 파악할 수 있는 정보를 수집할 수 있었고, 그러한 정보는 상인들이 그들의 마케팅 목표를 설정하는 데 많은 도움을 주었다. 이로 인해 네트워크상에 사용자가 많을수록, 광고주들은 그 네트워크의 가치를 더 높게 인식했다.

트위터는 자신의 API(applications programming interface)를 공개함으로써 누구든 자신의 플랫폼에서 앱을 개발할 수 있도록 하였다. 좋은 애플리케이션들은 네트워크를 더욱 가치 있게 만든다. 따라서 어떤 네트워크상에 앱 개발자가 많을수록, 그 네트워크는 사용자들에게 가치가 더욱 높아진다. 왜냐하면 사용자들의 입장에서는 자신의 니즈에 맞는 앱들을 찾을 수 있는 가능성이 더 높아지기 때문이다. 또한, 어떤 네트워크상에 사용자가 많을수록, 그 네트워크는 개발자들에게 더 가치가 높아진다. 왜냐하면 그 개발자들의 앱이 사람들에 의해 사용될 가능성이 더욱 높아지기 때문이다.

세분 시장

비즈니스 모델의 세분 시장 요소는 가치 제안이 대상으로 하고 있거나 대상으로 해야 할 고객 집단, 각 집단의 고객 수, 고객들의 지불의사, 고객 집단에 대한 매력도와 관련된 것임을 상기하라. 시장은 제품/서비스, 고객 유형 및 그들의 선호도, 지리적 위치 등에 따라 세분화될 수 있기 때문에, 우리는 트위터 시장을 고객 유형에 따라 다음과 같은 세 가지 영역으로 세분화한다: 사용자, 상인, 앱 개발자. (2012년 7월, 트위터는 5억 1,700만 명의 사용자가 등록되어 있었는데, 그중 1억 4,000만 명은 미국인이었다.[21])

트위터의 엄청난 수의 사용자들과 더불어 이들과 연계된 네트워크 효과가 트위터의 세분 시장들을 매력적으로 만들었다. 마이크로블로깅 사이트에 가입하고자 하는 새로운 사용자는 트위터의 엄청난 규모의 네트워크에 매력을 느낄 가능성이 높다. 왜냐하면 그렇게 큰 규모의 네트워크에서는 보다 작은 네트워크에 비해 사용자가 자신이 원하는 팔로워들이나 리더를 찾을 수 있는 가능성이 높기 때문이다. 트위터에 등록된 기존의 사용자들은 그 네트워크의 규모가 유지되는 한 보다 규모가 작은 다른 네트워크에 기반한 서비스로 이동할 가능성이 적다. 왜냐하면 그렇게 한다는 것은 보다 작은 네트워크에서 찾을 수 없는 팔로워들과 리더들을 포기하는 것을 의미하기 때문이다. 트위터의 사용자들과 긴밀한 관계를 구축한 상인들―예컨대 자신의 브랜드를 추종하며 자신의 제품을 구매하는 사용자가 많은―또한 트위터보다 작은 규모의 네트워크를 가진 다른 기업의 서비스를 선택하고 거기에서 사용자들과 관계를 구축하기 위해 트위터를 떠날 가능성은 낮다. 트위터 사이트와 제3자 사이트를 위한 앱들을 개발해 온 앱 개발자들도 보다 작은 네트워크를 선택하고 그곳으로 옮겨갈 가능성은 낮다.

수익 모델

비즈니스 모델의 수익 모델 요소는 얼마나 많은 고객들이 제품/서비스에 대해 언제, 어떻게, 얼마나 지불하는지에 관한 것이라는 점을 상기하라. 2013년 트위터의 수익은 다섯 가지 원천에서 나왔다.[22] 첫째, 트위터는 구글, 마이크로소프트, 야후와 같은 검색엔진 기업들에게 사용자들이 트윗을 실시간으로 검색할 수 있도록 트윗 검색에 대한 라이선스를 주고 그 비용을 받았다. 둘째, 트위터는 상인들이 자신의 트위터 계정을 홍보할 때 지불하는 비용으로 수익을 올렸다. 여기서 상인들이 지불하는 비용이란 상인들이 자신의 메시지를 팔로워나 곧 팔로워가 될 것 같은 사람들에게 선달할 때 시불하는 비용을 의미한다. 셋째, 트위터는 특정 검색을 수행하는 사람들에게 전달되는 상인들의 홍보용 트윗으로부터도 수익을 올렸다. 홍보용 계정으로 제공되는 메시지들은 팔로워들이나 팔로워와 비슷한 사람들에게 전달될 가능성이 높지만, 이와는 달리 특정 검색을 수행하는 사람들에게 전달되는 홍보용 트윗들은 팔로워들에게 도달할 수도 있고 그렇지 않을 수도 있다.

넷째, 수익은 트위터에서 제공하는 '실시간 트렌드'를 통해 제공되는 홍보용 게시물로부터도 창출되었다. 어떤 시점에서라도 다른 주제들보다 더 뜨거운 주제가 있기 마련인데, 실시간 트렌드는 이러한 주제들을 보여준다. 2013년 트위터의 실시간 트렌드는 각 사용자 페이지의 왼쪽에 게시되었다.[23] 기업들은 실시간 트렌드 리스트의 맨 윗부분에서 하루 동안 게시되는 홍보용 게시물들에 대해 비용을 지불했다. 실시간 트렌드의 게시물을 클릭한 사용자들은 홍보용 트윗의 형태로 작성된 마케팅 메시지에 노출되었다. 다섯째, 또 하나의 잠재적 수익 원천은 트위터가 사용자들에게 제공하는 분석 기능이었다. 트위터의 분석 소프트웨어는 고객들이 자신의 광고 캠페인—느낌('좋아요'), 리트윗, 클릭, 팔로우, 트윗에 대한 응답—을 추적할 수 있도록 해준다. 이를 통해 고객들은 자신의 광고나 판촉 활동에 대한 반응을 파악할 수 있다. 이를 바탕으로 고객은 고객에 대한 통찰력을 얻을 수 있고, 결국 자신의 캠페인을 조정해 나갈 수 있다.

가격 정책과 관련해서 트위터는 홍보용 계정에는 팔로우당 비용(cost-per-follow, CPF)을 기준으로 비용을 부과했다. 즉, 광고주는 사용자가 팔로워가 되는 경우에 한해 비용을 부과받았다.[24] 2012년, CPF는 1~10달러 사이였다. 홍보용 트윗들은 관여당 비용(cost-per-engagement, CPE)을 기준으로 비용이 부과되었다. 즉, 광고주는 클릭, 좋아요, 홍보용 트윗에 대한 응답, 또는 리트윗 등으로 지정해 놓은 관여 활동이 발생하는 경우에 한해 비용을 부과받았다. 이러한 비용 부과는 초기의 경매방식으로 결정되었는데, 이는 트위터가 비용을 고객의 최대 지불의사에 근접한 수준으로 받을 수 있게 해주었다.

이러한 수익 원천들과 가격결정 전략을 볼 때, 트위터의 수익은 높게 나타나야 할 것 같지만, 2013년엔 그렇지 않았다. 그 이유 중 하나로는 대부분의 광고비용이 모바일 기기보다는 여전히 데스크톱을 대상으로 책정되어 있었던 반면 트위터의 존재성은 모바일 기기에서 더욱 강하게 나타났다는 점을 들 수 있을 것이다. 모바일 기기를 통해 보다 더 많은 광고 수익이 발생할 것으로 기대되는데, 이는 결국 트위터의 수익 증대로 이어질 것으로 보인다.

성장 모델

비즈니스 모델의 성장 모델 요소는 수익 측면에서 성장하는 것—팀 구축, 달리기, 차단 전략들의 조합을 통해 지속적으로 수익을 높이고 비용은 낮추는 동시에 저비용 구조를 유지하는 데 필요한 모든 조치를 취하는—과 관련된다.[25] 트위터의 성장 전략 중 가장 가시적인 것은 팀 구축이었다. 트위터는 앱 개발자들, 대중의 트윗에 대해 검색을 허가받은 검색엔진 사업자들, 정부, 모바일 기기들로부터 트윗을 전송하는 전세계의 통신사업자들, 트위터를 자신의 운영체제로 통합시켜 사용자들로 하여금 해당 기기로부터 바로 트윗할 수 있도록 해주는 휴대용 기기 사업자들 등과 파트너 관계를 맺었다. 무엇보다도 중요한 점은 트위터는 많은 이점을 지닌 대형 다측면 네트워크를 구성하는 회원 및 상인들과 강력한 관계를 구축하고 있었다는 점이다.[26]

트위터는 많은 국가의 법률을 통해 지적재산을 보호받을 수 있었고, 따라서 차단 전략을 기반으로 한 방어가 가능했다. 트위터가 혁신에도 몰두하고 있었지만, 그렇다고 해서 달리기 전략을 추진하고 있었다고 얘기하기는 힘들다. 어쨌든 트위터는 2012년 2/4분기와 4/4분기 사이에 가입자 수가 2억 2,200만 명까지 늘었다.[27] 그러나 트위터의 수익과 이윤은 이에 보조를 맞추지 못했다.

역량

트위터의 역량은 가치를 창출하고 확보하는 데 필요한 자원들과 이 자원들을 사용하는 활동들로 구성되었다. 트위터의 핵심 자원으로는 가입 고객들로 구성된 대규모의 다측면 네트워크, 웹사이트의 룩앤필, 브랜드, 상표, 플랫폼 인프라스트럭처, 그리고 특허, 저작권, 영업비밀 등과 같이 비즈니스의 토대가 되는 지적재산 권리를 들 수 있다. 또한, 트위터의 자원에는 API—개발자들이 소프트웨어 애플리케이션 개발에 사용할 수 있는 일련의 프로토콜, 루틴(빈번하게 반복 사용할 수 있는 프로그램의 일부분), 도구—도 포함되는데, 이러한 API는 자신의 생태계를 대상으로 한 앱 개발의 토대가 된다. 그리고 이에 못지 않게 중요한 또 다른 자원으로는 회원, 상인, 앱 개발자, 검색엔진 사업자, 정보, 통신 사업자, 휴대용 기기 사업자들과의 관계를 들 수 있다.

트위터의 활동으로는 등록된 사용자로 구성된 대형 네트워크, 상인, 앱 개발자 들을 계속해서 확장하고 만족시킬 수 있는 소프트웨어를 개발하는 활동을 들 수 있다. 또한, 다른 활동으로는 자사의 브랜드, 상표, 웹사이트의 룩앤필을 지원하고 방어하는 활동을 들 수 있다. 이러한 활동들은 트위터 생태계의 멤버들과 기존의 중요한 관계를 유지하면서 새로운 관계를 구축해 나갈 수 있도록 설계된 활동 못지않게 중요했다.

결론

소셜 미디어—블로깅과 마이크로블로깅, 소셜 북마킹, 소셜 네트워킹, 콘텐츠 공유 커뮤니티, 위키 사이트, 가상세계와 가상게임—는 기업들이 비즈니스를 수행하는 방식을 변화시키고 있다. 기업들은 소셜 미디어를 활용하여 중요한 역량들을 구축할 수 있을 뿐만 아니라 사회적 자본을 활용함으로써 가치 창출 및 확보를 촉진시킬 수 있다.

핵 심 정 리

- 사람들은 서로 떨어져 살지만 서로 교류할 필요성이 있기 때문에 항상 여러 가지 매체—연기 신호에서 TV에 이르는—를 사회적 의사소통 도구로 사용해 왔다.
- 그러나 소위 소셜 미디어로 불리는 인터넷 기반의 애플리케이션들—블로깅, 마이크로블로깅, 소셜 북마킹, 소셜 네트워킹, 콘텐츠 공유 커뮤니티, 위키 사이트, 가상세계와 가상게임과 같은—이 등장하면서 사람들은 서로 협력하여 콘텐츠를 생성, 공유, 교환할 수 있게 되었다.
- 블로깅과 마이크로블로깅은 일반적으로 다음과 같은 소셜 미디어의 전형적인 특성들이 있다.

  - 기업들로 하여금 웹상에서 존재성을 구축할 수 있도록 해주는데, 이러한 존재성은 브릭앤모타르 시대의 옐로페이지에 비해 더욱 통제 가능하다.
  - 독자들은 블로그에 코멘트를 할 수 있는데, 이 코멘트는 중요한 피드백을 제공할 수 있다.
  - 기업들은 사회적 자본을 구축할 수 있는 잠재력을 바탕으로 네트워크 효과를 누릴 수 있다.
  - 블로깅은 혁신과 브랜드 구축에 중요한 영향을 미칠 수 있다.
  - 기업들의 직원 채용에 도움을 줄 수 있다.
  - 실시간으로 영향을 줄 수 있다는 이점이 있다.

- 블로깅의 단점은 다음과 같다. 기업들이 소셜 미디어 활용을 통해 얻을 수 있는 많은 장점들이 쉽게 모방될 수 있고, 기업들의 실수가 신속하게 전파될 수 있으며, 비우호

자들이 기업의 블로그를 비아냥거리는 사이트를 만들 수도 있다.

■ 기업들은 블로깅의 많은 이점을 활용할 수도 있지만, 소셜 네트워킹을 통해 다음과 같은 이점도 얻을 수 있다.

- 기업은 더 큰 네트워크 효과를 구축하고 활용할 수 있다.
- 기업은 더 많은 사회적 자본을 더 낮은 비용으로 구축하고 활용할 수 있다.
- 기업은 소셜 네트워크를 통해 블로그보다 사람들에 대한 정보를 훨씬 더 많이 얻을 수 있다.

■ 소셜 네트워킹의 단점 중 일부는 블로깅의 단점과 동일하다.

■ 위키는 가치 창출에 중요할 수 있는 개방성을 제공한다. 그러나 위키가 잘 관리되지 못할 때 가치 확보에 문제가 발생할 수 있다.

■ 콘텐츠 공유 사이트들은 큰 네트워크 효과를 미칠 수 있지만 기업이 가치를 창출하고 확보하는 데 있어 네트워크 효과의 가치는 블로깅과 소셜 네트워킹이 제공하는 가치만큼 크지 않다.

■ 소셜 미디어가 기업의 비즈니스 모델에 미치는 영향은 다음과 같은 측면에서 매우 클 수 있다.

- **고객 가치 제안** : 소셜 미디어가 크라우드소싱에 활용된다면, 그 결과로 발생되는 가치 제안의 효과는 매우 클 수 있다.
- **세분 시장** : 소셜 미디어는 고객의 지불의사, 고객들의 수, 세분 시장의 매력도를 증대시키는 데 활용될 수 있다.
- **수익 모델** : 소셜 미디어는 수익 원천의 수를 증대시키고, 가격 정책 능력을 향상시키며, 수익성을 증대시키는 데 활용될 수 있다.
- **성장 모델** : 소셜 미디어는 차단, 달리기, 팀 구축과 같은 세 가지 성장 모델 전략에 영향을 미칠 수 있다. 또한 소셜 미디어는 비용 구조에도 큰 영향을 미칠 수 있다.
- **역량** : 소셜 미디어는 기업이 사회적 자본을 구축하고 활용하는 데 도움을 줄 수 있다.

주석

1 Retrieved June 25, 2013, from www.merriam-webster.com/dictionary/social
2 See also, Kaplan, A. M., & Haenlein, M. (2010). Users of the world, unite! The challenges and opportunities of social media. *Business Horizons*, 53(1), 59–68.
3 Kaplan, A. M., & Haenlein, M. (2010). Users of the world, unite! The challenges and opportunities of social media. *Business Horizons*, 53(1), 59–68.
4 Retrieved June 26, 2013, from www.merriam-webster.com/dictionary/blogging

5   Afuah, A. N. (2013). Are network effects all about size? The role of structure and conduct. *Strategic Management Journal*, 34(3), 257–273. Fershman, C., & Gandal, N. (2011). Direct and indirect knowledge spillovers: The "social network" of open-source projects. *Rand Journal of Economics*, 42(1), 70–91. Gandal, N. (1994). Hedonic price indexes for spreadsheets and an empirical test of the network effects hypothesis. *Rand Journal of Economics,* 25(1), 160–170.

6   Poetz, M. K., & Schreier, M. (2012). The value of crowdsourcing: can users really compete with professionals in generating new product ideas? *Journal of Product Innovation Management*, 29(2), 245–256.

7   Afuah, A., & Tucci, C. L. (2012). Crowdsourcing as a solution to distant search. *Academy of Management Review*, 37(3), 355–375.

8   Boyd, D. M., & Ellison, N. B. (2007). Social network sites: Definition, history, and scholarship. *Journal of Computer-Mediated Communication*, 13(1), 210–230.

9   Dyer, J. H., & Singh, H. (1998). The relational view: Cooperative strategy and sources of interorganizational competitive advantage. *Academy of Management Review*, 23(4), 660–679. Dyer, J. H., & Hatch, N. W. (2006). Relation-specific capabilities and barriers to knowledge transfers: creating advantage through network relationships. *Strategic Management Journal*, 27(8), 701–719.

10 Nambisan, S., & Baron, R. A. (2009). Virtual customer environments: Testing a model of voluntary participation in value co-creation activities. *Journal of Product Innovation Management*, 26(4): 388–406. Nambisan, S., & Baron, R. A. (2010). Different roles, different strokes: Organizing virtual customer environments to promote two types of customer contributions. *Organization Science*, 21(2): 554–572.

11 Kaplan, A. M., & Haenlein, M. (2010). Users of the world, unite! The challenges and opportunities of social media. *Business Horizons,* 53(1), 59–68.

12 Nair, H., Manchanda, P., & Bhatia, T. (2010). Asymmetric social interactions in prescription behavior: the role of opinion leaders. *Journal of Marketing Research*, 47(5), 883–895.

13 Afuah, A. N. (2013). Are network effects all about size? The role of structure and conduct. *Strategic Management Journal*, 34(3), 257–273.

14 Afuah, A. N. (2003). *Innovation Management: Strategies, Implementation, and Profits.* New York: Oxford University Press. Afuah, A. N. (1999). Strategies to turn adversity into profits. *Sloan Management Review,* 40(2), 99–109.

15 Afuah, A. N. (2003). *Innovation Management: Strategies, Implementation, and Profits.* New York: Oxford University Press.

16 Nahapiet, J., & Ghoshal, S. (1998). Social capital, intellectual capital, and the organizational advantage. *Academy of Management Review*, 23(3), 242–266. See also seminal work by Professor Ronald Burt. For example: Burt, R. S. (1997). The contingent value of social capital. *Administrative Sciences Quarterly*, 42(2), 339–365.

17 Reagans, R., & McEvily, B. (2003). Network structure and knowledge transfer: The effects of cohesion and range. *Administrative Science Quarterly*, 48(2), 240–267. Perry-Smith, J. E., & Shalley, C. E. (2003). The social side of creativity: A static and dynamic social network perspective. *Academy of Management Review*, 28(1), 89–106. Adler, P. S., & Kwon, S. W. (2002). Social capital: Prospects for a new concept. *Academy of Management Review*, 27(1), 17–40. Atuahene-Gima, K., & Murray, J. Y. (2007). Exploratory and exploitative learning in new product development: A social capital perspective on new technology ventures in China. *Journal of International Marketing*, 15(2), 1–29. Acquaah, M. (2007). Managerial social capital, strategic orientation, and organizational performance in an emerging economy. *Strategic Management Journal*, 28(2), 1235–1255.

18 Dyer, J. H., & Nobeoka, K. (2000). Creating and managing a high performance knowledge-sharing network: The Toyota case. *Strategic Management Journal*, 21(3), 345–367.

19 Afuah, A. N. (2013). Are network effects all about size? The role of structure and conduct. *Strategic Management Journal*, 34(3), 257–273. Fershman, C., & Gandal, N. (2011). Direct and indirect knowledge spillovers: The "social network" of open-source projects. *Rand Journal of Economics*, 42(1), 70–91.

20 Lundund, I. (2012). Analyst: Twitter passed 500M users in June 2012, 140M of them in US; Jakarta 'Biggest Tweeting' City. Retrieved July 1, 2013, from http://techcrunch.com/2012/07/30/analyst-twitter-passed-500m-users-in-june-2012-140m-of-them-in-us-jakarta-biggest-tweeting-city

21 Lundund, I. (2012). Analyst: Twitter passed 500M users in June 2012, 140M of them in US; Jakarta 'Biggest Tweeting' City. Retrieved July 1, 2013, from http://techcrunch.com/2012/07/30/analyst-twitter-passed-500m-users-in-june-2012-140m-of-them-in-us-jakarta-biggest-tweeting-city

22 Retrieved July 2, 2013, from https://business.twitter.com/products/twitter-ads-self-service

23 Retrieved July 2, 2013, from https://business.twitter.com/products/twitter-ads-self-service

24 Retrieved July 2, 2013, from http://mashable.com/2011/12/06/cost-of-twitter-follower

25 For more information about the run, block, and team up strategies, please see: Afuah, A. N. (1999). *Strategies to turn adversity into profits. Sloan Management Review,* 40(2), 99–109. Afuah, A. N. (2003). *Innovation Management: Strategies, Implementation, and Profits.* New York: Oxford University Press.

26 Parker, G., & Van Alstyne, M. (2005). Two-sided network effects: A theory of information product design. *Management Science,* 51(10), 1494–1504. Brousseau, E., & Penard, T. (2006). The economics of digital business models: A framework for analyzing the economics of platforms. *Review of Network Economics,* 6(2), 81–110. Eisenmann, T. R., Parker, G., & van Alstyne, M. (2006). Strategies for two-sided markets. *Harvard Business Review,* 84(10), 92–101.

27 Retrieved July 2, 2013, from www.globalwebindex.net/twitter-now-the-fastest-growing-social-platform-in-the-world

레스이즈모어 혁신물

서론

학습목표

- 레스이즈모어 혁신물을 정의할 수 있다.
- 레스이즈모어 혁신물의 장점과 단점을 이해할 수 있다.
- 비즈니스 모델 혁신에 대한 레스이즈모어 혁신물의 시사점을 이해할 수 있다.

2010년 1월 애플은 드디어 오랫동안 기다려왔던 아이패드를 발표했다. 당시 일부 제품 리뷰어들은 그것이 USB 포트, CD/DVD 드라이버, 웹캠, 대용량 저장장치, 탈부착식 배터리 등이 없는 데다기 멀티테스킹, 플레시, 디중 OS, RAM 업그레이드에 대한 지원이 안 되는 등 그동안 사용자들이 넷북에 기대해 왔던 여러 가지 기능이 없다는 점에 대해 불만을 제기하였다.[1] 애플은 이와 같이 누락된 기능들에도 불구하고 — 또는 아마도 그러한 이유 때문에 — 모든 예상을 뒤엎고, 아이패드를 출시한 2010년 4월 3일로부터 채 2개월도 지나지 않은 시점에서 이미 아이패드를 200만 대나 팔았다. 아이패드로 인해 애플은 가장 가치가 높은 하이테크 기업으로 자리매김하게 되었고, 마이크로소프트와 IBM을 능가하는 최고의 평판도 얻게 되었다.

2010년 닌텐도의 Wii는 마이크로소프트와 소니의 게임 콘솔보다 더 많이 팔렸다.

당시는 Wii가 경쟁자들을 4년째 앞서가던 시기였다. 엄청난 판매량의 증대보다 더욱 주목할 점은 경쟁자들이 자신들의 콘솔을 손해보고 팔고 있을 때 ─ 게임 (소프트웨어) 판매로 그 손실을 만회하기를 기대하면서 ─ 닌텐도는 콘솔 판매로 돈을 벌었다는 사실이다. Wii는 2005년에 출시되었는데, 당시 닌텐도는 가격이 매우 저렴한 3년 된 마이크로칩을 사용하였다. 닌텐도는 프로세스 속도와 그래픽 사양을 낮은 수준으로 제공하기로 결정했던 것이다. 그 결과 닌텐도의 콘솔은 열성 게이머들이 기대했던 것보다 실물감이 떨어진 이미지들을 제공하게 되었다. 또한 닌텐도는 막대기 모양으로 된 콘솔을 제공했는데, 이것은 열성 게이머들이 기대했던 복잡한 멀티버튼 컨트롤 방식을 벗어난 것이었다.

예전에 맥도날드와 버거킹이 제공했던 서비스는 전통적인 레스토랑 서비스를 단순화시킨 형태였다. 이 패스트푸드점들은 편한 의자에 앉는 것, 편하게 앉아서 주문을 기다리는 것, 음식을 만들어 접시에 담아 제공하는 것, 식사 후 지불하는 것 등과 같은 기존의 고객들이 기대했던 전형적인 레스토랑 식사의 특성들을 떨쳐 버렸다. 게다가 기존의 레스토랑에 비해 음식의 양은 더 적어졌고, 선택의 폭도 더 좁아졌다. 그러나 이 2개의 패스트푸드 업체는 모두 성공을 거두었다.

사우스웨스트 항공(Southwest Airlines)은 당시 주요 항공사들이 중요한 특성으로 광고했던 것 중 일부를 배제했는데, 이러한 방식은 사우스웨스트 모델로 알려지기도 했다. 이 항공사는 음식을 제공하지 않았고, 짐 가방 수송도 하지 않았으며, 오직 한 가지 유형의 비행기 보잉 737만 사용했다. 이러한 모델은 매우 효과적으로 작동되었고, 따라서 다수의 다른 미국 항공사들이 적자를 내고 심지어는 폐업까지 하던 지난 수십 년간 사우스웨스트 항공사는 흑자 행진을 이어갈 수 있었다(2004년만 빼고). 라이언에어와 제트에어를 비롯한 전세계의 여러 항공사가 이 모델을 모방하였다.

트위터는 2006년에 창업되었고, 2013년 5월경에 이르러서는 5억 1,700만 명이 넘는 가입 회원을 보유하게 되었다. 마이스페이스, 페이스북을 비롯한 여타의 소셜 네트워크 기업들은 회원들이 자신의 프로파일을 맞춤화시키기 위해 사용할 수 있는 많은 기능들을 광고했지만, 트위터는 이러한 멋진 기능들 중 다수를 제공하지 않았다. 게다가 트위터에서 사람들은 140글자 이상은 전송할 수도 없었다.

레스이즈모어 혁신물

이와 같은 다섯 가지의 사례에서 볼 수 있듯이, 해당 기업들은 다수의 고객이 기대했던 것보다 적은 것─더 단순하거나 꼭 필요한 것만 남긴 제품/서비스─을 제공함으로써 승리자가 될 수 있었다.[2] 즉, 이 기업들의 성공에는 오랫동안 비즈니스 사고방식을 지배해 왔던 '많은 것이 더 좋다(more-is-better)'라는 관점을 포기하고 '적은 것이 더 좋다(less-is-more)'라는 관점을 수용했던 점이 주효했던 것이다. 이 기업들은 레스이즈모어 혁신물(less-is-more innovations, LIMI)을 시장에 출시했다. 또한, 그들은 더 많은 것이 항상 좋은 것은 아니라는 사실을 활용했다. 일부 고객들에는 좋은 것으로 인식되는 것들을 부족하게 제공하는 것이 실제 다른 고객들에게는 좋은 일이 될 수 있으며 생산자들의 손익에도 매우 유리한 결과를 제공할 수 있다. 특히 사례의 기업들은 고객들이 기대했던 제품의 일부 특성 중 불필요한 것들을 배제하거나 약화시키면서 제품을 단순화시켰다. 그 기업들의 제품에는 고객들이 기대하지 않았던 새로운 기능이 추가되기도 하였지만, 결국 그 제품들은 기존 제품에 비해 단순했고 더 저렴했다.

애플은 아이패드에서 플래시 지원, USB 포트, 멀티태스킹, 대용량 저장장치, 웹캠 등을 배제함으로써 기기를 더욱 단순화시켰는데, 이는 주변의 도구들이 점점 더 복잡해지는 세상에서 삶을 좀 더 편하게 만들어주는 효과가 있었다. 이러한 접근에 대해 어떤 고객들은 이러한 특징들의 배제를 감점 요인으로 바라본 반면, 또 다른 고객들은 긍정적으로 평가하였다.[3] 게다가 아이패드는 화면상의 가상 키보드와 같은 부가적인 기능을 지니고 있었으며, 14만 개 이상의 애플리케이션을 아이튠즈 앱 스토어를 통해 제공하였지만, 전반적인 특징들의 가짓수는 경쟁사들에 비해 매우 적었다. 아이패드는 넷북보다도 더 단순했던 것이다.

닌텐노가 사용한 칩은 소니와 마이크로소프트가 열성 게이머들이 요구하는 최고의 속도와 그래픽 사양을 만족시키기 위해 사용하고 있던 칩보다 3년이나 먼저 나온 칩이었는데, 닌텐도는 그러한 칩을 사용함으로써 비용을 낮출 수 있었다. 또한, 닌텐도는 소니의 복잡한 블루레이와 같은 첨단 DVD를 배제하였다. 이와 같이 닌텐도는 콘솔 제품의 기능을 약화시키거나 배제함으로써, 수익을 발생시킬 정도로 Wii의 비용을 낮게 유지할 수 있었다. 이는 당시 마이크로소프트와 소니가 콘솔 판매로 수십억 달러의 손해를 보고 있었다는 점─게임 판매나 온라인 게임을 통해 콘솔로 인한 손해를 만회할 수 있기를 기대하고 있었지만─을 고려하면 대단한 성과가 아닐 수 없다. 또한 닌텐도는 열성 게이머들이 기대하지 않았던 새로운 특성들을 추가했는데, 그 예로는 게이머들이 신체적 운동을 할 수 있도록 해주는 이동식의 막대형 콘솔과 게임을 들 수 있다. 결국 닌텐도는 고급 그래픽 사양, 빠른 프로세서, 현실도피 시나리오, 복잡한 조정기능 등에는 별 관심이 없는 고객들에게―이러한 요소들에 관심을 많이 갖고 있는 기존의 열성 고객들이 아닌―다가갈 수 있었다. 또한 육체적 운동을 원했던 고객들에게도 다가갈 수 있었는데, 이것은 막대형 콘솔을 사용함으로써 가능했다.

사실 레스이즈모어 혁신물(새로운 제품/서비스들)과 관련해서는 많은 사례들을 찾아볼 수 있다. 2004년, 넷플릭스가 미국 영화 대여 비즈니스에 진입했을 당시는 블록버스터가 시장을 10년 이상 장악해 오고 있던 시점이었다. 그러나 이로부터 불과 2년밖에 지나지 않은 2006년경, 넷플릭스는 블록버스터를 위기에 빠뜨리기에 이른다. 넷플릭스는 심지어 블록버스터가 손실을 보고 있는 동안에도 수익을 올렸다. 넷플릭스는 다수의 고객들이 과거에 예상했었던 특성들―가령 대여점에 가서 영화를 빌려오는 것―을 벗어난 새로운 서비스를 제공했다. 보다 구체적으로 말하면 넷플릭스의 고객들은 대여점에 방문할 필요 없이 인터넷을 통해 원하는 영화를 주문하고, 그것을 우편으로 받기만 하면 되었던 것이다. [나중에 등장한 온라인 방식의 주문형(on-demand) 영화 서비스는 이러한 장점을 무색하게 만들었다.] 넷플릭스는 다른 경쟁사들처럼 많은 오프라인 대여점을 가지고 있지는 않았지만, 넷플릭스의 고객들은 경쟁사들에 비해 훨씬 더 많은 영화를 선택할 수 있었고, 또한 넷플릭스 커뮤니티들과 넷플릭스의 영화 추천 알고리즘을 통해 보다 효과적으로 영화를 선택할 수 있었다. 게다가 이러한 서비스는 미국에서 우편주소를 가지고 있고 인터넷에 접속만 할 수 있다면, 그 누구라도 이용할 수 있었다. 이는 넷플릭스가 등장하기 이전에, 영화 대여점 근처에 사는 사람들만이 영화를 빌려볼 수 있었던 상황과는 매우 대조된다. 또 다른 예로는 타타 모터스(Tata Motors)를 들 수 있다. 이 회사의 원조 제품인 나노 자동차는 오토바이와 유사한 엔진을 가지고 있었는데, 그것은 최대 시속 95km를 낼 수 있었다. 이 자동차에는 라디오와 에어컨이 없었고, 백미러도 하나밖에 없었으며, 그 외에도 약화되거나 생략된 특성들이 많았다.[4]

모어이즈베터와 레스이즈모어 혁신물 간의 관계

모어이즈베터 혁신물(more-is-better innovation, MIBI)과 레스이즈모어 혁신물(LIMI) 간의 관계는 그림 6.1을 통해 살펴볼 수 있다. 이 그림에서 수평축은 혁신물의 상대적인 비용, 즉 그 혁신물이 이전에 생산된 시장의 기존 제품들보다 비용이 더 많이 드는지 아니면 더 적게 드는지를 나타낸다. 세로축은 혁신물(신제품)의 속성, 다시 말해 그 신제품이 (1) 기존 제품의 일부 속성을 향상시키거나 새로운 속성을 추가한 것인지, (2) 기존 제품의 속성이나 고객들이 예상하는 속성의 일부를 약화시키거나 없앤 것인지를 나타낸다.

그림 6.1에서 I칸의 제품들은 기존의 혁신물에 해당한다. 이 칸에서 혁신물의 목표는 고객에게 향상된 특성을 제공하거나 그들이 원하는 특성을 추가하는 것이다. 기존 특성이 많이 향상될수록 그 제품은 고객들에게 더 좋은 것으로 평가된다. 게다가 기존 특성에 새로운 특성이 더 많이 추가될수록 그 제품은 더 좋은 제품으로 인식된다. 이러한 관점에 기반한 결과물은 대개 기존 제품보다 더 정교한 신제품이 될 것이다. 이러한 신제품은 소위 모어이즈베터 혁신물(MIBI)이라 불린다. MIBI의 예들은 매우 많다. 매년, 자동차, 냉장고, 가구, 자전거, 컴퓨터, 트랙터, 토목 장비, 전화기 등과 관련하여 특성이 향상되거나 추가된 혁신물들이 개발되고 있다. 이러한 혁신물을 생산하는 데에는 더 많은 비용이 들며, 따라서 고객에게는 더 비싼 가격으로 제공된다. 또한, 향상되거나 추가된 특성들로 인해 사용자들이 그러한 제품을 다루는 데 있어 어려움을 더

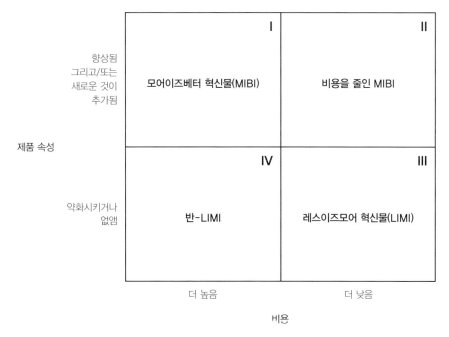

그림 6.1 MIBI와 LIMI 간의 관계

많이 느끼게 될 수 있다. 1970년대 차와 2010년대 차의 앞 덮개를 열고 그 안을 한번 보라. 최근 출시된 차 속의 구조가 예전 차 속의 구조보다 훨씬 더 복잡하게 생겼음을 알 수 있을 것이다.

어떤 복잡한 특성을 가진 혁신물들은 적은 비용으로 생산될 수 있도록 설계되기도 한다. 이러한 혁신물들이 II칸에 해당한다. 대부분의 하이테크 제품의 비용은 보통 높게 시작하지만, 기업들의 학습 및 경험 곡선이 올라가고 프로세스나 제품의 혁신 수준이 높아짐에 따라 비용이 점차 떨어진다. 다수의 비용 개선은 보통 소위 프로세스 혁신을 통해 이루어진다.

이 장에서 가장 흥미로운 칸은 III칸이다. 이 칸에서 신제품은 기존 제품들의 속성을 벗어버리거나 약화시키는 것뿐만 아니라 신제품의 비용도 낮추는 활동을 수행한 결과물이다. 또한 이러한 신제품은 기존 제품에 비해 상대적으로 단순한 형태를 띤다. 이러한 신제품에는 고객들이 예상하지 못했던 일부 속성들이 추가되어 있을 수도 있지만, 그럼에도 불구하고 그 신제품이 이미 시장에 나와 있는 제품들보다 더 단순하고 저렴하다면, 이 칸에 해당된다. 앞으로 간단히 살펴보겠지만 사용하기에 더 단순하며 경쟁자들의 경쟁우위를 뒷받침하는 특성들이 생략된 제품으로써 경쟁자들보다 더 낮은 가격으로 판매할 수 있는 제품이라면, 그 제품의 전략적 중요성은 매우 클 것이다.

별로 일반적인 경우는 아니지만 혁신물의 형태가 기존 제품에 비해 더 단순함에도 불구하고 비용은 더 많이 드는 신제품도 존재한다. 이러한 제품들이 IV칸에 속하는데, 우리는 이러한 제품들을 반(semi)-LIMI라 부른다. 이 칸에서는 제품비용이 감소될 수 있어서 III칸으로 이동될 수 있거나 고객들이 단순화가 좋아서 기존 제품보다 더 많은 돈을 지불하려고 하는 제품들에 대해서만 관심을 가질 것이다.

LIMI는 다음과 같은 네 가지 특징이 있다(그림 6.2).

1. 속성 중 일부가 제거되었거나 약화되었다.
2. 기존 제품에 비해 더 단순하다.
3. 시장의 기존 제품보다 가격이 더 저렴하다.
4. 고객이 예상하지 못했던 새로운 특징을 가지고 있을 수 있다.

LIMI의 결과

어떤 혁신물 관련하여 기존의 제품이 가지고 있던 어떤 특성이 이 혁신물에서는 배제

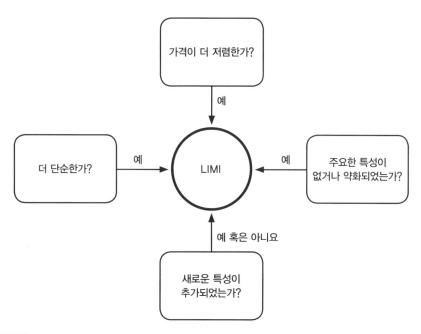

그림 6.2 LIMI의 특성

되었거나 약화되어 있는 경우, 그러한 특성을 중요하게 여기는 고객들은 그 혁신물을 싫어할 것이다. 그러나 나름대로의 어떤 이유들 때문에 그와 같은 특성을 좋아하지 않는 사람들은 기꺼이 그 혁신물을 선택할 것이다. 게다가 점점 더 복잡해지는 세상에서 정보의 과부하로 고통이 점점 더 커지고 있다고 느끼는 사람들에게는 보다 단순한 제품이 출시된다는 뉴스가 반가운 소식이 될 수 있다. 중요한 점은 기존의 특성들이 없어졌거나 약화된 덕분에 그 제품의 가격이 기존 제품보다 더 저렴하다는 점 또한 고객들에게는 반가운 소식이라는 것이다. 단순성이 유지되는 가운데 어떤 특성이 추가된다면, 그 역시 또 다른 고객들에게 반가운 소식이 될 수 있다. 결론적으로 말하면 고객 중에는 신제품을 따라가는 고객도 있고, 그냥 기존 제품에 머물러 있는 고객도 있다는 것이다. 즉, 고객들은 자기선택에 따른다.[5] 주목할 점은 LIMI는 시장에서 비경쟁 공간을 만들어낼 수 있으며, 이 공간에서 혁신가들은 차별화된 제품을 낮은 가격으로 판매할 수 있다는 것이다.

LIMI의 전략적 이점

LIMI가 시장에 정성스럽게 출시된다면, 다음과 같이 놀라울 정도로 뛰어난 전략적 이

점이 있을 것이다.

혁신물 관련 업무가 더 단순해질 수 있다

제품의 일부 특성들이 없어지거나 약화되기 때문에 LIMI를 개발하는 작업 자체가 모어이즈베터 제품(MIBI)에 비해 더 단순화될 수 있다. 게다가 LIMI를 제공하는 데 요구되는 자원들이 같은 종류의 기존 MIBI 제품에 비해 더 적게 소요되고 자원의 복잡성도 덜어질 수 있다.

직접적인 경쟁이 없다

LIMI 혁신자는 초기에 직접적인 경쟁을 하지 않아도 된다. LIMI 혁신자는 더 좋거나 더 많은 제품 특성들의 제공을 통해 경쟁자들을 능가하려는 전쟁을 치르지 않아도 된다는 것이다. 이러한 시장은 소위 블루오션(blue ocean)[6]이라 불린다. 큰 시장에서 직접 부딪히는 경쟁을 하지 않아도 되는 상황은 기업에게 열반의 세계와도 같은 것이라 할 수 있다. LIMI 기업은 경쟁자가 세분 시장에 진입하기 전까지는 그 시장에서 합법적으로 시장 지배력을 행사할 수 있다. 시장 지배력이 잘 행사된다면 큰 수익을 거둘 수 있다. 시장에 경쟁자가 없기 때문에 혁신자는 고객을 경쟁자에게 빼앗길 염려 없이 가격을 고객의 유보가격에 근접한 수준으로 유지할 수 있는 방법을 찾을 수 있다.

선점 효과를 취할 수 있다

물론 비경쟁 시장 공간이 오랫동안 유지되기는 어렵다. 그러나 혁신자는 적절한 시장의 선점 효과를 활용함으로써, 경쟁자들이 그 시장 공간에 진입하는 것을 지연시킬 수 있고, 경쟁자들이 그 시장 공간에 뛰어든다 하더라도 경쟁자들과의 싸움에서 유리한 위치에 설 수 있으며, 수익을 증대시키거나 적어도 새로운 진입자들로 인해 시장 점유율을 잠식당하는 속도를 늦출 수 있다.[7] 예를 들어, 혁신자는 대상 시장 공간과 관련된 핵심적 보완자산을 선점할 수 있다. 그러한 자산들로는 브랜드 평판, 유통채널, 고객들과의 관계, 진열공간 등을 들 수 있다. 라이언에어는 '사우스웨스트 모델' 전략을 수행할 때, 많은 공항 게이트와 착륙 시간대를 확보했는데, 이는 선제적으로 이 모델을 적용할 가능성이 있는 다른 항공사들이 이러한 자원을 사용할 수 없도록 만드는 효과를 가져왔다. 물론 LIMI 혁신자는 시장 선점자로서 극복해야 할 단점도 있을 수 있다.

2차 제품의 용도로도 구매될 수 있다-판매기회가 많다

LIMI는 보다 단순하고 저렴하기 때문에 고객 중에는 MIBI와 LIMI 모두를 구매 대상으로 삼고자 하는 고객이 있을 수 있다. 많은 사람들이 자신이나 가족을 위해 노트북 PC를 구입한다. 그런데 여기서 주목할 점은 이미 노트북 PC를 구입한 사람들 중에서 아이패드를 또 구입하는 사람들이 많다는 것이다. 또한 Xbox 360s이나 PS3s를 가지고 있는 사람들 중 닌텐도의 Wii를 추가로 구매하는 경우도 종종 볼 수 있다.

기존의 시장 주인공을 무력화시킬 수 있다

예전의 게임 방식으로 경쟁우위를 유지했던 매우 가공할 만한 세력들이 새로운 혁신물 때문에 주인공의 자리를 내주게 되는 경우를 종종 볼 수 있었다. 지금은 약화되었거나 없어진 특성들을 중심으로 과거에 경쟁우위를 구축했던 주인공들은 스마트한 LIMI 혁신자들로 인해 자신들의 장점이 단점으로 변화되는 것을 보게 될 수 있다는 것이다. 닌텐도가 LIMI인 Wii 콘솔을 출시했을 당시의 비디오 게임들을 예로 들어보자. 수년간 게임 콘솔 제작자들은 가장 빠른 프로세서, 가장 섬세하고 실물 같은 그래픽, 게임의 길이와 복잡성, 버튼이 쫙 깔린 콘솔―닌텐도가 Wii를 시장에 출시하면서 약화시키거나 제거한 특성들―을 놓고 경쟁했었다. 마이크로소프트나 소니와 같은 주인공들은 과거에 오랫동안 자신의 제품이 최고라고 자랑할 수 있게 했던 이러한 특성들이 더 이상 중요하지 않게 된 점에 대해서 어떻게 설명할 수 있을 것인가? 과거 주인공들의 경쟁우위에 기반이 되었던 특성이건 아니건 간에, LIMI 혁신자가 이러한 특성들을 제거하기로 결정한 일은 결과적으로 과거의 주인공보다 더 나은 선택을 한 것이다.

고객에 대한 과거의 약속과 기존 제품에 대한 매출 잠식 우려가 신제품 개발을 가로막을 수 있다

기존의 주도 기업이 협력경쟁자들과 맺은 기존의 약속들도 LIMI를 추진하는 데 방해요인으로 작용할 수 있다. 예를 들어, 어떤 특정 속성을 지닌 제품을 공급하기로 고객에게 공언했던 기업이 그러한 속성을 제거한 다른 제품을 출시하는 경우 수익을 거두기 어려울 수 있다. 또한, 어떤 기업들은 신제품으로 인한 기존 제품의 매출 잠식 우려 때문에 LIMI를 추진하지 못할 수도 있다.

지가 및 차별화 모두를 뒷받침하는 자원과 활동 체계가 구축된다

혁신자가 LIMI를 개발하고 활용하는 데 있어 혁신자가 구축한 활동 체계 및 관련 자원/역량은 차별화 전략과 저가 전략이 모두 적용된 효과를 미친다. 이러한 점은 차별화 전략 또는 저가 전략 중 하나에만 바탕을 둔 활동과 자원을 활용하는 잠재적 경쟁자들이 그러한 혁신자가 활동하고 있는 비경쟁 시장 공간으로 진입하거나 그곳에서 경쟁력을 갖기 어렵게 만든다. 차별화 전략을 추구하는 기존 세력이 저가 제품의 생산자도 되고 싶어 한다면, 스스로 정한 방식과 씨름해야 하고 LIMI에 대한 치열한 경쟁 상황에서 작동되는 새로운 게임과도 씨름해야 하는데, 그 과정에서 이도 저도 아닌 상황에 처할―저가 생산자도 되지 못하고 제품 차별화에도 성공하지 못할―가능성이 높다.[8]

일반적 통념에 대치됨으로써 경쟁자의 진입을 늦출 수 있다

LIMI는 보통 일반적인 통념과, 특히 해당 산업의 지배적인 경영 논리와 상치되는 경우가 많다. 다수의 관리자들은, 특히 '많은 것이 더 좋다'라는 산업의 풍토에 내재된 지배 논리를 가지고 있는 관리자들은, LIMI에 대해 잘 동의하지 않는다.[9] 이러한 점은 LIMI 혁신자들에게 반가운 소식이 된다. 왜냐하면 많은 MIBI 관리자들이 LIMI의 실체를 받아들이고 LIMI의 비경쟁 공간으로 진입하는 데 시간이 많이 걸릴수록, LIMI 혁신자들은 시장에서 선점 효과를 구축하고 자신 나름대로의 수익 활동을 수행할 수 있는 시간을 더 많이 벌 수 있기 때문이다.

기존 시장을 약화시킬 가능성이 높다

LIMI의 비경쟁 시장은 LIMI 혁신자가 이웃하고 있는 시장에 대한 공략을 시작하는 출발점이 될 수 있다. LIMI는 가격이 저렴하고, 새로운 시장을 개척해야 하며, 또한 그 속성이 제거되었거나 약화되었다는 사실 때문에, 기존 제품에 비해 열악한 성과를 낼 것으로 여겨질 수 있다. 그러나 LIMI의 성과가 충분히 향상되면 LIMI는 기존 시장을 약화시키게 될 것이다.

LIMI의 단점

LIMI의 가장 큰 단점은 그것으로부터 나오는 경쟁우위를 지속하기가 어렵다는 점이다. 앞에서 설명했듯이 기존 세력들은 LIMI 혁신자들을 모방하려 할 때 자신들을 불리하게 만들 수 있는 세 가지 문제점―지배적인 경영 논리, 기존 약속에 대한 변경의 어려움, 기존 제품들의 매출 감소에 대한 두려움―을 가지고 있다. 그러나 일단 그들이 이러한 장애들을 극복하고 나면, 그들은 LIMI를 공급하기 위해 제품의 특성을 쉽게 제거하거나 약화시킬 수 있을 것이다. 그런데 더욱 중요한 점은, LIMI를 '발전'시킬 수 있는 여지가 별로 없다는 점이다. 전통적인 MIBI와 관련해서는 다수의 기업이 새로운 제품 특성들을 향상시키거나 추가함으로써 발전시켜 나갈 수 있었다. LIMI는 그 반대 —제품 특성을 제거하거나 약화시키는—방향으로 간 제품이다. LIMI 기업은 제품에서 꼭 필요한 특성들이 없어지지 않는 한도 내에서만 제품의 특성을 제거하거나 약화시켜 나갈 수 있기 때문에, 이러한 방향으로의 발전은 그 폭이 좁을 수밖에 없다는 것이다. 실제 LIMI 기업들은 제품 특성을 제거하거나 약화시키는 것을 통해 기업의 생존을 유지해 나간 이후, 지속적인 기업의 성장을 위해 다시 기존 특성들의 향상이나 추가를 시작해야 하는 경우가 많았다. 즉, LIMI에 집중하는 것만으로는 제품의 발전을 지속시키는 것이 어려운 일이라는 것이다. 다른 성장 경로로는 차별화된 시장에서 달리기 전략을 사용하는 것을 고려할 수 있다. 즉, 기업은 하나의 시장에 LIMI를 제공하고, 경쟁자들이 그것을 모방하기 전에 또 다른 시장으로 옮겨가서, 거기서 다른 LIMI를 출시하는 활동을 계속해서 이어가는 전략을 고려할 수 있다.

LIMI와 MIBI

앞에서 언급했듯이 LIMI는 실제 새로운 것은 아니다. 맥도날드가 주도한 패스트푸드 산업을 보라. 여기서 다음의 질문을 생각해보자. 이제는 사람들이 왜 LIMI가 더 중요하다고 생각할까? 이 질문에 답하기 전에 먼저 왜 MIBI가 그렇게 오랫동안 비즈니스 세계를 지배해 왔는가를 살펴보자.

MIB 패러다임의 지배력

LIMI가 그렇게 엄청난 전략적 이점을 가지고 있다면, LIMI는 왜 그렇게 오랫동안 관심을 받지 못했던 것일까? 한 가지 이유는 MIB 패러다임이 유리한 점이 많기 때문이다. 어떤 제품이 처음 개발되었을 때에는 상대적으로 단순하기 마련이다. 생산자들이 그 제품을 뒷받침하는 기술들에 관해 더 많은 것을 알아감에 따라, 그들은 그 제품의 특성들을 향상시킬 수 있게 되고, 특히 다수의 하이테크 제품의 경우에는 가격도 낮출 수 있게 된다. 기업이 모든 고객에 대해 각각의 독특한 니즈를 파악하고 이에 맞는 제품을 생산하는 데에는 비용이 너무 많이 소요되기 때문에, 차라리 더 새롭거나 향상된 버전의 제품을 개발하는 데—그 제품이 기존의 고객들의 만족도를 유지하면서도 한편으로는 신규 고객들의 니즈까지도 만족시킬 수 있기를 희망하면서 — 집중하는 경우가 종종 있다.

새로운 버전의 제품은 일반적으로 이전 버전의 제품에 새로운 특성을 추가하거나 기존의 특성을 향상시킨 형태로 만들어진다. 향상되거나 추가된 특성들로 인해 높아진 제품의 가격은 기업의 예상수익과 증권분석 전문가들의 기대가치 산정에 반영된다. 시간이 흐르면서 관리자들은 업계에서 수익을 올리는 방법을 '많은 것이 더 좋다'는 관점에서 접근하는 경향이 더욱 강해졌다. 게다가 고객들은 자신에게 더 유리한 것이 무엇인지 모른 채, 자신들이 필요로 하지도 않는 특성들이 포함된 제품에 더 많은 돈을 지불하면서 제품의 변화 추세를 따라간다. 여러분의 자동차나 소프트웨어의 특성 중에서 여러분이 정말 필요로 하는 특성은 얼마나 되는가? 의사들이 환자에 대해 요구하는 검사들 중 정말 필요한 검사는 얼마나 되는가?

왜 지금이 LIMI에 대해 적절한 시점인가

MIB 관점이 난기류에 흔들리면서 한편으로는 수익성 있는 LIMI 비즈니스 모델을 통한 기회들이 생겨나고 있는 이유들로는 여러 가지를 들 수 있다. 첫째, 수년에 걸쳐 제품의 특성이 부가되거나 향상되다 보면, 너무 복잡해지고 때로는 가치에 비해 상대적으로 비용이 너무 커지는 결과를 초래한다. 1970년대의 자동차와 2010년대의 자동차의 앞 덮개 속을 들여다보면, 2010년대 자동차 속의 복잡성은 1970년대 자동차 속의 단순성과 명확히 대조된다. 더욱이 모든 사람이 이러한 복잡한 특성을 모두 필요로 하는 것은 아니다. 이러한 상황은 자동차에만 국한되지 않는다. 워드프로세서와 같은 소프트웨어 패키지에서 일반적인 사람들이 사용하는 기능은 전체 기능의 채 10%에도 미치지 못한다. 게다가 사람들은 지속적으로 엄청난 양의 정보로 폭격을 당하고 있다. 많은 사람들은 제품이 가지고 있는 불필요한 복잡성을 다루어야 하는 것을 선호하지 않는다. 세제나 비누와 관련해서 세정 기능과 거의 또는 완전히 관련 없는 향기나 여타의 첨가물은 모든 사람이 원하는 것이 아니다.

둘째, 많은 제품들은 너무 많은 특성으로 인해 매우 복잡할 뿐만 아니라, 그 특성이 고객이 요구하는 포인트를 벗어난 경우도 종종 있다. 일례로 많은 사람들은 자신의 자동차가 낼 수 있는 최대 속도나 빠른 가속을 필요로 하지 않지만, 이러한 특성은 다른 특성과 하나의 묶음으로 다루어짐에 따라, 구매자는 그 묶음 속의 특성을 선호하든 선호하지 않든 간에 그 모든 특성에 대한 비용을 지불해야 한다. 셋째, 기술 혁신으로 인해 이제 기업들은 300달러 미만의 저렴한 노트북 컴퓨터에서 2,500달러의 타타 모터스의 자동차 그리고 1분에 몇 센트에 불과한 인터넷 국제전화 서비스에 이르기까지 다양한 신제품과 서비스를 시장에 출시할 수 있게 되었다. 이와 같이 엄청나게 저가이지만 가치 있는 제품/서비스가 확산됨에 따라, 이제 고객들은 고가의 기존 제품들도 이러한 추세를 따라서 LIMI 유형으로 제공되기를 기대하게 되었으며, 종종 그러한 요구를 하기도 한다.

넷째, 소위 BOP(bottom of the pyramid) — 다수의 저소득층을 중요한 대상으로 보는 —라고 하는 시장이 있다. 단순한 저가 제품들은 이러한 사람들과 그들의 경제적 니즈에 잘 부합될 수 있다. 저소득층 사람들 중에는 계속해서 매우 낮은 비용으로 사용할 수 있는 제품 유형을 선호하는 사람들이 많이 있다. 다섯째, 이미 MIBI 제품들을 가지고 있는 부자들도 가격이 낮은 LIMI들을 구입하는 경우가 많이 생길 수 있다. 다수의 사람들은 노트북, 넷북, 아이팟, 아이패드, 휴대전화, 2대의 PC, 그리고 기타 다른 제품들을 소유하고 있다 — 그중 일부는 다른 제품의 LIMI 형태임에도 불구하고.

여섯째, 개발도상국에서 시작되어 선진국으로 확산된 혁신물은 보통 저가인데, 그 수가 증가하고 있다. [이러한 제품들은 역혁신물(reverse innovations)[10]이라 부른다.] 이러한 제품들은 저가 경쟁을 유발시킨다. 이 경우 선진국의 기존 기업들은 자신의 시장 포지션을 방어하기 위해 LIMI 제품을 출시하는 것을 고려할 수 있다. 일곱째, 차별화된 제품 플랫폼들의 확산 과정에서는 때때로 기존 제품의 요소들을 새로운 환경에 더 잘 맞도록 재구성하는 작업이 수반되기도 한다. 예를 들어, 마이크로소프트는 윈도우 운영체제를 휴대전화와 넷북 PC에 적용하기 위해 윈도우의 기존 특성들 중 일부를 제거했다. 다른 예로는, 선진국에서 저개발국으로 전파된 제품들과 사무실용이나 가정용에서 휴대용 기기와 같은 '길거리'용으로 전환된 제품들을 들 수 있다. 이제 기업들은 인터넷과 휴대전화와 같은 정보통신 기술을 활용하여 고객이 원하는 것을 더 잘 파악할 수 있게 되었고, 이에 따라 고객들에게 거의 그들이 원하는 것으로만 구성된 무엇인가를 제공할 수 있게 되었다. 이러한 것을 만들어내는 과정에서 기존 제품에서 고객들이 원치 않는 부분은 제거하고 새롭게 필요로 하는 부분은 추가하는 작업이 이루어질 수 있다.

LIMI와 비즈니스 모델

LIMI의 이점을 고려할 때 그리고 환경이 LIMI에 대해 점점 더 유리하게 변해 가고 있다는 사실을 고려할 때, 다음과 같은 질문을 생각해볼 수 있다. 기업은 LIMI를 활용하여 어떻게 경쟁우위를 얻을 수 있는가? 즉, 기업은 LIMI를 가지고 시장에서 경쟁할 때 어떻게 해야 평균수익률 이상의 수익을 거둘 수 있는가? 이에 대한 대답은 비즈니스 모델에서 LIMI의 이점을 활용하는 것이다. 이제, 이러한 LIMI 이점이 비즈니스 모델의 각 요소와 관련하여 어떻게 활용될 수 있는지 살펴보자.

고객 가치 제안

LIMI를 통한 고객 가치 제안은 명확한데, 그것은 속성이 약화되거나 제거된 보다 단순한 제품/서비스, 저렴한 가격, 그리고 아마도 고객들이 예상하지 못했던 속성일 것이다. 어떤 LIMI가 네트워크 효과를 가질 수 있고 가격도 저렴하다면, 많은 고객들이 그 LIMI를 구매할 가능성이 높다. 이는 결국 그 LIMI를 구매한 고객들이 그 제품을 사용할 때 더 많은 가치를 얻게 해줄 수 있는 네트워크 규모가 빠르게 커지는 결과로 이어질 수 있다. 또한, 단순화된 제품이라는 것 자체가 더 나은 신뢰성과 수리의 용이성을 의미할 수 있다는 점도 가치 제안의 요소로 고려될 수 있다. 개발도상국들의 일부 마을에서는 LIMI 오토바이들이 든든한 저비용 교통수단으로 활용되고 있는데, 이러한 오토바이들의 특성은 단순하고 수리가 쉬워서 대부분의 소유자나 사용자들이 직접 자신의 오토바이를 수리하는 것이 가능하다.

세분 시장

다음과 같은 네 가지 고객의 유형이 LIMI에 관심을 가질 가능성이 높다: 제거되었거나 약화된 속성을 원래 싫어했던 고객들, 더 저렴한 가격을 선호하는 고객, 단순함을 좋아하는 고객, 미처 예상하지는 못했지만 새로 추가된 새로운 속성을 좋아하는 고객들. LIMI는 단기적인 비경쟁 시장인 블루오션을 창출할 가능성이 높은데, 이러한 블루오션에서는 LIMI 혁신자들이 최소한 경쟁자들이 진입하기 전까지는 돈을 벌 수 있다. 이러한 혁신자들의 독점적 이윤이 얼마 동안 지속될 수 있는지는 경쟁환경과 그 혁신자가 구축한 선점 효과의 견고성에 달려 있다.

수익 모델

제록스가 복사기를 대여함으로써 상당한 수익을 올렸던 비즈니스 모델의 제록스 914 사례[11]를 상기하라. 각각의 복사기는 선불로 구매하기에는 가격이 너무 비쌌다. LIMI 의 경우 가격이 낮기 때문에 더 많은 사람들이 그것에 대해 지불할 수 있는 여력이 더 커서, 굳이 대여 수익 모델을 추구할 필요성이 낮을 수 있다. 특히 대중의 신용도가 낮은 개발도상국의 경우에는, LIMI의 가격이 대중의 눈높이에 더욱 잘 맞기 때문에 선불 수익 모델이 잘 통할 수 있다.

성장 모델

기업이 수익 측면에서 성장하기 위해서는 보통 비용 구조를 주시하면서 달리기, 차단, 팀 구축과 같은 세 가지 전략을 조합해서 추진한다는 점을 상기하라. 달리기 전략은 모방자가 자신의 제품을 모방하기 전에 혁신을 통해 한 발 앞서 나가는 것을 의미한다.[12] LIMI 전략의 문제점은 기존 시장을 대상으로 제품 특성들을 제거하거나 약화시키는 활동을 계속해서 신속하게 해나가는 것이 점점 어려워진다는 것이다. 제품 속성들을 향상시키는 것은 대부분의 혁신자들이 하는 일이지만, 이러한 일은 결국 많은 속성을 가진 복잡한 제품이라는 출발점으로 다시 돌아가는 것을 의미한다. 따라서 LIMI 혁신자는 성장을 위해 동일 제품/서비스에 머무르거나 제품의 속성을 향상시키기보다는 다른 제품/서비스로 옮겨가는 것이 더 나을지 모른다. 더욱 중요한 점은 혁신을 수익성 있는 신제품에만 초점을 맞추어서는 안 된다는 것이다. 기업은 자신의 비즈니스 모델의 다른 요소들에 대한 혁신도 고려할 필요가 있다.

혁신자는 다른 기존 업체들이 자신의 LIMI로 인한 장애물들과 씨름하는 동안 그 LIMI를 통해 선점 효과를 미리 확보함으로써 그들의 진입을 차단할 수 있다. 이와 같은 선점 효과는 LIMI 혁신자의 비경쟁 시장 공간에서 모방자들을 계속해서 밀어내는 진입장벽 역할을 한다. 팀 구축 전략은 혁신자가 협력경쟁자들이 자신의 시장 공간에 들어오는 것을 환영하고 가치 창출 및 확보를 위해 그들과 협력하는 것을 의미한다. LIMI 혁신자는 가치 있고 희소한 보완적 자산들을 종종 가지고 있기도 한 기존 업체들과 팀을 구축함으로써 LIMI의 가치를 더 높일 수 있다.

역량

역량은 가치를 창출하고 확보하기 위해 필요한 자원과 그 자원을 활용하는 활동들을 의미한다는 점을 상기하라. 또한 보완적 자산/역량은 종종 혁신물로부터 수익을 올리는 중요한 역할을 한다는 점도 상기하라. 제품의 어떤 속성을 제거하거나 약화시키는 과정은 그것을 그대로 유지하는 것보다 더욱 어려울 수 있지만, 즉 LIMI를 만들어내는 일은 어려운 일이 될 수 있지만 그러한 LIMI가 모방되는 것은 매우 쉬운 일이다. 따라서 가치 있고 희소성이 큰 보완적 역량들은 LIMI가 아닌 제품들보다 LIMI에 대해서 수익 창출에 더 중요한 역할을 할 수 있다. LIMI 혁신자가 선점 효과를 획득하는 데 필요한 활동들도 매우 중요하다.

LIMI와 여타의 최근 개념들 간의 관계

LIMI는 다음과 같은 네 가지 개념과 밀접한 관계에 있다: 블루오션 전략, 파괴적 기술, 역포지셔닝, 역혁신물. 지금부터는 LIMI와 이러한 개념 간의 관계를 살펴보자.

블루오션 전략

INSEAD(유럽경영대학원)의 김위찬 교수와 르네 마보안(Reneé Mauborgne) 교수가 만든 '블루오션 전략'이란 용어는 다음과 같은 특성을 지니고 있다.[13] 첫째, 이 전략의 활동 체계는 차별화와 저가, 이 두 가지와 연계되어 있다. 블루오션 전략은 기업이 수행해야 할 활동과 수행하지 말아야 할 활동 간의 상쇄관계 때문에 저가 및 차별화 전략과 일치된 활동 체계로부터 수익을 얻는 것이 어렵다는 주장과 대조를 이룬다.[14] 저가 및 차별화된 제품/서비스를 뒷받침하는 활동 체계를 추진해야 한다는 주장은 기업을 차별화에 성공하지도 못하고 저가 전략에도 성공하지 못하는 난관에 봉착하게 만들 가능성이 있다. 블루오션 전략은 기업이 이러한 난관에 봉착하지 않고 저가 및 차별화 전략을 동시에 수행함으로써 수익 창출을 성공적으로 이루어낼 수 있도록 해주는 전략이다.

둘째, 블루오션 전략의 활동 체계는 기업을 비경쟁 시장 상황에 놓이도록 한다. 따라서 그 기업은 독점적으로 수익을 올릴 수 있게 된다. 셋째, 기업이 효과적으로 수요를 창출하고 그 수요를 만족시키는 데 필요한 것을 공급하는 유일한 존재가 될 수 있도록 해준다. 이로 인해 그 기업은 막대한 수익 창출이라는 결과를 얻을 수 있다. 김 교수와 마보안 교수는 자신들의 블루오션 개념을 소위 레드오션(red ocean)이라고 하는 개념과 대비하였다. 레드오션 전략은 블루오션과 달리 기업의 활동 체계가 차별화와 저가 전략 중 한 가지하고만 연계된다. 더욱이 새로운 수요가 창출되지도 않고, 해당 기업은 기존의 수요를 공유하기 위해 경쟁자들과 전쟁을 해야 하며, 이로 인해 수익 창출에 어려움을 겪는다. 레드오션은 경쟁으로 가득 찬 세상이다.[15]

블루오션 제품을 뒷받침하는 활동 체계는 LIMI를 뒷받침하는 활동 체계와 유사하다. LIMI의 활동 체계도 차별화 및 저가를 지향하고, 기업을 독점적 권한과 수익을 누릴 수 있는 비경쟁 시장 공간에 놓이도록 하며, 기업이 수요를 창출하고 확보할 수 있도록 해준다. 이러한 LIMI 전략이 블루오션 전략과 다른 주요한 포인트는 비경쟁 시장이 매우 일시적이어서 조만간 경쟁상황과 씨름을 해야 한다는 점이다. LIMI 혁신자가 구축할 수 있는 많은 선점 효과들은 경쟁을 지연시키는 역할을 할 것이다. 블루오션 전략은 경쟁자들이 그 비경쟁 시장에 진입하지 않을 것이라는 가정을 하는 반면, LIMI 전략은 경쟁자들이 그 비경쟁 공간에 진입하는 것은 단지 시간 문제라는 점을 가정하고 있다.

파괴적 기술

하버드 비즈니스 스쿨의 클레이튼 크리스텐슨(Clayton Christensen) 교수에 따르면, 파괴적 기술(disruptive technologies)은 새로운 시장을 개척하기 시작하고, 가격이 저렴하며, 성능은 초기에는 기존 기술보다 떨어지지만 지속적으로 향상된다.[16] 결국 파괴적 기술이 충분히 향상되면 새로운 시장으로부터 기존 시장으로 이동하게 되는데, 이때 기존 시장의 주요 업체들은 이 기술로 인해 경쟁우위를 상실하게 되고 마침내는 그들의 제품들이 경쟁력을 잃게 된다. 이러한 파괴적 기술과 마찬가지로, LIMI들도 저가이고 새로운 시장에 초점을 맞추고 있다. 또한 LIMI들은 기존 제품의 속성을 제거하거나 약화시킴으로써 얻은 것이기 때문에 기존 제품들에 비해 그 성능이 떨어진다. 그러나 이러한 LIMI들은 파괴적 기술이 적용된 제품과 다음과 같은 차이가 있다. LIMI는 기존 시장을 부정하지 않고 파괴하지도 않는다는 것이다. LIMI들이 새로운 시장에서 머물면서 재무적 성과를 올리는 동안 기존 업체 역시 기존 시장에서 재무적으로 좋은 성과를 올릴 수 있다. 맥도날드와 버거킹은 전통적인 식당업계를 휩쓸지 않았다. 패스트푸드 체인과 전통적인 식당업계 모두 잘해 오고 있다―그 두 가지 체인이 LIMI의 매우 좋은 예라는 사실에도 불구하고!

역포지셔닝

역포지셔닝(reverse positioning) 전략의 개념은 하버드 비즈니스 스쿨의 문영미 교수가 제품수명주기의 제약조건들로부터 '벗어나기(break free)' 위한 세 가지 전략 중 하나로 서 제시하였다.[17] 문 교수에 따르면, 탈피 포지셔닝 전략은 기업이 자신의 신제품을 근본 적으로 다른 제품 영역과 연관시키는 전략을 의미한다. 예를 들면 스와치는 시계를 시 장에 출시했을 때, 보석류로 인식되었던 정교하게 세공된 시계가 아니라 패션 소품으로서 시계를 판매하였다. 잠행 포지셔닝 전략은 고객들이 거부감을 느끼는 어떤 제품을 그 제품의 해당 영역으로부터 그 제품이 덜 부담스러운 기술로 여겨질 수 있는 다른 제품 영역으로 옮기는 전략을 의미한다. 끝으로, 역포지셔닝 전략은 기업이 신성불가침 구역으로 여겨 온 제품 속성의 일부를 제거하고 동시에 고객들이 예상하지 못한 속성을 추가하는 전략을 의미한다. 따라서 역포지셔닝의 개념은 LIMI와 매우 유사하다고 볼 수 있다. 유일한 차이점은 LIMI가 예상하지 못했던 새로운 속성을 포함해야 할 필요는 없지만, 역포지셔닝 전략을 따르는 제품들은 그래야 한다는 것이다.

역혁신물

다트머스대학교 틱 스쿨(Tuck School)의 비자이 고빈다라잔(Vijay Govindarajan) 교수와 크리스 트림블(Chris Trimble) 교수에 따르면, 역혁신물(reverse innovation)은 개발도상 국에서 시작되어 선진국으로 확산되는 혁신물을 의미한다. 이름에 '역(reverse)'이라는 단어가 붙은 이유는 혁신의 확산 방향 때문이다. 전통적으로 혁신물은 선진국에서 먼저 시작되고, 그 이후 개발도상국으로 이동하는 데 반해 역혁신물은 이와는 반대 방향으로 이동한다. 이와 같이 정의할 때 역혁신물은 LIMI 형태가 될 수도 있지만, 꼭 그런 것은 아니다. LIMI는 세상 어느 곳에서라도 시작될 수 있다. 역혁신물의 또 다른 정의로는 '역'이 기술 진보와 반대 방향을 의미하는 경우를 들 수 있다. 예로써 아프리카를 대상으로 옛날 오토바이 기술들을 활용하여, 단순하고 저렴한 가격의 오토바이를 개발한 경우를 들 수 있다.[18] 이와 같은 후자의 정의가 전자의 정의보다 LIMI 개념에 더 가깝다고 볼 수 있다.

중심에 있는 LIMI

그림 6.3에서 볼 수 있듯이 레스이즈모어 혁신물은 블루오션 전략, 파괴적 기술, 역포지셔닝, 역혁신물 간의 공통 요인이라 할 수 있다.

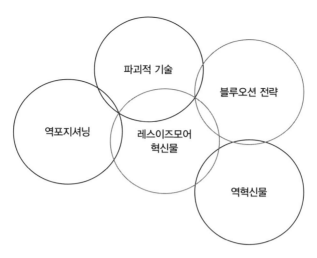

그림 6.3　공통 요인으로서의 LIMI

- 레스이즈모어 혁신물(LIMI)은 다음과 같은 네 가지 특징이 있다.

  - 속성 중 일부가 제거되었거나 약화되었다.
  - 기존 제품에 비해 더 단순하다.
  - 시장의 기존 제품보다 가격이 더 저렴하다.
  - 고객이 예상하지 못했던 새로운 특성을 가지고 있을 수 있다.

- LIMI는 다음과 같은 전략적 이점이 있는 데, 그중 일부는 예상하지 못한 것일 수도 있다.

  - LIMI는 설계 및 제조가 더 용이하며 신뢰성이 더 높을 수 있다.
  - LIMI는 초기에 비경쟁 시장을 형성할 수 있으며, 따라서 치열한 경쟁을 치르지 않아도 된다.
  - LIMI 생산자는 일단 비경쟁 시장에 들어오면 선점 효과를 구축할 수 있다.
  - LIMI는 가격이 저렴하기 때문에 고객들이 소유할 만한 (기존 제품에 대한) 2차 제품으로 보일 수 있다.
  - LIMI는 제거되거나 약화된 속성들을 바탕으로 경쟁우위를 가지고 있는 기존 업체들을 무력화시킬 수 있다.
  - LIMI 혁신자가 수행하는 활동 체계는 기존 업체의 LIMI 모방을 더욱 어렵게 만들면

서 동시에 차별화 및 저가 전략 모두를 지원할 수 있다.

- 기존 세력은 고객들에게 공언한 과거의 약속과 기존 제품에 대한 매출 잠식 우려 때 문에 LIMI 혁신자들의 비경쟁 시장 공간에 진입하기 어렵다.
- 고객이 예상했던 주요 속성을 제거하거나 약화시킨 신제품은 기대에 어긋날 수 있다.
- LIMI는 결국 기존 시장을 파괴하는 결과를 초래할 수 있다.

■ LIMI는 단점들도 있다. LIMI 기업들은 제품 특성을 제거하거나 약화시켜 기업의 생 존을 유지해 나간 이후, 지속적인 기업의 성장을 위해 다시 기존 특성의 향상이나 추 가를 시작해야 하기 때문에, LIMI 업체가 성장을 지속시키는 것은 결코 쉬운 일이 아 니다.

■ 오랫동안 모어이즈베터 혁신물(MIBI)이 시장을 지배해 왔다. 그러나 제품이 너무 복 잡해지고, 이러한 복잡한 제품을 구매할 수 있는 경제적 여력이 부족한 사람들이 많 이 존재하며, 보다 단순한 형태를 선호하는 사람들이 늘어남에 따라 레스이즈모어 혁 신물(LIMI)에 대한 시장의 기회가 증대되었다.

■ 결국 LIMI를 통해 수익을 창출하기 위해서 기업은 그에 알맞은 비즈니스 모델이 필요 하다. LIMI 혁신자는 알맞은 고객 가치 제안, 세분 시장, 수익 모델, 성장 모델, 역량 을 갖추어야 한다.

■ LIMI 혁신자가 수익을 장기적으로 지속시키기 위해서는 다른 산업에 새로운 LIMI를 제공하는 달리기 전략을 활용해야 할 수도 있다. 이 전략은 혁신자가 LIMI를 통해 구 축한 비경쟁 시장 공간으로 경쟁자들이 진입하기 전에, 새로운 LIMI를 가지고 다른 시장으로 이동하는 전략이다.

■ LIMI 개념은 블루오션 전략, 파괴적 기술, 역포지셔닝, 역혁신물 등과 약간의 차이가 있다. 그러나 중요한 점은 LIMI가 이러한 여러 현상과 공통점이 있다는 것이다.

주석

1 Frucci, A. (2010, January 27). 8 Things that suck about the iPad. Retrieved April 3, 2010, from http://gizmodo.com/5458382/8-things-that-suck-about-the-ipad. See also, Stein, S. (2010). 10 things Netbooks still do better than an iPad. Retrieved April 3, 2010, from http://news.cnet.com/8301-17938_105-10443246. Mossberg, W. S. (2010, March 31). Apple iPad Review: Laptop killer? Pretty close. All things digital. Retrieved April 3, 2010, from http://ptech.allthingsd.com/20100331/apple-ipad-review
2 For a similar idea called reverse positioning, see Moon, Y. (2005). Break free from the product life cycle. *Harvard Business Review,* 83(5), 86–94.
3 Pogue, D. (2010, March 31). Reviews: Love it or not? Looking at the iPad from two angles. Retrieved May 9, 2010, from www.nytimes.com/2010/04/01/technology/personaltech/01pogue.html.
4 Naughton, K. (2008, February 25). Small, it's the new big. Retrieved April 3, 2010, from www.newsweek.

com/id/112729/page/1

5   Moon, Y. (2005). Break free from the product life cycle. *Harvard Business Review*, 83(5), 86–94.

6   Kim, W. C., & Mauborgne, R. (2005). *Blue Ocean Strategy*. New York: Harvard Business School Press.

7   Lieberman, M. B., & Montgomery, D. B. (1998). First-mover (dis)advantages: Retrospective and link with the resource-based view. *Strategic Management Journal*, 19(12), 1111–1125. Suarez, F., & Lanzolla, G. (2007). The role of environmental dynamics in building a first mover advantage theory. *Academy of Management Review*, 32(2), 377–392.

8   Porter, M. E. (1996). What is strategy? *Harvard Business Review*, 74(6), 61–78.

9   Bettis, R. A., & Prahalad, C. K. (1995). The dominant logic: Retrospective and extension. *Strategic Management Journal*, 16(1), 5–14. Tripsas, M., & Gavetti, G. (2000). Capabilities, cognition, and inertia: Evidence from digital imaging. *Strategic Management Journal*, 21(10–11), 1147–1161.

10 Govindarajan, V., & Timble, C. (2012). *Reverse Innovation: Create Far from Home, Win Everywhere*. Boston, MA: Harvard Business School Press.

11 Chesbrough, H. W., & Rosenbloom, R. S. (2002). The role of the business model in capturing value from innovation: Evidence from Xerox Corporation's technology spinoff companies. *Industrial and Corporate Change*, 11(3), 533–534.

12 Afuah, A. N. (2003). *Innovation Management: Strategies, Implementation, and Profits*. Oxford University Press: New York. Afuah, A. N. (1999). Strategies to turn adversity into profits. *Sloan Management Review*, 40(2), 99–109.

13 Kim, W. C., & Mauborgne, R. (2005). *Blue Ocean Strategy*. New York: Harvard Business School Press.

14 Porter, M. E. (1996). What is Strategy? *Harvard Business Review*, 74(6), 61–78.

15 Wiggins, R. R., & Ruefli, T. W. (2005). Schumpeter's ghost: Is hypercompetition making the best of times shorter? *Strategic Management Journal*, 26(10), 887–911. Chen M-J., Lin, H-C., & Michel, J. G. (2010). Navigating in a hypercompetitive environment: The roles of action aggressiveness and TMT integration. *Strategic Management Journal*, 31(13), 1410–1430. Makadok, R. (1998). Can first-mover and early-mover advantages be sustained in an industry with low barriers to entry/imitation? *Strategic Management Journal*, 19(7), 683-696. Vaaler, P. M. (2008). Are technology-intensive industries more dynamically competitive? No and Yes. *Organization Science*, 21(1), 271–289.

16 Christensen, C. M., & Raynor, M. (2003). *The Innovator's Solution*. Boston, MA: Harvard Business School Press.

17 Moon, Y. (2005). Break free from the product life cycle. *Harvard Business Review*, 83(5), 86–94.

18 Afuah, A. N. (2013). Competitive advantage from reverse innovations. Working paper, Ross School of Business at the University of Michigan.

파괴적 기술

학습목표

- 파괴적 기술이 무엇인지 설명할 수 있다.
- 어떤 기술을 다른 기술들보다 더 파괴적으로 만드는 요인이 무엇인지 그리고 그것이 왜 중요한지 이해할 수 있다.
- 기존 업체들이 심지어는 매우 성공적이었음에도 불구하고 파괴적 기술을 사용하는 공격자들에게 왜 패하는지 그 이유를 설명할 수 있다.
- 파괴적 기술이 경제에 대해 미치는 영향을 설명할 수 있다.

서론

2007년, 수많은 사람들이 고품질의 국제전화를 공짜로 사용할 수 있게 되었는데, 그것은 10년 전만 해도 아무도 관심 갖지 않는 그런 것이었다. 무료 통화를 가능하게 만든 요인은 바로 VOIP(voice-over internet protocol) 기술―통화 데이터를 무료인 인터넷 네트워크로 전송하는 기술―이었다. 전통적인 통신서비스 회사들이 VOIP 기술을 알게 되었을 때에는, 이미 그 기술이 이들의 미래를 위협하고 있었다. 스카이프(Skype)와 같은 새로운 스타트업들에게 VOIP는 대단한 기회였다. 새로운 기술에 의해 기존의 비즈니스 모델이 위협받거나 종종 쓸모없어지기도 하는데, 이는 비단 새로운 현상이 아니다. 전기 냉장고는 등유 냉장고를 대체하였는데, 그 등유 냉장고 역시 그 이전에 사용되었던 천연 얼음을 대체한 것으로써, 음식과 약품을 저온으로 유지시켜주는 역할을 했다. PC는 메인프레임과 미니컴퓨터를 대체하였고, 내부연소엔진 자동차는 말이 끄는 차를 대체하였다. 아이패드는 워크맨을 대체했던 다른 MP3 플레이어들을 대체하였고, 평면 디스플레이는 브라운관 디스플레이를 대체하였으며, 온라인 경매는 오프라인 경매를 대체하였다. 다른 예로는 콘택트렌즈와 안경을 들 수 있는데, 이러한 예들은 일부에 불과하다. 표 7.1에서 볼 수 있듯이 기존 기술이 새로운 기술로 대체된 경우는 매우 많다.

정말 오늘날 우리가 사용하고 있는 거의 모든 제품은 기술 혁신의 결과물들이다. 게다가 각각의 혁신물은 어떤 기업들에게는 기회를 또 다른 기업들에게는 위협이 되어 왔다. 경영학자들이 기존 기술이 새로운 기술로 대체되는 변화와 관련하여 알아낸 것

표 7.1 기존 기술을 대체한 예

오늘날의 기술	이전 기술
비행기	범선, 증기선, 기차
자동차	말이 끄는 마차
컴퓨터	주판, 계산자
콘택트렌즈	안경
면직물, 비단, 폴리에스테르, 나일론	풀, 나무 껍질, 짐승 가죽
디지털 오디오 플레이어(MP3)	전축, 8트랙 녹음 테이프, 카세트테이프, 콤팩트디스크
디지털 사진술	미술가, 필름 기반 사진술
할인 중개상	전통적 중개상
디지털 비디오 디스크(DVD)	축음기, 마그네틱테이프, 콤팩트디스크
전기 및 가스레인지	장작 아궁이
전기	고래 기름(전등용), 나무, 석탄, 석유
온라인 뱅킹	브릭앤모타르 뱅킹
평면 디스플레이	컴퓨터 스크린, TV 등에 사용되는 브라운관
유전공학 인슐린	돼지 췌장에서 추출한 인슐린
실내 화장실	실외 화장실
해외 ATM	여행자 수표
인터넷 라디오/TV	라디오/TV
아이패드	워크맨
제트 엔진	프로펠러 엔진
전자식 매출 계산기	기계식 매출 계산기
금전 및 재무 서비스	물물교환 시스템
PC	미니컴퓨터
냉장고	천연 얼음
소형 일제 자동차	대형 미국식 자동차
철강	벽돌과 석재
전화	연기 신호, 드럼, 사람, 텔렉스
전자 시계	기계식 시계

중 하나는 기존의 많은 업체들이 새로운 진입자들로 대체되었다는 점이다. (기술 변화에 직면했던 기존 업체들은 신기술이 출시되기 이전의 기술에 기반한 제품들을 제공했던 기업들이다.) 이를테면 오늘날 개인용 컴퓨터 분야에서 주요 주자들은 메인프레임의 주요 주자도 아니고 미니컴퓨터 분야의 주요 주자도 아니다. 경영학자들에 의해 밝혀진 이와 같은 점들로부터, 다음과 같은 몇 가지 흥미로운 질문을 도출할 수 있다.

1. 기존 업체들은 자신의 경쟁우위가 혁신물에 의해 언제 약화될지를 어떻게 알 수 있을까? 이러한 혁신물들의 출현 시점을 예측하는 것은 기업이 전략을 개발하는 데 도움이 될 것이다.
2. 기술 변화가 진행되는 동안 왜 기존 업체들은 종종 패자가 되는가?(물론 일부는 승자가 되기도 하지만)
3. 기존 업체들이 파괴적 기술로부터 더 많은 수익을 올리기 위해서는 어떻게 해야 하는가?
4. 신규 진입자들은 성공하기 위해 어떻게 해야 하는가?(결국 모든 신규 진입자들이 파괴적 기술을 가지고 성공하는 것은 아니다.)
5. 파괴적 기술이 경제에 미치는 영향은 어떠한가?

이 장에서는 이러한 질문에 대해 살펴보고자 한다. 특히 포스터의 S-커브와 크리스텐슨 교수의 파괴적 기술 모델(disruptive technologies models)에 대해 초점을 맞추고자 한다. 그다음 이러한 모델로부터 도출한 결과를 우리가 지금까지 공부해 온 비즈니스 모델 혁신 개념과 결합하여 위의 다섯 가지 질문에 대한 답을 보다 완벽하게 제시할 것이다. 이 장 전반을 통해서 '제품'과 '기술', 이 두 단어를 상호교환적으로 사용할 것이다―비록 이 단어가 항상 같은 의미는 아니지만. 예를 들어, PC에 적용된 파괴적 기술을 고려하는 맥락에서는 PC를 파괴적 기술로 표현할 수도 있다는 것이다.

포스터의 S-커브

관리자들은 첫 번째 질문 "기존 업체들은 자신의 경쟁우위가 혁신물에 의해 언제 약화될지를 어떻게 알 수 있을까?"에 관심이 많을 것이다. 관리자들이 미리 이러한 파괴적 기술들을 예측할 수 있다면, 그들은 그 기술들에 대한 대응 준비를 보다 잘할 수 있을 것이고, 심지어는 신규 진입자들로 인한 자신의 경쟁력 약화를 방지할 수도 있을 것이다. 이 질문에 대한 초창기 경영학자 중 한 사람이 바로 맥킨지(McKinsey)의 리처드 포스터(Richard Foster) 박사다.[1] 그는 기술의 물리적 한계에 대한 지식을 활용하면, 기업이 언제 기술수명주기의 한계에 도달할지를 예측할 수 있고, 이를 바탕으로 급진적인 기술 변화의 가능성도 예측할 수 있다고 주장하였다.[2] 기업은 기존 기술의 진화에 대한 관찰을 통해, 새로운 급진적 기술이 기존 기술을 막 대체하려는 시점이 언제쯤 도래할지에 대해 새로운 기술의 특성을 가지고 얘기할 수 있을 것이다.

이러한 진화를 모델링하는 것은 포스터의 S-커브(Foster's S-curve)로 알려진 이론을 통해서 가능하다. S-커브에서 수직축은 기술 진보의 속도를 나타내는 반면, 수평축은 그 기술을 발전시키는 데 투입된 노력의 양을 나타낸다(그림 7.1). 기술의 진보는 초기에 서서히 진행되다가 어느 시점 이후부터는 급속하게 진행되고, 그다음엔 그 기술의 물리적 한계에 다다르게 되어 그 속도가 감소된다. 결국 노력에 대한 대가가 심하게 작아지면서 수확체감 현상이 일어난다는 것이다.

기존 기술의 물리적 한계를 극복할 수 있도록 해주는 새로운 물리적 속성들을 가진 신기술이 고객의 니즈를 계속해서 만족시킬 수 있다면, 그러한 신기술은 사용되어야 한다. 노력에 대한 대가가 매우 작아진다는 것은 신기술의 출현이 목전에 와 있음을 알려주는 신호로 볼 수 있다. 이는 특히 기술 진보의 속도가 수요를 따라가지 못할 때 더

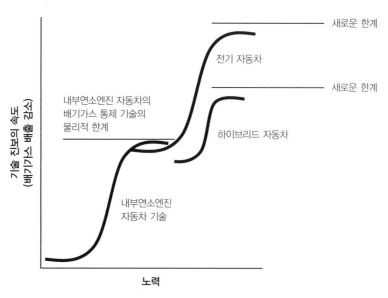

그림 7.1 기술의 물리적 한계를 보여주는 S-커브

욱 그러하다. 예를 들어, 자동차의 배기가스 통제기술을 고려해보자. 공해 통제 기술이 나온 초기에는 배기가스의 감소 효과가 매우 큰 것으로 평가되었다. 이후 시간이 흐르면서 그 기술은 점차 발전되어 나갔다. 그러나 이로 인해 배기가스 감소 효과가 향상되는 정도는 상대적으로 점점 더 줄어들었다.

신기술의 도래를 예측하는 포스터의 S-커브 모델에 따르면, 배기가스 감소의 속도가 줄어드는 것은 하이브리드 또는 전기 자동차 기술과 같은 다른 기술들이 물리적 한계에 도달한 기존의 내부연소엔진 기술을 대체할 수 있는 대안으로서 바로 우리 목전에 와 있다는 것을 암시하는 것이다(그림 7.1). 그런데 일반적으로 기술에 대한 S-커브는 제품에 대한 S-커브와 다르다. 제품 S-커브의 수직축은 매출을 의미하는 반면, 수평축은 시간을 의미한다. 더욱이 기술 S-커브는 보통 많은 제품들의 수명주기를 내포한다.

S-커브(S-curve)는 급진적 혁신물의 출현 시점을 예측하는 도구로써 다음과 같은 한계점이 있다. 신기술이 언제 발명될 것인지 그리고 기존 기술이 언제 사양길을 걷게 될 것인지를 정확히 예측해주기 어렵다. 또한 신기술이 얼마나 더 나은 결과를 제공해줄지도 정확히 예측하기 어렵다. 더욱이 관리자들이 결국 신기술과 맞닥뜨리게 될 때 그 신기술을 활용할 수 있는 능력이 필요한데, 이 모델은 이러한 능력을 갖추기 위해서 미리 해야 할 일이 무엇인지도 얘기해주기 어렵다. 더욱 중요한 점은 포스터 커브의 초점이 기존 제품의 성능을 능가하는 기술을 추가하는 '모어이즈베터(more-is-better)' 관점에 맞추어져 있다는 것이다. 그러나 꼭 기존 제품의 성능을 능가하는 기술만이 기존 기술을 잠식시킬 수 있는 것은 아니다. 이 장의 후반에서는 파괴적 기술과 여타의 개념들을 통해 앞에서 언급한 S-커브의 한계점들을 극복할 수 있는 방법을 다룰 것이다.

파괴적 기술 : 그 현상

파괴적 기술(disruptive technology) 프레임워크는 하버드 비즈니스 스쿨의 클레이튼 크리스텐슨 교수가 개발했는데, 이것은 앞에서 제기된 다음의 세 가지 질문에 대한 답을 제공해주었다. 기존 업체들은 자신의 경쟁우위가 혁신물에 의해 언제 약화될지를 어떻게 알 수 있을까? 이러한 기술 변화가 진행되는 동안 왜 기존 업체들은 종종 패자가 되는가? 이러한 기존 업체들이 그러한 변화를 활용하여 더 많은 수이을 올리기 위해서는 어떻게 해야 하는가?

파괴적 기술의 특징

크리스텐슨 교수는 '파괴적 기술/혁신물(disruptive technologies/innovations)'이라는 말을 처음 소개했는데, 이러한 기술은 다음과 같은 세 가지 특징을 보인다.[3]

1. 새로운 제품이나 서비스 출시를 통해 새로운 시장을 창출한다. (이 새로운 시장에서 제품의 장점으로는 보통 기존 시장의 제품과 차별화되었다는 점을 들 수 있다.)
2. 새로운 제품이나 서비스는 기존 제품이나 서비스에 비해 더 적은 비용이 소요되며, 이에 따라 가격 또한 더 저렴하다.
3. 기존의 고객 가치를 포함한 성과 기준으로 판단해볼 때, 초기에는 신제품의 성능이 기존 제품보다 못하다. 그러나 결국에는 신제품의 성능이 주류 고객들의 니즈를 따라잡는다.

대체될 가능성이 있는 기존 기술의 특징

파괴적 기술에 의해 무력화될 가능성이 있는 기존 기술은 다음과 같은 특징이 있다.

1. 기존 제품의 성능은 기존 시장의 요구 이상인 경향이 있다. (어떤 제품은 고객이 필요로 하는 것 이상으로 많은 버튼을 포함시키고, 고객들로 하여금 높은 가격을 지불하게 하는 경우가 있을 수 있다.)
2. 기존 제품에서 신제품으로의 전환비용이 낮다.

파괴가 일어나는 이유

앞에서 설명한 파괴적 특성을 가진 기술이 새로운 진입자에게 기존 기술을 활용해 온 세력들을 공격하고 대체할 수 있는 기회를 제공해줄 수 있는 이유는 무엇인가? 첫째, 파괴적 기술은 새로운 시장을 생성한다. 그런데 기존 시장을 대상으로 한 업체들은 (기존 시장에 있는) 자신의 기존 고객들의 니즈를 만족시키는 데에만 관심을 집중하는 바람에, 새로운 기술에 신경쓰지 못할 가능성이 높다. 이러한 고객들은 기업 수익의 원천이므로 이들에게 관심을 기울일 수밖에 없다. 더욱이 새로운 기술이 적용된 제품들의 성능은 보통 초기에 기존 제품에 비해 떨어지며, 이로 인해 기존 시장 고객들의 니즈를 만족시키기 어렵기 때문에, 기존 업체들은 그러한 신기술에 신경을 많이 쓰지 않을 가능성이 높다. 그리고 새로운 시장의 장점이 기존 시장의 장점과 다를 때, 신기술에 신경을 쓰기는 더더욱 어렵다. 때때로 '새로운 시장'의 고객들 중에는 상층부 고객들에게는 부실하게 인식될 수 있는 저가 제품을 자신의 니즈에는 맞는 것으로 여기면서 만족해하는 고객들이 포함되기도 한다. 둘째, 파괴적 기술이 적용된 신제품은 기존 제품보다 비용이 덜 들고, 이에 따라 가격이 낮다는 특징이 있다. 이러한 점 때문에 기존 업체들은 수익 감소에 대한 우려로 이러한 신기술의 적용을 추진할 가능성이 낮다. 기업에게는 기존 제품과 비슷한 수익을 가져올 수 있는 신제품 때문에 기존 제품이 수익이 감소되는 것과 가격이 훨씬 낮은 신제품 때문에 기존 제품의 수익이 감소되는 것은 전혀 다른 문제인 것이다. 금융 시장은 수익 감소를 좋아하지 않는다.

셋째, 신제품들의 경우 일반적으로 출시 이후 계속해서 성능 향상이 이루어진다. 이러한 신제품이 기존 업체들이 줄곧 대상으로 삼아 왔던 주류 고객들의 니즈를 만족시킬 수준에 도달하기까지는 보통 시간이 필요하다. 이러한 고객 중 일부—특히 부수적인 기능이나 필요 이상의 과도한 성능에 너무 많은 돈을 지불하고 있는 고객들—는 새로운 시장을 대상으로 공략해 오고 있는 새로운 진입자들의 저가 신제품으로 옮겨간다. 새로운 진입자들의 능력이 향상되고 그들이 파괴적 기술 제공에 따른 선점 효과를 누릴 때쯤이면, 다수의 기존 업체들이 이를 깨닫고 신제품을 만들기 시작한다. 더욱이 기존 업체들이 기존 시장에 대해 가져왔던 지배적인 경영 논리는 기존 시장에서 고객들에게 제공해 왔던 낙후된 구조 및 체계와 더불어 약점이 될 수 있다. 이러한 요인들은 새로운 진입자가 기존 업체보다 파괴적 기술을 더욱 잘 활용할 수 있는 기회를 증대시킨다.

이러한 포인트를 구체적으로 살펴보기 위해 1980년대와 90년대에 걸쳐 메인프레임 컴퓨터와 미니컴퓨터가 PC에 잠식당한 경우를 고려해보자. 메인프레임과 미니컴퓨터들은 PC가 등장하기 전 오랫동안 시장을 주도해 왔고 속도, 소프트웨어 및 메모리 용량에 관한 한 다수의 기업 고객들의 니즈를 만족시켜 왔다(그림 7.2). PC가 등장했을 때 그것은 주로 컴퓨터 마니아나 애호가들에 의해 사용되었는데, 새로운 PC 시장은 빠르게 메인프레임 및 미니컴퓨터 시장에 필적할 만한 수준으로 성장하였다. 또한 PC는 메인프레임과 미니컴퓨터에 비해 가격이 매우 저렴했고, PC의 성능이 초기에는 메인프레임이나 미니컴퓨터에 비해서는 약했지만, 많은 컴퓨터 마니아나 애호가들의 니즈를 만족시키기에는 그 이상이 충분한 수준으로 종종 평가되었다.

PC의 성능이 점차 향상되었지만, 미니컴퓨터 제조사들은 PC에 관심을 갖기보다는

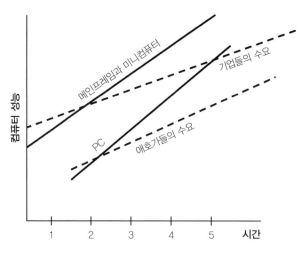

그림 7.2 PC 대 메인프레임/미니컴퓨터

자신의 기존 고객들의 목소리에 지속적으로 관심을 갖고 고객들이 원하는 유형의 미니컴퓨터를 제공하였다. 마침내 PC 성능이 미니컴퓨터 고객들의 니즈를 만족시킬 수 있을 정도까지 향상되었는데, 가격은 미니컴퓨터에 비해 훨씬 더 저렴했다. 당연히 많은 미니컴퓨터 고객들이 PC로 전환했다. PC 시장에 진입하고자 했던 일부 미니컴퓨터 제조사들은 자신들의 경영 논리와 더불어 더 이상 고이윤과 고수익을 얻기 어려울 거라는 전망으로 인해 불리한 입장에 처하게 되었다. 더욱이 일부 PC 제조사들은 PC의 브랜드 효과를 비롯해서 여타의 선점 효과를 얻게 되었고, 이에 따라 기존의 미니컴퓨터 제조사들보다 수익 측면에서 더 나은 위치를 차지하게 되었다. 결국에는 대부분의 애플리케이션이 미니컴퓨터보다는 PC에 맞춰 개발되기 시작했고, 애플이나 델과 같은 새로운 PC 제조사들이 기존의 미니컴퓨터 및 메인프레임 제조사들을 대체하게 되었다.

크리스텐슨 교수에 따르면 기존 업체들은 일반적으로 자신의 기존 고객들의 목소리에 귀를 기울이는 데 바빠서, 규모가 작은 신시장을 대상으로 하는 파괴적 기술에 미처 충분한 관심을 갖지 못한다. 더욱이 파괴적 기술은 기존 기술보다 비용이 적게 들기 때문에 기존 업체들이 저비용, 저가격 제품으로 전환하는 경우 수익 감소를 초래하는 상황에 놓이게 된다. 비록 기존 업체들이 신기술로 전환하고 싶어 하더라도 그들이 이미 구축해 놓은 프로세스, 지배적 경영 논리, 기존 주류 고객 및 주변의 일상적인 것들과의 관계 때문에 전환이 어려울 수 있다. 더욱이 파괴적 기술을 채택한 새로운 진입자들

표 7.2 파괴한 기술과 파괴된 기술

파괴한 기술	파괴된 기술
콤팩트디스크	카세트 및 레코드
데스크톱 출판	전통적 출판
디지털 사진술	화학 필름 기반 사진술
인터넷을 통한 소프트웨어 유통	유통업자를 통한 유통
이메일	재래식 우편
고속 CMOS 비디오 센서	사진 필름
수력 채굴	케이블 가동 채굴
인터넷	전자문서교환(EDI)
고밀도집적회로(LSI)	저밀도집적회로
미니컴퓨터	메인프레임
고철재생공장	일관제철소
온라인 경매	오프라인 경매
PC	미니컴퓨터
파워포인트 타입 소프트웨어	도안 작성 소프트웨어
저밀도집적회로	이산적 요소
증기엔진, 전기모터, 내부연소엔진 자동차	말이 끄는 마차
증기선	범선
탁상 복사기	대형 제록스 타입 복사기
전화(원리 4.8km 거리에만 작동되었던, 시내전화에만 국한된)	장거리 전신기(웨스턴 유니온 회사)
트랜지스터 라디오	진공관 라디오 세트
트랜지스터	진공관
남서부 시골 마을의 월마트 할인점	도시의 할인 소매점
이동전화 서비스	유선전화 서비스

이 초기에 구축한 선점 효과 때문에도 전환이 더 어려울 수 있다. 표 7.2는 크리스텐슨 교수가 제시한 파괴적 기술 모델에 대응될 수 있는 많은 기술들을 보여준다.

지속가능 기술

지속가능 기술(sustaining technology)은 기존 제품을 대체하는 것이 아니라 기존 제품을 점진적으로 향상시켜줄 수 있는 기술로서 심지어는 기존 업체의 입지를 더욱 다지는 데 도움이 되기도 하는데, 이러한 기술은 파괴적 기술 효과에 견줄 만하다. 지속가능 기술은 보통 그것들을 이용하여 자신의 경쟁우위를 강화시키고자 하는 기존 업체들에 의해 시작되고 추구된다.

가치 창출 및 평가에 대한 파괴적 기술 프레임워크의 유용성

가치 창출과 평가에 있어 파괴적 기술 모델의 용도는 무엇인가? 앞에서 지적했듯이 이 모델은 이 장의 시작 부분에서 언급한 다음의 세 가지 질문에 대한 답을 제공해줄 수 있다. (1) 기존 업체들은 자신의 경쟁우위가 혁신물에 의해 언제 약화될지를 어떻게 알 수 있을까? (2) 기술 변화가 진행되는 동안 왜 기존 업체들은 종종 패자가 되는가? (3) 기존 업체들이 변화를 활용하여 더 많은 수익을 올리기 위해서는 어떻게 해야 하는가? 이러한 질문에 답하는 과정을 통해 가치 창출과 평가에 있어 파괴적 기술의 역할이 드러나게 될 것이다.

기존 업체들은 자신의 경쟁우위가 혁신물에 의해 언제 약화될지를 어떻게 알 수 있을까

환경의 기회와 위협을 활용하기 위해 첫 번째로 해야 할 일은 그것들을 파악하는 것이다. 파괴적 기술 모델은 기존 세력을 파괴하고 기존 기술을 대체될 위험에 빠뜨릴 가능성이 높은 특성을 적나라하게 드러내 보여줄 수 있기 때문에, 기업들은 그러한 특성들을 통해 파괴적 기술을 미리 식별해낼 수 있다. 즉, 기업은 이러한 특성들을 활용하여 파괴 현상이 발생하기 전에 미리 파괴적 기술을 식별할 수 있다는 것이다. 이를 통해 기존 세력들은 자신들의 핵심 비즈니스에 대해 향후 위협이나 기회가 될 수 있는 혁신물을 조심스럽게 가려낼 수 있을 것이다. 이러한 작업은 표 7.3의 질문을 통해 이루어질 수 있다.

표 7.3 어떤 기술이 어떤 기존 기술에 대해 어느 정도나 파괴적인가?

질문	대답	예 : VOIP 대 기존의 전화 서비스
잠재적인 파괴적 기술		
그 혁신물은 새로운 시장 – 기존 시장에서 요구하는 수준의 성능을 제공하지는 못하지만 – 을 창출하는가?	예/아니요	예
그 혁신물은 기존 제품에 비해 비용이 적게 드는가?	예/아니요	예
그 혁신물이 지금은 기존 시장의 성능 기준에 못 미치지만, 향후 지속적인 향상을 통해 그러한 기준을 만족시킬 수 있는가?	예/아니요	예
기존 기술		
기존 기술의 성능이 수요 이상으로 과도한가? 즉, 고객들이 지불해야 하는 부수적인 요소들이 너무 많은가?	예/아니요	예
기존 기술에서 파괴적 기술로의 전환비용이 거의 없거나 또는 아예 없는가?	예/아니요	예

다섯 가지 질문 모두에 대한 대답이 "예"라면, 그 기술은 잠재적으로 기존 기술에 의존하고 있는 업체에게 파괴적인 기술이 될 것이므로, 이러한 업체들은 파괴적 기술로 공격해 올 업체들을 잘 감시할 필요가 있다. 한편, 이러한 상황은 공격자들이 새로운 시장을 지배할 뿐만 아니라 기존 시장에 침투하여 거기서 기존 세력들의 경쟁우위를 약화시킬 수 있는 좋은 기회를 가질 수 있는 상황을 의미한다.

기술 변화가 진행되는 동안 왜 기존 업체들은 종종 패자가 되는가

크리스텐슨 교수는 기존 세력이 파괴적 기술을 가지고 시장에 새로 진입하는 업체에 패하는 이유로 가치와 프로세스를 주장한 바 있다. 일반적으로 업체들은 기존 기술을 활용하는 것과 관련하여 자원, 프로세스, 가치를 구축한다. 프로세스는 "직원들이 자원을 더 큰 가치가 있는 제품이나 서비스로 변환시키는 데 사용하는 상호작용, 협력, 커뮤니케이션, 의사결정 등의 패턴"이라 할 수 있다.[4] 한편 가치란 "직원들이 주문이 매력적인지 아니면 매력적이지 않은지, 고객이 더 중요한지 아니면 덜 중요한지, 신제품에 대한 아이디어가 매력적인지 아니면 그렇지 않은지 등을 판단할 수 있도록 해주는 우선순위들을 결정하는 데 활용하는 기준"을 의미한다.[5] 시간이 흐르면서 특히 기업의 비즈니스가 성공적일 경우, 이러한 가치들과 프로세스들은 그 기업의 일상적인 부분에 점점 내재화된다. 또한 관리자들은 지배적인 논리와 인식적 틀을 발전시킨다.[6] 이러한 가치, 프로세스, 주요 논리, 인지적 틀 등은 기업이 기존의 기술이나 지속가능 기술을 활용할 때 강점이 되지만, 파괴적 기술과 같은 어떤 혁신물에 대해서는 약점이 될 수도 있다.[7]

어떤 파괴적 변화나 혁신물이 생겨나고 이것들이 다른 가치나 프로세스를 필요로 할 때 일상적인 업무 행태, 프로세스, 가치 등은 빠르게 바뀌기 어렵기 때문에, 직원들은 기존의 관행에서 벗어나지 못하는 경향이 있다. 예를 들어, 어떤 업체의 직원이 고객들의 니즈를 더 잘 만족시키기 위해 그들에게 관심을 가져왔다면, 그 기업의 가치와 프로세스는 수익의 원천이 그 고객들에 맞추어져 있을 가능성이 높다. 이 경우 그 기업은 파괴적 기술의 적용이 시작된 새로운 시장을 미처 보지 못할 수가 있다. 이러한 기업의 직원들은 파괴적 기술이 점차 더 발전해 나가는 동안에도 여전히 자신들의 주요 고객들에 대해서만 관심을 기울이고 있을 가능성이 높다. 이러한 직원들이 그 파괴적 기술이 자신들의 시장을 침범하고 있다는 것을 깨달을 때쯤이면, 그러한 파괴적 기술 활용에 필요한 새로운 가치와 프로세스를 신속하게 구축하기에는 이미 너무 늦은 시점이 되어 있을 것이다. 즉, 기존의 가치와 프로세스가 기존 업체들에게 이미 약점이 되어 있을 수 있다는 것이다. 그러나 새로운 진입자들은 약점으로 작용되는 기존의 가치, 프로세스, 지배적인 경영 논리 등이 없기 때문에, 기존 업체들에 비해 파괴적 기술을 활용하는 데 있어 더 좋은 기회를 누릴 수 있다.

기존 업체들이 파괴적 기술로부터 더 많은 수익을 올리기 위해서는 어떻게 해야 하는가

그렇다면 기업들은 파괴적 혁신물에 대해 어떻게 대처해야 하는가? 이는 그 기업이 기존 업체인지 아니면 신규 진입자인지에 따라 달라진다. 크리스텐슨 교수는 기존 세력자들이 자신의 기회를 개선시키기 위해 할 수 있는 일을 제시한 바 있다.[8]

첫째, 기존 업체들의 경영진은 파괴적 혁신물이 기존의 핵심 비즈니스에 위협이 될 수 있다는 점을 인식해야 한다. 그래야 경영진은 그러한 혁신물을 저지하는 데 필요한 자원을 동원할 수 있을 것이다. 수익을 발생시키는 핵심 비즈니스를 보호하는 것이 경영진의 본분이므로, 경영진이 그 파괴적 혁신물이 기존의 핵심 비즈니스에 대해 미칠 수 있는 위협의 심각성을 이해할 때, 그러한 파괴적 혁신물에 대해 더욱 큰 관심을 가지게 될 것이다.

둘째, 혁신물 개발에 예산이 할당되어 있고 제품이나 서비스 개발이 시작될 준비가 되어 있을 때, 기존 업체는 혁신물 개발을 조직 내의 자율적인 조직단위—혁신물을 하나의 기회로 보고 개발을 추진할 수 있는—에 맡기는 것이 바람직하다. 기존 업체는 이러한 자율적인 조직단위를 활용함으로써, (1) 새로운 혁신물 개발에 요구되는 새로운 프로세스와 가치를 구축하는 데 있어 기존 프로세스와 가치가 장애물로 작용하게 되는 경우를 방지할 수 있고, (2) 기존의 비즈니스에 대한 지배적 경영 논리에서도 벗어날 수 있다. 그 자율 그룹이 기존의 경영 논리를 가지고 있지 않은 새로운 직원들로 구성된다면! 또한 기존 비즈니스에 젖어 있는 정치적 적들이 그 자율 조직의 활동을 와해시키는 것은 매우 어려울 것이다.

셋째, 어떤 제품이 아직 충분히 좋지 않을 때 그 제품을 발전시키기 위한 자율 조직의 활동은 내부적이고 독자적이어야 한다. 어떤 제품이 충분히 좋아져서 상품화가 시작되면 그 업체는 그것을 아웃소싱하는 것이 바람직하다. 넷째, 기존 업체는 자신의 사업단위조직을 고객들이 해결되기를 원하는 문제(와 관련 해결방안)를 기준으로 한 하나의 기능 영역으로 구성하는 것이 바람직하다. 기존 업체는 고객 자체가 아니라 고객이 제기하는 문제점과 해결방안 그리고 관련 정황에 대해 관심을 기울임으로써, 고객의 니즈를 더 잘 파악하고 해결방안을 원활하게 제공할 수 있게 될 것이다.

셋째와 넷째 항목은 기존 업체도 새로운 진입자 대열에 들어서는 것을 의미한다. 새로운 진입자는 우선 기존 업체들이 무시했던 시장을 먼저 공략하고, 그다음으로 기존 업체들의 시장을 공략하는 것이 바람직하다.

파괴적 기술 모델의 단점

여느 프레임워크와 마찬가지로 크리스텐슨의 파괴적 기술 모델도 나름대로의 단점을 가지고 있다. 그것들 중 다음과 같은 세 가지를 살펴보고자 한다: 제한된 적용 범위, 전략적 초점의 결여, 그리고 가치 확보에 대한 충분치 못한 고려.

제한된 적용 범위

기업이 파괴적 혁신물의 특성을 이해하는 것은 중요한데, 왜냐하면 그러한 이해를 통해 파괴적 혁신물을 식별하고 잠재적 파괴자로 인한 위협과 기회에 주목할 수 있기 때문이다. 그러나 일부 혁신물은 파괴적 혁신물의 세 가지 특징을 모두 만족시키지 못함에도 불구하고 여전히 기존 제품을 대체해 나가고 있다. 즉, 일부 파괴적인 혁신물은 위에서 설명한 파괴적 기술의 특성을 모두 만족시키지 못하고 있다. 두 번째 특징은 혁신물(신제품)은 기존 제품보다 비용이 적게 든다는 점이다. 기존 제품보다 비용이 더 소요되는 일부 혁신물이 더 값싼 기존 제품을 대체하기도 한다. 기존 약품을 대체하는 신약이 이에 해당하는 경우다. 이러한 신약의 비용이 초기에는 기존 제품보다 더 높은 경우가 종종 있다.

세 번째 특징은 혁신물이 초기에는 기존 제품보다 품질이 떨어지지만 지속적인 향상 과정을 거쳐 결국은 기존 시장의 고객을 만족시킬 정도의 수준에 이른다는 점이다. 더 뛰어난 성능으로 시작하는 혁신물도 많이 있으며, 물론 이러한 것들도 기존 제품을 대체한다. 예컨대 기존 약제보다 더 뛰어난 다수의 새로운 약제들이 기존 약제들을 대체해 왔다. 전자식 매출 계산기는 기존의 기계식 매출 계산기를 대체했는데, 전자식 매출 계산기는 시작 당시부터 기계식 매출 계산기보다 성능이 우수했다. 이러한 예들을 볼 때 크리스텐슨이 제시한 세 가지 특징을 지닌 파괴적 혁신물은 파괴적 혁신물 전체 중 일부에 불과하다는 것을 알 수 있다. 그러나 크리스텐슨의 정의는 어떤 혁신물이 파괴적인 것이 될지 그리고 이에 대응하기 위해 무엇을 해야 하는지를 경영자가 미리 예견하는 데에는 유용하게 활용될 수 있다는 장점이 있다.

전략적 초점의 결여 : 관리자들을 위한 지침은 구현에만 국한된다

파괴적 기술 모델의 다른 단점으로는 관리자들을 위한 지침이 대부분 구현 이슈에 국한되며 전략 자체에 대해서는 거의 언급이 없다는 것이다. 크리스텐슨에 따르면 파괴적 기술에 직면해서 더 잘해 볼 수 있는 좋은 기회를 얻을 수 있는 기존 업체는 다음과 같은 업체라는 점을 상기하라. 즉, (1) 파괴적 기술을 대응이 필요한 하나의 문제로 인식하고, (2) 파괴적 기술을 추진할 수 있는 자율적 단위 조직을 생성하며, (3) 그것을 이용한 제품이 나중에 아웃소싱으로 생산될지라도 미리 내부적으로 차별화된 제품을 개발하고, (4) 단지 시장 상황에 대한 데이터를 수집하는 기능으로서가 아니라 직면한 문제와 고객들이 원하는 해결책을 다루는 기능을 수행하는 사업단위 조직들을 만들어야한다는 확신을 가진 경영자들을 가지고 있는 업체이다. 이러한 지침은 대부분 조직 구조, 시스템, 사람 ─ 전략 구현의 초석 ─ 에 관한 것이다. 이러한 지침에는 가치를 창출하고 확보하기 위해 필요한 가치 사슬, 가치 네트워크, 또는 가치 상점에 관한 활동과 언제 그리고 어떻게 이러한 활동이 수행되어야 하는지가 거의 포함되어 있지 않다. 또한 이러한 지침은 주로 기존 업체들을 대상으로 설계되어 있으며, 새로운 진입자들이 경쟁우위를 확보하기 위해 할 수 있는 일에 관해서는 거의 다루지 않고 있다. 이러한 포인트는 모든 공격자들(새로운 진입자들)이 항상 승리하는 것은 아니라는 점을 고려할 때 또 하나의 단점이 될 수 있다.

가치 확보에 대한 충분치 못한 고려

파괴적 기술 모델에서 주로 강조하는 포인트는 파괴적 기술을 활용하여 고객들에게 가치를 제공할 수 있는 제품을 개발하는 것이다. 이러한 포인트는 파괴적 기술을 효과적으로 사용하는 것, 즉 더 뛰어난 제품을 개발하는 것만 강조하고 있으며, 가치 확보에는 중점을 거의 두고 있지 않다. 그러나 가치를 확보하는 것은 종종 우수한 제품을 개발하는 것보다 훨씬 더 많은 것들을 필요로 한다. 새로운 파괴적 기술로부터 수익을 올리는 데에는 보완적 자산들만이 중요한 역할을 하는 것이 아니라, 협력경쟁자들에 대한 상대적 포지션, 기업의 가격 전략, 파괴적 기술이 모방될 수 있는 정도, 고객의 수와 질, 성장 전략, 수익 원천들도 중요한 역할을 한다. 간단히 말하면 파괴적 기술 모델은 대부분 비즈니스 모델의 몇 가지 요소(고객 가치 제안과 역량의 일부)와 관련되지만 다른 몇 가지 요소(세분 시장, 수익 모델, 성장 모델, 그리고 역량의 대부분)와는 관련되지 않는다. 이러한 단점은 파괴적 기술을 비즈니스 모델 혁신의 일부로 보는 관점에 의해 극복될 수 있다.

파괴적 기술을 통한 수익 창출에 있어 비즈니스 모델의 역할

파괴적 기술을 통한 수익 창출과 관련하여 비즈니스 모델이 하는 역할은 무엇인가? 이 질문에 답하기 위해 우리는 VARIM 프레임워크를 활용하여 기존 업체들과 새로운 진입자들의 비즈니스 모델을 비교해보고자 한다.

가치성 : 누구의 비즈니스 모델이 고객이 인식하기에 더 높은 가치를 제공할 것 같은가

정의에 의하면 파괴적 기술은 보통 기존 업체들이 제공했던 주류 제품에 비해 상대적으로 수준이 떨어지는 상태로 새로운 시장에 제공되기 시작한다. 그 이후 파괴적 기술은 지속적인 개선 과정을 거치게 되는데, 가격은 기존 제품에 비해 저렴하다. 따라서 이러한 두 가지 이유로 인해, 소중한 고객들에게 높은 가격으로 고성능의 제품들을 판매해 오고 있는 기존 업체들은 새로운 시장의 고객 니즈를 만족시킬 수 있는 혜택을 제공하지 못할 수가 있다. 첫째, 기업들은 보통 고객들의 목소리에 귀를 기울인다. 따라서 고객들이 더 뛰어난 제품을 원하고 그것에 대해 기꺼이 높은 가격을 지불하고자 한다면, 관리자들은 고객들이 원하는 것을 제공하는 데 집중할 가능성이 높다. 둘째, 기업은 낮은 가격으로 제품을 팔아 이득을 남기려면 저비용 구조를 갖추어야 한다. 차별화된 제품을 높은 가격으로 파는 기업은 대개 고비용 구조인데, 차별화된 제품을 제공하기 위한 역량 구축 과정에서 만들어진 역량과 비용 간의 관계 때문에 짧은 시간 내에 저비용 구조로 변환하기가 힘들다는 점을 알고 있다.[9] 파괴적 변화 이전에 고객이 원하는 것을 고객에게 제공하는 데 중요한 역할을 했던 고객들과의 관계와 비싼 제품을 제공하도록 설계된 비용 구조는 이제 기존 업체들이 새로운 시장의 니즈에 귀를 기울이고 대응하는 것을 어렵게 만들 수 있다. 따라서 기존 업체들은 새로운 진입자들보다 고객들에게 가치 있는 혜택을 제공하지 못할 가능성이 높다.

적응성 : 누구의 비즈니스 모델이 고객이 가치 있게 느끼는 혜택을 제공할 수 있도록 비용 대비 효과적으로 재구성 또는 재배치되어 있는가

앞에서 보았듯이 기존 기술에 잘 맞추어져 있는 기존 업체의 체계와 프로세스들은 그 기업이 지속가능 기술을 활용할 때 매우 성과가 높을 수 있다. 그러나 기존 업체가 파괴적 기술에 직면할 때 그러한 체계와 프로세스는 기업이 파괴적 기술에 대응하여 가치를 창출하고 확보하는 것을 어렵게 만들 수 있다. 즉, 기존 업체의 체계와 프로세스는 파괴적 기술에 의해 생성된 시장에서 고객이 가치 있게 인식하는 혜택을 제공할 수 있도록 비용 대비 효과적으로 재구성되거나 재배치되기 어려울 수 있다. 새로운 진입자, 특히 스타트업들은 이러한 기존 체계와 프로세스를 가지고 있지 않다. 따라서 새로운 진입자의 비즈니스 모델은 새로운 가치를 제공하는 데 있어 기존 업체의 비즈니스 모델보다 더욱 비용 대비 효과적으로 재구성되거나 재배치될 수 있다.

희소성 : 어떤 기업이 다른 기업에 비해 고객에게 혜택을 제공하거나 더 우수한 혜택을 제공하는 유일한 기업인가

앞에서 언급했듯이 기존 업체들은 파괴적 기술에 투자할 가능성이 적기 때문에, 기존 체계와 프로세스로 인한 어려움을 겪을 가능성이 높다. 또한, 차별화 중심의 비용 구조가 저비용 구조로 전환하는 것을 어렵게 만들기 때문에, 기존 업체들은 고객 혜택을 제공하는 유일한 존재가 되기 어렵거나 새로운 진입자보다 더 나은 혜택을 제공하기 어렵다. 따라서 새로운 진입자들이 고객이 가치 있게 인식하는 혜택을 제공하거나 기존 업체들보다 더 나은 가치를 제공할 수 있는 유일한 존재가 될 가능성이 높다.

모방불가성 : 어떤 기업의 혜택이 다른 기업들이 모방하거나 대체하거나 또는 능가하기가 더 어려운가

새로운 진입자들이 기존 기업들보다는 처음으로 파괴적 기술을 추진할 가능성이 높기 때문에, 그들은 특히 새로운 시장에서 선점 효과를 구축할 수 있는 기회가 더 많을 수 있다. 이를테면 새로운 진입자들은 고객들의 전환비용을 구축하고, 그 새로운 시장에서 가치 있는 자원들을 미리 확보할 수 있으며, 브랜드와 상표를 구축하는 등의 일들을 할 수 있다. 이러한 선점 효과들은 모방가능성을 줄일 수 있다. 그러나 처음으로 진입한다는 것은 추후에 후발주자들이 활용할 수 있는 단점들을 초래하기도 한다. 예를 들어, 초기 진입자들은 보통 마케팅 및 기술 불확실성들을 제거하는 대부분의 비용을 감수해야 한다. 즉, 이러한 비용 부담이 단점이 될 수 있다. 지금까지 설명한 초기 진입자들의 이점과 단점에 따라서, 새로운 진입자나 기존 업체가 얻을 수 있는 혜택의 정도가 달라질 수 있다.

수익성 : 어떤 기업이 고객에게 혜택을 제공함으로써 수익을 올리거나 올리게 될 것 같은가

고객들에게 가치를 느끼는 혜택을 제공하는 것은 수익을 창출하는 데 필수적인 조건이다. 그러나 이는 충분 조건은 아니다. 돈을 번다는 것은 고객들이 가치 있게 느끼는 혜택을 고객들에게 제공하는 것 외에 다른 요인들과도 관련된다. 파괴적 혁신물을 통한 수익 창출에는 보완적 자산, 가격 전략, 세분 시장의 매력도, 수익 원천, 가치에 대한 모방 용이성, 성장 전략(차단, 달리기, 팀 구축) 등도 영향을 미친다. 어떤 실증 분석에 따르면, 파괴적 혁신물에 대한 모방은 쉽지만 파괴적 혁신물에 필요한 보완 자산들을 이용하기가 어려운 경우, 보완적 자산을 가진 기업이 돈을 버는 것으로 나타났다.[10] 기존 업체들은 종종 보완적 자산을 가지고 있기 때문에, 그들은 어떤 혁신물과 관련하여 돈을 벌 가능성이 높다. 기존 업체나 새로운 진입자가 어떤 파괴적 기술과 관련하여 돈을 더 버는지 아닌지는 누가 보완적 자산을 가지고 있는지, 혁신물에 대한 모방이 얼마나 어려운지, 그리고 새로운 진입자나 기존 업체가 가치 창출 및 확보를 위한 자신의 비즈니스 모델을 통해 어떤 활동을 수행하는지에 달려 있다.

파괴적 기술은 시장의 게임을 얼마나 변화시키는가

지금까지 살펴본 파괴적 기술 프레임워크에서는 두 가지 유형의 기술이 다루어졌다: 파괴적 기술과 지속가능 기술. 여기서 한 가지 암묵적인 가정은 이러한 두 가지 그룹 각각에 해당하는 기술들이 같은 수준의 해당 특성을 지닌다는 것이다. 즉, 모든 파괴적 기술은 같은 수준의 파괴성을 가지며, 모든 지속가능 기술도 같은 수준의 지속가능성을 가진다. 그러나 파괴적 기술이 모두 동일한 특성을 가지는 것은 아니기 때문에, 우리는 파괴적 기술 각각의 파괴성 수준 또한 서로 다를 것이라는 점을 예상할 수 있다. 따라서 "파괴적 기술은 얼마큼 파괴적인가?"라는 흥미로운 질문을 생각해볼 수 있다. 즉, 파괴적 기술은 시장의 게임을 얼마나 변화시키는가? 제1장에서 우리는 혁신의 유형을 평범한, 역량–구축, 포지션–구축, 혁명적 혁신들과 같은 네 가지 유형으로 설명하면서 혁신이 시장의 게임을 변화시키는 정도를 살펴보았다.[11] 이와 유사한 프레임워크(그림 7.3)를 이용하여 파괴적 기술이 게임을 변화시키는 정도를 살펴보자.

　그림 7.3에서 가로축은 새로운 제품을 제공함에 있어 파괴적 기술이 기존 역량을 진부하게 만드는 정도를 나타낸다. 파괴적 혁신물이 게임을 변화시키는 정도는 매트릭

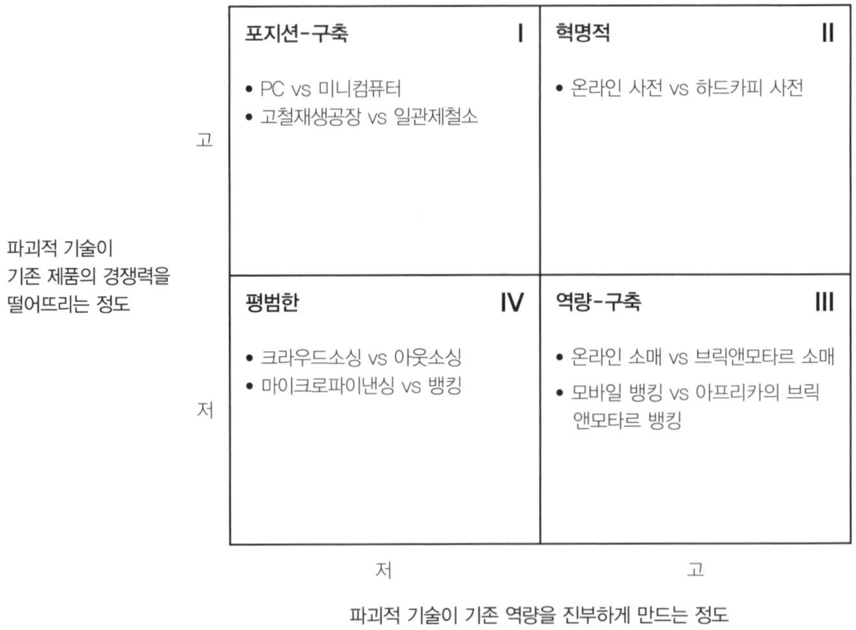

포지션-구축 I	**혁명적** II

(figure quadrant)

포지션-구축   I

- PC vs 미니컴퓨터
- 고철재생공장 vs 일관제철소

혁명적   II

- 온라인 사전 vs 하드카피 사전

파괴적 기술이
기존 제품의 경쟁력을
떨어뜨리는 정도

고

평범한   IV

- 크라우드소싱 vs 아웃소싱
- 마이크로파이낸싱 vs 뱅킹

역량-구축   III

- 온라인 소매 vs 브릭앤모타르 소매
- 모바일 뱅킹 vs 아프리카의 브릭
  앤모타르 뱅킹

저

저   고

파괴적 기술이 기존 역량을 진부하게 만드는 정도

그림 7.3   파괴적 기술의 유형

스의 원점에서 오른쪽 위로 갈수록 증대된다. 즉, 평범한 파괴적 기술은 게임을 가장 적게 변화시키는 반면 혁명적 파괴적 기술은 가장 파괴적이다.

혁명적 파괴적 기술 영역에서는 기존 업체들의 제품 경쟁력이 떨어지는 정도가 높을 뿐만 아니라 그들의 역량이 진부화되는 정도도 높다. 포지션-구축 영역에 해당하는 파괴적 기술의 경우, 기존 업체의 제품들이 경쟁력을 잃는 정도는 높지만 그들의 역량이 진부화되는 정도는 낮다. 따라서 기존 업체는 혁명적 파괴적 기술보다는 포지션-구축 파괴적 기술을 가지고 시장에서 더 잘할 가능성이 높다.

이러한 분류는 기존 업체와 새로운 진입자 모두에게 그들이 어떤 파괴적 기술을 추구하는 것이 좋을지 그리고 어떤 파괴적 기술을 추진하지 않는 것이 좋을지를 결정하는 데 유용한 가이드라인을 제공해준다. 또한 이 프레임워크는 경쟁자들에 관한 정보를 수집하고 전략 수립 과정에서 가정 분석을 수행하는 데 사용할 수 있다.

파괴적 기술이 경제에 미치는 영향

이 장에서 지금까지는 파괴적 기술이 기업에 미치는 영향과 이러한 기술로부터 수익을 창출하는 데 필요한 기업의 능력에 대해 살펴보았다. 그러나 파괴적 기술에 대해 아마도 가장 중요한 점 — 적어도 연구된 바에 따르면 — 은 경제에 대한 긍정적 영향일 것이다. 예를 들어, PC가 미니컴퓨터 시장을 어떻게 무력화시켰는지, 미니컴퓨터 제조사들은 어떻게 사라졌는지, 기존 업체들이 파괴적 기술로 인해 미니컴퓨터 제조사와 같이 소멸되는 것을 피하기 위해 할 수 있는 것은 무엇인지 등에 관해서는 많은 연구들이 이루어져 왔다. 그러나 PC가 세계 경제에 대해 미친 긍정적인 영향에 대해서는 구체적인 언급이 거의 없었다. 그럼에도 불구하고 PC가 사용자들에게 제공한 경제적 이득, PC 활용으로 인한 생산성 증가, PC가 소프트웨어 개발자들과 칩 제조사들에게 제공한 경제적 이득, PC의 비금전적인 측면의 이득 등에 대한 인식 때문에 몇몇 미니컴퓨터 제조사들의 손실은 별로 대수롭지 않게 여겨지고 있다.

파괴적 기술은 경제학자인 조셉 슘페터(Joseph Schumpeter)가 그의 저서에서 설파한 창조적 파괴의 물결 중 하나로 볼 수 있다.[12] 이러한 관점은 기존 업체들이 파괴적 기술에 의해 자신들의 경쟁우위가 침식당하는 것을 막기 위해서는 무엇을 해야 하는지에 대해 연구 노력을 기울일 필요가 있다는 점을 강조하는 것은 아니다. 여기서의 핵심은 우리가 경제에 미치는 전반적인 영향을 이해한다면, 기존 업체들이 파괴적 기술에 의해 생성된 가치 시스템의 어딘가에서 더 많은 가치를 창출하고 확보할 수 있는지를 알아낼 수도 있을 것이란 점이다. 최고의 PC용 소프트웨어 개발업체 중 일부는 한때 DEC(digital equipment corporation)와 같은 미니컴퓨터용 제조사들 — 파괴적인 PC로 인해 앞서서 종말을 맞게 된 — 에서 일했던 사람들이었다.

이러한 기술이 '파괴적'이라고 불리는 것은 불행한 일이다. 아마도 그것들은 파괴적 기술이라기보다는 '부의 창출 기술'이라 부르는 것이 합당할 것이다.

앞의 질문으로 되돌아가서

우리가 지금까지 살펴본 내용을 요약하기 위해 이 장의 시작 부분에서 제시했던 질문들로 다시 돌아가보자.

기존 업체들은 자신의 경쟁우위가 혁신물에 의해 언제 약화될지를 어떻게 알 수 있을까

기업은 새로운 기술이 기존 기술에 대해 파괴적이 될 가능성을 예측하기 위해서 정치적(Political), 경제적(Economic), 사회적(Social), 기술적(Technological), 자연적(Natural)

(PESTN) 분석을 통해, PESTN의 기회와 위협을 모니터링할 필요가 있다. 이는 표 7.3의 다섯 가지 질문을 가지고 수행될 수 있다. 표 7.3의 질문에 대한 대답이 "예"라면, 새로운 기술은 기존 기술에 대해 파괴적일 가능성이 높다. 더욱이 기업은 협력경쟁자들이 수행하게 될 가능성이 높은 행위나 대응을 예측함으로써, 파괴적 기술에 대해 더 잘 대응할 수 있다. 왜냐하면 이러한 예측은 기술뿐만 아니라 기업의 활동까지도 모니터링하기 때문이다. 기업은 파괴적 기술에 관한 것뿐만 아니라 그러한 기술을 활용하려는 협력경쟁자들에 관해서도 알고 있다면, 파괴적 기술과 관련하여 더욱 잘 협력하고 경쟁할 수 있을 것이다.

기술 변화가 진행되는 동안 왜 기존 업체들은 종종 패자가 되는가(물론 일부는 승자가 되기도 하지만)

파괴적 기술 모델에 대한 지지자들의 주장에 따르면, 기존 기술을 개발하는 과정에서 개발되었던 프로세스와 가치들이 새로운 파괴적 기술을 효과적으로 활용하기 위한 노력에 방해 요인으로 작용한다는 것이다. 파괴적 기술 모델 이론에 따르면, 주요 목표는 새로운 시장과 기존 시장에서 고객들이 원하는 제품에 파괴적 기술을 효과적으로 적용시키는 것이다. 비즈니스 모델 혁신 관점은 이러한 기술을 효과적으로 적용시키는 것보다 새로운 기술로부터 돈을 버는 데 더 주안점을 둔다. 기존 업체들은 파괴적 기술을 적용함에 있어, 필요한 보완적 자산들이나 협력경쟁자들에 대해 유리한 포지션에 있지 못하거나, 또는 잘못된 가격 전략을 수행하고 있거나, 또는 가치 창출과 평가에 있어 효과적인 수익 원천을 가지고 있지 못할 때, 파괴적 기술로부터 성공적으로 수익을 창출할 수 없다. 예를 들어, 코닥이 쇠퇴한 이유는 코닥이 제대로 된 디지털 제품조차 가지고 있지 못해서가 아니라 기존 필름에 바탕을 둔 면도기-면도날 수익 모델에서 빠져나오지 못했기 때문이다. 즉, 잘못된 비즈니스 모델을 유지하고 있었기 때문이다.[13] 게다가 파괴적 기술 시대를 맞이한 기업은 파괴적 기술 이전 시대에서는 강점이 되었던 기업의 역량과 시장 포지션 때문에도 불리해질 수도 있다.[14]

기존 업체들이 파괴적 기술로부터 더 많은 수익을 올리기 위해서는 어떻게 해야 하는가

파괴적 기술 모델은 기업이 다음과 같은 기업이 될 때 파괴적 기술의 활용 성과를 향상시킬 수 있다고 주장한다. (1) 경영진이 그 기술을 대응이 필요한 하나의 문제로 인식하고, (2) 파괴적 기술을 추진하는 자율적 단위 조직을 만들며, (3) 내부적으로 차별화된 제품을 개발은 하지만 그것이 상품화되는 시점에서는 아웃소싱하고, (4) 사업단위 조직을 단순히 시장의 데이터를 수집하는 기능으로서가 아니라 고객이 원하는 문제/해결책을 직접적으로 다루는 기능으로서 조직화할 필요가 있다는 점을 경영진이 확신하고 있는 기업. 이러한 지침은 기존 업체들이 신기술을 활용하여 뛰어난 제품을 개발하려는 시도를 통해 직면한 문제들을 극복하는 방안들을 일러주고 있다. 그러나 기존 업체들이 수익을 창출하기 위해서는 신기술을 이용한 제품을 출시하는 것 외에도 다른 많은 노력이 필요하다. 즉, 기존 업체는 신기술을 효과적으로 적용하는 능력에 부정적인 영향을 미치는 자신의 약점을 줄여야 할 뿐만 아니라, 보완적 자산과 협력경쟁자들에 대한 유리한 위치를 확보하고, 가치를 창출하고 확보하는 데 필요한 여타의 활동을 수행해야 한다. 또한 기존 업체는 파괴적 기술과 관련하여 신규 진입자를 능가하는 장점을 적어도 한 가지 이상 가지고 있다는 점에도 주목할 필요가 있다. 즉, 기존 업체들은 보통 유통채널이나 브랜드와 같이 파괴적 기술 활용에 사용할 수 있는—특히 이미 구축된 시장에서—보완적 자산을 가지고 있다. 기존 업체는 이러한 보완적 자산을 내세워, 신규 진입자가 파괴적 기술은 가지고 있지만 보완적 자산은 가지고 있지 않다는 점을 인식시킴으로써 자신들과 팀을 구성하도록 유도할 필요가 있다.

이에 못지않게 중요한 점은 역동적인 역량을 가지고 있는 기존 업체들은 파괴적 기술이란 폭풍을 훨씬 더 잘 피해갈 수 있다는 것이다. 예를 들어, 맥킨지의 리처드 포스터(Richard Foster) 박사와 MIT의 사라 카플란(Sarah Kaplan) 교수에 따르면, 기존 업체들의 성공에 대한 핵심은 그들이 가치 창출을 위해 지속적으로 투자해야 할 것이 무엇인지를 아는 것과 놓아 버려야 할 것을 아는 것 사이의 적절한 균형인데, 이는 "창의성과 파괴 사이에—지속성과 변화 사이에—존재하는 균형"이라 할 수 있다.[15]

신규 진입자들은 성공하기 위해 어떻게 해야 하는가

파괴적 기술을 다룬 대부분의 연구들이 기존 업체들에 대한 영향을 다루긴 했지만, 대부분의 가치 창출 및 확보 활동들은 신규 진입자들—기존 제품보다 성능이 떨어지고 저비용인 제품들을 가지고 새로운 시장에 진입하고, 열심히 제품을 향상시킨 결과 마침내 기존 시장을 파괴하는—사이에서 이루어진다. 이러한 파괴적 기술 모델에 따르면, 새로운 진입자들이 초기에는 새로운 시장을 공략하는 것으로 시작하지만, 나중에는 기존 시상에도 신입한다. 또힌, 새로운 진입자들은 기존 업체들의 약점—진입자는 가지고 있지 않은—을 활용할 수도 있다. 예를 들어, 스타트업들(즉, 신규 진입자들)은 대개 기업가적인 조직들이기 때문에 기업가정신(entrepreneurship)에 충실하다.[16] 이러한 점은 기존 기업들의 약점일 수 있다. 스타트업의 기업가들은 서로를 자원으로 보고 서로 긴밀하게 협력하고 있지만, 이들은 때때로 높은 지명도와 여타의 자원을 가진 더욱 성숙한 기존 업체들과도 별도의 팀을 구축하기도 한다.[17] 물론 이러한 스타트업 기업가들은 기존 업체 앞에 있는 테이블로 무엇인가를 가져와야 한다. 이러한 기업가들은 새로운 시장의 니즈를 나름대로의 고유한 방식으로 다루는 초기 멤버로서 시장에서의 선점 효과를 구축하고 활용할 수 있다. 또한 그들은 제품을 기존 시장에도 처음으로 제공하기 때문에 기존 시장에서도 선점 효과를 구축하고 활용할 수 있다.

파괴적 기술이 경제에 미치는 영향은 어떠한가

파괴적 기술이 부의 창출과 사회 전반에 미치는 긍정적 영향은 경탄스러운 수준이다. 이러한 긍정적 영향은 일반적으로 기존 업체들의 비즈니스 모델이 파괴되고 이에 따라 업계에서 밀려나는 등의 부정적 영향보다 훨씬 더 강력하다. 그러나 기존의 많은 연구들은 주로 파괴적 기술이 기존 업체에 미치는 영향에 초점을 맞추었다.

핵 심 정 리

- 그동안 많은 신기술이 기존 기술을 대체해 왔고, 이에 따라 기존 업체가 새로운 업체로 대체되어 왔다. 이러한 현상은 다음과 같은 다섯 가지의 질문을 던지게 만든다.

  1. 기존 업체들은 자신의 경쟁우위가 혁신물에 의해 언제 약화될지를 어떻게 알 수 있을까?
  2. 기술 변화가 진행되는 동안 왜 기존 업체들은 종종 패자가 되는가?(물론 일부는 승자가 되기도 하지만)
  3. 기존 업체들이 파괴적 기술로부터 더 많은 수익을 올리기 위해서는 어떻게 해야 하는가?
  4. 신규 진입자들은 성공하기 위해 어떻게 해야 하는가?(결국 모든 신규 진입자들이 파괴적 기술에 있어 성공하는 것은 아니다.)
  5. 파괴적 기술이 경제에 미치는 영향은 어떠한가?

- 포스터의 S-커브는 위의 첫 번째 질문을 다루기 위한 초기 모델 중 하나였다. 그는 기존 기술이 물리적 한계에 도달할 때—노력에 대한 대가가 매우 작아질 때—가 신기술이 기존 기술을 대체하기 시작하는 시점이라고 주장했다.

■ 크리스텐슨 교수에 따르면 파괴적 기술은 다음과 같은 세 가지 특성을 보인다.

1. 새로운 제품이나 서비스 출시를 통해 새로운 시장을 창출한다.
2. 새로운 제품이나 서비스는 기존 제품이나 서비스에 비해 더 적은 비용이 소요되며, 이에 따라 가격 또한 더 저렴하다.
3. 기존의 고객 가치를 포함한 성과 기준으로 볼 때 초기에는 신제품의 성능이 기존 제품보다 못하지만, 결국 주류 고객들의 니즈를 따라잡는다.

■ 지속가능 기술은 기존 제품을 점진적으로 향상시키며 종종 기존 업체들의 경쟁우위를 강화시키는 데 사용된다.

■ 한편 파괴적 기술이 공략 대상으로 삼을 수 있는 기존 제품들은 다음과 같다.

1. 성능이 고객들의 수요 이상인 제품들, 즉 너무 많은 부수적 기능을 포함하고 이에 대해 고객들이 지불하도록 만들고 있는 제품
2. 고객들의 입장에서 새로운 제품으로의 전환비용이 거의 없거나 아예 없는 제품

■ 파괴적 기술 모델은 클레이튼 크리스텐슨 교수가 처음 제안했는데, 그것은 제기된 네 가지 질문 중 다음과 같은 세 가지 질문에 대해 답을 준다.

1. 기존 업체들은 자신의 경쟁우위가 혁신물에 의해 언제 약화될지를 어떻게 알 수 있을까? 다음의 체크리스트를 활용하여 기업은 미리 어떤 기술이 향후에 자신의 비즈니스 모델을 파괴할 가능성이 있는지 예측할 수 있다.
   • 그 혁신물은 기존 시장에서 요구하는 수준의 성능을 제공하지는 못하지만 새로운 시장을 창출하는가?
   • 그 혁신물은 기존 제품에 비해 비용이 적게 드는가?
   • 그 혁신물이 지금은 기존 시장의 성능 기준에 못 미치지만, 향후 지속적인 향상을 통해 그러한 기준을 만족시킬 수 있는가?
   • 기존 기술의 성능이 수요 이상으로 과도한가? 즉, 고객들이 지불해야 하는 부수적인 요소들이 너무 많은가?
   • 기존 기술에서 파괴적 기술로의 전환비용이 거의 없거나 또는 아예 없는가?
2. 이러한 기술 변화가 진행되는 동안 왜 기존 업체들은 종종 패자가 되는가?(물론 일부는 승자가 되기도 하지만) 기존 업체들은 다음과 같은 것들 때문에 파괴적 기술들을 활용하는 데 불리하다.
   • 기존 기술을 활용과 관련하여 개발된 프로세스
   • 기존 기술 활용과 관련하여 개발된 가치
   • 기존 업체들의 주요 경영 논리 및 인기저 틀

3. 기존 업체들이 파괴적 기술을 통해 더 많은 수익을 올리기 위해서는 어떻게 해야 하는가? 기존 업체들은 다음과 같은 활동을 통해 이러한 장애물들(2번의)을 극복할 수 있다.

- 경영진이 파괴적 기술을 하나의 문제점으로 바라볼 수 있도록 만든다.
- 파괴적 기술을 추진하는 자율적 조직단위를 만든다.
- 일단 내부적으로 상당히 차별화된 제품을 개발하고, 이후 그것들을 상품화시키는 것은 아웃소싱을 통해 추진한다.
- 고객들이 원하는 문제/해결책을 다루는 기능을 하는 사업단위 조직을 만든다.

■ 파괴적 기술을 제대로 활용하는 것, 즉 뛰어난 제품을 개발하는 것이 기업이 그것으로부터 돈을 벌 것이라는 것을 보장하는 것은 아니다. 어떤 혁신물을 통해 수익을 올리기 위해서는 관련 부품이 아니라 해당 제품에 대한 비즈니스 모델이 필요하다.

■ 일부 파괴적 기술은 다른 파괴적 기술보다 더 파괴적이다. 따라서 파괴적 기술은 그것들이 시장의 법칙을 얼마나 변화시키는지에 따라 분류될 수 있다. 이러한 분류를 통해 관리자들에게 보다 전략적인 정보를 제공할 수 있다.

■ 그동안의 연구들은 주로 파괴적 기술이 기업에 미치는 영향에 주로 초점을 두었지만, 사회에 대한 영향 또한 지대할 수 있다. 파괴적 기술로 인한 사회적 이득은 보통 기존 업체와 관련된 손실 규모를 훨씬 초과한다.

주요용어

지속가능 기술(sustaining technology)　　　포스터의 S-커브(Foster's S-curve)

파괴적 기술(disruptive technology)　　　S-커브(S-curve)

주석

1　Foster, R. (1986). *Innovation: The Attacker's Advantage.* New York: Summit Books.
2　Foster, R. (1986). *Innovation: The Attacker's Advantage.* New York: Summit Books. Utterback, J. M. (1994). *Mastering the Dynamics of Innovation.* Harvard Business School Press, Cambridge, MA. Afuah, A. N., & Utterback, J. M. (1991). The emergence of a new supercomputer architecture. *Technology Forecasting and Social Change,* 40(4), 315–328.
　　See also: Constant, E. W. (1980). *The Origins of the Turbojet Revolution.* Baltimore, MD: The Johns Hopkins University Press. Sahal, D. (1985). Technological guideposts and innovation avenues. *Research Policy,* 14(2), 682. Foster, R. N. (1985). *Description of the S-Curve.* Retrieved May 27, 2007, from www.12manage.com/description_s-curve.html
3　Christensen, C. M., & Bower, J. L. (1996). Customer power, strategic investment and failure of leading firms.

Strategic Management Journal, 17(3), 197–218. Christensen, C. M. (1997). *The Innovator's Dilemma.* Boston, MA: Harvard Business School Press. See also: Christensen, C. M., & Overdorf, M. (2000). Meeting the challenge of disruptive change. *Harvard Business Review,* 78(2), 66–76. Christensen, C. M., & Raynor, M. E. (2003). *The Innovator's Solution.* Boston, MA: Harvard Business School Press. Christensen, C. M., Anthony, S. D., & Roth, E. A. (2004). *Seeing What's Next.* Boston, MA: Harvard Business School Press.

4   Christensen, C. M., & Overdorf, M. (2000). Meeting the challenge of disruptive change. *Harvard Business Review,* 78(2), 68.

5   Christensen, C. M., & Overdorf, M. (2000). Meeting the challenge of disruptive change. *Harvard Business Review,* 78(2), 69.

6   Bettis R. A., & Prahalad, C. K. (1995). The dominant logic: Retrospective and extension. *Strategic Management Journal,* 16(1), 5–14.

7   Tripsas, M. (2009). Technology, identity, and inertia through the lens of "The Digital Photography Company". *Organization Science,* 20(2), 441–460. Tripsas, M., & Gavetti, G. (2000). Capabilities, cognition, and inertia: Evidence from digital imaging. *Strategic Management Journal,* 21(10–11), 1147–1161. Kaplan, S., & Tripsas, M. (2008). Thinking about technology: Applying a cognitive lens to technical change. *Research Policy,* 37(5), 790–805.

8   Christensen, C. M., & Raynor, M. E. (2003). *The Innovator's Solution.* Boston, MA: Harvard Business School Press.

9   Porter, M. E. (1996). What is strategy? *Harvard Business Review.* 74(6), 61–78.

10 Rothaermel, F. T. (2001). Incumbent's advantage through exploiting complementary assets via interfirm cooperation. *Strategic Management Journal,* 22 (6–7), 687–699. Taylor, A., & Helfat, C. E. (2009). Organizational linkages for surviving technological change: Complementary assets, middle management, and ambidexterity. *Organization Science,* 20(4), 718–739. Tripsas, M. (1997). Unraveling the process of creative destruction: complementary assets and incumbent survival in the typesetter industry. *Strategic Management Journal.* 18 (Summer Special Issue), 119–142.

11 Professors Abernathy and Clark's seminal paper also explored a similar classification. However their classification was only about resources—technological and marketing resources—and not about business models as explored in this book. See Abernathy, W. J., & Clark, K. B. (1985). Mapping the winds of creative destruction. *Research Policy,* 14(1), 3–22.

12 Schumpeter J. A. (1950). *Capitalism, Socialism and Democracy* (3rd edn.). Harper: New York. Foster, R. N., & Kaplan, S. (2001). *Creative Destruction: Why Companies that are Built to Last Underperform the Market and How to Successfully Transform Them.* New York: Doubleday/Currency.

13 Tripsas, M. (2009). Technology, identity, and inertia through the lens of "The Digital Photography Company". *Organization Science,* 20(2), 441–460. Tripsas, M., & Gavetti, G. (2000). Capabilities, cognition, and inertia: Evidence from digital imaging. *Strategic Management Journal,* 21(10–11), 1147–1161.

14 Gargiulo, M., & Benassi, M. (2000). Trapped in your own net: Network cohesion, structural holes, and the adaptation of social capital, *Organization Science,* 11(2), 183–196.

15 Foster, R. N., & Kaplan, S. (2001). *Creative Destruction: Why Companies that are Built to Last Underperform the Market and How to Successfully Transform Them.* New York: Doubleday/Currency.

16 Dollinger, M. (2008). *Entrepreneurship: Strategies and Resources* (4th edn.), Lombard, IL: Marsh Publications.

17 Dollinger, M. J., Golden, P. A., & Sazton, P. A. (1997). The effect of reputation on the decision to joint venture. *Strategic Management Journal,* 18(2), 127–140. Stuart T. (2000). Interorganizational alliances and the performance of firms: A study of growth and innovation rates in a high technology industry. *Strategic Management Journal,* 21(8), 791–811.

제3부

강점과 약점

역량 : 비즈니스 모델의 핵심

학습목표

• 자원, 활동, 역량을 정의할 수 있다.

• 혁신물과 관련해서 보완적 자산의 중요성을 이해할 수 있다.

• 역량의 유형을 이해할 수 있다.

• 네트워크 효과의 전략적 중요성을 이해할 수 있다.

• 자원이 경쟁우위의 초석으로서 가지는 기본적인 역할을 이해할 수 있다.

서론

제1장에서 우리는 역량(capabilities)—자원, 그리고 자원을 마련하거나 자원을 고객 혜택 및 수익으로 변환시키는 활동들—이 비즈니스 모델의 핵심요소임을 설명한 바 있다. 이 장에서는 역량에 대해 보다 자세히 살펴보고자 한다. 특히 역량이 비즈니스 모델 혁신물을 비롯한 혁신물에 대해 어떻게 중요한 역할을 하는지 살펴볼 것이다.

역량 : 정의

역량은 가치 창출 및 확보의 핵심이다. 역량은 자원들과 활동들로 구성된다. 자원이란 기업이 소유하고 있거나 활용할 수 있는 것을 의미하며, 활동은 기업이 자원을 마련하거나 자원을 고객 혜택 및 수익으로 변환시키는 것을 의미한다. 제약 회사의 역량으로는 그 기업이 가지고 있는 특허와 그 기업이 활용할 수 있는 유통채널과 같은 자원뿐만 아니라, 그 기업이 더 많은 특허를 획득하고 그 특허의 지식을 의사와 환자들이 원하는 약으로 변환시키기 위한 R&D, 제조, 마케팅과 같은 활동을 들 수 있다.

자원

자원은 유형적, 무형적, 또는 조직적 자원으로 분류될 수 있다.[1] 유형적 자원(tangible resources)은 보통 재무제표의 '자산' 영역에서 볼 수 있다. 유형적 자원은 공장이나 장비와 같은 물리적인 형태일 수도 있고, 현금과 같이 재무적인 형태일 수도 있다. 무형적 자원(intangible resources)은 특허, 저작권, 브랜드 명성, 영업비밀, 연구결과, 관계들과 같이 비물리적이고 비재무적인 자산들을 의미하는데, 이것들은 재무제표에서 고려되지 않으며 물리적으로 만질 수도 없는 것들이다.[2] 무형적 자원들은 보통 재무제표를 통해 확인되지는 않지만, 그것들은 매우 중요한 수익 원천이 될 수 있다. 예를 들어, 특허, 저작권, 또는 영업비밀 등은 기업이 고유한 제품 영역을 차지할 수 있도록 해줌으로써 결국 독점적으로 수익을 올리게 해줄 수 있는데, 이는 재무제표상에서 자산으로 기록되지는 않는다. 제약산업에서 중요한 약제의 개발 결과는 그 약제를 개발한 회사에게 엄청난 금전적 이득을 가져다주는데, 이는 특히 특허받은 약제가 지적재산 보호를 충분히 누릴 수 있는 미국에서 더욱 그러하다. 또한, 무형적 자원은 **무형적 자산**(intangible assets) 또는 **무형물**(intangibles)로 언급되기도 한다. 조직적 자원(organizational resources)에는 조직에 체화되어 있는 일상적인 방식, 프로세스, 문화뿐만 아니라 직원들에 체화되어 있는 노하우와 지식들도 포함된다.

자원은 가치를 창출하고 점유하는 데 있어, 특히 혁신물과 관련해서 중요한 영향을 미칠 수 있다. 예를 들어, 에어버스(Airbus)는 세계에서 가장 큰 비행기인 A380을 만들고 그것으로부터 수익을 창출하기 위해서 첨단의 컴퓨터 도구들과 유능한 엔지니어, 거대한 조립공장, 물류 체계, 협력경쟁자들과의 관계, 그리고 자금 등이 필요했다. 구글의 재무적 성공 이면에는 소프트웨어 및 컴퓨터 공학 관련 기술과 노하우들, 특허, 상표권, 영업비밀, 대량의 서버, 구글이란 브랜드, 장비, 그리고 여타의 자원들이 있었는데, 이러한 것들이 없었다면 최적의 검색기술과 그러한 검색기술을 통해 수익을 올리는 구글의 능력은 실현되지 못했을 것이다. 코카콜라는 고객들이 언제든지 원할 때

콜라를 마실 수 있도록 하기 위해서, 유통 매장의 진열대와 보틀러(bottler)*들과의 계약이 필요했다.

활동

자원은 가치 창출 및 확보에 있어 중요한 요소이지만, 그것만으로는 돈을 벌기에 충분치 않다. 기업은 자원을 마련하고 그것을 고객 혜택과 수익으로 변환시키는 활동들을 수행해야 한다.[3] 기업은 현대적인 공장설비와 인재, 그리고 특허를 가지고 있기 때문에 고객들이 기업으로 몰려갈 가능성은 낮다. 기업은 설비, 인재, 지식, 특허에 대한 보호 장치 등을 활용하여 고객들이 가치 있는 것으로 판단하는 혜택을 제공해야 한다. 환자들이 제약회사로부터 특허나 능력 있는 과학자들을 사지는 않는다. 그들은 이미 개발되고, 제조되고, 승인되고, 시장에 출시된 약품을 살 뿐이다. 특허는 기업이 특허 기간 동안 약제에 대한 독점적 권력을 가질 수 있도록 해줌으로써, R&D 비용을 만회하는 것 이상의 큰 수익을 올릴 수 있도록 해준다. 에어버스는 A380으로 성공하기 위해 자금을 조달하고, 안전하고 수익성 높은 비행기를 생산에 필요한 복잡한 R&D를 수행해야 했다. 기업은 자원을 마련하고, 그것을 고객이 원하는 혜택으로 변환시키고 창출된 가치를 확보하기 위한 일련의 활동을 반드시 수행해야 한다.

기업이 새로운 자원을 마련하고 가치를 창출 및 확보하는 데 있어 얼마나 성공인지는 어떤 활동들을 수행하는지, 언제 그러한 활동들을 수행하는지, 어디서 수행하는지, 그리고 어떻게 수행하는지에 달려 있다.[4] 수행해야 할 활동과 더불어 이와 관련된 조건을 선택하는 것은 매우 중요하다.[5] 예를 들어, 제록스는 혁신적인 제록스 914 복사기를 판매하는 대신 대여함으로써 돈을 벌었다. (제록스는 당시 전망이 어두웠던 복사기에 대한 컨설팅을 통해, 혁신적인 제록스 914 복사기를 판매하는 대신 대여하기로 했는데, 이렇게 함으로써 결국 돈을 벌 수 있었다.)[6] 시점 측면에서 보면 혁신물과 관련하여 선발주자가 되지 않는 것—즉, 후발주자가 되는 것—은 마케팅 및 기술과 관련된 다양한 불확실성을 줄일 수 있다는 장점이 있다. 그러나 후발주자가 되는 것은 중요 자원에 대한 선점 기회를 선발주자에게 빼앗긴다는 단점도 있다. 최근 연구들은 기업이 스스로 해결하기 어려운 문제들을 크라우드소싱으로 해결하는 것이 최선의 방법이 될 수 있다는 주장을 하고 있는데, 이는 어디에서 활동들이 수행되는지에 대한 중요성을

---

* 역주 : 코카콜라로부터 콜라 원액을 사다가 자신이 제조한 병에 넣어 판매하는 업체를 의미한다.

다시금 상기시킨다.

관계 역량

기업이 가치를 창출하고 확보하기 위해 사용하는 역량들을 기업이 소유하고 있는 자원이나 수행하는 활동들로 한정 지을 필요는 없다. 기업은 관계 역량(relational capabilities)도 기대할 수 있는 것이다.[7] 관계 역량이란 기업이 협력경쟁자들에 대한 관계의 힘을 통해 접근할 수 있는 역량이다. 예를 들어, 애플은 아이팟을 시장에 출시했을 때 음반업체들과 팀을 구축함으로써 엄청난 양의 음원을 사용할 수 있었다. 코카콜라와 펩시는 보틀러 및 유통업체과의 협약 또는 계약을 통해 유통채널과 진열공간을 활용하고 있다. 다수의 제약 스타트업은 이러한 스타트업의 기술을 가지고 있지 않은 기존의 제약회사들과 팀을 구축함으로써 자금 조달, 임상 테스트, 브랜드 명성, 유통 등과 같은 기존 업체들의 역량들을 활용할 수 있다. 기업은 큰 네트워크의 일원이 됨으로써 네트워크 효과를 누릴 수 있는데, 이러한 효과도 관계 역량이라 할 수 있다. 관계 역량은 사회적 자본(social capital)이라 불리기도 한다. 사회적 자본은 "개인이나 사회적 단위들에 의해 소유된 관계 네트워크를 통해 사용할 수 있거나 그러한 관계 네트워크로부터 도출될 수 있는 자원들과 그러한 관계 속에 내재되어 있는 실질적이고 잠재적인 자원들의 합"[8]으로 정의될 수 있다는 점을 상기해보라.

혁신물에 대한 역량

역량을 정의했으니 이제 이 장의 다음과 같은 핵심 질문으로 돌아가 보자. 혁신물을 통해 가치를 창출하고 확보하는 동안 역량은 어떤 역할을 하는가? 혁신이란 무엇인가 다르게 행하는 것에 관한 것이다. 보다 구체적으로 말하면 혁신은 새로운 가치 사슬 활동들을 수행하는 것, 즉 기존의 가치 사슬 활동을 다른 방식으로 수행하는 것 — 문제해결과 관련하여 — 을 의미한다. 기업이 혁신을 통해 수익을 창출하는 데 필요한 역량은 다음과 같은 두 가지 영역으로 묶어볼 수 있다: 발명 역량과 보완적 역량.

발명 역량(invention capabilities)은 혁신이나 일하는 새로운 방식을 직접적으로 뒷받침하는 역량을 의미한다. 애플의 아이패드와 관련한 발명 역량으로는 디자인 기술, 소프트웨어와 하드웨어를 통합시키는 능력, 제품의 룩앤필을 뒷받침하는 지적재산 등을 들 수 있다. 보완적 역량(complementary capabilities) — 보완적 자산(complementary assets)

이라고도 하는―은 발명 역량이 아닌 기업이 혁신물과 관련해서 가치를 창출하고 확보하는 데 필요한 다른 모든 역량을 의미한다. 아이패드와 관련된 애플의 보완적 역량으로는 애플의 브랜드, 자사의 소매점, 마케팅, 앱 개발자들, 충성 고객들, 앱 스토어 등을 들 수 있다. 실제 발명 역량과 보완적 역량 모두 기업이 발명품으로부터 수익을 올리는 데 있어 중요한 역할을 한다.

보완적 역량

미국 버클리에 소재한 캘리포니아대학교의 데이비드 티스(David Teece) 교수는 보완적 역량―자신 스스로 보완적 자산이라고도 불렀던―이 발명품이나 발견물을 통한 수익 창출에 있어 어떤 역할을 하는지 연구한 초기 경영학자 중 한 명이다.[9] 그는 EMI가 CAT 스캔―고드프리 하운스필드(Godfrey Hounsfield)가 1979년 의학 분야에서 노벨상을 탔을 정도로 매우 중요한―을 왜 개발했는지, 그리고 발명업체가 아닌 GE와 지멘스(Siemens)가 여전히 그것으로부터 많은 수익을 올리고 있는지 궁금했다. 또한 그는 RC 콜라가 다이어트 콜라와 카페인이 없는 콜라들을 왜 개발했는지, 그리고 코카콜라와 펩시가 여전히 이 두 가지의 발명품으로부터 많은 수익을 올리고 있는지도 궁금했다. 티스 교수는 발명품이나 발견물을 통해 돈을 벌기 위해서는, 다음과 같은 두 가지 요인이 중요하다고 주장하였다: 보완적 역량과 모방가능성.

위에서 정의한 바와 같이 보완적 역량은 기업이 혁신물과 관련해서 가치를 창출하고 확보하는 데 필요한 발명 역량 외의 모든 역량을 의미한다. 예를 들어, 델은 직접판매(direct-sales)와 주문제작(build-to-order)과 같은 혁신 활동을 수행하는 데 있어, 일단 주문을 받으면 2시간 이내에 고객의 컴퓨터를 제조할 수 있도록 해주는 제조 프로세스가 필요했다. 또한 델은 모니터는 고객에게 직접 공급해주면서 동시에 다른 컴퓨터 관련 부품들은 적시에 델로 공급해줄 수 있는 공급자들과 좋은 관계를 유지할 필요가 있었다. 또한 나중에 델은 브랜드도 필요로 했다.

파이저는 리피토를 의사들에게 직접 마케팅하는 영업 인력이 필요했고, 일단 의사들이 그 약으로 처방하기 시작한 후에는 그 약을 생산하기 위한 제조 역량이 필요했다. 델의 경우에는 제조 프로세스, 브랜드, 공급자와의 관계가 보완적 역량이었으며, 파이저의 경우에는 제조 역량과 영업 인력이 보완적 역량이었다.

모방가능성

모방가능성은 다음과 같은 이유로 수익성에 영향을 미친다. 만약 어떤 기업의 발명품이나 발견물을 경쟁자들이 모방할 수 있다면, 고객들은 경쟁사로 옮겨갈 수도 있을 것이고, 그렇게 되면 그 회사는 창출된 가치를 충분히 확보하기 어려워질 것이다. 두 변수 보완적 역량과 모방가능성은 이어서 살펴볼 티스 모델의 기반이 된다.

티스 모델 : 보완적 역량과 모방가능성의 역할[10]

티스 모델(Teece Model)의 요소들은 그림 8.1에서 볼 수 있는데, 여기서 수직축은 발명품이나 발견물이 모방될 수 있는 정도를 나타내고, 수평축은 보완적 역량이 희소하고 중요한 정도를 나타낸다. 발명품이나 발견물이 모방가능성이 높고, 보완적 역량들이 쉽게 사용될 수 있거나 중요하지 않을 때, 발명자(초기 진입자)가 오랫동안 돈을 벌기는 어렵다(그림 8.1의 I칸). 왜냐하면 발명자가 제공하는 것과 동일한 고객 혜택을 제공하고 싶어 하는 잠재적 경쟁자들이 그 발명품을 쉽게 모방할 수 있고 필요한 보완적 역

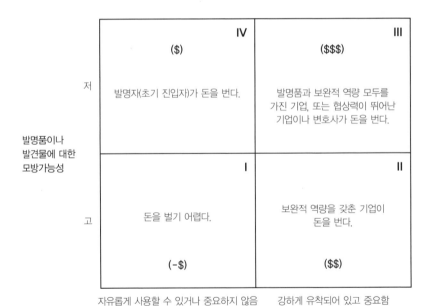

그림 8.1 보완적 역량의 역할

량들을 쉽게 찾아낼 수 있기 때문이다. 이와 관련된 좋은 예로는 새로운 스타일의 청바지를 인터넷으로 판매하는 것을 들 수 있다. 새로운 스타일의 청바지를 모방하는 것은 쉬운 일이며 그것을 인터넷으로 판매하는 것 또한 어떤 기업이든 할 수 있는 일이기 때문이다. 따라서 어떤 특별한 스타일의 청바지를 인터넷으로 판매하는 것으로는 오랫동안 돈을 벌기가 어렵다. 실질적으로, I칸과 같은 상황에서는 돈을 벌기 어렵다.

II칸에서처럼 발명품이 모방되기는 쉽지만 보완적 역량들이 희소하고 중요한 경우, 그러한 보완적 역량을 갖춘 기업들은 돈을 벌 수 있다. 왜냐하면 경쟁자들이 그 발명품을 모방할 수 있음에도 불구하고 관련된 보완적 역량을 쉽게 재현하지 못하기 때문이다. 여기서 중요한 점은 중요한 보완적 역량을 가진 업체는 해당 발명품을 쉽게 모방할 수 있지만 그 업체의 보완적 역량들은 모방되기 어렵다는 것이다. EMI에 의해 개발된 CAT 스캔이 바로 이러한 범주에 속한다. 이 발명품은 모방되기 쉬웠지만 병원과의 관계, 영업 인력, 브랜드, 제조 능력이 그 기계를 병원에 판매하는 데 있어 희소하고 중요했다. RC 콜라에 의해 개발된 다이어트 콜라와 카페인 없는 콜라 역시 이 영역에 속한다. 이 회사는 돈을 벌기 위해 브랜드 명성, 진열공간, 마케팅, 유통채널 등이 필요했지만, 이러한 보완적 역량들은 코카콜라와 펩시에 강하게 유착되어 있었다. 이로 인해 코카콜라와 펩시가 다이어트 콜라와 카페인 없는 콜라로부터 많은 수익을 올릴 수 있었다. 순한 맥주는 또 하나의 좋은 예가 된다. 밀러 브루잉 컴퍼니(Miller Brewing Company)와 버드와이저(Budweiser)는 순한 맥주로 많은 돈을 벌고 있지만, 정작 순한 맥주를 개발한 업체는 이들이 아니다. 순한 맥주는 라인골드 브루어리즈(Rheingold Breweries)의 조셉 오와즈(Joseph Owades) 박사에 의해 개발되었다. 그러나 밀러와 버드와이저가 보완적 자산들을 가지고 있었기 때문에, 그들이 결국엔 라인골드보다 더 많은 수익을 올리게 된 것이다.

혁신물에 대한 모방가능성이 낮고 보완적 역량들이 중요하고 희소하다면, 다음과 같은 두 가지 경우 중 하나가 발생할 수 있다(III칸). 첫째, 발명 기업이 보완적 자산도 가지고 있는 경우, 그 기업은 큰돈을 벌 준비가 되어 있는 것이다. 미국에서 특허를 받은 약제들은 좋은 예가 될 수 있는데, 그 약제들에 대한 지적재산 보호가 모방가능성을 낮춰줄 것이며, 또한 고객들에게 가치를 전달하는 데 있어 중요한 역할을 하는 유능한 영업 인력과 임상시험 능력, 그리고 여타의 보완적 역량들은 희소성이 있는 것들이기 때문이다. 둘째, 발명 기업이 아닌 다른 기업이 희소성 있는 보완적 역량들을 가지고 있는 경우, 이들이 서로 협력하면 둘 다 돈을 벌 수 있을 것이다. 이러한 기업들이 협력을 하지 않는다면, 그들의 변호사들만 돈을 벌게 될 것이다.

끝으로, IV칸에서처럼 발명품에 대한 모방가능성은 낮지만 보완적 역량들이 자유롭게 사용될 수 있거나 중요하지 않은 경우라면, 발명자는 돈을 벌 준비가 되어 있는 것이다. 저작권이 있는 인기 소프트웨어가 인터넷으로 제공될 때, 그 소프트웨어는 이 영역에 속하는 것으로 볼 수 있다. 왜냐하면 그 소프트웨어의 저작권이 그 기업을 모방으로부터 보호해줄 수 있고, 그 소프트웨어에 대한 유통채널로서의 인터넷은 소프트웨어 개발자들에 의해 손쉽게 사용될 수 있으며, 여타의 보완적 역량들은 희소하거나 중요하지 않기 때문이다.

실제로 희소하고 중요한 보완적 역량들을 가진 기업들은 초기 진입자든 후발주자든 간에, 종종 혁신 활동을 통해 많은 수익을 올린다. 중요하고 희소성 있는 보완적 역량들을 가지고 있다는 것은 지배자의 전형적인 특징 중 하나다. 마이크로소프트는 워드프로세싱, 스프레드시트, 프레젠테이션 소프트웨어들과 윈도우 운영체제 등을 발명하지는 않았지만, 그럼에도 불구하고 이러한 것들을 통해 돈을 많이 벌고 있다. 이러한 성공에 있어 마이크로소프트가 보유한 보완적 역량들―특히 호환성 있는 소프트웨어를 사용하는 컴퓨터의 수와 관계들―역시 주요한 역할을 하고 있다.

전략적 중요성

전략 관점에서 다음과 같은 중요한 질문을 하나 고려해보자. 기업이 그림 8.1에 묘사된 어떤 상황 중 하나에 자사가 속한다는 것을 알게 되었다면 무엇을 해야 하는가? 예를 들어, 다이어트 콜라를 개발한 RC 콜라가 그 제품이 모방되기 쉽고 보완적 역량들이 희소하고 중요한 상황에서, 다이어트 콜라에서 더 나은 수익을 얻기 위해서는 무엇을 했어야 하는가? 이 경우 그 기업은 보완적 역량을 가지고 있는 다른 기업과 팀을 구축했다면(그림 8.2의 II칸), 더 나은 성과를 얻을 수 있었을 것이다. **팀 구축** 전략은 조인트벤처나 전략적 제휴, 또는 흡수합병 등을 통해 이루어질 수 있다. 발명자의 팀 구축에 대한 고려는 보완적 역량을 가진 잠재적 파트너가 자신의 발명품을 모방하거나 심지어는 더 나은 어떤 것을 가지고 자신을 따라잡기 전에 미리 이루어지는 것이 바람직하다. 이번에는 "희소하고 가치 있는 보완적 역량들을 가진 기업이 나중에 발명품을 모방할 수 있다는 것을 알게 된다면 왜 굳이 발명한 업체와 팀을 구축하려 하겠는가?"라는 질문에 대해 생각해보자. 발명자는 보완적 역량을 가진 업체에 팀 구축이 서로에게 왜 이득이 되는지를 설득해야 한다. 예를 들어, RC 콜라는 펩시에게 손을 내밀고,

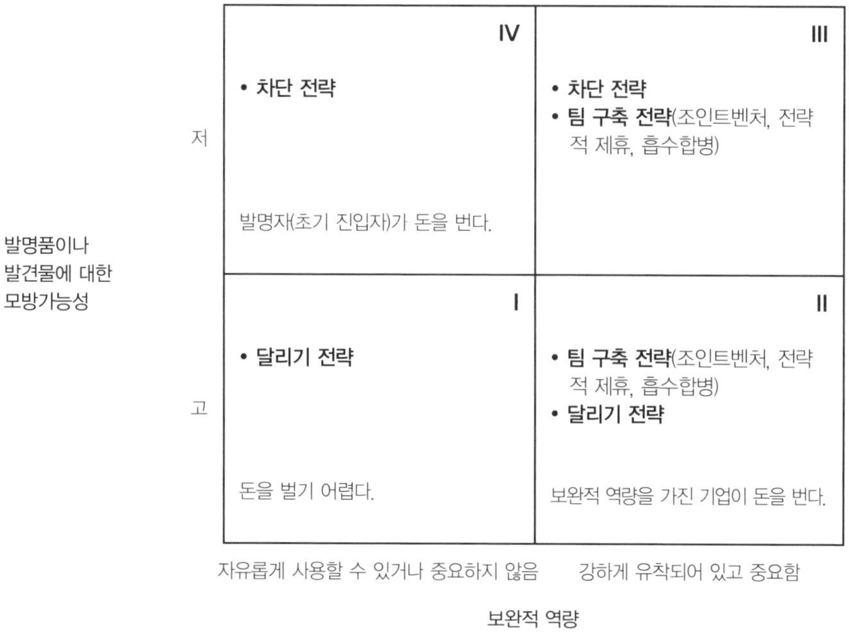

	IV	III
저	• **차단 전략**	• **차단 전략** • **팀 구축 전략**(조인트벤처, 전략적 제휴, 흡수합병)
	발명자(초기 진입자)가 돈을 번다.	
	I	II
고	• **달리기 전략**	• **팀 구축 전략**(조인트벤처, 전략적 제휴, 흡수합병) • **달리기 전략**
	돈을 벌기 어렵다.	보완적 역량을 가진 기업이 돈을 번다.

발명품이나 발견물에 대한 모방가능성

자유롭게 사용할 수 있거나 중요하지 않음   강하게 유착되어 있고 중요함

보완적 역량

그림 8.2 보완적 역량에 대한 활용 전략

펩시가 자신과 팀을 구축하면 코카콜라가 진입하기 이전에 다이어트 음료 시장에서 선발주자 이점을 획득할 수 있으며, 이에 따라 결국 펩시가 코카콜라를 이길 수 있는 기회를 얻을 수 있다고 설득할 수도 있었을 것이다.

II칸은 발명품이 모방되기 쉽고 보완적 자산이 중요하고 희소한 경우인데, 여기서 발명자는 보완적 역량을 가진 업체들과 전략적 제휴, 조인트벤처, 흡수합병, 또는 여타의 팀 구축 방법들을 통해 더 나은 성과를 올릴 수 있다(그림 8.2).

어떤 발명품이 모방되기 어렵고 보완적 역량들이 희소하면서 중요할 때(III칸), 발명자는 다음과 같은 두 가지 전략 중 하나를 추진할 수 있다: 차단 또는 팀 구축. 또한 그 발명자가 희소한 보완적 역량들을 가지고 있다면, 그 기업은 경쟁자들과 잠재적 신규 진입자들이 그러한 역량에 접근하는 것을 차단할 수도 있다. 차단 전략은 기업이 자신의 발명품이나 가치 있는 자원들에 대한 모방불가성을 유지하기 위한 활동을 수행함으로써 자신의 영토를 보호하는 전략이다. 어떤 다른 기업(발명자가 아닌)이 보완적 역량을 가지고 있다면, 이 기업과 발명 기업 모두는 전략적 제휴, 조인트벤처, 흡수합병, 또는 여타의 팀 구축 방법들을 통해 팀을 구축할 수 있을 것이다. 예를 들어, 제약산업에서는 많은 생명공학 스타트업이 보통 신약을 개발할 때, 특허를 통해 타기업의 모방

시도를 방지한다. 그러나 이러한 다수의 스타트업은 영업/마케팅과 같은 보완적 역량과 신약 승인을 위한 임상시험 수행에 필요한 자원을 보유할 필요가 없다. 미국에서는 이러한 보완적 역량을 가지고 있는 기존의 대형 제약업체와 생명공학 스타트업 간에 팀 구축이 상당히 많이 이루어지고 있다. 다수의 스타트업은 자신을 상품으로 제공하고 있다. 모방이 어려운 발명품을 개발한 업체와 희소하고 중요한 보완적 역량을 가지고 있는 업체가 서로 협력하는 대신 싸우기로 결정한다면, 자신들 변호사의 수익만 챙겨주는 결과를 초래하게 될 것이고, 결국 이 기업들은 가치를 창출하는 대신 소멸의 길을 걷게 될 것이다.

어떤 발명품이 모방되기는 어렵지만 관련 보완적 역량이 풍부하거나 중요하지 않다면(IV칸), 발명업체는 잠재적 경쟁자들이 자신의 발명품이나 전략을 모방하지 못하도록 하는 차단 전략을 추진하는 것이 나을 것이다. 그 발명품에 대한 모방이 쉽고 보완적 역량이 풍부하거나 중요하지 않은 경우에는(I칸), 발명업체는 소위 달리기 전략이라 부르는 전략을 추진할 수 있다. 달리기 전략은 발명자나 초기 진입자가 지속적인 혁신을 통해 경쟁자들이 자신의 기존 혁신 활동을 모방하기 전에 다음의 혁신물로 이동하는 전략이다.

역동성

그림 8.2의 전략과 관련하여 주목해야 할 점이 두 가지 있다. 첫째는 실제 다수의 기업이 한 시점에서 적어도 이러한 전략 중 두 가지 이상을 추진하고 있다는 점이다. 많은 기업이 한 시점에서 차단 전략과 달리기 전략 모두를 추진한다. 이러한 기업들은 현재의 제품에 대한 자신의 지적재산을 보호해 나가는 동시에, 현재 제품을 대체할 다음번 발명품에 대해 빠르게 진도를 나간다. 둘째는 기업들이 미래 수익의 기반을 구축하기 위해 때때로 그림 8.2가 제시하는 것과는 반대로 나아가기도 한다는 점이다. 예를 들어, IV칸에 해당하는 발명자는 이 프레임워크에서 제시하는 차단 전략 대신 팀 구축 전략을 추진함으로써, 표준을 리드하는 지위를 확보하고 그 이후에 차단 전략을 추진할 수도 있다. 인텔의 경우가 좋은 예가 된다. 인텔은 1970년대 후반에서 1980년대 초반에 걸쳐, 다른 마이크로프로세서 제조사들이 자신의 마이크로프로세서 아키텍처를 모방하도록 독려하였다. 인텔의 아키텍처가 윈텔 PC에 대한 표준으로 부각되자, 인텔은 차단 전략을 구사하기 시작했다. 인텔은 그 누구도 자신의 기술을 모방하지 못하게 하기로 결정하였으며, 모방을 시도하는 업체가 있으면 고소하였다.[11] 또한, 인텔은 기

존 세대의 마이크로프로세서가 시장에서 정점에 이르기 전에 새로운 세대의 마이크로프로세서를 시장에 출시하는 방식으로 달리기 전략도 구사하였다. 요약하면 인텔은 업계의 표준을 점유한 위치에 도달하기 위해 자사의 마이크로프로세서의 생명주기 중 초기에는 팀을 구축했으며, 그 표준을 확보한 이후에는 차단 전략과 달리기 전략을 사용했다.

티스 모델의 한계

보완적 역량과 모방가능성 모델이 매우 유용할 수 있음에도 불구하고, 한계점도 가지고 있다는 점에 주목하는 것은 중요하다. 여타의 모델들과 마찬가지로 티스 모델도 몇 가지 단순화된 상황을 가정함으로써, 항상 모든 상황에 적용될 수는 없다. 예를 들면 이 모델은 수익성을 뒷받침하는 요인들로서 오직 보완적 역량과 모방가능성, 이 두 가지만을 고려하였다. 이 모델에서는 매력적인 시장에서 협력경쟁자들에 대한 상대적 포지션이나 가격 전략, 수익 원천, 또는 특정 제품에 대한 고객 증가 활동 등과 같은 요인들이 고려되지 않았다. 모방이 불가능한 제품과 희소성 있는 중요한 보완적 역량을 소유한 기업들이 고객에 대해 협상력을 가질 수 있다는 것은 사실이다. 그러나 기업이 이러한 역량을 가지고 있다 하더라도, 해당 산업에서 독점적 권한을 가진 공급자나 보완업자 또는 고객에 대해서는 협상력을 발휘하지 못할 수 있다. 더욱이 기업이 잘못된 가격 전략을 취하고 있다면, 협력경쟁자들이 감히 도전할 엄두를 내기 어려운 영역에서조차도 온당한 수익을 거두지 못할 수 있다.

팀의 잠재적 수익성 평가

어떤 기업이 보완적 역량이나 발명품을 획득하기 위해 팀을 만들기로 결정하였으며 보완적 자산을 가진 잠재적 후보 기업들은 여러 개가 있다고 가정해보자. 그 기업은 팀 구축의 대상이 되는 여러 기업 중 몇몇 최고의 기업들을 어떻게 추려낼 수 있을까? 이에 대한 답이 될 수 있는 방법 중 하나는 VARIM 프레임워크를 이용하여, 각각의 잠재적 팀 멤버 기업의 역량을 활용할 때 예상되는 잠재적 수익성과 그 팀 멤버 자체에 대해 평가하는 것이다. 팀의 잠재적 수익성에 등수를 매기는 것은 그 기업이 팀을 만들 기업을 선택하는 데 도움이 될 것이다. 표 8.1은 각 팀 대안이 가진 역량을 활용할 때 얻을 수 있는 예상 결과를 비교한 것이다. 팀 1의 역량은 가치 있고, 적응성이 있으며, 희소

표 8.1 팀 대안들이 발휘할 수 있는 역량의 순서

VARIM 요소	팀 1	팀 2	팀 3	팀 4	팀 5	팀 6
가치성 : 이 팀은 고객들이 가치 있게 인식하는 혜택을 제공하는가?	예	예	예	예	예	아니요
적응성 : 이 팀 – 또는 이 팀의 핵심적인 부분 – 은 고객들이 가치 있게 인식하는 혜택을 비용 대비 효과적으로 재구성하거나 재배치할 수 있는가?	예	아니요	예	예	아니요	아니요
희소성 : 이 팀은 고객 혜택을 유일하게 제공하는가? 그렇지 않다면 이 팀이 제공하는 혜택의 수준은 경쟁자에 비해 얼마나 더 높은가?	예	예	예	아니요	아니요	아니요
모방불가성 : 이 팀이 제공하는 고객 혜택은 다른 기업들에 의해 모방, 대체, 또는 능가하기 어려운가?	예	예	아니요	아니요	아니요	아니요
수익성 : 이 팀은 고객에게 혜택을 제공함으로써 수익을 올릴 가능성이 높은가?	예	예	예	아니요	아니요	아니요
경쟁자들에 대한 경쟁력	지속적 우위	한시적 우위	한시적 우위	경쟁등위	경쟁등위	경쟁열위
전략적 활동	기업들이 "예"라고 대답한 요소들을 더욱 강화시키고, "아니요"라고 대답한 요소들을 반전시키거나 약화시키기 위해서는 무엇을 해야 하는가?					

하고, 모방불가능하므로 그 팀은 이러한 역량들로 인해 돈을 벌 수 있다. 따라서 이러한 역량은 팀 1에 지속가능한 경쟁우위(competitive advantage)를 제공할 것이다. 표 8.1에서 볼 수 있듯이 팀 1의 경우에는 VARIM 질문에 대한 대답이 모두 "예"이다.

팀 2의 역량은 가치 있고, 희소하며, 모방불가능하고, 돈도 벌 수 있지만, 적응성이 떨어진다. 즉, 역량은 고객들에게 가치 있는 혜택을 제공하는 데 있어 비용 대비 효과적으로 재구성되거나 재배치되기 어렵다. 따라서 급진적인 기술 혁신이나 여타의 주요한 변화에 대응하여, 이 팀의 경쟁우위는 침식될 가능성이 높다. 즉, 이 팀의 경쟁우위는 한시적으로만 유지될 가능성이 높다는 것이다. 팀 3의 역량도 한시적으로만 경쟁우위를 제공하게 될 가능성이 높은데, 왜냐하면 이 팀이 제공하는 혜택은 모방될 수 있기 때문이다. 기술의 변화와 글로벌화가 빠르게 진행되는 시대에는 경쟁우위가 지속되기보다는 한시적으로 유지되는 경우가 더 일반적이다.

팀 4의 역량은 가치 있고 적응성이 있다. 그러나 그것들은 희소하지 않기 때문에 다른 기업들도 가질 수 있고, 이로 인해 경쟁자들보다 더 높은 경쟁우위를 가지기 어렵

다. 즉, 이러한 역량을 활용하여 가치를 창출하고 확보하는 기업들 사이에서 소위 경쟁등위(competitive parity)를 가진다는 것이다. 팀 5도 경쟁등위에 해당하는데, 역량이 적응적이지 않기 때문에 역량에 대해 커다란 변화가 생기지 않는 시장의 여러 경쟁자들과 비슷한 경쟁력을 갖게 될 것이다. 팀 6은 최악의 경우인데, 질문에 대한 대답이 모두 "아니요"이다. 즉, 경쟁열위(competitive disadvantage)에 있다.

기존 혁신물에 대한 역량 : 자산 또는 장애물

모든 기업은 새로운 혁신물을 만들어내기 위해 이전 혁신물을 직접적으로 뒷받침한 역량이나 보완적 역량을 투입한다고 가정해보자. 이러한 역량들로는 기존 기술에 대한 깊은 지식, 협력경쟁자들과의 긴밀한 관계, 유통채널, 평판, 직원이나 정부와의 계약 등을 들 수 있다. 가치를 창출하고 확보하는 데 있어 이러한 역량들은 유용성 관점에서 다음과 같은 세 가지 영역으로 분류할 수 있다: (1) 혁신물에 유용한 역량, (2) 쓸모없는 역량, (3) 역량의 소유자가 가치를 창출하고 확보하는 데 장애가 되는 역량. 세 번째 영역은 앞의 두 영역에 비해 탐지하기가 더욱 어렵고 기존 문헌에서도 관심을 덜 받아왔기 때문에, 우리는 그것에 초점을 맞추고자 한다. 혁신물의 유형에 따라서 어떤 역량들이 장애가 될 수 있는지를 식별하는 것은 승자가 되는 데 중요할 수 있다.[12]

혁신물에 대해 기존 역량이 장애가 되는 경우는 다음과 같은 두 가지로 구분할 수 있다: (1) 기업의 역량이 새로운 혁신물에 대한 접근을 가로막는 경우, (2) 기업이 새로운 혁신물을 다루지만 기존의 역량 때문에 실패하는 경우.

기존의 역량이 혁신물에 대한 접근을 가로막는 경우

계약, 협약, 감정적 애착, 그리고 여타의 예전 약속들과 같은 역량은 기업이 혁신물에 몰두하는 것을 방해한다.[13] 이는 다음과 같은 몇 가지 예를 통해 설명될 수 있다. 어떤 중요한 직원이 이전의 고용주와 맺은 고용 계약서에 기술되어 있는 어떤 불완전한 문구 때문에, 그 직원을 해당 고용 기간 동안 어떤 새로운 프로젝트에 투입하는 것이 어려울 수 있다. 이는 결국 혁신물과 관련한 새로운 업무를 추진하는 데 있어 그 직원을 활용하는 데 제약 요소로 작용될 수 있다. 이 책의 앞부분에서 보았듯이, 델은 유통업체를 건너뛸 수 있는 직접판매와 주문생산 비즈니스 모델을 매우 성공적으로 활용하였다. 그러나 당시에 컴팩은 유통업체들과의 계약에서 벗어날 수 없었다. 유통업체들과의 계약은 컴팩이 델을 본받아 최종고객들에게 직접판매를 해보려는 노력에 장애물로 작용하였던 것이다.

수세기 동안 세계의 와인 시장을 지배해 온 프랑스 와인산업에서도 예를 찾아볼 수 있는데, 프랑스의 와인은 신기술과 설탕을 사용하지 않고 제조되었으며, 그 종류는 각기 생산 지역의 이름을 따서 보르도(Bordeaux), 샴페인(Champagne), 코트뒤론(Côtes du Rhone) 등으로 분류되었다.[14] 남아프리카, 오스트레일리아, 미국 등의 새로운 와인 제조사들의 와인은 방울물주기, 역삼투, 컴퓨터화된 숙성, 철제 탱크, 오크향 내기와 같은 신기술을 활용하여 제조되었으며, 그 종류는 프랑스의 경우처럼 지역 이름이 아니고, 멜로(merlot)나 샤르도네(chardonnay)와 같은 포도의 유형에 따라 분류되었다. 다수의 프랑스 와인 제조사들은 자신의 전통적인 와인 제조 방식을 벗어나는 것을 혐오스럽게 여겼으며, 이에 따라 세계적으로 대세가 된 새로운 와인 제조 방식을 받아들이지 않았다.

예전의 역량 때문에 새로운 혁신물에 대한 노력이 실패하는 경우

기업이 새로운 혁신물을 추진하고자 할 때, 예전 혁신물과 관련된 역량이 적절치 못한 것이거나 예전 역량을 새로운 상황에 대해 어떻게 적용해야 할지를 모른다면, 예전 역량은 부정적 요인으로 작용할 수 있다. 블록버스터의 사례는 좋은 예가 된다. 미국에서 넷플릭스가 영화 대여 비즈니스에 진입하기 전, 뭇 좋은 장소에서 오프라인 방식으로 영업을 했던 다수의 블록버스터 대여점들은 경쟁우위를 유지할 수 있었다. 그러나 넷플릭스의 인터넷을 통한 영화 대여 비즈니스는 수많은 브릭앤모타르 대여점들이 아니라 비용이 저렴한 지역에 띄엄띄엄 위치한 몇 개의 유통센터들로 충분했다. 블록버스터도 온라인 비즈니스에 진입하긴 했지만, 일부 온라인 고객들이 오프라인 대여점으로 되돌아올 수 있도록 기존의 오프라인 대여점들을 유지해야 했다. 그러나 이러한 오프라인 대여점들은 비용이 너무 많이 들어, 결국 블록버스터는 파산선언을 해야 했다. 블록버스터의 이러한 행위에 대해 미디어 매체인 **포브스**(*Forbes*)는 다음과 같이 말했다.

> 당신이 가지고 있는 것을 강화시키고자 하는 자세는 항상 논리적으로 타당하게 보인다. 그러나 지름길이 항상 최선은 아니다. 새로운 비즈니스 모델을 가지고 공략해 오는 기업에 맞서서 싸우는 기존 기업은 자신들의 핵심 비즈니스의 중요한 부분을 기꺼이 '잊을 수 있어야' 한다. 그렇지 않으면 그들은 결국 불만족스러운 시장의 반응으로 최후를 맞이하게 될 것이다.[15]

새로운 혁신물을 추구하는 동안 이전의 역량들이 어떻게 기업을 불리하게 만들 수 있는지를 이해하기 위한 또 다른 방법은 사람들 간의 관계를 생각해보는 것이다. 즉, 어떤 사람이 다른 사람과의 기존 관계를 청산하지 않은 채, 새로운 다른 사람과 관계를 맺고자 하는 경우를 생각해보자. 이러한 경우 기존의 관계가 쉽사리 사라지지 않고, 오히려 새로운 관계를 구축하는 데 부담 요인으로 작용하는 경우를 볼 수 있다.

네트워크 효과

인터넷, 컴퓨터, 휴대전화, 비디오 게임, 소셜 네트워크 등과 같이 그 중요성이 증대되는 기술들로 인해 네트워크 효과는 비즈니스 모델을 살펴봄에 있어 무시될 수 없는 요인이 되었다. 이 절에서는 네트워크 효과를 정의하고 가치를 창출하고 점유하는 데 있어 이러한 효과가 어떤 역할을 하는지 살펴보고자 한다.[16]

규모의 정의와 역할

고객들에 대한 제품의 가치는 보통 제품의 속성에 달려 있다.[17] 그러나 어떤 제품들의 경우에는 고객 가치가 제품 속성뿐만 아니라 해당 제품 또는 그것과 호환되는 제품을 사용하는 소비자들의 네트워크에 의해서도 영향을 받는다. 특히 어떤 기술이나 제품의 경우, 그것을 사용하는 사람이 늘어날수록 사용자 각각에게 제공되는 가치가 늘어나는데, 이것이 바로 네트워크 효과(network effect)이다.[18] 예를 들어, 전화기의 경우 네트워크상의 사람의 수가 늘어날수록 각각의 전화기 사용자는 더 큰 가치를 얻게 되기 때문에, 전화기는 네트워크 효과를 낼 수 있다고 말할 수 있다. 어도비 아크로뱃(Adobe Acrobat)(pdf 파일을 생성하고 보여주는)과 같은 애플리케이션 소프트웨어 제품들도 네트워크 효과를 보인다. 즉, 그 소프트웨어를 사용하는 사람들이 늘어날수록 pdf 파일이 늘어나고, pdf 파일이 늘어날수록 이 소프트웨어를 사용하는 사람들 입장에서는 이 소프트웨어의 유용성이 더 커진다는 것이다. 경매 네트워크도 같은 원리가 적용되는데, 경매 네트워크에 참여하는 사람들이 늘어날수록 그 네트워크상의 구매자들은 원하는 물품을 구매할 기회가 증대되기 때문에, 결과적으로 그 경매 네트워크는 구매자들에게 더 큰 가치를 제공하게 될 가능성이 높아진다. 이러한 네트워크 효과를 직접 효과(direct effect)라 부르는데, 왜냐하면 제품/기술의 사용자가 해당 네트워크로부터 얻을 수 있는 혜택이 그 네트워크상의 다른 사용자들과 직접적으로 상호작용하는 데에서 — 경제적으로 또는 사회적으로 — 나오기 때문이다.

보완제품을 필요로 하는 제품들도 네트워크 효과를 보인다. 예를 들어, 컴퓨터를 보자. 윈텔 표준과 같은 특정 표준을 사용하는 컴퓨터를 가진 사람들이 늘어날수록, 그 표준에 맞춘 소프트웨어도 늘어날 것이다. 왜냐하면 소프트웨어 개발자들은 자신의 소프트웨어를 많은 사용자들에게 팔고 싶어 하기 때문이다. 게다가 어떤 컴퓨터 표준에 대해 사용 가능한 소프트웨어들이 늘어날수록, 사용자들에 대한 그 컴퓨터의 가치는 더욱 높아질 가능성이 크다. 이러한 효과를 간접 효과(indirect effect)라 부르는데, 왜냐하면 사용자 각각에 의해 경험되는 가치의 증가(네트워크에 참여하는 다른 사용자들로부터 직접 나오는 것이 아니라)가 보완제품이라는 후속적인(또는 2차적인) 요소의 가용성 증가를 통해 나오기 때문이다.

네트워크의 규모는 네트워크의 가치에 얼마나 영향을 미치는가? 어떤 추정에 따르면, 네트워크의 가치는 네트워크 규모의 제곱에 비례한다. 즉, 어떤 네트워크의 규모가 N일 때, 그 네트워크의 가치는 N^2이라는 것이다. 이러한 관계를 멧칼프의 법칙(Metcalfe's law)이라 부른다.[19] 어떤 이론적 추정에 따르면 네트워크 멤버들이 서로 소통할 수 있을 뿐만 아니라 공동으로 가치를 창출할 수 있다면, 그 네트워크의 가치는 N^N만큼 커진다.[20] 이는 리드의 법칙(Reed's law)이라 부른다.

그러나 최근의 여러 연구에서는 네트워크의 가치가 규모 외의 다른 요인들에 의해서도 영향을 받는다는 점이 제시되고 있다. 쉽게 말해 네트워크의 구조와 특성이 네트워크의 규모만큼이나 중요할 수 있다는 것이다.[21]

구조

네트워크 구조는 네트워크상의 참여자들 간의 관계 패턴을 의미한다. 예를 들어, 페이스북과 같은 소셜 네트워크 웹사이트들에서는 멤버들이 큰 네트워크 안에서 자신 나름대로의 추가적인 하위 네트워크를 만들 수 있다. 각각의 하위 네트워크는 대학 친구, 종교가 같은 사람들, 같은 지역에 사는 사람들, 같은 대학을 나온 사람들 등으로 구성될수 있다. 일단 이러한 하위 네트워크가 만들어지고 나면, 더 큰 상위 네트워크에 멤버가 새로 추가되어도 반드시 그 하위 네트워크의 모든 멤버들의 가치 증가로 이어지는 것은 아니다. 예를 들어 종교적 관심 때문에 어떤 멤버가 네트워크에 들어온다고 해서, 이것이 주로 대학 동창에 관심이 있는 멤버들에게 가치를 증가시켜주지는 않는다. 결론적으로 네트워크 안에서 사람들의 특정 관심사에 따라 만들어지는 하위 네트워크와 같은 요인, 즉 네트워크의 내부 구조도 그 네트워크의 가치에 영향을 미친다는 것이다.

C2C(consumer-to-consumer) 경매 네트워크에서 사용자는 판매자 또는 구매자가 될 수 있다. 이러한 구조는 하나의 공급자가 다수의 구매자들에게 판매하는 방식의 B2C(business-to-consumer) 온라인 소매 네트워크와는 대비된다. 이와 같은 두 가지 네트워크 유형은 모두 고객에게 가치를 제공하지만, B2C 네트워크에서는 고객들이 하나의 판매자로부터만 제품을 구매할 수 있는 반면 C2C 네트워크에서는 다수의 판매자들로부터 제품을 구매할 수 있기 때문에, 구매자에게는 C2C 네트워크가 B2C 네트워크보다 가치가 더 높다. 판매자와 구매자 모두를 가진 네트워크는 이중 네트워크에 해당한다. 이중 네트워크(two-sided network)란 서로 혜택을 제공하는 두 가지의 그룹으로 구성된 네트워크를 의미한다.[22] 이중 네트워크의 예는 매우 많다. 신용카드 네트워크는 카드 소유자와 상인이라는 두 가지의 서로 다른 그룹으로 구성되어 있다. 게임 네트워크도 게이머와 게임 개발자라는 두 가지의 서로 다른 그룹으로 구성되어 있다. pdf 파일 사용자들은 pdf 파일을 생성하는 사용자들과 pdf 파일을 읽는 사용자들로 구성된다. 한편, 단순 네트워크(single-sided network)에는 오직 한 가지 유형의 사용자만이 존재한다. 예로는 전화, 이메일, 팩스 등과 관련된 사용자 네트워크를 들 수 있다.

네트워크의 특성

구조 외에 다른 요인들도 멤버들과 소유자에게 네트워크의 가치에 대한 영향을 미칠 수 있다. 이러한 요인으로 네트워크 참여자들의 행위를 들 수 있다. 예를 들어, 이베이의 일부 고객은 동일한 규모의 다른 네트워크에 비해 더 큰 가치를 얻을 수 있는데, 그 이유는 이베이가 경매 장소로서 안전성과 브랜드에 대한 명성이 높기 때문이다. 이베이가 높은 평판을 얻게 된 이유 중에는 판매자와 구매자에 대한 평가가 이루어지도록 했다는 점과 일부 기회주의적인 참여자들을 배제시키는 노력이 있었다는 점을 들 수 있다. 사실 기회주의적인 참여자들로 가득 찬 커다란 네트워크는 그보다 규모가 작은 네트워크보다도 가치가 낮을 수 있다.

네트워크 효과의 활용

기술이나 제품이 네트워크 효과를 보인다면 어떻게 할 것인가? 네트워크 참여자 입장에서는 다른 참여자들의 수가 늘어날수록 그 네트워크에 대해 얻을 수 있는 가치도 증가하지만, 보통 네트워크로부터 나오는 돈의 대부분은 보통 네트워크의 소유자나 유명 멤버들이 가져간다. 신용카드 네트워크의 경우 돈을 버는 당사자는 카드 소유자나 상인이 아니라 바로 신용회사다. 따라서 다음과 같은 질문을 제기할 수 있다. 네트워크 소유자는 해당 네트워크로부터 수익 창출의 기회를 증대시키기 위해 무엇을 할 수 있는가? 기업들은 (1) 네트워크 규모와 평판에 있어 일찌감치 선두적인 위치를 구축함으로써 네트워크의 직접 효과를 활용할 수 있고, (2) 전략적으로 가격결정을 할 수 있고, (3) 보완제품을 신장시킴으로써 네트워크의 간접 효과를 활용할 수 있다.

규모와 평판 면에서 초반에 선두 위치를 구축함으로써 네트워크의 직접 효과를 활용하라

이에 대한 아이디어는 간단하다. 기업은 일찌감치 선두적인 네트워크를 구축함으로써 시장에서 지배적인 포지션을 차지할 수 있기 때문에, 제품/서비스의 시장 점유율을 높이거나 그것을 장착한 기기의 수를 늘리는 데 필요한 활동을 추진하고 싶어 할 것이다. 이러한 활동 중 하나는 자신의 제품/기술이 시장에서 넘쳐나도록 만들기 위해 다른 기업들과 팀을 구축하는 것이 될 수 있다. 구글이 그 예가 될 수 있는데, 구글은 자신의 안드로이드 휴대용 기기 운영체제를 개방하고 OHA(open handset alliance)를 통해 스마트폰을 만들고자 하는 모든 업체가 안드로이드를 무료로 사용할 수 있도록 했다. 반면, 구글의 경쟁자인 애플과 마이크로소프트는 자신들의 운영체제에 대한 독점적 권한을 유지해 나갔다. 구글의 아이디어는 시장에서 애플, 마이크로소프트 그리고 여타의 독점적 기술 소유자들이 설 땅을 줄여나가면서 안드로이드 휴대용 기기들이 넘쳐나도록 만드는 것이었다. 이미 IBM은 수십 년 전에 자신의 PC 아키텍처를 개방함으로써, 그것이 빠르게 업계 표준이 되도록 만든 바 있다.

기업이 표준을 획득할 수 있는 기회를 향상시킬 수 있는 또 다른 활동으로는 기술 혁신을 들 수 있다.[23] 항상 뛰어난 기술이 표준이 되는 것은 아니지만, 기업이 자신의 기술이 업계에서 표준으로 인정받기를 원한다면, 적어도 그러한 기회를 만들 수 있는 기술 혁신을 추진해야 할 것이다.

가격을 전략적으로 책정하라

기업의 가격결정 전략도 네트워크 규모를 증가시키는 데 있어 중요한 역할을 할 수 있다. 단순 네트워크의 경우 네트워크의 소유자는 침투 가격 정책(penetration pricing)—낚시(bait-and-hook) 가격 정책 모델로도 알려진—을 추구할 수 있다. 이 정책은 기업이 초기에는 제품을 매우 낮은 가격으로 팔고, 나중에 가격을 올리거나 고객들이 더 높은 지불의사를 가진 관련 제품들을 제공함으로써 돈을 버는 정책이다.[24] 이중 네트워크의 경우 플랫폼 제공자는 다른 측면의 사용자 수를 증대시키고자 하는 목적으로, 우선 더 낮은 지불의사를 가지고 있는 고객 그룹을 대상으로 서비스/제품의 가격을 낮게 책정한다. 이후 그 서비스/제품의 사용자들이 증가하면, 더 높은 지불의사를 가진 다른 측면의 고객 그룹에 대해 비용을 부과한다.[25] 가령 구글에서 웹 검색을 수행하는 서퍼들은 검색에 대해 광고주들의 비용 지불의사보다 더 낮은 지불의사를 가지고 있다. 따라서 구글에서의 검색은 무료이지만, 광고주들은 비용을 내야 한다. 어도비는 pdf 문서를 읽고 싶어 하는 사용자들에게 문서 읽기 소프트웨어를 무료로 배포하지만, pdf 파일을 생성하고자 하는 사람들에게는 비용을 부과한다.

보완제품을 신장시킴으로써 네트워크의 간접 효과를 활용하라

기술이 발전되기 시작한 초기에는 닭이 먼저냐 달걀이 먼저냐 하는 이슈가 잠재적으로 존재한다. 이러한 이슈 측면에서 보면 보완업자들은 사용자를 많이 보유한 제품에 대한 보완제품 개발을 선호하며, 사용자들은 보완제품이 많은 제품을 원하는데, 이러한 이슈는 보완제품의 숫자가 늘어날 때 더 주목받을 수 있다. 제품 공급자가 보완제품을 통한 네트워크의 간접 효과를 활용하기 위해서는 해당 제품과 관련된 일부 보완제품들까지도 직접 생산하거나, 아니면 보완업자가 보완제품을 유통시키는 것을 돕거나, 또는 스타트업 보완업자들의 활동에 자금을 지원할 수도 있을 것이다.

수리적 예 : 무형적 자원의 활용 효과

개인용 컴퓨터와 관련된 수리적 예를 통해 무형적 자원을 간접적으로 평가하는 방법 하나를 살펴보자.

예 3.1 : 10억 달러의 비용을 들여 2001년 10월 25일에 출시한 마이크로소프트 윈도우 XP 운영체제는 카피당 55~60달러의 수익을 올린 것으로 추정된 바 있다.[26] 운영체제는 컴퓨터의 상이한 요소들(소프트웨어 및 하드웨어)의 활동을 관리하는 컴퓨터 소프트웨어 프로그램이다. 애플의 시장 점유율은 1996~2001년 동안 5.2%에서 3.0%로 떨어졌다.[27] 2001년 전세계적으로 1억 3,350만 대의 데스크톱, 노트북, PC 기반의 서버들이 판매되었다.[28] 한 추정치에 따르면, 2007년 애플의 맥(Mac)이 장착된 컴퓨터는 전체 개인용 컴퓨터 수익 4.5%를 차지했다.[29] 많은 회사들의 경우 역동적이 PC의 생명주기는 3년에 불과했다. 이러한 정보가 주어진 상황에서 마이크로소프트와 애플 운영체제의 인스톨드 베이스(installed base) — 현재 장착한 기기의 수 — 가 이들 기업에게 제공하는 가치는 얼마나 되는가? (현재 장착된 기기의 수는 무형적 자원이다.)

답 : 기업별로 인스톨드 베이스의 가치를 가늠할 수 있는 방법은 손익분기점 분석을 수행하는 것이다. 우선 마이크로소프트를 대상으로 한 계산을 시작해보자.

마이크로소프트

단위당 공헌이익＝P－Vc＝($57.5－0) ($55와 $60의 평균)

$$손익분기점\ 수량 = \frac{고정비}{공헌이익} = \frac{\$10억}{\$57.5} = 1,739만\ 대 \tag{1}$$

2001년에 팔린 1억 3,350만 대의 개인용 컴퓨터 중 3%인 400만 대가 애플의 매킨토시였다. 나머지 97%, 즉 1억 2,950만 대(1개월에 1,080만 대)는 마이크로소프트의 윈도우 운영체제가 사용된 컴퓨터였다. 마이크로소프트 윈도우 운영체제가 2002년에도 2001년과 같은 수준으로 팔렸다고 가정할 때, 2001년 나머지 2개월과 그 이후에도 마이크로소프트의 운영체제는 매달 약 1,080만 대가 판매된 것으로 볼 수 있다. 마이크로소프트는 손익분기점에 도달하기 위해서는 1,793만 대를 판매할 필요가 있었다. 그런데 이 회사는 1개월에 1,080만 대를 파는 꼴이었기 때문에, 이 회사가 손익분기점에 도달하는 데에는 다음과 같은 기간이 걸렸을 것이다.

$$\frac{1,739만\ 대}{1,080만\ 대}\ 개월 = 1.6개월$$

즉, 마이크로소프트가 운영체제 개발에 투입한 R&D 비용 10억 달러를 회수하는 데에는 1.6개월이 걸렸을 것이다. 1.6개월 이후부터의 매출액은 대부분 수익으로 연결된다. (2)의 등식은 손익분기 수량이 1,739만 대, 판매 속도는 매달 1,080만 대인 시점에서 수익분기 시점을 계산하는 데 사용되었다는 점에 주목하라.

$$손익분기\ 시점 = \frac{손익분기\ 수량}{판매\ 속도} \tag{2}$$

애플

이제 애플이 마이크로소프트와 같은 비용을 들여 운영체제를 개발하였고, 그것을 같은 가격에 판매하였다고 가정해보자. 그렇다면 애플의 손익분기 수량 역시 1,739만 대가 될 것이다. 그러나 애플의 판매량이 연간 400만 대, 즉 매달 33만 3,000대에 불과하기 때문에 손익분기 시점은 다음과 같이 계산될 것이다.

$$\frac{1,739만\ 대}{33만\ 3,000대}\ 개월=52.22개월$$

만약 애플이 마이크로소프트와 마찬가지로 1.6개월 만에 손익분기 시점에 도달하고 싶다면, 다음과 같은 계산에 따라 운영체제 한 카피를 1,876.66달러에 판매해야 할 것이다.

$$\frac{52.22개월}{1.6개월}\times\$57.5=\$1,876.66$$

마이크로소프트의 이윤은 대부분 인스톨드 베이스, 즉 수백만 대의 윈도우 PC와 소유자들(기업과 개인 소비자) 때문에 발생한다. 이러한 소유자들은 이미 마이크로소프트의 운영체제를 어떻게 사용하는지 익혔고, 그 운영체제에서 가동되는 소프트웨어를 사고, 그 운영체제와 애플리케이션들을 편하게 느끼며, 애플로 전환하기보다는 윈도우 PC에 머무르는 것을 더욱 선호하는 사람들이다. 마찬가지 이유로 많은 애플 사용자 역시 애플에서 윈도우 진영으로 옮겨가고 싶어 하지 않는다. 따라서 PC가 활발히 사용되는 3년을 지나면, 윈도우 PC를 소유했던 많은 고객들은 새로운 윈도우 PC를 구매할 것이고, 반면 애플 컴퓨터를 가졌던 많은 사용자 역시 새로운 애플 컴퓨터를 구매할 것이다. 새로운 윈도우 컴퓨터의 판매는 마이크로소프트에게는 윈도우 운영체제의 판매를 의미한다. 윈도우 컴퓨터의 인스톨드 베이스는 마이크로소프트에게 자사 운영체제의 판매량을 주도하는 핵심적인 무형적 자산이다. 한편, 애플 컴퓨터의 인스톨드 베이스 역시 애플에게는 애플의 맥 운영체제의 판매량을 주도하는 핵심적 무형적 자산이다.

마이크로소프트의 다른 무형적 자산으로는 PC 제조사들과의 관계를 들 수 있는데, PC 제조사들은 마이크로소프트의 운영체제를 그들의 PC에 탑재하는 대신 마이크로소프트에게 저작권 사용료를 지불하였다.

무형적 자원의 중요성은 애플의 아이팟에 대한 아이튠즈 서비스에서도 찾아볼 수 있다. 애플은 2003년 10월에 윈도우 버전의 아이튠즈를 출시했다. 단 3일 반나절 만에 윈도우용 아이튠즈 소프트웨어 카피가 백만 번 이상 다운로드되었으며, 그 소프트웨어를 통해 백만 곡 이상이 판매되었다.[30] 몇 달 전인 2003년 4월 애플이 애플 기기에서 돌아가는 아이튠즈를 출시했을 때에는 백만 곡을 판매하는 데 7일이 걸렸었다. 실제 애플조차도 윈도우의 인스톨드 베이스로부터 수익을 거두었던 것이다.

핵 심 정 리

- 기업 역량—자원과 활동으로 구성되는—은 기업으로 하여금 가치를 창출하고 확보할 수 있도록 해준다. 자원은 기업이 소유하고 있는 것 또는 활용할 수 있는 것을 의미하는 한편 활동은 자원을 구축하고 그것들을 고객 혜택과 수익으로 변환시키기 위해 하는 활동을 의미한다.
- 자원은 가치를 창출하고 확보하는 데 있어 중요한 역할을 한다. 자원은 세 가지로 구분할 수 있다: 유형적, 무형적, 조직적. 유형적 자원은 보통 재무제표에서 '자산'이라는 영역에서 식별되고 설명된다. 무형적 자원은 특허, 저작권, 브랜드 명성, 영업비밀, 연구결과, 관계와 같이 비물리적이고 비재무적인 자산들을 의미하는데, 이것들은 비재무적인 표현으로 설명되지 않고 물리적으로 만질 수도 없는 것들이다. 조직적 자원에는 조직에 체화되어 있는 일상적인 방식, 프로세스, 문화뿐만 아니라 직원들에게 체화되어 있는 노하우와 지식들도 포함된다. 기업의 역량은 자원을 고객 혜택과 수익으로 변환시키는 조직의 능력인 것이다.
- 활동은 가치를 창출하고 확보하기 위해 자원을 구축하고 활용하는 활동을 의미한다. 기업이 새로운 자원을 구축하고 가치 창출 및 확보를 얼마나 성공적으로 할 수 있는지는 그 기업이 어떤 활동을 수행하는지, 그리고 그 기업이 그러한 활동을 언제, 어디서 어떻게 수행하는지에 달려 있다.
- 혁신 수행에 있어 역량의 역할을 이해하기 위해서는 역량을 발명 역량과 보완적 역량, 이 두 가지로 구분해서 바라볼 필요가 있다. 발명 역량은 혁신이나 일하는 새로운 방식을 직접적으로 뒷받침하는 역량을 의미한다. 보완적 역량—보완적 자산으로도 불리는—은 발명 역량이 아닌 기업이 혁신물과 관련해서 가치를 창출하고 확보하는 데 필요한 다른 모든 역량들을 의미한다.
- 티스 모델은 왜 많은 발명자들이 자신들의 발명품으로부터 수익을 얻지 못하는지를 이해하는 데 도움이 된다. 이 모델에 따르면, 발명품을 통한 가치 확보 성과는 다음과 같은 요인에 따라 달라진다: (1) 가치가 모방될 수 있는 정도, (2) 보완적 역량이 중요하고 희소한 정도. 자신의 발명품이 쉽게 모방될 수 있는 상황에서, 중요하고 희소한

보완적 역량을 필요로 하는 발명자들은 자신의 발명품을 통해 돈을 벌지 못한다. 차라리 보완적 역량을 가진 업체들이 그러한 발명품들로 인해 돈을 벌 가능성이 더 높다. 기업은 모방가능성과 보완적 역량에 대한 필요성과 중요성에 따라 달리기, 차단, 팀 구축 등과 같은 전략을 채택함으로써 발명품으로부터 수익을 올릴 수 있다. 이 모델은 매우 유용하지만 몇 가지의 한계점도 가지고 있다. 예를 들어, 이 모델은 다른 적합성에 영향을 미치는 다음과 같은 요인들을 고려하지 못했다: 협력경쟁자들에 대한 상대적 포지션, 가격 전략, 고객의 수 등.

■ 만약 기업이 역량을 획득하기 위해 팀을 구축하기로 결정하였다면, 다수의 잠재적 파트너들을 고려하여 여러 가지 가능한 팀들을 고려해볼 수 있을 것이다. 이때 이 팀들의 잠재적 수익성은 VARIM 분석을 통해 평가할 수 있다. 이러한 분석은 파트너─함께 팀을 이루었을 때 가장 지속 가능한 경쟁우위를 확보할 수 있는─를 선정하는 데 도움이 된다.

■ 기업이 어떤 새로운 혁신 이전에 가지고 있던 역량은 그 기업이 그 새로운 혁신물을 추진하는 것 자체를 가로막거나, 또는 그 혁신물을 통해 가치를 창출하고 확보하는 동안 그 기업을 불리하게 만들 수 있다.

■ 어떤 기술이나 제품의 경우 그것을 사용하는 사람이 늘어날수록 사용자 각각에게 제공되는 가치가 늘어나는데, 이것이 바로 네트워크 효과이다.

■ 네트워크의 규모가 중요하긴 하지만 규모 그 자체가 다는 아니다. 네트워크의 구조와 그 네트워크 멤버들의 행위 또한 각각의 사용자 또는 네트워크의 소유자가 네트워크에서 누릴 수 있는 가치에 영향을 미친다.

■ 무형적 자원들은 보통 재무제표를 통해 계량적으로 표현되지 않는다. 기업이 무형적 자원의 가치를 실감할 수 있는 한 가지 방법은 측정할 수 있는 무형적 자원을 찾아내어 그것이 기업에 대해 가지는 중요성을 추정하는 것이다.

주요용어

관계 역량(relational capabilities)

네트워크 구조(structure of a network)

네트워크 효과(network effects)

단순 네트워크(single-sided networks)

무형적 자원/역량(intangible resources/capabilities)

보완적 역량(complementary capabilities)

사회적 자본(social capital)

역량(capabilities)

유형적 자원/역량(tangible resources/capabilities)

이중 네트워크(two-sided networks)

역량의 잠재적 수익성(profitability potential of capabilities)

자원(resources)

티스 모델(Teece Model)

핵심 역량(core competencies)

활동(activities)

주석

1   Grant, R. M. (2002). *Contemporary Strategy Analysis: Concepts, Techniques, Applications*. Oxford, UK: Blackwell.

2   Given the critical role that intangible resources play in market value, many firms are taking another look at their financial statement reporting. See, for example, Stewart, T.A. (1997). *Intellectual Capital: The New Wealth of Organizations*. New York: Currency/Doubleday.

3   Porter, M. E. (1996). What is strategy? *Harvard Business Review*, 74(6), 61–78. Stabell, C. B., & Fjeldstad, O. D. (1998). Configuring value for competitive advantage: On chains, shops, and networks. *Strategic Management Journal*, 19(5), 413–437.

4   Afuah, A. (2004). *Business Models: A Strategic Management Approach*. New York: Irwin/McGraw-Hill.

5   Porter, M. E. (1996). What is strategy? *Harvard Business Review*, 74(6), 61–78.

6   Chesbrough, H. W., & Rosenbloom, R. S. (2002). The role of the business model in capturing value from innovation: Evidence from Xerox Corporation's technology spinoff companies. *Industrial and Corporate Change*, 11(3), 533–534.

7   Dyer, J. H., & Singh, H. (1998). The relational view: Cooperative strategy and sources of interorganizational competitive advantage. *Academy of Management Review*, 23(4), 660–679. Dyer, J. H., & Hatch, N. W. (2006). Relation-specific capabilities and barriers to knowledge transfers: creating advantage through network relationships. *Strategic Management Journal*, 27(8), 701–719.

8   Nahapiet, J., & Ghoshal, S. (1998). Social capital, intellectual capital, and the organizational advantage. *Academy of Management Review*, 23(3), 242–266. See also seminal work by Professor Ronald Burt. For example, Burt, R. S. (1997). The contingent value of social capital. *Administrative Sciences Quarterly*, 42(2), 339–365.

9   Teece, D. J. (1986). Profiting from technological innovation: Implications for integration, collaboration, licensing and public policy. *Research Policy*, 15(6), 285–306.

10   This model is derived from Professor David Teece's seminal paper: Teece, D. J. (1986). Profiting from technological innovation: Implications for integration, collaboration, licensing and public policy. *Research Policy*, 15(6), 285–306.

11   Afuah, A. N. (2003). *Innovation Management: Strategies, Implementation and Profits*. New York: Oxford University Press.

12   Leonard-Barton, D. (1992). Core capabilities and core rigidities: a paradox in managing new product development. *Strategic Management Journal*, 13 (Summer Special Issue), 111–125. Gargiulo, M., & Benassi, M. (2000). Trapped in your own net: Network cohesion, structural holes, and the adaptation of social capital. *Organization Science*, 11(2), 183–196. Uzzi, B. (1997). Social structure and competition in interfirm networks: The paradox of embeddedness. *Administrative Science Quarterly*, 42(1), 35–67. Atuahene-Gima, K. (2005). Resolving the capability-rigidity paradox in new product innovation. *Journal of Marketing*, 69(4), 61–83.

13   Argyres, N. S., & Liebeskind, J. P. (1999). Contractual commitments, bargaining power, and governance inseparability: Incorporating history into transaction cost theory. *Academy of Management Review*, 24(1), 49–63.

14   Bartlett, C. A., Cornebise, J., & McLean, A. N. (2002). Global wine wars: New world challenges old. *Harvard Business School Press*, Case # 9-303-056

15   Anthony, S. D. (2008, May 3). Is Blockbuster back? Retrieved July 6, 2013, from www.forbes.com/2008/05/03/blockbuster-netflix-walmart_leadership_clayton_in_sa_0503claytonchristensen_inl.html.

16   Afuah, A. N. (2013). Are network effects all about size? The role of structure and conduct, *Strategic Management Journal*, 34(3), 257–273. Fershman, C., & Gandal, N. (2011). Direct and indirect knowledge spillovers: The "social network" of open-source projects. *Rand Journal of Economics*, 42(1), 70–91. Gandal, N. (1994). Hedonic price indexes for spreadsheets and an empirical test of the network effects hypothesis. *Rand Journal of Economics*, 25(1), 160–170.

17   Katz, M. L., & Shapiro, C. (1992). Product introduction with network externalities. *Journal of Industrial Economics*, 40(1), 55–84. Farrell, J., & Saloner, G. (1986). Installed base and compatibility: Innovation, product preannouncements, and predation. *American Economic Review*, 76(5), 940–955.

18   Katz, M. L., & Shapiro, C. (1985). Technology adoption in the presence of network externalities. *Journal of Political Economy*, 94(4), 822–841. Sheremata, W. A. (2004). Competing through innovation in network markets: Strategies for challengers. *Academy of Management Review*, 29(3), 359–377. Schilling, M. A. (2002).

Technology success and failure in winner-take-all markets: The impact of learning orientation, timing, and network effects. *Academy of Management Journal*, 45(2), 387–398.

19 Briscoe, B., Odlyzko, A., & Tilly, B. (2006). Metcalfe's law is wrong-communications networks increase in value as they add members-but by how much? *IEEE Spectrum*, 43(7), 34–39.

20 Reed, D. P. (2001). The law of the pack. *Harvard Business Review*, 79(2), 23–24.

21 Afuah, A. N. (2012). Are network externalities all about size? The role of structure and conduct. *Strategic Management Journal*, 34(3), 257–273. Fershman, C., and Gandal, N. (2011). Direct and indirect knowledge spillovers: The "social network" of open-source projects. *Rand Journal of Economics*, 42(1), 70–91.

22 Parker, G., & Van Alstyne, M. (2005). Two-sided network effects: A theory of information product design. *Management Science*, 51(10), 1494–1504. Rochet, J., & Tirole, J. (2003). Platform competition in two-sided markets. *Journal of the European Economic Association*, 1(4), 990–1029. Brousseau, E., & Penard, T. (2006). The economics of digital business models: A framework for analyzing the economics of platforms. *Review of Network Economics*, 6(2), 81–110. Eisenmann, T. R., Parker, G., & van Alstyne, M. (2006). Strategies for two-sided markets. *Harvard Business Review*, 84(10), 92–101.

23 Sheremata, W. A. (2004). Competing through innovation in network markets: Strategies for challengers. *Academy of Management Review*, 29(3), 359–377. Schilling, M. A. (2002). Technology success and failure in winner-take-all markets: The impact of learning orientation, timing, and network effects. *Academy of Management Journal*, 45(2), 387–398. Gawer, A., & Cusumano, M. A. (2008). How companies become platform leaders. *MIT Sloan Management Review*, 49(2), 28–35.

24 Conner, K. (1995). Obtaining strategic advantage from being imitated: When can encouraging "clones" pay? *Management Science*, 41(2), 209–215.

25 Parker, G., & Van Alstyne, M. (2005). Two-sided network effects: A theory of information product design. *Management Science*, 51(10), 1494–1504. Conner, K. (1995). Obtaining strategic advantage from being imitated: When can encouraging "clones" pay? *Management Science*, 41(2), 209–215.

26 Yoffie, D. B., & Wang, Y. (2002). Apple Computer. *Harvard Business School Press*, Case # 9-702-469.

27 Quittner, J. (2002). Apple's latest fruit: Exclusive: How Steve Jobs made a sleek machine that could be the home-digital hub of the future. Retrieved August 23, 2007, from www.time.com/time/covers/1101020114/cover2.html

28 Kanellos, M. (2002, June 11). IDC ups 2001 PC-shipment estimate. Retrieved July 16, 2008, from http://news.cnet.com/IDC-ups-2001-PC-shipment-estimate/2100-1001_3-935176.html

29 Market Share vs Installed Base: iPod vs Zune, Mac vs PC. (2007, March 18). Retrieved August 23, 2007, from www.roughlydrafted.com/RD/RDM.Tech.Q1.07/9E601E8E-2ACC-4866-A91B-3371D1688E00.html

30 One million copies of iTunes for windows software downloaded in three and a half days. (20 October 2003). Retrieved September 15, 2007, from www.apple.com/pr/library/2003/oct/20itunes.html

혁신을 통한 가치 창출 및 확보

학습목표

- 가치 창출 및 확보가 무엇을 의미하는지 이해할 수 있다.
- 가치 창출 및 확보의 결정 요인을 이해할 수 있다.
- 가치 시스템의 각 멤버가 얼마나 많이 가치를 확보하는지 그리고 그 이유는 무엇인지를 분석할 수 있다.
- 전략적인 사고 역량을 강화시킬 수 있다.

서론

당신은 PC, 아이폰, 차, 비행기, 구두 또는 태블릿 PC를 가지고 있는가? 당신은 이러한 제품 각각에 대해 얼마나 큰 가치가 해당 제품의 '제조사'에 의해 창출되었다고 생각하는가? 그러한 '제조사'가 확보한 가치는 얼마나 된다고 생각하는가? 그러한 기업의 비즈니스 모델은 무엇인가? 그 제품에 대해 당신이 가치 있게 여기는 혜택에는 얼마나 많은 국가들이 이바지하고 있는가? 이러한 제품 중 하나인 아이폰을 고려해보자. 아이폰의 화면을 터치하여 전화를 걸거나 받고, 웹 서핑을 하고, 이메일을 보내거나 받고, 사진을 찍거나 보는 등의 작업을 하면서 아이폰 소유자는 이 기기에 대해 가치를 인식하게 된다. 애플은 아이폰을 구상하고 설계했지만, 2007년 처음 출시된 아이폰을 애플이 직접 제조하지는 않았다. 아이폰 속에 들어 있는 수많은 부품들은 미국, 유럽, 아시아 등의 수많은 공급자들에 의해 생산된 것들인데, 그것은 아시아의 아이폰 제조업체들로 배송되어 제조 공정에 투입되었다. 이러한 제조업체들은 아이폰을 조립한후, 아이폰의 유통을 위해 다시 미국으로 배송하였다. 마이크로칩을 비롯한 다수의 주요 부품들은 애플의 제조 담당 하청업체들에 보내지기 전에 이미 부품 공급자들에 의해 설계되고 제조되었거나 또는 그 부품 공급자들의 하청업체들에 의해 제조되었다. (마이크로칩은 성능은 빠르게 향상되지만 가격은 빠르게 떨어지는 특성을 가지고 있는데, 이것은 아이폰과 같은 혁신물들의 탄생을 가능케 해왔다.) 인피니언 테크놀로지즈 AG(Infineon Technologies AG)라는 독일의 반도체 회사는 디지털 통신대역 및 무선 주파수 변환기, 송출 관리 장비 등을 공급하였다.[1] 한국의 삼성(Samsung)은 비디오 프로세서칩을 제조하였고, 일본의 샤프(Sharp)와 산요(Sanyo)는 LCD 디스플레이를 공급하였다. 아이폰의 LCD 화면에 적용되는 터치 감응 모듈은 다중 터치 통제를 가능케 했는데, 이것은 발다 AG(Balda AG)라는 독일 회사에 의해 설계되었고 중국의 공장에서 생산된 것이었다. 미국의 마블 세미컨덕터(Marvel Semiconductor)라는 회사는 와이파이 칩을 제공하였다. 카메라 렌즈는 타이완의 라간 프리시즌(Largan Precision)이라는 회사가 공급하였고, 카메라 모듈은 알터스테크(Altus-Tech), 프라맥스(Primax), 라이트온(Lite-On)과 같은 타이완의 세 업체에 의해 공급되었다. 충전지는 델타 일렉트로닉스(Delta Electronics)가 공급하였다. 이처럼 다수의 업체가 다양한 부품을 공급했던 것이다. 애플은 운영체제와 기기를 통제하는 여타의 소프트웨어들을 공급하였다.

여기서 다음의 질문을 생각해보자. 애플은 아이폰을 제공함에 있어 얼마나 많은 가치를 창출하고 있으며 또한 확보하고 있는가? 어떤 나라에 의해 얼마만큼의 가치가 창출되고 있는가? 우리는 이 장의 후반에서 이러한 질문들로 다시 돌아올 것이다. 이 장에서는 "우선 창출되고 확보되는 가치는 도대체 무엇이란 말인가?"라는 중요한 주제에 관해 논의를 하고자 한다. 그다음 혁신적 활동들이 가치 창출 및 확보에 미치는 영향을 살펴볼 것이다. 그리고 끝으로 가치 창출이 가치 확보만큼 중요할 수 있으며, 이 중 한 가지에만 집중하는 것은 부실한 전략이라는 점을 강조하는 것으로 이 장을 마무리하고자 한다. 음악가는 큰 가치를 창출하지만 그것을 모두 확보하지 못하는 경우가 자주 발생하는데, 이는 가치 확보의 중요성을 새삼 일깨워준다.

가치 창출 및 확보

가치를 창출하고 확보한다는 개념은 비즈니스 모델의 핵심으로서, 그림 9.1에서 볼 수 있듯이 비즈니스 모델을 이해할 수 있는 하나의 방법이기도 하다. 비즈니스 모델은 돈을 버는 것과 관련된다는 점과 수익은 제품이나 서비스를 구입하는 고객들로부터 나온다는 점을 상기하기 바란다. 고객은 제품이 혜택, 즉 B를 제공하는 것으로 인식하기 때문에 제품을 구매한다. 그러나 기업이 혜택 B를 제공하기 위해서는 R&D, 장비 및 원료 구매, 원료들의 제품 및 서비스로의 변환, 이러한 제품과 서비스들에 대한 마케팅, 제품 유통 등과 같은 부가가치 활동을 수행해야 한다.

이러한 활동들에는 비용 C가 든다. 기업이 창출한 가치(value created) V는 고객이 인식하는 가치 B와 기업이 혜택을 제공하는 데 든 비용 간의 차이다.[2] 즉, V=B−C이다. 고객은 그러한 혜택에 대해 가격 P를 지불한다. 이러한 고객 지불을 통해 기업은 이윤 P−C를 얻고, 고객은 B−P만큼의 이득을 얻게 된다. 즉, 기업이 창출한 가치로부터 확보한 가치(value captured)는 이윤 P−C인 것이다. 이 이윤은 때때로 생산자 잉여(producer surplus)라고도 부르는 한편, 고객이 얻게 된 이득 B−P는 소비자 잉여(consumer surplus)라 부른다. 예를 들어, 기업이 어떤 자동차를 만들고 판매할 때 창출되는 가치를 고려해보자. 고객들이 그 신차가 너무 마음에 들어서 그 신차를 소유함으로써 느낄 수 있는 혜택에 대해 기꺼이 30,000달러를 지불할 용의가 있다고 가정해보

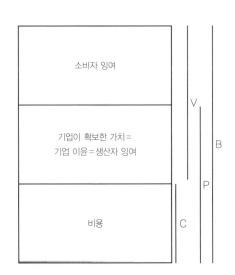

핵심요인

B=고객이 인식하는 가치
C=혜택 제공에 소요되는 비용
P=고객이 지불하는 가격
V=B−C=창출한 가치
기업이 확보한 가치=기업 이윤=P−C
              =생산자 잉여
소비자 잉여=B−P

그림 9.1 가치 창출 및 확보

자. 그리고 그 자동차 제조사는 그 신차를 생산하는 데(R&D, 마케팅, 제조비용을 모두 포함해서) 15,000달러가 들었고, 그 자동차의 가격은 20,000달러로 책정되었다고 가정해보자. 그림 9.1을 적용하면, 창출된 가치는 15,000(30,000−15,000)달러이고, 그 자동차 제조사의 이윤은 5,000(20,000−15,000)달러가 된다. 고객의 소비자 잉여는 10,000(30,000−20,000)달러가 된다.

기업에 의해 창출된 가치는 B−C이지만, 그 기업은 오직 그 일부분(P−C)만을 이윤의 형태로 확보한다. 고객들은 창출된 가치의 일부를 소비자 잉여의 형태로 확보한다. 실제 돈을 버는 것은 가치를 창출하는 것과 창출된 가치를 확보하는 것, 이 두 가지와 관련된다. 다음 절에서는 가치 창출과 확보에 대해 보다 자세히 논의해보자.

가치 창출

가치는 고객들이 인식하는 혜택과 그 혜택을 제공하는 데 드는 비용 간의 차이라는 점을 상기하라. 이러한 가치는 고객이 자신에게 혜택이 된다고 인식하는 무엇인가를 제공하기 위한 가치 사슬 활동들을 통해 창출된다. 이때 그 혜택을 제공하는 비용이 그 혜택을 초과하지 않도록 해야 한다. 즉, 가치 창출은 혜택과 비용에 관련된 것이라 할 수 있다. 고객이 제품으로부터 얻을 수 있는 혜택은 제품의 특성(성능, 품질, 심미성, 내구성, 사용 편의성)과 제품 및 기업의 브랜드, 제품의 위치, 제품과 관련된 네트워크 효과, 또는 제품에 수반되는 서비스 등으로부터 나올 수 있다. 제품의 가치는 디자인, 제조, 테스트 과정을 통해 부가되는데, 왜냐하면 이러한 활동들이 제품의 특성에 영향을 미치기 때문이다. 제품에 대한 광고 역시 제품에 대한 고객의 인지도를 높인다는 측면에서 제품에 대한 가치를 증대시키는 것으로 볼 수 있다. 또한 제품에 대한 유통도 가치를 증대시키는데, 왜냐하면 이러한 활동이 없다면 제품을 고객이 접근할 수 있는 곳으로 가져갈 수 없기 때문이다. 네트워크 효과를 보이는 제품들에 있어서는, 더 많은 사람들이 그 제품을 사용할수록 그 제품이 사용자 각각에게 제공하는 가치가 더욱 커지므로 고객들을 늘리는 활동이 가치 창출로 이어진다.

기업이 고객들을 위해 가치를 창출해 나가는 가운데 비용을 지속적으로 줄여나가기 위해서 할 수 있는 일은 여러 가지가 있다. 새로운 지식이나 기존 지식을 활용하여 기존의 활동 수행 방식들을 크게 향상시킴으로써 비용을 크게 줄일 수 있는 혁신을 수행할 수 있다. 또한 제품의 수량이 많아질수록 제품의 단위당 비용이 줄어들 수 있는 경우라면, 이러한 규모의 경제(economies of scale) 특성을 활용할 수 있다. 또한, 기업이 판매하는 상이한 제품들을 함께 생산할 때 드는 생산 단위당 비용이 각 제품을 따로 생산할 때 드는 생산 단위당 비용보다 작다면, 이러한 범위의 경제(economies of scope) 특성을 활용할 수 있다. 또한, 기업은 기존 경험으로부터 배운 점들을 활용함으로써 비용을 낮출 수도 있으며, 값싼 노동력이나 자원에 가까이 있는 것과 같이 자신에게 유리한 지리적 장점도 활용할 수 있다. 게다가 기업은 산업 또는 거시적인 차원의 전략적 요인들도 활용할 수 있다. 예를 들어, 어떤 기업이 공급자들에게 강한 교섭력을 발휘하고 있다면, 그 기업은 공급자들의 공급물에 대한 가격을 더 낮출 수 있을 것이고, 이로 인해 제품비용을 더 낮출 수 있을 것이다. 그러한 기업은 교섭력을 이용하여 공급자들과 협력 관계를 더욱 긴밀하게 만듦으로써, 공급자들이 얻을 수 있는 비용 절감 효과를 자신에 대한 공급물의 가격 인하로 유도할 수 있을 것이다. 결국 기업은 적절한 인센티브와 감시 체계를 적절하게 활용함으로써 대리인 비용을 줄일 수 있다는 것이다. 여기서 대리인 비용(agency costs)이란 직원이나 다른 주체들이 자신이 맡은 일을 제대로 수행하지 않기 때문에 — 예컨대 자기가 맡은 일을 하는 대신 인터넷 서핑을 하는 경우에 — 발생하는 비용을 의미한다. 결국 기업들은 더 큰 혜택을 제공하는 것과 동시에 그러한 혜택을 제공하는 비용을 줄여나감으로써 가치를 창출할 수 있는 것이다.

협력경쟁과 가치 창출

창출된 가치는 고객이 인식하는 혜택과 이러한 혜택을 제공하는 기업의 비용 간의 차이이므로, 가치 창출은 그 기업이 자신의 일을 어떻게 수행하는지에 따라 달라질 수 있는 것만큼이나, 협력경쟁자(coopetitors) — 기업이 가치 창출을 위해 협력하고 가치를 확보하기 위해 경쟁하는 고객, 보완업자, 경쟁자, 공급자, 그리고 여타 기관이나 조직 — 가 일을 어떻게 수행하는지에 따라서도 달라질 수 있다.[3] 어떤 기업의 공급자들로부터 제공되는 입력물의 품질은 그 기업이 고객들에게 제공할 수 있는 혜택의 품질에 영향을 미친다. 예를 들어, 어떤 고객이 어떤 PC를 통해 누릴 수 있는 혜택은 그 고객이 그 PC를 어떻게 사용하느냐는 물론이고 마이크로프로세서(마이크로칩 공급자들로부터 제공되는)와 보완업자들(마이크로소프트와 여타의 업체들)로부터 제공되는 소프트웨어의 품질에 영향을 받는 것만큼이나, 그 PC의 제조업체가 그 PC를 설계, 제조, 판매를 어떻게 하느냐에 의해서도 좌우된다. 고객들에게 혜택을 제공하는 데 소요되는 기업의 비용 또한 공급자 그 자체뿐만 아니라 해당 기업과 이러한 공급자 간의 관계에 의해서도 영향을 받는다.

게다가 고객이 제품이 자신의 니즈를 만족시키는 정도에 대한 인식은 제품에 대한 고객의 니즈를 포함하여 고객이 가지고 있는 고유한 특성에 영향을 받는다. 더욱이 고객이 기업에게 지불하게 되는 가격은 고객과 기업 간의 관계에 영향을 받는다. 사실 가치는 종종 제휴, 비공식적인 합의, 조인트벤처, 벤처 캐피털 투자 등을 통해서 협력하는 협력경쟁자들에 의해 창출된다. 실제 기업은 보통 협력경쟁자들과의 협력을 통해 가치를 창출하며 또한 그렇게 창출된 가치를 확보하기 위해 그들과 경쟁을 한다. 이상적인 (경쟁) 세계에서 각 기업은 그 기업이 창출하는 만큼의 가치를 확보할 것이다. (당신의 몫은 기여한 만큼에 해당할 것이다.) 실제 대부분의 기업들은 이상적인 세계에서 살고 있지 않다. 많은 조직, 개인, 국가, 기관 들은 그들이 창출한 것보다 더 큰 가치를 확보한다. 따라서 가치를 어떻게 확보하는지를 이해하는 것은 비즈니스 모델 및 전략 구축/실행에 있어 중요하다.

혁신물을 통한 가치 확보

가치 확보는 창출된 가치로부터 이윤을 누가 얻게 되는가와 관련된다. 가치 확보는 자신의 몫을 차지하는 것과 관련된다. 생산자에 대해 다시 언급하면, 그 기업은 창출된 가치(기업의 이윤)의 일부만을 차지하는 한편, 고객과 공급자들은 그 나머지를 차지한다. 여기서 다음의 질문을 고려해보자. 혁신자는 왜 자신이 창출한 모든 가치를 확보하지 못할 수도 있는가? 비즈니스 모델은 가치 창출 및 확보에 전적으로 관련된 것이기 때문에, 이 질문에 대해 대답하는 한 가지 방법은 비즈니스 모델의 요소를 통해, 가치 확보를 위해서는 무엇이 —가치 창출 외에— 필요한지를 살펴보는 것이다. 이를 통해 혁신물을 생산한 기업이 왜 자신이 창출한 가치를 모두 확보하지 못할 수도 있는지에 대한 다섯 가지 이유를 찾아볼 수 있다.

1. 가치 제안(창출된 가치로부터 나오는)이 다수의 높은 지불의사를 가진 고객들의 관심을 끌 정도로 주목받지 못하고 있을 수도 있다.
2. 해당 기업은 관심 대상인 세분 시장에서 협력경쟁자들에 대해 유리한 포지션을 차지하고 있지 못할 수도 있다.
3. 해당 기업은 잘못된 수익 모델을 가지고 있을 수도 있다.
4. 해당 기업은 잘못된 성장 모델을 가지고 있을 수도 있다.
5. 해당 기업은 혁신물로부터 이윤을 얻는 데 필요한 기술적·보완적 역량을 가지고

있지 못할 수도 있다.

가치 제안이 주목을 끌기에 충분치 못할 수도 있다

기업이 창출한 가치로부터 돈을 벌기 위해서는 자신이 제공하는 혜택을 원하고 이에 대해 돈을 지불하고자 하는 고객을 충분히 얻어야 한다. 이러한 경우의 예로는, 기업이 제공한 가치 제안이 다수의 높은 지불의사를 가진 고객들의 관심을 끌기에 충분한 경우를 들 수 있다. 고객들의 지불의사가 낮다면, 기업은 제대로 돈을 벌 수 없을 것이다.

관심 세분 시장에서 유리한 포지션을 차지하고 있지 못할 수도 있다

가치를 창출한 기업이 그 가치를 모두 확보하지 못할 수도 있는 다른 이유로는 다음과 같은 경우를 들 수 있다. 즉, 보다 강력한 교섭력을 갖춘 측이 항상 가치를 창출한 측이 되는 것은 아니기 때문이다. 또는, 가치를 공동 창출한 경우, 이에 가장 큰 기여를 한 측이 되지 못하기 때문이다. PC 사용자들에게 가치를 제공하는 인텔, 마이크로소프트, 그리고 여타의 PC 제조업체 간의 협력경쟁에 있어 마이크로소프트는 가장 수익성이 높지만, 가치 시스템에서 가장 많은 가치를 창출하는지에 대해서는 의심스럽다. (가치를 창출하는 것은 파이 만드는 작업을 함께하는 것과 같은 의미이다. 한편, 가치를 확보하는 것은 파이를 나누는 것과 같은 의미이다.) 협력경쟁자들 간에 각 측의 포지션은 그들이 얻는 파이의 지분을 결정한다.

어떤 기업의 공급자 또는 구매자가 그 기업에 대해 교섭력을 가지고 있다면, 그 기업이 창출된 가치를 전부 확보하는 것은 어려운 일이 될 수도 있다. 예를 들어, 어떤 기업이 어떤 중요한 요소에 대해 공급자를 하나만 가지고 있는 경우, 그 공급자는 그 기업의 한계 이윤이 0이 될 정도로 그 요소에 대해 가격을 높게 책정함으로써, 그 기업이 창출한 가치를 자신이 가장 많이 가져갈 수 있을 것이다. 구매자가 교섭력을 가진 경우라면, 그 기업은 낮은 가격으로 제품을 판매하게 되어, 결국 가치의 상당 부분을 얻지 못하게 될 것이다. 따라서 기업의 교섭력을 증대시키는 활동은 그 기업이 창출된 가치를 확보함에 있어 유리한 포지션을 구축하는 데 꼭 필요하다고 할 수 있다. 전통적인 예로는 델의 경우를 들 수 있는데, 이는 이미 제8장에서 보았다. 델은 유통업체들을 건너뛰어 기업과 개인 소비자에게 직접판매를 함으로써, 더욱 조직화되고 강력한 능력을 가진 유통업체들과의 대결을 피하고 그러한 유통업체들보다 교섭력이 약하고 세력화되어 있지 못한 최종 소비자들을 직접 공략할 수 있었다.

협력경쟁자들과의 좋은 관계 또한 기업이 가치를 확보하는 데 도움이 될 수 있다. 예를 들어, 어떤 기업이 고객들의 잠재적 니즈를 발굴하기 위해 자신의 고객들과 더욱 긴밀하게 일을 해나간다면, 이러한 고객들의 지불의사는 더 높아질 것이고, 이에 따라 창출한 가치의 더 많은 부분을 확보할 수 있는 가능성도 증대될 것이다.

잘못된 수익 모델을 가지고 있을 수도 있다

잘못된 수익 모델을 가지고 있는 것은 새로운 가치를 창출한 기업이 그 가치를 모두 확보할 수 없게 될 수도 있는 세 번째 이유가 된다. 어떤 개발도상국의 한 전화회사가 매우 좋은 서비스를 제공하지만 선지불 모델 대신 구독료 수익 모델을 채택한다면, 돈을 벌지 못할 가능성이 있다. 왜? 대부분의 개발도상국들은 신용관리의 역사가 없기 때문이다. 게다가 개발도상국가들에서는 다수 사람들이 매달 정기적으로 전화 요금을 내기에 충분한 소득을 얻지 못하고 있다. 따라서 이러한 개발도상국에서는 구독 모델이 제대로 실현되기 어려울 수 있다.

가치 확보에 영향을 미치는 다른 요인으로는 가격 전략을 들 수 있다. 기업이 가격을 고객의 유보가격에 대해 근접한 수준으로 책정할수록, 그 가격이 고객을 떠나게 만들지만 않는다면, 그 기업이 차지하게 될 가치는 더 커진다. 어떤 제품에 대한 고객의 유보가격(reservation price)이란 그 제품에 대해 지불하고자 하는 최대 가격이라는 점을 상기하라. 고객의 유보가격이 높을수록, 기업이 요구하는 가격이 소비자 잉여를 충분히 유지하는 수준에서 고객의 유보가격보다 낮게 책정될 가능성이 더 커진다. 또한, 고객의 유보가격이 높을수록 기업에서 요구하는 가격이 고객을 쫓아버리지 않을 가능성이 더 높아진다. 한편, 기업이 요구하는 가격은 기업과 고객 간의 관계, 특히 다른 한쪽에 대한 교섭력, 그리고 기업의 가격 전략에 따라서도 달라진다. 고객에 대한 기업의 교섭력이 강할수록, 기업은 고객으로부터 더 높은 가격을 받아낼 수 있고, 이에 따라 기업이 차지할 수 있는 가치(이윤)의 비중도 더욱 커질 수 있다. 또한, 고객과 좋은 관계를 유지하는 기업은 고객의 니즈를 발견하고 만족시키기 위한 작업을 고객과 더욱 잘해 나갈 수 있고, 이에 따라 고객의 유보가격은 높아지고 비용은 낮아질 수 있는데, 이러한 점들은 창출되고 확보되는 가치를 증대시키는 결과로 이어질 수 있다.

고객이 높은 유보가격을 가지고 있음에도 불구하고 기업이 가격을 그 유보가격보다 낮게 책정하는 경우, 고객은 그 차이를 지속시키면서 더 높은 소비자 잉여를 쉽게 차지할 수 있지만 기업의 이윤은 크지 못할 것이다. 그렇다고 해서 기업이 고객의 유보가격보다 가격을 높게 책정하면, 고객은 그 기업을 떠나갈 것이다. 따라서 기업은 고객이 다른 경쟁자로 또는 시장 밖으로 떠나가지 않는 선에서 가능하면 고객의 유보가격과 근접하게 가격을 책정하는 가격 전략을 추구하는 것이 바람직할 것이다. 기업의 수익 원천 또한 기업의 수익에 그리고 어느 정도는 기업이 확보한 가치에 영향을 미친다. 새로운 수익 원천들을 창출하는 혁신적인 활동들은 기업이 확보할 수 있는 총가치를 증대시킬 수 있다. 2013년의 라이언에어 사례를 살펴보자. 이 회사는 항공 티켓 판매 외에도 광고, 간식과 면세품 판매, 그리고 웹사이트를 통한 호텔 숙박 및 자동차 렌트 예약 수수료를 통해서 수익을 올렸다. 라이언에어가 승객들에게 제공한 주요 가치는 한 장소에서 다른 장소로의 비행이었다. 그러나 라이언에어는 승객들을 그들의 목적지로 이동시키는 동안 다른 방법들을 활용하여 승객들로부터 더욱 큰 가치를 뽑아낼 수 있었다.

잘못된 성장 모델을 가지고 있을 수도 있다

제1장에서 기업이 수익 측면에서 성장하기 위해서는 비용을 낮게 유지하면서 차단, 달리기, 또는 팀 구축과 같은 세 가지 전략의 일부를 추진할 필요가 있다고 설명한 점을 상기하라. 이러한 전략을 추진하는 데 따른 이점 중 하나는 지속적으로 수익은 향상시키고 비용은 낮추기 위해서 모방성과 대체성의 위협을 감소시킬 수 있다는 점이다. 어떤 기업이 창출한 가치를 경쟁자들이 모방할 수 있다면, 그 기업이 판매하는 제품의 가격과 수량은 떨어질 가능성이 크다. 다른 기업들이 사용 가능한 대체품들을 제공할 수 있는 상황에서 해당 기업이 가격을 고객들이 원하는 수준보다 높게 책정한다면, 그 기업의 고객들은 이러한 대체품들로 이동할 가능성이 크다. 이러한 일이 발생하는 경우, 그 기업이 확보할 수 있는 가치는 줄어들게 될 것이다. 차단, 달리기, 팀 구축 전략들을 대상으로 효과적인 조합을 만들어 대처한다면 모방과 대체의 위협을 감소시킬 수 있다.

효과적인 역량을 가지고 있지 못할 수도 있다

제8장에서 보았듯이 혁신물이 수익을 올리기 위해 희소하고 중요한 역량들 — 기술적 · 보완적 역량 모두 — 을 필요로 하는 경우, 보완적 역량을 소유한 업체는 가치를 확보하는 기업은 될 수 있어도 가치를 창출하는 기업이 될 수는 없을 것이다. 이는 특히 모방이 용이한 제품들의 경우에 있어 더욱 그러하다. 보완적 역량들은 기업이 가치를

창출하고 확보하는 데 요구되는 여타의 모든 역량들—혁신물을 직접적으로 뒷받침하는 역량들 이외의—을 의미한다. 보완적 역량으로는 브랜드, 유통채널, 진열공간, 제조 능력, 협력경쟁자들과의 관계, 보완적 기술, 보완적 제품들에 대한 접근, 인스톨드 베이스, 정부와의 관계 등을 들 수 있다. 따라서 혁신물을 생산하는 기업은 그 혁신물로부터 수익을 올리기 위해서 보완적 자산들과 관련된 포지션을 구축할 필요가 있다. 음반 산업의 경우, 음반회사들과 중개상들은 계약, 브랜드, 유통채널과 같은 보완적 역량을 가지고 있는데, 이는 그들이 뮤지션들이 창출한 가치의 상당 부분을 확보할 수 있는 이유가 된다.

물론, 기업은 혁신물에 필요한 역량을 가지고 있지 못해서 혁신물로 인한 수익 창출에 실패할 수도 있다. 많은 기업들이 충분히 고객들의 관심을 끄는 제품을 제공하는 데 필요한 것을 가지고 있지 못하기 때문에 혁신물을 통한 수익 창출에 실패하고 있다.

누가 얼마나 많은 가치를 확보하는가

이 장의 시작 부분에서 우리는 다음과 같은 중요한 질문을 제기한 바 있다. "가치 시스템에서 누가 얼마나 많은 가치를 창출하고(또는 창출하거나) 확보하는가?" 당시 우리는 이 질문에 관한 이해를 돕기 위한 내용을 살펴보기 위해 이 질문에 대한 답을 미루었었다. 이제 이 질문에 답할 준비가 되었다. 이를 위해 다음의 두 가지 예를 살펴보자.

예 9.1 : 도서 가치 시스템에서 누가 얼마만큼의 가치를 확보하는가

2000년, 책 한 권에 대해 고객이 지불하는 비용 1달러당 저자가 얻는 수익은 10센트, 그리고 출판사가 얻는 수익은 32센트, 그리고 인쇄소가 얻는 수익은 8센트, 유통업자와 소매상이 얻는 수익은 각각 20센트와 30센트로 추정된 바 있다.[4] 저자, 출판사, 인쇄소, 유통업체 및 소매상에 대한 이익률은 각각, -3.2%, 13.1%, 6.0%, 6.8%, 17.3%였다.[5] 이러한 가치 시스템에서 각 주자들이 얼마의 가치를 확보하였는가? 가장 많은 가치를 확보한 주자가 정말 가장 많은 가치를 창출한 주자일까?

예 9.1에 대한 해답

출판사를 고려하는 것으로부터 이 질문에 대한 대답을 시작해보자. 출판사들은 판매액의 1달러당 32센트를 벌고, 13.1%의 이익률을 얻는다. 출판사들이 확보한 가치는 그들이 창출한 가치로부터 만들어낸 이익이다.

$$\text{이익률} = \frac{\text{이익}}{\text{판매액}} = \frac{\text{이익}}{\$0.32} = 0.131 = 13.1\%$$

따라서 이익은 $\$0.32 \times 0.131 = \$0.042$이다. 이것이 출판사가 확보하는 가치이다. 출판사의 비용은 $\$0.32 - \$0.042 = \$0.278$이다.

같은 방식으로 각 주자들이 확보하는 금액과 비용을 계산할 수 있다. 이러한 숫자들은 그림 9.2에서 볼 수 있다. 이 그림에서는 각 주자들이 확보한 가치의 비중도 볼 수 있다. 소매상들은 창출된 가치의 47.6%를 확보하는데, 이는 주자들 중 가장 높은 수치이다. 소매상들은 다른 주자들에 비해 왜 가장 높은 가치를 확보하였는가? 한 가지 이유로는, 소매상들이 오프라인 세계의 진열공간을 통제함에 따라 공급자들과 구매자들에 대해 교섭력을 발휘할 수 있었다는 점을 들 수 있다. 그들은 일반적으로 제시된 판매가의 50%만을 출판사에 지불했다.[6] 대학이나 소매몰과 같은 일부 구역들에 있는 소매서점들은 지리적 독점적 지위를 차지했다. 실제 소매상들은 보완적 역량과 협력경쟁자에 대한 교섭력 그리고 경쟁자들과 차별화시켜주는 지리적 이점 등을 가지고 있었다. 다른 이유 중에는 다수의 소매상들이 중고책을 재판매할 수 있었고, 이로 인해 손쉽게 수익을 올릴 수 있었다는 점을 들 수 있다. 출판사들은 창출된 가치의 38.5%를 확보했는데, 이는 관련 주자들의 가치 확보율 중 두 번째로 높은 것이다. 출판사들이 평범한 저자들에 대해서는 힘을 발휘했다. 그러나 유명한 저자들의 경우에는 그 명성의 견인력 때문에 오히려 그들이 출판사에 대해 상당한 힘을 발휘했다.

유통업체들(도매업체를 포함한)의 가치 확보율은 12.5%로 출판사 다음의 순위를 차

	저자	출판사	인쇄소	유통업체	소매상	합계
수익($)	0.100	0.320	0.080	0.200	0.300	1.000
이익률(%)	-3.2	13.1	6.0	6.8	17.3	10.9
비용($)	0.103	0.278	0.075	0.186	0.248	0.891
확보한 가치($)	-0.003	0.042	0.005	0.014	0.052	0.109
가치 확보율(%)	-2.9	38.5	4.4	12.5	47.6	100

그림 9.2 도서 가치 사슬

지했다. 유통업체들은 도서를 운송하고 종종 소매상들이 필요로 할 때까지 창고에 보관하기도 하였다. 가장 낮은 가치를 확보한 주자는 인쇄소와 저자들이었는데, 그들의 가치 확보율은 각각 4.4%와 −2.9%였다. 인쇄소들은 자신의 공급자들이나 구매자들에 대해 거의 또는 아예 힘을 발휘하지 못한 채 세력화되어 있지 못했다. 저자들 또한 상당히 세력화되어 있지 못해서, 출판사들에 대해 힘을 거의 발휘하지 못했다(유명한 저자는 제외). 유명한 저자들은 많은 돈을 받았지만, 평범한 저자들은 오히려 손해를 보았다. 평범한 저자들은 아무 가치도 얻지 못했다. 오히려 그들은 자신의 책을 출판하기 위해 이 가치 시스템에서 다른 주자들에게 돈을 지불해야 했던 것이다. 그들은 책 가격의 2.9%를 지불한 꼴이었다. 실제 평범한 저자들은 책 출판으로부터 거의 또는 아예 돈을 벌지 못한다. 책을 구매하는 대부분의 사람들이 책의 내용 때문에 책을 구매한다는 점을 고려하면, 독자들이 꺼내 놓은 돈 중에 소매상에게 돌아간다는 비중이 47.6%나 된다는 사실은 의아할 정도다. 이러한 예를 통해 실제 일부 주자들은 자신들이 창출한 가치보다 더 많은 가치를 확보하고 있음을 알 수 있었다.

예 9.2 : 아이폰 시장에서 누가 얼마만큼의 가치를 창출하고 확보하는가

2007년, 애플이 아이폰을 처음으로 시장에 출시했을 때, 일부 재무 분석가들은 부품의 비용과 최종 제조비용이 4GB와 8GB 각각에 대해 234.83달러와 258.83달러에 이를 것이라 추정한 바 있다(표 9.1).[7] 이 두 가지 유형(4GB와 8GB)에 대한 권장 소비자 가격은 각각 499달러와 599달러였다. 당시 전자제품에 대한 도매 할인율은 25%로 추정되고 있었다. 여기서 다음의 질문을 생각해보자. 아이폰에 대해 고객이 바라보았던 가치 중 애플과 각각의 부품 공급자들이 확보한 가치는 얼마나 되었는가? 각각의 주자들에 의해 창출된 가치는 얼마나 되었는가? 미국에서 창출된 가치는 얼마나 되었는가?

예 9.2에 대한 해답

확보된 가치를 가지고 시작해보자.

> 다음을 상기하라. 확보된 가치＝가격−혜택 제공 비용. 4GB에 대한 소매가는 499달러였다. 따라서 도매가＝$(1 - .25) \times \$499 = \$374.25$이다. (유통업체와 소매상은 499달러 중 소매가의 25%인 124.75달러를 받았다.)

> 4GB에 대한 입력물들의 비용은 234.83달러이다(표 9.1). 따라서 애플이 확보한 추

표 9.1 아이폰에 대한 2007년 추정 비용

부품	공급자	4GB 아이폰에 대한 비용		8GB 아이폰에 대한 비용	
		미국 달러	%	미국 달러	%
ARM RISC 애플리케이션 프로세서	삼성, 한국	14.25	6.07	14.25	5.51
NAND 플래시 메모리	삼성, 한국	24	10.22	48	18.54
SDRAM (1Gig)	삼성, 한국	14	5.96	14	5.41
세 가지 칩 : 디지털 기반 밴드 LSI, 송수신기 LSI, 전력관리유닛	Infineon Technologies AG, 독일	15.25	6.49	15.25	5.89
터치스크린 모듈	Balda AG, 독일 / Tpk Solutions, 타이완	27	11.50	27	10.43
LCD 모듈	Epson Imaging Devices Corp., Sharp Corp. Toshiba Matsushita Display Technology Co.	24.5	10.43	24.5	9.47
블루투스 칩	CSR plc, 영국	1.9	0.81	1.9	0.73
와이파이 기반 밴드 칩	Marvel Semiconductor Inc., 미국	6	2.56	6	2.32
802.11b/q		15.35	6.54	15.35	5.93
잡화/포장 등		8.5	3.62	8.5	3.28
최종 제조	다양한 계약자들	15.5	6.60	15.5	5.99
EDGE에 대한 저작권 사용료		4.61	1.96	4.61	1.78
운영체제(OS X)	애플	7	2.98	7	2.70
음성처리 소프트웨어		3	1.28	3	1.16
카메라 모듈	Altus-Tech, Primax, Lite-On	11	4.68	11	4.25
배터리		5.2	2.21	5.2	2.01
기계적 요소/밀폐		12	5.11	12	4.64
여타의 하드웨어/소프트웨어 요소		25.77	10.97	25.77	9.96
총 입력물 비용		234.83	100.00	258.83	100.00

출처 : iSuppli Coporation: Applied Market Intelligence. 저자 추정.

정 가치는 가격 − 비용 = \$374.25 − \$234.83 = \$139.42이다.

애플의 공급자가 확보한 가치는 얼마나 되는가? 삼성을 고려해보자. 삼성은 적어도 세 가지 부품을 공급했다. 여기서 문제는 우리가 각 부품의 가격은 알고 있지만 각 부품에 대한 삼성의 비용은 모른다는 것이다. 기업들은 개별 제품의 비용을 공표하지 않는다. 그러나 기업은 총이익률을 재무제표를 통해 제공하므로, 이를 이용하여 추정해

볼 수는 있다. 삼성의 2006년 총이익률은 18.6%이다.

$$\frac{(P-C)}{P}=18.6\%$$

따라서 P−C=P×0.186=부가가치이다.

NAND 플래시 메모리(표 9.1)와 관련하여 삼성이 확보한 가치는 $24×0.186=$4.46이다.

LCD 모듈이 샤프에 의해 제공된다면, 우리는 샤프가 확보한 가치도 샤프의 2006년 총이익률 22.6%를 이용하여 계산할 수 있다. 이 가치는 $24.5×0.226=$5.54이다. 최종 제조 과정(조립)을 수행하는 기업들이 15%의 이익률을 가지고 있다고 가정한다면, 이 기업들은 4GB 아이폰 한 대당 $15.5×0.15=$2.33의 가치를 얻게 될 것이다.

고객들이 4GB 아이폰에 대해 지불하는 비용은 한 대당 499달러인데, 이 중 소매상과 유통업체가 124.75달러를, 애플은 139.42달러를, 삼성은 NAND 플래시 메모리에 대해 4.5달러를, 샤프는 LCD 모듈에 대해 5.54달러를, 각 최종 생산(조립)업체들은 2.33달러를 확보한다. 이러한 업체들의 확보 가치에 대한 계산법을 통해, 다른 공급업체들에 대해서 그들이 확보한 가치를 계산할 수 있다. (이러한 계산 방식은 미국의 애플 소매상들이 왜 그렇게 수익을 낼 수 있었는지도 설명해준다. 애플은 소매상들에게 제품 가격의 25%를 주는 대신 또 다른 25%를 확보하게 된다.)

이제 창출된 가치로 돌아가보자. 다음을 상기하라.

창출된 가치=고객들이 인식하는 혜택−그 혜택을 제공하는 비용

=고객의 지불의사−그 혜택을 제공하는 비용

=고객의 유보가격−그 혜택을 제공하는 비용

여기서 한 가지 문제점은 고객의 유보가격이나 지불의사를 결정하는 것이 쉽지 않다는 것이다. 예컨대 애플의 경우 아이폰을 구매하고자 하는 고객들이 많이 있으며, 특히 열성 팬 중에는 제시된 소매가보다도 더 높은 금액을 주고서라도 사려고 했던 사람들이 있었던 것도 알려진 사실이다. 즉, 이러한 고객들의 유보가격은 소매가보다 더 높았다는 것이다. 그러나 각 고객이 과연 얼마까지를 지불할 의사가 있었는지는 정확히 알 수 없다. 우리가 말할 수 있는 것은 고객들의 평균적인 유보가격이 결국 그들이 지불하게 되는 소매가보다는 높았다는 것이다. 우리는 각 부품에 대한 애플의 유보가격

또한 알지 못한다. 전략가들이 중요하게 기억해야 할 것은 고객을 경쟁자나 시장 밖으로 쫓아버리지 않는 선에서, 창출한 가치를 최대한 얻어내기 위해 고객의 유보가격에 최대한 근접할 수 있는 방법을 항상 찾아야 한다는 점이다. 또한, 기업은 공급자의 높은 품질의 부품을 지속적으로 공급할 수 있는 능력에 대해 부정적인 영향을 미치지 않는 선에서, 자신의 유보가격보다 낮은 가격을 공급자로부터 끌어내기 위한 노력에도 최선을 다해야 한다는 것이다.

국제적 부품 요소와 관련된 가치 창출 및 확보

앞에서 살펴본 예에서 찾아볼 수 있는 흥미로운 점 하나는 애플을 위해 아이폰을 조립하는 제조업체 각각이 4GB 아이폰에 고객이 지불하는 499달러 중 고작 2.33달러밖에 이익을 얻지 못하고 있었다는 점이다. 이러한 제조사들이 속한 국가는 4GB 아이폰 한 대당 234.83달러의 수출 실적을 올린 것으로 여겨졌다. 이는 제조국들이 거의 가치를 얻지 못함에도 불구하고 여전히 가장 큰 수출 수혜국으로 인식되고 있다는 점에서 유감스러운 일이 아닐 수 없다.

이번엔 다른 편에 있는 업체의 예를 살펴보자. 미국의 대규모 수출업체들은 부가가치를 제공하는 데 기여한 것보다 더 크게 인정받고 있을 수도 있다. 1980년대, 1990년대, 그리고 2000년대에 걸쳐, 보잉사는 미국의 가장 큰 수출업체 중 하나였다. 예를 들어, 2013년 보잉 787 한 대가 미국에서 창출한 가치는 얼마나 되었는가? 보잉사는 비행기를 설계하고 비행기 성공에 중요한 R&D와 엄격한 테스트를 수행하였다. 이 비행기는 미국 워싱턴 주의 에버렛에 있는 공장에서 제조되고 있었다. 그러나 에버렛에서 조립되는 주요 부품 중 거의 대부분은 다른 국가들에서 생산된 것들이었다.[8] 이를테면 날개, 중앙 날개 박스, 주요 착륙 바퀴집, 전방향 동체는 일본의 나고야에 있는 미쓰비시 중공업(Mitsubishi Heavy Industries)과 가와사키 중공업(Kawasaki Heavy Industries)에서 만들어졌다. 다른 전방 동체는 미국의 사우스캐롤라이나 주에 있는 보우트 에어크래프트 인더스트리즈(Vought Aircraft Industries)에 의해, 중앙 동체는 이탈리아의 알레니아 에로나티카(Alenia Aeronautica)에 의해, 후미 동체는 미국 캔사스 주의 위치타에 있는 스피릿 에로시스템즈(Spirit AeroSystems)에 의해 생산되었다.[9] 수평 안전판은 이탈리아의 알레니아 에로나티카에 의해 제작되었다. 승객용 출입문은 프랑스의 라테코에르(Latecoere)에 의해 만들어졌고, 화물용 출입문, 엑세스노어, 승무원 출입문 등은 스웨덴의 사브(Saab)에 의해 제작되었다. 비행기 날개의 공기 저항 조절기와 덮개는 오스트레일리아에 있는 보잉 오스트레일리아(Boeing Australia)에 의해 제작되었고, 곡면 부분은 캐나다의 보잉 캐나다 테크놀로지(Boeing Canada Technology)에 의해 생산되었다. 끝으로 보잉 787의 동력은 미국 제너럴 일렉트릭(General Electric)의 지이엔엑스(GEnx) 엔진과 영국 롤스로이스(Rolls-Royce)의 트렌트 1000 엔진에 의해 공급되었다.

보잉사는 비행기를 구상하고 설계하고, 이러한 모든 부품을 결합시키고, 모든 공급업체들과 협력하고, 부품을 조립함으로써 가치를 창출했지만, 비행기의 주요 요소들 ─엔진, 동체, 착륙 기어 시스템, 날개, 꼬리 등─은 공급업체들이 설계하고, 개발하고, 테스트하고, 조립하였다. 이러한 공급업체들도 787에 대해 항공사들과 승객들에게 인정받을 수 있는 큰 가치를 창출하였던 것이다. 더욱이 비행기를 설계함에 있어 보잉사는 고객들─그 비행기를 구매할 가능성이 있는 항공사들─과 매우 긴밀하게 작업을 하기도 했다. 이러한 협력경쟁자 중 다수는 미국 밖에 있었다. 그러나 일본항공이 787을 구매하고자 한다면, 그 비행기의 전체 비용은 미국의 일본에 대한 수출 성과로 여겨질 것이다. 수출되거나 수입된 제품보다는 창출되고 확보된 가치와 관련지어 생각할 때 우리는 일이 어떻게 진행되고 있는지에 대해 더 나은 시각을 가질 수 있을 것이다.

혁신물을 통한 가치 창출 및 확보의 위치 이동

우리는 지금까지 혁신물을 통해 가치가 어떻게 그리고 왜 창출되고 확보되는지에 초점을 맞추어 왔다. 그러나 가치 시스템상에서 혁신물을 통해 가치를 창출하고 확보하는 주체는 달라질 수 있다. 예를 들어, 메인프레임과 미니컴퓨터 시대에는 컴퓨터 산업에서 대부분의 가치가 제품에 중요한 영향을 미치는 마이크로칩과 소프트웨어를 생산하는 수직적 통합 컴퓨터 회사들에 의해 창출되고 확보되었다. PC가 도래하면서부터는 컴퓨터 산업에서 가치의 많은 부분들이 보완업자이자 공급자인 마이크로소프트와 공급자인 인텔에 의해 확보되었다. 물론 고객들도 가격 인하, 성능 향상, 사용자 증가 등으로 인해 큰 혜택을 받을 수 있었다. 실질적으로 가치 창출 및 확보는 컴퓨터 제조사들로부터 고객, 공급자, 보완업자 들로 이동되었던 것이다.

혁신물을 통한 가치 창출 및 확보의 이동과 관련된 흥미로운 예 중 하나가 보톡스이다. 보톡스가 나오기 이전에 성형시술은 특진료를 내야 하는 외과 전문의들만 시술할 수 있었고, 공급자들은 시술로 인해 얻는 것이 거의 또는 전혀 없었다. 성형시술은 여러 시간 지속될 수도 있었기 때문에 환자들은 마취상태로 있어야 했으며, 시술이 끝난 후에도 환자들은 완전히 회복되는 데 여러 주를 보내야 했었다. 그러나 FDA가 보톡스를 승인한 2002년 이후에는 일반 의사들도 보톡스를 이용하여 성형시술을 할 수 있게 되었다. 보톡스 제조사인 엘러간은 보톡스 한 병을 생산하는 데에 40달러의 비용이 들었는데, 의사에게는 400달러에 판매하였고, 의사는 그 가격을 한 시술당 2,800달러까지 올려 받았다.[10] 보톡스 한 병은 3~4명의 환자를 치료하는 데 사용될 수 있는 분량이었다. 보톡스 시술은 몇 분 만에 끝날 수 있었으며 환자는 당일 바로 일터로 복귀하거나 다른 정상적인 활동을 할 수 있었다. 실질적으로 보톡스의 출시는 성형 전문의들의 능력의 일부를 그 제품으로 대체시켰고, 이에 따라 성형 전문의들이 창출하고 확보하는 가치의 일부를 공급자인 엘러간뿐만 아니라 일반 의사들 그리고 물론 환자들로도 이동시켰던 것이다.

협력과 경쟁 간의 잠재적 연계

대부분의 전략 프레임워크들은 전적으로 경쟁에 관한 것이거나 아니면 전적으로 협력에 관한 것들이다. 예를 들어, 포터의 경쟁세력 모델은 기업에게 부담 요인이 되는 경쟁세력들을 다룬다. 심지어는 보완업자를 포함한 이 모델의 다른 버전들조차도 기업과 공급자, 구매자, 경쟁업체, 잠재적 신규 진입자 간에 존재할 수 있는 협력에 관해서는 거의 또는 전혀 언급하지 않고 있다. 다른 한편으로는 기업 간의 협력을 다루는 모델도 있는데, 이것들은 협력관계를 맺은 기업 간의 밑바탕에 깔려 있는 잠재적인 경쟁에 대해서 거의 또는 전혀 다루지 않고 있다. 그러나 앞에서 주장했듯이 협력이 있는 곳에는 경쟁이 있을 가능성이 있다. 그리고 경쟁이 있는 곳에서는 아마도 협력할 기회도 있을 것이다.

이러한 두 가지 서술은 혁신적인 활동과 관련해서 다음과 같은 두 가지 이유 때문에 더욱 적절하다. 첫째, 혁신적인 활동들, 특히 혁명적인 비즈니스 모델을 뒷받침하는 활동들은 보통 비혁신적인 활동들보다 불확실성이 더 높다. 그러한 불확실성들, 특히 기술적인 불확실성들은 일종의 협력을 통해 가장 잘 해결될 수 있다.[11] 따라서 혁신적인 부품들을 이용한 혁신물을 개발하고 있는 기업은 제품개발의 불확실성을 해소하기 위해 그러한 부품 공급자들과 협력관계를 구축하는 것이 더욱 유리하다—그들을 교섭력을 내세우려는 적으로 보지 말고.[12] 더욱이 상대적으로 젊은 시장에서는 경쟁자들이 해당 시장을 키우기 위해 협력하고자 하는 동기를 가지고 있다. 둘째, 이 장에서 이미 보았듯이, 혁신적인 활동을 통해 수익을 올리기 위해서는 종종 보완적인 역량이 필요한데, 그중 다수는 종종 협력을 통해 획득된다. 그리고 가치 창출을 위한 협력이 존재하는 곳에는 비용과 창출된 가치를 공유하는 경쟁 또한 존재한다 — 비록 그것이 암묵적일지라도.

협력과 경쟁을 하는 동안 잃어버린 기회

실제 기업들은 경쟁 때문에 협력할 기회를 놓칠 때마다 더 큰 파이를 만들 수 있는 기회를 잃어버리고 있을 수도 있다. 예를 들어, 기업은 공급자를 대상으로 자신의 교섭력을 활용하여 그들이 가격을 낮추도록 만드는 대신, 그들과 협력을 함으로써 비용을 낮추고 부품의 기능성과 품질을 향상시킬 수 있다. 그렇게 할 때 그 기업은 이전보다 더 높은 품질의 부품을 이전보다 더 낮은 가격으로 공급받을 수 있게 되고, 이에 따라 그 기업은 수익성이 더 높아질 수 있고, 그 공급자 또한 이전보다 더 수익성이 좋아지고 더 행복해질 수 있을 것이다. 물론, 기업이 이러한 협력 과정 동안 발생하고 있는 잠재적인 경쟁에 관해 잊고 있을 때, 그 기업이 차지할 수 있는 파이의 몫이 줄어들고 있을 수도 있다.

포도 한 송이 전체 또는 수박 한 조각

협력을 하는 동안 종종 발생하는 경쟁에 직면할 때 협력경쟁자들이 저지르기 쉬운 실수 중 하나는 어떤 다른 대안들이 있는지 생각하는 것을 잊는 것이다. 특히 당신 파이의 크기가 파트너의 몫이나 당신의 기여도에 비해 상대적으로 작아서 그 파트너를 버리고자 한다면, 그 전에 당신은 앞으로 누구와 파이를 함께 만들 수 있을지를 매우 신중하게 생각해야 한다. 당신이 새로운 파트너와 함께 창출한 가치가 기존 파트너와 함께 창출한 가치 이상으로 클 수 있을까? 당신이 다른 파트너 때문에 기존의 파트너를 떠난다면, 당신은 포도 한 송이의 90% 때문에 수박의 10%를 떠나고 있는 것인지도 모른다.[13] 즉, 포도 한 송이의 90%를 차지한 들, 수박의 10% 이상의 가치가 있을까? 향후 수박에서 차지할 수 있는 크기는 포도보다 더 커질 수 있는데, 섣불리 포도로 옮겨간다면, 이는 장기적으로 유익한 결정이 되지 못할 수 있다는 것이다.

주자들의 유형

어떤 시장에서든 혁신을 추구하는 모든 기업이 동시에 움직이는 것은 아니다. 모든 주자들이 효과적인 혁신 전략을 추진하는 것도 아니다. 따라서 우리는 그들이 어떤 혁신을 언제 추구하는지 그리고 어느 정도로 효과적인 전략을 추구하는지에 따라 주자들을 분류할 수 있다. 이러한 분류를 바탕으로 기업은 어떤 혁신물과 관련하여 경쟁자들에 대해 상대적으로 자신의 전략적인 위치가 어디쯤에 해당하는지 이해하고 다음엔 어떤 단계로 나아가야 할지를 이해할 수 있을 것이다. 이러한 분류는 다음과 같은 네 가지로 제시될 수 있다: 탐색자, 슈퍼스타, 활용자, 미투.

탐색자

탐색자(explorer)란 어떤 혁신물의 추진과 관련하여 초기에 진입은 했지만 그것을 그렇게 많이 즐기지는 않는 그러한 기업을 의미한다. 이러한 기업의 활동들은 가치 창출 및 확보를 위한 명확한 전략에 의해 주도되기보다는, 단지 자신이 그것을 하고 있거나 그렇게 하는 것을 즐기고 있다는 것을 우연히 알게 되었다는 점 때문에 추진된다. 탐색자들은 돈을 벌기 위한 목적으로 세상에서 또는 자신이 속한 분야에서 차별화를 위한 활동을 추진할 수도 있다. 또는 지식 자체를 위해서 활동하고 있을 수도 있다. 탐색자들은 종종 가치를 창출하거나 가치 창출을 위한 토대를 구축하지만 가치를 얻어 가지는 않는다. 그들은 기술적 불확실성과 시장의 불확실성을 감소시키는 데 도움을 주며, 활용자들이 시장에 들어오고 가치를 창출하고 돈을 벌 수 있는 토대를 활용할 수 있도록 길을 닦는다. 많은 발명자들(기업과 개인)이 이 영역에 해당한다. 트랜지스터를 발명한 AT&T나 테슬라(Tesla)와 같은 발명자들은 좋은 예가 될 수 있다. 다른 예로는 제록스를 들 수 있는데, 제록스의 팰로앨토 연구소는 레이저 프린트, 이더넷, PC GUI(graphical user interface) 패러다임(즉, 윈도우), 객체지향 프로그래밍 기법 등 여러 가지를 발명했지만, 그것들로 인해 많은 돈을 벌지는 못했다. 그렇다고 해서 모든 탐색자들이 그들이 창출한 가치를 확보하지 못한다는 것은 아니다. 일부 탐색자들은 돈을 벌고 있지만, 그 돈은 그들이 가치를 창출하고 확보하기 위한 의도적인 시도를 통해 들어오는 것이 아니라는 것이다.

슈퍼스타

슈퍼스타(superstar)란 초기에 혁신물을 추진한 기업으로서 주로 선발주자 이점을 구축 및 활용하고, 초기 진입에 따른 난점에 대응하고, 경쟁자들의 악점을 활용하기 위한 기능성을 향상시키는 활동을 수행하는 기업을 의미한다. 일반적으로 슈퍼스타는 어떻게 가치를 창출하고 확보할지에 대한 명확한 전략을 가지고 시장에 진입한다. 슈퍼스타는 탐색자와 마찬가지로 가치 창출을 위한 새로운 방법을 탐색하는 데 관심을 가지고 있다. 그러나 탐색자와 달리 슈퍼스타는 수익 창출에도 진지한 관심을 가지고 있다. 슈퍼스타는 혁신적인 활동을 수행하고 그 결과로 발생하는 가치를 확보하기 위해 열심히 노력한다. 슈퍼스타는 필요한 일을 적합하게 수행하고 있는 상황이라 할 수 있다. 운이 좋다면 슈퍼스타는 경쟁우위를 획득할 수 있을 뿐만 아니라 자신이 속한 산업의 구조를 바꿀 수도 있다. 이러한 기업이 해당 산업의 슈퍼스타가 되는 것이다. 대부분의 경우 슈퍼스타들은 효과적인 선발주자 이점을 구축한 상태에서 이를 활용하고 있기 때문에 후발주자들은 보통 그러한 슈퍼스타를 따라잡거나 넘어서는 데 어려움을 겪는다.

더욱이 슈퍼스타는 이미 초기 진입에 따른 어려움도 극복했고 잠재적 경쟁자들의 약점도 활용했을 수 있다. 그러나 이러한 점이 슈퍼스타의 경쟁우위가 아주 오랫동안 지속될 수 있다는 것을 의미하는 것은 아니다. 의약품 제조회사인 머크(Merck)는 R&D를 통해 메바코(Mevacor)를 개발하고 활용한 슈퍼스타였는데, 스타틴(statin, 콜레스테롤 저하제)으로도 불리는 메바코는 콜레스테롤 제약군의 첫 번째 약으로서 콜레스테롤 치료에 혁명을 가져왔다. 월마트는 미국 남서부 시골 지역에서의 할인소매업을 통해 슈퍼스타가 되었다. 슈퍼스타들은 보통 돈을 벌지만 언제나 그런 것은 아니다. 그들의 의도적인 가치 창출 및 확보 추구가 탐색자들에 비해 수익 가능성을 증대시킨다. 그러나 슈퍼스타들은 최초로 시장에 진입할 때 직면하게 되는 커다란 기술 및 시장의 불확실성 때문에 일반적으로 그들이 창출한 가치의 대부분을 확보하기는 쉽지 않다.

활용자

활용자(exploiter)란 기술 및 시장의 불확실성을 줄이기 위해 탐색자와 슈퍼스타가 등장한 이후에 시장에 진입한 업체를 의미한다. 활용자는 보통 선발주자 난점을 활용할 수 있는 능력을 가지고 있거나 신속하게 개발할 수 있어서, 초기 진입자들보다 가치 창출 및 확보를 더 잘할 수 있다. 또한, 활용자들은 보통 자신이 새로운 것을 발명하거나 개발하지는 않지만, 그러한 결과물을 최대한 활용하여 돈을 번다. 그들은 보통 보완적 자산들─혁신물을 직접 뒷받침하는 자산들과는 별개로 기업이 가치를 창출하고 확보하는 데 필요한 여타의 모든 자산─을 가지고 있다. 활용자의 예는 다양한 산업에 걸쳐 많이 찾아볼 수 있다. 제너럴 일렉트릭과 지멘스는 CAT 스캔 기계를 발명하지는 않았지만, 그 발명품을 활용하여 많은 돈을 벌었다. 코카콜라와 펩시콜라도 다이어트 콜라

그림 9.3 주자들의 유형

나 무카페인 콜라를 개발한 것은 아니지만, 그 제품들을 통해 돈을 많이 벌었다. 마이크로소프트도 자신이 직접 개발하지 않은 여러 제품을 통해 돈을 많이 벌었다. 아이팟이 첫 번째 MP3 플레이어는 아니었지만 2007년에 시장을 지배했다. 활용자들은 슈퍼스타처럼 가치를 창출하고 확보하기 위한 명확한 전략을 확보하고 있다. 그러나 그들은 그러한 전략을 통해 자신의 보완적 자산과 역량을 바탕으로 초기 진입자가 겪는 어려움을 최대한 잘 활용한다. 또한 그들은 보통 자신들이 언제 진입할지 그리고 진입할때 무엇을 해야 할지를 안다. 일부 기업가들은 활용자를 자신들의 출구 전략의 중요한 부분으로 보기도 하는데, 그 이유는 그들은 수익을 목적으로 자기 자신(과 자신의 기술 및 아이디어들을)을 활용자들에게 팔 수 있기 때문이다. 어떤 탐색자들은 활용자들을 피라냐(piranha, 육식 물고기)로 보기도 한다.

미투

미투(me-too)란 최초 진입자보다 가치 창출 및 확보를 더 잘하기 위한 목적으로 최초 진입자가 겪는 어려움을 활용하고자 하는 명확한 전략을 가지고 있지 않은 업체를 의미한다. 이들 중 다수는 최초 진입자나 활용자로부터 자신의 경쟁우위를 지켜내야 하는 기존 세력들이지만, 어떻게 해야 하는지를 잘 알고 있는 것은 아니다. 한편, 미투 업체 중 일부는 최초 진입자가 겪는 어려움을 활용하여 틈새시장을 창출하거나 이미 형성된 틈새시장에 진입하기도 한다. 이러한 경우 그들은 틈새시장 공략을 위한 명확한 전략들—최초 진입자나 탐색자를 넘어뜨리기 위한 것이 아닌—을 가지고 있을 수도 있다. 미투 업체의 대표적인 예로는 다수의 복제약품 제조사를 들 수 있다.

경쟁과 협력경쟁

각 주자의 성공은 그 주자가 직면하는 경쟁에 달려 있다는 점을 인식하는 것은 중요하다. 슈퍼스타가 보다 가치 있고 희소한 보완적 자산을 가진 다른 기업들이 해당 시장에 들어오는 것과 거의 동시에 자신의 전략을 수행하기 시작한다면, 그 빛이 덜할 것이다. 또한, 슈퍼스타가 선발주자 이점을 구축할 수 있는 기회를 갖기 전에 활용자들이 해당 시장에 들어온다면, 그 슈퍼스타가 성공할 가능성은 낮을 것이다. 만약 탐색자가 활용자나 슈퍼스타로부터 도전을 받지 않는다면, 탐색자는 치열한 경쟁을 치르지 않아도 되기 때문에 쉽게 돈을 벌 수 있을 것이다. 활용자들은 다른 활용자들이 해당 시장에 진입하는 시점과 거의 동시에 시장에 진입하거나 슈퍼스타들이 선발주자 이점을 구축한 이후에 시장에 진입한다면, 돈을 벌 가능성이 낮을 것이다. 미투들은 틈새시장에 진입하거나 아니면 슈퍼스타와 탐색자 모두가 자신에게 도전조차 해오지 않는다면, 성공할 가능성이 높을 것이다. 실질적으로 어떤 주자가 돈을 얼마나 벌 수 있는지는 자신이 직면하고 있는 경쟁 상황에 따라 크게 달라진다.

주자의 성과 또한 가치를 창출하고 확보하는 데 있어 다른 주자들과 얼마나 잘 협력할 수 있는가에 따라 크게 달라질 수 있다. 개발 능력이 더 뛰어난 탐색자는 보완적 자산을 가진 다른 탐색자와 팀을 구축함으로써 자신이 혼자서 하는 것보다 승리의 가능성을 더 높일 수 있을 것이다. 또한 활용자는 슈퍼스타와 팀을 구축함으로써 서로의 보완적 자산을 활용할 수 있을 것이다. 특히 각 주자가 서로 독특한 무엇인가를 제공할 수 있는 다른 나라에 속해 있는 경우에는 그 효과가 더욱 클 것이다.

주자 유형 프레임워크의 활용

지금까지 주자 유형을 네 가지로 구분하여 설명하였다. 이러한 주자 유형에 대한 프레임워크는 매우 단순하지만, 그 활용 가능성은 상당히 높다. 이 프레임워크는 다양하게 활용될 수 있으며, 다음과 같은 항목들과 관련하여 기업의 혁신 전략들에 대해 기초적이지만 상당히 유용한 관점을 제공하는 데 도움을 줄 수 있다: (1) 제품, (2) 국가 또는 시장 (3) 기간.

제품 혁신에 대한 서로 다른 전략에 대한 탐색

어떤 한 시점에서 어떤 기업이 어떤 특정 제품을 대상으로 한 탐색자가 되는 것, 또 다른 제품에 대한 탐색자가 되는 것, 그리고 역시 또 다른 제품에 대해 슈퍼스타나 미투가 되는 것은 이상한 일이 아니다. 관리자들은 주자 유형 프레임워크를 활용하여 이러한 제품들을 뒷받침하는 전략을 탐색하고 개선 포인트에 대한 의사결정을 할 수 있다. 그림 9.4는 이 프레임워크가 어떤 컴퓨터 제조사에 대해 어떻게 활용될 수 있는지를 보여주고 있다. 이 기업은 2000년에 랩톱, 서버, MP3 플레이어를 공급하였다. 그림 9.4에서 각각의 원의 크기는 2000년도 매출 수익의 크기를 나타낸다. 기업이 주요 경쟁자가 시장에 제품을 출시하는 것보다 더 빨리 출시할수록, 그 원의 위치는 더 높아진다. 이

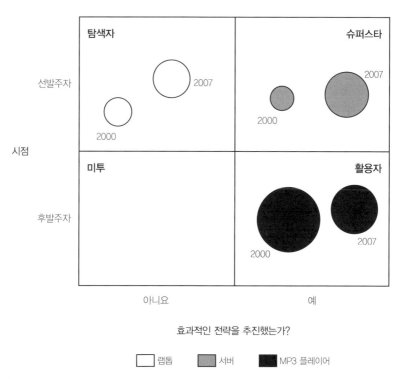

그림 9.4 서로 다른 제품 혁신 전략

기업이 제품에 대해 효과적인 혁신 전략을 가지고 있는 것으로 보일수록, 그 원은 오른쪽으로 더 이동한다. 이러한 표시 방식을 고려할 때, 이 기업이 2000년과 2007년에 랩톱에 대해 사용한 전략은 탐색자였다. 그러나 랩톱에 대한 원은 2007년 것이 2000년 것보다 더 오른쪽에 있으므로, 2007년에 이 기업은 조금 더 슈퍼스타처럼 행위했다고 볼 수 있다(그러나 이 기업은 여전히 탐색자임).

또한, 2007년 수익이 2000년 수익보다 높으므로 전략은 성공했다고 볼 수 있다. 한편, 이 기업은 서버에 한해서 슈퍼스타처럼 행위를 했다. 이 기업의 서버 수익은 2000년보다 2007년에 더 컸는데, 그 기간 동안 이 기업은 전략을 잘 수정해 온 것으로 보인다. 끝으로 MP3와 관련해서 이 기업은 2000년보다 2007년 더 향상된 활용자 전략을 사용한 것으로 보이지만, 오히려 수익은 떨어졌다. 왜 떨어졌을까? 그 기업이 전략은 더 향상시켰지만 경쟁이 더욱 심화되었기 때문일 수 있다. 이러한 분석은 매우 단순하지만, 이 세 가지 제품을 모두 계속해서 시장에 공급할지, 아니면 한두 개에만 초점을 맞출지, 그리고 그렇게 하는 경우 슈퍼스타, 활용자, 또는 탐색자 전략을 계속해서 추진해 나갈지, 아니면 심지어 미투 전략으로 선회할지 등에 관한 논의를 하는 데 좋은 출발점이 될 수 있다.

서로 다른 시장을 대상으로 한 여러 제품 혁신 전략의 성과

이 주자 유형 프레임워크는 서로 다른 국가나 지역을 대상으로 한 여러 제품/서비스에 대한 기업 전략을 검토하는 데에도 사용될 수 있다. 유럽연합, 중국, 미국에서 서로 다른 전략을 추구하고 있는 기업을 고려해보자(그림 9.5). 이 경우 원의 크기는 해당 기업이 각 지역에서 올린 수익의 크기를 의미한다. 유럽연합에서 이 기업은 탐색자와 활용자로서 좋은 성과를 냈으며, 미투로서는 약간의 성과를 냈다. 그러나 슈퍼스타로서는 좋은 성과를 내지 못했다. 이 업체는 맥도날드나 켄터키 프라이드 치킨과 같은 패스트푸드 업체일 수 있다. 이러한 패스트푸드 업체들은 대개 처음으로 매장을 오픈한 지역에서는 탐색자로 활동하지만, 또 다른 지역에서는 활용자나 여타의 유형으로서도 활동하고 있기 때문이다.

이 업체는 중국에서 슈퍼스타, 활용자, 미투로서 활약했다. 슈퍼스타로서보다는 활용자와 미투로서 더 큰 성공을 거두었음을 알 수 있다(이 두 가지 유형에 해당하는 원의 크기는 슈퍼스타 원의 크기보다 더 크다). 또한, 이 업체는 중국의 서로 다른 지역을 대상으로 상이한 전략을 가진 소매전문업체일 수도 있다. 이 업체는 미국에서 네 가지

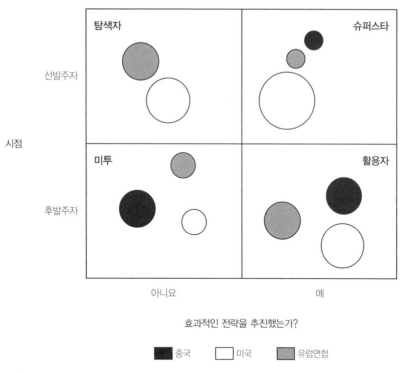

그림 9.5　서로 다른 나라에서의 주자 유형

제품을 제공하는데, 제품마다 각기 다른 유형에 초점을 맞춘 전략을 사용하였다. 이 기업은 슈퍼스타로서 가장 큰 성과를 거두었고, 이어서 활용자, 그다음엔 탐색자 순으로 성과를 거두었다. 미투로서의 활동이 가장 적은 성과를 냈다. 이러한 분석은 계속해서 네 가지 제품을 모두 제공할 것인지, 또는 각각의 시장에서 슈퍼스타, 탐색자, 활용자, 미투 중 오직 한 가지 유형에만 초점을 맞출 것인지를 논의하는 데 있어 좋은 출발점이 될 수 있다.

기업 혁신 전략의 역사

세 번째 예를 통해 볼 수 있었듯이, 기업은 주자 유형 프레임워크를 활용하여 슈퍼스타, 탐색자, 활용자, 미투 중 어느 유형으로 그동안 얼마나 성과를 냈는지를 분석할 수 있다(그림 9.6). 서로 다른 전략을 가지고 다양한 약품을 시장에 출시하는 제약업체에 대해서도 이러한 분석이 가능하다. 예를 들어, 1980년대에 탐색자로 시작한 한 제약업체는 상대적으로 성과가 있었던 두 가지 약품을 시장에 공급했다. 그런데 전략을 세운

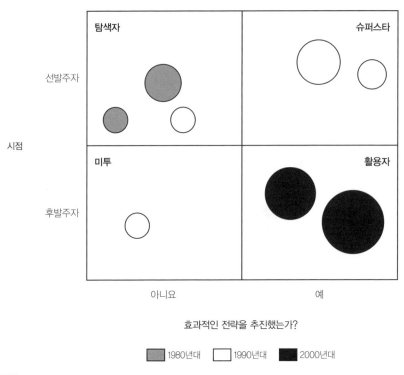

그림 9.6 탐색자, 슈퍼스타, 미투, 활용자로서의 기업 진화

제품이 (탐색자 영역에서 오른쪽에 해당하는) 그렇지 못한 제품보다 더 수익이 컸다. 1990년대, 그 기업은 탐색자 외에도 슈퍼스타와 미투가 되어 보기로 결정했다. 2000년 대에는 활용자가 되었으며 좋은 성과를 올렸다. 이러한 분석은 관리자들이 다음엔 어떻게 할지를 논의하는 데 유용한 출발점을 제공한다. 이러한 분석은 이 회사가 모든 것들―예를 들어 경쟁이나 기술 혁신―이 그대로 유지된다는 가정하에 계속해서 활용자로 머무르고 싶어 하게 만들 수도 있다. 또한, 분석 결과는 그 기업이 기술적 생명주기를 따라오고 있음을 알려줄 수도 있다. 일반적으로 기술적 생명주기 초반에는 시장 상황이 탐색자와 슈퍼스타에게 더욱 유리하다. 그러나 시간이 흘러 불확실성이 해소되면 활용자와 미투 들이 진입한다.

■ 비즈니스 모델의 본질은 가치를 창출하고 확보하는 데 있다.

■ 기업은 고객이 가치 있게 인식하는 혜택을 고객에게 제공하고 그 혜택의 비용이 그 혜택을 초과하지 않을 때 가치를 창출할 수 있다. 확보된 가치는 기업이 창출한 가치로부터 얻는 이윤을 의미한다.

■ 가치 창출은 종종 개별 기업이나 개인이 아니라 협력경쟁자들에 의해 수행된다. 따라서 기업은 종종 가치를 창출하기 위해 협력해야 하고 가치를 확보하기 위해 경쟁해야 한다. 협력이 있는 곳에는 경쟁 가능성도 있고, 경쟁이 있는 곳에 협력 기회도 있다.

■ 많은 저자와 뮤지션의 경우에서 볼 수 있듯이, 큰 가치를 창출하는 많은 기업이나 개인은 단지 자신이 창출한 가치의 작은 부분밖에 확보하지 못하고 있다. 그 이유로는 다음과 같은 것을 들 수 있다.

 (a) **가치 제안**이 다수의 높은 지불의사를 가진 고객들의 관심을 끌 정도로 주목받지 못하고 있을 수도 있다.

 (b) 해당 기업은 관심 대상인 **세분 시장**에서 협력경쟁자들에 대해 유리한 포지션을 차지하고 있지 못할 수 있다.

 (c) 해당 기업은 잘못된 **수익 모델**을 가지고 있을 수도 있다.

 (d) 해당 기업은 잘못된 **성장 모델**을 가지고 있을 수도 있다.

 (e) 해당 기업은 혁신물로부터 이윤을 얻는 데 필요한 기술적·보완적 **역량**을 가지고 있지 못할 수도 있다.

■ 많은 수출 국가들에 의해 추가된 가치는 종종 그들이 제공한 가치보다 훨씬 더 작거나 크게 인정되기도 한다.

■ 혁신적인 활동과 관련하여 경쟁 과정에서 협력의 기회가 있을 가능성이 높다.

■ 가치 시스템상에서 혁신물을 통해 가치를 창출하고 확보하는 주체는 달라질 수 있다.

■ 협력을 하는 동안 종종 발생하는 경쟁과 관련하여, 어떤 대안들이 있는지를 생각해야 한다는 점을 잊지 않는 것은 중요하다. 즉, 당신의 파이가 작다는 이유로 파트너를 버리기 전에, 당신은 앞으로 누구와 파이를 함께 만들 수 있을 수 있을지를 매우 신중하게 생각해야 한다. 당신이 새로운 파트너와 함께 창출한 가치가 기존 파트너와 함께 창출한 가치만큼 클 수 있을까? 당신이 다른 파트너를 찾아서 기존의 파트너를 떠날 때, 당신은 고작 포도 한 송이의 90%를 위해 수박의 10%를 잃어버리고 있는지도 모른다.

■ 기업은 어떤 입장에서 혁신을 추구하는지 그리고 추진 전략이 효과적인지 아닌지에 따라 다음과 같은 유형으로 구분될 수 있다.

 • **탐색자** : 최초로 진입했지만 가치 창출 및 확보를 위한, 선발주자 이점과 난점을 구

축하고 활용하기 위한, 그리고 경쟁자들의 약점을 활용하기 위한, 그러한 전략들을
가지고 있지 않다.

- **슈퍼스타** : 최초로 진입한 업체로서 가치 창출 및 확보를 위한, 선발주자 이점과 난
점을 구축하고 활용하기 위한, 그리고 경쟁자들의 약점을 활용하기 위한, 그러한 전
략들을 가지고 있다.

- **활용자** : 자신의 보완적 자산과 여타의 역량을 활용하여 선발주자의 난점을 활용하
고 선발주자보다 가치 창출 및 확보의 성과가 높은 후발주자이다.

- **미투** : 활용자와는 달리 초기 진입자들을 누를 수 있는 명확한 전략을 가지고 있지 않
은 후발주자이다.

주 요 용 어

가치 사슬 요인(value chain factors)	창출한 가치(value created)	협력경쟁자(coopetitor)
	탐색자(explorers)	확보한 가치(value captured)
미투(me-toos)	협력경쟁(coopetition)	활용자(exploiters)

질문

1. 아래의 표 9.2는 애플이 2005년 10월에 출시한 30GB 비디오 아이팟의 여덟 가지의 가장

표 9.2 30GB 아이팟의 가장 비싼 여덟 가지의 부품/입력물 (2005년 10월)

부품/입력물	공급자	기업이 속한 국가	제조 지역	가격 (미달러)
하드 드라이브	도시바	일본	중국	73.39
디스플레이 모듈	도시바-마츠시타	일본	일본	20.39
비디오/멀티미디어 프로세서	브로드컴	미국	타이완 또는 싱가포르	8.36
포털 플레이어 CPU	포털플레이어	미국	미국 또는 타이완	4.96
삽입, 테스트 및 조립	인벤텍	타이완	중국	3.70
배터리 팩	미상			2.89
디스플레이 드라이버	르네사스	일본	일본	2.88
모바일 SDRAM 32MB 메모리	삼성	한국	한국	2.37

출처 : Linden, G.,Kraemer, K.L., & Dedrick, J. (2007). Who captures value in a global innovation system? The
case of Apple's iPod. Retrieved July 10, 2007, from www.teardown.com/AllReports/product.aspx?reportid=8

비싼 부품/입력물을 보여주고 있다. 포텔리전트사에 따르면, 이 제품은 451개의 부품을 포함하고 있는데, 총부품비용은 144.40달러이다.[14] 그리고 이 아이팟의 소매가는 299달러이다. 도매 할인율이 25%라 가정할 때 애플과 각각의 공급자가 확보하는 가치는 얼마인가? 각 국가는 얼마만큼의 가치를 확보하는가? 각 업체에 의해 추가된 가치는 얼마인가?

주석

1   Apple iPhone to generate 50 percent margin, according to iSuppli's preliminary analysis. (2007, January 18). Retrieved July 9, 2007 from www.isuppli.com/news/default.asp?id=7308

2   See similar definitions in Besanko, D., Dranove, D., & Shanley, M. (2000). *Economics of Strategy.* (2nd edn.). New York: John Wiley & Sons. Ghemawat, P. (1991). *Commitment: The Dynamics of Strategy.* New York: Free Press. Saloner, G., Shepard, A., & Podolny, J. (2001). *Strategic Management.* New York: John Wiley. Lepak, D. P., Smith, K. G., & Taylor, M. S. (2007). Value creation and value capture: A multilevel perspective. *Academy of Management Review*, 32(1), 180–194.

3   Brandenburger, A. M., & Stuart, H. W. (2007). Biform games. *Management Science,* 53(4), 537–549. MacDonald, G., & Ryall, M. (2004). How do value creation and competition determine whether a firm captures value? *Management Science,* 50(10), 1319–1333. Lipman, S., & Rumelt, R. (2003). A bargaining perspective on resource advantage. *Strategic Management Journal,* 24(11), 1069–1086. Afuah, A. (2000). How much do your co-opetitors' capabilities matter in the face of technological change? *Strategic Management Journal,* 21(3), 387–404.

4   Laseter, T. M., Houston, P. W., Wright, J. L., & Park, J. Y. (2000). Amazon your industry: extracting value from the value chain. *Strategy & Business,* 18(1), 94–105. Digman, L. A. (2006). *Strategic Management: Competing in the Global Information Age.* New York: Thomson.

5   Laseter, T. M., Houston, P. W., Wright, J. L., & Park, J. Y. (2000). Amazon your industry: Extracting value from the value chain. *Strategy & Business,* 18(1), 94–105. Digman, L. A. (2006). *Strategic Management: Competing in the Global Information Age.* New York: Thomson.

6   Laseter, T. M., Houston, P. W., Wright, J. L., & Park, J. Y. (2000). Amazon your industry: Extracting value from the value chain. *Strategy & Business,* 18(1), 94–105.

7   Apple iPhone to generate 50 percent margin, according to iSuppli's preliminary analysis. (2007, January 18). Retrieved July 9, 2007 from http://www.isuppli.com/news/default.asp?id=7308
Kanoh, Y. (2007, July 6). Samsung Electronics Supplies Largest Share of iPhone Components: iSuppli. Retrieved July 9, 2007, from http://techon.nikkeibp.co.jp/english/NEWS_EN/20070706/135572/.

8   Wallace, J. (2006, June 27). Boeing Dreamliner 'coming to life.' Retrieved July 8, 2007, from http://seattlepi. nwsource.com/business/275465_japan27.html

9   Gates, D. (2005, September 11). Boeing 787: Parts from around world will be swiftly integrated. *The Seattle Times.*

10 Creager, E. (2002). Move over, Tupperware: Botox injections are the latest thing at home parties. Retrieved September 14, 2007, from www.woai.com/guides/beauty/story.aspx?content_id=16358daf-d7db-4ade-a757-9e8d7cf30212

11 Dyer, J. H., & Singh, H. (1998). The relational view: Cooperative strategy and sources of interorganizational competitive advantage. *Academy of Management Review,* 23(4), 660–679.

12 Afuah, A. N. (2000). How much do your co-opetitors' capabilities matter in the face of technological change? *Strategic Management Journal,* 21(3), 387–404. Dyer, J. H., & Singh, H. (1998). The relational view: Cooperative strategy and sources of interorganizational competitive advantage. *Academy of Management Review,* 23(4), 660–679.

13 My thanks to Scott Peterson from whom I obtained the "grape versus watermelon" comparison in the STRAT 675 MBA class that I teach at the Stephen M. Ross School of Business at the University of Michigan in the Fall of 2007.

14 Linden, G., Kraemer, K. L., & Dedrick, J. (2007). Who captures value in a global innovation system? The case of Apple's iPod. Retrieved July 10, 2007, from www.teardown.com/AllReports/product.aspx?reportid=

선발주자의 이점/난점과 전략적 중요성

학습목표

- 선발주자의 이점과 난점을 설명할 수 있다.
- 선발주자 이점이 보통 처음으로 진입하는 모든 이들에게 주어지는 것은 아니며, 오히려 그들이 획득해야 하는 대상이라는 것을 이해할 수 있다.
- 때로는 왜 선발주자가 이기기도 하고, 또 때로는 왜 후발주자가 이기기도 하는지 이해할 수 있다.
- 탐색자, 슈퍼스타, 활용자, 미투의 혁신물과 관련된 역할을 이해할 수 있다.

서론

다음의 내용을 고려해보자. 이베이는 최초의 온라인 경매 기업으로서 설립 후 곧 업계를 지배하기 시작했다. 그러나 구글은 최초의 검색엔진 기업은 아니었지만, 역시 설립 후 시장을 지배하기 시작했다. 코카콜라는 전통적인 콜라를 개발했는데, 펩시의 도전을 받으면서도 계속해서 콜라 시장을 지배했다. 코카콜라나 펩시 모두 다이어트 콜라를 개발하지는 않았지만, 여전히 콜라 시장을 지배했다. 애플은 MP3 플레이어를 개발하지는 않았지만, 애플의 아이팟은 MP3 플레이어 시장을 지배했다. 여기서 다음의 질문을 생각해보자. 어떤 때에는 선발주자들이 시장을 지배하기도 하고, 또 다른 어떤 때에는 후발주자들(두 번째 진입자들)이 시장을 지배하기도 하는데, 그 이유는 무엇인가? 우리는 이 장에서 선발주자들의 이점과 난점에 대해 더욱 자세히 살펴보고자 한다. 선발주자의 이점이란 도대체 어떤 것들인지를 살펴보는 것으로부터 이 장을 시작해보자. 그다음엔 선발주자들의 난점들—후발주자들에게는 이점이 될 수 있는—을 살펴볼 것이다. 이를 통해 우리는 선발주자의 이점과 난점이 모든 선발주자에게 저절로 제공되는 것이 아니라는 점을 다시 한 번 깨닫게 될 것이다. 즉, 선발주자의 이점은 노력으로 얻는 것이며, 난점은 노력으로 최소화될 수 있다는 것이다. 우리는 어떤 때에는 선발주자들이 승리하고 또 다른 어떤 때에는 후발주자들이 승리하는지, 그 이유를 탐색하는 것으로 이 장을 마무리할 것이다.

선발주자 이점

선발주자 이점(first-mover advantage, FMA)이란 (1) 기업이 활동을 처음으로 수행함으로써 얻을 수 있는 역량 또는 제품-시장-포지션을 의미하는데, 이것은 (2) 그 기업이 가치를 창출하고 확보하는 데 있어 이점을 제공한다. 기업은 기존 시장에 처음으로 신제품을 출시하거나, 새로운 시장을 창출하거나, 처음으로 어떤 활동에 투자를 하거나, 또는 유통업체를 건너뛰어 최종 고객에게 직접 판매하는 것과 같이 다른 가치 사슬, 가치 네트워크, 가치 상점 활동을 처음으로 수행할 때, 선발주자 이점을 획득할 수 있는 기회를 가질 수 있다.[1] 선발주자 이점은 다음과 같은 여섯 가지 영역으로 구분할 수 있다(표 10.1).

1. 가용 시장 전체에 대한 선점
2. 기술, 혁신, 비즈니스 프로세스 주도
3. 희소 자원에 대한 선점
4. 고객에 대한 선점
5. 최초의 활동 체계 구축
6. 철회 불가능한 최초의 투자와 노력

가용 시장 전체에 대한 선점

기업이 시장에 처음으로 어떤 신제품을 출시하는 경우, 후발주자들이 따라서 진입하기 전까지는 제대로 일을 할 수 있는 기회와 가능한 만큼 많이 시장을 점유할 수 있는

표 10.1 선발주자 이점

선발주자 이점의 원천	선발주자 이점 메커니즘
가용 시장 전체에 대한 선점	• 규모의 경제 • 규모의 경제를 넘어서는 규모의 효과 • 경제 지대와 자본 • 네트워크 효과 • 협력경쟁자와의 관계
기술, 혁신, 비즈니스 프로세스 주도	• 지적자산(특허, 저작권, 영업비밀) • 학습 • 조직문화
희소 자원에 대한 선점	• 보완적 자산 • 위치 • 입력 요인 • 시설 및 장비
고객에 대한 선점	• 전환비용 • 불확실성하의 구매자 선택 • 브랜드 인지 : 고객 인지 공간에 대한 선점
최초의 활동 체계 구축	• 활동 체계 모방의 어려움
철회 불가능한 최초의 투자와 노력	• 평판과 신호

기회를 얻을 수 있을 것이다. 이러한 기업이 시장에 오직 한 개만 존재하기 때문에, 그 기업은 판매량에 상관없이 그 신제품에 대해 100%의 시장 점유율을 확보할 수 있다. 여기서 강조하고자 하는 점은 후발주자가 진입하기 전에 이용 가능한 시장에서 최대한 큰 지배력을 확보하고 제품을 최대한 많이 팔 수 있다는 점—즉, **가용 시장 전체에 대한 선점**—이다. 시장을 가능한 만큼 많이 점유함으로써, 그 기업은 다음과 같은 다섯 가지 이점을 누릴 수 있다: 규모의 경제, 규모의 경제를 넘어서는 규모의 효과, 경제 지대와 자본, 네트워크 효과, 협력경쟁자와의 관계.

규모의 경제

규모의 경제(economics of scale)란 제품의 생산량이 늘어날수록, 단위제품당 생산비용이 점점 더 감소하는 것을 의미한다. 이 개념은 R&D, 광고, 유통, 마케팅, 영업, 서비스 등에도 적용될 수 있다. 즉, 제품이 더 많이 팔릴수록 R&D, 광고, 유통, 마케팅, 영업, 서비스 등과 같은 활동들 각각의 비용이 줄어들 수 있다는 것이다. 규모의 이점은 각 활동이 (총)고정비가 많은 수의 대상들로 분할될 수 있다는 점으로부터 나온다. 예를 들어, 코카콜라의 다이어트 콜라의 TV 광고비용이 샤스타(Shasta)의 다이어트 콜라의 TV 광고비용과 동일하다고 해보자. 코카콜라는 샤스타보다 훨씬 많은 개수의 다이어트 콜라 캔들을 판매하기 때문에, 코카콜라는 샤스타에 비해 광고당 비용이 낮다고 할 수 있다. 어떤 기업이 어떤 일을 처음으로 시작하고 그것을 제대로 수행한다면, 그 기업은 가용 시장을 최대한 많이 차지할 수 있을 것이다. 게다가 그 기업이 속한 산업과 시장에 규모의 경제가 존재한다면, 그 기업의 R&D, 광고, 유통, 마케팅, 영업, 서비스 등에 대한 단위비용은 더 낮아질 수 있다. 규모의 경제로 인해 단위비용이 낮아질 수 있다는 점은 가치를 창출하고 점유하는 능력의 또 다른 요소가 될 수 있다는 점을 시사한다.

어떤 일을 처음 시작한 기업이 가용 시장에서 최대한 많은 것들을 확보하고 규모의 경제도 누리고 있는 경우, 합리적인 잠재적 신규 진입자가 그 시장에 진입하여 그러한 선발주자와 치열한 경쟁을 하게 될 때, 선발주자와 같은 단위비용을 치르기 위해서는 선발주자와 동일한 시장 점유율을 확보해야 할 것이다. 그러나 신규로 진입하는 후발주자가 이렇게 되기 위해서는 시장에서 선발주자와 같은 수준의 역량을 발휘해야 하는데, 이는 자신의 역량을 선발주자의 2배 정도는 확보해야 가능할 것이다. 이러한 입장 때문에 후발주자는 시장에서 자신의 제품을 선발주자보다 더 낮은 가격으로 판매하고, 이에 따라 더 낮은 이윤을 얻게 되는 결과로 이어질 수 있다. 따라서 합리적인 잠재적 신규 진입자는 아마도 진입을 자제할 것이다. 선발주자가 가용 시장 전체에서 최대한 많은 영역을 확보할 수 있다면, 그 기업은 경제의 규모를 확보할 가능성이 높다. 이는 잠재적 후발주자들에게 진입장벽이 될 것이다. 이러한 진입장벽은 시장에서 효율성을 기대할 수 있는 최소의 규모가 가용 시장 전체 크기에 비해 상대적으로 크고, 선발주자가 모방하기 어려운 활동 체계나 차별화된 자원 및 역량을 가지고 있을 때, 더욱 극복하기 어려울 것이다. 시장에 대한 선발주자의 선점이 진입장벽이 된다고 해서, 신규 진입자들의 진입이 불가능한 것은 아니다. 그러나 신규 진입자들은 경제의 규모가 존재하는 가용 시장에서 높은 점유율을 차지한 선발주자와 치열하게 경쟁하면서 훨씬 더 힘든 시간을 겪게 될 것이다. 한편, 후발주자들이 혁명적 전략을 추구하고 기술 혁신의 이점을 잘 활용한다면 선발주자를 능가하는 것도 가능하다.

규모의 경제를 넘어서는 규모의 효과

적절한 전략을 추진하고 가용 시장을 최대한으로 확보한 선발주자는 규모의 경제를 넘어서는 또 하나의 이점(규모)을 누릴 수 있다. 규모가 큰 회사는 경쟁자들에 비해 공급자들로부터 더 많은 것들을 구매하며, 때로는 공급자들에 대해 상당한 교섭력을 발휘하기도 한다. 예를 들어, 2000년대 중반, 월마트는 자신의 규모로 인해 공급자들에 대한 강력한 교섭력을 가질 수 있었다.[2] 교섭력이 작용을 하든 안 하든, 규모가 큰 기업은 그렇지 않은 기업보다 자신의 공급자들과 협력 체계를 구축하는 것이 더 수월하다. 예를 들어, 대기업이 공급자들과 긴밀하게 협력하기 위해서는 가급적 공급자들의 공장이나 장비, 또는 사람들이 자신의 주변 가까이에 있는 것이 유리하다. 따라서 생산 규모가 큰 대기업은 공급자들의 제품을 많이 구매함으로써, 자신과 가까운 곳으로 올 수 있도록 유도할 수도 있을 것이다. 또한 규모가 큰 기업은 자신의 리스크를 안정적이고 덜 위험한 프로젝트에 분산시킬 수 있기 때문에, 리스크가 큰 혁신 프로젝트를 규모가 작은 기업에 비해 상대적으로 더 많이 수행할 수도 있을 것이다.

경제 지대와 자본

선발주자는 수익성 있는 비즈니스 모델을 구축하고 실행하는 경우, 경쟁자들이 진입하기 전까지는 독점기업의 지위를 누릴 수 있다. 어떤 선발주자가 전체 가용 시장의 대부분을 점유하고 계속해서 빠르게 성장한다면, 투자자들은 경제 지대(economic rents)―그 기업이 선점해 놓은 비즈니스 토대로부터 나오는 수익―에 기반한 미래의 현금흐름을 긍정적으로 예측하게 되고, 이에 따라 그 기업의 시장가치(자본)는 올라갈 것이다. 이러한 자본력은 선발주자에게 큰 도움이 될 수 있는데, 특히 자본시장이 매우 비효율적이어서 자금을 필요로 하는 자에게 자금이 제대로 조달되지 못하는 상황에서는 더욱 그러하다. 선발주자는 이러한 자금을 이용하여 신규 진입자를 흡수하거나, 벤처회사 또는 R&D에 투자를 할 수도 있고, 또는 중요한 보완적 자산을 획득할 수도 있다. 선발주자가 현금을 많이 축적했다면 손실을 감당할 수 있는 여지가 더 많기 때문에, 신규 진입자가 작은 업체라면 선발주자와의 가격 전쟁을 시작하고자 하는 유혹을 덜 느끼게 될 것이다. 그러나 한편으로는 선발주자의 경제 지대에 매력을 느껴 그 수익을 나누어 갖고 싶어 하는 잠재적 진입자들도 있다. 선발주자가 현금이나 사본을 충분히 가지고 있다면, 그들과의 싸움에 대비하여 명성을 구축하거나, 또는 전략제휴를 하거나 조인트벤처를 만드는 등의 조치를 취할 수 있을 것이다.

네트워크 효과

제8장에서 보았듯이, 어떤 제품(또는 기술)이나 그와 호환되는 제품을 사용하는 사

람이 더 많아질수록, 그러한 제품의 가치는 더욱 높아지는데, 이를 네트워크 효과(network effect) 또는 네트워크 외부성(network externality)이라 한다. 이에 대한 예로는 이베이와 같은 경매 네트워크를 들 수 있다. 이베이의 사용자들이 많아질수록, 사용자들에 대한 그 네트워크의 가치는 더욱 커진다. 그 이유는 사용자 네트워크의 규모가 클수록, 어떤 골동품에 대한 잠재적 구매자 입장에서는 그 네트워크에서 해당 골동품을 찾을 수 있는 가능성이 더 높아지고, 그 골동품의 판매자 입장에서는 그 골동품을 팔 수 있는 가능성이 더 높아지기 때문이다. 따라서 사람들은 규모가 작은 네트워크보다는 규모가 큰 네트워크를 더 선호하는 경향이 있다.

따라서 선발주자가 대부분 점유하고 있는 시장에서 그 선발주자의 제품이나 기술이 네트워크 외부성 효과를 보이는 경우, 고객들은 그 기업의 네트워크나 제품을 선호할 가능성이 높고, 따라서 그 기업의 네트워크 참여자나 제품 사용자들이 더 늘어날 가능성도 높다. 즉, 선발주자가 초기에 구축한 주도권 자체가 더 큰 주도권을 만들어내는 요인으로 작용할 가능성이 높다는 것이다. 컴퓨터와 같이 보완재들을 필요로 하는 제품도 네트워크 외부성 효과를 보인다. 그 이유는 어떤 특정 컴퓨터나 이와 호환되는 컴퓨터를 가진 사용자가 많아질수록, 그 컴퓨터에서 사용될 수 있는 소프트웨어가 더 많이 개발되기 때문이다. 그리고 컴퓨터나 호환 제품에 대한 소프트웨어가 더 많아질수록, 그 컴퓨터를 원하는 사람들도 더 많아진다. 따라서 보완재를 필요로 하는 제품에 대해 커다란 인스톨드 베이스를 가진 선발주자는 자신의 제품에 관심을 갖는 사용자들이 더 늘어남에 따라 인스톨드 베이스가 더욱 커지는 것을 보게 될 것이다.

커다란 네트워크 규모나 인스톨드 베이스와 관련하여, 기업의 비즈니스 모델에서 다루는 요소들에 대한 여러 가지의 시사점을 찾아볼 수 있다. 첫째, 네트워크가 더 클수록, 고객에 대한 네트워크의 가치도 더욱 커지기 때문에, 규모가 큰 독점적 네트워크는 선발주자를 차별화시켜주는 요인이 될 수 있다. 둘째, 합리적인 잠재적 신규 진입자가 시장에 진입하기 위해서는 시장에서 최소한 선발주자가 제공하는 가치 이상의 가치를 제공해야 하며, 이를 위해서는 선발주자가 가지고 있는 네트워크 규모만 한 네트워크를 필요로 하게 될 수 있다는 점을 알 것이다. 그러나 신규 고객들은 더 큰 네트워크에 끌릴 가능성이 높아, 선발주자들의 커다란 독점적 네트워크는 잠재적 신규 진입자들에 대해 진입장벽 역할을 하게 될 것이다. 그렇다고 해서 이 산업에 진입하는 기업이 전혀 없는 것은 아니다. 일반적으로 어떤 시장이든 신규 진입자들이 있기 마련이며, 이들은 틈새시장에서 경쟁하거나 기술적 변화와 혁신을 통해 규모가 큰 네트워크를 가진 선발주자와 경쟁한다.[3] 규모가 큰 네트워크는 그것이 독점적 지위를 가질 때에만 진입장벽으로서의 효과를 발휘할 수 있다. 이러한 네트워크가 윈텔 PC의 사례와 같이 개방형이라면 진입장벽은 더 낮아질 것이다.

셋째, 네트워크의 여타 여건들이 동일하다면, 고객들은 규모가 작은 네트워크보다는 규모가 더 큰 네트워크를 선호하기 때문에, 선발주자의 네트워크에 속한 고객들은 다른 네트워크로 이동하기보다는 그곳에 계속 머무르려고 할 가능성이 높다. 실제 규모가 큰 네트워크는 고객들의 전환비용을 크게 만드는 효과가 있다. 따라서 선발주자는 규모가 큰 독점적 네트워크를 통해 고객의 전환비용을 높임으로써, 결국 고객의 교섭력을 약화시킬 수 있다. 넷째, 규모가 큰 독점적 네트워크는 해당 네트워크의 소유자와 이보다 더 작은 네트워크 소유자들 간의 경쟁도 감소시킨다. 이는 고객들에 대해 선발주자의 더 큰 네트워크가 더 작은 규모의 네트워크를 가진 경쟁자들과 차별화된 포인트로 작용하기 때문이다. 이미 제8장에서 보았듯이 규모 외의 다른 요인들도 때때로 고객들이 네트워크에서 인식하는 가치에 영향을 준다.

협력경쟁자와의 관계

우리는 지금까지 선발주자 이점과 관련한 논의를 통해 공급자, 고객, 구매자, 경쟁자, 그리고 잠재적 신규 진입자 — 선발주자의 수익을 차츰 약화시키는 것을 목표로 하는 경쟁자 — 를 다루어 왔다. 제9장에서 보았듯이 이러한 주자들은 종종 단순한 경쟁자 그 이상의 역할을 한다. 그들은 협력경쟁자, 즉 가치를 창출하기 위해 협력을 해야 하고 가치를 확보하기 위해 경쟁해야 하는 기업들이며, 그들과의 관계는 중요할 수 있다. 선발주자는 협력경쟁자뿐만 아니라 정부기관이나 대학과 같은 기관들과도 관계를 구축할 기회가 있을 수 있다. 그러한 관계들은 선발주자가 표준이나 지배적인 디자인의 승자가 되는 데 도움이 된다.

기술, 혁신, 비즈니스 프로세스 주도

선발주자는 비즈니스 프로세스, 기술, 조직 혁신에 있어 종종 주도적인 위치를 점할 수 있는 기회를 가질 수 있다. 이러한 주도적인 위치는 비즈니스 모델로 통합될 수 있는 지적자산, 학습, 문화의 질과 수준을 통해 명확하게 보여질 수 있다.

지적자산

비즈니스 프로세스, 기술, 조직 프로세스에 관한 혁신은 기업에게 이점을 가져다주는 원천이 될 수 있으며, 따라서 일부 기업들은 특허, 저작권, 상표권, 영업비밀을 통해 자신을 보호하려 하고 있다. 많은 제품들과 관련하여, 특허는 때로 피해갈 수 있기 때문에 타사의 모방에 대해 충분한 보호장치가 되지 못한다. 저작권과 상표권 역시 많은 나라에서는 법적으로 보호되지 못하며, 법으로 보호된다 하더라도 종종 모니터링이나 법 집행이 잘 이루어지지 않는 경우가 발생한다. 영업비밀 또한 다른 업체로 이직하려는 직원들이나 제품에 대한 역공학(reverse engineering)을 통해 종종 드러나는 경우가 발생한다.

이와 같이 종종 지적되는 지적자산 보호의 한계점들에도 불구하고, 지적자산은 종종 선발주자의 비즈니스 모델의 수익성과 관련하여 유용한 역할을 한다. 첫째, 일부 산업 및 국가에서 특허나 저작권은 그 소유자들로 하여금 그들이 발명이나 발견에 대한 독점적 지대를 받을 수 있는 기간 동안, 그러한 권리를 합리적으로 보호해주는 역할을 한다. 예를 들어, 소위 블록버스터 약품으로 불리는 리피토와 같은 다수의 약제들이 그렇게 높은 수익을 올릴 수 있는 이유는, 그 제약회사들이 특허가 유효한 기간 동안 그 특허의 보호를 누릴 수 있기 때문이다. 일단 약품의 특허 보호 기간이 만료되고 난 후 특허와 관련된 응용제품들이 출시되기 시작하면, 그 약제로 인한 수익은 86%나 떨어질 수 있다.

둘째, 많은 특허, 저작권, 상표권, 영업비밀 등이 신규 진입자의 진입을 막거나 늦추는 역할을 할 수 있다. 특허를 피해 가는 일은 원래의 특허를 개발하는 것보다 비용은 적게 들지만 그것을 제대로 이해하는 데에는 비용이 들 수밖에 없다. 셋째, 지적자산 보호를 통해 진입을 막거나 그 속도를 늦추는 동안, 그 지적자산은 계속해서 수익과 이윤의 원천이 될 수 있다. 구글과 오버추어(Overture)의 사례는 지적자산이 어떻게 활용될 수 있는지를 잘 보여준다. 구글의 검색엔진은 페이지랭크 알고리즘을 이용하여 개발되었는데, 이를 통해 관련성이 가장 높은 검색 결과들을 제공할 수 있다. 구글은 이러한 검색 역량을 바탕으로 수익을 극대화시키기 위해, 팝업 광고보다 더 수익성이 좋은 광고 수익 모델이 필요했다. 오버추어의 공식 명칭은 고투닷컴(GoTo.com)인데, 이 회사는 광고 위치 확보를 위한 입찰 메커니즘(bid-for-placement mechanism) ─ 광고주들이 검색 결과 바로 옆이나 위에 광고를 배치하기 위한 입찰을 할 수 있도록 해주는 메커니즘―을 개발하였고, 2001년 7월에는 이것에 대한 특허도 획득하였다.[4] 2003년 7월에 오버추어를 인수한 야후는 2004년 8월에 구글과의 합의를 통해, 이미 진행 중이던 구글과 오버추어 간의 소송을 마무리지었다. 당시의 합의 내용은 구글이 오버추어의 서비스를 지속적으로 사용하는 대가로 자신의 A등급인 보통주 270만 주를 야후에게 제공하는 것이었다.[5] 그런데 그 270만 주는 2006년 6월 28일 기준으로 10억 달러 이상의 가치가 되어 있었다. 퀄컴의 사례는 또 다른 예가 될 수 있다. 2010년, 이 회사 수익은 대부분은 특허에 대한 저작권에서 나왔다. 선발주자들은 심지어는 후발주자들이 자신의 시장 공간에 들어오더라도 자신의 지적자산을 통해 수익을 올릴 수 있다.

셋째, 선발주자는 지적자산을 투자나 개발할 필요가 있는 여타의 중요한 자원들에 대한 교섭력으로 활용할 수 있다. 예를 들어, 신제품을 개발한 스타트업이 자신의 개발품으로부터 수익을 얻기 위해서는 마케팅, 제조, 유통, 진열공간, 그리고 여타의 보완적 자산들이 필요하다. 이러한 스타트업은 자신의 지적자산을 그러한 보완적 자산들에 대한 활용 권한을 얻는 방편으로 활용할 수 있다. 바로 이러한 점 때문에 많은 신생 바이오테크 기업들이 기존 제약회사들과 손잡고 일하고 있는 것이다.

학습

선발주자는 R&D, 제조, 마케팅 및 여타의 부가가치 활동들을 통해 노하우와 여타의 지식을 축적해 나갈 수 있다. 이러한 지식 중 일부는 직원의 이직, 비공식적인 노하우 거래, 역공학, 생산설비 견학, 연구결과 게재 등을 통해 잠재적 경쟁자들에게 흘러 들어갈 수 있지만, 선발주자들은 여러 가지 방식으로 축적해 온 학습 결과물을 통해 계속해서 수익을 올릴 수 있다. 첫째, 표준 학습 (또는 경험) 곡선 모델에 의해 제시되었듯이, 어떤 특정 제품에 대한 기업의 생산비용은 기업이 생산한 제품의 누적 개수가 늘어날수록 더욱 감소한다. 따라서 지식 확산의 어려움 정도 또는 기업의 독자적인 지식 유지 정도에 따라 선발주자는 후발주자들에 비해 비용 이점을 가질 수 있다. 신규 진입자가 선발수자 수준으로 비용을 감소시키기 위해서는 선발주자 못지않은 지식을 갖추어야 하는데, 바로 이러한 점이 신규 진입을 가로막는 역할을 한다. 또한 선발주자는 축적된 지식을 보완적 자산에 대한 교섭력의 수단으로도 활용할 수 있다. 픽사와 디즈니의 사례는 이러한 점을 잘 설명해준다. 픽사는 디지털 애니메이션 영화 기술을 처음으로 활용한 업체로서, 자신의 노하우를 활용하여 디즈니와 제휴를 맺었다. 그리고 이 제휴를 바탕으로 디즈니의 애니메이션, 스토리텔링, 판촉 권력, 유통 채널 등과 관련된 브랜드 평판을 활용하였는데, 이는 결국 두 기업 모두에게 이익이 되었다.

조직문화

조직문화는 직원들에 의해 공유되는 가치, 믿음, 규범의 집합이라 할 수 있다.[6] 문화는 기업의 통상적인 방식, 활동, 히스토리에 스며 있기 때문에, 모방하기가 어렵고 발전시키는 데 시간이 걸린다. 새로운 일을 처음으로 시작하는 기업은 문화를 구축하는 데 필요한 중요한 시간을 얻을 수 있다. 기업이 가치 있고, 모방이 어렵고, 희소한 문화를 가지고 있는 경우, 그러한 문화는 경쟁우위의 원천이 될 수 있다.[7] 문화는 경쟁자들에 비해 비용을 더 낮추거나 더 혁신적인 기업이 되는 데 도움을 줄 수 있으며, 이에 따라 제품을 차별화하는 데에도 도움이 될 수 있다. 사우스웨스트 항공사의 문화는 이 기업이 1970년대부터 2000년대에 이르기까지 미국에서 가장 수익성 높은 항공사가 되는 데 기여했다. 이 기업의 직원들은 서로를 챙겼고, 또한 어떤 일이든 마다하지 않았으며, 경쟁 항공사의 직원들보다 기꺼이 더 많은 시간 동안 더 열심히 일했다.

희소 자원에 대한 선점

선발주자는 종종 중요한 희소 자원을 획득할 수 있는 기회를 통해 결국 경쟁자들을 무력화시킬 수 있다.

보완적 자산

많은 기업들에게 새로운 일을 처음으로 시작한다는 것은 일반적으로 신제품이나 신기술을 개발 또는 출시하는 것을 의미한다. 기업이 신기술 개발을 통해 수익을 올리기 위해서는 보완적 역량(보완적 자산) — 신제품이나 신기술의 바탕이 되는 역량 이외의 역량 — 이 필요하다. 처음으로 일을 시작하는 기업은 경쟁자들을 무력화시키고 보완적 자산을 획득할 수 있는 유리한 기회를 얻을 수 있다. 일단 그러한 중요 자원들이 사라지고 나면 잠재적 진입자들이 할 수 있는 일은 그다지 많지 않다. 예를 들어, 선발주자인 코카콜라와 펩시는 소다수 매장의 진열대 대부분을 차지함으로써 탄산수 비즈니스에 있어 대부분의 새로운 진입자들을 무력화시킨 바 있다. 보완적 자산에 대한 선점은 중요한 진입장벽 역할을 한다. 자신들이 필요한 보완적 자산을 획득할 수 없음을 알고 있는 합리적인 잠재적 신규 진입자들은 진입을 시도할 가능성이 적거나, 설사 진입을 한다 하더라도 그러한 자산을 가지고 있는 선발주자들과 제휴를 하려고 들 가능성이 높다. 또한, 브랜드와 같은 보완적 자산들은 선발주자가 자신의 제품을 후발주자의 제품과 차별화시키는 데 있어서도 중요한 역할을 한다.

위치

많은 무대에서 다수의 경쟁자들이 차지할 수 있는 자리는 한정되어 있다. 따라서 효과적인 전략들을 추진하는 선발주자라면 후발주자들이 사용할 수 있는 자리를 거의 남겨 놓지 않음으로써, 경쟁자들을 무력화시킬 수 있다. 예로는 지리적 공간 확보를 들 수 있다. 공항에는 보통 탑승구 수와 착륙 시간대 수가 한정되어 있다. 어떤 공항에 초기에 진출하여 많은 비행기들을 배치한 항공사는 대부분의 탑승구와 착륙 시간대를 점유함으로써, 후발주자들을 소수의 탑승구와 착륙 시간대밖에 사용할 수 없도록 만들 수 있다. 월마트가 미국 남서부에서 소매 시장에 진입한 후, 그 지역은 월마트의 매장들로 넘쳐나게 되었는데, 결국 이러한 점은 잠재적 신규 진입자들에 대한 진입장벽을 높게 만드는 결과를 가져왔다. 왜냐하면 월마트와 같은 수준의 규모의 경제를 통해 비용 이점을 누리고자 하는 잠재적 신규 진입자라면, 역시 월마트처럼 많은 매장과 유통센터를 구축해야 했기 때문이다. 그러나 잠재적 신규 진입자들이 그렇게 한다면, 이는 매장이 과잉 공급되어, 결국 가격 전쟁이 초래될 것이다. 가격 전쟁과 같은 위협 요소는 합리적인 잠재 신규 진입자들의 진입을 막는 효과를 가져왔다.

지리적 공간과 관련한 시장 포지션을 구축하기 위해서는 월마트가 했던 것처럼 반드시 주변 지역을 매장으로 채울 필요는 없다. 선발주자는 후발주자가 작은 틈만 차지할 수 있도록 하여, 결국 수익을 별로 얻지 못하게 하는 방식으로 자신의 포지션을 구축할 수 있다.[8] 예를 들어, 선발주자는 훌륭한 시장 조사를 통해 수익성이 좀 더 좋은 지역들은 차지하고 수익성이 좋지 않은 지역은 후발주자를 위해 남겨 놓을 수 있다.

또한, 위치 선점은 제품 공간과 관련해서도 이루어질 수 있다. 선발주자는 수익 가능성이 있는 제품-특성 영역들을 커버하기 위해 충분히 다양한 특성들로 세분화될 수 있는 많은 종류의 제품을 출시함으로써, 소위 '공백(white space)' — 다른 제품이 점유할 수 있는 수익성 좋은 제품 영역 — 을 거의 또는 전혀 남겨 놓지 않을 수 있다. 이와 같은 공백의 부족은 신규 진입을 단념시킬 수 있다.

입력 요인

일부 산업에서는 후발주자들이 진입할 때 선발주자들은 유능한 직원들의 관심을 끌고, 적절한 인센티브를 통해 그들을 계속해서 보유할 수 있다. 또한 선발주자들은 처음으로 진입하고 적절한 조사를 수행함으로써, 자원에 대한 니즈와 가용성에 대한 중요한 정보들을 얻기도 한다. 선발주자는 그러한 정보를 활용하여 후발주자가 진입함에 따라 보편화될 가격보다 더 낮은 가격으로 자산을 구매할 수 있다. (또한 선발주자는 그와 같은 훌륭한 정보들을 통해 자산에 대한 선택권을 미리 매입함으로써 이득을 볼 수 있다는 점에도 주목할 필요가 있다.) 예를 들어, 어떤 개발도상국에 진출해서 광물이나 원유 저장량을 조사한 광물회사나 원유회사는 그 나라의 관료들이나 또는 아직 그 나라에 진출하지 않은 경쟁자들에 비해, 그 나라의 잠재력에 대한 더 막강한 정보를 획득할 수 있을 것이다. 이러한 기업은 그 나라 관료들과의 계약을 통해 매장물에 대한 권리를 미리 확보할 수도 있을 것이다. 이와 같이 막강한 정보를 파악하는 것은 해당 기업이 직원들과 계약을 맺는 데에도 도움이 될 수 있다.

시설 및 장비

기업이 어떤 특정 제품을 생산하기 위해 지은 공장이 다른 목적으로는 사용될 수 없다면, 그 기업은 그 공장에 대해 **철회 불가능한 투자**(irreversible investment)를 했다고 말할 수 있다. 선발주자가 장비나 시설 또는 여타의 주요 자산에 대해 철회 불가능한 투자를 한다는 것은 잠재적 후발주자들에게 그들이 진입하더라도 그들보다 결과물에 대해 더 높은 수준을 유지하는 데 몰두하고 있다는 신호를 보내는 것으로 해석할 수 있다. 왜냐하면 선발주자들의 설비와 장비는 다른 곳에서는 수익을 거둘 수가 없으므로 관리자들은 그들이 매긴 가격이 변동비를 감당하는 한 계속해서 생산 활동을 해 나가야 하기 때문이다. 만약 이러한 상황에서도 후발주자들이 진입한다면, 그러한 선발주자들은 그들의 가격이 변동비를 감당하는 한 가격 전쟁을 치르게 될 것이다. 요약하면 설비나 장비에 대한 철회 불가능한 투자는 다른 기업의 진입을 억제시킬 수 있다는 측면에서 선발주자 이점이 될 수 있다.

고객에 대한 선점

고객은 비즈니스 모델의 수익성에 있어 중요한 역할을 하는데, 이러한 고객에게 처음으로 다가간다는 것은 기업이 선발주자 이점을 얻는 기회가 될 수 있다. 이를 통해 얻을 수 있는 이점 세 가지에 대해 자세히 살펴보자.

전환비용

전환비용(switching cost)이란 구매자가 거래하던 공급자로부터 다른 새로운 공급자로 이동할 때 발생하는 비용을 의미한다. 구매기업의 경우 전환비용에는 새로운 공급업체를 상대하는 데 필요한 직원 교육비용, 새로운 공급업체를 찾고, 선별하고, 검증하는 데 필요한 시간과 자원, 선택한 공급업체와의 협력이나 거래를 위한 소프트웨어와 같은 새로운 장비비용 등이 포함된다. 또한 전환비용은 구매자의 자산이 새로운 공급자에게 인정받지 못하는 경우에도 발생할 수 있다. 예를 들어, 한 항공사에서 누적된 고객의 마일리지는 다른 항공사에서 인정받기 어렵다. 다른 업체 제품으로의 전환비용이 높은 경우, 그 구매자는 또 다른 업체의 제품들로도 전환할 가능성이 낮다. 구매자들이 전환하지 않을 것을 아는 잠재적 신규 진입자들은 진입을 시도할 가능성이 낮다. 구매자들이 전환할 가능성이 낮다는 것을 아는 경쟁자들은 고객을 획득하기 위해 저가 정책을 사용할 가능성이 낮다. 따라서 선발주자가 후발주자 진입 전에 구매자에 대한 전환비용을 구축할 수 있다면, 그러한 선발주자는 고객을 선점할 수 있는 이점을 가질 수 있는 것이다. 전환비용은 기존 고객들이 다른 기업으로 이동하는 것을 막을 수 있지만, 전환비용이 발생하지 않는 신규 고객들에게는 보통 거의 영향을 미치지 않는다는 점에 유의할 필요가 있다. 따라서 성장하는 시장에서는 후발주자들이 신규 고객들에게 초점을 맞춤으로써 자신들의 시장 점유율을 증대시킬 수 있다.

불확실성하의 구매자 선택

고객들이 제품에서 얻을 수 있는 혜택에 대해 가지고 있는 정보는 완벽하지 못하다. 따라서 고객들은 자신들의 니즈를 처음으로 만족시켜준 브랜드에 머무를 가능성이 높다.[9] 이는 특히 고가의 제품이나 서비스, 즉 고가재(expensive goods) ― 해당 제품 또는 서비스의 특성이 사전에 미리 관찰을 통해서는 파악되기 어렵고 오직 사용해 봐야만 확인될 수 있는 ― 의 경우에 더욱 그러하다. 가령 어떤 약의 효능과 부작용은 환자에 따라 달라질 수 있어 예단하기 어렵기 때문에, 의사들은 환자에게 잘 들었던 처음 사용 약을 계속해서 고수하는 경향이 있으며, 따라서 그 약에 대해 특별한 사유가 발생하지 않는 한 후발주자의 약으로 전환할 가능성이 낮다. 이러한 브랜드 충성도(brand loyalty)는 특히 저가의 일용잡화용품에 대해서도 발휘될 가능성이 크다. 왜냐하면 자신의 니즈를 만족시켜줄 수 있는 다른 제품을 찾는 데 소요되는 비용이 기존 사용하던 브랜드의 혜택을 초과하는 경우가 종종 발생하기 때문이다. (일용잡화용품이란 우리가 자주 그리고 최소의 노력으로 구매하는 비누나 라면과 같은 제품을 의미한다.) 그러나 **탐색재**(search goods) — 비행기와 같이 구매 전에 객관적으로 특성을 평가하기가 쉬운 제품이나 서비스 — 에 대해서는 지속적으로 사용하려는 경향이 상대적으로 약하다.

브랜드 인지 : 고객 인지 공간에 대한 선점

어떤 조사에서는 최초의 브랜드가 고객 선호도에 강한 영향을 미칠 수 있다는 점을 제시한 바 있다.[10] 일부 사례들을 보면 시장에 처음으로 출시된 제품들은 실제 언론매체 또는 소비자 인식과 관련하여 균형된 관심을 받지 못하는 경우가 종종 있다. 비아그라의 경우, 언론매체에서는 코미디언과 같은 예상 밖의 원천들을 통해 공짜로 많이 보도된 바 있다. 후발주자가 첫 번째 제품을 몰아내기 위해서는 아주 뛰어난 제품을 제공하거나 아니면 자신의 브랜드 구축에 훨씬 더 많은 비용을 들여야 한다.

최초의 활동 체계 구축

보다 지속가능한 선발주자 이점 중 하나는 모방하기 힘든 활동 체계를 구축할 수 있다는 점이다.[11] 활동 체계를 모방하는 것은 왜 어려운가? 활동 체계에 있어 개별적인 활동들을 모방하는 것 자체는 쉬울 수 있지만, 활동 체계 전체를 모방하기 위해서는 그 활동 체계의 요소들뿐만 아니라 그 요소들 간의 상호작용까지도 모방해야 하기 때문에 어려울 수 있다. 활동 체계 모방의 어려움 정도는 델 사례를 통해 알 수 있다. 델은 주문생산 방식으로 PC를 직접 판매하기 시작한 최초 제조업체였다. 델은 이러한 생산 방식을 지원할 수 있는 활동 체계를 구축했는데, 후발주자들은 그러한 활동 체계를 모방하는 것이 어렵다는 사실을 알게 되었다.

철회 불가능한 최초의 투자와 노력

선발주자 이점은 후발주자의 기대를 바꾸어 놓을 뿐만 아니라 그들의 행위까지도 바꿀 수 있다. 되돌릴 수 없는 투자를 하는 목적 중 하나는 후발주자들의 진입을 단념시키거나 그 속도를 늦추는 것이다. 그러나 선발주자가 이러한 효과를 얻기 위해서는, 자신이 선발주자 이점을 얻기 위해 모든 노력을 기울이고 있다는 점을 보여줄 수 있는 무엇인가가 존재해야 한다. 예를 들어, 선발주자는 자신의 특허나 저작권을 침해하려고 하는 누구에게라도 소송을 제기함으로써, 자신의 지적자산을 침해하는 어떤 회사라도 응징하는 회사라는 평판을 구축할 수 있다. 선발주자의 노력이 경쟁자들을 포기시키거나 속도를 늦추는 데 효과를 발휘하기 위해서는, 선발주자의 노력이 경쟁자들에게 신뢰할 만한 것으로 받아들여지고, 가시적이며, 이해될 수 있어야 한다.[12]

이러한 선발주자의 노력은 경쟁자들이 선발주자의 노력을 믿을 수 있도록 하는 무엇인가가 존재할 때 신뢰받을 수 있을 것이다. 이러한 신뢰를 이끌어내는 주요 요인으로는 집중적인 노력에 대한 평판과 철회 불가능성을 들 수 있다. 시장에 진입한 후발주자들과 다투는 업체로 평판이 난 기업은 그다음의 후발주자들과도 다툴 가능성이 높다. 응징으로 명성을 떨치는 것은 다른 업체들의 진입을 막는 효과를 발휘하게 될 것이다. 어떤 투자나 노력이 비용이 많이 들거나 방향 전환 또는 무효화가 어렵다면, 이는 철회 불가능한 상황이라 할 수 있다. 앞에서 보았듯이 철회 불가능한 상황의 예로는 투자된 자산들이 다른 곳에서는 수익을 낼 수 있는 형태로 재배치될 수 없는 경우를 들 수 있다. 여기서 이러한 개념을 적용해보면, 어떤 선발주자의 투자가 철회 불가능한 경우, 그 선발주자는 후발주자들의 진입을 받아들이거나 아니면 자신이 그 시장을 떠나기보다는 그 시장에 계속 머무르면서 후발주자들과 싸울 가능성이 높다. 물리적 설비 등과 같은 투자물은 많은 사람들에게 가시적인 효과가 있지만, 문화에 대한 노력과 같은 것들은 관찰이 잘 되지 않는다. 또한, 경쟁자들이 기업 투자의 특성을 이해할 수 있도록 하는 데에는 여러 가지 신호가 도움이 될 수 있다. 요약하면 선발주자는 신뢰를 받고, 가시적이며, 이해될 수 있는 노력을 기울일 수 있는 기회를 확보할 수 있다. 이러한 기회를 잘 활용함으로써 후발주자들의 진입을 단념시키거나 늦출 수 있다.

선발주자 난점

선발주자에게는 난점(disadvantage)도 존재한다. 선발주자 난점은 후발주자 이점이라고 부를 수도 있다.[13] 후발주자들은 때때로 선발주자의 투자물에 대한 무임승차, 기술 및 시장 불확실성에 대한 해결책, 기술 및 고객 니즈의 변화 그리고 선발주자의 관성 등의 이점을 가질 수 있다.

선발주자의 투자물에 대한 무임승차

선발주자들은 특히 신제품을 개발한 선발주자들은 신제품 개발을 위한 R&D, 새로운 기술과 시장에 대한 직원 교육, 공급받아야 하는 것에 대해 공급자들을 잘 이해시키는 활동, 유통채널 개발, 고객들이 자신의 잠재적 니즈를 발견할 수 있도록 고객들과 함께 일하는 것 등에 대해 상당한 투자를 해야 한다. 그러면 후발주자들은 선발주자의 R&D를 통해 창출된 지식 중 사용 가능한 지식들을 활용할 수 있고, 선발주자가 훈련시킨 직원들을 채용할 수 있으며, 무엇을 공급하는 것이 바람직한지에 대해 더 나은 생각을 가지고 있는 공급자들로부터 구매할 수 있고, 검증된 유통채널을 활용하여 전환할 가능성이 있는 고객들이나 신제품의 다른 버전을 기다리고 있는 신규 고객들에게 접근할 수 있다. 이러한 이유로 후발주자의 비용은 자신들이 무임승차할 수 있는 투자물을 가진 선발주자에 비해 훨씬 낮아질 수 있다. 이러한 무임승차 기회가 존재한다고 해서 모든 후발주자들이 그 기회를 활용할 수 있다는 것은 아니다. 후발주자가 이러한 기회를 활용할 수 있는지 여부는 선발주자 제품에 대한 모방가능성과 그 제품에 대한 후발주자의 보완적 자산 소유 정도에 따라 달라진다.[14] 또한 선발주자와 후발주자가 추진하는 비즈니스 모델에 따라서도 달라진다.

기술 및 시장 불확실성에 대한 해결책

선발주자들은 종종 해결해야만 하는 많은 기술적 불확실성과 시장의 불확실성에 직면한다. 이러한 불확실성들은 선발주자가 고객들이 원하는 것을 더 잘 제공하기 위해 공급자, 고객, 보완업자와 함께 일할 때 점차적으로 해결될 수 있다. 이를테면 어떤 표준적인 디자인 또는 시장 지배적인 디자인의 등장은 시장의 불확실성을 크게 줄여줄 수 있는데, 왜냐하면 기업들은 비용을 많이 들여 디자인을 바꿀 필요가 없고 공급자들은 무엇을 공급해야 하는지를 더 잘 알 수 있기 때문이다.[15] 표준적인 또는 시장 지배적인 디자인이 등장한 후에 시장에 진입하는 후발주자들은 추구해야 할 디자인은 무엇인지, 시장이 존재하는지 아닌지에 대해 선발주자들이 고민했던 것만큼 많이 고민할 필요가 없다. 후발주자가 선발주자의 경쟁우위를 잠식할 수 있는지 여부는 선발주자가 언제 처음으로 그 일을 시작했는지에 달려 있다. 적합한 전략을 추진하는 선발주자는 자신의 디자인을 시장에서 표준으로 인식되고 시장을 지배할 수 있도록 만들 수 있을 것이다. 그리고 이에 따라 선발주자는 후발주자들이 이러한 시장 지배적인 표준 디자인으로부터 어느 정도나 수익을 거둘 수 있을지에 대해 얘기할 권리를 획득할 수 있을 것이다.

기술 및 고객 니즈의 변화 그리고 선발주자의 관성

선발주자의 관성이 변화를 가로막는다면, 선발주자에게 변화를 요구하는 기술 변화나 고객 니즈의 변화는 후발주자에게 기회가 될 수 있다. 가령 기술 변화로 인해 선발주자의 제품을 대체할 수 있는 신제품의 출시가 가능해진다면, 선발주자는 자신의 기존 제품이 퇴출될까 두려워 신제품 출시를 서두르지 않을 가능성이 있다.

경쟁자들의 약점

기업이 처음으로 진입하여 선발주자 이점을 누릴 수 있는 것은 경쟁자들(현재의 그리고 미래의)이 처음으로 진입하거나, 즉시 뒤따르기로 결정하지 않았기 때문이다. 여기서 다음과 같은 질문을 생각해볼 수 있다. 선발주자의 이점이 예견됨에도 불구하고, 도대체 그들이 처음으로 진입하거나 아예 진입하지 않기로 한 이유는 무엇일까? 달리 말하면 처음으로 진입할 때 얻을 수 있는 이점들이 그렇게 많음에도 불구하고, 선발주자의 경쟁자들이 진입을 포기하도록 만드는 것들은 도대체 무엇이란 말인가? 경쟁자들의 진입을 가로막는 요인으로는 경쟁자의 지배논리, 전략적 정합성의 부족, 과거의 노력으로 인한 구속, 진입에 요구되는 역량의 부족, 매출 감소에 대한 두려움을 들 수 있는데, 이들에 대해 살펴보기로 하자.

경영자의 지배논리

모든 경영자들은 해당 산업에 대한 구조와 행위, 소속 기업이 초점을 맞추어야 하는 시장, 소속 기업이 추구해야 하는 비즈니스 모델, 고용 대상, 경쟁자, 최적의 기술 등에 대한 믿음, 편견, 가정을 가지고 있다.[16] 이러한 일련의 믿음, 편견, 가정이 바로 경영자의 **경영논리**(managerial logic)인데, 경영자의 의사결정 틀은 이 논리의 지배를 받는 경향이 있다.[17] 경영논리는 새로운 정보를 검색, 선별, 취합, 평가, 소화하고, 이렇게 습득된 새로운 정보를 이용하여 의사결정을 하는 경영자 능력의 핵심요소이다.[18]

　일반적으로 조직의 가치, 규범, 문화, 구조, 체계, 프로세스, 비즈니스 모델, 환경(산업 및 거시), 그리고 그 기업이 성공할 수 있는 방법을 바탕으로 **지배적 경영논리**(dominant managerial logic) — 그 기업에서 사람들이 비즈니스를 가장 잘할 수 있는 방법을 바라보는 일반적인 방식 — 가 생성된다. 또한, 멘탈 맵(mental map), 경영 프레임(managerial frame), 유전자 코드(generic code), 기업 유전체계(corporate genetics), 기업 사고방식(corporate mindset)으로도 불리는 지배논리(dominant logic)는 일을 살하고 있는 기업에게는 매우 유용한 것이라 할 수 있다. 즉, 지배적인 경영논리는 보통 하나의 강점으로 작용한다. 어떤 혁신과 관련하여 어떤 기회가 경영자의 지배논리 — 비즈니스를 가장 잘할 수 있는 방법에 관한 경영자의 믿음, 편견, 가정 — 밖에 있다면, 그 기업은 그러한 기회들을 무시하기 쉽다. 이러한 경쟁자들의 지배논리가 바로 자신이 왜 선발주자가 되지 못하고 그 선발주자의 경쟁자로 남게 되었는지에 대한 이유 중 하나가 될 수 있다.

전략적 정합성의 부족

경쟁자들은 최초 진입의 이점을 이해할 수 있음에도 불구하고 자신들의 지배논리 때문에 진입을 결정하지 못할 수도 있다. 예를 들어, 처음으로 진입하는 것이 그 기업의 전략과 맞지 않는다면 그렇게 될 수 있다. 가치 있고 희소한 보완적 자산의 활용자들(제9장 참조)은 종종 소위 후발주자 전략(follower strategy)을 추진함으로써, 다른 업체들이 신제품을 처음으로 시장에 출시하기를 기다리기도 한다. 그러다가 다른 업체가 신제품을 출시하면, 활용자들은 신속하게 그 제품을 모방하고 자신의 희소한 보완적 자산을 활용하여 선발주자를 따라잡음으로써, 결국 선발주자의 신제품으로 인해 수익을 올리는 성과를 얻는다. IBM은 1970년대, 1980년대, 그리고 1990년대에 이와 같은 후발주자 전략을 사용한 바 있다. IBM은 자신이 개인용 컴퓨터를 개발하지는 않았지만, 자신의 브랜드 명성, 고객의 인스톨드 베이스, 소프트웨어 개발자들을 활용하여, 한때는 PC 시장에서 60%의 점유율을 기록하기도 하였다 — 나중에 점유율이 급격하게 하락하여 결국 이 시장을 떠나기는 하였지만! 또한 IBM은 아폴로 컴퓨터스(Apollo Computers)와 선 마이크로시스템즈(Sun Microsystems)가 컴퓨터 워크스테이션 비즈니스를 전개할 때까지 기다렸다가, 그 이후에 진입하여 자사 고객의 인스톨드 베이스와 브랜드를 바탕으로 상당한 시장 점유율을 빠르게 확보하였다. 그리고 이미 제8장에서 보았듯이 영국의 음반회사인 EMI는 CAT 스캔을 개발했지만 GE와 지멘스가 자신의 보완적 자산을 활용하여 그 개발품에 대해 가장 큰 수익을 올린 경우도 있었다.

과거의 노력으로 인한 구속

비록 경쟁자가 선발주자나 후발주자에 대해 관심이 있다 하더라도, 그 경쟁자는 그동안 자신이 기울여 온 노력을 통해 발생된 결과들 때문에, 새로운 관심사에 대한 활동에 착수하지 못할 수 있다. 즉, 과거에 기울인 노력의 결과들로 인해, 새로운 혁신을 추진하는 데 구속을 받게 될 수 있다는 것이다. 과거의 노력으로 인한 구속은 관계 관련 구속과 매몰비용 관련 구속의 두 가지 유형으로 나누어 볼 수 있다.

관계 관련 구속

관계 관련 구속이란 다수의 주체들과 관련된 계약, 네트워크 관계, 제휴, 조인트벤처, 협약, 정략적인 협력자들과의 양해각서, 2개 이상의 주체들이 연관된 벤처캐피털 투자 등과 같은 노력의 결과물로 인해 발생하는 구속을 의미한다. 때때로 기업이 어떤 새로운 혁신에 노력을 기울이기 위해서는 기존에 구축한 관계에서 벗어나거나 그 관계에 대한 유효 기한을 수정해야 한다. 새롭게 추진하고자 하는 혁신이 관계를 맺고 있는 상대방 측의 관심사에서 벗어나 있다면, 그 상대방은 협력을 거부할 수도 있을 것이다. 대표적인 예로는 (이 책에서 이미 언급한 바 있는) PC 제조업체인 컴팩을 들 수 있는데, 이 회사는 PC 유통업체들과의 관계 때문에 결국 델이 수행한 것과 같은 혁신을 추진하지 못했다.

매몰비용 관련 구속

매몰비용 관련 구속이란 기업이 설비, 장비, 역량이나 여타의 자원들에 대해 되돌릴 수 없는 투자를 한 경우, 새로운 혁신을 추진하기 위해서는 종종 그러한 투자물들을 포기해야 하는데, 이때 발생하는 투자 손실에 대한 부담을 의미한다. 어떤 기업이 새로운 혁신 제품을 추구하기 위해서는 예전에 자신이 투자했던 철회 불가능한 투자물과는 다른 어떤 새로운 자원들을 투입해야 할 것이다. 그러나 그 기업이 현재 제품-시장-포지션 경쟁력을 잘 유지하고 있다면, 그 기업은 미래의 혁신적인 제품 개발을 위한 투자가 아니라 예전에 자신이 투자했던 되돌릴 수 없는 투자물에 계속해서 집중하는 것이 더 이득이 되는 것으로 보일 수도 있다. 왜 그럴까? 현재 업체들의 입장에서는 새로운 혁신 제품에 투자한다는 것이 새로운 투자물을 필요로 하는 일인데, 이때 요구되는 비용이 어디선가에서는 나와야 한다. 그런데 그 기업의 과거 투자는 이미 매몰되어 복구될 수 없으며, 이에 따라 그 신제품에 대한 투자의 원천이 될 수 없기 때문이다. 따라서 그 기업이 혁신 제품을 계속해서 추구하고자 한다면, 완전히 새로운 비용 원천이 필요하게 될 것이다. 그러나 만약 그 기업이 기존의 활동을 계속 유지한다면, 새로운 비용의 원천이 필요 없다. 왜냐하면 기존의 매몰 투자를 통해 나오고 있는 제품들이 여전히 경쟁력을 가지고 있기 때문이다. 그러나 혁신을 통해 나온 제품들이 기존 제품에 비해 더 빠른 속도로 향상된다면, 고객들이 그 혁신 제품으로 이동하기 시작하는 때가 올

것이고, 결국 매몰 투자로 구속받고 있던 그 기업은 자신의 시장 점유율이 침식당하는 것을 목격하게 될 것이다.

진입에 요구되는 역량의 부족

기업이 혁신물을 추구하기 위해서는 자신의 경쟁자들이 갖고 있지 못한 차별화된 역량을 보유해야 한다. 새로운 마이크로프로세서나 운영체제를 개발하기 위해서는 수십억 달러의 비용과 다수의 고급 엔지니어들이 필요할 것이다. 이러한 역량들은 소수의 기업만이 가지고 있는 희소 역량들이다. 따라서 이러한 희소 역량을 가진 선발주자에 대해 경쟁자들은 경쟁력을 가질 수 없을 것이다. 예를 들어, 많은 국가들은 자동차 산업을 구축하지 못했는데, 그 이유는 그 국가가 자동차 생산의 수익성을 확보하는 데 필요한 역량을 가지고 있지 못했기 때문이다. 이러한 이유는 오래전부터 진입장벽으로 작용하고 있다.

매출 감소에 대한 두려움

기업은 자신이 제공한 혁신물이 자사의 기존 제품 매출을 감소시킬 것으로 예상되는 경우 그러한 혁신물을 제공하려 들지 않을 것이다. 특히 그 신제품이 기존 제품들보다 수익이 낮을 경우에는 더욱 그렇다. 유닉스 기반의 서버를 제공해 오던 선 마이크로시스템즈는 1990년대에 한동안, 리눅스 인텔 기반의 서버를 출시하려는 노력을 적극적으로 기울이지 않았다. 왜냐하면 이 서버는 판매, 사용, 서비스 면에서 선의 유닉스기반의 서버보다 가격이 낮았기 때문이다. 그러나 결국 시장에서 승리는 인텔 기반 서버로 넘어가고 말았다.

선발주자 vs 후발주자 : 몇 가지 결론

지금까지 이 장에서 살펴본 개념을 대상으로 그것들 간의 관계를 보다 명확히 정리하기 위해 다시금 이 장의 시작 부분에서 제시한 질문으로 돌아가 보자. 어떤 때에는 선발주자가 시장을 지배하기도 하고, 또 다른 어떤 때에는 후발주자가 시장을 지배하기도 하는데, 그 이유는 무엇인가? 이에 대한 대답은 다음과 같은 다섯 가지 이유로 제시할 수 있을 것이다.

1. 선발주자 이점은 열심히 확보되고 활용되어야 한다.
2. 일반적으로 희소하고 중요한 보완적 자산을 소유한 기업이 유리하다.
3. 선발주자 난점은 최소화될 수 있다.
4. 경쟁이 심하고, 거시적이고, 글로벌한 환경은 중요하다.
5. 주자의 유형과 비즈니스 전략 또한 중요하다.

선발주자 이점은 열심히 확보되고 활용되어야 한다

앞에서 보았듯이 선발주자라 해서 선발주자 이점을 저절로 얻는 것은 아니다. 그러한 이점들은 선발주자의 적절한 활동들을 통해 구축되고 활용될 수 있는 것이다. 선발주자가 선발주자 이점을 열심히 추구하고 활용하지 않는다면, 이는 후발주자에게, 특히 활용자들에게 시장 진입과 더불어 시장 지배력을 행사할 수 있는 여지를 제공하는 결과로 이어질 것이다. 예를 들어 어떤 제약업체가 특허를 통해 이점을 얻고자 한다면, 특허를 받을 만한 무엇인가를 개발하는 활동뿐만 아니라 그것을 적절한 국가들에서 신청하고, 획득하고, 보호하는 활동을 추구해야 한다. 더욱이 그 기업은 특허 자체가 질병을 치유하는 것이 아니므로 자신의 특허를 활용한 약제들이 개발될 수 있도록 해야 할 것이다. 아마도 더욱 중요한 점은 이러한 활동을 효과적이고 효율적으로 수행하기 위해서는, 선발주자라고 해서 모두 가지고 있지는 않은 차별화된 역량이 종종 필요하다는 것이다. 예를 들어, 모든 제약회사가 특허를 받을 수 있는 물질을 개발할 수 있는 R&D 능력이나 지식 베이스, 노하우 등을 가지고 있는 것은 아니다.

실제 선발주자가 선발주자 이점을 확보하고 활용할 수 없다면―그 선발주자가 어떤 활동들을 추구해야 하는지를 몰랐거나, 차별화된 필요 역량을 가지고 있지 않았거나, 구축할 수 없었기 때문에―후발주자들이 시장에 진입해서 잘해 나갈 수 있는 공간을 확보할 수 있는데, 특히 이미 적절한 보완적 자산을 가지고 있거나, 그러한 자산들을 신속하게 구축할 수 있는 후발주자들이라면 더욱 그러할 것이다.

일반적으로 희소하고 중요한 보완적 자산을 소유한 기업이 유리하다

일반적으로 기업이 혁신적인 결과물을 통해 수익을 창출하기 위해서는 보완적 자산들이 필요하다. 따라서 어떤 기업이 무엇인가를 처음으로 개발하거나 발견하여 선발주자가 된 경우라 하더라도, 그 시장에 진입한 후발주자가 그러한 선발주자가 갖고 있지 못한 희소하고 중요한 보완적 자산들을 가지고 있다면 그러한 개발품이나 발견물을 통한 최대의 수혜자가 될 수도 있다. 결론적으로 말하면, 선발주자든 후발주자든 간에 그 누구라도 희소하고 중요한 보완적 자산을 가지고만 있다면, 그 기업은 혁신물을 통해 수익을 창출하는 데 더 유리한 기회를 가질 수 있다.

선발주자 난점은 최소화될 수 있다

선발주자가 선발주자 난점이 미치는 영향을 최소화할 수 있다면, 그 기업은 더 나은 성과를 거둘 수 있을 것이다. 예를 들어, 후발주자들이 선발주자가 창출한 R&D 지식을 활용하거나, 선발주자의 직원을 고용하거나, 또는 선발주자의 고객에게 접근하는 등의 방식으로 선발주자의 투자물에 대해 무임승차를 하는 경우가 종종 발생한다. 선발주자는 이러한 부정적인 현상을 막기 위해 자신의 지적재산을 보다 효과적으로 보호하거나 직원 또는 고객들과 적절한 협약을 맺는 등의 조치를 취할 수 있다. 이러한 조치들은 선발주자 이점과 연결되어 있으며, 선발주자들에게 더 나은 기회를 제공하는 계기가 될 수도 있다. 그러나 선발주자가 이러한 조치를 취하지 못한다면, 후발주자는 선발주자 난점을 자신에게 유리하게 활용할 수 있게 될 것이다. 후발주자는 선발주자의 R&D에 무임승차할 수 있을 뿐만 아니라, 선발주자의 노력을 통해 발생한 고객 니즈의 변화나 기술 변화는 물론, 선발주자의 노력을 통해 감소된 기술적 불확실성과 시장 불확실성도 자신에게 유리하게 활용할 수 있다.

경쟁이 심하고, 거시적이고, 글로벌한 환경은 중요하다

선발주자와 후발주자 중 누가 시장을 지배하게 될지는 경쟁환경—경쟁자, 공급자, 고객, 잠재적 신규 진입자, 대체재업자—에 의해서도 영향을 받는다. 예컨대 선발주자가 기존 업체들을 위협하는 파괴적 기술을 활용하고 있는 신규 진입자라면, 향후에 기존의 기업들을 패배시키기에 유리한 기회를 가질 수 있다. 해당 산업의 시장에 공백이 크다면, 선발주자는 고객들을 위한 독특한 가치를 창출하고 선발주자 이점을 구축할 수 있는 기회를 시장이 붐비는 경우에 비해 더 많이 가질 수 있을 것이다. 구매업체가 시장 지배력을 가지고 있다면, 이는 선발주자 이점의 일부를 약화시키는 가운데, 선발주자가 구매자들이 원하는 제품을 위해 이차적인 원천들을 발견해야 하는 압력으로 작용할 수 있다. 예를 들어, 1970년대와 1980년대에 IBM은 자신에게 칩을 제공하는 생산업체들에게 적어도 한 개 이상의 다른 칩 생산업체들과 협력하여 자신에게 동일한 칩을 공급하거나, 아니면 필요한 경우 IBM이 똑같은 칩을 만들 수 있도록 노하우를 이전시키라고 요구했었다.

또한 기업이 선발주자 이점을 얻을 수 있는 정도는 거시적 환경―정치적·경제적·기술적·사회적 환경, 자연환경―에 의해서도 영향을 받는다. 예를 들어, 한 나라의 정치적/법적 환경이 지적재산 보호를 무시하는 풍토라면, 선발주자는 선발주자 이점이 될 수 있는 특허나 저작권에 의존할 수 없을 것이다. 이러한 환경은 후발주자들이 선발주자의 R&D, 제조, 마케팅 등에 대한 투자물에 무임승차할 수 있는 기회를 증가시킬 것이다. 기술 변화의 속도가 빠르다면, 선발주자의 투입물은 선발주자가 그러한 기술 변화에 대한 적응을 어렵게 하는 한편, 후발주자들은 더 나은 기회를 얻게 될 가능성이 높다. 어떤 국가들에는 일부 산업에 진입할 수 있는 기업들의 수를 제한하기도 한다. 이러한 경우 선발주자들이 후발주자들에 비해 더 유리하다.

주자의 유형과 비즈니스 전략 또한 중요하다

어떤 혁신물을 두고 선발주자와 후발주자 중 누가 이기는지는 해당 기업이 탐색자, 슈퍼스타, 활용자, 미투 중 어떤 입장에서 그 혁신물을 다루고 있는지에 따라서도 영향을 받는다. 많은 활용자들은 다른 기업들이 시장에 처음으로 진입하고 기술 및 마케팅 관련 불확실성들이 급격하게 줄어들 때까지 기다리는 것을 선호한다. 비록 활용자들이 우연히 무엇인가를 발견하거나 발명하더라도, 그들은 보통 다른 누군가가 그 결과물을 더욱 발전시켜서 상품화하고 그것에 대한 시장의 존재가 확인될 때까지 기다린다. IBM과 마이크로소프트는 좋은 예가 된다. 이와 같은 기업들은 효과적으로 차별화되고 모방하기 어려운 보완적 자산들을 가지고 있다. 또한 그러한 기업들은 기술 및 시장의 불확실성이 그들이 시장에 진입할 정도로 충분히 해소되었다고 판단되면 제품을 신속하게 개발하고 상품화할 수 있는 능력과 노하우도 가지고 있다. 더욱이 그들은 장기적으로 시장에 대한 불확실성이 제거될 때까지 기다리는 전략을 사용하다가 진입할 시점이 되었다는 판단이 서는 시점에서 필요한 역량을 탁월한 수준으로 개발할 수 있는 능력도 가지고 있다. 따라서 활용자와 탐색자가 대결을 하게 될 때―특히 기술이나 소비자 취향의 변화에 직면해서―활용자(후발주자)가 탐색자(선발주자)를 이길 가능성이 더 크다.

슈퍼스타들은 보통 신제품의 최첨단에 서 있고 효과적인 전략들을 추진함으로써 가치를 창출하고 확보한다. 그들은 보통 처음으로 진입하고 그들이 좋은 성과를 낼 수 있도록 해주는 전략들을 추진하는 데 필요한 역량을 향상시키고 있다. 인텔은 마이크로프로세서, EPROM 메모리 디바이스를 개발하고 마이크로프로세서 기술을 선도적인 속도로 향상시켜 나가면서, 기존 제품의 판매량이 정점에 달하기 전에 새로운 세대의 제품을 출시해 온 슈퍼스타였다. 슈퍼스타들의 경쟁력은 특히 탐색자나 미투에 비해 더 높은 경향이 있다.

결론적으로 말하면 기업의 전략이 최초 진입에 초점을 두고 있고 그 기업이 그러한 전략을 뒷받침할 수 있는 역량을 이미 개발해 놓은 상태라면, 그 기업은 성공적으로 시장 진입을 하고 계속해서 성과를 낼 수 있을 것이다. 전략이 후발주자가 되는 것에 초점을 두고 있고 그 기업이 그러한 전략을 뒷받침할 수 있는 역량을 이미 가지고 있다면, 후발주자로서 성공할 수 있을 것이다.

사례 : 선발주자 이점에 대한 효율적 활용 가치

1997년, 콜레스테롤 강하제인 리피토가 FDA로부터 승인을 받았다. 이는 기대보다 1년이 빠른 시점인데, 그 이유는 이 약제를 개발한 워너램버트(Warner-Lambert)사가 수행한 여러 분석 때문이었다. 표 10.2는 이 약의 특허가 만료되는 2010년까지의 매출액 예상치를 보여주고 있다. 이 약의 특허가 만료되면, 다른 제약회사들의 출시로 인해 그 약의 가격은 86%나 하락할 수 있다. 2010년의 괄호 안 숫자는 특허가 만료되지 않았을 때의 예상 매출액이다. 이 기업이 FDA 승인을 1년 빨리 받음으로써 절감할 수 있는 금액은 얼마인가?

사례에 대한 해답

미국 기업들이 약에 대한 특허를 획득함으로써, 특허가 제공하는 지적재산 보호 기능 때문에 선발주자 이점을 얻을 수 있다. 그러나 그 기업이 특허를 신청하는 순간부터 특허의 생명은 소진되기 시작한다. 따라서 기업이 자신의 발명품(특허의 대상이 되는)을 승인된 약제로 빠르게 전환하기 위한 활동들을 효과적으로 수행하지 않으면, 그 특허

표 10.2　리피토의 예상 매출액

연도	1997	1998	1999	2000	2001	2002	2003	2004	2005	2006	2007	2008	2009	2010
매출액($B) (1997 FDA)	0.9	2.2	3.4	4.6	5.6	6.7	7.7	8.7	9.7	10.7	11.7	12.7	13.7	2.06 (14.7)

출처 : ING Baring Furman Selz, LLC, April 12, 1999

표 10.3 두 가지 경우의 수익 흐름에 대한 NPV

연도	1997	1998	1999	2000	2001	2002	2003	2004	2005	2006	2007	2008	2009	2010
매출액($B) (1997 FDA)	0.9	2.2	3.4	4.6	5.6	6.7	7.7	8.7	9.7	10.7	11.7	12.7	13.7	2.06 (14.7)
매출액($B) (1998 FDA)	0.9	2.2	3.4	4.6	5.6	6.7	7.7	8.7	9.7	10.7	11.7	12.7	1.92	(13.7)

NPV 매출액(1997 FDA)=445억 달러
NPV 매출액(1998 FDA)=368억 6,000만 달러

의 생명은 돈도 제대로 벌지 못한 채 끝나버릴 수가 있다. 그 특허가 만료되어 다른 제약업체들의 약이 시장으로 들어오기 전에, 기업이 신약 승인을 빨리 받아 의사와 환자들에게 최대한 빨리 다가갈수록, 그 기업은 자신의 독점적 권력을 더 오래 행사할 수 있게 된다. 이 사례는 얼마나 많은 돈이 위험에 처할 수 있는지를 보여준다. 표 10.3은 두 가지의 매출액을 보여주고 있는데, 한 가지는 1997년 FDA 승인이 나는 경우에 기대할 수 있는 매출액이고, 다른 한 가지는 1997년보다 1년이 늦은 1998년에 FDA 승인이 난 경우에 기대할 수 있는 매출액이다.

1997년에 FDA로부터 승인을 받은 경우, 1997년 달러 기준으로 총 NPV(순현재가치)는 445억 달러이다(표 10.3). 이 약이 1년 늦게 승인을 받는다면, 1997년 달러 기준으로 총 NPV는 368억 6,000만 달러이다. 따라서 FDA 승인을 1년 빨리(즉, 1997년에) 받음으로써 얻을 수 있는 잉여 수익은 445억 달러−368억 6,000만 달러=70억 6,400만 달러이다. 결국 워너램버트가 승인을 1년 빨리 받기 위해 노력한 덕분에, 이 회사는 특허 유효 기간 동안 70억 6,400만 달러의 추가 수익을 올릴 수 있게 되었다. 결론적으로 말하면 워너램버트는 리피토에 관한 한 선발주자 이점을 보다 잘 활용할 수 있었던 것이다.

■ 선발주자 이점이란 (1) 기업이 활동을 처음으로 수행하는 데에서 얻을 수 있는 역량 또는 제품-시장-포지션을 의미하는데, 이것은 (2) 그 기업이 가치를 창출하고 확보하는 데 있어 이점을 제공한다. 기업은 새로운 혁신적 제품을 처음으로 다룰 때 보통 선발주자 이점을 구축하고 활용할 수 있는 기회를 누리게 된다.

■ 선발주자 이점은 다음과 같다.

- 가용 시장 전체에 대한 선점
  - 규모의 경제
  - 규모의 경제를 넘어서는 규모의 효과
  - 경제 지대와 자본
  - 네트워크 효과
  - 협력경쟁자와의 관계
- 기술, 혁신, 비즈니스 프로세스 주도
  - 지적자산(특허, 저작권, 영업비밀)
  - 학습
  - 조직문화
- 희소 자원에 대한 선점
  - 보완적 자산
  - 위치
  - 입력 요인
  - 시설 및 장비
- 고객에 대한 선점
  - 전환비용
  - 불확실성하의 구매자 선택
  - 브랜드 인지 : 고객인지 공간에 대한 선점
- 최초의 활동 체계 구축
  - 활동 체계 모방의 어려움
- 철회 불가능한 최초의 투자와 노력
  - 평판과 신호

■ 선발주자 난점은 다음과 같다.

- 후발주자들이 선발주자의 투자물에 무임승차할 수 있다.
- 후발주자들은 기술 및 시장 불확실성이 상당히 해소되었을 때 시장에 진입할 수 있다.

- 후발주자들은 선발주자들이 진입한 이후에 발생한 기술 및 고객 니즈의 변화를 활용할 수 있다. 또한, 선발주자들은 관성 때문에 불리해질 수도 있다.

■ 경쟁자들의 약점은 다음과 같다.

- 경쟁자들은 어떤 혁신을 추구하기 이전에 이미 구축해 놓은 지배적인 경영논리들을 가지고 있을 수 있다.
- 혁신물이 경쟁자의 전략에 잘 맞지 않을 수 있다.
- 경쟁자들은 과거의 혁신물을 위해 투입했던 것들로부터 벗어나는 것이 어려울 수 있다.
- 경쟁자들은 혁신물에 필요한 자원들을 가지고 있지 않을 수 있다.
- 경쟁자들은 자신의 기존 제품의 매출 감소에 대한 두려움 때문에 처음으로 또는 선발주자의 뒤를 따라서 진입하지 못할 수 있다.

■ 앞의 내용을 바탕으로 볼 때, 어떤 때에는 선발주자들이 시장을 지배하기도 하고, 또 다른 어떤 때에는 후발주자들이 시장을 지배하기도 하는데, 그 이유는 다음 내용 중 하나 이상과 관련된다.

- 선발주자 이점은 열심히 확보되고 활용되어야 한다. 선발주자가 선발주자 이점을 획득하고 활용하기 위한 활동들을 수행하지 않을 때, 후발주자들이 진입하고 성과를 낼 가능성이 있다.
- 일반적으로 희소하고 중요한 보완적 자산을 소유한 기업이 유리하다. 따라서 후발주자가 선발주자가 갖지 못한 중요한 보완적 자산을 가지고 있는 경우, 후발주자가 유리할 수 있다.
- 선발주자 난점은 최소화될 수 있다. 그런데 선발주자가 선발주자 난점을 최소화하지 못하면, 후발주자가 그 난점을 자신에게 유리하게 활용할 가능성이 있다.
- 시장에서의 경쟁자 수와 같은 산업 요인들에 따라 기업의 유리한 정도가 달라질 수 있다. 선발주자와 후발주자 중 유리한 입장에 있는 기업이 승리할 가능성이 높다.
- 주자의 유형과 비즈니스 전략 또한 선발주자와 후발주자 중 누가 승리할지에 중요한 영향을 미친다. 유능한 활용자가 많은 산업에서는 선발주자가 승리할 가능성이 보통 현저하게 감소된다.

경쟁자들의 약점(competitors' handicaps)

자원에 대한 선점(preemption of resources)

철회 불가능한 투자와 노력 (irreversible commitments)

선발주자 이점(first-mover advantages)

전환비용(switching costs)

지배논리(dominant logic)

후발주자 이점(follower's advantages)

선발주자 난점(first-mover disadvantages)

주석

1 Many of the first-mover advantages and disadvantages outlined here were laid out by an award-winning paper by Professor Lieberman of UCLA and Professor Montgomery of Northwestern University. Please see: Lieberman, M. B., & Montgomery, D. B. (1988). First-mover advantages. *Strategic Management Journal, 9*, 41–58. Lieberman, M. B., & Montgomery, D. B. (1988). First-mover (dis)advantages: Retrospective and link with the resource-based view. *Strategic Management Journal,* 19(12), 1111–1125. See also: Suarez, F., & Lanzolla, G. (2007). The role of environmental dynamics in building a first mover advantage theory. *Academy of Management Review,* 32(2), 377–392.

2 See, for example, Fishman, C. (2006). The Wal-Mart effect and a decent society: Who knew shopping was so important? *Academy of Management Perspectives,* 20(3), 6–25.

3 Sheremata, W.A. (2004). Competing through innovation in network markets: Strategies for challengers. *Academy of Management Review,* 29(3), 359–377.

4 Latif, U. (2005, May 31). Google's Bid-for-placement Patent Settlement Cover-up. Retrieved July 16, 2008, from www.techuser.net/gcoverup.html. Olsen, S. (2003, July 18). Overture to a patent war? Retrieved July 16, 2008, from http://news.com.com/Overture+to+a+patent+war/2100-1024_3-1027084.html

5 The settlement included another charge against Google that Yahoo had made in connection with a warrant that Yahoo held in connection with a June 2000 services agreement between the two firms.

6 Besanko, D., Dranove, D., & Shanley, M. (2000). *Economics of Strategy.* New York: John Wiley.

7 Barney, J. (1986). Organizational culture: Can it be a source of sustained competitive advantage? *Academy of Management Review,* 11(3), 656–665.

8 Schmalensee, R. (1978). Entry deterrence in the ready-to-eat breakfast cereal industry. *Bell Journal of Economics,* 9(2), 305–327.

9 Schmalensee, R. (1982). Product differentiation advantages of pioneering brands. *American Economic Review,* 72(3), 349–365.

10 Carpenter, G. S., & Nakamoto, K. (1989). Consumer preference formation and pioneering advantage. *Journal of Marketing Research,* 26(3), 285–298.

11 Porter, M. E. (1996). What is strategy? *Harvard Business Review.* 74(6), 61–78. Rivkin, J. W. 2000. Imitation of complex strategies. *Management Science,* 46(6), 824–844.

12 Ghemawat, P. (1991). *Commitment: The Dynamics of Strategy.* New York: Free Press.

13 Lieberman, M. B., & Montgomery, D. B. (1988). First-mover advantages. *Strategic Management Journal, 9*, 41–58. Lieberman, M. B., & Montgomery, D. B. (1988). First-mover (dis)advantages: Retrospective and link with the resource-based view. *Strategic Management Journal,* 19(12), 1111–1125.

14 Teece, D. J. (1986). Profiting from technological innovation: Implications for integration, collaboration, licensing and public policy. *Research Policy,* 15(6), 285–306.

15 Suarez, F. F., and J. M. Utterback. (1993). Dominant designs and the survival of firms. *Strategic Management Journal,* 22(1): 1–21, 1993.

16 Hamel, G. M., & Prahalad, C. K. (1994: 49). *Competing for the Future.* Boston, MA: Harvard Business School Press. p. 49.

17   Tripsas, M., & Gavetti. G. (2000). Capabilities, cognition, and inertia: Evidence from digital imaging. *Strategic Management Journal*, 21(10–11), 1147–1161. Kaplan, S., & Tripsas, M. (2008). Thinking about technology: Applying a cognitive lens to technical change. *Research Policy*, 37, 790–805.

18   Bettis, R. A., & Prahalad, C. K. (1995). The dominant logic: Retrospective and extension. *Strategic Management Journal*, 16(1), 5–14.

비즈니스 모델 혁신의 구현

학습목표

- 비즈니스 모델 혁신 구현의 중요성을 이해할 수 있다.
- 비즈니스 모델, 구조, 시스템, 사람, 환경 간의 관계를 설명할 수 있다.
- 혁신을 구현할 때 사람들의 역할을 설명할 수 있다.
- 조직 구조의 유형 — 기능, 매트릭스, 사업부제, 소셜 네트워크 지원, 네트워크 — 을 이해할 수 있다.
- 기업은 네 가지 혁신 유형인 평범한 · 포지션-구축 · 역량-구축 · 혁명적 혁신에 있어 어떤 구조, 시스템, 사람을 탐색할 필요가 있는지 이해할 수 있다.

서론

비즈니스 모델 혁신의 잠재력을 최대한 구현하고자 한다면 그것들은 잘 실행되어야 한다. 비즈니스 모델 혁신을 실행하는 것은 가치를 창출하고 확보하는 데 요구되는 혁신 활동들을 수행할 사람들을 잘 조직화하는 것 — 누가 어떤 활동을 수행할지, 누가 누구를 위해 역할을 해야 할지, 그들의 성과는 어떻게 측정하며 어떻게 보상할지, 조직 내에서 정보는 어떻게 전달되도록 할지, 누구를 고용할지, 어떤 문화로 발전시킬지 등 — 과 관련된다. 구글은 효과적인 검색을 가능케 하는 모든 활동을 수행하기 위해 그리고 지불 리스트(paid-listing) 수익 모델을 활용하여 수익을 올리기 위해, 비공식적인 기술 문화에 적합한 조직 구조를 활용하였고, 나름대로의 인센티브 제도를 개발했으며, 기술 인력 및 비기술 인력들을 적절하게 채용하였다. IBM은 향후의 비즈니스 모델에서는 제품만큼이나 서비스도 중요해질 것이라 판단하고, 새로운 모델에 맞도록 조직을 재구성하였고, 새로운 성과 측정 및 보상 체계를 구축하였으며, 적합한 사람들을 채용하였고, 적합한 문화를 구축하기 위한 노력을 기울였다. 결론적으로 말하면, 기업은 비즈니스 모델 혁신을 성공적으로 실행하기 위해서 비즈니스 모델뿐만 아니라 추구되어야 하는 환경에도 잘 맞는 조직의 구조와 체계 그리고 인력을 갖추어야 한다. 비즈니스 모델의 구현은 비즈니스 모델, 그 모델을 실행해야 하는 조직의 구조, 그 구조를 보완하는 시스템과 프로세스, 그리고 주어진 환경에서 업무를 수행해야 하는 인력 등과 같은 요소 간의 관계를 다루는 것이다. 비즈니스 모델(Business model), 구조(Structure), 시스템(Systems), 사람(People), 환경(Environment)(BS^{2}PE) 프레임워크(그림 11.1)[1]를 사용하여 이러한 관계들을 살펴보자.

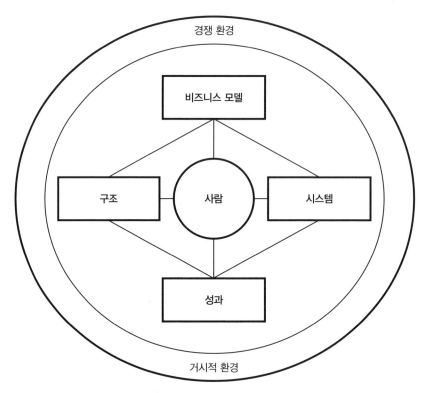

그림 11.1 비즈니스 모델, 구조, 시스템, 사람, 환경(BS^{2}PE)

BS²PE 프레임워크

BS²PE 프레임워크의 개념은 단순하다. 비즈니스 모델은 종종 서로 다른 사람들에 의해 인식되고 수행된다. 더욱이 비즈니스 모델의 실행을 위해 사람들이 수행해야 하는 과업들도 서로 다르다. 마찬가지로 비즈니스 모델 혁신의 실행에 있어서도, 사람들이 수행해야 하는 역할들이 서로 다르다. 게다가 그러한 역할들을 수행하도록 동기부여 시키는 요인들도 담당 과업에 따라, 개인에 따라, 산업에 따라, 그리고 국가에 따라 다르다. 또한, 기업이 채용하는 사람들의 유형, 보고라인, 성과에 대한 측정 및 보상 방식, 필요한 정보 시스템의 유형은 비즈니스 모델 혁신의 유형과 기업의 경영 환경에 따라 달라진다.[2] 결국 비즈니스 모델들이 실행되는 환경을 고려해볼 때 조직의 구조, 시스템/프로세스, 사람 등은 다른 그 무엇보다도 비즈니스 모델과 가장 잘 맞아야 한다는 것이다.[3] 따라서 어떤 주어진 환경하에서 비즈니스 모델 혁신의 실행 초점은 관련 활동에 가장 적합한 조직의 구조와 시스템, 그리고 사람을 찾아내는 것과 활동들을 언제, 어디서, 어떻게 수행해야 할지에 맞추어져야 한다. 비즈니스 모델 혁신의 구현을 본격적으로 다루기에 앞서, 우선 BS²PE 프레임워크의 요소들에 대해 살펴보자.

비즈니스 모델

기업의 비즈니스 모델은 가치를 창출하고 확보하는 프레임워크라는 점을 상기하라. 기업의 구조, 시스템, 사람에 의해 비즈니스 모델이 결정되기도 하지만, 이러한 요소들은 비즈니스 모델에 따라 결정되는 것이 일반적이다.

구조

기업의 비즈니스 모델은 기업이 가치를 창출하고 확보하기 위해 수행하는 일련의 활동들과 관련되는 한편, 기업의 구조는 누가 누구에게 보고하는지 그리고 누가 어떤 활동들을 담당하는지를 알려준다.[4] 조직의 구조는 다음과 같은 세 가지의 주요 목표를 추구한다. 첫째, 조직의 구조는 정보가 부적절한 사람한테 전달되지 않도록 하면서, 의사결정에 필요한 사람에게 적절한 시점에서 제공되는 것을 가능케 해야 한다. 둘째, **차별화(differentiation)**(조직 구조 관점에서의)와 **연계(integration)**가 최대한 효율적으로 고려되어야 한다. 기업의 제조나 마케팅 부서들은 자신의 활동들을 효율적이고 효과적으로 수행하기 위해 전문화되어야 하기 때문에, 각기 다른 기능 영역으로 구분되어 운영된다. 각 부서가 가장 일을 잘할 수 있는 상태가 되기 위해 전문화되어야 한다는 점은 조직의 관점에서의 차별화와 관련된다. 그러나 기업이 고객들을 위한 고유한 혜택들을 효율적이고 효과적으로 개발하고 제공하기 위해서는 종종 기업의 서로 다른 기능들이 상호작용해야 한다. 즉, 기업의 상이한 영역들에서 수행되는 가치 창출 및 확보 활동들은 서로 연계되어야 한다는 것이다.[5] 끝으로 조직의 구조가 추구해야 할 세 번째 목표는 조직단위들 간에 효과적인 연계가 이루어질 수 있도록 이들 간의 상호작용을 잘 조직화하는 것 — 연동(coordination) 체계를 구축하는 것 — 이다. 제품개발 그룹과 마케팅 그룹 간의 활동이 서로 잘 연동된다면 — 서로가 어떤 일을 하고 있는지 그리고 언제 어떤 일을 할 것인지에 관한 정보를 교환할 수 있도록 — 신제품 출시 성과는 더욱 커질 것이다.

기업은 차별화, 연계, 연동 등을 효과적으로 이루어낼 수 있는 조직 구조로 다음과 같은 다섯 가지 유형을 고려할 수 있다: 기능, 사업부제, 매트릭스, 소셜 네트워크 지원, 네트워크.

기능 구조

기능(functional) 구조를 가진 조직에서는 직원들이 자신들이 수행하는 기능에 따라 조직화된다. 마케팅 직원들은 마케팅 관리자에게 보고를 하고, 영업 직원들은 영업 관리자에게 보고하며, 엔지니어들은 엔지니어링 관리자에게 보고를 한다. 공식적인 보고 및 커뮤니케이션은 주로 각 기능 영역 안에서 이루어지며, 보통은 조직의 계층 구조를 타고 위 또는 아래로 진행된다. 각 기능 영역들은 해당 기능 영역의 수장을 통해 기업 본부의 지시를 전달받는다. 기능 조직은 여러 가지 이점을 가질 수 있다. 첫째, 직원들이 기능을 기준으로 조직화되기 때문에, 직원들이 다른 기능과는 구분되는 해당 기능의 과업들을 전문적으로 수행하는 데 필요한 기능 중심의 상세한 지식, 스킬, 노하우 등을 습득할 수 있도록 해줄 수 있는 실질적인 작업 부서가 존재한다. 둘째, 각 기능 영역에는 서로 유사한 지식과 노하우를 가진 직원들이 있는데, 그들은 동일한 물리적 장소에 존재할 수 있어서 더 자주 소통할 수 있고, 이에 따라 자신들의 기능 영역의 깊이 있는 지식을 발전시켜 나가는 데 유리하다.

기능 구조는 단점도 있다. 첫째, 어떤 기능 영역의 과업들이 다른 기능 영역들과 상당한 연동을 필요로 할 때, 그 기능 영역은 제한된 지식과 다른 영역과의 직접적인 소통의 부족으로 인해 부실한 성과를 낼 가능성이 있다. 둘째, 각 기능 영역이 더욱 전문화될수록, 본부의 경영진은 그 기능 영역 내에서 진행되고 있는 일들을 파악하는 것이 더욱 힘들어질 수 있다. 이러한 현상은 상이한 기능 영역들이 서로 직접 소통을 하지 않는 경우 더욱 심해질 수 있다. 셋째, 기능 부서들은 스킬, 경험, 역량의 차이로 인해 다른 기능 영역들과의 협력에 부합하지 않는 목표를 세우게 될 수 있다.

사업부제 구조

사업부제(multidivisional), 즉 M형(M-form) 구조를 가진 조직에서는 직원들이 기능 영역이 아니라 사업부문이나 사업단위에 따라 조직화된다.[6] 부문들은 제품의 유형(제품 라인), 고객 유형, 지리적 영역, 또는 기업의 브랜드에 따라 구성된다. M형 구조에서 권한은 부문에 분산되는데, 이는 기업 본부에 권한이 집중되는 기능 구조와는 반대라 할 수 있다. M형 구조에서는 일반적으로 각 부문이 손익에 대한 책임을 진다. 이러한 사업부제 구조는 다음과 같은 두 가지 장점이 있다. 첫째, 각 부문이 손익에 대해 책임을 지므로 기업 성과에 대해 더 책임감을 가진다. 둘째, 각 기능에 대한 책임이 경영진에 집중되어 있는 기능 구조와는 달리, M형의 경영자들은 자신이 맡은 부문에 집중하기만 하면 된다. 이러한 구조에서는 경영자들이 집중해야 하는 자신의 제품 라인, 브랜드, 고객, 또는 지리적 영역에 대해 깊이 있는 지식을 가지게 될 가능성이 더 높기 때문에, 업무가 더 효과적으로 관리될 수 있다. 한편, 이러한 사업부제 구조의 주요 단점으로는 기능 구조하에서 기능 영역(R&D와 같은)이 구축할 수 있는 상세한 지식만큼 충분한 지식을 구축하지 못할 가능성이 있다는 것이다.

매트릭스 구조

매트릭스(matrix) 구조의 목적은 기능 구조와 사업부제 구조 모두의 이점 중 일부를 확보하는 데 있다. 이 구조는 기능 구조와 사업부제 구조가 혼합된 구조로서 매우 다양한 형태로 만들어질 수 있다. 그중 한 가지는 상이한 기능 영역에 속한 직원들을 하나의 프로젝트에 할당하는 것인데, 이 경우 각각의 직원은 보고를 오직 프로젝트 관리자와 기능 관리자 중 한 사람에게만 하는 것이 아니라, 이 두 관리자 모두에게 해야 한다. 매트릭스 조직의 기본 취지는 (1) 여러 관련 기능 영역의 스킬과 지식을 필요로 하는 프로젝트를 수행하는 데 필요한 교차기능적 연동을 가능케 하고, (2) 해당 프로젝트에서 요구되는 성과에 대한 책임이 존재할 수 있도록 하며, (3) 프로젝트 멤버들이 기능 내부의 학습을 통해 이익을 얻을 수 있도록—특히 관련 기능들에 대한 깊은 지식을 필요로 하는 산업들의 경우에는 더더욱—그들의 기능 영역과 긴밀한 관계를 지속적으로 유지할 수 있도록 하는 것이다. 매트릭스 구조의 다른 형태로는 서로 다른 기능, 부문, 또는 지리적 영역에 속한 사람들이 함께 프로젝트를 수행하면서, 그들의 프로젝트 관리자뿐만 아니라 기능, 지역, 부문 관리자들에게도 보고하도록 하는 형태를 들 수 있다.

매트릭스 구조의 주요 이점으로는 다음과 같은 세 가지를 들 수 있다. 첫째, 기능 구조와 사업부제 구조 모두의 이점 중 일부를 확보할 수 있다. 둘째, 직원들이 한 발은 기능 영역에 그리고 다른 한 발은 프로젝트 그룹에 담고 있으므로, 자신이 속한 기능 영역으로부터 최신 의견을 프로젝트로 가져올 수 있으며, 그 반대로도 가능하다. 셋째, 기술 지식이나 시장 지식의 변화 속도가 기능 영역에 따라 다를 수 있기 때문에, 직원들은 자신이 속한 기능 영역의 지식 변화 속도에 따라 프로젝트 관리에 투입하는 시간을 조정할 수 있는데, 이러한 점은 인력 활용의 효율성을 높이는 결과로 이어질 수 있다. 넷째, 어떤 직원들은 한 개 이상의 프로젝트에 참여할 수 있고, 이에 따라 기능 영역에 대한 지식뿐만 아니라 프로젝트 관련 지식들에 대해서도 통합 효과를 가져올 수 있다.

한편, 매트릭스 구조는 다음과 같은 단점도 있다. 첫째, 프로젝트 동료 멤버들이 물리적으로 같은 장소에서 일하는 것이 프로젝트 성과에 영향을 미치고, 기능 영역의 동료들이 물리적으로 같은 장소에서 일하는 것이 기능에 대한 학습에 영향을 미친다는 점을 고려하면, 매트릭스 구조의 직원들은 프로젝트와 기능 영역 모두에 대해 물리적으로 동일한 장소에서 일할 필요가 있는데, 매트릭스 구조하에서는 이것이 어렵다는 것이다. 이와 같이 직원들이 한 시점에서 물리적으로 서로 다른 장소에 존재해야 하는 상황은 비용과 효율성 면에서 부정적인 영향을 미칠 수 있다. 둘째, 매트릭스 조직에서는 프로젝트 멤버들이 기능 관리자와 프로젝트 관리자 모두에게 보고를 해야 하기 때문에, 그들은 동시에 두 명의 상관을 신경 써야 한다. 어떤 갈등 상황이 발생할 때, 관련 직원들은 자신의 상관 중 누구에게 충성을 해야 할지 결정하기 힘들 수 있다. 셋째, 매트릭스 구조에서는 어떤 노력의 경우 중복적으로 이루어져야 하기 때문에, 기능 구조보다 비용이 더 많이 들 수 있다. 예를 들어, 기능 관리자와 프로젝트 관리자 모두를 상사로 두고 있다는 것 자체가 너무 많은 관리자를 상대해야 하는 것일 수 있다. 끝으로 매트릭스 구조는 사업부제 조직에 비해 책임감이 크게 낮아질 수 있다.

소셜 네트워크 지원 구조

소셜 네트워크 지원 조직은 매트릭스 구조의 주요한 문제점이 지역, 기능, 부문을 교차하는 활동을 연동시키려 한다는 데 있다는 것이 아니라는 점을 깨달은 데에서 나온 것이다.[7] 문제는 바로 매트릭스 조직이 이러한 연동을 공식화한다는 데 있다. 이와 같이 기능, 지역, 제품 사업부문 등을 가로지르는 복잡한 조직에서, 그러한 연동은 절대적으로 중요하다. 소셜 네트워크 지원(social network-assisted) 구조인 기업은 지역, 기능, 제품부문을 기준으로 조직화되어 있지만, 직원들이 매트릭스 구조의 공식적인 활동 연동 관계가 아니라 기능, 사업부문, 지역 간의 비공식적인 관계, 즉 소셜 네트워크를 활용하도록 장려하는 인센티브와 여타의 제도들을 활용한다. 이러한 소셜 네트워크는 브릭앤모타르 상황에서 형성될 수도 있고, 블로깅, 온라인 소셜 네트워크, 위키 등과 같은 전자적 소셜 미디어를 통해서도 형성될 수도 있다. P&G(Procter and Gamble)는 이러한 조직 구조를 활용하여 2000년대에 자신의 혁신 역량을 향상시킨 바 있다.[8]

네트워크 구조

네트워크(network), 즉 가상(virtual) 구조 기업은 자신의 가치 사슬상의 주요한 모든 부가가치 활동들을 외주로 처리하고 자신은 이러한 위탁과 관련된 활동들의 연동 관리에 집중한다.[9] 이러한 조직 형태는 인터넷과 같은 기술적 혁신물에 의해 촉진되어 왔다. 이러한 구조를 가진 기업은 시장 조사 기업과의 계약을 통해 특정 제품이나 아이디어에 대한 시장 조사를 수행하며, 디자인회사를 통해 제품을 디자인하고, 공급자들로부터 부품을 구매하며, 제조 전문회사를 통해 자신의 제품을 제조한다. 이러한 네트워크 구조는 다음과 같은 여러 가지 이점이 있다. 첫째, 가치 사슬상에서 주요한 모든 부가가치 활동을 외주를 통해 해결하기 때문에, 주요 자산들에 대한 투자를 피할 수 있다. 둘째, 빠른 속도의 기술 변화로 인해 기존 역량들이 종종 진부해지기 쉬운 산업에서는, 이러한 가상 구조를 채택함으로써 투자를 피할 수 있어, 자신의 중요한 자산들이 진부화되는 것에 대한 걱정을 하지 않아도 된다.[10] 이러한 기업들은 공급자, 제조업체, 또는 유통업체와 관련하여, 더 나은 업체를 발견할 때마다 이들을 교체할 수 있는 유연성을 발휘할 수 있다. 한편, 네트워크 구조는 다음과 같은 두 가지 주요한 단점도 가지고 있다. 첫째, 해당 기업이 부가가치가 높은 활동을 직접 수행하지 않을 때 경쟁우위를 확보하기 어렵다. 그러나 이러한 점은 그 기업의 핵심 역량에 따라 달라질 수도 있다. 만약 해당 기업이 강력한 브랜드나 가치 있고, 희소하며, 모방이 어려운 구조적인 역량—기업이 다른 역량들을 연동시킬 수 있도록 해주는 역량—을 가지고 있다면, 그 기업은 고객들에게 경쟁자들이 제공하지 못하는 무엇인가를 제공해줄 수 있기 때문에 지속적으로 수익을 올릴 수 있을 것이다.[11] 둘째, 주요한 모든 활동들을 외주에 의존함으로써, 가치 사슬의 단계별 가치 창출에 대한 학습 능력이 발전되지 못할 수 있다.

시스템

조직 구조는 누가 누구에게 보고하는지 그리고 그들이 어떤 활동을 수행하는지에 대해 다루지만, 비즈니스 모델 실행에 있어 직원들이 자신들에게 부여된 과업과 책임을 수행할 때 그들을 어떻게 지속적으로 동기부여시키는지는 거의 다루지 않는다.[12] 시스템(system)은 비즈니스 모델이 효율적이고 효과적으로 실행될 수 있도록 해주는 인센티브, 성과 요구사항 및 측정기준, 정보흐름 및 책임과 관련된다. 이러한 시스템은 다음과 같은 두 가지 영역으로 구분할 수 있다: 조직 시스템/프로세스 그리고 정보시스템.

조직 시스템/프로세스

조직 시스템(organizational system)은 개인, 그룹, 기능단위, 부문, 조직 등의 성과가 어떻게 추구되고, 모니터링되며, 측정되고, 보상되는지와 관련된다. 조직 시스템에는 수익, 시장 점유율, 현금 흐름, 총순이익, 주가, 투자 수익률, 경제적 부가가치와 같은 측정기준이 포함된다. 또한, 조직 시스템에는 급여 체계, 이익 배분, 종업원 스톡옵션 제도, 보너스, 그리고 증서를 통한 인정이나 개발에 기여한 직원의 이름을 제품의 어딘가에 표시하는 것 등과 같은 비재무적 보상이 포함된다. 또한, 시스템에는 소위 프로세스라는 것도 포함된다.

기업의 프로세스(processes)란 "직원들이 역량을 보다 가치가 큰 제품 및 서비스로 변환하기 위해 수행하는 상호작용, 협력, 커뮤니케이션, 의사결정 등의 패턴"이다.[13] 이러한 패턴들은 비즈니스 모델, 조직 구조, 인센티브 제도 등에 영향을 받는다. 예를 들어, 샤프 코퍼레이션(Sharp Corporation)은 '화학적 결합(chemicalization)'이라는 프로세스를 통해 3년마다 R&D 그룹들의 상위 3% 이내의 과학자들을 강제로 다른 연구실로 발령을 내린다. 이 프로세스는 최고의 과학자들이 다른 연구실의 과학자들과 기록이나 과학 출판물 등을 통해 전달하기 쉽지 않은 지식들을 교류하면서 서로 소통할 수 있도록 해주었다. 샤프에서는 다른 연구실로 발령받는 것이 그 과학자가 훌륭하다는 것을 의미하였으며, 이는 과학자들에게는 중요한 보상으로 작용하였다. 더욱이 다른 연구실에서 일한다는 것은 샤프의 과학자들에게, 그들이 원래 자기가 속했던 부문이나 기능으로 돌아온 이후 나중에 활용하게 될 수 있는 관계를 구축해 놓을 수 있는 좋은 기회로 인식되었다. 또 다른 예로는 '구글의 20% 룰'을 들 수 있는데, 이는 구글의 직원들이 업무 시간의 20%를 자신들에게 부여된 공식적 프로젝트와는 거의 또는 전혀 관련이 없는 혁신적인 프로젝트에 사용하도록 장려하는 룰이다. 벤치마킹, TQM(total quality management), 리엔지니어링, X-엔지니어링 등도 기업들이 비즈니스 모델 혁신을 더욱 효율적이고 효과적으로 수행하기 위해 사용해 온 프로세스들이다.

정보시스템

훌륭한 조직 구조가 효과적인 조직 시스템과 결합되어 적정량의 내부 정보를 제공할 수 있긴 하지만, 정보시스템 또한 의사결정에 필요한 적정 시점에서 적합한 사람에게 효율적으로 정보를 제공하는 데 기여할 수 있다. 본 논의의 초점을 고려할 때, 정보 흐름 체계는 다음과 같은 두 가지 영역으로 구분될 수 있다. (1) 전자적으로 정보가 전달될 수 있도록 해주는 정보 및 커뮤니케이션 기술, (2) 때로는 계획에 없는 직접적인 상호작용까지도 가능케 하는 건물의 물리적 배치 구조. 인터넷과 같은 디지털 네트워크는 그 누구라도 조직이나 세상의 어디서든지 조직 내에 있는 정보에 접근할 수 있도록 해준다.[14] 예를 들어, 전세계 어느 곳에 있는 누구라도 접근 자격만 있다면, 제품을 개발하는 동안 회사의 인트라넷에 들어와서 제품의 상태에 대한 정보나 더 나은 제품에 대한 아이디어 등을 볼 수 있다. 정보시스템은 조직 구조로 인해 발생하는 정보 흐름을 보충하거나 보완하는 데 사용될 수 있다.

많은 정보가 인터넷을 통해 전자적으로 전달될 수 있음에도 불구하고, 어떤 유형의 정보들은 여전히 직접적인 대면을 필요로 한다. 예를 들어, 인터넷을 통해서는 새로운 자동차나 그림의 독특한 분위기나 냄새를 느끼기 어렵다. 더욱이 직원들 간의 우연한 물리적 접촉은 새로운 아이디어를 이끌어내기도 하는데, 이는 계획된 전자 접촉으로는 이루어지기 어려운 일이다. MIT의 톰 앨런(Tom Allen) 교수의 연구에 따르면, 물리적 배치 구조는 엔지니어/과학자 간의 커뮤니케이션에 중요한 역할을 할 수 있고, 이는 결국 혁신물에 상당한 영향을 미칠 수 있다.[15] 직접적인 물리적 상호작용이 가능하도록 설계된 건물의 물리적 배치 구조는 새로운 아이디어의 흐름을 촉진시킬 수 있다. 기업에서 상이한 조직단위—가령 마케팅, R&D, 운영—가 물리적으로 동일한 공간에 위치하고, 이 조직단위들의 직원들이 같은 카페테리아에서 음식을 먹으며, 같은 화장실을 이용하고, 종종 마주친다면, 그들은 서로 다른 건물이나 지역에 분산되어 있을 때보다 새로운 아이디어들을 서로 교류할 가능성이 훨씬 더 클 것이다.

사람

비즈니스 모델을 구상하고, 구축하며, 실행하는 것은 사람이기 때문에 사람은 비즈니스 모델에 있어 핵심적인 존재라 할 수 있다. 기업의 직원들이 조직 구조 내에서 성장할 수 있는 정도, 조직의 성과나 보상 제도에 의해 동기부여되는 정도, 조직이 구축한 정보시스템을 효과적으로 사용할 수 있는 정도는 기업의 조직문화, 역량, 직원 유형으로부터 영향을 받는다.

문화

문화란 무엇인가? 우탈(Uttal)과 피어만(Fierman)은 조직문화를 다음과 같이 정의한 바 있다.

> 조직의 사람, 구조, 시스템과의 상호작용을 통해 행위 규범(우리가 일을 수행하는 방식)을 만들어내는 공유 가치(무엇인 중요한지)와 믿음(일이 어떤 원리로 돌아가는지)으로 구성된 시스템.[16]

MIT의 샤인(Schein) 교수는 다음과 같이 정의하였다.

> 기본적인 가정들에 대한 패턴이라 할 수 있는데, 여기서 기본적인 가정이란 집단이 외부에 대한 적응과 내부 통합에 대한 문제들에 대응하기 위한 학습 과정에서 발명하거나, 발견하거나, 개발한 것이며, 타당한 것으로 고려될 정도로 잘 작동되어 왔기에 이러한 문제들과 관련하여 인식하고, 생각하고, 느끼는 올바른 방식으로서 새로운 멤버들에게 전수되는 그러한 것이다.[17]

기업의 문화는 가치를 창출하고 확보하는 능력에 중요한 영향을 미친다.[18] 기본적으로 조직 내의 사람들은 공유 가치(무엇인 중요한지)와 믿음(일이 어떤 원리로 돌아가는지)을 개발한다. 그리고 나면 이러한 공유 가치와 믿음은 조직에 누가 고용되거나 남아야 하는지, 조직은 어떻게 재구성되어야 하는지, 그리고 시스템은 어떻게 변화되어야 하는지 또는 어떻게 변화되지 말아야 하는지 등에 영향을 미친다(즉, 이러한 판단들과 상호작용한다). 이러한 영향을 미치는 과정, 즉 상호작용을 통해 생성되는 것이 바로 행위 규범(우리가 일을 수행하는 방식)인데, 이러한 규범을 기준으로 비즈니스 모델이 얼마나 잘 실행되는지 또는 구축되는지가 판단된다. 구조, 시스템, 사람이 매우 적합하다면 규범은 모방하기 어려운 활동 체계가 구축되는 결과를 가져올 수 있다. 사우스웨스트 항공사 직원들이 다른 항공사 직원들보다 생산성이 높았던 이유 중 하나로 그 회사의 문화를 꼽을 수 있다. 반면 잘못된 문화를 가지고 있는 경우에는 오히려 경쟁력이 떨어질 수 있다.

사람의 유형

매우 단순한 사실이지만, 모든 이들이 모든 일에 적합한 것은 아니다. 모든 보상 제도가 모든 직원을 동기부여시킬 수 있는 것도 아니다. 따라서 비즈니스 모델을 실행함에 있어 중요한 점은 적합한 사람이 적합한 일을 수행하도록 하는 것이다. 2000년대 중반, 구글의 신규 채용 광고들은 수학적, 지적 능력이 뛰어난 사람들을 채용하는 데 초점을 맞추고 있다는 점을 공공연히 표방했다.[19] 그러나 사우스웨스트 항공은 직원을 채용함에 있어 스킬보다는 태도에 더욱 관심이 있었다.

혁신에서 사람들의 역할

사람이 비즈니스 모델 실행에 대한 중심이므로 혁신에 있어 사람들이 수행하는 역할을 이해하는 것 또한 중요할 것이다.

최고경영진과 지배적 경영논리

제10장에서 보았듯이 경영자들은 모든 혁신물 각각에 대해 나름대로의 믿음, 편견, 가정 ─혁신물, 기업이 대상으로 하는 사람, 누구를 채용할지, 혁신물에는 어떤 기술이 필요한지, 혁신물과 관련된 다른 기업들로는 어떤 것들이 있는지, 그리고 혁신물을 통해 가치를 창출하고 확보하는 데 필요한 것은 무엇인지에 대한 ─을 가지고 있다.[20] 이러한 믿음, 가정, 편견이 경영자의 경영논리라 할 수 있다. 이러한 경영논리는 경영자들이 의사결정에 대한 접근방식으로 사용할 가능성이 높은 사고 틀 또는 모델을 구축하는 데 결정적인 역할을 한다.[21] 혁신물, 기업의 비즈니스 모델, 구조, 시스템, 프로세스, 가치, 규범, 그리고 기업이 성공을 이루어낸 방법을 바탕으로 지배적 경영논리(dominant managerial logic) ─그 기업에서 사람들이 가치 창출 및 확보를 가장 잘할 수 있는 방법을 바라보는 일반적인 방식 ─가 생성된다.[22] 지배적 경영논리는 보통 효과적인 비즈니스 모델과 구현에 대한 적합한 기준을 가지고 있는 기업에게는 유용하다. 그러나 새로운 비즈니스 모델, 구조, 시스템, 프로세스, 가치, 또는 규범 등이 요구되는 상황에서 혁신물을 추진하고 있다면, 과거에 잘 작동했던 지배적 경영논리는 오히려 약점으로 작용할 수 있다. 경영자들은 기존의 가치(무엇이 중요했었는지), 기존의

믿음(일이 어떤 원리로 진행되었는지), 그리고 기존의 행위 규범(우리가 주변의 일을 수행했던 방식)에 갇혀 있을 수 있다. 이러한 상황은 경영자들이 새로운 가치(혁신물을 추진하는 데 있어 무엇이 중요한지), 새로운 믿음(혁신물을 추진하는 데 있어 일이 어떤 원리로 진행되는 것이 바람직한지), 그리고 새로운 행위 규범(이제 우리가 주변의 일들을 수행해야 하는 방식)을 이해하고 받아들이는 데 방해가 될 것이다. 이러한 상황은 최고경영진이 종종 혁신 활동에 대해 중요한 자원들을 할당하는 역할을 한다는 점을 고려해볼 때 상당히 중요한 문제가 될 수 있다.

챔피언

비즈니스 모델 혁신을 만들어내고 실현하기 위해서는 일반적으로 챔피언이 필요하다. 비즈니스 모델 혁신에 있어 **챔피언**(champion)이란 기업에게 그리고 비즈니스 모델을 만들어내고 실현하는 데 참여하는 직원들에게 그 비즈니스 모델이 가질 수 있는 비전이 도대체 무엇인지 그리고 그 안에는 무엇이 담겨 있는지를 명확하게 설명해줄 수 있는 누군가를 의미한다.[23] 챔피언은 대상이 되는 비즈니스 모델의 잠재력에 대한 매력적인 비전을 관련 직원들에게 열정적으로 설명함으로써, 그 비즈니스 모델이 구현되어야 하는 이유를, 특히 가치가 어떻게 창출될 것이며 확보될 것인지를 직원들에게 이해시키고, 결국 이를 통해 비즈니스 모델 구현의 핵심에 있는 직원들을 동기부여시키고 고무시키는 역할을 한다. 기업은 종종 자신의 협력경쟁자들—자신의 혁신물의 생태계에 속한 다른 주자들—을 대상으로 자신의 비즈니스 모델을 위해 싸우기도 해야 한다. 사실 많은 혁명적 혁신과 포지션-구축 혁신의 경우 기업은 신제품의 비전을 고객들에게 설명해야 하고, 이를 바탕으로 고객들이 그 제품에 대한 자신들의 잠재적 니즈를 발견할 수 있도록 도와야 한다. 스티브 잡스가 바로 애플의 제품들을 위한 위대한 챔피언이었던 것처럼 말이다!

후원자

비즈니스 모델 혁신의 **후원자**(sponsor)란 혁신을 뒤에서 지원해주는 상위 경영자를 의미한다.[24] 이러한 경영자는 정치적 적들로부터 혁신을 보호해주는 대부와 같은 존재다. 상위 경영자는 후원자로 활동함으로써 혁신에 대해 부정적이거나 비협조적인 직원들은 상위 경영자의 분노에 직면할 수 있다는 신호를 보내는 효과를 얻을 수 있다. 또한 상위 경영자는 비즈니스 모델에 대해 애쓰고 있는 챔피언과 여타의 혁신 제품 멤버들이 상위 경영자의 지지를 받고 있다는 점을 확신시키는 효과도 얻을 수 있다. 어떤 경우에는 챔피언이 후원자 역할을 하기도 한다. 스티브 잡스의 경우가 바로 애플의 핵심 제품들에 대해 챔피언과 후원자 모두의 역할을 한 경우에 해당한다.

경계 연결자와 문지기

많은 기업들에서, 특히 기능 조직 구조를 가진 기업들에서 직원들은 자신의 기능 영역에 대해서는 깊은 지식을 가지고 있지만 다른 영역에 대해서는 거의 또는 아예 지식이 없을 수 있다. 더욱이 각 기능 영역은 공유될 수도 있고 그렇지 않을 수도 있는 정보들에 영향을 미치는 나름대로의 문화, 언어, 니즈, 히스토리를 가지고 있을 수 있다. 예를 들어, R&D 부서는 마케팅이나 생산 부서에서는 이해하지 못하는 약어, 전문용어, 문화 등을 가지고 있을 수 있다. 마케팅이나 생산 부서의 직원들은 R&D 부서 엔지니어들을 상아탑에 살고 있는 속물로 바라보기도 한다. 경계 연결자(boundary spanners)란 기업 내 두 부서 사이에서 정보에 대한 변환기 역할을 함으로써, 두 부서 간의 '간극'을 연결시켜주는 역할을 하는 사람을 의미한다. 이들은 하나의 부서로부터 나온 정보를 다른 부서의 직원들이 이해할 수 있는 정보로 변환시킨다.[25] 이들은 자신들이 속한 부서와 다른 부서의 특이한 점들을 이해함으로써, 자신이 속한 부서의 질문을 다른 부서에서 이해할 수 있는 형태로 변환하여 질문을 할 수 있고, 반대로 그에 대한 대답을 자신의 부서가 이해할 수 있는 형태로 변환해서 전달할 수 있는 능력의 소유자들인 것이다. 문지기(gatekeepers)란 서로 다른 기업들 사이에서 경계 연결자와 같은 역할을 수행하는 사람을 의미한다.

프로젝트 관리자

비즈니스 모델 혁신이 신제품 개발을 수반한다면, 프로젝트 관리자는 중요한 역할을 할 수 있다. 프로젝트 관리자(project managers)는 프로젝트가 요구사항을 만족시키거나 그 이상의 성과를 낼 수 있도록, 언제 무엇을 해야 할지에 대해 계획을 세우는 역할을 담당한다. 챔피언의 주요 역할이 비즈니스 모델의 잠재적 비전을 명확하게 설명하는 것이라면, 프로젝트 관리자의 주요 역할은 회의 일정을 잡는 것이라 할 수 있다. 프로젝트 관리자는 프로젝트 중추신경계 — 적절한 사람들에게 적절한 시간에 정보를 전달하는 — 와 같다. 프로젝트 관리자는 관할하는 통제 범위를 기준으로 헤비급과 경량급으로 나눌 수 있다.[26] 헤비급 프로젝트 관리자(heavyweight project manager)는 프로젝트 예산관리는 물론, 개념 창출에서부터 설계를 거쳐 마케팅 및 수익 창출에 이르기까지 광범위한 권한과 책임을 진다.[27] 경량급 프로젝트 관리자(lightweight project manager)의 권한과 책임은 헤비급만큼 광범위하지 않다. 이러한 관리자의 권한은 대개 엔지니어링 기능에 국한되며, 개념 창출과 예산계획과 같은 여타의 시장 관련 관점들에 대해서는 권한과 책임을 지지 않는다.

외부 환경

기업의 구조, 시스템, 사람(S^2P)은 다음과 같은 두 가지 이유로 경쟁 환경과 거시적 환경의 영향을 받는다. 첫째, 이미 여러 경우에서 보았듯이, 기업의 비즈니스 모델은 가치 창출 및 확보가 이루어지는 주변의 거시적 환경뿐만 아니라 비즈니스 모델에 부정적인 영향을 미치는 경쟁 세력들에 의해서도 영향을 받는다. 그런데 비즈니스 모델은 기업의 구조, 시스템, 사람(S^2P)에 영향을 미치기 때문에, 결국 S^2P는 비즈니스 모델에 영향을 미치는 경쟁 환경과 거시적 환경에 의해서 영향을 받는 것으로 볼 수 있다. 둘째, 구조, 시스템, 사람은 본질적으로 환경의 지배를 받는다. 예를 들어, 기술과 시장이 빠르게 변화하는 산업에 속한 기업들은 자신의 제품을 뒷받침하는 기술과 자신이 제품을 제공하는 시장에 대해 깊이 있는 지식을 유지할 수 있어야 한다. 빠르게 변모되는 환경에서 구조에 대한 한 가지 바람직한 선택은 매트릭스 구조가 될 수 있는데, 그 이유는 이 구조가 직원들이 한 발은 프로젝트 그룹에 다른 한 발은 자신의 기능 그룹에 담근 채 프로젝트에 열중할 수 있게 해주기 때문이다. 직원들의 정체성이 그들을 고용한 기업과 긴밀한 관계를 맺고 있는 나라에서는 기업이 시장에서 승리하기 위해 무엇을 필요로 하든 직원들이 더욱 기꺼이 그 일을 할 것이다. 또한 교육 수준이 높은 인력을 보유한 나라에서는 기업이 부가가치가 높은 일에 필요한 직원들을 고용할 수 있는 기회를 더 많이 가질 수 있을 것이다.

비즈니스 모델 혁신의 구현

기업이 비즈니스 모델 혁신을 실행할 때 구조, 시스템, 사람, 환경은 얼마나 중요한가? 그것은 비즈니스 모델 혁신의 유형, 즉 평범한 · 포지션-구축 · 역량-구축 · 혁명적 혁신에 따라 달라진다(그림 11.2).

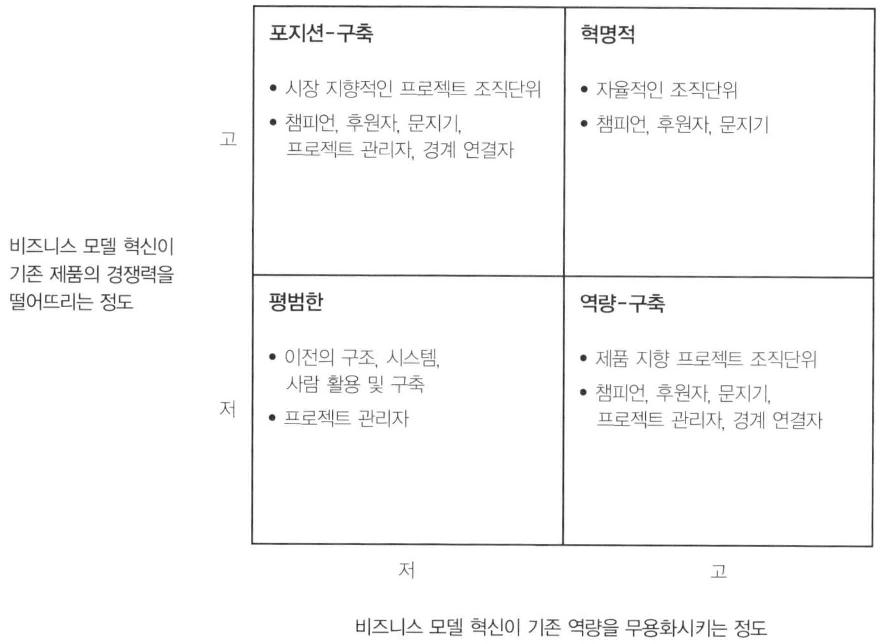

	포지션-구축	혁명적
고	• 시장 지향적인 프로젝트 조직단위 • 챔피언, 후원자, 문지기, 프로젝트 관리자, 경계 연결자	• 자율적인 조직단위 • 챔피언, 후원자, 문지기
	평범한	역량-구축
저	• 이전의 구조, 시스템, 사람 활용 및 구축 • 프로젝트 관리자	• 제품 지향 프로젝트 조직단위 • 챔피언, 후원자, 문지기, 프로젝트 관리자, 경계 연결자
	저	고

비즈니스 모델 혁신이 기존 제품의 경쟁력을 떨어뜨리는 정도

비즈니스 모델 혁신이 기존 역량을 무용화시키는 정도

그림 11.2 S²P에 대한 혁신의 영향

평범한 혁신

평범한 비즈니스 모델 혁신은 기존 제품들의 경쟁력이 여전히 유지되고 있는 상황에서 기존 역량이 비즈니스 모델 혁신에 사용되는 경우를 의미한다. 따라서 평범한 혁신에서는 기존 업체들의 과거 혁신 역량과 포지션에 대한 변화가 별로 없다. 이는 기존 업체들의 구조, 시스템, 사람(S²P)에 대한 변화도 별로 없다는 것을 의미한다. 예를 들면 문화에 대한 변화를 들 수 있다. 이러한 업체들에서는 기존 혁신 과정에서 작동되었던 공유 가치(무엇이 중요한지)와 믿음(일이 어떤 원리로 돌아가는지), 그리고 행위 규범(우리가 주변의 일을 수행하는 방식)이 새로운 혁신을 추진하는 동안에도 계속해서 작동한다. 이러한 상황에서는 기존의 프로세스, 즉 "상호작용, 연동, 커뮤니케이션, 의사결정 등의 패턴들"[28]이 계속해서 작동될 가능성이 높다. 다이어트 콜라의 출시는 평범한 혁신에 해당하는데, 코카콜라와 펩시가 이 제품을 출시했을 때 이들 회사의 S²P는 변화가 없었다.

혁명적 혁신

혁명적 비즈니스 모델 혁신은 이전의 혁신 제품들이 현재의 새로운 혁신을 통해 나온 제품과 경쟁이 불가능하고, 새로운 비즈니스 모델에 요구되는 역량들이 이전의 혁신 역량들과 매우 달라서 이전의 혁신 역량들이 더 이상 유용하지 않은 경우를 의미한다. 혁명적 혁신에서는 기존의 혁신에 적용되었던 가치(무엇이 중요한지)와 믿음(일이 어떤 원리로 돌아가는지), 그리고 행위 규범(우리가 주변의 일을 수행하는 방식)이 진부한 것으로 취급된다. 사실 이러한 가치, 믿음, 그리고 규범은 약점으로 작용할 수도 있다. 이전의 혁신 과정에서 사용되었던 프로세스—"상호작용, 연동, 커뮤니케이션, 의사결정 등의 패턴들"[29]—또한 쓸모없는 것이 될 가능성이 높고, 이것들 역시 약점으로 작용할 가능성이 있다.

어떤 혁신물이 혁명적이라면 그 업체는 자기 나름대로의 구조, 시스템, 사람을 가진 자율적인 조직단위들을 사용하고 싶어 할 수 있다. 왜 자율적인 조직단위들인가? 이전의 혁신물에 적용되었던 것과는 상당히 다른 가치, 믿음, 행위 규범이 필요하기 때문에, 기존 혁신 과정에서 적용되었던 구조와 시스템 그리고 사람은 더 이상 도움이 되지 않을 가능성이 높다. 자기 나름대로의 구조와 시스템 그리고 사람을 가진 자율적인 조직단위는 혁명적 혁신에 있어 성공적으로 가치를 창출하고 확보하는 데 필요한 가치, 믿음, 규범, 혁신 프로세스를 보다 신속하게 구축할 수 있다.

혁명적 비즈니스 모델 혁신을 수행하고 있는 기업은 자율적인 조직단위들을 구축하는 것 외에도 챔피언, 후원자, 문지기 등을 활용하고 싶어 할 수 있다. 후원자의 존재는 상위 경영진에게 자율적인 조직단위가 중요하고 그러한 조직단위가 일을 엉망으로 만들 것이라는 생각을 하지 말아야 한다는 점을 다시 한 번 인식시킬 수 있다. 자율적 조직단위는 문지기나 경계 연결자를 통해 협력경쟁자들이나 기업 내 다른 조직단위들과 소통할 수 있다.

포지션-구축 혁신

포지션-구축 비즈니스 모델 혁신은 새로운 제품이 기존 제품들을 무력화시키지만, 기존의 혁신 역량들은 새로운 혁신을 수행하는 데 있어 여전히 중요하게 작용하는 경우를 의미한다. 혁신물의 대상이 되는 시장이 기존 혁신물의 시장과 동일하다면, 현재 기업들의 S^2P는 그렇게 많이 바뀔 필요가 없을 수도 있다. 예를 들어, 인텔이 486 PC를 대체하는 펜티엄을 출시했을 때, 인텔은 펜티엄으로 대체된 PC 시장에서 선전하기 위해 굳이 조직을 재구조화할 필요는 없었다. 그러나 시장이 달라진다면, S^2P의 중요한 요소 중 일부가 달라져야 할 필요가 생길 수 있다. 펜티엄 PC는 미니컴퓨터와 동일한 기술을 사용했지만, 미니컴퓨터 시장 외에도 가정용 컴퓨터 시장도 공략했다. 이 시장은 펜티엄 PC가 출시되기 전에 공략했던 미니컴퓨터 시장과는 매우 달랐다. 분명한 점은 이와 같이 새로운 시장을 대상으로 판매한다는 것은 기존의 판매 규범과는 다른 규범들을 필요로 한다는 것이다.

실제 어떤 기업의 비즈니스 모델이 포지션-구축 유형에 해당한다면, 그 기업은 시장의 니즈를 적시에 신제품에 반영시키는 것을 주요 책임으로 가진 시장-공략형 (market-targeting) 프로젝트 조직단위를 활용할 수 있다. 시장에 대한 이러한 관점은 대상 시장이 새로운 시장일 때 특히 더 중요하다. 포지션-구축 혁신에서는 왜 시장-공략형 프로젝트 조직단위 대신에 자율적인 조직단위를 사용하지 않는가? 그 이유는 포지션-구축 혁신에서는 혁신을 통해 나온 제품이 여전히 이전의 혁신적 기술 역량들을 활용해야 하는데, 자율적인 조직단위를 활용한다는 것은 그러한 역량을 새로운 조직단위로 이전하거나 중복적으로 구축하는 것을 의미하고, 이에 따라 어느 경우이든 비용이 많이 늘어나기 때문이다. 즉, 포지션-구축 혁신의 경우 역량 관련 S^2P는 이 혁신 유형의 강점이 될 수 있지만, 경우에 따라 이러한 강점은 많은 비용을 필요로 할 수도 있다는 것이다. 이와 관련해서는 IBM과 PC 사례를 들 수 있다. IBM이 PC 시장에 진입하기로 결정했을 때 IBM은 제품에 대한 설계, 제조, 판매를 위해 자율적 그룹을 조직했다. 이러한 PC 그룹은 자율적 조직이었기 때문에, 인텔의 마이크로프로세서와 마이크로소프트의 운영체제를 사용하기로 결정하였다. IBM의 다른 부서들이 이러한 두 가지 요소를 신속히 개발할 수 있는 기존의 역량들을 사용해 오고 있었음에도 불구하고! 사실 IBM은 가장 큰 가치를 점유하고 있는 윈텔 세계의 이 두 가지 요소 대신 자신의 제품을 사용할 수 있었던 기회를 놓쳐 버린 것이었다. 그러나 기업이 이와 같은 자율적 조직단위를 사용하지 않는 경우, 기존의 시장에 초점을 맞춘 가치, 믿음, 규범 들이 약점으로 작용하는 위험에 빠질 수도 있다. 이러한 약점들은 식별될 수도 있고 회피될 수도 있다. 기업은 프로젝트 조직단위를 보완하기 위해 후원자, 챔피언, 경계 연결자 등을 필요로 할 수도 있다. 후원자는 다른 조직단위들에게 해당 프로그램이 중요하다는 메시지를 보낼 수 있고, 그 프로젝트 조직은 필요로 하는 지원을 후원자로부터 받을 수 있다. 챔피언은 그 프로젝트 그룹과 협력해야 하는 다른 조직단위들에게 그 프로젝트의 이점을 명확히 설명해줄 것이다. 경계 연결자는 프로젝트 조직과 다른 조직단위들 간에 상호 지식 이전을 가능케 해줌으로써 그 부서들 간의 다리 역할을 해줄 것이다.

역량-구축 혁신

역량-구축 비즈니스 모델 혁신은 기업이 혁신을 추구하는 데 필요한 역량이 기존의 혁신 역량들과 상당히 다르지만, 기존 제품들이 여전히 경쟁력을 가지고 있는 경우를 의미한다. 따라서 제품 관련 활동이 중시되는 한, S^2P에 대한 요구사항은 혁명적 혁신과 유사하다. 즉, 그 요구사항들은 구조, 시스템, 사람에 대한 변화를 필요로 한다. 기계면도기와는 상당히 다른 기술을 필요로 하는 전기면도기를 예로 들어보자. 기계면도기를 공급해 오고 있는 어떤 기업이 전기면도기 시장에 진출하고자 한다면, 그 기업은 전기면도기에 대한 설계, 개발, 제조가 기계면도기의 경우와는 매우 다르다는 사실에 바탕을 둔 새로운 조직단위들이 필요할 것이다.

어떤 기업이 추구하고자 하는 혁신의 방향이 역량-구축 혁신이라면, 그 기업은 새로운 역량을 구축하고 그것들을 활용하여 새로운 제품을 개발하는 방향으로 설계된 활동들을 수행하는 제품-공략형(product-targeting) 프로젝트 조직단위를 사용할 수 있을 것이다. 포지션-구축 혁신의 경우와 마찬가지로 자율적인 조직단위 대신 프로젝트 조직단위를 활용함으로써 다음과 같은 장단점을 가질 수 있다. 기업은 프로젝트 조직단위를 활용함으로써 자율적 조직단위를 활용하는 것보다 마케팅 역량과 구매자에 초점을 둔 여타의 역량들을 보다 수월하게 활용할 수 있는데, 그 이유는 역량-구축 혁신에서는 제품-시장-포지션이 크게 달라지지 않기 때문이다. 동시에 이러한 기업은 자율적 조직단위를 활용하지 않음으로써, 대체되고(즉, 사라지고) 있는 역량들로부터 나오는 가치, 믿음, 규범으로 인해 불리해질 수 있다. 그러나 이러한 불리한 점을 파악하고 바로잡는 일은 가능하다.

핵 심 정 리

- 비즈니스 모델 혁신은 구현이 제대로 되지 못하는 경우, 잠재력을 모두 발휘하기 힘들다. 비즈니스 모델 혁신을 구현하는 것은 비즈니스 모델, 구조, 시스템, 사람, 환경 간의 관계를 효과적으로 구축하는 것과 관련된다. 즉, 기업이 비즈니스 모델 혁신을 성공적으로 실행하기 위해서는 비즈니스 모델뿐만 아니라 그 비즈니스 모델이 추진되고 있는 환경까지도 정확하게 고려한 구조와 시스템, 그리고 사람(S^2P)이 필요하다.

■ 조직 구조는 누가 누구에게 보고를 하며 누가 어떤 활동을 언제 수행하는지와 관련된다. 조직 구조는 다음과 같은 세 가지의 주요 목적을 추구한다.

• 조직 구조는 정보가 부적절한 사람한테 전달되지 않도록 하면서, 의사결정에 필요한 사람에게 적절한 시점에서 제공되는 것을 가능케 해야 한다.

• 효과적인 구조가 되기 위해서는 조직단위 간의 차별화와 연계에 관한 구조가 효과적으로 구성되어야 한다.

• 조직단위 간에 연동이 이루어지도록 그것들 간의 상호작용이 효율적으로 이루어져야 한다.

■ 기업은 차별화, 연계, 연동 등을 효과적으로 이루어낼 수 있는 조직 구조로 다음과 같은 다섯 가지 유형을 고려할 수 있다: 기능, 사업부제, 매트릭스, 소셜 네트워크 지원, 네트워크.

■ 시스템은 비즈니스 모델의 효율적이고 효과적인 실행을 가능하게 하는 인센티브, 성과 요구사항 및 측정기준, 정보 흐름 및 책임과 관련된다. 시스템은 직원들을 동기부여시키는 데 필요한 것들과도 관련된다.

■ 기업의 직원들이 조직 구조 내에서 성장할 수 있거나, 조직의 성과나 보상 제도에 의해 동기부여되거나, 조직이 구축한 정보시스템을 효과적으로 사용할 수 있는 정도는 조직의 구조, 역량, 직원 유형에 영향을 받는다.

■ 문화란 "조직의 사람, 구조, 시스템과의 상호작용을 통해 행위 규범(우리가 주변의 일을 수행하는 방식)을 만들어내는 공유 가치(무엇인 중요한지)와 믿음(일이 어떤 원리로 돌아가는지)로 구성된 시스템"이다.[30]

■ 구조, 시스템, 사람은 비즈니스 모델에 따라 달라지고, 비즈니스 모델은 환경에 따라 달라지므로 구조, 시스템, 사람은 환경에 따라 달라진다고 할 수 있다.

■ 혁신 과정에서 사람들은 다음과 같은 중요한 역할들을 수행한다.

• 최고경영진은 리더 역할을 하지만, 변화가 없을 때에는 강점으로 작용할 수 있는 지배적 경영논리가 혁명적, 포지션-구축, 또는 역량-구축 혁신들의 경우에는 약점이 될 수도 있다.

• 비즈니스 모델 혁신에 있어 챔피언이란 기업에게 그리고 비즈니스 모델을 만들어내고 실현하는 데 참여하는 직원들에게 그 비즈니스 모델이 추구하는 비전이 도대체 무엇인지 그리고 그 안에는 무엇이 담겨 있는지를 명확하게 설명해줄 수 있는 누군가를 의미한다.

• 비즈니스 모델 혁신의 후원자란 혁신을 뒤에서 지원해주는 상위 경영자로서 대부와 같은 역할을 한다.

- 경계 연결자란 하나의 기업 내에서 두 부서 사이에서 정보에 대한 변환기 역할을 함으로써 두 부서 간의 '간극'을 연결시켜주는 역할을 하는 사람을 의미한다.
- 문지기란 서로 다른 기업들 사이에서 경계 연결자와 같은 역할을 수행하는 사람을 의미한다.
- 프로젝트 관리자란 프로젝트가 요구사항을 만족시키거나 그 이상의 성과를 낼 수 있도록, 언제 무엇을 해야 할지에 대해 계획을 세우는 역할을 담당한다.
- ■ 기업이 혁신을 위해 구조, 시스템, 사람(S^2P)과 관련하여 수행하는 활동은 기업이 추구하고 있는 혁신 유형에 따라 달라진다.
  - 평범한 혁신의 경우, 기업은 이전 혁신의 S^2P를 유지하면서 좋은 성과를 낼 수 있다.
  - 혁명적 혁신의 경우, 기업은 자율적 조직단위를 통해 혁신을 추구함으로써 좋은 성과를 낼 수 있다.
  - 포지션-구축 혁신의 경우, 기업은 시장-공략형 프로젝트 조직단위를 생성함으로써 좋은 성과를 낼 수 있다.
  - 역량-구축 혁신의 경우, 기업은 제품-공략형 프로젝트 조직단위를 생성함으로써 좋은 성과를 낼 수 있다.

주요용어

기능 구조(functional structure)

네트워크 구조(network structure)

매트릭스 구조(matrix structure)

문화(culture)

사업부제 구조(multidivisional structure)

시스템(조직의)(systems (organizational))

연동(coordination)

조직 구조 관점에서의 차별화 (differentiation in the organizational structure sense)

지배적 경영논리(dominant managerial logic)

챔피언(champion)

프로세스(processes)

프로젝트 관리자(project managers)

후원자(sponsors)

BS^2PE 프레임워크(BS^2PE framework)

M형 구조(M-form structure)

주석

1   This section draws on Chapter 5 of Afuah, A. N. (2003). *Innovation Management: Strategies, Implementation, and Profits.* New York: Oxford University Press.

2   Galbraith, J. R. (1982). Designing the innovating organization. *Organizational Dynamics,* 10(3), 5–25.

3   Argyres, N. S., & Silverman, B. S. (2004). R&D, organization structure, and the development of corporate technological knowledge. *Strategic Management Journal,* 25(8–9), 929–958.

4   This section draws heavily on Afuah, A. N. (2003). *Business Models: A Strategic Management Approach.* New York: McGraw-Hill/Irvin.

5   Lawrence, P. R., & Lorsch, J. W. (1967). *Organization and Environments: Managing Differentiation and Integration.* Homewood, IL: Irwin.

6   Chandler, A. D. (1962). *Strategy and Structure: Chapters in the History of the Industrial Enterprise.* Cambridge, MA: MIT Press.

7   Grant, R. M. (1998). *Contemporary Strategy Analysis: Concepts, Techniques, Applications.* Oxford: Blackwell.

8   Lafley, A. G., & Charan, R. (2008). P&G's innovation culture: How we built a world-class organic growth engine by investing in people. *Strategy + Business,* 52(4), 1–10.

9   Miles, R. E., Snow, C. C., Mathews, J. A., Miles, G., & Coleman, H. J., Jr. (1997). Organizing the knowledge age: Anticipating the cellular form. *Academy of Management Executive,* 11(4), 7–24. Byrne, J. A., & Brandt, R. (1993, February 8). The virtual corporation. *Business Week,* 3304(2), 98–102. Davidow, W. H., & Malone, M. S. (1992). *The Virtual Corporation.* New York: HarperCollins.

10 Afuah, A. N. (2001). Dynamic boundaries of the firm: Are firms better off being vertically integrated in the face of a technological change? *Academy of Management Journal,* 44(6), 1211–1228.

11 Henderson, R., & Cockburn, I. (1994). Measuring competence? Exploring firm effects in pharmaceutical research. *Strategic Management Journal,* 15(8), 63–84.

12 Hill, C. W. L., & Jones, G. R. (1995). *Strategic Management: An Integrated Approach.* Boston, MA: Houghton Mifflin.

13 Christensen, C. M., & Overdorf, M. (2000). Meeting the challenge of disruptive change. *Harvard Business Review,* 78(2), 66–77.

14 Afuah, A. N., & Tucci, C. L. (2003). *Internet Business Models and Strategies: Text and Cases.* New York: McGraw-Hill. Afuah, A. N. (2003). Redefining firm boundaries in the face of the Internet: Are firms really shrinking? *Academy of Management Review,* 28(1), 34–53.

15 Allen, T. (1984). *Managing the Flow of Technology.* Cambridge, MA: MIT Press.

16 Uttal, B., & Fierman, J. (1983, October 17). The corporate culture vultures. *Fortune,* 108(8), 66–73.

17 Schein, E. (1985). *Organizational Culture and Leadership.* San Francisco, CA: Jossey-Bass.

18 Barney, J. (1986). Organizational culture: Can it be a source of sustained competitive advantage? *Academy of Management Review,* 11(3), 656–665.

19 Fuzzy maths: In a few short years, Google has turned from a simple and popular company into a complicated and controversial one. (2006, May 11). *The Economist.* Retrieved August 3, 2013, from www.economist.com/node/6911096.

20 Bettis, R. A., & Prahalad, C. K. (1995). The dominant logic: Retrospective and extension. *Strategic Management Journal,* 16(1), 5–14. Tripsas, M., & Gavetti, G. (2000). Capabilities, cognition, and inertia: Evidence from digital imaging. *Strategic Management Journal,* 21(10–11), 1147–1161. Kaplan, S., & Tripsas, M. (2008). Thinking About Technology: Applying a Cognitive Lens to Technical Change. *Research Policy,* 37(5), 790–805.

21 Walsh, J. P. (1995). Managerial and organizational cognition: Notes from a trip down memory lane. *Organizational Science,* 6(3), 280–321.

22 Hamel, G. M., & Prahalad, C. K. (1994). *Competing for the Future.* Boston, MA: Harvard Business School Press.

23 The concept of champions was first developed by Schön in his seminal article: Schön, D. A. (1963). Champions for radical new inventions. *Harvard Business Review,* 41(2), 77–86. Also see: Howell, J. M., & Higgins, C. A. (1990). Champions of technological innovation. *Administrative Sciences Quarterly,* 35(2), 317–341.

24 Roberts, E. B., & Fusfeld, A. R. (1981). Staffing the innovative technology-based organization. *Sloan Management Review,* 22(3), 19–34.

25 Allen, T. (1984). *Managing the Flow of technology.* Cambridge, MA: MIT Press.

26 Clark, K. B., & Fujumoto, T. (1991). *Product Development Performance: Strategy, Organization, and*

Management in the World Automobile Industry. Boston, MA: Harvard Business School Press.

27 Clark, K. B., & Fujumoto, T. (1991). *Product Development Performance: Strategy, Organization, and Management in the World Automobile Industry.* Boston, MA: Harvard Business School Press.

28 Christensen, C. M., & Overdorf, M. (2000). Meeting the challenge of disruptive change. *Harvard Business Review, 78*(2), 66–77.

29 Christensen, C. M., & Overdorf, M. (2000). Meeting the challenge of disruptive change. *Harvard Business Review, 78*(2), 66–77.

30 Uttal, B., & Fierman, J. (1983, October 17). The corporate culture vultures. *Fortune, 108*(8), 66–73.

제4부

응용

글로벌화와 비즈니스 모델 혁신

학습목표

- 글로벌화를 정의할 수 있고, 기업이 추구할 수 있는 국제화 전략을 정의할 수 있다.
- 글로벌 시장으로 진입할 때 추진할 수 있는 전략을 설명할 수 있다.
- 글로벌화를 주도하는 요인을 이해하고 기업이 왜 글로벌화를 추구하는지 설명할 수 있다.
- 해외 시장을 대상으로 개발되고 판매되는 제품으로부터 누가 얼마나 많은 가치를 확보하는지 분석할 수 있다.
- 가치 확보에 있어 정부가 할 수 있는 중요 역할을 이해할 수 있다.

서론

석유는 분명 모든 글로벌 제품 중 가장 글로벌한 제품이다. 석유는 전세계에 걸친 사람들과 장비들을 통해 6개 대륙의 여러 나라들에서 탐사되고 시추된다. 석유는 전세계 곳곳에서 정재, 수송, 판매, 활용된다. 모든 국가들은 석유를 필요로 하며, 석유와 관련 기술들—석유를 탐색, 수송, 가공하는 기술들—에 대해 서로 의존하고 있다. 석유를 사용하여 생산되는 제품들은 헤아릴 수 없이 많다. 2008년 중반 무렵, 많은 국가들에서 주유소의 휘발유 1리터당 가격이 최고가를 기록했는데, 당시 배럴당 석유 선물 가격은 150달러였다. 석유회사들은 매우 높은 수익을 기록했고, 일부 애널리스트들은 그렇게 높은 유가가 세계 경제에 어떤 영향을 미칠지 궁금해했다.[1] 일부 소비자들은 석유회사들이 높은 수익을 남길 만한 자격이 있는지에 의문을 가졌다. 즉, 사람들은 석유회사가 확보하고 있는 가치를 석유회사가 모두 창출한 것인지에 대해 의문을 제기했다. 만약 석유회사 혼자서 석유로 인해 창출된 모든 가치를 확보하는 것이 아니라면, 어떤 주자들이 그러한 가치의 일부를 확보하는 것일까? 석유 수출국이나 수입국들은 어떠한가? 이들 국가 각각에서 소비자들이 석유에 대해 지불한 금액 중 얼마나 많은 부분이 실제 이 국가들로 들어갔는가? 이 장에서는 이러한 질문에 대해 살펴보고자 한다. 국제 석유 가치 사슬상의 서로 다른 주자들이 확보하는 가치를 어떻게 계산하는지에 관한 예를 가지고 이 장을 시작해보자. 그러고 나서 국제화와 국제화를 주도하는 요인들에 대해 논의해보자. 그다음 기업들이 글로벌 시장으로 진입할 때 사용하는 혁신적인 전략들에 대해 논의해보자.

이 장의 시작 사례 : 글로벌 시장에서의 가치 확보

어떤 기업이 가치를 창출하기 위해 효과적인 글로벌 혁신 전략을 추구하고 있다고 가정할 때, 그 기업은 자신이 창출한 가치 중 얼마나 많은 부분을 확보할 수 있는가? 이는 다른 주자들이 얼마나 많은 가치를 창출하는지, 특히 정부가 얼마나 많은 가치를 확보하고 있는지에 달려 있다. 정부는 무한한 권력을 가지고 있으며, 그것을 이용하여 가치 사슬에서 창출된 가치들의 대부분을 확보할 수 있다 ─ 가치를 창출한 업체들에게는 그들의 노력에 대한 최소한의 대가만을 제공한 채. 가치 사슬에서 무슨 일이 일어날 수 있는지 설명하기 위해 아주 짧은 사례를 하나 살펴보자. 우리는 석유산업에 초점을 맞추고자 하는데, 그 이유는 석유산업이 세계에서 가장 글로벌한 산업 중 하나이기 때문이다. 직접적이든 간접적이든 석유는 지구상의 거의 모든 생활 요소들과 관련되어 있으며, 기업과 정부는 석유로부터 이익을 얻고 있다.

짧은 사례 : 석유산업에서 가치를 창출하는 자는 누구이며 가치를 확보하는 자는 누구인가

2000년대에 나이지리아는 아프리카에서 가장 큰 석유 수출 국가로서 미국, 인도, 프랑스, 이탈리아, 스페인, 캐나다, 네덜란드 등을 비롯한 많은 나라에 석유를 수출하고 있었다.[2] 아프리카에서의 석유 탐사비용은 2002~2003년에 배럴당 7.55달러였던 것이 2003~2005년에는 15.25달러로 상승하였다. 2003년엔 석유를 뽑아 올리는 비용과 생산에 따른 세금이 각각 배럴당 3.57달러와 1.00달러였다. 2008년 7월, 석유의 배럴당 가격은 전자무역 거래에서 142달러였다. 표 12.1은 OECD 산하기관인 국제에너지기구에서 발표한 OECD 국가들의 2007년 6월의 휘발유 가격, 세금, 석유 배럴당 비용, 환율을 보여주고 있다.[4] 1배럴은 158.98리터에 해당한다. 나이지리아에서 석유를 생산하는 조인트벤처들은 표 12.2에서 볼 수 있다.[5] 소비자들이 휘발유에 지불한 가격에는 정제업체의 원유 구입비용, 정제 처리비용, 마케팅 및 유통비용, 소매 주유소비용, 그리고 세금 등이 반영되어 있다. 원유비용에는 석유 탐사, 시추, 펌핑(pumping), 정제소로의 수송과 관련된 비용과 더불어 수출국에 대한 대한 수출 세금이 포함된다.

질문 1 (1) OECD의 각 국가가, (2) 석유 기업들이, (3) 나이지리아가, 나이지리아에서 생산되는 원유를 사용한 휘발유 1리터당 얼마만큼의 가치를 확보하였는가? 그 가치 중 정부가 창출한 가치는 얼마인가?

질문 2 나이지리아가 확보한 가치와 각각의 OECD 국가가 확보한 가치 사이에는 얼마나 차이가 나는지 설명할 수 있는가?

답 우선 프랑스를 대상으로 계산을 하고, 다른 나라들에 대한 결과들은 간단히 기술해보기로 하자. 모든 계산은 미국 달러와 리터를 기준으로 한다.

프랑스에서는 휘발유 1리터당 소비자 가격이 1.771달러(표 12.1)인데, 이 중에서 프랑스 정부는 1.101달러(62.17%)를 차지했다. 따라서 가치 사슬상의 다른 주자들이 차지할 수 있는 가치는 0.670달러($1.771 − $1.101)이다. 즉, 1.771달러 중 0.670달러는

표 12.1 OECD 휘발유 가격과 세금(2007년 6월)

국가	가격 (해당 국가 화폐 기준)	세금 (해당 국가 화폐 기준)	달러 기준 환율	가격 (미국 달러)	세금 (미국 달러)	4월 원유 가격 (미국 달러/배럴)
프랑스(유로)	1.316	0.818	0.743	1.771	1.101	65.72
독일(유로)	1.393	0.877	0.743	1.875	1.18	65.67
이탈리아(유로)	1.348	0.789	0.743	1.815	1.063	64.51
스페인(유로)	1.079	0.545	0.743	1.452	0.733	63.73
영국(파운드)	0.966	0.628	0.504	1.917	1.246	67.73
일본(엔)	139	60.4	121.61	1.143	0.497	62.38
캐나다(캐나다 달러)	1.066	0.312	1.061	1.005	0.294	65.96
미국(미국 달러)	0.808	0.105	1	0.808	0.105	59.64

International Energy Agency(L'Agence internationale de l'énergie). OECD/IEA.(2007). End-user petroleum product prices and average crude oil impory costs. Retrieved August 9, 2007, from www.iea.org/Textbase/stats/surveys/mps.pdf

표 12.2 나이지리아의 석유 조인트벤처들

조인트벤처	2003년 추정 생산량 (일간 배럴)	2003년 나이지리아에서의 생산량 비율	조인트벤처 파트너 (파트너 지분율 %)
Shell Petroleum Development Company of Nigeria Limited (SPDC), operated by Royal Dutch Shell a British/Dutch company	950,000	42.51	NNPC(55) Shell(30) TotalFinaElf(10) Agip(5)
Chevron/Texaco Nigeria Limited (CNL), operated by Chevron/Texaco of USA	485,000	21.70	NNPC(60) Chevron(40)
Mobil Producing Nigeria Unlimited (MPNU), operated by Exon-Mobil of USA	500,000	22.37	NNPC(60) Exxon-mobil(40)
Nigerian Agip Oil Company Limited(NAOC), operated by AGIP of Italy	150,000	6.71	NNPC(60) Agip(5) ConocoPhillips(20%)
Total Petroleum Nigeria Limited(TPNL), operated by Total of France	150,000	6.71	NNPC(60) Elf(now Total)(40)

출처 : Energy Information Administration of the US Department of Energy(2003). Nigeria. Retrieved July 30, 2007, from www.eia.doe.gov/emeu/cabs/ngia_jv.html

다음과 같은 주자들이 차지하였다. (1) 원유에 대한 탐사, 시추, 펌핑, 정제회사로의 수송 등을 한 석유회사, (2) 정제, 시장 공급, 그리고 고객 대상의 판매를 위한 주유소로의 수송 등을 한 정제회사(종종 석유회사), (3) 이 사례에서는 해당 수출 국가인 나이지리아.

프랑스에서 4월의 평균 원유 가격은 배럴당 65.72달러였는데, 1배럴은 158.98리터라 했으므로 리터로 환산하면, 리터당 $\dfrac{\$65.72}{158.98} = \$0.4134$가 된다.

따라서 유통 및 마케팅, 정제, 이윤이 차지하는 가치는 0.2566달러($0.670 − $0.4134), 즉 1.771달러의 14.49%가 된다. 리터당 원유 평균 가격인 0.4134달러에는 탐사비용, 펌핑비용, 생산 세금, 수출 국가와 파트너 회사들에 대한 '수익'이 포함되어 있다.

이제 다음의 질문에 대해 살펴보자. 0.4134달러/리터 중 얼마나 나이지리아로 들어가는가? 나이지리아의 몫을 추정하기 위해 탐사 및 펌핑비용, 생산 세금을 계산하면 다음과 같다.

1배럴당 석유 추출비용 $19.83(탐사비용 $15.25 + 펌핑비용 $3.57 + 생산 세금 $1.00)=

$$\frac{\$19.83}{158.98} = 1\,리터당\;\$0.1247$$

이에 따라 탐사비용, 펌핑비용, 생산 세금은 리터당 0.1247달러, 즉 리터당 가격인 1.771달러의 7.04%를 차지하는 것으로 계산된다. 따라서 나이지리아와 나이지리아의 벤처 파트너들(Shell, Chevron/Texaco, Agip, Total, Mobil)이 차지할 수 있는 가치는 0.2887달러($0.4134 − $0.1247)이다.

나이지리아의 벤처들의 몫을 추정하기 위해, 우선 수송되는 석유 중 얼마만큼이 그 벤처들의 몫에 속하는지를 추정해보자. 나이지리아 지분의 가중평균은 57.87%이다.(표 12.2에서 나이지리아에서의 생산 비율에 그 벤처들에 의한 생산량을 곱하여 모두 더한 후 그것을 모든 벤처의 총 하루 생산량으로 나누면 된다.)

따라서 0.2887달러 중 나이지리아가 확보한 가치는 0.1671달러($0.5787 × $0.2887), 즉 리터당 고객이 지불한 1.771달러의 9.43%인 반면, 파트너사들이 확보한 가치는 0.1216달러($0.2887 − $0.1671), 즉 1.771달러의 6.87%이다. 이러한 결과는 표 12.3에 정리되어 있다.

이 계산은 각각의 OECD 국가들을 대상으로 반복될 수 있다. 이러한 계산을 통해 나온 결과들은 표 12.4에 정리되어 있고, 그림 12.1에서 시각적으로 보여주고 있다. 프랑스는 나이지리아 석유에 대해 나이지리아가 확보하고 있는 가치보다 6배 이상을, 그리고 석유회사들이 확보하고 있는 가치에 비해서는 8배 이상을 확보하고 있다. 석유회사는 석유를 탐사하고, 시추하고, (탱크로) 뽑아 올리고, 정제회사로 수송하고, 정제하고, 유통시키고, 판매하는 역할을 하는 — 즉, 고객들이 지불하는 가치의 대부분을 창

표 12.3 각각의 주자가 얻는 것

각 주자	리터당 확보 가치($)	확보율(%)	코멘트
프랑스 정부	1.101	62.17	
유통 및 마케팅, 그리고 정제 및 이윤	0.2566	14.49	
원유 : • 탐사비용, 펌핑비용, 생산 세금 • 나이지리아 • 벤처 파트너들(Shell, Chevron/ Texaco 등)	0.1247 0.1671 0.1216	7.04 9.43 6.87	$0.4134(23.34%)
합계(리터당, 프랑스 가격)	1.771	100	

표 12.4 각각의 OECD 국가는 휘발유로부터 얼마나 많은 가치를 확보하고 있는가?

국가	국가에 의해 확보된 가치		유통, 마케팅, 정제, 판매		탐사비용, 펌핑비용, 생산 세금		나이지리아가 확보한 가치		벤처 파트너사들이 확보한 가치	
	미국 달러	%	미국 달러	%	미국 달러	%	미국 달러	%	미국 달러	%
프랑스(유로)	1.101	62.2	0.2566	14.5	0.1247	7.0	0.1671	9.4	0.1216	6.9
독일(유로)	1.18	62.9	0.2619	15.0	0.1247	6.7	0.1669	8.9	0.1215	6.5
이탈리아(유로)	1.063	58.6	0.3462	19.1	0.1247	6.9	0.1627	9.0	0.1184	6.5
스페인(유로)	0.733	50.5	0.3181	21.9	0.1247	8.6	0.1598	11.0	0.1164	8.0
영국(파운드)	1.246	65.0	0.2449	12.8	0.1247	6.5	0.1744	9.1	0.1270	6.6
일본(엔)	0.497	43.5	0.2536	22.2	0.1247	10.9	0.1549	13.6	0.1128	9.9
캐나다(캐나다 달러)	0.294	29.3	0.2961	29.5	0.1247	12.4	0.1680	16.7	0.1223	12.2
미국(미국 달러)	0.105	13.0	0.3278	40.6	0.1247	15.4	0.1449	17.9	0.1055	13.1

그림 12.1 나이지리아 석유에서 나오는 가치는 누가 얼마만큼 확보하고 있는가?

출하는 — 회사를 의미한다. 독일은 프랑스보다 약간 더 많이 확보하고 있으며, 한편 이탈리아와 스페인은 프랑스보다 약간 적은 가치를 확보하고 있지만 석유 수출국인 나이지리아에 비해서는 여전히 훨씬 더 많은 가치를 확보하고 있다.

정부의 가치 사슬 개입에 대한 시사점

정부는 수입에 세금을 부과하거나 수출에 보조금을 지원함으로써 제품의 국제적 가치 사슬에 개입하는데, 각각의 주자에 의해 가치가 창출되고 확보되는 방식에 영향을 주고 있다. 이는 글로벌화에 큰 영향을 미칠 수 있다. 세금과 보조금이 미치는 영향에 대해 살펴보자.

수입세 및 세금의 영향

프랑스 정부는 휘발유 1리터의 가치 중 2%를 확보함으로써, 석유회사들과 나이지리아와 같은 석유 수출국이 얻을 수 있었던 공급자 잉여와 고객이 얻을 수 있었던 소비자 잉여도 가져가고 있다. 공급자 잉여의 가치가 얼마이며 소비자 잉여의 가치가 얼마인지는 석유 수요의 가격 탄력성에 따라 달라진다. 제품의 수요 가격 탄력성(price elasticity of demand)은 제품 가격의 변화로 인한 수요량의 변화를 의미한다. 수요가 탄력적일수록 석유 공급업체들과 수출업체들이 겪는 어려움은 더 커지는데, 그 이유는 큰 세금 부담이 고객들의 구입 수량을 감소시키기 때문이다. 수요가 비탄력적일수록 고객들의 고통이 커지는데, 왜냐하면 고객들은 높은 세금으로 인한 높은 가격에도 불구하고 여전히 많은 제품을 구입해야 하기 때문이다. 세금의 영향과 국제 가치 사슬에 따른 가치 확보의 영향을 설명하기 위해, 간단하지만 유용한 정보를 줄 수 있는 그림 12.2의 사례를 살펴보자.[6] 만약 세금이 없다면 공급자들은 균형 가격 P_E에 균형 수량 Q_E를 제공할 것이다. 세금 T가 있는 경우, 수요량이 Q_E에서 Q_T로 떨어질 뿐만 아니라, 가격도 P_E에서 P_S로 떨어진다. 이와 같은 수량과 가격의 하락은 수익이 OP_ERQ_E에서 OP_SMQ_T로 감소하는 결과를 초래한다. 수요 가격 탄력성이 클수록 수익의 감소량은 더 커질 것이다. 이러한 하락은 P_E와 P_S 사이에서 수익을 얻어 온 기업이 더 이상 수익을 얻지 못하고 사업을 접을 가능성이 있다는 것을 의미한다. 정부 측에서는 여전히 높은 가격을 지불할 수 있는 고객들이 P_E가 아니라 P_C를 지불할 때, 소비자 잉여 P_EP_CNR을 가져갈 수 있을 것이다. 세금이 소비자들에게 미치는 전반적인 영향이 긍정적인지 부정적인지는 해당 정부가 돈으로 무엇을 하는지에 달려 있다. 공급자들과 공급 국가에 대한 영향은

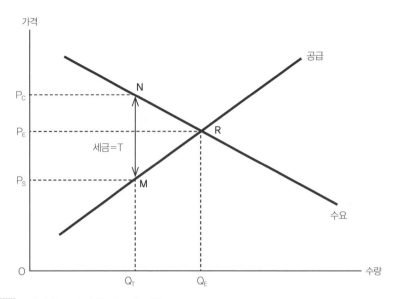

그림 12.2 가치 확보에 대한 세금의 영향

긍정적이지 않다.

그림 12.2에서 제품에 대한 수요는 예를 들어 $Q_T Q_E / P_C P_E$ 비율이 1보다 크다면 탄력적이다. 만약 수요가 비탄력적이라면, 공급자들의 수익의 하락과 이로 인한 수출국에 대한 부정적인 영향은 지속되겠지만 그렇게 높지는 않을 것이다, 한편 소비자들에 대한 전반적인 영향은 더 악화될 것이다. 석유 사례로 돌아가서 생각해보면, 석유에 대한 수요가 단기적으로는 비탄력적이지만 장기적으로는 탄력적이라는 점을 알 수 있을 것이다. 즉, 오늘날 휘발유 가격이 올라간다면, 대부분의 사람들은 연비 효율성이 높은 신차일지라도 차를 살 계획이 없는 경우엔 굳이 그러한 신차를 구매하려 하지 않을 것이다. 이보다는 오히려 기존에 몰던 차를 계속해서 사용할 가능성이 크며, 굳이 차량을 구입해야 한다면 기존 차에 비해 연비 효율성이 더 높은 차를 구매할 것이다. 또한 어떤 사람들은 휴가철에 길이 막혀 휘발유가 많이 소요되는 것을 피하기 위해 가족 휴가를 미리 가기도 한다.

수출 보조금의 영향

정부는 수출 보조금 지원을 통해서도 글로벌화 활동에 영향을 미칠 수 있다. 수출 보조금(subsidy)이란 각 공급자(수출업체)가 수출하는 일정량에 대해 정부가 지급해주는 지원금이다. 이 지원금은 현금 지급, 세금 감면, 토지와 같은 정부 자산에 대한 무료 사용 등의 형태로 제공된다. 보조금은 보통 수출업자들에게는 좋은 것이지만 수출업체들과 시장에서 경쟁을 벌이는 경쟁자들에게는 좋은 일이 아니다. 수출 보조금이 경쟁자들과 수입국들에게 어떤 영향을 미치는지를 이해하기 위해 그림 12.3을 살펴보자.[7] 보조금이 없다면, 모든 수출업체들은 가격 P_E에 수량 Q_E를 판매할 수 있다. 이제, 정부가 수출업체들에게 보조금 d를 제공하기로 결정했다고 가정해보자. 보조금이 제공되는 경우, 고비용 구조 때문에 손해를 보고 수출을 해온 공급자들은 보조금 덕분에 시장에 계속 남아 있으면서 가격 면에서 P_E 대신 P_S의 효과를 얻을 수 있을 것이다.

게다가 보조금 때문에 보조금을 받는 수출업체들은 고객들에게 P_C의 가격으로 자신의 제품을 제공할 수 있을 것이다. 결국, 정부 보조금은 보조금이 없던 시절에 비해 더 많은 제품을 더 낮은 가격으로 팔 수 있도록 해주는 효과를 낸다고 할 수 있다. 이는 고객들이 보조금 덕분에 더 낮은 가격으로 제품을 구매할 수 있게 된다는 것을 의미한다. 그러나 이러한 보조금은 보조금을 받지 못하고 보조금을 받는 기업보다 비용이 많이 드는 공급자들에게는 재난을 의미한다. 이러한 보조금의 부정적 영향을 보여줄 수 있는 예로는 아프리카에 있는 니제르와 말리공화국의 목화 농부들의 경우를 들 수 있다.[8] 이들 나라에서는 많은 농부가 하루에 1달러도 안 되는 돈으로 살아가고 있으며 세계은

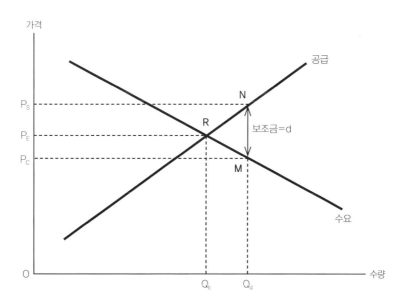

그림 12.3 가치 확보에 대한 보조금의 영향

행으로부터 대출을 받아 목화를 경작한다. 미국의 목화 농부들은 미국 정부로부터 보조금을 받을 수 있었기 때문에 미국의 농부들은 세계 시장에서 보조금이 없는 니제르와 말리에서 생산된 목화보다 더 낮은 가격으로 목화를 팔 수 있었다. 이러한 상황은 니제르와 말리의 농부들이 모든 것을 잃는 결과를 초래했다.

가치 창출자와 확보자에 대한 분류

가치 사슬의 멤버들은 자신이 창출하는 가치보다 더 큰 가치를 확보하는지, 아니면 자신이 확보하는 가치보다 더 큰 가치를 창출하는지에 따라 분류될 수 있다. 이러한 분류는 그림 12.4에서 볼 수 있다. 이 그림에서 수직축은 가치 창출에 대한 기업의 기여도 정도가 높은지 또는 낮은지를 나타내며, 수평축은 기업의 가치 확보의 정도가 높은지 또는 낮은지를 나타낸다. 분류된 유형들은 동물이나 곤충을 사용해서 표현할 수 있다.

벌

일반적으로 가치 사슬상에는 가치를 창출하는 기업이나 개인들이 있지만 그들이 창출된 가치의 많은 부분을 확보하게 되는 것은 아니다. 이러한 기업이나 개인들은 마치 벌

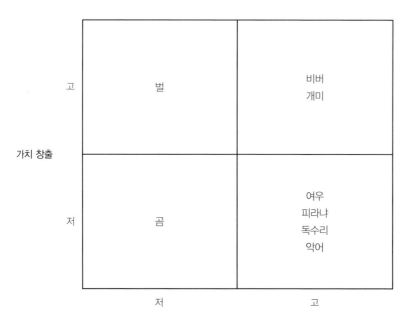

그림 12.4 가치를 창출한 자보다 더 큰 가치를 확보하는 자는 누구인가?

처럼 가치 창출을 위해 줄곧 매우 열심히 일하지만, 정작 이들이 창출한 가치를 가져가는 주자들은 따로 있다(이러한 주자들이 꿀을 가져가 버리는 것이다). 이러한 주자들은 벌들에게는 창출된 가치보다 더 적은 가치를 남겨 놓은 채, 자신들의 몫 이상으로 많은 가치를 가져가기도 한다. 위의 예에서 고려할 때 석유회사들이 벌에 해당될 수 있다. 석유회사들은 제법 가치를 많이 확보하기도 하지만 수출입을 주도하는 정부에 비해서는 창출한 가치의 많은 부분을 가져가지 못한다. 제10장에서 보았듯이 기업은 자신이 창출한 가치를 모두 확보하지 못할 수 있다. 그 이유 중 하나로는 보다 강력한 주자가 자신이 창출한 것보다 많은 가치를 가져갈 수 있기 때문이다. 석유산업의 경우에서는 정부가 석유회사들보다 더 힘이 세며, 따라서 가치를 창출한 석유회사들보다 더 많은 가치를 확보하는 것이 가능하다. 정부가 약품의 가격을 규제하는 국가들에서는 정부의 규제로 인해, 제약회사들이 환자나 보험회사 또는 정부가 기꺼이 지불할 수도 있는 가격보다 더 낮은 가격으로 약품을 판매함으로써, 자신이 창출한 가치보다 더 적은 가치를 확보하게 될 가능성이 있다. 한편 약품 가격이 규제를 받지 않는 나라들에서는 제약회사들이 절대적으로 약을 필요로 하는 환자들로부터 약 자체의 가치보다 더 많은 가치를 뽑아낼 수도 있다. 커피 농가들이 커피 한 잔에 있어 커피를 마시는 사람들보다 훨씬 더 적은 가치만을 확보할 수도 있다. 또한 코코아 농가들도 초콜릿 바 하나에 있어 초콜릿을 좋아하는 사람보다 훨씬 더 적은 가치밖에 가져가지 못할 수도 있다.

비버(또는 개미)

어떤 가치 사슬에서는 가치 창출을 위해 열심히 노력한 기업들이 모든 가치를 확보하기도 한다. 그러한 기업들을 바로 '비버'라 부를 수 있는데, 이러한 비버 기업들은 가치 창출을 위해 매우 열심히 일하고 그러한 노력으로부터 종종 많은 이득을 가져간다.

여우(또는 피라냐, 독수리, 악어)

석유산업의 예에서 보았듯이 어떤 기업이나 정부는 자신이 창출한 것보다 더 많은 가치를 확보하기도 한다. 어떤 경우에는 심지어 가치를 전혀 창출하지 않았음에도 불구하고 가치의 상당 부분을 확보하기도 한다. 그들은 자신이 뿌린 것보다 더 많은 것을 수확하는 것이다. 이러한 주자들은 거의 노력을 들이지 않고 많은 가치를 확보한다는 측면에서 여우에 비유될 수 있다. 또한 피라냐, 독수리, 악어라고도 한다.

곰

가치 사슬에서 일부 기업들은 경쟁우위를 확보하는 것에 대해 많이 신경쓰지 않아도 되는 틈새 역할을 수행한다. 그러한 기업들은 단지 그럭저럭 버텨 나갈 수 있을 정도로만 해도 충분하다. 이러한 기업들은 항상 일만 하는 비버들과는 반대다. 그들은 곰하고 더 비슷하다. 그들은 매우 적은 가치를 창출하고 많은 부분을 확보하지도 않는다.

글로벌화

글로벌화(globalization)는 제품 및 서비스를 생산하고 교역하기 위한 사람, 기업, 정부 간의 상호의존 및 통합이다.[9] 글로벌화는 새로운 일자리, 학습, 새롭거나 개선된 제품/서비스, 교역의 증진, 현금 흐름, 향상된 삶의 표준에 대한 기회를 창출한다. 그러나 글로벌화는 일부 기업과 직업 그리고 삶의 방식에 위협이 되기도 한다. 이는 특히 글로벌화가 올바르게 추진되지 못할 때 더욱 그러하다. 글로벌화가 효과적으로 추진된다면 참여자들의 삶의 표준을 향상시키는 결과를 가져올 수 있다. 글로벌화는 제로섬(zero-sum) 게임이 아닌 포지티브섬(positive-sum) 게임이 될 수 있다. 즉, 글로벌화가 효과적으로 추진된다면, 모든 이들의 삶이 더 나아질 것이다. 그러나 글로벌화가 잘못된 방향으로 추진되는 경우에는, 제로섬 게임이 되거나 심지어는 네거티브섬(negative-sum) 게임이 될 수도 있다. 이는 글로벌화가 일부 사람들에는, 해당 지역의 일자리와 문화를 상실하면서 소수의 국가들과 힘 있는 기업들에 의해 지배당하는 것을 의미하는 것으로 이해될 수 있는 이유 중 하나다. 또한, 어떤 이들에게는 글로벌화가 개발도상국가의 가난한 사람들을 이용하고, 환경을 파괴하고, 인권을 침해하는 것으로 이해되기도 한다. 그러나 글로벌화를 옹호하는 입장에서 보면, 글로벌화는 세계 경제 및 사회를 더욱 통합시켜 나감으로써 가난을 감소시킬 수 있는 강력한 수단이라 할 수 있다. 각각의 주자는 가치를 생성하거나 이 세상 어딘가에서 누군가가 가치 있게 여기는 무엇인가의 가치를 향상시키는 데 더 좋은 기회일 수 있다. 또한, 각각의 주자는 사람들이 좋아하는 무엇인가를 찾아낼 수 있는 좋은 기회를 얻을 수도 있다.

기업들에게 글로벌화는 다음과 같은 질문을 던지고 이에 대해 답하는 것과 관련된다. 효과적인 제품 공간과 활동 체계는 무엇인가 — 어떤 활동이 지역의 니즈를 만족시키고 글로벌 통합의 이점을 활용할 수 있는가? 기업은 어떤 국가들의 어떤 역량에 초점을 맞춰야 효과적인 역량을 구축할 수 있는가? 기업은 각 국가의 거시적 환경을, 특히 상이한 정부들을 어떻게 상대해야 하는가? 하나의 석유회사를 대상으로 예를 들어 보면, 석유 탐사를 할 국가를 선정하는 것, 해당 국가의 정부 관료들과 협상하는 것, 해당 석유 분야에 투자하는 것, 적합한 사람들과 장비들을 배치하는 것, 석유를 찾는 것, 석유를 뽑아 올리는 것, 석유를 수송하는 것, 수입국의 정부와 협상하는 것, 석유를 정제하고 유통시키는 것 등은 모두 그 석유회사가 다루어야 할 글로벌화 관련 이슈들이다.

다국적 기업

글로벌화에 있어서 주요 주자 중 하나는 다국적 기업이라 할 수 있다. 다국적 기업(multinational corporation, MNC)은 시장 포지션 및/또는 역량들을 적어도 2개 이상의 국가들에서 가지고 있는 기업을 의미한다. (지금부터 우리는 '제품 및 서비스' 대신 '제품'이라는 용어를 사용할 것이다.) MNC들은 모국이 아닌 해외에서의 판매와 역량들에 대해 크게 의존하고 있다. 이러한 기업들은 자신의 제품을 팔기로 한 곳이나 필요로 하는 역량들에 따라 분류될 수 있다. 이러한 분류는 그림 12.5에서 볼 수 있다. 이 그림에서 수직축은 기업의 시장 포지션의 영향력을 나타내는데, 특히 기업의 제품 및 서비스가 국내 시장에서만 팔리는지 아니면 다른 해외 국가들에서도 팔리는지를 나타낸다. 수평축은 기업이 제품을 만드는(구상하고, 설계하고, 개발하고, 제조하는) 데 필요한 가치 있는 역량들이 국내에만 존재하는지 아니면 해외에도 존재하는지를 나타낸다. 제품을 만드는 데 필요한 역량들이 모두 국내에서만 제공되고, 해당 기업은 자신의 모든 제품들을 국내 시장에서만 판매한다면, 그러한 기업은 **국내 기업**(domestic corporation)(그림 12.5)이라고 부른다. 많은 소기업들이 이 영역에 속한다. 만약 어떤 기업이 자신의 제품들을 국내에서 설계, 개발, 생산하고 있지만, 그 제품들에 대한 판매는 2개 이상의 국가에서 이루어지고 있다면, 그러한 기업은 **다국적 포지션**(position multinational) 기업으로 부를 수 있다. 왜냐하면 이러한 기업은 국내 외에 다른 나라에서도 제품-시장-포지션을 가지고 있기 때문이다. 일본의 자동차회사들은 1960년대와 1970년대에 상당한 다국적 포지션을 가지고 있었다. 이러한 회사들의 모든 자동차는 일본 내에서 설계되고, 개발되고, 제조되었으며, 판매를 위해 미국을 비롯한 여러 나라로 수송되었다. 기업의 제품에 대한 설계, 개발, 생산은 여러 나라에서 이루어지지만 판매는 한 나라에서만 이루어진다면, 그러한 기업은 **다국적 자원**(resource multinational) 또는 **다국적 역량**(capabilities multinational) 기업으로 부를 수 있다. 왜냐하면 이러한 기업은 자신의 역량에 대해 국내뿐 아니라 해외에까지 의존하기 때문이

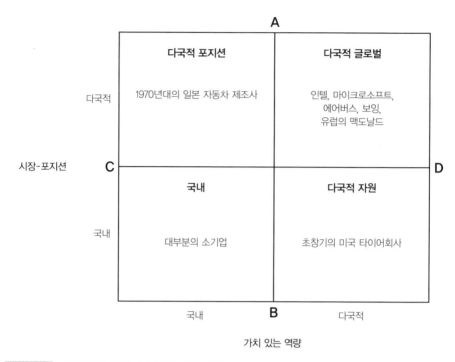

그림 12.5 다국적 특성에 따른 기업 유형 분류

다. 미국의 타이어회사들이 등장한 초창기에 그러한 회사들은 대규모의 고무 농장들을 여러 개발도상국에 만들었고, 거기서 생산되는 고무들을 미국으로 운송하였다. 이렇게 미국 내로 들어온 고무들은 타이어 제작에 사용되었고, 그렇게 생산된 타이어들은 미국의 국내 자동차회사들에 판매되었다. 어떤 기업이 자사의 제품을 2개 이상의 국가에서 판매하고, 필요로 하는 역량을 2개 이상의 국가에서 공급하고 있다면, 다국적 글로벌(global multinational) 기업으로 분류될 수 있다. 오늘날 대부분의 주요 기업들이 이 영역에 속한다. 인텔의 마이크로프로세서들은 전세계에 걸쳐 판매되고 있으며, 그 기업은 설계 센터들과 마이크로칩 생산 공장들을 여러 나라에 골고루 배치해 두고 있다.

글로벌화의 주도 요인

글로벌화를 촉진시키는 요인들은 무엇일가? 즉, 어떤 요인들이 국경을 넘어선 노동력과 노하우의 활용, 지식 교류, 자본 이동, 무역, 이민, 금융시장 및 여타의 활동들에 대한 통합을 견인하는가? 다음과 같은 네 가지 요인이 글로벌화 과정에 영향을 미친다:

기술 혁신, 소비자 취향과 니즈, 정부 정책, 기업 전략.

기술 혁신

그동안 글로벌화를 견인해 온 가장 주요한 요인 중 하나가 바로 기술 혁신인데, 그 이유는 다음과 같다. 첫째, 기술 혁신은 전세계에 걸쳐 더욱더 많은 사람들이 좋아하는 제품개발을 가능케 해왔으며, 이로 인해 이러한 제품들에 대한 교역과 그러한 제품들을 뒷받침하는 활동들의 통합이 촉진되어 왔다. 예를 들어, 휴대전화—그 자체가 많은 기술 혁신의 결과물이 집적된 하나의 기술 혁신 제품—는 전세계 대부분의 사람들이 사용하고 싶어 하는 제품이다. 휴대전화에 들어가는 마이크로칩, LCD 스크린, 배터리 등을 비롯한 많은 부품들은 여러 나라들이 보유하고 있는 상이한 기술과 노하우가 집적된 복잡한 요소들이다. 이러한 글로벌 제품을 설계, 개발, 마케팅, 판매, 배송하기 위해서는 여러 나라에서 나오는 아이디어, 기술, 제품, 사람들이 필요하다. 제트엔진, 인터넷, 컴퓨터, 비아그라, 프로작(우울증 치료제), 리피토(콜레스테롤 강하제) 등과 같은 약품들도 이와 마찬가지라 할 수 있다.

둘째, 기술 혁신은 커뮤니케이션, 자본 흐름, 노하우 교류, 사람과 기업 간의 상호작용 등을 촉진시켜 왔고, 운송 시간과 비용을 감소시켜 왔다. 인터넷 덕분에 일본의 주요 회사들의 설계자들은 함께 작업하고, 그 결과물을 유럽에 있는 동료 설계자들에게 넘겨주고 난 후 퇴근할 수 있게 되었다. 또한, 유럽의 엔지니어들도 당일 퇴근 전에 그 설계안을 캘리포니아에 있는 엔지니어들에게 전달할 수 있으며, 캘리포니아의 엔지니어들 역시 당일 퇴근 전에 일본의 파트너 회사들에게 보완된 설계안을 넘겨줄 수 있다. 이와 같이 서로 협업하고 있는 엔지니어들은 서로 다른 국적을 가지고 있는 국민들로서 어쩌다 각자의 나라에서 생활을 하고 있을 뿐이다. 금융기관들은 인터넷과 여타의 커뮤니케이션 및 컴퓨터 시스템들을 사용하여 자금을 전세계로 이체한다. 이러한 자금들은 실리콘밸리나 아시아에 소재한 주요 칩 제조업체들의 국제적인 프로젝트에서 남아프리카에서 진행되고 있는 소규모 프로젝트에 이르기까지, 전세계의 다양한 프로젝트 업체들로 공급될 수 있다. 또한, 인터넷을 통해 사람들은 전세계의 제품 가격과 인건비를 즉각적으로 비교할 수도 있게 되었다. 또한, 기업들은 전세계에 걸친 정보통신 시스템들을 통해 더욱 효과적으로 광고를 할 수 있으며, 전세계 소비자들의 취향을 비슷하게 만들어 갈 수도 있다. 이러한 시스템들로 인해 통신 및 운송비용이 낮아지게 되었고, 이에 따라 소비자들은 자신들이 좋아할지도 모르는 다양한 제품을 더욱 저렴한 가격으로 접할 수 있게 되었다.

글로벌화에 엄청난 영향을 미친 첫 번째 혁신은 운송 분야에서 찾아볼 수 있다. 대서양을 가로지르는 모터 배는 미국의 경제 발전에 중요한 영향을 미친 대서양 횡단 이민과 무역에 있어 중요한 역할을 했다. 이후 제트 비행기는 사람들을 전세계로 수송하고 중요한 비즈니스 서류들을 전달하는 시간을 크게 줄여줌으로써 세계 여행에 많은 변화를 주었다. 더욱 중요한 점은 해상 수송비의 가격 효율성이 점점 더 좋아져서, 철강과 같이 무거운 것들이 한국에서 만들어져 캘리포니아에 보내져도 여전히 가격 경쟁력을 가질 수 있게 되었다는 것이다. 실제 기술의 진보는 그림 12.5의 AB축을 왼쪽으로 이동시킴으로써, 다국적 글로벌 기업과 다국적 자원 기업들의 활동들이 발생할 수 있는 공간을 넓혔다. 또한, 이러한 기술의 진보는 CD축을 아래로 이동시킴으로써 다국적 포지션 기업들과 다국적 글로벌 기업들의 활동 영역을 증대시키기도 하였다.

소비자 취향과 니즈

소비자들의 취향과 니즈는 줄곧 글로벌화를 주도해 온 주요한 요인이었다. 예를 들어, 유럽 사람들의 향신료에 대한 취향은 인도와의 무역에 대한 중요한 이유였고, 콜럼버스가 아메리카 대륙에 도착한 이유였다. 많은 국가들의 질병은 다른 나라에서 개발된 약품들을 사용하여 치료되기도 한다. 이러한 취향이나 니즈는 기업이 신제품 광고나 출시를 하기 전까지는 드러나지 않을 수도 있다. 인터넷이나 휴대전화가 세상에 나오기 전까지는 아주 소수의 사람들만이 자신들이 그러한 것들을 필요로 한다는 것을 알고 있었다. 낮은 통신 및 운송비용은 종종 소비자들의 취향에 영향을 미칠 수 있는 저가 상품의 사용 가능성을 더욱 높여주었다. 또한, 소비자들의 취향은 그들의 해외 여행을 가능케 해준 운송 혁신이나 또는 다른 나라들에 대한 정보를 알아볼 수 있도록 해준 인터넷과 같은 통신 혁신에 대한 경험들에 의해서도 영향을 받을 수 있다.

정부 정책

정부 정책은 글로벌화의 모든 주요 요인 중 가장 중요하다. 정부는 수입 할당제, 관세율, 세금, 보조금, 수입세 등을 활용하여 수입이나 생산을 억제하거나 상당히 촉진시킬 수 있다. 정부는 수입품들에 대해 영향을 미치는 것 외에도 생산품이나 수출품에 상당한 영향을 미칠 수 있다. 어떤 정부는 보건의료와 같은 일부 분야들을 대상으로 가격을 통제하고 거래 가능 및 불가능 품목들이 결정되기도 한다. 또한, 정부는 운송 및 통신 분야의 기술 혁신을 비롯한 여타의 글로벌화 주도 요인들에 영향을 미치기도 한다. 국가는 지적재산 보호법을 집행할 수도 있고 하지 않을 수도 있다. 정부는 현금 흐름을 통제하고 이에 따른 투자자본도 통제한다. 또한, 반달리즘(vandalism)이나 국수주의적 활동들로부터 외국 자본을 보호할 수 있는 국가의 능력도 해당 국가에 대한 투자자들의 의사결정에 영향을 미침으로써 결국 글로벌화에 영향을 줄 수 있다.

기업 전략

글로벌화는 기업이 가치 창출과 확보를 위해 글로벌화의 다른 주도 요인들을 활용하고자 하는 정도에 따라서도 영향을 받는다. 예를 들어, 어떤 기업의 전략이 전세계의 노동력을 활용하거나, 규모의 경제를 활용하거나, 또는 해외의 지식을 습득함으로써, 다양한 시장들을 대상으로 기존의 역량들을 확장하는 데 초점을 두고 있다면, 그 기업은 글로벌화를 추진하기로 결정할 수 있을 것이다. 기업은 전략의 일부분으로 여러 나라의 소비자들에게 영향을 미치기 위해 광고를 하거나, 다른 나라의 정책 입안자들과 협력을 통해 그 나라에서 글로벌화에 우호적인 입법이 가능하도록 노력할 수도 있을 것이다. 많은 다국적 기업들은 대부분의 빈곤 국가들보다 더 큰 예산을 보유하고 있으므로 글로벌화에 필요한 법 제정이 이루어지도록 영향력을 발휘할 수도 있을 것이다. 또한, 다국적 기업들은 혁신적인 제품을 제공함으로써 소비자들이 자신의 잠재적인 니즈를 발견하는 데 도움을 줄 수도 있다. 게다가 다국적 기업들은 관련 국가의 정책 입안자들에 대한 영향을 통해 해당 국가로 자본이 유입되도록 하는 것뿐만 아니라 대상 국가의 무역장벽을 낮추는 데에도 영향을 미칠 수 있다.

기업이 글로벌화되는 이유

기업이 국내 시장에 주력하기보다는 글로벌 시장으로 진출하고 싶어 하는 이유는 무엇인가? 즉, 왜 국내 기업들은 다국적 기업이 되고 싶어 하는가? 그 이유는 여러 가지가 있는데, 성장 기회를 찾고, 안정적으로 수익을 올리고, 국내의 높은 생산비를 줄이고(해외의 저렴한 생산 요소들을 활용함으로써), 구매업체를 따라다니면서 관계를 유지하고, 선두적인 진입을 통한 이득을 얻고, 규모의 경제를 추구하고, 허술한 규제를 활용하고, 더 큰 시장에 참여하고, 해외로부터 지식을 습득할 수 있기 때문이다.

성장 기회 탐색

기업이 공략해야 할 국내 시장이 정체되어 있거나, 침체되고 있거나, 너무 경쟁이 세거나, 너무 성숙되어 있거나, 빠르게 성장할 수 없다면, 기업의 입장에서는 성장이 유리한 해외 시장에 좀 더 관심을 가질 것이다. 이는 특히 기업의 시장 가치가 성장에 영향을 미치고, 자본 시장이 그 기업에 대해 국내 시장이 지원할 수 없는 속도로 계속해서 성장하기를 기대하는 경우에는 더욱 그러하다. 그러나 기업이 글로벌화로 나가야 할 뚜렷한 이유가 없다면, 국내에서 시장을 다각화하는 것도 하나의 방법이 될 수 있을 것이다.

수익 안정화

기업의 수익은 종종 국내의 경제적 요인들에 영향을 받기 때문에, 국내 경기 사이클에 따라 오르기도 하고 떨어지기도 한다. 그러나 기업이 국제 무대로 나아가 유리한 주기를 가진 국가에 성공적으로 진출할 수 있다면, 그 기업은 기존의 국내 시장에서 겪었던 사이클 변동에 따른 수익의 변화를 줄일 수 있다.

국내의 높은 생산비용 감소

기업이 국제 무대로 나가는 공통적인 이유 중 하나는 해외의 저렴한 생산 요소를 활용함으로써 국내의 높은 생산비용을 줄일 수 있기 때문이다. 예를 들어, 서방 국가들과 일본에서는 단순 기술 기반의 제조업 노동비용이 너무 높아져서 많은 기업들이 활동의 근거지를 중국, 대만, 한국 또는 인도로 이전한 바 있다.

구매업체와의 관계 유지

기업들이 자주 국제화를 추진하는 이유 중 하나는 핵심 구매업체들이 국제화되기 때문이다. 일부 일본 자동차 부품업체들은 자동차 제조업체들과 함께 국제 무대로 진출했는데, 그 이유는 자동차 제조업체들이 미국에서 조립을 시작하기로 결정했기 때문이다. 맥도날드가 러시아 시장에 진출했을 때, JR 심플로트 컴퍼니(J.R. Simplot Company)도 맥도날드의 프렌치 프라이즈에 들어가는 감자를 생산하기 위해 러시아에 진출한 바 있다.

선두적인 진입 효과에 대한 기대

기업은 자신이 진출하고자 하는 국가로 진입할 가능성이 높은 것으로 보이는 경쟁자들보다 앞서서 그 국가에서 운영을 시작할 수 있다. 이는 특히 해당 국가에서 선발주자 이점을 얻을 수 있을 것으로 기대될 때 더욱 그러하다.

규모의 경제와 역량의 확장

기업의 고정비가 매우 높고 변동비가 매우 적거나 없는 경우, 손익분기점에 도달한 이후부터는 팔리는 모든 제품은 수익을 발생시킨다. 글로벌화가 되는 것은 기업이 더 많은 제품들을 판매하고 돈을 더 많이 벌 수 있는 기회를 증대시킨다. 이는 특히 지역적 취향에 맞추기 위한 중요한 맞춤화가 필요 없어서, 세계 어느 곳에서든 추가 비용이 거의 없이 팔릴 수 있는 소프트웨어와 같은 제품들의 경우에는 더욱 그러하다. 게다가 기업 기술이 효율성을 얻을 수 있는 최소의 규모에 비해 국내 시장의 규모가 상대적으로 매우 작을 때 글로벌화는 수익 증대에 더욱 효과적이다. 네슬레를 비롯한 다수의 스위스 기업들은 일찌감치 국제화를 추진했는데, 그 이유 중 하나는 스위스보다 더 큰 국내 시장을 가진 외국 기업들과 경쟁에 필요한 양을 제공하기에는 스위스의 국내 시장이 너무 작았기 때문이다.

국내보다 허술한 해외 시장의 규제

개발도상국에는 안전 및 환경오염에 대한 규제나 반경쟁적(anti-competitiveness) 행위에 대한 법률이 거의 또는 아예 없는 경우가 종종 있다. 어떤 기업들은 이러한 법적 환경을 이용하기 위해 이러한 나라들에 진출하기도 한다.

더 큰 시장과 자유 시장 원리

다른 시장들에 비해 규모가 더 크고 자유 시장 원리에 더욱 충실한 시장들이 존재한다. 따라서 기업들은 이러한 큰 규모와 자유 시장 환경을 이용하기 위해서 그러한 시장들에 진출하기도 한다. 미국이 이러한 시장 원리를 추구하는 국가 중 하나다.

외국의 지식 습득(시장 아이디어, 새로운 기술 획득 등)

과거에는 지식이 한 방향으로 — 국내로부터 기업이 진출하고 있는 국가로 — 흐른다고 생각했지만, 이제는 대상 국가들에서도 배울 수 있는 것들이 있고, 그것들을 국내 시장 또는 다른 시장들로 가져갈 수 있다는 인식이 확산되고 있다.

경쟁우위를 위한 글로벌화

어떤 기업이 자사 제품을 외국에 팔거나 신제품 생산에 필요한 외국의 역량을 활용하고 싶어 한다고 가정해보자. 이 기업이 해외 진출을 통한 경쟁우위 획득의 가능성을 높이기 위해 할 수 있는 일들은 무엇인가? 이러한 질문은 그림 12.6과 같은 프레임워크를 통해 다룰 수 있다. 제1장에서 보았듯이 시장에서의 기업 수익성은 제품-시장-포지션(product-market-position, PMP)과 포지션을 뒷받침하는 역량들에 의해 좌우된다. 기업의 PMP는 기업이 제공하는 혜택들(저가 또는 제품의 차별성)과 그 제품을 제공하기 위해 기업이 수행하는 활동들의 연관 체계로 구성된다는 점을 상기하라. 기업이 원하는 포지션을 확보하고 관련 활동들을 수행해 나가기 위해서는 역량들이 필요하다. 따라서 외국으로의 기업 진출에 따른 수익성은 대상 국가에서의 PMP와 대상 국가에서 가치를 창출하고 확보하기 위해 사용할 수 있는 역량들에 의해 좌우될 수 있다. 이러한 관점에서 외국으로의 기업 진출에 따른 이점들을 살펴보고자 한다(그림 12.6).

그림 12.6 여러 가지 글로벌 전략

고유한 제품-시장-포지션

그림 12.6에서 수직축은 기업이 차지하고 있는 제품-시장-포지션(PMP)의 유형 — 포지션이 고유한, 즉 유일무이한 지점, 안정 영역 상황인지, 아니면 전쟁터와 같은 상황인지 — 을 나타낸다. 고유한 제품-시장-포지션이 의미하는 바는 기업이 (1) 해당 세분시장이나 국가에서는 아무도 제공하지 않는 그러한 혜택을 가진 제품/서비스를 제공하는 것, 그리고/또는 (2) 그러한 혜택을 뒷받침하는 차별화된 활동 체계를 수행하는 것을 의미한다. 여기서 혜택이란 제품의 특성, 위치, 저가, 또는 본전을 뽑을 만한 가치 등이 될 수 있다. PMP는 제품/서비스 특성의 고유성 때문에 유일무이할 수 있다. 또한, PMP는 기업이 제공하는 위치나 지역 때문에 고유할 수 있다. 고유한 포지션은 한 나라 또는 여러 나라에서 존재할 수 있다. 기업이 고객들에게 제공하는 혜택이 고유할 때, 경쟁이 그 기업에 미치는 영향은 미약할 것이고, 대체업자의 위협도 미약할 것이며, 그 기업이 전쟁터에 있는 상황이라면 구매업체들에 대해 보다 더 강력한 파워를 가질 수 있을 것이다. 기업이 고유한 포지션으로 진입했다고 해서 저절로 진입장벽이 구축되고 협력경쟁자에 대한 자신의 위상이 강화되는 것은 아니지만, 이러한 이점들을 얻기에 유리한 입장이 될 가능성은 매우 높다. 예를 들어, 그러한 기업은 고객들의 전환비용 구축과 같은 선발주자 이점을 만들어낼 수 있다. 또한, 고유한 영역과 연관된 브랜드 구축을 통해서도 진입장벽을 쌓는 효과를 얻을 수 있다.

전쟁터는 이미 주자들이 활동하고 있는 있는 제품-시장 공간을 의미한다. 이러한 주자들은 대개 시장에서 가치를 창출하고 확보하기 위한 경쟁의식, 지식, 협력적 관계, 여타의 역량을 이미 갖추고 있을 정도로 오랜 기간 동안 시장에 존재해 왔다. 누군가가 전쟁터로 들어가는 이유는 무엇일까? 전쟁터에는 경쟁이 만연해 있지만 장점들도 일부 있다. 전쟁터에는 기술적 불확실성과 시장의 불확실성이 삭고, 중요한 보완적 자산을 가진 신규 진입자가 선전할 가능성도 있다. 그리고 기업이 외국에서 확보할 수 있는 차별화된 역량들 때문에 전쟁터에 진입하는 경우도 발생할 수 있다. 많은 기업들이 전쟁터로 뛰어들고 있다. 어떤 기업들은 자신을 승리로 이끌어줄 차별화된 무엇인가를 자신이 가지고 있다는 믿음 때문에 전쟁터에 뛰어들기도 한다. 또 어떤 기업들은 전략적 이유로 전쟁터에 뛰어들기도 한다. 어쨌든 기업은 고유한 PMP를 추구할 때 더 잘 나갈 수 있다.

가치 있는 글로벌 역량

그림 12.6에서 수평축은 기업이 돈을 벌기 위해 제품 및 포지션 그 자체를 구상하고, 설계하고, 제조하고, 판매하는 데 사용하는 주요 글로벌 역량의 유형—그 역량들이 희소하고 중요한지, 또는 쉽게 활용할 수 있거나 중요하지 않은지—을 나타낸다. 역량들이 모방하거나 대체하기 어렵고 게다가 가치 창출이나 확보에 상당한 기여를 할 수 있는 것들이라면, 그러한 역량들은 희소하고 중요한 것들이라 할 수 있다. 이러한 역량들은 그 기업이 속한 국내 시장이나, 그 기업이 진출하고 있는 해외 국가, 또는 그 외의 전세계 어떤 나라에라도 존재할 수 있다. 희소하고 중요한 역량들의 예로는 석유 생산 국가에서 부여한 석유 탐사에 대한 독점적 권리, 외국 정부 관료들과의 관계, 제약 특허, 오프라인 상점의 진열 공간, 유명 브랜드, 산업 내에서 네트워크 효과를 보여주는 커다란 네트워크 등을 들 수 있다. 이러한 역량들은 기업이 경쟁우위를 확보하는 데 기여할 수 있다. 그러나 역량들이 중요함에도 불구하고 모방하기가 쉽다면, 그 역량의 소유자는 자신이 그 역량들을 활용하여 창출해 온 가치들을 더 이상 확보하는 것을 어렵게 만들면서 공격해 오는 경쟁자들로 인해, 경쟁력을 급속하게 상실할 수도 있다. 중요하지만 모방이 쉬운 역량의 예로는 단순 기술 기반의 제조 역량을 들 수 있다. 이러한 역량들은 중요하지만 대개는 모방이 쉬워서 쉽게 사용될 수 있기 때문에, 그림 12.6에서는 쉽게 이용할 수 있거나 중요하지 않은 영역으로 분류된다.

글로벌 전략 유형

기업이 고유한 제품-시장-포지션을 추진하거나 전쟁터에 진입하기로 결정했는지 그리고 희소하고 모방이 어려운 역량들을 가지고 있거나 그것들을 구축할 수 있는지에 따라, 기업의 전략은 다음과 같은 영역 중 하나에 속하게 된다: 글로벌 탐험가, 글로벌 스타, 글로벌 헤비급, 글로벌 노브랜드(그림 12.6).

글로벌 탐험가

글로벌 탐험가(global adventurer) 전략은 기업이 고유한 제품-시장-포지션을 점유해 나가면서 한 나라 또는 여러 나라에 진출하지만, 그 기업이 가치 창출 및 확보를 위해 사용하는 주요 역량들은 쉽게 확보할 수 있거나 중요하지 않은 경우를 의미한다. 고유한 가치를 내포한 제품/서비스들은 한 국가 또는 여러 국가를 목표로 할 수 있다. 그 제품은 외국이나 국내에서 생산되어 해외로 수출될 수 있다. 대상 국가에서 충족되지 않는 니즈를 겨냥한 수출품들이 이 영역에 속할 수 있다. 일본의 자동차 제조업체들이 1970년대에 연비 효율성이 높은 자동차들을 미국에 수출하고 있을 때 GM, 포드(Ford), 아메리칸 모터스(American Motors), 크라이슬러(Chrysler)와 같은 미국의 자동차 제조업체들은 더 크고 연비 효율성은 더 떨어지는 차들에 초점을 맞추고 있었다. 이때 일본 업체들은 글로벌 탐험가 전략을 사용하고 있었던 것이다. 자동차 생산에 필요한 모든 주요 역량들이 일본에서 제공되고 있었는데, 지금은 그렇게 느껴지지 않을 수도 있지만, 1960년대 후반에서 1970년대 내내 미국에 일본제 소형 자동차들을 판매하는 것은 모험이었다.

어떤 소매업체가 외국의 한 지역에 첫 번째 소매점을 냈다면 그 업체도 글로벌 탐험가 전략을 추진하고 있는 것이다. 글로벌 탐험가 전략이 그 기업에 대해 제대로 작동하는지는 글로벌화의 주도 요인들 ― 기술 혁신, 소비자 취향과 니즈, 정부 정책, 기업 전략, 그리고 해당 제품의 유형 ― 에 의해 좌우된다. 1970년대 미국에서의 일본 자동차를 예로 들어보자. 운송기술은 일본의 자동차들을 일본으로부터 5,500마일 떨어져 있는 캘리포니아까지 비용 효율적으로 운송될 수 있는 수준까지 발전하였다. 1970년대 미국에서 소비자들은 석유 위기로 연비 효율성이 높은 차에 관심을 갖게 되었다. 당시 미국 정부의 정책은 다른 선진국에 비해 보호주의 성향이 약했다. 즉, 미국 정부가 일정 자동차에 대한 쿼터제를 적용하기 전이었던 것이다. 한편, 일본의 막강한 국제통상산업성은 혼다를 보호하기 위해 자국에 외국의 자동차 생산업체가 들어오는 것을 막으려는 시도를 하고 있었다. 혼다의 전략에서 중요한 부분은 목표 시장을 해외로, 특히 규모가 큰 미국으로 확장하는 것이었다. 이러한 해외 시장에 혼다는 이미 오토바이를 판매하고 있었지만, 혼다의 자동차 판매 결정은 혼다에게 새로운 좋은 기회가 되었다. 혼다가 수익성을 증대시킬 수 있는 가능성은 일본보다 미국에서 더 컸기 때문이다.

고유한 제품-시장-포지션은 글로벌 탐험가에게 포지션 혁신의 이점 ― 선발주자 이점을 포함한 ― 을 활용할 수 있는 기회를 제공한다. 혼다는 아주 빠른 엔진과 신뢰할 수 있는 저가 자동차업체라는 이미지에 초점을 맞춰 브랜드를 구축해 나갔다. 이후 혼다는 토요타와 닛산 등과 더불어 미국 시장에서 고급형 승용차를 출시하였고, 미국에 수입되는 BMW, 메르세데스, 그리고 여타의 고급 수입차들과 경쟁했다. 혼다는 어큐라를 출시했고, 닛산은 인피니티를, 그리고 토요타는 렉서스를 출시했다.

글로벌 탐험가 전략의 주요 이점은 그 전략이 나름대로의 장단점을 지닌 고유한 제품-시장-포지션을 식별하고 거기에 초점을 맞춘다는 점이다. 이 전략에는 한 가지 주요한 약점이 있다. 글로벌 탐험가가 사용하는 역량들은 쉽게 사용 가능하거나 중요성이 떨어지기 때문에, 해당 기업이 진입장벽을 높여주는 선발주자 이점들을 구축하기 위한 조치를 취하지 않는다면, 그 고유한 제품-시장-포지션은 쉽게 모방될 수 있다.

글로벌 스타

글로벌 스타(global star) 전략은 기업이 제품-시장-포지션을 점유해 나가면서 한 나라 또는 여러 나라로 진출하는 상황에서, 그 기업이 가치 창출 및 확보를 위해 사용하는 주요 글로벌 역량들은 희소하거나 중요한 경우를 의미한다. 따라서 글로벌 스타 전략을 추진하는 기업은 고유한 제품-시장-포지션과 희소하고 중요한 역량, 이 두 가지로부터 얻을 수 있는 이점들을 모두 취할 수 있다. 2000년대 이케아의 미국 시장 진출 전략을 예로 들 수 있다. 이케아는 경쟁자들에 비해 상대적으로 고유한 포지션(즐거운 쇼핑 경험, 저가이지만 세련된 가구, 배송 없음, 매장 서비스 거의 없음, 영구적이지 않은 품질보증 가구)을 채택했으며, 경험이 많은 디자이너들로 구성된 희소하고 중요한 세계적인 네트워크를 가지고 있었고, 전세계의 재료 공급업체 및 제조업체들과의 활동을 연계시키고 통합시키는 능력을 보유하고 있었다.[10] 에어버스 A380과 보잉 787에 대한 전략 또한 이 영역에 속한다. 이 회사들은 항공업계의 제품-시장-포지션 맵에서 고유한 위치를 점하고 있으며, 비행 계획을 제공하는 데 있어 희소하고 중요한 역량을 가지고 있다. 글로벌 스타의 중요한 역량 중 하나로는 서로 다른 나라들과 문화들에서 얻을 수 있는 역량과 노하우를 서로 잘 연계시키고 통합시키는 능력을 들 수 있다. A380과 보잉 787를 제조하기 위해서는 서로 다른 나라들에서 얻을 수 있는 상이한 여러 역량을 연계시키는 능력이 요구된다. 이러한 연계와 통합은 기술 혁신에 의해 더욱 용이해질 수 있다.

글로벌 헤비급

글로벌 헤비급(global heavyweight) 전략은 기존의 경쟁자들과 정면으로 맞서면서 한 나라 또는 여러 나라에 진입하는 상황에서, 그 기업이 가치 창출 및 확보를 위해 사용하는 주요 역량들이 희소하거나 중요한 경우를 의미한다. 이 역량들은 한 나라 또는 여러 나라로부터 얻을 수 있다. 이러한 기업은 가치를 창출하고 확보하는 데 있어 희소한 역량들을 이용하여 기존 업체들과 대결하는 전쟁터에 놓인 상황인 것이다. 어떤 석유회사가 다른 기업들이 이미 석유를 탐사하고 있고 석유를 탐사할 권리와 세계로 판매할 권리를 가지고 있는 그러한 나라에 진출한다면, 그 회사는 글로벌 헤비급 전략을 사용하고 있는 것이라 할 수 있다. 에어버스는 A320 비행기를 출시했을 때 글로벌 헤비급 전략을 추진하였다. 이 비행기는 보잉 737과 맥도넬 더글러스(McDonnell Douglas)의 DC9 및 MD-80과 직접 경쟁하도록 설계되었던 것이다. A320을 만들 수 있는 기술 노하우의 일부는 쉽게 접할 수 있는 것인 반면, 전기식 비행 제어 체계 기술은 대형 비행기에는 처음으로 적용된 것이었다. 더욱이 프랑스, 독일, 영국 등의 비행기 주요 부품업체들의 활동을 연계시키는 것은 쉬운 일이 아니었다. 유럽 각국의 맥도날드 식당에서 활용되는 많은 아이디어는 그 나라들과 미국에서 나온 것뿐만이 아니라 다른 유럽 국가들로부터도 나온 것들이었다.[11]

글로벌 노브랜드

글로벌 노브랜드(global generic) 전략은 기업이 기존의 경쟁자들과 정면으로 맞서면서 한 나라 또는 여러 나라에 진입하는 상황에서, 그 기업이 사용하는 주요 역량들이 쉽게 접근 가능하거나 중요하지 않은 경우를 의미한다. 많은 기업들이 다른 나라에서 생산되는 제품과 경쟁하기 위해 노동력이 저렴한 국가에서 제품을 생산하고 그것들을 다른 국가에 수출하고 있는데, 이러한 행태가 바로 이 노브랜드 전략에 해당한다. 수출용 복제약품(generic drugs)을 생산하는 많은 제약업체들은 대개 노브랜드 전략을 사용한다. 옷감 제조업체들도 그렇다. 많은 제품이 보통 국내에서 설계·개발·생산되고, 수출을 통해 외국에 출시된다. 그러한 제품이 대상 국가의 시장에서 받아들여질 때, 그 지역의 역량들은 지역 특성에 더 잘 맞도록 구축된다.

경쟁력에 대한 영향과 시사점

글로벌 스타, 글로벌 탐험가, 글로벌 헤비급, 글로벌 노브랜드 중 어느 것이든 경쟁력에 영향을 미친다. 글로벌 탐험가는 보통 소위 PMP 기반의 경쟁우위를 누릴 수 있다. 시장에서 어떤 기업의 포지션에 대해 다른 기업의 위협 수준이 낮고(즉, 진입장벽이 높고), 경쟁의 영향이 약하며, 구매자들과 공급자들이 거의 힘을 발휘지 못하고, 대체업자의 위협이 약하다면, 그 기업은 PMP 기반 경쟁우위(PMP-based competitive advantage)를 가지고 있는 것이다. 이러한 경쟁우위는 보통 해당 기업이 수행하는 활동 체계에서 나온다. 글로벌 탐험가는 외국에 신출할 때, 고유한 제품-시장-포지션을 선택하지만 필요한 역량은 쉽게 사용 가능하거나 중요하지 않기 때문에, 그 기업이 가질 수 있는 이점은 고유한 포지션으로부터 나온다. 즉, 그러한 이점은 PMP를 기반으로 하고 있다는 것이다. 이러한 기업의 PMP 기반 이점은 경쟁자들이 진입장벽을 극복할 수 있는 방법들을 찾아내거나, 경쟁자들이 경쟁을 증가시킬 수 있는 방법들을 찾아내거나, 또는 구매자 및 공급자들이 해당 기업에 대한 자신들의 힘을 증가시킬 때 약화될 수 있다. 따라서 PMP 이점을 가진 기업이 계속해서 그 이점을 유지해 나갈 수 있는 한 가지 방법은 진입장벽을 높이는 것과 같이 익숙한 경쟁력을 강화시키는 것이다.

글로벌 헤비급은 보통 자원 기반의 경쟁우위를 누린다. 어떤 기업의 자원이 중요하고 희소한 역량들이 모방되거나 대체되기 어렵다면, 그 기업은 자원 기반 경쟁우위(resource-based competitive advantage)를 가지고 있는 것이다. 글로벌 헤비급은 자신이 진출하고 있는 외국에서 기존의 경쟁자들과 PMP에 대해 대결하기 위해 자신의 희소하고, 중요하며, 모방이 어려운 역량들을 활용하기로 결정한 경우이기 때문에, 그 기업은 주로 자신의 역량에서 국제 무대로 진출을 통한 이점을 얻는다. 이러한 기업의 자원 기반 이점은 경쟁자들이 그 기업의 자원을 복제 또는 대체할 수 있는 방법을 찾아내거나, 또는 그 기업이 제공하는 가치를 뛰어넘도록 해줄 수 있는 다른 자원들을 개발할 수 있는 방법을 찾아낼 때 약화될 수 있다.

글로벌 스타는 고유한 PMP 선택을 통해 외국에 진출하고 희소하고, 중요하며, 모방이 어려운 역량들을 활용하므로, 글로벌 탐험가의 PMP 기반 이점과 글로벌 헤비급의 자원 기반 이점 모두를 누릴 수 있다. 따라서 지속가능한 경쟁우위를 확보할 수 있는 기회가 글로벌 탐험가나 헤비급보다 더 높다고 할 수 있다. 외국에 진출함에 있어 글로벌 노브랜드 전략을 추구하는 기업은 그 나라의 기존 업체들과 PMP에 대해 대결하기로 결정하고, 쉽게 모방할 수 있는 일반적인 역량들을 사용하여 이러한 대결을 수행하기 때문에, PMP 기반 이점이나 자원 기반 이점을 모두 취할 수 없다. 결론적으로 지금까지 살펴본 네 가지 전략 중 글로벌 스타 전략이 기업에게 경쟁우위를 획득하고 유지할 수 있는 가능성을 가장 높여준다. 그다음으로 높은 가능성을 제공해줄 수 있는 전략은 글로벌 탐험가와 글로벌 헤비급이고, 가장 낮은 가능성을 제시해줄 수 있는 전략은 글로벌 노브랜드라 할 수 있다.

혁신을 통한 글로벌 경쟁우위 획득

기업이 다른 글로벌 전략들보다 글로벌 스다 전략을 추진할 때 지속가능한 경쟁우위를 확보할 수 있는 가능성이 가장 높다면, 그러한 글로벌 스타 전략을 추진하는 모든 기업들은 왜 기대만큼 성과를 올리지 못하고 있는가? 그 한 가지 이유는 모든 기업이 효과적인 비즈니스 모델 혁신을 추진하지 못하고 있기 때문이다. 기업이 효과적인 비즈니스 모델 혁신을 추구하고 있는지는 다음과 같은 VARIM 프레임워크의 다섯 가지 속성을 통해 확인할 수 있다.

1. **가치성**(Value) : 이 비즈니스 모델은 고객이 가치 있게 느끼는 혜택을 제공하는가?
2. **적응성**(Adaptability) : 이 비즈니스 모델―또는 이것의 핵심적인 부분―은 고객들이 가치 있게 느끼는 혜택을 제공할 수 있도록 비용 대비 효과적으로 재구성 또는 재배치되어 있는가?
3. **희소성**(Rareness) : 이 기업은 고객에게 혜택을 제공하는 유일한 기업인가? 그렇지 않다면, 이 기업이 제공하는 혜택의 수준은 경쟁자의 수준보다 더 높은가?
4. **모방불가성**(Inimitability) : 그 혜택은 다른 기업들이 모방하거나 대체하거나 또는 능가하기가 어려운가?
5. **수익성**(Monetization) : 이 기업은 고객에게 혜택을 제공함으로써 수익을 올리고 있거나 올리게 될 것 같은가?

VARIM 분석에 대해서는 제2장에서 예들과 함께 설명하였다. 그러나 글로벌 기업들의 수익 창출을 위해서는 다음과 같은 것들에도 주목할 필요가 있다. 첫째, 기업이 글로벌화를 추진할 때 정면 경쟁을 피하는 것이 최선이다. 기업은 혁신적인 결과물, 팀 구축, 또는 자신의 기존 역량들로 채울 수 있는 시장 공간을 찾음으로써 비경쟁 시장에 진입할 수 있다. 일례로 애플의 아이폰은 선진국의 고객들에게 환영받았다. 그러나 혁신물은 파괴적 기술의 경우에서처럼 빨리 드러나지 않을 수도 있다. 빨리 드러나지 않는 혁신물을 통해 진출한 대표적인 예로는 미국 시장에 진출한 일본의 자동차 제조업체를 들 수 있다. 이 기업들은 미국에서 휘발유가 싸고 미국 자동차업체들이 휘발유를 많이 소모하는 대형차를 비싸게 판매할 때, 미국에 소형 저가 자동차를 수출함으로써 미국 시장에 진출하기 시작했다. 이러한 일본 회사들은 계속해서 차의 품질과 신뢰성을 향상시켜 나갔는데, 미국의 자동차 제조업체들은 이러한 일본 업체들의 위협을 전혀 감지하지 못했다. 결국, 일본 자동차의 품질은 일본이 미국의 고급 승용차 시장에서 점유율을 확보하는 수준까지 도달하게 되었다.

둘째, 기업이 글로벌화를 추구할 때 가치 확보를 위해 자신의 역량을 활용하는 것은 중요하다. 기업은 자신의 역량을 활용하여 해외 고객들에게 그들이 원하는 것을 제공할 수 있을 뿐만 아니라, 자신의 역량을 협상 카드로 활용하여 팀을 구축하고 보완적 역량을 확보할 수도 있다.

- 국제적 차원에서 정부들은 기업들이 창출한 가치의 많은 부분을 차지할 수 있다.
- 시장에서 주자들(기업과 정부)은 그들이 확보한 가치를 얼마나 창출했는지에 따라 그 유형이 구분될 수 있다. 벌은 많은 가치를 창출하지만 다른 주자들이 창출된 가치의 대부분을 차지하는 주자를 의미한다. 비버 역시 많은 가치를 창출하지만 벌과는 달리 그 창출된 가치 또한 자신이 차지하는 경우를 의미한다. 여우는 가치를 거의 또는 전혀 창출하지는 않지만 다른 주자들이 창출한 가치의 많은 부분을 차지하는 주자를 의미한다. 곰은 가치를 거의 창출하지도 못하고 게다가 차지하지도 못하는 주자를 의미한다.
- 정부가 부과하는 세금과 보조금은 가치 파괴의 결과를 초래할 수 있다.
- 글로벌화란 제품 및 서비스를 생산하고 교역하기 위한 사람, 기업, 정부 간의 상호의존 및 통합이다.
- 글로벌화의 핵심적인 주자 중 하나는 다국적 기업(MNC)이라 할 수 있다. 이 기업은 시장 포지션 및/또는 역량을 적어도 2개 이상의 국가에서 가지고 있는 기업을 의미한다. 어떤 기업이 자신의 제품을 국내에서 설계·개발·생산하고 있지만, 그 제품들에 대한 판매는 2개 이상의 국가에서 이루어지고 있다면, 그러한 기업은 다국적 포지션 기업으로 불릴 수 있다. 기업의 제품에 대한 설계·개발·생산은 여러 나라에서 이루어지지만, 판매는 한 나라에서만 이루어진다면, 그러한 기업은 다국적 자원 또는 다국적 역량 기업으로 불릴 수 있다. 어떤 기업이 자사의 제품을 2개 이상의 국가에서 판매하고, 필요로 하는 역량을 2개 이상의 국가에서 공급하고 있다면, 다국적 글로벌 기업으로 분류될 수 있다.
- 산업에서 글로벌화가 발생하는 정도는 다음과 같은 요인에 의해 영향을 받는다.

  - 기술 혁신
  - 소비자 취향과 니즈
  - 정부 정책
  - 다국적 기업의 전략

- 기업들이 다국적 기업이 되고자 하는 이유는 다음과 같다.

  - 성장 기회 탐색

- 수익 안정화
- 국내의 높은 생산비용 감소
- 구매업체와의 관계 유지
- 선두적인 진입 효과에 대한 기대
- 규모의 경제와 역량의 확장
- 국내보다 허술한 해외 시장의 규제
- 더 큰 시장과 자유 시장 원리
- 외국의 지식 습득(시장 아이디어, 새로운 기술 획득 등)

■ 기업은 혁신물을 이용하여 글로벌화를 추진하는 데 있어, 고객들에게 고유한 가치를 제공할 수 있으며 경쟁자는 거의 없는 곳으로 진입할 수도 있고, 경쟁자들이 이미 있는 전쟁터로 진입할 수도 있다. 기업이 고유한 제품 공간 또는 전쟁터에서 가치를 창출하고 확보하기 위해 사용하는 역량들은 희소하고 중요한 것들일 수도 있고, 쉽게 확보되거나 중요하지 않은 것들일 수도 있다. 글로벌화로 나아가기 위한 전략들로는 다음과 같은 네 가지를 고려할 수 있다.

- 글로벌 탐험가(global adventurer) 전략은 기업이 고유한 제품-시장-포지션을 점거하면서 한 나라 또는 여러 나라에 진출하지만, 그 기업이 가치 창출 및 확보를 위해 사용하는 주요 역량들은 쉽게 확보할 수 있거나 중요하지 않은 경우를 의미한다.
- 글로벌 스타(global star) 전략은 기업이 제품-시장-포지션을 점거하면서 한 나라 또는 여러 나라에 진출하는 상황에서, 그 기업이 가치 창출 및 확보를 위해 사용하는 주요 글로벌 역량들은 희소하거나 중요한 경우를 의미한다.
- 글로벌 헤비급(global heavyweight) 전략은 기존의 경쟁자들과 정면으로 맞서면서 한 나라 또는 여러 나라에 진입하는 상황에서, 그 기업이 가치 창출 및 확보를 위해 사용하는 주요 역량들이 희소하거나 중요한 경우를 의미한다.
- 글로벌 노브랜드(global generic) 전략은 기업이 기존의 경쟁자들과 정면으로 맞서면서 한 나라 또는 여러 나라에 진입하는 상황에서, 그 기업이 사용하는 주요 역량들이 쉽게 접근 가능하거나 중요하지 않은 경우를 의미한다.

■ 이와 같은 전략들은 경쟁력과 관련하여 기업에 다음과 같은 결과를 제공할 수 있다. 글로벌 탐험가 전략은 제품-시장-포지션(PMP) 이점 — 시장에서 자신이 차지하고 있는 제품 공간을 기반으로 한 이점 — 을 제공할 가능성이 높다. 글로벌 헤비급 전략은 기업에 역량 기반 경쟁우위를 제공할 가능성이 높고, 글로벌 스타 전략은 글로벌 탐험가의 PMP 기반 이점과 글로벌 헤비급의 자원 기반 이점 모두를 제공할 가능성이 높다. 기업에 지속가능한 경쟁우위를 제공할 가능성이 가장 높은 전략은 글로벌 스타

전략이고, 가장 낮은 전략은 글로벌 노브랜드 전략이다.

■ 기업이 다른 글로벌 전략들보다 글로벌 스타 전략을 추진할 때, 지속가능한 경쟁우위를 확보할 수 있는 가능성이 가장 높다면, 그러한 글로벌 스타 전략을 추진하는 모든 기업들은 왜 기대만큼 성과를 올리지 못하고 있는가? 이 질문에 대해 대답할 수 있는 한 가지 방법은 VARIM 분석을 활용하는 것이다.

주요용어

곰(bear)

글로벌 노브랜드(global generic)

글로벌 스타(global star)

글로벌화의 주도 요인 (drivers of globalization)

글로벌 탐험가(global adventurer)

글로벌 헤비급(global heavyweight)

다국적 글로벌(global multinational)

다국적 기업(multinational coporation)

다국적 역량(capabilities multinational)

다국적 포지션(position multinational)

벌(bee)

비버(beaver)

여우(fox)

주석

1 Nigerian Bonny Light (Bonny Lt crude oil spot prices in Europe went as high as $80 in July. In France there was a tax of 0.5892 euro per liter of unleaded and a TVA of 19.6 percent.)

2 Energy Information Administration of the US Department of Energy. (2007). *Nigeria: Oil*. Retrieved July 16, 2008, from www.eia.doe.gov/emeu/cabs/Nigeria/Oil.html

3 Energy Information Administration of the US Department of Energy. (2006). Performance profiles of major energy producers 2006 (Form EIA-28). Retrieved July 31, 2007, from www.eia.doe.gov/emeu/perfpro/tab12.htm

4 International Energy Agency (L'Agence internationale de l'énergie). OECD/IEA. (2007). End-user petroleum product prices and average crude oil import costs. Retrieved August 9, 2007, from www.iea.org/Textbase/stats/surveys/mps.pdf

5 Energy Information Administration of the US Department of Energy. (2003). Nigeria. Retrieved July 30, 2007, from www.eia.doe.gov/emeu/cabs/ngia_jv.html. Vernon, C. (2006). *UK Petrol Prices*. Retrieved July 30, 2007, from http://europe.theoildrum.com/story/2006/5/3/17236/14255

6 Pindyck, R.S., & Rubinfeld, D.L. (1992). *Microeconomics* (4th edn.). Upper Saddle River, NY: Prentice Hall.

7 Pindyck, R.S., & Rubinfeld, D.L. (1992). *Microeconomics* (4th edn.). Upper Saddle River, NY: Prentice Hall.

8 Baxter, J. (2003, May 19). Cotton subsidies squeeze Mali. Retrieved September 10, 2007, from http://news.bbc.co.uk/1/hi/world/africa/3027079.stm

9 This definition is closest to the one offered by *Economics A–Z*. (n.d.). Retrieved July 26, 2007, from http://economist.com/research/Economics/alphabetic.cfm?letter=G#globalisation

10 *IKEA*. (2007). Retrieved August 10, 2007, from http://en.wikipedia.org/wiki/Ikea

11 Happy meal: How a Frenchman is reviving McDonald's in Europe. (2007, January 25). *The Economist*.

제5부

사례

스퀘어[*]

서론

잭 도시(Jack Dorsey)는 자신이 설립에 기여했던 트위터(Twitter)에서 축출된 이후, 그의 표현에 따르면 "배를 얻어맞은" 충격에서 아직 벗어나지 못하고 있었다.[1] 당시 그는 다음 행보에 대해 숙고하던 상황이었는데, 마침 친구인 짐 맥켈비(Jim McKelvey)와 대화를 하게 되었다. 대화 도중 맥켈비는 최근에 자신이 고객의 신용카드를 결제해주지 못해 금액이 큰 유리 욕실 판매 건을 놓친 일이 있었다는 얘기를 무심코 하게 되었다. 이 두 사람은 아이폰에 대해서도 대화를 나누었는데, 그러면서 아이폰이라는 휴대용 기기의 엄청난 처리 능력을 깨닫게 되었고, 이어서 왜 그런 기기들이 신용카드 결제를 처리하지 못하는 것인지 궁금해졌다.[2] 이러한 대화가 있은 뒤 얼마 되지 않아 도시는 결제 방식을 변화시켜서 사람들이 어디에서든 모바일로 소액 결제를 할 수 있는 서비스 개발에 착수했다. 결국 이 서비스로 인해 소규모 업체들의 운영 방식이 바뀌게 되었고, 처음으로 다수의 사용자들(택시 운전사, 농산물 직판장, 베이비시터, 걸스카웃, 그리고 여타의 사람들)이 신용카드로 돈을 받을 수 있게 되었다.

---

[*] 이 사례는 Allan Afuah 교수의 지도하에 Erin Braddock, Preeti Gupta, Molly Mehaffey, Susan Merrill, Allison Myers, Allison Rosen에 의해 작성되었으며, 단지 수업 토론 자료로 활용하기 위해 작성된 것이지, 경영을 잘했는지 못했는지를 기술하고자 하는 의도로 작성된 것이 아님을 밝혀둔다.

잭 도시

잭 도시는 업계에서 낯선 사람이 아니었다. 그는 어린 시절부터 컴퓨터 프로그래밍에 푹 빠져서 지냈고 컴퓨터 기술을 이용하여 사람들의 삶을 풍요롭게 만들어 오고 있던 인물이었다. 그는 15세 때 택시 운전자들과 경찰관들이 좌표상의 위치를 파악할 수 있는 소프트웨어를 개발하기도 하였다. 그는 어린 시절 여러 가지 일을 했었는데, 한때는 맥켈비 밑에서 인턴으로 일하기도 했었다. 이를 통해 도시는 맥켈비와 관계를 맺게 되었고, 나중에 도시는 맥켈비와의 대화를 통해 스퀘어(Square)에 대한 영감을 얻게 되었던 것이다. 도시가 스퀘어를 설립하기 이전으로 돌아가 보면, 당시 도시는 뉴욕대학교 학생이었는데, 어느 날 그는 자신의 꿈을 실현하기 위해 학업을 중도에 포기하고 실리콘밸리로 향했다. 거기서 그는 프로그래밍 기술을 이용하여 트위터라는 작은 회사를 설립했다. 트위터는 2006년 3월 잭의 첫 트윗을 시작으로, 최고의 유명 연예인들과 심지어는 2008년 대선에서 미국 대통령 후보였던 버락 오바마와 존 맥케인까지도 사용했던 커뮤니케이션 및 마케팅 도구를 세상에 쏘아 올렸다. 트위터는 2009년 이란의 정치적 불안정기 동안 시위를 조직하는 데 큰 공을 세웠다.[3]

도시는 트위터의 성공에도 불구하고 2008년 CEO 자리에서 쫓겨났는데, 이 일은 그에게 스퀘어라는 새로운 제품에 공을 들일 수 있는 시간을 주었다. 그는 트위터라는 기업을 이끌어 가면서 배웠던 것들을 기록했는데, 그는 그것들을 적용하여 스퀘어의 문화와 아이디어 창출 프로세스를 관리해 나갔다.[4] 도시는 2011년 3월 트위터 회장으로의 복귀를 요청받았고, 이후 그는 스퀘어에 대한 자신의 역할을 점차 줄여나갔다. 도시는 2개의 회사를 성공적으로 경영하는 것이 어렵다는 것을 깨닫고, 자기만의 고유한 관리 방법을 사용했다.[5] 이와 관련하여 그는 일주일의 하루하루를 각기 특정 업무 영역에만 초점을 맞추어 일을 했다. 두 사람 이상이 참여하는 회의는 무조건 회의록을 작성토록 했고, 이를 전사해 배포했다. 도시 자신은 개방적이고 명료한 커뮤니케이션 분위기를 촉진하기 위해 하루 업무 시간 중 대부분을 테이블을 벗어나서 보냈는데, 종종 사무실을 이리저리 돌아다니면서 일을 했다. '3의 힘'에 대한 신봉자였던 그는 개념상으로는 세 번째 회사의 아이디어를 좋아했을 것이라 언급한 바 있다.

스퀘어의 시작

도시와 맥켈비는 대화 직후, 맥켈비의 부인 애나(Anna)와 함께 저녁식사를 하러 갔다. 그들은 식사를 하면서도 결제를 보다 수월하게 할 수 있도록 하는 사업을 시작해야 하느냐 마느냐에 대해 토의를 했으며, 결국 새로운 사업을 추진하기로 결정하였다. 저녁식사 후 집으로 가는 길에서, 잠시 물을 마시러 간 맥켈비를 기다리는 동안, 도시와 애나는 길을 가로질러 달려가는 다람쥐를 보게 되었다. 도시는 다람쥐들이 자신에게는 돈과도 같은 도토리 주위를 어떻게 뛰어다니는지 그리고 그것들을 어떻게 모으는지를 생각하기 시작하였다. 그는 사람들이 귀중품을 어떻게 감추어 두는지 그리고 도토리 모양의 보조적인 하드웨어에 관해 생각했다.[6] 그는 모바일 신용카드 처리 기기의 개발을 추진했고 그 결과 단 열흘 만에 프로토타입을 개발했는데, 그 프로토타입은 카드가 읽힐 때 다람쥐가 찍찍거리는 소리와 비슷한 소리를 냈다. 그동안의 단순한 대화와 생각을 바탕으로, 도시는 신용카드 결제가 처리될 수 있는 방식에 대해 혁명적인 변화를 불러일으켰다. 그는 아이폰, 아이패드, 그리고 안드로이드와 같이 가장 스마트한 기기들과 연결될 수 있는 하드웨어를 개발함으로써, 사용자들이 어디서든 전통적인 금전출납기 없이도 가상으로 신용카드로 결제할 수 있도록 만들었다. 이러한 애플리케이션의 이름은 이미 스퀴럴(Squirrel, 다람쥐)로 불리는 결제 시스템이 있다는 것을 알게 된 후, 결국 스퀘어 레지스터(Square Register)로 붙여지게 되었다. 그 하드웨어의 모양 또한 다람쥐 모양으로 바뀌었다. 이러한 이름은 "공정한(square) 거래는 제법 괜찮은 거래" 그리고 "셈을 치르는(squaring up) 거래 양측" 등과 같은 표현을 연상시킴으로써 그 이름의 적절성을 높여주었다.

판매자의 개인용 모바일 기기에 부착되어 있는 플라스틱 리더기를 통해 신용카드를 긁는 것은 이러한 결제 시스템을 사용해본 적이 없는 소비자들에게 종종 질문을 유발시켰고, 어리둥절한 표정을 짓게 만들었다. 특히 예전엔 판매자가 현금만 받던 곳에서, 이와 같은 새로운 방식으로 신용카드(미국의 네 가지 주요 주자인 비자, 마스터카드, 아메리칸 익스프레스, 디스커버를 포함하여) 사용이 가능해지자, 소비자들은 더욱 어리둥절해했다. 스퀘어가 고객들에게 물리적인 영수증을 제공하지 않는 대신, 판매자는 스퀘어 사용에 동의하는 조건의 일부로서 거래액이 15달러를 넘을 때에는 손으로 쓴 영수증을 고객에게 제공하는 데 합의했다. 또한, 고객들은 원하는 경우 영수증을 일체 받지 않을 수도 있었고, 또는 손으로 쓴 영수증 외에도 SMS 메시지나 이메일을

선택하여 영수증을 받을 수도 있었다.[7]

스퀘어는 결제 서비스 사용 시 판매자가 지불하는 거래처리비를 통해 수익을 창출했다. 스퀘어는 다음과 같은 두 가지의 가격제를 제공했다: 하나는 거래처리마다 2.75센트를 지불하는 것이고, 다른 하나는 무제한 거래처리에 대해 매달 275달러를 지불하는 것이었다. 거래처리비의 상당 부분은 신용카드회사에 지급되었음에도 불구하고, 스퀘어는 저비용 운영을 통해 시장에 계속 존재할 수 있었고, 동시에 서비스의 최종사용자들에게 비싼 요금을 요구하지 않을 수도 있었다. 직원 수는 적었고 전담 영업인력도 없었는데, 이러한 점이 스퀘어가 자신의 서비스를 사용하는 상인들의 수를 늘려나가는 데 지장을 주지는 않았다. 스퀘어 성장의 대부분은 소규모 업체들―인프라스트럭처나 내세울 만한 업체 이력, 또는 은행과 거래할 정도의 거래 규모 등을 가지고 있지 않은―을 상대로 한 신용카드 서비스 제공 능력을 바탕으로 이루어졌다. 고정 요금제 때문에 이 서비스는 더 많은 상인들에게 사용될 수 있었고, 추가 서비스(고객 인센티브 프로그램, 구매 데이터 분석 등과 같은)는 스퀘어가 경쟁력을 유지하는 데 도움이 되었다.

스퀘어의 발전과정

스퀘어는 2012년 패스트 컴퍼니(Fast Company) 매거진으로부터 "다섯 번째 최고의 혁신적인 기업"으로 호칭되는 등 개시 이후로 많은 진전을 이루었다.[8] 스퀘어가 초창기에 겪은 어려움 중 하나는 복잡한 금융거래 시장을 헤쳐나가는 것이었다. 이때 주요한 이해관계자들은 다음과 같았다.[9]

1. 카드 소유자 : 신용카드와 체크카드를 사용하는 개인 및 기업
2. 상인 : 고객들의 다양한 신용카드 사용을 하나의 결제방식으로 받아들인 주체
3. 발급사(가맹은행) : 신용카드사의 브랜드를 가지고 신용카드를 발급하고 카드를 통한 거래처리들을 기록하는 은행이나 회사. 발급사는 판매 시점에서 거래를 승인하고, 신용 수준을 상향해주거나, 신용카드 연회비나 이자를 징수·평가·부과
4. 매입사 : 상인들과의 관계를 관리하고, 매출에 대해 발급사로부터 자금을 가져오는 은행
5. 카드 연합체 : 발급사와 매입사 간의 거래처리를 가능케 해주는 조직. 대표적인 연합회는 비자와 마스터카드

카드 연합체는 거래/교환 수수료, 국제 수수료, 그리고 가맹점, 금융기관, 공공기관 등을 대상으로 한 데이터 처리 서비스 등을 통해 수익을 얻는다. 거래 건당 수익이 작았기 때문에, 스퀘어는 수익을 증대시키기 위해 거래가 대량으로 이루어지도록 하는 데 초점을 맞추었다. 전통적으로 소비자들과 상인들은 은행과 카드 연합체에서 부과하는 비용들을 통제할 수 있는 힘은 없었지만, 스퀘어 서비스를 사용하는 소비자들과 상인들이 늘면서, 기존의 힘의 균형을 바꾸는 것이 가능해졌다. 이는 금융거래가 더 잘 이루어지고 더욱 소비자 중심으로 이루어지길 원했던 도시의 바람과 일치하는 것이었다.

스퀘어가 제기능을 하기 위해서는 은행 간에 자금을 이체할 수 있는 전통적인 은행 간 자동결제(automated clearing house, ACH)를 활용하는 시스템 개발이 필요했다. 어떤 이해관계자들은 스퀘어와 그 회사의 카드 사용에 대한 혁신적인 비전을 위협으로 느꼈다. 그러나 이와는 반대로 비자와 여타 카드 연합체는 고무되었는데, 그 이유는 스퀘어의 서비스로 인해 신용카드를 받을 수 있는 업소들이 더 늘어나고, 이에 따라 신용카드 거래 건수도 더 증가했기 때문이다. 스퀘어는 초창기에 비자 및 스타벅스와 전략적 파트너 관계도 맺을 수 있었다.

스퀘어의 초기 아이디어[카드 케이스(Card Case)라 불리는 전자지갑]는 소비자가 모바일 기기에서 앱을 통해 신용카드 결제를 할 수 있는 환경을 소매업체들에게 제공하는 것이었다. 애플의 아이폰 제품 관리자인 슈보 차터지(Shuvo Chatterjee)는 이러한 서비스에 대해 인터뷰에서, 그 서비스는 프로세스가 최적화되어 있지 못했기 때문에 본인이 카드 케이스 관리를 위해 영입되었고, 결국 그 앱이 현재의 인터페이스를 갖추게 되었다고 언급한 바 있다.[10]

스퀘어의 서비스를 모방한 업체들이 생겨나자, 스퀘어는 기존의 카드 케이스를 스퀘어 월렛(Square Wallet)이라 불리는 앱으로 발전시켰는데, 이 앱은 스퀘어 고객이 가맹점에 들어왔을 때, 고객 휴대전화에 대한 GPS 추적을 통해 신용카드를 긁지 않아도 결제를 할 수 있도록 해준다. 이러한 '디지털 지갑(digital wallet)'으로 인해, 판매자가 스퀘어 레지스터라는 카드 리더기를 더 이상 사용하지 않을 수 있게 되었지만, 대신 소비자는 스마트폰을 가지고 있어야 했다. 그러나 이 스퀘어 월렛은 스퀘어 레지스터보다 디지털 지갑 영역에 속한 다수의 경쟁자들에 의해 더 빠르게 모방될 수 있었음이 곧 드러났다. 많은 이들이 도시를 고안이 된 애플의 스티브 잡스와 비교했는데, 그 어느 누구도 이러한 혁신적 리더가 트위터에 이어 스퀘어와 같은 또 한 번의 새로운 창업을 할 줄은 예상하지 못했다.

스퀘어의 경쟁 상황

모바일 기기를 통한 결제 방식을 사용하는 소매점들과 음식점이 늘어남에 따라, 이러한 시장을 겨냥한 솔루션들의 수도 증가하였다.[11] 구글 월렛, 페이팔 히어, 그루폰페이먼츠 등은 이러한 대세에 올라탄 많은 사례 중 일부다. 월마트나 타깃을 포함한 소매 분야의 강자들은 자기들 나름대로의 모바일 결제 서비스를 개발하기 위해 조인트벤처인 머천트 커스터머 익스체인지를 설립했다. 뱅크 오브 아메리카를 비롯한 은행들도 그들 나름대로의 영역을 확보하기 위한 시도를 하였다. 스퀘어는 디지털 지갑 경쟁에 있어 이와 같은 강력한 도전자들과 맞닥뜨리게 되었음에도 불구하고, 2013년 12월 당시의 절대적인 인기 주자는 스퀘어였다.

구글 월렛[12]

구글은 구글 월렛(Google Wallet)을 제공했는데, 그것은 소비자들이 매장의 신용카드 결제 터미널 앞에서 자신의 안드로이드 폰을 터치함으로써 결제를 할 수 있도록 해주었다. 구글 월렛은 근거리자기장통신(near-field communications, NFC) 칩을 사용했는데, 이 칩은 구글의 안드로이드 운영체제가 돌아가는 스마트폰들에 삽입되어 있었다. 이러한 칩은 많은 소매점에 구비되어 있는 신용카드 결제 단말기와 통신한다. 소비자들은 구글 월렛에 계정을 만들고, 거기에 자신의 신용카드 정보를 입력한다. 그리고 나서 PIN을 입력하고, 그 폰을 결제 단말기 앞에서 터치하면 입력된 신용카드가 사용될 수 있다. 그러나 2012년에 출시된 안드로이드 폰 중 일부에서만 이 서비스가 사용될 수 있었고, 4개의 대형 휴대전화 통신사 중 스프린트 넥스텔(Sprint Nextel)만이 안드로인이드 폰에서 구글 월렛이 사용될 수 있도록 해주었다. 게다가 고객들은 소매점에서 서비스가 작동되도록 만드는 데에도 어려움을 겪었다.

페이팔 히어[13]

스퀘어의 가장 큰 경쟁자들 중 하나가 페이팔이었는데, 이 회사는 '페이팔 히어(PayPal Here)'라는 신용카드 리더기를 2012년 3월에 출시하였다. 페이팔의 거래 건당 수수료(2.7%)는 스퀘어의 수수료(2.75%)에 비해 0.05%가 저렴했고, 미국의 7,000여 곳 이상에서 사용되었다. 페이팔은 스퀘어에 비해 10년 먼저 개발되었고, 대표적인 온라인 결제 방식으로 사용되어 왔으며, 1억 1,700만 명의 활발한 사용자들의 은행 계정과 연결되어 있다고, 페이팔의 부사장인 힐 퍼거슨(Hill Ferguson)이 언급한 바 있다. 퍼거슨은 페이팔이 디지털 지갑 영역으로 진출하기 위해 단순히 그 사용자들에게 물리적 장소에서도 페이팔을 사용할 것을 권유하기만 하면 됐다고 언급하기도 하였다. 또한 "우리는 정말 유리한 입장에서 시작할 수 있었다."면서 "페이팔은 근본적으로 자신의 영역을 만들어냈다."라고도 말했다. 페이팔은 자신의 제품을 북아메리카 밖의 영국은 물론 아시아-태평양 지역(일본, 홍콩, 호주)에서도 발표하였다.[14] 2012년 10월 기준으로 스퀘어가 미국 이외에 유일하게 진출한 곳은 캐나다였지만, 2013년 5월 미 무역대표부의 협상가로 일했던 데메트리오스 마란티스(Demetrios Marantis)를 고용하여 해외 사무소 확장을 이끌도록 했다. 이러한 스퀘어의 시도는 그 회사가 바람직하고 글로벌한 방향으로 나아가는 데 있어 기대를 받았다.[15]

그루폰페이먼츠[16]

그루폰은 하루하루 새로운 거래를 제공해주는 세계에서 가장 큰 온라인 서비스업체인데, 이 회사는 2012년 10월에 그루폰페이먼츠(Groupon Payments)라는 결제 서비스를 시작했다. 이 서비스는 지역 업체들이 아이폰이나 아이팟 터치를 이용하여 신용카드 결제를 할 수 있도록 해준다. 미국에서 그루폰과 거래를 하는 상인들은 이 결제 서비스에 가입할 수 있다. 그루폰은 업체들이 이러한 서비스를 이용하면 신용카드를 한 번 그을 때마다 그 금액의 1.8%에다가 15센트의 수수료만 내면 된다고 하면서, 이를 '가장 저렴한 선택'이라고 광고했다. (아메리칸 익스프레스 카드의 수수료는 3%로 인상되었다.) 이 서비스가 그루폰 머천츠(Groupon Merchants) 애플리케이션에 연결됨에 따라, 그루폰의 멤버로 가입한 소매상들은 그러한 비용으로 그루폰의 결제 서비스를 이용할 수 있게 되었다. 그루폰페이먼츠에 가입하지 않았거나 그루폰의 멤버가 아닌 소매상들은 거래당 2.2%의 비용을 내야 한다.

머천트 커스티미 익스체인지

MCX(Merchant Customer Exchange)는 일부 선두적인 미국 소매업체들의 협력을 통해 만들어졌다. 이 조인트벤처는 2012년 8월 15일에 오픈했는데, 설립 목적은 스마트폰 기반의 거래를 위한 새로운 플랫폼을 제공하는 것이었다.[17] 1년쯤 지난 뒤, 이 회사의 웹사이트에는 "상인들에게 맞춤화될 수 있는 플랫폼을 제공하게 될 유연한 솔루션에 초점을 두고 모바일 애플리케이션 개발이 진행 중인데, 이 솔루션은 소비자들의 니즈를 최고로 만족시키는 데 필요한 특징과 기능성이 있다."는 내용이 게시되었다.[18] MCX는 자신의 애플리케이션이 모든 주요 스마트폰 플랫폼에서 사용될 수 있도록 개발했다. 이 회사는 세븐일레븐(7-Eleven, Inc.), 알론 브랜즈(Alon Brands), 베스트 바이(Best Buy Co., Inc.), CVS/파머시(CVS/pharmacy), 다든 레스토랑스(Darden Restaurants), HMS호스트(HMSHost), 하이비(Hy-Vee, Inc.), 로우즈 마이클즈 스토어즈(Lowe's, Michaels Stores, Inc.), 퍼블릭 슈퍼마켓(Publix Super Markets, Inc.), 시어스 홀딩스(Sears Holdings), 셀오일 프로덕츠 US(Shell Oil Products US), 수노코(Sunoco, Inc.), 타깃(Target Corp.), 월마트 스토어즈(Wal-Mart Stores, Inc.) 등을 포함한 소매업체들에 의해 주도되었다. 초기에 소매업체들의 연간 매출액 규모는 약 1조 달러에 달했다. MCX의 플랫폼이 일단 구현되자, 이러한 참여업체들은 주간 단위를 기준으로 볼 때 스마트폰을 사용하는 거의 모든 미국인에게 제품을 판매하는 것으로 파악되었는데, 이에 따라 소비자들에게 더 높은 편리성을 제공하는 경쟁자들도 생겨나게 되었다.[19]

뱅크 오브 아메리카[20]

뱅크 오브 아메리카(Bank of America, BoA)는 소규모 자영업자들을 대상으로 한 경쟁이 치열한 상황에서, 더 큰 시장을 지배하기 위해 자기 나름대로의 신용카드 단말기를 출시하면서 모바일 결제 시장에 진출하였다. "우리는 시장이 성숙되어 가는 것을 보았습니다."라고 BoA 소매업 서비스 부문의 최고책임자인 톰 벨(Tom Bell)은 말했다. 그리고 "우리는 우리의 비즈니스 모델을 연구하기 시작했고, 자영업자들의 비즈니스 모델도 연구하기 시작했으며, 우리의 비즈니스 모델을 안전하고 수익성 있게 만들 수 있는 방법이 있다는 것을 알았습니다."라고 덧붙였다. BoA의 추진 방향은 신용카드를 받지 못했던 수많은 자영업자 사이에서 견인력을 발휘하는 기술을 따라잡는 것이었다. 그러나 BoA가 고객들이 스퀘어와 같은 아이패드 기반의 모바일 시스템을 사용하기 위해 전통적인 금전출납기나 카드 난발기에서 멀어지고 있다는 점에 주목하게 되면서,

단지 그러한 기술을 따라잡는 것은 소극적인 접근이라 판단했다. 현재 BoA는 자신의 모델을 가능케 해주는 기술과 '비법'을 활용하여 스퀘어보다 더 낮은 2.7%의 수수료를 제시함으로써, 스퀘어가 강력한 경쟁력을 가질 수 있었던 포인트를 공략하고 있다.

경쟁의 열기가 고조되면서 업계 전문가들은 스퀘어가 아직 강력한 영업인력을 갖추고 있지도 못하면서 어떻게 수많은 자영업자에게 인기가 있는지 궁금해했다. "소규모 자영업자들은 매일같이 하루 종일 자신의 매장에서 일하고 있기 때문에, 새로운 서비스에 관심을 갖기가 어렵습니다."라고 벨리(Belly)의 창업자인 로간 라하이브(Logan LaHive)가 말했다. 벨리는 디지털 고객 포인트 적립 카드 서비스를 제공하는 회사인데, 로간 라하이브는 영업사원들이 미국 도시의 모든 매장을 누비도록 하였다.

적어도 소규모 자영업자들에 대해서는 스퀘어의 소프트웨어 디자인의 친근함이 매력적인 것으로 입증되었으며, 스퀘어의 고객들이 다른 새로운 서비스를 찾아나서지 않도록 붙잡아 두는 데 도움이 되었다. 맷 제프리즈(Matt Jeffryes)는 그의 어머니와 함께 휴스턴에서 크레슨트 문 커피(Crescent Moon Coffee)를 시작했는데, 그의 말에 따르면, 그가 스퀘어를 사용하기 시작한 이후 페이팔의 영업사원이 찾아와서 더 나은 수수료를 제시했고, 그래서 그는 페이팔로 전환할지를 진지하게 고려했다는 것이다. 그러나 그는 스퀘어 소프트웨어의 인터페이스가 더 유용하고 직관적이어서 스퀘어를 고수했고, 고객들은 그러한 결제 방식에 가끔씩 찬사를 보냈다는 것이다. 또한 제프리즈는 "당신이 전적으로 비용 요소만을 본다면 스퀘어는 경쟁력이 없을 수도 있습니다. 그러나 전체 패키지를 본다면 거래당 1센트가 안 되는 비용을 절감하는 것보다는 더 이득이 될 수 있음을 알 수 있을 것입니다."라고 말했다.[21]

스퀘어는 결제 시장에 진출한 많은 회사뿐만 아니라 파괴적 기술을 통해 경쟁의 룰을 바꿈으로써 아직은 알려지지 않은 위협이 될 수 있는 도처의 기업 중에서도 계속 선두를 유지해야 했다. 리서치 인 모션(Research In Motion Ltd.)을 비롯한 많은 스마트폰 제조업체들은 NFC 칩을 자신의 기기에 넣는 방향으로 움직이고 있는데, NFC 칩을 장착한 스마트폰 사용자들은 단순히 그것을 디지털 단말기 근처에서 가지고 있는 것만으로도 결제를 할 수 있게 된다. 스퀘어는 NFC에 대해 지켜보는 입장을 명확히 하고 있다. 최고운영관리자인 키스 라보이스(Keith Rabois)는 2011년 Gigaom.com(블로그 서비스 사이드)에서 "나는 이러한 NFC가 들어간 장비가 필요하다고 말하는 판매자를 미국에서는 본 적이 없습니다."라고 말하고는, 만약 NFC가 나중에 보편화되는 것으로 밝혀지면, 그때 가서 고려해보겠다는 말을 덧붙인 바 있다.[22]

다음은 무엇인가

카드 단말기에서 소프트웨어의 이동

전자결제 시장의 치열한 경쟁 때문에 스퀘어의 비즈니스는 그 초점을 카드 단말기에서 아주 편리한 소프트웨어로 민첩하게 이동시켜야 했다.[23] 스퀘어는 무료 소프트웨어를 공급하기 시작했고, 그것을 통해 판매자들은 고객들의 선호도를 파악할 수 있는 스프레드시트를 쉽게 생성할 수 있게 되었다. 판매자들은 스퀘어에 의해 포착된 데이터들을 활용하여 자신의 고객들에 대한 통찰력을 얻는다. "나는 그 기록을 보기 위해 매장에 갈 필요가 없어요, 나는 단지 그 앱만 있으면 돼요."라고 팜(Pham)은 말했다. "그것은 최근 한 시간, 또는 10시간, 또는 한 달치의 데이터를 나에게 보여줄 겁니다. 모든 데이터를 파악할 수 있어요."[24]

고객 기반의 확장

스퀘어는 더 많은 고객들이 스퀘어 월렛 앱을 다운로드해서, 주요 결제 수단으로뿐만 아니라 근처의 매장들과 특별한 거래 제안까지 찾을 수 있는 수단으로도 사용할 수 있게 되고, 이를 통해 결국엔 물리적 카드를 사용하지 않게 되는 상황이 오기를 바랐다. 스타벅스 파트너십과 관련해서 스퀘어는 스타벅스의 신용카드 및 체크카드 거래를 처리하는 '기록하는 대리인'으로 인식된 반면, 실제 돈을 출금하고 입금하는 역할은 스타벅스의 파트너인 체이스 페이먼테크(Chase Paymentech)에 의해 이루어졌다. 스퀘어에게 스타벅스의 파트너십은 새로운 소비자들이 자신의 앱을 다운로드 받도록 고무시키는 역할을 해주는 의미였는데, 사용자들은 그 앱을 통해 자신의 스마트폰으로 마실 것을 주문하고 결제할 수 있었다.

대형 업체에 대한 확보

스퀘어는 푸드 트럭 및 택시 운전사들에게는 쉽게 다가갈 수 있었지만, 규모가 큰 브릭앤모타르 업체들과 체인업체들에는 자신이 장기적으로 생존할 수 있다는 확신을 줄 필요가 있었다. COO인 라보이스는 "우리의 길은 미국의 모든 업체가 스퀘어를 사용하도록 만드는 것이고, …… 이러한 일이 당장 내일은 아니더라도 언젠가는 발생하게 될 것입니다."라고 말했다.[25] 그러나 더 큰 업체들을 고객으로 확보하는 것은 또 다른 도전과제에 직면하게 만든다. 대형 소매업체들은 종종 자신만의 신용카드 처리 수수료를 받기 위한 협상을 요구하고, 그 결과 2.75%보다 훨씬 낮은 수수료를 지불하기도 한다. 게다가 그러한 업체들은 이미 첨단의 판매 추적 소프트웨어와 고객 포인트 제도를 가지고 있다. 더욱이 앞에서도 언급했듯이, 이러한 대형 소매업체들의 상당수는 스퀘어와 경쟁하는 서비스를 개발하기 위해 팀을 구축하고 있다.

주석

1   Kirkpatrick, David. Jack Dorsey tells David Kirkpatrick how it felt to be ousted from Twitter and discusses his big new idea: Square. *Vanity Fair*. March 3, 2011. Downloaded from: www.vanityfair.com/online/daily/2011/03/jack-dorsey. Accessed December 4, 2012.

2   Levy, Steven. Jack Dorsey created Twitter, now he's taking on the banks with Square. Wired.co.uk. July 5, 2012. Downloaded from: www.wired.co.uk/magazine/archive/2012/08/features/jack-dorsey?page=all. Accessed December 15, 2012.

3   The Biography Channel Website. Jack Dorsey – Biography. The Biography Channel Website. www.biography.com/people/jack-dorsey-578280?page=2. Accessed December 4, 2012.

4   Levy, 2012.

5   Savitz, Eric. Jack Dorsey: Leadership secrets of Twitter and Square. www.forbes.com/sites/ericsavitz/2012/10/17/jack-dorsey-the-leadership-secrets-of-twitter-and-square/3. Accessed December 4, 2012.

6   Levy, 2012.

7   Square: Merchant user agreement. https://squareup.com/legal/ua. Accessed December 15, 2012.

8   McGirt, Ellen. The world's 50 most innovative companies. Fast Company. www.fastcompany.com/most-innovative-companies/2012/square. Accessed December 14, 2012.

9   MasterCard. 10-K Annual Report. http://biz.yahoo.com/e/120216/ma10-k.html. 2011.

10 Levy, 2012.

11 Cashill, Margaret. Mobile payment services proliferate, business owners save. *Tampa Bay Business Journal*. American City Business Journals, Inc. November 30, 2012.

12 Bray, Hiawatha. Smartphones become the new credit cards; Tech Lab. *The Boston Globe*. July 26, 2012.

13 Shih, Gerry and Sarah McBride. Jonathan Weber, Editor. Burnished by Starbucks, upstart Square battles payment giants. November 15, 2012. *Reuters News*. www.reuters.com/article/2012/11/13/us-square-payments-idUSBRE8AC06L20121113. Accessed December 13, 2012.

14 Rao, Leena. Focusing on international expansion, Square hires former US trade negotiator Demetrios Marantis to head policy efforts. *Tech Crunch*. http://techcrunch.com/2013/05/08/focusing-on-international-expansion-square-hires-former-us-trade-negotiator-demetrios-marantis-to-head-policy-efforts. Accessed May 8, 2013.

15 Rao, 2013.

16 Shalvey, Kevin. Groupon shares pop 8% as it takes on PayPal, Square. *Investor's Business Daily*. September 19, 2012.

17 Leading retailers form merchant customer exchange to deliver mobile wallet. August 15, 2012. www.businesswire.com/news/home/20120815005172/en/Leading-Retailers-Form-Merchant-Customer-Exchange-Deliver. Accessed December 13, 2012.

18 MCX Website. www.mcx.com. Accessed July 8, 2013.

19 Sidel, Robin. Payments network takes on Google. *The Wall Street Journal*. Pages C1, C2. August 15, 2012. http://online.wsj.com/article_email/SB10000872396390444042704577589523094336872-lMyQjAxMTAyMDEwNTAxODU3Wj.html. Accessed December 13, 2012.

20 Dembosky, April. BofA takes on the mobile payments start-ups. *Financial Times*. November 13, 2012. www.ft.com/cms/s/0/c11c81ec-2af0-11e2-a048-00144feabdc0.html#axzz2ExθvCkS1. Accessed December 13, 2012.

21 Shih, 2012.

22 Ho, Victoria. Local mobile payments firm goes up against the big boys. *Business Times Singapore*. November

5, 2012. www.btinvest.com.sg/personal_finance/credit-card/local-mobile-payments-firm-goes-against-big-boys-20121105. Accessed December 13, 2012.
23 Shih, *et al.*, 2012.
24 Cashill, 2012.
25 Shih, 2012.

비타민워터 : 이 회사의 미래는 과거처럼 건강할까 *

코카콜라의 브랜드 관리자인 패트릭 삼캐리크(Patrick Samkarrich)[1]는 마침 비타민워터(VitaminWater) 제품 라인을 담당하고 있었는데, 어느 날 그는 자신이 사는 동네의 세련된 슈퍼마켓에서 밝게 빛나는 음료수 병들이 가득 차 있는 진열대를 응시하고 있었다. 그는 여러 가지 음료 제품을 찬찬히 훑어보았다. '액티베잇', '우바', '스파클링 아이스' 등의 브랜드들은 익숙했던 이름임에도 불구하고, 이상하게도 그날은 계속해서 낯설게 느껴졌다. 그날은 일요일 오후였지만, 패트릭의 생각은 식료품 쇼핑에서 자신의 업무로 빠르게 전환되고 있었다. 그는 전화기를 찾아 들고 전에 읽었던 이메일을 다시 열어보았다. 기대했던 바와 같이 이번 주에는 기능성 음료의 경쟁 전망에 대해 글라소(Glacéau) 브랜드를 관리하는 상위 관리자와 처음으로 토의할 수 있는 기회가 있을 것 같았다. 패트릭은 자문했다. "왜 비타민워터는 지금까지 그렇게 성공적이었을까?" 이 질문에 이어 그는 또 하나의 질문을 떠올렸다. "이러한 기능성 음료 신제품 중 어떤 것이라도 비타민워터의 성공 신화를 재현할 수 있을까?"

---

* 이 사례는 Allan Afuah 교수의 지도하에 Steve Harutunian, Patrick Hopkins, Apoorva Kelkar, Matthew Richter, and Jeffrey Samotny에 의해 작성되었으며, 단지 수업 토론 자료로 활용하기 위해 작성된 것이지, 경영을 잘했는지 못했는지를 기술하고자 하는 의도로 작성된 것이 아님을 밝혀둔다.

에너지 브랜즈의 초창기 히스토리

1996년, 다리우스 비코프(J. Darius Bikoff)는 추위가 찾아오고 있음을 느꼈고, 그래서 그는 비타민 C 몇 알을 찾아 미네랄워터에 집어넣었다. 그때 그는 소비자들이 물과 비타민을 동시에 효과적으로 섭취할 수 있도록 만들어진 결합물—다른 대용물 대비 물의 건강상의 이점과 풍부한 영양소를 함유한 비타민의 건강상의 이점을 동시에 얻을 수 있는—이 왜 지금까지 없었을까라는 자문을 하게 되었다.[2] 이후 몇 달이 지나지 않아, 비코프는 자신의 아이디어를 실행에 옮기기 위해 에너지 브랜즈(Energy Brands)라는 회사를 세웠다. 이 회사는 음료 시장에 만연해 있는 과도한 당분과 인공 첨가물이 들어가지 않은 영양소 기반의 음료수에 초점을 두었다.

에너지 브랜즈가 첫 번째로 출시한 음료수는 글라소 스마트워터(Glacéau Smartwater)(에너지 브랜즈의 모든 제품에는 '에너지 브랜즈'가 아니라 '글라소'라는 단어가 들어감)이다. 글라소 스마트워터는 증기 증류수—이것은 구름 속의 물에 대한 자연적인 침전법을 모방한—로서 병에 담긴 형태로 판매되었다. 에너지 브랜즈는 글라소 스마트워터에 대해 다른 유사 제품, 다시 말해 물의 원천으로 샘이나 호수를 홍보하는 대부분의 병 음료들과는 차별화된 내용으로 홍보를 하였다. 즉, 글라소 스마트워터는 지구의 자연 과정을 모방하기는 했지만, 다른 음료들보다 더 청결한 방식으로, 그리고 더 과학적으로 앞선 방식으로, 그리고 게다가 전해질까지도 포함한 방식으로 생산된다고 홍보하였던 것이다.[3]

비코프는 스마트워터를 뉴욕 곳곳의 자연 식품을 판매하는 자영업 매장들에 개별적으로 홍보하고 판매하는 방식으로 시장에 선보였다. 비코프는 스마트워터로 어느 정도 성공을 거둔 후 푸르트워터(Fruitwater)라는 신제품을 1998년에 개발했다. 푸르트워터도 스마트워터처럼 증류수임을 자랑거리로 내세우면서, 거기다가 향기로운 과일 맛을 추가한 것이었다. 푸르트워터는 비코프의 그다음 신제품—음료수 시장에서 성장 주자로 에너지 브랜즈의 입지를 굳힌 비타민워터—의 탄생을 이끌어내는 역할을 했다.[4]

비코프는 푸르트워터로 성공을 거둔 지 2년이 지난 2000년에 비타민워터를 개발했다. 이러한 증기 증류수와 이를 향상시킨 과일맛 음료의 성공을 바탕으로 비코프는 비타민을 추가한 신제품을 출시하였다. 이러한 과정을 주도한 아이디어는 간단하다. 즉, 계속해서 새로운 향상 포인트를 추가하는 것이다—그러한 향상 포인트가 영양상의 이점을 제공하고 맛을 떨어뜨리지만 않는다면.

미국의 무알코올 음료산업

483억 달러의 시장 규모(2012년 추정 수익)인 미국의 무알코올 음료산업은 주스, 탄산 음료, 생수 등으로 구성된다. 여기서 주스가 시장에서 차지하는 비중은 57%(273억 달러)[5]이고, 탄산 음료는 34%(162억 달러)[6], 그리고 생수는 10%(48억 달러)였다. 그러나 이러한 시장 점유율 구도는 최근 10여 년에 걸쳐 크게 변화되었는데, 그 이유는 무알코올 음료산업이 거시경제적인 요인들과 소비자 선호의 변화에 의해 상당한 영향을 받았기 때문이다. 구체적으로 2000년대 초반과 중반 내내, 건강에 대해 관심이 높아진 소비자들이 늘어나면서, 그들의 선호도도 당분이 많은 주스와 탄산 음료에서 생수로 바뀌었다. 2007년경, 생수는 대략 무알코올 음료 소비량의 31%를 차지했다. 그러나 2008년 글로벌 경기가 후퇴하면서 소비자들은 생수 소비를 크게 줄였는데, 원래 물은 별도의 비용을 들이지 않고도 집에서도 공급받을 수 있는 것이었기 때문이다.

당시 무알코올 음료산업은 전반적으로 펩시콜라, 코카콜라, 네슬레와 같은 3개의 대기업이 지배하고 있었다. 이 회사들의 충분한 제조, 유통, 마케팅 역량과 더불어 흡수통합 경험을 고려해볼 때 이 회사들은 상당한 규모의 경제와 범위를 가지고 있었다. 이들 간의 경쟁은 치열했고, 고객 선호도의 변화를 신속하게 예측하는 능력이 제품 성공에 중요한 요인으로 작용하였다. 이 회사들은 종종 상당한 자금을 들여 틈새시장을 공략할 수 있는 업체들을 흡수했고, 이에 따라 새로운 업체들이 거의 등장하지 못했다.

건강 음료에 대한 초기 수요

스포츠 드링크

1990년대에 들어와, 미국의 소비자들은 이온 음료가 건강과 운동 성과에 영향을 미친다는 것을 깨닫기 시작했다. 이온 음료에 대한 새로운 수요는 게토레이(Gatorade)에 의해 해결되었는데, 사실 이 제품은 원래 1965년 플로리다대학교에서 자신의 풋볼 팀을 위해 개발했던 음료였다. 그러나 개발 이후 그 음료는 퀘이커 오츠(Quaker Oats)사에 의해 다른 운동 팀들에도 제한된 방식으로 판매되었다.[7] 퀘이커 오츠가 1991년에 1,300만 달러를 들여 제작한 게토레이 캠페인, "마이크처럼 돼라(Be Like Mike)"는 당시 우상이었던 마이클 조던(Michael Jordan)을 상징하는 것이었는데[8], 이 캠페인으로 인해 이 제품은 소비자들의 갈증 해소욕구에 대해 세계에서 가장 탁월하게 부응하는 이온음료 제품이 되었다.

같은 시기에 코카콜라는 스포츠 드링크인 파워에이드(Powerade)를 시장에 출시했다. 코카콜라는 초기에 콜라와 같은 청량 음료로 시장을 공략했었지만, 소비자의 수요 변화에 따라 1992년 파워에이드를 슈퍼마켓, 일반 상점, 식당, 자판기 등의 다양한 채널을 통해 공급하기 시작했다.[9] 1990년대의 나머지 기간 내내, 게토레이는 페이튼 매닝(Peyton Manning)과 데릭 지터(Derek Jeter)를 비롯한 최고 수준의 운동선수들을 지속적으로 활용하여 마케팅을 해나갔다. 한편, 코카콜라는 파워에이드를 게토레이와 차별화시키기 위해 많이 알려지지 않은 운동선수들을 활용하고, 운동경기 중에 사용하는 단순한 소모품 이상의 드링크라는 점에 초점을 맞춰 판촉활동을 하는 등 비전통적인 방식으로 마케팅 활동을 수행했다.

2001년 당시 게토레이는 글로벌 스포츠 드링크 시장의 70% 정도를 점유하고 있었는데, 펩시콜라는 게토레이를 공급하고 있던 퀘이커 오츠의 주식 134억 달러어치를 사들임으로써 이 회사를 흡수하였다.[10] 펩시콜라의 막강한 마케팅 및 유통채널은 게토레이의 브랜드를 세계적으로 더욱 성장시켰다.

병 음료

이온 음료에 대한 소비자들의 욕구가 증가되는 상황에서 1990년대와 2000년대 초 병 음료의 인기는 상당히 증가하였다. 1990년대 동안 미국에서는 병 음료 소비가 3배나 늘어났다. 네슬레는 미국보다 더 성숙된 유럽의 생수 시장에서 판매되는 제품들을 미국 시장으로 들여옴으로써 미국 시장에서 확실한 리더 자리를 차지하고 있었다. 1994년과 1999년, 펩시콜라와 코카콜라는 각각 생수 시장에 진출했다.[11]

새로운 유형의 음료

2000년에 비코프는 비타민워터를 개발하였고, 그것을 탄산 음료와 나트륨이 함유된 스포츠 드링크들에 대한 대안으로 시장에 출시하였다. 비슷한 시기에 이와 다소 비슷한 제품―프로펠 피트니스 워터(Propel Fitness Water)―이 펩시에서 출시되었다. 비타민워터가 강력한 스포츠 또는 과일 음료와 같은 맛이 났다면, 프로펠 피트니스 워터는 과일맛이 나는 듯한 물맛이었다. 게다가 프로펠 피트니스 워터는 물처럼 투명했던 반면, 비타민워터는 과일 음료처럼 밝은색이었다. 이 제품들은 서로 비타민 함량 면에서도 차이가 있었다.

8온스의 분량으로 제공되는 비타민워터는 비타민 C의 일일 섭취 권장량의 100%와 일반적인 네 가지 유형의 비타민 B의 일일 섭취 권장량의 40% 정도를 함유하고 있었다. (비타민 C는 과일과 채소에 들어 있는 천연 항히스타민인데, 사람들은 이것이 보통 감기의 회복 기간을 줄여주는 것으로 믿고 있다. 비타민 B는 보통 가공되지 않은 음식을 통해 섭취할 수 있으며 세포 대사에 좋은 영향을 미친다.) 일부 비타민워터 종류들은 비타민 A, 비타민 E, 칼슘, 그리고 여타의 비타민들도 함유하고 있었다. 프로펠 피트니스 워터는 비타민 B의 세 가지 종류를 일일 섭취 권장량의 25%만큼 함유하고 있었고, 비타민 C는 일일 섭취 권장량의 10%만 함유하고 있었다. 끝으로, 프로펠 피트니스 워터에는 나트륨이 포함되어 있었던 반면, 비타민워터에는 나트륨이 포함되어 있지 않았다.[12,13]

새로운 마케팅 기법

비타민워터는 함유하고 있는 비타민뿐만 아니라 낮은 당도(탄산 음료에 비해) 및 무나트륨 등과 같은 특징들로 인해 출시 초기에는 한정된 매장 선반만을 차지했었다. 그러나 글라소 브랜드 마케팅은 비타민워터를 음료산업의 게임을 변화시킨 제품으로 그 입지를 확실하게 구축했다.

2001년, 로한 오자(Rohan Oza)는 코카콜라의 마케팅 업무를 떠나 빠르게 성장하고 있는 에너지 브랜즈에 합류했다. 에너지 브랜즈는 대형 음료업체처럼 수십억 달러의 예산을 가지고 있지는 않았지만, 젊은 대중과 이미 다양한 글라소 제품들에 대해 잘 알고 있다고 느끼는 사람들에게 호소력을 가지고 있었다. 이러한 바탕 위에서 오자는 지역을 초월한 그리고 매우 가시적인 마케팅 전략을 개발했는데, 그 전략은 주요 도시들에 비타민워터를 실은 차량들을 제품 '기술자들'과 함께 배치하고, 오고가는 사람들에게 무료로 비타민워터와 그 브랜드의 강력한 에너지를 나누어 주었다.[14] 오자가 이렇게 현장에서 브랜드를 구축하고 '기술자들'을 이용하여 음료를 하나하나 나누어 주면서 고객을 확보해 나가는 과정에서, 그는 비타민워터 고객들의 더 많은 관심을 끌기 위해서는 더 광범위하게 전달될 수 있는 더욱 강력한 문구가 필요하다는 점을 깨달았다. 프로펠 피트니스 워터는 고객들의 많은 관심을 끌기 시작하고 있었는데(2004년 매출액이 2억 5,000만 달러를 상회[15]), 글라소는 이를 보면서 비타민워터도 마케팅 활동이 적절하게만 이루어진다면 프로펠 피트니스 워터와 유사하거나 이보다 더 나은 성공을 거둘 수 있으리라는 것을 다시금 깨달았던 것이다.

50 센트

오자는 TV를 보다가 리복 운동화 광고에서 '50 센트'라고 하는 랩 가수가 비타민워터를 마시고 있는 것을 보았다. 비타민워터를 광고하는 것도 아니었고, 그래서 에너지 브랜즈가 그 광고에 돈을 지불한 것도 아니었지만.[16] 2004년 당시, 50 센트는 가장 인기 있는 래퍼 중 하나였으며, 그의 곡은 인기순위 1위를 차지하고 있었고, 앨범도 수백만 장 팔리고 있었으며, 그의 어려웠던 성장 스토리는 팬들을 열광시키고 있었다. 50 센트는 예전에 총을 9번이나 맞고도 살아난 경험이 있었다. 그가 힘들게 살아왔으며 랩 분야에서 최고의 위치에 오른 것 외에도, 50 센트는 믿기 어려울 정도로 건강에 신경을 쓰는 사람이었고, 하루에도 몇 시간을 운동하는 운동광이었다. 오자는 왕성한 활동을 통해 뉴스의 헤드라인을 차지하고 있을 뿐만 아니라 건강, 운동, 수분공급, 비타민 등의 중요성에 대해서도 잘 알고 있는 50 센트야말로 비타민워터의 얼굴이라고 생각했다.

에너지 브랜즈는 이 회사 지분의 일정 부분을 50 센트에게 주는 거래에 타결을 보았다. 그 지분의 양은 공개되지 않았지만 루머에 따르면 그 회사 총지분의 거의 10%에 달하는 양이라고 한다.[17]

지분 정리가 끝난 후 글라소와 50 센트는 이미 개발은 되었지만 아직까지는 출시되지 않았던 비타민워터 음료에 관심을 기울이기 시작했는데, 그 제품의 이름은 '포뮬러(Formula) 50'으로 50 센트의 이름과 일치하는 것이었다. 포뮬러 50으로 이름이 붙여진 이유는 그 제품이 적어도 7가지 비타민의 일일 허용량의 50% 이상을 함유하고 있었기 때문이었다. 비타민워터 첫 번째 결과물은 포도맛의 음료였다. 포도맛을 사용하기로 한 아이디어는, 딸기나 키위와 같은 새로운 과일맛이 다른 음료 영역에서 인기를 얻고 있었지만, 50 센트가 아는 대중—근처 편의점에서 주로 구매를 하는 젊고 출세지향적인 흑인들—사이에서는 그렇지 않다는 판단에서 기인한 것이었다.[18]

그로부터 얼마 되지 않아 글라소는 50 센트를 특징으로 하는 전국적인 마케팅 캠페인을 펼치기 시작했다. 다수의 음료 브랜드들이 음반 아티스트들을 광고에 활용해오고 있었지만, 해당 음료와 그렇게 긴밀하게 연결된 아티스트가 활용된 적은 없었다. 2005년경, 비타민워터는 음료산업에서 확고한 위치에 올라서게 되었다.

2000년대 후반, 글라소는 유명인사를 비타민워터와 긴밀하게 관련시키는 전략을 확대하였다. 전미미식축구리그(NFL) 선수인 브라이언 우르랙처(Brian Urlacher)와 전미농구협회(NBA)의 슈퍼스타인 르브론 제임스(LeBron James)는 비타민워터의 보증인이 되었고, 비타민워터의 지위를 육체적인 건강 음료로 격상시키는 데 기여하였다.

아메리칸 아이돌인 켈리 클락슨(Kelly Clarkson)과 캐리 언더우드(Carrie Underwood)는 자신의 스타 파워를 비타민워터[구체적으로 말하면 '포커스(Focus)' 맛과 '에너지(Energy)' 맛]에 빌려줌으로써 그 제품을 보면 매력적이고 생기 넘치는 사람들이 연상되도록 하는 데 도움을 주었다. 코미디언이자 토크쇼 사회자인 엘런 드제너러스(Ellen DeGeneres)는 이 음료수의 옹호자가 됨으로써 그 음료수의 위상을 재미있고 현대적인 사람들을 위한 음료수로 발전시켰다. 드제너러스는 비타민워터 제로(VitaminWater Zero) — 무칼로리를 특징으로 하는 비타민워터의 확장된 브랜드 — 의 간판이었다.[19]

제품의 상표 표시 및 색상 적용

또한 글라소는 비타민워터 제품의 외관과 관련하여 혁신적인 마케팅 기법을 적용하였는데, 비타민워터 제품들에 다양한 색상을 사용한 것이다. 이러한 다양한 색상의 적용은 흰색의 상표와 대조됨으로써 매장에서 시선을 사로잡는 효과를 노린 것이었다. 더욱이 포커스(focus), 에너지(energy), 디펜스(defense), 파워(power) 등과 같은 맛들은 각각 고유한 목적을 가지고 개발된 것들이었고, 맛별로 병 위에는 음료수를 마시는 사람에게 직접 얘기하는 형태로 재치 있게 쓰여진 고유한 스토리가 붙어 있었는데, 그 어투는 독특한 Y-타입 세대의 어투였다. 예를 들어, 2013년 화채 맛이 나는 리바이브(Revive) 음료 제품에는 다음과 같은 스토리가 붙어 있었다.

> 당신이 피곤한 채로 잠에서 깬다면, 아마도 잠이 더 필요할 것입니다. 당신이 책상에서 침을 흘리며 잠에서 깬다면, 아마도 새로운 직장이 필요할 것입니다. 당신이 헐렁한 옷을 입은 채 놀이공원의 대회전 관람차에서 어떤 고민 때문에 두통으로 잠을 깼다면, 아마도 그 고민에 대한 해결책이 필요할 것입니다. 이러한 제품이 필요한 것은 말할 나위도 없고요. 이 제품에 함유된 비타민 B와 C는 당신에게 원기를 회복하고 상쾌함을 느끼게 해줄 것입니다. 노스카(Norsca) 비누 광고에서 그랬던 것처럼요. 그리고 당신이 우리의 보스인 마이크처럼 엘비스를 흉내 내는 연예인과 잠자리에서 일어난다면, 아마도 변호사가 필요할 것입니다.

새로운 시장 진입자

비타민워터가 2000년대 중반 호황을 맞으면서, 고급화된 물 제품 영역 또한 전반적으로 성장했다(사례 표 2.1). 대형 음료회사들이 비타민워터에 대한 경쟁제품들을 출시했지만 실패를 한 것으로 보아, 비타민워터는 그러한 성장에 있어 분명하게 주도적인 역할을 했다고 할 수 있다. 2005년경, 펩시콜라는 아쿠아피나 에센셜즈(Aquafina Essentials)를 출시했고, 코카콜라는 뉴트리워터(NutriWater)를 출시했는데, 이 두 가지 모두 비타민을 함유한 것들이었다. 그러나 이러한 제품들은 시장에서 매우 부진한 성과를 보였고, 그 회사들은 이러한 제품들을 출시한 지 얼마 되지 않아서 판매를 중단했다(코카콜라의 제품은 채 1년도 버티지 못했음).

2006년 펩시콜라의 소베(SoBe) 브랜드는 라이프워터(LifeWater)라는 제품 시리즈를 출시했는데, 이것은 여러 색상과 비타민 함유 음료들로서, 그 당시를 기준으로 볼 때 비타민워터와 가장 유사한 제품이었다. 펩시의 '소베'라는 이름은 마이애미의 사우스 비치 지역 이름에서 따온 것인데, 이 지역은 재미있는 문화, 생기 넘치는 나이트클럽 풍경, 매력적인 사람 등으로 유명했기 때문에, 펩시는 소베 브랜드를 통해 소비자들이 즐겁고, 걱정 없는 생활을 연상하게 되기를 바랐다.[20]

2007년 펩시콜라는 아쿠아피나(Aquafina)라는 브랜드로 비타민 음료를 다시 한 번 출시했다. 그러나 그 제품(아쿠아피나 얼라이브)도 인기를 얻지 못했고, 결국 펩시콜라는 그 제품을 출시한 지 얼마 되지 않아 판매를 중단해야 했다.

코카콜라의 에너지 브랜즈 인수

2007년 5월 25일, 코카콜라는 에너지 브랜즈를 현금으로 42억 달러에 인수한다는 합의에 이르게 되었다. 당시 에너지 브랜즈는 연간 3억 5,000달러의 수익을 창출하고 있었다.[21] 이 인수를 통해 코카콜라는 시장에서 인기 있는 라이프스타일 음료를 마케팅할 수 있는 강력한 플랫폼을 확보하게 되었다. "에너지 브랜즈에 대한 인수는 가장 인기 있는 라이프스타일 브랜드를 세계에서 가장 뛰어난 음료회사의 전 자원과 연계시키는 완벽한 조합이다."라고 비코프는 인수 거래 당시에 언급한 바 있다.[22] 그리고 코카콜라의 CEO 네빌 이스델(E. Neville Isdell)은 "글라소는 회사의 고품질 성장을 견인해 왔는데, ……우리는 북아메리카의 고객들과 소비자들을 대상으로 하는 코카콜라의 앞서가는 브랜드 영역의 일부로서 글라소에 대한 더 빠른 성장을 계획하고 있다."라고 언급하였다.[23] 코카콜라는 글라소 브랜드를 인수함으로써 음료수 전체 소비자들—건강에 신경쓰는 소비자들로부터 건강에 신경쓰지 않는 소비자들에 이르기까지—에 대한 음료수 공급 능력을 확장할 수 있었다. 에너지 브랜즈는 코카콜라에 인수됨으로써 자사 제품들을 국제 시장에서 유통업체들에게 더 많이 팔 수 있게 되었다.[24]

인수 합의로 인해 글라소는 코카콜라 북미 사업부(Coca-Cola North America,

CCNA)에 속한 별도의 사업으로 운영되었다. 이러한 구조는 공급사슬, 마케팅, 소비자 통찰력, 대규모 고객관리 및 식당 서비스에 있어 CCNA 자원들의 규모를 강화시키는 가운데, 글라소가 자신의 초점, 속도, 매출, 실행 능력을 극대화함으로써 시장에서 지속적으로 경쟁력을 유지할 수 있도록 하기 위한 것이었다. 인수를 위한 협상이 진행되는 동안, 세 명의 글라소 최고위 임원 비코프, 공동창업자인 마이크 리폴(Mike Repole), 마이크 베누티(Mike Venuti)는 최소 3년간은 자신들이 사업을 이끌겠다는 의지와 더불어 다른 핵심 관리자들은 그 회사에 남아야 한다는 점을 피력하였다.[25] CCNA 사장인 샌디 더글러스(Sandy Douglas)는 이에 직접 다음과 같은 말을 더했다. "현재 일하고 있는 팀보다 우리가 비즈니스를 더 잘 이끌어 갈 수 있다고 생각한다면, 이것은 우리가 저지를 수 있는 최고의 실수가 될 것이다."[26]

더욱 강화된 마케팅 혁신

오자는 여러 해에 걸쳐 독창적인 마케팅 기법을 적용한 결과 비타민워터 소비자들에 의지하여 2009년 새로운 음료수를 개발했다. 글라소는 '플레이버크리에이터(flavorcreator)'라는 페이스북 애플리케이션을 개발했는데, 그것을 통해 팬들은 자신들이 원하는 맛, 그 맛의 이름을 제시하고 그 맛을 연상시키는 광고 문구들을 작성할 수 있게 되었다.[27] 글라소는 비타민워터 경영진—과 50 센트 그리고 언더우드—에 의해 최고의 제안자로 선정된 사람에게는 5,000달러를 제공하였다. 2009년, 이러한 체계는 비타민워터에게 고객들이 원하는 바를 정확하게 알려주는 역할을 하였고, 선정된 제안자에게는 돈과 성취감을 제공하였다.

경쟁자들의 마케팅 전략에 미친 영향

비타민워터의 인기가 상승됨에 따라 펩시는 비타민워터에 대한 글라소의 마케팅 전략들을 반영하여 자사의 프로펠과 라이프워터에 대한 마케팅 전략들을 조정하였다.

2009년 펩시는 프로펠 브랜드에 대해 처음으로 주요한 변화를 주었다. 첫째, 펩시는 '피트니스 워터'라는 단어를 음료수 포장에서 없앴다. 이러한 변화의 의도는 이 브랜드가 게토레이 제품 및 그것들이 연상시키는 운동과 거리가 먼 것이라는 점을 알리기 위한 것이었다. 2011년, 펩시는 기존의 프로펠 제품들의 생산을 완전히 중단하고 프로펠 제로(Propel Zero)라는 새로운 버전의 제품을 생산하기 시작했는데, 이 제품에는 당분류와 인공 감미료가 첨가되지 않았다.[28] 게다가 펩시는 전설적인 슈퍼모델 신디 크로포드(Cindy Crawford)를 프로펠 제로의 홍보대사로 임명하였는데, 그녀의 활동 모습은 글라소 광고의 한 부분을 보는 듯했다. 펩시의 이러한 변화들은 프로펠 제로를 대중과 친밀하게 만들기 위한 것이었다—마치 비타민워터가 그랬던 것처럼! 프로펠의 마케팅 임원인 에스페란자 티사데일(Esperanza Teasadale)은 다음과 같이 언급한 바 있다.

> 우리가 원래 제공했던 기능성 음료는 강도가 높은 스포츠의 운동 경기를 겨냥한 것이었습니다. 그러나 음료의 적용 영역이 진화되면서 우리의 소비자들도 진화하였습니다. 소비자들은 우리의 제품을 단지 경기장에 한정하지 않고 그 이상으로 활용하고 있습니다. 우리는 소비자들에게 우리가 그들의 말을 듣고 있다는 것을 보여주려 애쓰고 있습니다.[29]

펩시의 노력은 프로펠 제로의 매출 향상에 긍정적인 영향을 미쳤다. 그러한 노력의 결과로 제품의 매출 규모는 2011년 3억 달러까지 증가되었다(사례 표 2.2).[30]

펩시는 소베 라이프워터에 대한 마케팅 성과도 향상시켰다. 첫째, 라이프워터의 병도 개선되었다. 라이프워터의 새로운 병은 딱딱하고, 굴곡진 모양으로 만들어졌으며, 병의 표면은 예술적으로 디자인된 도마뱀(이 브랜드의 마스코트) 그림이 감싸고 있었는데, 이러한 특징들은 즐거운 '소베' 라이프스타일을 연상시키는 데 더욱 효과적이었다. 그 이후 2008년에 펩시는 NFL의 슈퍼볼 경기(즉, 결승전)에서 이 제품을 광고했는데, 이 경기는 확실히 1년에 한 번 있는 가장 큰 TV 광고 기회였다. 그로부터 얼마 되지 않아 이 회사는 슈퍼모델 나오미 캠벨(Naomi Campbell)과 제품 광고 계약을 맺었다.[31] 이러한 마케팅 활동들에 힘입어 라이프워터는 2011년 2억 5,000만 달러의 매출을 올린 것으로 추정된다.[32]

2010년으로 넘어가는 시점에서, 작은 회사들이 비타민워터와 매우 유사한 제품들을 들고 가지고 시장에 진입했다. 이러한 회사들은 비타민워터 마케팅과 마찬가지로, 색상과 창의적인 포장을 통해 이러한 제품들의 마케팅을 주도했다. 더욱이 그 회사들은 (비타민워터보다) 더 나은 맛을 제공했고, 어떤 경우에는 당분이 더 적게 함유된 제품을 제공했다. 2012년 토킹 레인 비버리지 컴퍼니(Talking Rain Beverage Company)의 스파클링 아이스(Sparkling Ice)는 거의 2억 달러에 이르는 매출을 올리면서, 이러한 작은 브랜드들 중 선두기업으로 부상했다.

2013년의 도전과제

2012년, 비타민워터는 약 9억 달러의 수익을 창출했으며 기능성 음료 시장의 리더가 되었다[33]. 코카콜라는 기존의 유통 시스템을 강화함으로써 이 브랜드의 성장을 촉진시켰다. 그러나 비타민워터의 미래는 중요한 도전과제에 직면하게 되었다.

건강에 이로운가 아니면 해로운가

2009년 미국공익과학센터(CSPI)는 캘리포니아 북부 지역 법원에 코카콜라를 상대로 한 집단소송을 제기하였다. 이 소송에서 이 센터는 코카콜라의 비타민워터가 탄산 음료를 대신할 수 있는 건강 음료라는 코카콜라의 마케팅이 FDA의 가이드라인을 기만하고 위배하고 있다고 주장했다. 소비자단체의 주장에 따르면 "CSPI의 영양학자들은 비타민워터 한 병에 설탕 33그램이 들어 있다고 밝혔는데, 이는 비만, 당뇨, 그리고 여타의 건강상의 문제를 촉진시킬 가능성이 높고, 이는 그 음료에 들어 있는 비타민이 병 표면에 열거된 건강상의 긍정적인 효과에 비해 부정적인 효과를 더 크게 초래한다."는 것이다.[34] 코카콜라는 비타민워터에는 실제로 병에 제시된 영양소들이 모두 들어 있으며, 소비자들은 비타민워터를 건강 음료로 가정해서는 안 된다는 점을 바탕으로 그 소송의 주장은 '터무니없는' 것이라고 일축했다. 그러나 일부 반대론자들은 '비타민워터'라는 이름에서 '비타민'이라는 단어 때문에 대중이 건강을 연상하고 있다는 점을 들어, 이 이름은 여전히 소비자들을 호도하고 있다고 주장했다. 4년 뒤인 2013년에도 음료 시장에서는 이러한 주장들이 계속해서 논쟁거리가 되었다.

글라소 브랜드의 이미지

2010년대 내내 유행에 성공했던 글라소의 이미지를 앞으로도 계속해서 잘 유지해 나가는 것이 어려운 도전과제가 될 것인가? 이 브랜드는 초기에 새로운 개념의 제품으로 시장에 진입한다는 점을 부각시켰었다. 게다가 혁신적인 마케팅을 통해 그와 같은 신제품이 대중의 수중에 들어가도록 했다. 그러나 기능성 음료 개념은 다수의 기업이 그러한 제품들을 생산하기 시작하면서 그 신성함이 약해지고 있었는지도 모른다. 또는 글라소 브랜드는 혹시 다른 새로운 브랜드들의 등장으로 인해서 '핫하지 않은' 것이 되었는지도 모른다. 그동안의 상황을 전반적으로 살펴볼 때, 비타민워터는 자신의 활력을 되찾아 줄 수 있는 새로운 버전을 조만간 필요로 하지 않을까?

사례 표 2.1 미국 음료 시장

음료 유형	2007~2008년 변화율 (%)	2011~2012년 변화율 (%)
에너지 음료	9.0	14.3
커피 음료	1.6	9.5
생수	−1.0	5.8
차 음료	−1.8	4.9
스포츠 음료	−3.1	2.3
영양 음료	8.3	−1.5
탄산 음료	−3.1	−1.8
과일 음료	−2.0	−4.1
합계	**0.9**	**1.0**

* 위의 음료 유형들은 편의점과 같은 매장의 진열대에서 판매 가능한 형태의 음료임.

출처 : Beverage Marketing Corporation(news release, March 30, 2009 and March 25, 2013)

사례 표 2.2 2007년 판매량 기준의 음료 시장 점유율

음료 유형	2007년 갤론(백만)	시장 점유율(%)
탄산 음료	14,688	48
생수	8,757	29
과일 음료	4,009	13
스포츠 음료	1,361	4
차 음료	875	3
영양 음료	506	2
에너지 음료	335	1
커피 음료	47	0

* 위의 음료 유형들은 편의점과 같은 매장의 진열대에서 판매 가능한 형태의 음료임.

출처 : Beverage Marketing Corporation(March 2008)

주석

1 Fictional character.
2 Davidson, Andrew. Coke's water man J. Darius Bikoff gushes forth. *Times Online*. 28 May, 2008.
3 Smartwater. Glacéau website. Drinkbetterwater.com. Retrieved December 4, 2012.
4 Dillon, Nancy. High-energy formula for successful biz. *Daily News*. April 23, 2001.
5 IBISWorld Industry Report 31211c Juice Production in the US.

6   IBISWorld Industry Report 31211a Soda Production in the US.

7   www.gatorade.com/history

8   http://authorviews.com/authors/rovell/rovell-obd.htm

9   www.nhra.net/2001/news/December/120302.html

10 http://archives.cnn.com/2000/fyi/news/12/04/pepsi.purchase/index.html

11 Gimeno, Javier. The evolution of the bottled water industry. INSEAD. 2012.

12 http://productnutrition.thecoca-colacompany.com/products/

13 Williams, Yona. Powerade option versus Gatorade Propel. Yahoo! Voices. August 29, 2006.

14 Charnas, Dan. How 50 Cent scored a half-billion. *Washington Post.* December 19, 2010.

15 Moskin, Julia. Must be something in the water. *New York Times.* February 15, 2006.

16 Ibid.

17 Ibid.

18 Ibid.

19 Celebrities for bottled water. *The Filtered Files.* Filtersfast.com, June 4, 2010.

20 Lifewater. SoBe website. Retrieved December 6, 2012.

21 Sorkin, Andrew Ross and Martin, Andrew. Coca-Cola agrees to buy VitaminWater. *New York Times.* May 26, 2007.

22 O'Brian, Chris. Coca-Cola to spend a healthy $4.1 billion on VitaminWater. *NewHope 360.* April 24, 2008.

23 Sorkin, Andrew Ross and Martin, Andrew. Coca-Cola agrees to buy VitaminWater. *New York Times.* May 26, 2007.

24 Berk, Christina Cheddar. Coca-Cola to buy VitaminWater maker Glaceau for $4.1 Billion. www.cnbc.com. May 25, 2007.

25 Coca-Cola buys VitaminWater. *QSR.* May 26, 2007.

26 Company Filings, 10k for the fiscal year ended December 30, 2007.

27 Eldon, Eric. VitaminWater to crowdsource new flavor through Facebook app. *Inside Facebook.* September 8, 2009.

28 Gatorade brands. PepsiCo website. Retrieved December 6, 2012.

29 Zmuda, Natalie. Propel cuts the calories, boosts spending for ad push. *AdvertisingAge.* March 17, 2011.

30 Cuneo, Alice. PepsiCo moves Propel Water brand to Goodby. *AdAge* Agency News, February 11, 2008.

31 Zmuda, Natalie. PepsiCo's SoBe Life Water: A marketing 50 case study. *AdvertisingAge.* November 17, 2008.

32 Stanford, Duane. How PepsiCo refreshed its Sobe water brand. *Bloomberg Businessweek.* June 24, 2010.

33 2012 state of the industry: Bottled water. *Beverage Industry.* July 18, 2012.

34 Gregory, Sean. Is VitaminWater really a healthy drink? *Time.* July 30, 2010.

넷플릭스 : 게임의 법칙 바꾸기*

2013년 6월, 리드 헤이스팅스(Reed Hastings)는 넷플릭스(Netflix)의 본사를 향해 차를 몰고 캘리포니아주의 로스 개토즈를 지나고 있었는데, 그때 그는 넷플릭스의 지난 10년간을 곰곰이 돌아보았다. 10년 전, 넷플릭스는 미국 전역에 걸쳐 DVD 대여점들을 가지고 있던 60억 달러의 주식공개기업으로부터 시장 점유율을 훔치려 하고 있었다. 이제 그 경쟁자의 모습은 넷플릭스 자신의 과거 모습의 일부에 지나지 않았고, 이제는 인터넷 스트리밍은 이미 수많은 영화 및 TV 시청자들에게 최고의 방법이 되어 있는 상황이었다. 이러한 상황에서 넷플릭스는 엄청나게 커진 영화 및 TV 스트리밍 시장에서 치열한 경쟁을 치르고 있었다. 이러한 경쟁 시장에는 엔터테인먼트 및 전자산업 전반에 걸쳐 많은 회사들이 있었고, 그중에는 세계적인 규모를 가진 것들도 있었다. 헤이스팅스는 지난 3년 반 동안 자사의 주가가 급등했다가 급락하고 다시 급등하는 것을 보아 왔다. 그는 다가오는 해에는 넷플릭스가 보다 안정적으로 성공적인 상태를 유지해 나가길 원했다. 계속해서 변화하는 엔터테인먼트산업 환경에서 그는 전략적 행보를 위한 여러 가지 아이디어를 가지고 있었는데, 과연 그것 중 어떤 것이 경쟁자들을 물리치고 그가 세운 회사를 계속해서 성공으로 이끌기에 가장 효과적일까?

---

* 이 사례는 Allan Afuah 교수의 지도하에 Christian Chock, Tania Ganguly, Chad Greeno, Steven Harutunian, Julie Knakal, Tony Knakal에 의해 작성되었으며, 단지 수업 토론 자료로 활용하기 위해 작성된 것이지, 경영을 잘했는지 못했는지를 기술하고자 하는 의도로 작성된 것이 아님을 밝혀둔다.

넷플릭스 이전의 영화 대여

1977년, 첫 번째 브릭앤모타르 비디오 대여점이 LA의 윌셔 대로에서 오픈했는데, 그 넓이는 약 54m² 정도에 불과했다.[1] 당시에는 20세기 폭스(20th Century Fox)에서 나온 베타맥스와 VHS 방식의 비디오 50여 개만이 소비자들에게 대여되었다. 그러나 이 사업의 소유자인 조지 앳킨슨(George Atkinson)이 20개월도 채 안 되어 42개의 가맹점을 확보할 정도로 이 사업의 인기는 대단했다. 그 회사는 '더 비디오 스테이션(The Video Station)'으로 다시 이름 붙여졌고, 앳킨슨은 매장들을 체인화시키겠다고 선언하였다. 더 비디오 스테이션은 수많은 다른 비디오 대여점들이 생겨날 수 있는 길을 닦았는데, 그중에 블록버스터 비디오(Blockbuster Video)는 텍사스의 달라스에서 1985년 처음으로 문을 열었다. 블록버스터 비디오는 채 3년도 안 되어 미국 내 비디오 소매 분야에서 최고의 위치를 차지했는데, 당시 이 회사는 500여 개 이상의 매장들을 통해 2억 달러가 넘는 수익을 올리고 있었다.[2]

비디오 대여점은 대여 수익이 대충 파레토의 법칙을 따른다는 점을 곧 발견했는데, 즉 수익의 80%가 20%의 비디오에서 나온다는 것이다. 따라서 일반적으로 매장에 있는 4,000~5,000개의 비디오 중 대부분의 진열 공간은 새로운 '히트' 작을 여러 개 진열하는 데 할애되었다.[3]

1997년 봄, DVD 형태의 비디오가 나오면서 산업의 역동성에 상당한 변화가 생겼다. 2000년 후반, DVD 플레이어의 구입 증가율은 10%에 달했는데, 이는 가전제품 역사상 가장 빠른 증가율 중 하나로 볼 수 있다. 2005년경에는 DVD 형태의 비디오가 글로벌 비디오 판매 및 대여 시장에서 91.8%로 기록적인 시장 점유율을 보였다.[4]

1999년, 넷플릭스와 인터넷 및 재래식 우편을 통한 영화 대여 방식이 여전히 새로운 형태의 서비스로 받아들여지고 있는 상황이었는데, 당시 블록버스터는 185억 달러에 이르는 시장에서 24%의 점유율을 차지하고 있었다.[5] 블록버스터는 이 분야에서 지속적으로 시장을 주도했고, 2006년엔 약 35%의 시장 점유율을 보였다.[6]

넷플릭스의 온라인 DVD 대여 분야 진입

DVD의 크기와 무게는 비디오를 고객들의 집으로 직접 배송하기에 용이했고, 넷플릭스 설립을 계기로 비디오 소매산업의 새로운 지점이 생겨났다. 넷플릭스는 1997년 마크 랜돌프(Marc Randolph)와 리드 헤이스팅스에 의해 설립되었고, 1998년부터 DVD를 인터넷으로 주문을 받아 우편으로 배송하는 서비스를 시작했다. 초기의 비즈니스 모델은 당시 일반적인 브릭앤모타르 매장들과 마찬가지로 대여 한 건당 수수료를 받는 것이었다. 1999년 후반, 넷플릭스는 이 모델을 구독료 모델로 바꾸었다. 즉, 가입자들은 월단위로 일정 비용만 내면, 자신이 원하는 만큼 마음껏 비디오를 대여받을 수 있게 된 것이다.[7] 이러한 방식을 통해 넷플릭스는 고객들이 얼마나 영화를 자주 보는지에 따라 고객들을 분류할 수 있었다. 이러한 구독료 모델은 마감일과 연체료와 관련된 문제들을 없애주었다. 리드 헤이스팅스는 헬스클럽에서 사용하는 한 번의 비용 지불에 무제한 사용 방식에 영감을 받아 자신의 수익 모델에 이러한 방식(즉, 구독료 모델)을 활용하였던 것이다.[8] 결국 넷플릭스는 온라인 DVD 대여산업의 최강자로 입지를 굳혀갈 수 있었고, 2003년 2월엔 넷플릭스 가입자가 100만 명을 돌파하였다.

가입자들은 넷플릭스 웹사이트를 통해 자신들이 대여하고 싶은 영화에 줄을 설 수 있다. 이러한 영화들은 가입자가 그 영화를 받아보기 원하는 시점을 고려하여 배송에 대한 우선순위가 매겨졌다. 가입자가 선불로 배송비가 처리된 우편 발송 봉투를 통해 영화를 반납하면, 바로 대기 중이었던 다음 영화가 그 가입자에게 발송되었다. 가입자들은 많은 영화에 대해 한 번 대여 신청을 해 놓으면 그 영화들을 다 볼 때까지는 그 웹사이트에 다시 방문할 필요가 없었다. 그러나 신청해 놓았던 영화 리스트를 업데이트하고 싶은 경우가 생기면, 영화를 반납하는 시점에서 그 웹사이트에 방문하여 자신의 신청 리스트를 업데이트할 수 있었다.

넷플릭스의 구독료 기반 서비스는 이 산업에서 널리 통용되어 왔던 브릭앤모타르 대여 매장 모델에 비해 여러 가지 장점이 있었다. 넷플릭스는 많은 수의 매장들이 아니라 소수의 중앙집중화된 배송 센터들을 가지고, 하나의 매장보다 훨씬 더 많은 영화들을 제공할 수 있었다. 또한 이러한 소수의 중앙집중화된 배송 센터를 운영함으로써 동네 곳곳에서 매장을 운영하는 것에 비해 여러 가지 비용상의 이점을 얻을 수 있었다. 넷플릭스는 신규 고객을 확보하는 데 상당히 적극적이었다. 넷플릭스는 매년 마케팅 비용을 증가시켰고, 고객들의 수는 매년 늘어났다.

시네매치 추천시스템

넷플릭스는 고객들이 흥미를 느낄 수 있는 영화를 찾을 수 있도록, 시네매치(Cinematch)라는 추천 엔진 서비스를 제공하였다. 시네매치는 고객이 영화에 대해 매긴 점수를 활용하여, 고객들이 흥미를 느낄 수 있는 다른 영화들이 무엇인지 예측했다. 넷플릭스에게 요청되었던 영화들의 약 60%가 이 추천시스템을 통해 추천된 것들이었다.[9] 수많은 영화를 대상으로 한 충분한 선택권과 고객이 좋아할 것 같은 영화를 찾아주는 추천시스템의 영향은 영화 대여 수의 증가로 나타났다. 2006년 6월, 넷플릭스는 60,000여 개의 영화 목록을 가지고 있었는데, 이것 중 35,000~40,000여 개의 영화들이 하루에 적어도 한 명 이상의 고객들에게 대여되었다.[10]

넷플릭스는 심지어 레드 엔벨롭 엔터테인먼트(Red Envelope Entertainment) 부문을 통해, 기존 유통 계약을 통해 제공할 정도로 인기를 끌기 어려운 독립 영화들까지도 발매했다. 비디오 대여점들은 보통 4,000~5,000여 개의 영화를 가지고 있었는데, 이것들이 모두 진열대에 진열해 놓을 만큼 인기가 있지는 않았다. 넷플릭스는 배송 센터들을 통해 많은 수의 고객들에 대응하고, 또한 고객들이 좋아할 만한 영화들을 찾아주는 추천시스템을 활용함으로써, 매장에서는 진열대에서 쉽게 찾아보기 어려운 인기가 낮은 영화들에 대해서도 시장을 형성해 나갈 수 있었던 것이다.[11]

또한, 넷플릭스는 사용자들이 자신의 친구들이 어떤 영화를 대여하고 있는지 그리고 그들이 다른 영화에 대해서는 어떤 점수를 주었는지를 알려주는 넷플릭스 프렌즈라는 서비스를 제공했다. 이 서비스는 넷플릭스 웹페이지에서 사용자들로 하여금 영화 관객들과 커뮤니티를 만들 수 있도록 해주었다. 이 서비스는 온라인 대여 비즈니스에 대한 넷플릭스의 긴 역사를 강조하면서, 넷플릭스에서 사용자들이 과거에 매겼던 점수들을 활용한 정보들도 활용하였다.

DVD 구독료 약정 유형

2007년, 넷플릭스는 일정 범위의 구독료 약정 유형들을 제시했는데, 각각의 유형에 따라 고객이 한 번에 대여할 수 있는 영화의 수가 달랐다. 이러한 유형들은 한 달에 두 번까지 그리고 한 번에 한 개씩만 대여할 수 있는 기본 약정에서부터 한 번에 4개까지 그러나 한 달 통틀어서는 무제한으로 대여할 수 있는 약정에 이르기까지 매우 다양했다. 또한, 각각의 약정 유형에는 고객의 컴퓨터에서 영화를 직접 스트리밍 방식으로 볼 수 있는 시간들도 다양하게 고려되었다.

넷플릭스의 온라인 DVD 대여 비즈니스와의 경쟁

월마트

세계적인 규모의 소매업체 월마트는 2002년 온라인 DVD 시장에 진출했는데, 당시 이 업체의 카탈로그에는 고객들이 고를 수 있는 영화들이 12,000개 넘게 수록되어 있었다. 월마트 대여 서비스 체계는 기본적으로 넷플릭스의 체계와 같은 것이었다. 즉, 고객들이 월마트의 웹 시스템을 통해 자신이 보고 싶은 영화 목록을 만들고 난 후, 그것들을 온라인으로 주문하면, 우편으로 배송해주는 체계였다. 월마트의 구독료는 한 번에 3개의 영화를 포장 배송할 때 18.86달러로 넷플릭스보다 1달러 정도 저렴했다.[12] 넷플릭스의 임원들은 월마트가 조지아 배송 센터의 제한된 반경 내 지역에 대해서는 다음날까지 배송할 수 있어도, 그 밖의 지역은 3~5일이 걸릴 것으로 예상했었다.[13] 2004년 6월, 월마트는 온라인 DVD 대여 비즈니스를 지원하기 위해 3개의 새로운 배송 센터를 오픈했다. 게다가 월마트는 자신의 카탈로그의 품목을 15,000여 개로 늘렸다. (당시 넷플릭스는 약 22,000여 개의 영화를 제공하고 있었다.) 그러나 2005년 중반, 월마트는 온라인 DVD 대여 비즈니스를 포기하기에 이른다. 이 비즈니스를 접으면서 월마트는 자신의 고객들에게 넷플릭스로 가라고 주문을 했고, 넷플릭스와의 계약을 통해, 자신의 이전 고객들이 넷플릭스의 1년짜리 정기 이용권을 구입하면 한 번에 2개의 DVD를 할인된 가격으로(정상가 14.99달러를 12.97달러의 할인가로) 대여받을 수 있는 약정에 가입할 수 있도록 하였다.[14] 월마트가 이 비즈니스를 떠난 이유는 온라인 대여 비즈니스에서 중요한 숫자인 가입자 수가 부족했던 것으로 생각된다.

블록버스터

블록버스터 온라인

2004년 8월 11일, 블록버스터는 블록버스터 온라인(Blockbuster Online)의 출범과 함께 미국 온라인 영화 대여 비즈니스에 진출한다고 선언했는데, 이는 그해 봄부터 진행해 온 논의의 결과였다.[15] 넷플릭스와 월마트처럼 블록버스터도 소비자들이 한 번에 보고 싶어 하는 영화들의 개수를 바탕으로 매달 비용을 지불하는 체계를 운용했다. 초기의 가격 정책은 넷플릭스와 이보다 낮은 가격을 제시했던 월마트의 중간에 초점을 맞추었다. 블록버스터 가입자들은 25,000여 개의 영화들이 담긴 카탈로그를 통해 영화를 고를 수 있었는데, 당시 넷플릭스는 30,000여 개의 영화들을 제공하고 있었다. 블록버스터의 전략 중 일부는 온라인 서비스가 물리적 매장의 고객 발걸음을 촉진시키는 것이었는데, 이를 위해 온라인 고객에게 한 달에 한 번 오프라인 매장에서 2개의 영화를 무료로 대여할 수 있는 쿠폰을 제공하였다.

블록버스터는 소비자들 사이에서의 강력한 브랜드 인지도와 회사가 소유한 5,600여 개 이상의 브릭앤모타르 매장들과 가맹점들을 바탕으로, 출범 당시 시장에 존재했던 400만 명 이상의 온라인 고객 중 다수를 자신의 고객으로 확보할 수 있기를 바랐다.[16] 당시 온라인 대여 시장 규모는 800만 달러로 추정되었는데, 블록버스터는 전체 대여 시장에서 온라인 시장의 비중이 계속 성장할 것으로 내다봤다. 아담스 미디어 리서치에 따르면, 2005년 대여산업에서 나오는 수익이 8%에 불과했지만, 2003년의 5%를 감안할 때 그 성장세는 높은 것이었다.[17]

블록버스터는 새로운 온라인 서비스를 제공하기 위해 브릭앤모타르 매장을 상대로 한 기존의 네트워크와는 별개로 새로운 유통 체계를 구축했다. 대여된 DVD들의 우편 발송 업무를 처리하기 위해 블록버스터는 넷플릭스의 경우와 비슷한 배송 센터들을 구축할 필요가 있었던 것이다. 이와 같은 별개의 배송 체계는 오프라인 매장 고객들과는 다른 대여 방식을 필요로 했던 온라인 가입자들을 위해 구축된 것이었다.[18]

블록버스터 온라인의 출범에 든 비용은 5,000만 달러로 추정되었는데, 출범 이후 여러 분기 동안 운영에 있어 추가 비용이 발생하였다. 이러한 비용은 연체로부터 발생하는 수익 감소와 더불어 재무적으로 어려운 상황을 초래하였다(예전엔 보통 연체로 인한 수수료가 좋은 수입 원천이 되었고, 전체 수입의 13%를 차지했음). 가입자의 증가는 중요한 수치로서 가입자 확보는 비용이 많이 들었다. 2005년 4/4분기에 넷플릭스가 400만 명의 가입자를 확보하고 있었던 반면, 블록버스터 온라인은 약 100만 명의 가입자를 확보하게 되었다. 이러한 수치는 2005년 앞의 3개 분기 동안 광고비를 39% 증가시킨 후에 얻은 것이었다.[19]

2005년 블록버스터의 주식은 52주 동안 고가로부터 50%나 낮은 수준으로 떨어져 있었다. 이러한 출혈을 막기 위해 블록버스터는 광고 축소를 포함한 비용 절감 프로그램을 선언하였다. 이러한 절감을 통해 2005년 2/4분기부터 2006년 2/4분기까지 효과를 보았다. 또한 블록버스터는 가입자 확보의 부진을 타개하기 위해 비용 절감 추진에도 불구하고 온라인 서비스에 대한 광고는 증대시켰다.[20]

2005년경 주요 온라인 대여업체들 간에 가격 전쟁이 발발했다. 블록버스터는 3달러로 한 달에 3번 대여할 수 있도록 했는데, 이는 넷플릭스보다 더 낮은 가격이었다. 또한, 시애틀에서는 체험 프로그램도 개시했는데, 그곳의 온라인 고객들은 DVD를 자신의 지역 상점에 반납할 수 있었다.[21] 이는 2006년 출시된 블록버스터 토털 액세스 서비스의 전조가 되었다.

블록버스터 토털 액세스

2006년 11월 블록버스터는 블록버스터 온라인의 업데이트된 버전인 블록버스터 토털 액세스(Blockbuster Total Acess)를 출시하였다. 토털 액세스는 넷플릭스와 원래의 블록버스터 온라인처럼 인터넷을 통해 영화 대여를 요청하고 우편을 통해 배송하는 것 외에도, 블록버스터의 매장들을 활용하여 추가적인 이점을 제공하고자 했다. 블록버스터 토털 액세스의 고객들은 자신들이 우편을 통해 받은 영화들을 다시 우편을 통해 반납하면, 그다음 신청한 영화를 받을 수 있었다. 또한, 고객들은 빌린 영화를 블록버스터 어떤 지역 매장에라도 반납할 수 있었다. 고객들은 대여 받은 영화를 지역 매장에 반납할 때, 다음 영화를 배송 받는 것 외에도 매장 안에 있는 영화 한 편을 무료로 빌릴 수 있었다.[22] 블록버스터는 '영화 없이는 절대 안 돼(Never be without a movie)'와 같은 슬로건을 이용하여 이러한 이점과 이로 인한 즉각적인 만족감을 홍보했다. 또한, 블록버스터 토털 액세스에 가입한 고객들은 매달 한 번씩 오프라인 매장에서 무료로 영화를 한 편 빌려볼 수 있는 쿠폰도 받을 수 있었다. 이 쿠폰은 영화나 비디오 게임을 빌리는 데 사용할 수 있었다.[23]

2007년 6월 12일, 블록버스터는 자신의 온라인 서비스에 블록버스터 바이 메일(Blockbuster by Mail)이라는 옵션을 추가했다. 이 옵션을 선택한 고객들은 영화를 블록버스터 매장들에 반납할 수 있었지만, 반납에 대한 대가로 그 매장에서 영화 한 편을 무료로 빌릴 수는 없었다. 이러한 고객이 매장에 영화를 반납하면, 신청해 놓았던 다음 영화가 자동으로 지정되어 블록버스터 배송 센터로부터 발송된다. 또한, 이러한 고객들은 매달 무료 대여 쿠폰도 받을 수 없었다. 이러한 이점들을 포기하는 대신 구독료는 블록버스터 토털 액세스 약정보다 매달 1달러가 더 저렴했다. 블록버스터 바이 메일의 추가로 인해 넷플릭스와의 직접적인 비교가 더 많이 이루어졌고, 매장 대여의 이점에 대한 관심이 높아졌다. 블록버스터는 블록버스터 매장 주변에 살고 있지 않은 고객들의 경우 이러한 서비스를 포함한 약정을 선택하면 돈을 절약할 수 있다고 홍보하였다.[24]

여타의 경쟁자

일단 DVD가 대세가 되자 다수의 소규모 경쟁자들이 등장했다. 그들 중 일부는 어쩔 수 없이 시장에서 밀려나기도 했지만, 몇몇은 거대한 넷플릭스와 블록버스터에 한참 뒤처진 채 언저리에 남게 되었다. 이러한 업체들로는 인텔리플릭스(Intelliflix), DVD 오버나잇(DVD Overnight), DVD 반(DVD Barn), 렌트 마이 DVD(Rent My DVD), DVD 위즈(DVD Whiz), 퀵플릭스(Qwikfliks) 등을 들 수 있다.

다운로드 가능한 비디오

2006년 9월, 애플(아이튠즈 스토어를 통해)과 아마존(언박스 스토어를 통해)은 사용자들로 하여금 인터넷을 통해 TV 프로그램과 영화를 다운받아 볼 수 있는 서비스를 제공하기 시작했다. 서비스 가격은 비디오 한 편을 기준으로 책정되었고(일반적으로 8~16달러), 일단 다운을 받고 나면, 인터넷 연결이 되어 있지 않아도 몇 번이고 보고 싶은 만큼 충분히 볼 수 있었다. 즉, 이 회사들은 사용자들로 하여금 비디오를 '구매'할 수 있도록 한 것이었기 때문에, 이러한 신기술이 직접 DVD 대여산업에 영향을 미치지는 않았다. 그러나 아마존의 언박스 스토어는 사용자들에게 영화 한 편당 1.99~2.99달러에 비디오를 내려받아 빌려볼 수 있는 옵션도 제공하였는데, 그 비디오는 구매 후 일정 기간 동안만 볼 수 있도록 설정되어 있었다. 이 옵션은 소비자들에게 압도적으로 인기가 있지는 않았지만, 넷플릭스의 DVD 대여 비즈니스에는 신경쓰이는 도전이었다.[25]

'와치 나우' 스트리밍 서비스

2007년, 넷플릭스는 가입자들에게 인터넷을 통해 TV 프로그램과 영화를 스트리밍 방식으로 볼 수 있는 와치 나우(Watch Now) 서비스를 제공하기 시작했다. 스트리밍 서비스를 위해서는 인터넷 속도가 필요했지만, 광대역 및 DSL(디지털가입자회선) 연결의 증가로 인해, 일부 가입자들은 이러한 서비스를 이용할 수 있었다. 헤이스팅스는 이러한 스트리밍 서비스를 개시하면서 다음과 같이 언급했다. "소비자들이 온라인 영화 관람을 이용할 수 있게 되기까지는 콘텐츠와 기술상의 문제로 시간이 오래 걸렸지만, 지금 이 시점은 넷플릭스가 첫발을 내딛기에는 딱 알맞습니다. 향후 몇 년에 걸쳐 영화에 대한 우리의 선택의 폭은 계속해서 넓어질 것이며, 우리는 휴대전화에서 PC, 그리고 플라스마 스크린에 이르는 모든 스크린을 인터넷에 연결할 수 있도록 할 것입니다."[26]

넷플릭스는 미디어 회사들의 콘텐츠를 스트리밍 방식으로 제공하기 위해 미디어 회사들과 협약을 맺어야 했다. 영화를 스트리밍 방식으로 제공하는 것은 관객들이 광고 없이 볼 수 있는 영화를 선택할 수 있고, 게다가 종종 DVD에서와 똑같은 형태로 볼 수 있다는 점에서, 기본적으로 DVD 영화를 대여받는 것과 유사하였다. 결과적으로 넷플릭스의 스트리밍 서비스를 위한 넷플릭스와 영화제작사들 간의 협약은 DVD 대여회사와 관련 회사들 간의 협약과 유사했다. 그러나 TV 프로그램을 스트리밍 방식으로 제공하는 것은 시청자들이 광고 없는 한 편의 프로그램—DVD로는 불가능한—을 선택하여 시청한다는 점에서 새로운 상황이라 할 수 있었다. 따라서 넷플릭스의 스트리밍 서비스를 위한 TV 방송사와의 협약은 더욱 복잡했다.

DVD＋스트리밍 서비스 약정

넷플릭스의 첫 번째 스트리밍 서비스 약정은 2007년 초에 시작되었는데, 이 약정은 가입들이 시청할 수 있는 시간 분량(5~24시간 사이)을 지정했다. 2007년 8월, 넷플릭스는 약정 유형 중 세 가지의 가격을 1달러씩 낮췄다. 2008년 1월에는 주문형(on-demand) 비디오 영역에서 경쟁의 첫 번째 조짐이 나타났다. 애플이 영화 대여 서비스를 시작했으며[27](아마존의 방식과 유사한 방식으로), 컴퓨터가 아니라 TV를 사용해서 사용자들이 영화를 구매하거나 대여할 수 있도록 해주는 TV 장비에 설치할 소프트웨어를 출시하였다.[28] 마치 이러한 움직임에 대응하듯이 넷플릭스는 자신의 한정된 범위의 스트리밍 및 DVD 대여 약정 유형들을 무제한 스트리밍 및 DVD 대여 약정 유형들로 바꾸었다.

프로젝트 그리핀과 로쿠

당시 넷플릭스는 대중에게는 잘 알려져 있지 않은 '프로젝트 그리핀(Project Griffin)'을 개발해 오고 있었다. 프로젝트 그리핀은 사용자들이 넷플릭스 영화를 직접 TV로 보내서 볼 수 있도록 해주는 셋톱박스였다. 이 프로젝트는 중요한 연구이자 개발 성과였는데, 왜냐하면 TV 화면이 컴퓨터 화면보다 훨씬 더 컸고, 소리도 선명했으며, 해상도도 더 뛰어나 더 나은 시청 경험을 제공할 수 있었기 때문이다. 2007년 12월경 넷플릭스는 프로젝트 그리핀을 거의 완료해 가고 있었다. 그러나 헤이스팅스는 넷플릭스가 그 셋톱박스를 출시하여 애플과 직접적인 경쟁으로 들어가도록 하는 대신, 그 장비와 개발자들을 로쿠(Roku)라는 독자적인 하드웨어 회사로 분사시키고, 로쿠가 그 셋톱박스를 출시하도록 결정했다.[29] 2008년 6월, 로쿠는 셋톱박스 장비를 출시하였다.[30] 대중은 그다음 해까지 로쿠의 셋톱박스 개발에 있어 넷플릭스가 어떤 역할을 했는지 전혀 몰랐다.[31]

와치 나우와의 경쟁

넷플릭스가 무제한 스트리밍과 DVD 대여 약정을 출시한 직후, 다른 업체들도 스트리밍 서비스 분야에 뛰어들기 시작했다.

훌루

2007년 당시 최대 규모의 4대 미디어 회사에 속했던 NBC 유니버설과 뉴스 코퍼레이션은 TV 프로그램과 영화를 스트리밍으로 제공할 회사를 공동으로 설립하기로 하였다. 이들은 설립할 회사의 이름에 관해 많은 토의를 했고, 그 결과 훌루(Hulu)로 결정하였다. 2007년 후반, 훌루는 자자의 웹사이트 베타 버전을 개발했다.[32] 2008년 3월, 훌루는 드디어 자사의 웹사이트를 대중에게 공개했다. 훌루는 NBC의 최근 드라마들과 폭스 TV의 쇼 프로그램들을 일정 부분 무료 스트리밍 서비스로 제공했다.[33] (뉴스 코퍼레이션은 폭스를 소유하고 있다.) 4대 미디어 회사 중 하나인 디즈니사는 ABC 방송국의 소유주였는데, 2009년 4월, 훌루에 대해 투자와 콘텐츠 제공을 시작했다.

유료 TV 업체

이와 비슷한 시기에 주요 케이블 및 위성 TV, 그리고 전화통신회사들은 자기 나름대로의 '주문형' 서비스를 개발하고 기존의 전통석인 케이블 TV와 패키지로 출시하였다. 미국에서 가장 큰 유료 TV 업체인 컴캐스트(Comcast)는 이러한 움직임을 비난하였지만, 결국엔 모든 회사가 이러한 서비스를 도입했다. 초기에 그러한 회사들은 주문형 기능 이용에 대해서뿐만 아니라 TV 프로그램이나 영화에 대해서도 편당 정가를 정해 요금을 부과하였다. 그러나 이러한 서비스들이 대중화되자, 그 회사들은 많은 TV 프로그램들과 영화들을 별도의 요금 없이 제공하기 시작했다.

애플

2008년 1월, 애플은 (애플 TV 소프트웨어를 통해) 사용자들이 일정 기간 동안에만 볼 수 있는 비디오를 다운로드함으로써 TV 프로그램과 영화를 볼 수 있도록 대여하였다. 이를 통해 당시에 애플은 넷플릭스의 직접적인 경쟁자가 되었다.

넷플릭스 상

2009년, 넷플릭스는 자사의 영화 추천 엔진을 10% 정도 향상시킬 수 있는 최고의 방법을 고안한 팀에게 100만 달러의 상금을 수여하였다. 넷플릭스는 영화 추천 기능을 성공의 핵심요소로 여겼으며, 이와 관련하여 "추천 알고리즘의 10% 향상을 이루어낸 것에 대해 100만 달러를 수여한 것은 엄청난 흥정이었다."라고 언급한 바 있다.[34] 넷플릭스는 2006년 이 경진대회를 공지하였고, 2009년 마감일까지 50,000여 개의 제안 솔루션이 접수되었다. 매우 흥미로운 점은 'BellKor's Pragmatic Chaos'라는 우승팀이 'The Ensemble'이라는 팀과 똑같은 점수를 받았지만, 솔루션 제출이 10분 빨랐기 때문에 넷플릭스는 그 팀을 우승팀으로 선언하였다는 것이다. 더욱이 이 2개 팀 모두는 중간 점검 당시 고득점을 받았던 2개의 팀이 합쳐져서 만들어진 '슈퍼팀'이었다. 몇 가지 흥미로운 사실들은 BellKor's Pragmatic Chaos 팀의 멤버는 모두 7명이었는데, 그들의 출신 국가는 4개국에 이르렀다는 점이다. 또한, 그 팀은 일부 멤버들이 AT&T 연구소의 엔지니어들이라는 점을 자랑스러워하기도 했는데, 특히 그들은 이 상을 준비하기 전에는 개인적으로 한 번도 만나본 적이 없었다는 것이다.[35]

블록버스터의 종말

블록버스터는 가까스로 미미한 흑자를 2년간 내던 끝에 마침내 2008년엔 적자를 공시하게 되었다. 이러한 미진한 성과를 보이는 상황에서 이 회사의 몸부림이 넷플릭스 때문이었는지에 대한 질문에 블록버스터의 CEO인 짐 키즈(Jim Keyes)는 다음과 같이 언급했다. "나는 솔직히 모든 사람이 넷플릭스에 매력을 느끼는 바람에 어리둥절했었습니다. 넷플릭스는 정말 우리가 스스로 할 수 없거나 하지 않은 것들을 가지고 있거나 하고 있습니다." 2009년, 블록버스터는 블록버스터 익스프레스(Blockbuster Express)를 출시했음에도 불구하고 손실은 증가되었다. 블록버스터 익스프레스는 일종의 키오스크 시스템으로서 레드박스라는 키오스크 기반의 DVD 대여회사와 경쟁하기 위해 출시된 것이었다. 2010년 3월, 블록버스터는 넷플릭스보다 28일 빨리 출시한다는 점을 홍보하기 시작했다. 이와 동시에 연체료를 강화했는데, 이는 연간 3억 달러의 수익을 발생시킨 것으로 추정되었다.[36]

같은 달 블록버스터는 2009년 연간 리포트를 통해 10억 달러의 부채 부담에 대한 자금 부족을 이유로 자사가 파산할 가능성이 있다는 내용을 기술했다. 블록버스터는 자금을 절약하기 위해 많은 매장의 문을 닫고 국제적 운영 활동을 중단하기 시작했다.[37] 7월경 블록버스터의 시장 자본은 연이은 30일 동안 7,500만 달러가 안 되는 수준으로 유지되었고, 그 결과 뉴욕증권거래소에서는 이 회사를 상장회사 리스트에서 제외시켰다. 그럼에도 불구하고 이 회사의 디지털 전략 임원은 블록버스터의 미래에 대한 질문에 대해, "우리는 그 분야에 있는 대부분의 그 어떤 업체보다도 전략적으로 더 유리한 위치에 있습니다."라고 대답한 바 있다.[38]

결국 블록버스터는 2010년 9월 23일 파산 신청을 하였다. 블록버스터가 2008년 이후 거의 1,000개에 이르는 매장의 문을 닫았음에도 불구하고, 이 회사는 여전히 3,000여 개의 매장을 운영해 오고 있었다. 2011년 4월 5일, 디시 네트워크(Dish Network)가 블록버스터를 3억 2,000만 달러에 사들였다.

레드박스의 부흥

레드박스(Redbox)는 맥도날드에 의해 개발된 개념으로 시작되었는데, 맥도날드는 2000년대 초반부터 레드박스라는 DVD 대여 키오스크를 매장 안에 놓아두기 시작했다. 2005년, 레드박스는 독자적인 회사가 되었으며, 코인스타(Coinstar)라는 금융관련 키오스크 운영 업체가 레드박스에 투자를 시작했다. 이후 몇 년에 걸쳐 레드박스의 위상은 급격하게 향상되었는데, 그동안 레드박스는 잡화점, 편의점, 노매점 등에서도 키오스크들을 선보였다. 2009년, 코인스타는 레드박스의 남아 있는 지분을 사들였는데, 당시 레드박스는 DVD 대여 시장에서 17%의 시장 점유율을 확보하고 있었다. 2010년, 레드박스의 DVD 대여 개수는 10억 개를 돌파했고, 대여 수익은 10억 달러에 이르렀으며, DVD 대여 시장에 대한 점유율은 30%까지 상승했다. 이러한 성과로 인해 애드버타이징 에이지(*Advertising Age*)라는 잡지는 레드박스를 미국에서 가장 인기 있는 브랜드 중 하나로 지칭하기도 하였다.[39]

전자업체와의 협력

로쿠의 제품이 2008년 초에 출시된 이후 2년 반 동안, 많은 전자업체들이 넷플릭스 콘텐츠 프로그램을 TV로 스트리밍할 수 있는 제품들을 출시했다. 마이크로소프트, 소니, 닌텐도 등은 각각 2008, 2009, 2010년에 넷플릭스의 TV 프로그램들을 자신의 게임 장비를 통해 볼 수 있도록 해주었다. 2010년 애플은 이러한 요소들이 복합된 서비스를 시작했다. 첫째, 애플은 아이패드 테블릿을 출시했다. 아이패드는 다운로드될 수 있는 애플리케이션을 통해 넷플릭스의 TV 프로그램들을 스트리밍 방식으로 제공하였다.[40] 그다음 애플은 2세대 애플 TV를 출시하였다. 이 장비도 넷플릭스 TV 프로그램들을 스트리밍 방식으로 제공했다. 애플 라이브러리로부터 대여한 TV 프로그램과 영화를 볼 수 있었음은 물론이다.[41] 즉, 애플은 한편으로는 넷플릭스와 경쟁을 하고 있었지만, 다른 한편으로는 넷플릭스와 협력하고 있었던 것이다. 2011년 후반, 세계적으로 가장 큰 대형 온라인 소매점 중 하나인 아마존은 킨들 파이어(Kindle Fire)라고 하는 태블릿을 출시하였다. 이 기기에서도 넷플릭스 스트리밍이 가능했다.

더 치열해진 넷플릭스 스트리밍 비즈니스의 경쟁

2010년 내내 주문형 비디오 시장의 열기가 상당히 뜨거웠다. 2010년 11월 넷플릭스는 첫 번째 스트리밍 전용 약정을 출시했고(매달 7.99달러에), 스트리밍+DVD 대여 약정 요금은 올렸는데,[42] 이는 DVD 대여 비즈니스로부터 멀어지는 주요한 조치라고 볼 수 있다. 이러한 시기에 2개의 새로운 경쟁 세력이 시장에 진입했다.

훌루 플러스

2010년 6월, 훌루는 훌루 플러스(Hulu Plus)를 출시했는데, 이것은 훌루 웹사이트에서 제공되는 고급 서비스로서 매달 9.99달러를 내야 사용할 수 있는 것이었다. 훌루 플러스는 ABC, NBC, 폭스의 모든 프로그램을 현재 방영되고 있는 것들은 물론, 과거에 방영되었던 것들까지 주문형으로 볼 수 있는 '정기 이용권'을 제공했다. 또한, 훌루 플러스는 많은 영화들도 제공했다.[43] 2010년 11월, 훌루는 훌루 플러스의 요금을 월 7.99달러로 내렸고, 로쿠와 파트너십 협약을 체결하였다. 이 파트너십하에서 로쿠의 장비에는 훌루의 프로그램들을 TV로 스트리밍하기 위한 채널이 추가되었다.[44] 다음 해가 끝나기 전에 훌루는 마이크로소프트 및 소니와도 파트너십을 맺었는데, 이 두 회사는 훌루의 프로그램들을 스트리밍을 통해 TV로 볼 수 있도록 했다. 또한, 애플과 아마존도 훌루의 스트리밍을 자신의 태블릿을 통해 제공했다.

아마존 프라임 인스턴트 비디오와 아마존 인스턴트 비디오 스토어

2011년 2월, 아마존은 자신의 스트리밍 웹사이트를 오픈했다. 아마존 프라임 인스턴트 비디오(Amazon Prime Instant Video)는 아마존의 프라임 등급 회원들에게 제공되었는데, 회원들은 1년에 79달러의 비용을 내면 프라임 등급이 될 수 있었다. 그 당시 아마존 프라임 인스턴트 비디오는 통틀어 겨우 5,000여 개의 TV 프로그램과 영화만을 제공할 수 있었는데, 이에 반해 넷플릭스는 약 20,000여 개를 제공하고 있었다.[45] 아마존도 훌루 플러스처럼 로쿠와 바로 협약을 맺어 아마존 프라임 인스턴트 비디오의 스트리밍을 TV에서 볼 수 있도록 했다.[46] 아마존은 초기에는 다른 전자업체들과 파트너십을 맺지 않는데 2011년 후반, 킨들 파이어라는 자사의 태블릿을 출시하기에 이른다. 또한, 아마존은 월단위로 요금을 내고 영화를 볼 수 있는 '아마존 인스턴트 비디오 스토어(Amazon Instant Video Store)'라는 스트리밍 웹사이트도 오픈하였다.

영광스러웠던 18개월

2010년 1월에서 2011년 6월까지의 1년 반은 넷플릭스가 전설적인 성공을 거둔 기간이다. 2010년 주당 53달러로 시작한 넷플릭스의 주가는 그해 말 3배가 된 179달러로 마감했다. CNN/포춘은 헤이스팅스에게 '2010 최고의 비즈니스맨'이라는 명칭을 붙였고, "그의 소프트웨어는 넷플릭스를 장착했다고 자랑하고 싶어 하는 200개 이상의 장비 제조업체에게 이미 필수품이 되었다."고 보도했다. 미디어 분야에서 많은 협약들이 성사되자 다음과 같은 질문이 중요해졌다. "넷플릭스의 몫은 무엇인가?"[47] 넷플릭스의 주식은 2011년 계속해서 급속하게 상승했고, 그 결과 6월경엔 주당 거의 300달러에 육박했다.

넷플릭스의 어려움

그러나 이와 같이 넷플릭스가 1년 반 동안 믿기지 않는 성공을 거둔 이후, 2011년 7월

12일, 넷플릭스의 모든 것을 변하게 만든 사건이 벌어졌다. 당일 넷플릭스는 자신의 DVD 약정과 스트리밍 약정을 분리하겠다고 선언했다. 이러한 분리는 신규 고객들에게는 갑작스러운 것이었는데, 기존 고객들에게는 2011년 9월 1일부터 발효되었다. 넷플릭스는 각각의 분리된 서비스 약정을 7.99달러로 정했고, 스트리밍＋DVD 약정은 15.99달러로 이전의 9.99달러에서 60%나 인상했다.[48] 이러한 요금 인상은 즉시 고객들의 엄청난 반발에 부딪혔다. 12,000여 명 이상의 가입자들이 공개적으로 넷플릭스의 서비스 이용을 포기하겠다고 선언했으며, 넷플릭스의 블로그에서도 이러한 의사를 알렸다. 다음 글은 하나의 예이다.

> 넷플릭스 귀하,
> 잘했습니다! 나는 한때 넷플릭스를 좋아했고, 그래서 나의 모든 친구들과 가족들에게 추천도 했었습니다. 나의 비용을 60%나 올리고 그것을 마치 '멋진 가격'인 양 얘기하는 타당한 이유가 무엇입니까? 이제 다른 경쟁업체를 찾아봐야 할 때가 된 것 같네요. 어떻게 감히 당신이 이럴 수 있습니까?
>
> 한때 당신의 충성고객이었던 고객이[49]

결과적으로 넷플릭스의 주가는 급격하게 떨어져서, 9월 중순경에는 169달러가 되었다.

2011년 9월 18일, 헤이스팅스는 요금 인상에 대해 사과하였지만 철회하지는 않았다. 오히려 넷플릭스는 스트리밍 비즈니스 모델과 DVD 대여 비즈니스 모델의 차이 때문에 자사를 2개의 회사로—스트리밍 서비스를 전담하는 넷플릭스와 DVD 대여를 전담하는 '퀵스터(Quickster)'로—분리하겠다는 선언까지 했다. 이에 따라 가입자들은 스트리밍과 DVD 대여에 대해 각기 다른 웹사이트에 접속해야 하는 상황이 되었다.[50] 넷플릭스의 이러한 발표 역시 대중의 심한 반발에 부딪혔고, 주가는 130달러로 떨어졌다.[51]

그해 10월 10일, 넷플릭스는 자신의 약정을 2개로 분리한 것을 철회했지만, 주가는 더 떨어져서 108달러가 되었다.[52]

2주 후 넷플릭스의 주가는 77달러(2010년 4월 이후 최저치)가 되었으며, 3/4분기 동안 80여 만 명의 고객(전체 고객 중 약 3%)을 잃었다고 발표했다.[53] 요금 이슈 외에도 넷플릭스는 콘텐츠와 관련하여 제기된 문제들도 있었다. 2011년 6월, 넷플릭스는 많은 스타즈(Starz)의 영화들을 더 이상 제공할 수 없었다. (스타즈는 주로 소니 영화를 방영하는 유료 TV 채널이었다.) 그 이유는 넷플릭스의 가입자 중 소니 영화를 시청하는 수가 넷플릭스-스타즈 협약에 명시된 시청자 수를 넘지 못했기 때문이다. 더욱이 애널리스트들은 넷플릭스가 머지않은 미래에 다른 미디어 네트워크들과도 문제를 겪게 될 것이라는 점을 깨닫기 시작했다. 애널리스트 중 한 명인 마이클 팩터(Michael Pachter)는 다음과 같이 말했다.

> 넷플릭스는 이러한 계약들의 대부분에 대해 한두 해밖에 유지할 수 없게 되었고, 그러자 업계의 규칙이 완전히 바뀌게 되었는데, …… 콘텐츠 소유자들은 이제 넷플릭스를 더 이상 그들의 콘텐츠를 제공하는 수단으로 활용할 수 없음을 깨닫게 되었습니다. 넷플릭스는 콘텐츠 소유자들이 자신에게 콘텐츠를 제공하려고 하는 동안만, 즉 넷플릭스의 경쟁자들이 생겨나기 전까지만 힘이 있었던 거예요. 갑자기 경쟁을 하게 되면 그 이전만큼 영향력을 갖지 못하잖아요.

팩터는 넷플릭스가 콘텐츠 소유자들과 라이선스 계약을 갱신할 때, 그 금액이 1억 8,000만 달러에서 20억 달러로 10배가량 상승할 것으로 예측했다.[54]

2011년, 넷플릭스는 부채와 자본의 변동을 통해 자산을 4억 달러 증가시키겠다고 발표했다. 그러나 이러한 움직임은 넷플릭스의 재무 능력과 미래 전망에 대한 공포만 더욱 키웠을 뿐이다.[55]

경기를 위한 치열한 전투

2012년경, 넷플릭스, 훌루, 아마존은 가입자를 놓고 전쟁을 벌이고 있었는데, 이것과 더불어 비디오 콘텐츠에 대해서도 전쟁을 하고 있었다. 사실 이러한 기업들은 콘텐츠에 대해 두 가지 전투를 하고 있었다. 하나는 '비오리지널' 콘텐츠(미디어 회사가 전국적인 TV 방송이나 영화관을 통해 방송한 콘텐츠를 그 이후에 그 회사 웹사이트에서 다시 볼 수 있도록 제공하는 콘텐츠), 다른 하나는 '오리지널' 콘텐츠(오로지 미디어 회사들의 웹사이트에서만 볼 수 있는 콘텐츠)였다. TV 콘텐츠에 대한 싸움은 일반적으로 영화 콘텐츠에 대한 싸움보다 더욱 치열했다―이러한 회사들이 이 두 가지 콘텐츠 유형 모두에 대해 경쟁을 하고 있었지만!

비오리지널 콘텐츠

2012년, 10개의 방송사가 대부분의 TV 프로그램을 제공하고 있었는데, 특히 이들 중 NBC, CBS, ABC, 폭스, The CW와 같은 5개 방송사가 '빅 파이브'로 평가되고 있었다.

2012년 11월, 훌루가 CBS와 원활하게 계약을 맺은 이후 넷플릭스, 훌루, 아마존 모두는 빅 파이브 방송사들과 계약을 맺었다. 그러나 이러한 업체들이 확보된 콘텐츠의 특성들은 서로 달랐다. 넷플릭스의 TV 프로그램 라이브러리는 더 이상 방송되지 않는 많은 프로그램들을 포함하고 있어서 훌루와 아마존의 것들보다 훨씬 방대했다. 그러나 훌루의 TV 프로그램 라이브러리는 NBC, ABC, 폭스가 공중파로 콘텐츠를 내보낸 다음날 바로 그 콘텐츠를 제공할 수 있었던 반면, 넷플릭스는 일반적으로 해당 방송사에서 TV 시리즈물이 다 끝나기 전까지는 그 프로그램을 제공할 수 없었다. 넷플릭스의 어린이 TV 프로그램 라이브러리 또한 훌루와 아마존보다 훨씬 더 강력했다.[56] 넷플릭스와 아마존은 TV 프로그램이 방영되는 중에는 광고를 내보지 않았던 반면, 훌루는 광고를 내보냈다. 아마존과 관련해서 한 가지 언급하자면, 자사의 인스턴트 비디오 스토어 라이브러리가 프라임 라이브러리보다 훨씬 더 광범위했다.

2012년 2월, 넷플릭스는 스타즈와의 계약을 갱신하는 데 실패했으며, 그 결과 자신의 라이브러리의 약 8%를 차지했던 디즈니와 소니의 콘텐츠를 제공할 수 없게 되었다. 전하는 바에 따르면 넷플릭스는 스타즈에게 콘텐츠 사용료로 연 3억 달러 이상을 지불해 왔지만, 스타즈는 넷플릭스에게 그것으로는 부족하니 추가 비용을 더 내라고 했다는 것이다.[57] 마찬가지 이유로 2012년 8월, 넷플릭스는 유료 TV 채널 에픽스(Epix)와의 계약도 파기되는 일을 겪었는데, 이로 인해 넷플릭스는 파라마운트(Paramount), MGM, 라이온즈 게이트(Lions Gate)의 많은 영화들을 더 이상 제공할 수 없게 되었다. 반면, 아마존이 이러한 콘텐츠를 가져갔다.[58] 2012년 9월, 넷플릭스는 TV 네트워크인 A&E와의 계약도 갱신하지 못했다. 대신 아마존이 A&E와 계약을 체결했다.[59] 아마존은 2013년 2월, PBS의 연속 드라마인 '다운튼 애비(Downton Abbey)'와 CBS의 초공상 SF 드라마인 '언더 더 돔(Under the Dome)'에 대한 독점적 방영권도 확보했다. '언더 더 돔'은 전설적인 영화감독 스티븐 스필버그(Steven Spielberg)가 제작했으며, 인기작가인 스티븐 킹(Steven King)의 소설을 바탕으로 한 것이었다.[60] 2013년 5월, 넷플릭스는 MGM(영화), 워너 브라더스(TV 및 영화), NBC(TV) 등과의 계약이 만료됨에 따라 1,500여 개의 콘텐츠를 더 이상 제공할 수 없게 되었다. 같은 달 넷플릭스는 바이어컴(리얼리티 및 음악 채널인 MTV, 어린이 채널인 니켈로디언, 코미디 센트럴과 같은 채널들을 포함하여 많은 인기 채널들을 운영하는 업체)과의 계약 갱신에도 실패했는데, 이로 인해 더 많은 콘텐츠를 잃었다. 이러한 콘텐츠는 아마존이 당시에 단일 거래로는 최대 규모로 기록된 계약을 통해 가져갔다.

그러나 넷플릭스는 모든 계약에 실패만 한 것은 아니었다. 2012년 12월, 디즈니와 2016년까지 유효한 독점 계약을 맺었다. 이러한 계약하에서 넷플릭스는 디즈니 영화에 대한 첫 번째 운영권을 확보했다. 이 계약은 주요 영화사가 TV 방송사가 아닌 스트리밍 회사에 운영권을 판매한 첫 번째 사례로 기록되었다.[62]

오리지널 콘텐츠

오리지널 콘텐츠에 대한 전투는 미디어산업에서 예전에 있었던 전투와는 그 양상이 달랐다. 넷플릭스, 훌루, 아마존은 미디어 유통업체로서 콘텐츠 창출 역량을 가지고 있지는 않았다. 그러나 이 업체들은 콘텐츠를 독점적으로 유통시키기를 갈망했으며, 따라서 이 세 업체 모두 미디어 창출 영역에 진출했던 것이다. 훌루와 넷플릭스는 유명한 작가들을 고용하여 자신들 나름대로의 프로그램들을 만들어냈으며, 한편 아마존은 일반 대중으로부터 대본을 구하려 애썼다.[63]

2011년 8월, 훌루는 유명 인사에 대한 리얼리티 다큐멘터리 '어 데이 인 더 라이프 (A Day In the Life)'[64]를 개봉함으로써, 오리지널 콘텐츠를 방영하는 첫 번째 회사가 되었다. 2012년 2월, 훌루는 정치 홍보 시트콤인 '배틀그라운드(Battleground)'를 개봉했다.[65] 같은 달 넷플릭스는 '릴리해머(Lillyhammer)'라는 연작 프로그램을 방영하기 시작했다. 전문가들은 이러한 넷플릭스의 연작 프로그램 방영이 최고의 작가들을 영입하는 데 도움이 될 것이라고 예견했다.[66] 몇 달 후, 훌루는 '어 데이 인 더 라이프'의 두 번째 시즌 방영물을 내보내기 시작했다.[67] 2013년 2월, 넷플릭스는 다시 한 번 연작 드라마를 내보내기 시작했는데, 그것은 '하우스 오브 카드(House of Cards)'라는 정치 드라마로서 제작에 약 5,000만 달러가 들었다. 이 드라마는 즉시 호평을 받았고 넷플릭스 가입자들이 가장 많이 본 드라마가 되었다.[68] 2013년 4월, 아마존은 TV 분야에서는 예전에 볼 수 없었던 새로운 형식으로 오리지널 콘텐츠 경쟁에 뛰어들었다. 아마존은 프로그램에 대해 연속 프로그램 전체를 찍는 것이 좋을지 결정하기 위해, 14편의 실험 방송분을 내보냈고 시청자들에게 평가와 피드백을 요구하였다.[69]

결국 2013년 5월, 넷플릭스는 10여 년이 지나는 동안에도 여전히 즐거워하는 팬들에게, '못말리는 패밀리(Arrested Development)'라는 코미디 프로그램의 네 번째 시즌작 전체를 개봉하였는데, 이 작품은 폭스사가 2000년대 초 이미 세 번의 시즌 작품을 모두 방영한 적이 있었던 작품이었다.[70] 네 번째 시즌에 대한 평가는 혼란스러웠지만, 이 프로그램의 팬들은 넷플릭스가 그 프로그램을 부활시킨 것을 환영했다. 2013년 중반 넷플릭스, 훌루, 아마존, 이 3개 회사의 일정표에는 더 많은 오리지널 TV 프로그램들에 대한 개봉일이 자랑스럽게 기록되어 있었다.

2013년 6월, 넷플릭스는 오리지널 콘텐츠에 대해 전례 없는 대규모 거래에 사인했다. 이 계약서에는 드림웍스(DreamWorks)가 300시간 이상 분량의 프로그램을 만들고, 넷플릭스는 이를 독점적으로 방영하는 데 합의한다는 내용이 포함되어 있었다.[71]

산업의 다른 여러 발전 양상

2012년, 콘텐츠에 대한 전투를 통해 이루어진 발전을 차치하고라도, 비디오 스트리밍 산업에서는 여타의 중요한 일들이 많이 발생했다. 2012년 2월, 컴캐스트는 미국의 최대 유료 TV 운영사에 의해 '스트림픽스(Streampix)'라는 고급 스트리밍 서비스를 개시하였는데, 이는 넷플릭스와 경쟁자들에게 위협이 되었다.[72] 2012년 10월, 로쿠는 사용자들이 넷플릭스, 훌루, 아마존 등의 라이브러리들을 대상으로 TV 프로그램을 검색할 수 있는 시스템을 도입했는데, 이 시스템은 이 3개 회사 간의 차별화 기회를 줄이는 역할을 했다.[73] 2013년 3월, 레드박스(당시까지는 20억 달러 기업)와 버라이존(Verizon)은 '레드박스 인스턴트(Redbox Instant)'라는 스트리밍과 DVD 서비스를 합친 새로운 서비스를 개시하였는데, 이는 업체 간의 싸움에 또 하나의 새로운 경쟁 요소가 되었다.[74] 같은 달 페이스북은 사용자들의 '타임라인'에 넷플릭스의 애플리케이션을 포함시킴으로써 사용자들로 하여금 다른 사람들이 넷플릭스의 어떤 비디오들을 보았는지 또는 보고 싶어 하는지를 볼 수 있도록 했다.[75] 2013년 4월, 아마존의 TV 스트리밍 박스 개발에 대한 소문이 돌기 시작하였다.[76] 결국 2013년 봄, 일부 대형 미디어회사들이 그들 나름대로의 스트리밍 웹사이트들을 오픈하기 시작했다.[77] 이에 따라 넷플릭스, 훌루, 또는 아마존의 서비스를 이용하지 않고도 TV 프로그램이나 영화를 볼 수 있는 시청자들이 생겨났고, 이들은 이러한 3개의 회사에게는 골칫거리가 되었다. 결국 훌루의 경영진은 2013년 후반, 성장에 필요한 자원들을 가지고 있으면서 훌루를 변화시킬 수 있는 다이렉트 TV나 AT&T, 또는 다른 대형회사들에게 훌루를 매각하는 문제를 고려하게 되었다.[78] 분명 2013년의 비디오 스트리밍 산업은 매우 역동적인 상황이었다.

넷플릭스의 결정

2013년 중반, 넷플릭스는 16년 전 설립했을 때보다 훨씬 더 다르고 복잡한 공간에서 활동하고 있었다. 초기에 브릭앤모타르 영화 대여회사로 출범했던 넷플릭스는 이제 자신이, 빅 파이브 TV 네트워크사 중 3개사가 참여한 조인트벤처, 미국에서 가장 큰 온라인 소매업체 키오스크 기반의 DVD 대여회사, 대규모의 유료 TV 회사, 대규모의 TV 및 영화사가 뒤섞여 경쟁하고 있는 공간에서 활동하고 있음을 깨달았다. 더욱이 넷플릭스는 통신 및 전자회사들을 통해 고객들에게 자신의 서비스를 제공하고 있었다. 콘텐츠와 관련하여 넷플릭스는 2013년 4월, 수익 발표에서 "우리는 계속해서 엄선된 콘텐츠를 독점적으로 제공하는 데 초점을 맞춰 나가는 한편 비독점적인 대량 구입 콘텐츠에 대한 거래는 줄여나갈 것입니다."라고 언급했다.[79] 분명 넷플릭스는 미디어 산업 전반에서 매우 비중 있는 — 아마도 가장 중요한 — 주자가 되어 있었다. 훌루와 아마존이 수익을 거두고 있음에도 불구하고, 넷플릭스는 여전히 스트리밍 영역에서 89%의 시장 점유율을 차지하고 있는 것으로 추정되었다.[80] 그리고 넷플릭스의 주가는 1년 반 전 가파르게 떨어진 이후, 다시 올라 거의 예전 수준을 회복했는데, 2013년 2/4분기를 주당 250달러로 마감했다.

그러나 넷플릭스는 미래에 대해 결정해야 할 중요한 사안들이 많이 있었다. 비오리지널 콘텐츠의 제공 범위를 계속해서 줄여나가는 것이 바람직한가? 오리지널 콘텐츠를 지속적으로 만들어내는 것이 바람직한가? TV 프로그램이나 영화 중 어디에 또는 이 둘 다에 초점을 두는 것이 좋은가? TV 프로그램에 초점을 맞추는 것이 바람직하다면, 계속해서 한 번에 시즌 전체 방영분을 개봉하는 것이 좋은가? 앞으로도 계속해서 구독료 수익 모델을 사용하는 것이 바람직한가? 다른 관련 업체들보다 경쟁자들을 더 많이 두려워해야 하는가?

	2012	2011	2010	2009	2008	2007	2006	2005	2004	2003
넷플릭스										
스트리밍과 대여 수익($)*	3,609	3,204	2,163	1,670	1,365	1,205	997	682	507	272
총수익률(%)	27	36	37	35	33	35	37	32	45	45
운영 경비율(전체 수익 중 비율, %)										
일반관리	3	4	3	3	4	4	4	5	18	19
마케팅	13	13	14	14	15	18	23	21	19	18
연구개발	9	8	8	7	7	6	5	5	5	7
운영 수익률	1	12	13	11	9	8	7	0	4	2
블록버스터										
대여 수익($)			1,816	3,086	3,787	4,082	4,029	4,161	4,428	4,533
상품 판매 수익($)			296	956	1,247	1,400	1,432	1,489	1,532	1,282
총수익률 : 대여(%)			64	63	62	61	65	66	72	70
총수익률 : 상품 판매(%)			23	21	21	23	25	22	22	20
운영 경비율 (전체 수익 중 비율, %)										
일반관리와 연구개발			32	51	47	49	51	52	51	49
마케팅			1	2	2	4	3	4	4	3
운영 수익률			−6	−9	−6	1	1	−7	−21	−14

* 넷플릭스는 스트리밍과 대여 정보를 각기 2012년부터 공개하기 시작했다. 그것들은 다음과 같다.

수익($) :	
국내 스트리밍	2,185
해외 스트리밍	287
스트리밍 합계	2,472
대여	1,137
총계	3,609

총수익률(%) :	
국내 스트리밍	29
해외 스트리밍	−66
스트리밍 합계	18
대여	48
총계	27

출처 : Netflix, Inc., Blockbuster, Inc. 10-Ks

사례 표 3.2 넷플릭스 약정

	DVD 개수/대여 건당	DVD 개수/월	스트리밍 시간/월	가격/월
2007년 1월 약정	1	2	5	4.99
	1	무제한	10	9.99
	2	무제한	15	14.99
	3 이상	무제한	18 이상	17.99 이상
2007년 8월 약정	1	2	5	4.99
	1	무제한	9	8.99
	2	무제한	14	13.99
	3 이상	무제한	17 이상	16.99 이상
2008년 1월 약정	1	2	무제한	4.99
	1	무제한	무제한	8.99
	2	무제한	무제한	13.99
	3 이상	무제한	무제한	16.99 이상
2010년 11월 약정	1	0	무제한	7.99
	1	무제한	무제한	9.99
	2	무제한	무제한	14.99
	3 이상	무제한	무제한	19.99 이상
2011년 9월 약정	1	2	0	4.99
	1	무제한	0	7.99
	2 이상	무제한	0	11.99 이상
	0	0	무제한	7.99
	1	무제한	무제한	15.98

출처 : Casewriter

사례 표 3.3 블록버스터 영화 대여 약정(2007년)

약정	최대 대여 횟수/월	요금/월($)	추가적인 매장 영화 또는 게임 대여/월	우편만 사용하는 경우의 요금(매장 대여 또는 반납, $)
4 DVD/대여 건당	무제한	23.99	1	22.99
3 DVD/대여 건당	무제한	17.99	1	16.99
2 DVD/대여 건당	무제한	14.99	1	13.99
1 DVD/대여 건당	무제한	9.99	1	8.99
1 DVD/대여 건당	3번까지	7.99	1	6.00
1 DVD/대여 건당	2번까지	5.99	1	4.99

출처 : Blockbuster web site, 2007

사례 표 3.4 DVD 대여 없는 무제한 스트리밍 또는 온라인 영화 대여 약정

	요금($)	제약 조건
2008년 말 약정		
훌루	무료	
2009년 말 약정		
훌루	무료	
케이블/통신/위성 주문형	가변>	전통적 패키지 가입자들만 해당
2010년 말 약정		
넷플릭스	7.99/월	
훌루	무료	
훌루 플러스	7.99/월	
아마존 프라임 인스턴트 비디오	79/년*	
아마존 인스턴트 비디오 스토어	1.99~3.99/대여 건당	
케이블/통신/위성 주문형	가변>	전통적 패키지 가입자들만 해당
2011년 말 약정		
넷플릭스	7.99/월	
훌루	무료	
훌루 플러스	7.99/월	
아마존 프라임 인스턴트 비디오	79/년*	
아마존 인스턴트 비디오 스토어	1.99~3.99/대여 건당	
케이블/통신/위성 주문형	가변>	전통적 패키지 가입자들만 해당
디시-블록버스터	2.99-3.99/대여 건당	
디시-블록버스터 무비 패스	10/월	디시 가입자들만 해당
2012년 말 약정		
넷플릭스	7.99/월	
훌루	무료	
훌루 플러스	7.99/월	
아마존 프라임 인스턴트 비디오	79/년*	
아마존 인스턴트 비디오 스토어	1.99~3.99/대여 건당	
케이블/통신/위성 주문형	가변>	전통적 패키지 가입자들만 해당
컴캐스트 스트림픽스	무료** 또는 4.99/월	컴캐스트 가입자들만 해당
디시-블록버스터 무비 패스	10/월	디시 가입자들만 해당
레드박스-버라이존	8/월	

* 아마존 프라임 멤버십 요금. 이 멤버십은 제품 구매뿐만 아니라 인스턴트 비디오 이용에도 혜택이 있었음
** 일부 컴캐스트 케이블 패키지들이 스트림픽스를 포함했음
> 주문형 서비스는 케이블 패키지에 따라 달랐음. 게다가 일부 영화들은 추가 요금을 내야 했음
출처 : Casewriter

	TV		휴대용 기기				
	로쿠	애플 TV	Xbox 360	소니 PS 3*	닌텐도 Wii	애플 아이패드	아마존 킨들 파이어
넷플릭스	2008, 봄	2010, 여름	2008, 가을	2009, 가을	2010, 봄	2010, 봄	2010, 가을
훌루 플러스	2010, 가을	2012, 여름	2011, 봄	2010, 가을	2012, 겨울	2010, 여름	2011, 가을
아마존	2011, 겨울	n/a	2012, 봄	2012, 봄	2013, 겨울	2012, 여름	2011, 여름

*2012년에는 넷플릭스 스트리밍에 가장 일반적으로 사용되는 기기가 되었음

출처 : Casewriter

사례 표 3.6 유료 TV 가입 (2013년 3월)

	가입자 수	1년간 순증가분
케이블 회사		
컴캐스트	21,935	(359)
타임워너	12,100	(553)
차터	4,124	(217)
케이블비전	3,191	(66)
기타	9,694	(364)
합계	51,044	(1,559)
위성 TV 회사		
다이렉트 TV	20,105	139
디시	14,092	21
합계	34,197	160
전화통신 회사		
버라이즌	4,895	542
AT&T	4,768	777
합계	9,663	1,319
총 유료 TV 가입자 수	**94,904**	(80)

*괄호는 감소(−)를 의미함

출처 : The Companies and Liechtman Research Group, Inc.
Roettgers, Janko. Pay TV is hurting, and even skeptics now admit cord cutting could be at fault. Giagom website. May 20, 2013.

사례 표 3.7 넷플릭스 가입 건수 및 가입자 수

가입 건수	2013	2012				2011	
	4/1	1/1	10/1	7/1	4/1	1/1	10/1
스트리밍							
미국*	29.2	27.2	25.1	23.9	23.4	21.7	21.5
해외	7.1	6.1	4.3	3.6	3.1	1.9	1.5
합계	36.3	33.3	29.4	27.6	26.5	23.5	22.9
DVD(미국만)*	8.0	8.2	8.6	9.2	10.1	11.2	13.9
합계*	44.3	41.5	38.0	36.8	36.6	34.7	36.9
미국 합계	37.2	35.4	33.7	33.2	33.5	32.8	35.4
순증가분:							
미국*	2.1	2.1	1.2	0.5	1.7	0.2	
해외	1.0	1.8	0.7	0.6	0.2	0.4	
합계	3.0	3.9	1.9	1.1	3.0	0.6	
DVD(미국만)*	(0.2)	(0.4)	(0.6)	(0.9)	(1.1)	(2.8)	
합계*	2.8	3.5	1.2	0.2	1.9	(2.2)	
미국 합계	1.8	1.7	0.5	(0.3)	0.7	(2.5)	

*가입자 수가 아니고 가입 건수임. 미국 고객 중에는 스트리밍과 DVD 약정 모두에 가입한 고객이 있음

가입자 수	2011		2010				2009				2008			
	7/1	4/1	1/1	10/1	7/1	4/1	1/1	10/1	7/1	4/1	1/1	10/1	7/1	4/1
미국	24.6	22.8	19.5	16.8	15.0	14.0	12.3	11.1	10.6	10.3	9.4	8.7	8.4	8.2
해외	1.0	0.8	0.5	0.1	–	–	–	–	–	–	–	–	–	–
합계	25.6	23.6	20.0	16.9	15.0	14.0	12.3	11.1	10.6	10.3	9.4	8.7	8.4	8.2
순증가분:														
미국	1.8	3.3	2.7	1.8	1.0	1.7	1.2	0.5	0.3	0.9	0.7	0.3	0.2	0.2
해외	0.2	0.3	0.4	0.1	–	–	–	–	–	–	–	–	–	–
합계	2.0	3.6	3.1	1.9	1.0	1.7	1.2	0.5	0.3	0.9	0.7	0.3	0.2	0.2

출처 : Netflix quarterly earnings releases

주석

1　A history of home video. Idealink.org website. Retrieved July 21, 2008.

2　A history of home video. Idealink.org website. Retrieved July 21, 2008.

3　Ault, S. Rental stores stock more niche titles. Retrieved July 21, 2008, *Video Business.*

4　Datamonitor. June 2006. Global recorded DVD and video industry profile.

5　Blockbuster Annual Report, 1999.

6　IbisWorld. May 8, 2007. IbisWorld Industry Report: Video tape and disc rental in the U.S.

7　O'Brien, J.M. The Netflix effect. 1 December 2002. *Wired.*

8　Andrews, P. Videos without late fees, Reed Hastings, digital entrepreneur. December 21, 2003. *US News.*

9　Netflix consumer press kit. (2007). Retrieved July 21, 2008, from www.netflix.com/MediaCenter?id=5379

10　Leohardt, D. What Netflix could teach Hollywood. *New York Times*, June 7, 2006.

11　Dornhelm, R. Netflix expands Indie film biz. Marketplace.Publicradio.org website. Retrieved July 21, 2008.

12　Netherby, J. Three's company in online rental. October 21, 2002. *Video Business.*

13　Netherby, J. Three's company in online rental. October 21, 2002. *Video Business.*

14　Lieberman, D. Movie rental battle rages. April 20, 2005. *USA Today.*

15　Kipnis, J. On the video beat. September 4, 2004. *Billboard.*

16　Daikoku, G., & Brancheau, J. Blockbuster Moves to Capture Online DVD Rental Business. August 12, 2004. *Gartner G2 Analysis.*

17　Wasserman, T. Category wars: Blockbuster to hit replay on ads for online service; Service still trails rival Netflix by 3 million subscribers. December 19, 2005. *Brandweek.*

18　Sweeting, P. Blue turns to distributors for online product. February 28, 2005. *Video Business.*

19　Oestricher, D. Blockbuster's new initiatives produce mixed results in 1Q. May 5, 2005. *Dow Jones Newswires.*

20　Wasserman, T. Category wars: Blockbuster to hit replay on ads for online service; Service still trails rival Netflix by 3 million subscribers. December 19, 2005. *BrandWeek.*

21　Wasserman, T. Category wars: Blockbuster to hit replay on ads for online service; Service still trails rival Netflix by 3 million subscribers. December 19, 2005. *BrandWeek.*

22　Blockbuster (video store). Wikipedia website. Retrieved June 10, 2007.

23　Blockbuster online. Blockbuster website. Retrieved June 10, 2007.

24　Blockbuster announces new lower prices subscription plans for online subscribers. B2I website. Retrieved June 12, 2007.

25　Kirkpatrick, M. Amazon Unbox goes live. September 7, 2006. *TechCrunch.*

26　Anderson, N. Netflix offers streaming movies to subscribers. January 16, 2007. *Ars Technica.*

27　Riley, D. Netflix offers unlimited streaming as iTunes rental spoiler. January 13, 2008. *TechCrunch.*

28　Apple introduces new Apple TV Software & Lowers Price to $229. January 15, 2008. *Apple.*

29　Carr, A. Inside Netflix's Project Griffin: The forgotten history of Roku under Reed Hastings. January 23, 2013. *Fast Company.*

30　Falcone, J. Look out, Apple TV: The $100 Netflix Player has arrived. May 19, 2008. *CNet.*

31　Melanson, D. More details emerge on Netflix's abandoned hardware effort, Project Griffin. January 23, 2013. *Engadget.*

32　Gannes, L. Hulu debuts to meet foes and find friends. October 28, 2007. *Gigaom.*

33　Arrington, M. Here comes Hulu mania. Again. March 8, 2008. *TechCrunch.*

34　Van Buskirk, E. Winning teams join to qualify for $1 Million Netflix prize. June 26, 2009. *Wired.*

35　Van Buskirk, E. BellKor's pragmatic chaos wins $1 million Netflix prize by mere minutes. September 21, 2009. *Wired.*

36　Carr, Austin. Blockbuster bankruptcy: A decade of decline. September 22, 2010. Fast Company website.

37　Poggi, J. Blockbuster's rise and fall: The long, rewinding road. September 23, 2010. *The Street.*

38　Carr, A. Blockbuster bankruptcy: A decade of decline. September 22, 2010. *Fast Company.*

39　The history of Redbox. Redbox website. Retrieved July 14, 2013.

40　Lawler, R. Netflix, ABC to Release Apps for iPad Launch. April 1, 2010. *Gigaom.*

41　Overhauled Apple TV unveiled. September 2, 2010. *Media Spy.*

42　Stevens, T. Netflix formally launches $7.99 streaming-only plan, bumps unlimited DVD plans by a buck or more. November 22, 2010. *Engadget.*

43　Van Buskirk, E. Hulu Plus launches: Three networks, zero real-time shows. June 29, 2010. *Wired.*

44 Savov, V. Hulu Plus drops price to $7.99 a month, adds Roku support for official launch. November 17, 2010. *Engadget.*

45 Lawler, R. Amazon Prime instant videos isn't a Netflix killer — yet. February 22, 2011. *Gigaom.*

46 Burns, M. Amazon Prime instant video now streaming free to prime dubscribers. February 22, 2011. *TechCrunch.*

47 Copeland, M. Businessperson of the Year. November 19, 2010. *CNN Money.*

48 Netflix price hike fallout: A timeline of events. December 22, 2011. *Huffington Post.*

49 Gilbert, J. Netflix price hike's one year anniversary: A look back at one of the great tech blunders. July 12, 2012. *Huffington Post.*

50 Netflix price hike fallout: A timeline of events. December 22, 2011. *Huffington Post.*

51 McMillan, G. Cheat sheet: How bad are things for Netflix? October 26, 2011. *Time.*

52 McMillan, G. Cheat sheet: How bad are things for Netflix? October 26, 2011. *Time.*

53 McMillan, G. Cheat sheet: How bad are things for Netflix? October 26, 2011. *Time.*

54 Pepitone, J. Netflix's vanished Sony films are an ominous sign. July 11, 2011. *CNN Money.*

55 Netflix price hike fallout: A timeline of events. December 22, 2011. *Huffington Post.*

56 Holly, R. Netflix vs. Hulu Plus: Who best fits your video streaming needs? May 31, 2013. *Geek.*

57 Ludwig, S. Netflix will lose Starz' incredible trove of streaming content in early 2011. September 1, 2011. *Venture Beat.*

58 Liedtke, M. Amazon gets Epix video rights to challenge Netflix. September 4, 2012. *Yahoo Finance.*

59 Maurer, B. Amazon gobbles up more lost Netflix content. January 7, 2013. *Seeking Alpha.*

60 Gardner, E. CBS, Amazon make deal to stream "Under the Dome". February 1, 2013. *The Hollywood Reporter.*

61 Chozick, A. In Viacom deal, Amazon scoops up children's shows." *New York Times*, June 4, 2013.

62 Liedtke, M. Netflix, Disney contract: Service outbids Pay TV for rights to stream new films. December 4, 2012. *Huffington Post.*

63 Summers, N. What Hulu's original programming means for TV. May 22, 2012. *The Daily Beast.*

64 Chozick, A. ,& Stetler, B. An online TV site grows up. *New York Times*, April 16, 2012.

65 Summers, N. What Hulu's original programming means for TV. May 22, 2012. *The Daily Beast.*

66 Chozick, A. , & Stetler, B. An Online TV Site Grows Up. *New York Times.* April 16, 2012.

67 Pepitone, J. Netflix's $100 million bet on must-see TV. February 1, 2013. *CNN Money.*

68 Ingraham, N. Redbox and Verizon hope to follow in Netflix's footsteps and launch original programming. March 9, 2013. *The Verge.*

69 Farber, D. Amazon studios debuts 14 pilots for free viewing. April 19, 2013. *CNet.*

70 Pepitone, J. Netflix's $100 million bet on must-see TV. February 1, 2013. *CNN Money.*

71 Barnes, B. DreamWorks and Netflix in deal for New TV shows. *New York Times* June 17, 2013.

72 Cheredar, T. Comcast launches 'Netflix-like' Streampix to complement expensive cable packages. February 21, 2012. *Venture Beat.*

73 Lawler, R. Roku Adds Universal Search For Netflix, Amazon, Hulu Plus, Crackle, Vudu, and HBO to its streaming devices. October 29, 2012. *TechCrunch.*

74 Silbert, S. Redbox Instant exits private beta and launches to the public. March 14, 2013. *Engadget.*

75 Sparks, D. Facebook rolls out new timeline and deepens Netflix integration. March 13, 2013. *The Motley Fool.*

76 Stone, B. Here Comes Amazon's Kindle TV set-top box. April 24, 2013. *Bloomberg Businessweek.*

77 Atkinson, C. Netflix sees media giants start own streaming services. *New York Post*, May 2, 2013.

78 Mitchell, D. Conflicted Hulu owners face tough choices. July 10, 2013. *CNN Money.*

79 Pepitone, J. Amazon Prime scores Viacom shows after Netflix deal expires. June 4, 2013. *CNN Money.*

80 Solsman, J. Hulu, Amazon nibbling at more of Netflix's streaming-TV pie. June 4, 2013. *CNet.*

시카고의 스레드리스

2000년, 일리노이예술대학에서 멀티미디어 및 디자인을 전공하고 있던 제이크 니켈 (Jake Nickell)과 퍼듀대학교에서 공학을 전공하고 있던 제이콥 디하트(Jacob DeHart)는 온라인으로 진행하는 티셔츠 디자인 경진대회에 참여했는데, 거기서 제이크는 우승을 차지하였다. 그러나 이를 계기로 그 둘은 다른 누군가로 하여금 자신들을 위해 티셔츠를 디자인하도록 만드는 것은 매우 흥미로운 일이 될 것이라는 아이디어를 얻게 되었고, 함께 새로운 길을 가게 되었다. 그들은 서로 계속해서 연락을 하면서 함께 몇 가지 프로젝트를 수행하다가, 2000년 1,000달러를 가지고 그들 나름대로의 티셔츠 회사를 만들었다.[1] 그 회사가 바로 스레드리스(Threadless)다. 이 회사는 다채로운 색상의 그림을 넣은 티셔츠를 만들어 팔기로 했다.[2] 그들은 위험을 무릅쓰고 다채로운 색상의 티셔츠―소위 히트앤미스(hit-and-miss) 제품―에 도전했다. 전통적으로 기업이 그러한 제품으로 성공하기 위해서는 그에 적합한 유통채널과 빠르게 변하는 트렌드를 정확히 파악하는 능력이 필수적이다.[3] 즉, 기업이 효과적인 시장조사 및 예측 능력을 갖출 필요가 있다는 것이다. 이 두 명의 창업자는 이후 창의력이 뛰어난 제프 칼미코프(Jeff Kalmikoff)를 임원으로 영입했다. 또한, 그들은 인사이트 벤처 파트너스(Insight Venture Partners)로부터 투자를 받았는데, 돈이 꼭 필요했다기보다는 그 투자자문사의 통찰력을 얻고 싶었기 때문이었다.

커뮤니티 디자인과 시장

스레드리스는 등록제로 운영되는 커뮤니티를 보유하고 있었는데, 그 커뮤티니의 멤버들은 2004년 7만 명에서 2008년 70만 명으로 급속하게 늘어났다. 그 누구라도 정확한 이메일 주소만 가지고 있다면 무료로 가입할 수 있었다. 그 커뮤니티의 멤버들—주로 아티스트들—은 매주 수많은 티셔츠 디자인을 커뮤니티 사이트에 올렸다. (2007년, 이 회사는 하루에 150여 개의 디자인 제안을 받았다.) 그러면 이 사이트의 방문자들은 디자인 제안들에 대해 0점에서 5점까지 점수를 매기는 방식으로 자신이 선호하는 디자인을 평가했다.[4] 그 평가 결과에 따라 수많은 제안 중 최고점을 받은 6개의 디자인이 선정되었다. 그리고 선정된 제안자들은 상금을 받았다. 2007년, 이들이 받은 상금의 가치는 디자인 한 건당 2,000달러가 되었다. 그들은 그중에서 1,500달러는 현금으로, 300달러는 상품권으로, 나머지는 스레드리스 티셔츠에 대한 정기 구매권으로 받았다.[5] 2008년경 이러한 포상은 2,500달러까지 올라갔다. 그러나 많은 아티스트들에게 이러한 경제적 포상보다 더 크게 작용한 것이 있었다. "당신이 디자인한 셔츠가 제품으로 판매된다면 얼마나 멋진 일이 되겠습니까?"라고 2004년 선정자, 글렌 존스(Glen Jones)가 언급한 바 있다.[6] 선정된 디자이너의 이름은 그 티셔츠의 상표에 찍힌다.[7] 그러나 그 디자인에 대한 저작권은 스레드리스가 보유한다.

스레드리스는 아티스트의 디자인 프로세스를 돕기 위해 디지털 제출 도구 세트— HTML 코드와 그래픽들을 포함한—를 각각의 잠재적 제안자들에게 보낸다. 이러한 도구 세트를 이용하여 아티스트들은 자신의 디자인에 대해 마치 전문가가 만든 것처럼 멋진 광고를 만들 수도 있다. 또한, 아티스트들은 불과 몇 주 안에 다른 커뮤니티 멤버들의 조언을 구하면서 자신의 디자인을 완벽하게 만들어 나갈 수 있다. 그리고 디자인이 완성되면, 디자인에 접근할 수 있는 링크를 개인용 웹사이트나 그들이 자주 방문하는 온라인 디자인 포럼 또는 블로그에 올려서, 친구들에게 자신의 디자인에 대한 평가와 더불어 자신의 디자인이 선정되는 경우 구매해줄 것을 요청한다.[8] 실제 이러한 아티스트들은 스레드리스에 보내기 위한 티셔츠를 디자인하는 것뿐만 아니라 브랜드를 활용하면서 그 디자인에 대한 사전 마케팅 활동까지도 하는 셈이다. 디자인 결과물 평가에 참여하는 멤버 중 일부는 이러한 자신의 활동을 가장 최신 디자인을 탐색하고 학습하는 활동으로 여기기도 한다. 스레드리스는 다수의 고객이 인정한 티셔츠 디자인들에 대해서만 실질적으로 자금을 투입한다.

비즈니스 성과

이 회사는 선정된 디자인을 티셔츠에 프린트해서 디자인에 대해 경쟁하고 평가했던 바로 그 커뮤니티 멤버들에게 판매했다. 2008년까지 스레드리스는 1,000개의 디자인을 모두 온라인을 통해 확보했다.[9] 이 티셔츠들은 보통 매진된다. 이 회사는 전문적인 디자이너를 보유하고 있지 않고, 패션 사진기사나 모델 에이전시도 활용하지 않으며, 영업 직원도 없으며, 광고도 하지 않으며, 시카고에 있는 자신의 소매점을 제외하고는 다른 어떤 유통업체들도 가지고 있지 않다.[10] 스레드리스 커뮤니티의 멤버들은 디자인 결과물을 중심으로 서로 교제하고, 블로깅하며, 대화한다. 2007년, 이 회사의 티셔츠는 한 개에 약 4달러를 들여 만들었고, 15달러에 판매하였다.[11] 이 회사가 일주일에 판매하는 티셔츠 개수는 80,000~90,000개에 이르렀다.[12] 수익은 연 500%의 증가율을 보였다. 이 회사는 한때 자사에 관심을 보였으나 거절당한 타깃(Target)과 같은 대형 소매업체의 도움 없이, 이러한 모든 것들을 이루어 냈던 것이다.

왜 소매점이 필요했는가

스레드리스는 2007년 9월 시카고에서 처음으로 자신의 오프라인 매장을 오픈했다.[13] 스레드리스라는 온라인회사는 브릭앤모타르 비용을 피하면서 높은 이윤을 계속해서 내고 있는 상황에서 왜 오프라인 매장을 오픈했는가? 스레드리스는 여러 가지 이유를 제시했다.[14] 첫째, 이 회사는 스레드리스의 문화를 반영한 빌딩을 하나 갖고 싶었다. 디자인 수업을 제공할 수 있고, 스레드리스 아티스트들의 작품을 전시할 수 있고, 실제로 만나서 상호작용하고 비평할 수 있는 문화를 실현하고 싶었던 것이다. 둘째, 이 회사의 제품은 매주 바뀌었는데, 대부분의 소매상들은 그러한 변화를 관리할 수 있는 준비가 되어 있지 않았다. 셋째, 각각의 티셔츠 이면에는 사연과 그것을 만들어낸 사람이 있었기 때문에, 각각의 디자인들에 대한 아이디어가 어떻게 해서 나오게 되었는지, 그리고 그 디자인들이 어떻게 평가받고 선정되었는지 전달할 필요가 있었다. 디자인과 관련된 사연은 기존의 오프라인 소매할인점에서는 전달되지 않았다. 스레드리스는 자신의 매장을 통해 디자인 아티스트들 각각의 사연을 제공할 수 있었다. 이 회사가 업무를 개시한 이래 제작된 1,000여 개의 디자인 중 300여 개는 아직도 재고로 유지되고 있다. 이 회사는 20개의 디자인만 판매용으로 진열하고 있지만, 그 나머지들은 웹사이트에서 확인할 수 있다. 디자인들은 온라인에 앞서 오프라인 매장에서 먼저 출시된다.

다른 보유자산

스레드리스는 스키니코프(SkinnyCorp)라는 모회사가 있었는데, 이 모회사 역시 니켈, 디하트, 칼미코프에 의해 운영되었다. 2008년 6월 당시, 스키니코프에 속한 다른 사업 브랜드들로는 네이키드 앤 앤지(Naked and Angy), 예이 후레이(Yay Hooray), 엑스트라 테이스티(Extra Tasty) 등이 있었다.

주석

1   Brabham, D. C. (2008). Outsourcing as a model for problem solving: An introduction and cases. *Convergence: The International Journal of Research Into New Media Technologies*, 14(1), 75–90.
    Gilmour, M. (2007, November 26). Threadless: From clicks to bricks. *Business Week*.
2   Ogawa, S., & Piller, F. T. (2006). Reducing the risk of new product development. *MIT Sloan Management Review*, 47(2), 65–71.
3   Ogawa, S., & Piller, F. T. (2006). Reducing the risk of new product development. *MIT Sloan Management Review*, 47(2), 65–71.
4   Weingarten, M. (2007, June 18). 'Project Runway' for the T-shirt crowd. *Business 2.0 Magazine*.
5   Kawasaki, G. (2007). Ten questions with Jeffrey Kalmikoff, Chief Creative Officer of skinnyCorp/Threadless. Retrieved June 17, 2008, from blog.guykawasaki.com/2007/06/ten_questions_w.html
6   Chafkin, M. (2008, June). The customer is the company. *Inc. Magazine*. Retrieved July 21, 2008, from www.inc.com/magazine/20080601/the-customer-is-the-company.html
7   Boutin, P. (2006). Crowdsourcing: Consumers as creators. Retrieved June 26, 2008, from www.businessweek.com/innovate/content/jul2006/id20060713_755844.htm
8   Chafkin, M. (2008, June). The customer is the company. *Inc. Magazine*. Retrieved July 21, 2008, from www.inc.com/magazine/20080601/the-customer-is-the-company.html
9   Threadless Chicago. (2008). Retrieved June 17, 2008, from www.threadless.com/retail.
10 Chafkin, M. (2008, June). The customer is the company. *Inc. Magazine*. Retrieved July 21, 2008, from www.inc.com/magazine/20080601/the-customer-is-the-company.html
11 Weingarten, M. (2007, June 18). 'Project Runway' for the T-shirt crowd. *Business 2.0 Magazine*.
12 Kawasaki, G. (2007). Ten questions with Jeffrey Kalmikoff, Chief Creative Officer of skinnyCorp/Threadless. Retrieved June 17, 2008, from blog.guykawasaki.com/2007/06/ten_questions_w.html
13 Threadless Chicago. (2008). Retrieved June 17, 2008, from www.threadless.com/retail
14 Threadless Chicago. (2008). Retrieved June 17, 2008, from www.threadless.com/retail

징가[*]

서론

팜빌(FarmVille)과 마피아 워즈(Mafia Wars)와 같은 히트작으로 잘 알려진 소셜 비디오 게임업체, 징가(Zynga)는 2007년 페이스북을 통해 데뷔한 직후부터 3년간 2억 3,000만 명 이상의 누적 사용자를 기록했다.[1] 그러나 이러한 사용자 수보다도 더 놀라운 점은 이 회사가 침투한 고객층이 될 것이다. 2010년, 징가 게임 사용자들의 평균적인 특성은 43세 여성들로서 하루에 적어도 한 시간 이상 게임을 하는 것으로 분석된 바 있다. 이러한 특성은 전통적인 '게임 매니아'의 이미지와는 큰 차이가 있다.[2] 2010년 후반, 비공개회사인 징가에 대한 가치는 55억 달러로 추정되었는데, 업계에서 오래된 일렉트로닉 아츠(Electronic Arts)사의 평가 가치인 52억 달러를 능가하는 것이었다.[3] 2010년, 징가의 연수익은 약 5억 달러로 집계되었으며, 2012년에는 10억 달러가 될 것으로 예측되었다.[4] 징가는 고유한 줄거리나 인상적인 그래픽 또는 기존의 성공적인 비디오 게임에서 찾아볼 수 있는 전형적인 특성들도 없었는데, 어떻게 그렇게 빠른 속도로 업계의 최고가 될 수 있었는가?

---

[*] 이 사례는 Allan Afuah 교수의 지도하에 Shana Anderson, Christina Bosch, Fiona Huang, Deaniel Rich에 의해 작성되었으며, 단지 수업 토론 자료로 활용하기 위해 작성된 것이지, 경영을 잘했는지 못했는지를 기술하고자 하는 의도로 작성된 것이 아님을 밝혀둔다.

소셜 게임

소셜 게임은 온라인상에서 다수의 사용자들이 하는 게임을 의미한다. 일반적으로 이러한 게임들은 가상세계를 제공하고, 거기서 참가자들은 서로 다른 형상을 취한다. 이러한 형상이 새로운 경험을 쌓고 특정 임무를 완수하면, 그 참가자는 점수를 획득하고 더 높은 지위를 얻는다. 이러한 가상세계에서 참가자들은 사회적 상호작용을 통해 서로 협력적이거나 경쟁적인 관계를 형성한다. 소셜 게임의 공통적인 특징은 심지어 참가자가 퇴실하더라도 그 게임은 계속된다는 점이다. 이러한 지속성 때문에 사용자들은 이 게임이 어떻게 진행되고 있는지 보기 위해 조급한 마음으로 자주 로그인하게 되는데, 이와 같이 소셜 게임은 일반적인 비디오 게임보다 참가자들을 게임에 더욱 몰두하도록 만드는 경향이 있다.

소셜 게임의 역사

2010년경, '소셜 게임'은 빈번하게 페이스북이나 마이스페이스와 같은 소셜 네트워크들과 연계된 형태로 제공되고 있었는데, 실제 소셜 게임의 시작은 1970년대로 거슬러 올라간다. 당시 에식스대학교의 네트워크에서 처음으로 머드(multi-user dimension, MUD) 게임들이 시작되었다. 최초의 소셜 게임 중 온라인상에서 수많은 참가자들이 즐겼던 게임으로는 던전스 앤 드래곤스(Dungeons & Dragons)를 들 수 있다.[5] 이후 20여 년이 흐른 뒤, 수많은 사람들은 인터넷을 통해 월드 오브 워크래프트(World of Warcraft), 에버퀘스트(EverQuest), 리니지(Lineage) 등과 같은 게임을 즐겼는데, 이러한 게임은 다중 사용자 온라인 롤플레잉 게임(MMORPG)으로 불린다.

가장 인기 있었던 게임들의 주요 특징으로는 독창적이고 복잡한 줄거리 — 대개는 과학 소설이나 판타지 세계를 기반으로 한 — 를 들 수 있다. 참가자들은 게임의 멋진 그래픽과 맞춤화된 특성을 즐겼다. 소셜 게임의 전통적인 수익 모델은 설치 소프트웨어를 파는 것이었고(약 20달러), 이어서 온라인상에서 다른 사람들과 게임을 하기 위해 지불해야 하는 월사용료(13~15달러/월)를 받는 것이었다.[6] 참가자들은 종종 게임 회원 네트워크를 통해 친구를 사귀기도 했는데, 이러한 사회적 연결관계는 게임에서 중요한 요소로 작용하였다. 2010년, 블리자드 엔터테인먼트(Blizzard Entertainment)사가 개발한 월드 오브 워크래프트는 1,200만 명 이상의 가입자를 보유한 최고의 인기 MMORPG가 되었다.[7]

소셜 게임과 소셜 네트워크의 만남

2007년 1월, 마크 핀커스(Mark Pincus)는 소셜 비디오 게임회사인 징가(Zynga)를 세웠는데, 그 이름은 자신의 불독 이름인 징아(Zinga)에서 따온 것이다. 이 시점은 소셜 네트워크 서비스인 페이스북에서 새로운 가입자가 매일 100,000명씩 늘어나면서, 페이스북이 막 주류로 이동하고 있던 때였다.[8] 게다가 페이스북은 2007년 5월에 처음으로 '페이스북 플랫폼(Facebook Platform)'을 출시했는데, 이것은 징가와 같은 제3자가 페이스북의 소셜 네트워크를 대상으로 애플리케이션을 개발할 수 있도록 해주었다.[9] 당시 또 다른 경향으로는 온라인 도박의 인기가 상승하고 있었다는 점을 들 수 있다. 특히 포커스타스닷컴(PokerStars.com)이나 풀틸트닷컴(FullTilt.com)과 같은 포커 게임 사이트들이 인기가 있었는데, 이들의 특징은 실제 화폐와 모조 화폐 모두를 사용할 수 있었다는 점이다.[10]

징가는 첫 번째 게임인 텍사스 홀뎀(Texas Hold'Em)을 2007년에 출시했는데, 이 게임은 페이스북 플랫폼과 온라인 도박 추세와의 교차점에 있었다. 이 게임에서는 페이스북상의 친구들이 가상 화폐를 가지고 즐길 수 있었다. 징가는 참가자들이 게임 네트워크를 통해 다른 사람들을 만나는 MMORPG와는 달리, 이미 페이스북에서 연결되어 있는 사람들에게 게임을 제공했다. 핀커스는 페이스북을 칵테일 파티에 비유했는데, 칵테일 파티에는 친구들과 가족들이 주변에 있지만 이들과 딱히 할 일이 없었다는 것이다. 그래서 그는 이러한 사람들과 함께 게임을 하면서 상호작용할 수 있는 회사를 만들게 되었다는 것이다.[11]

징가는 참가자들이 페이스북 친구들을 게임에 참여시키도록 독려하였으며, 참여하면 보상을 해주었다. 페이스북 사용자들은 친구 중 한 명이 징가 게임을 하거나 그 게임에서 특정 레벨로 올라갈 때마다 스팸에 가까운 광고들을 무차별적으로 받았다. 이러한 광고 공세는 사람들이 온라인에서 함께 게임을 하고, 더 많은 사람들을 끌어들이고, 그 게임에 대해 얘기하고, 페이스북에 그들의 진행 상황을 게시하도록 고무시켰다.

어떤 게임에서는 참가자들이 협력하면, 즉 다른 친구를 도우면 포인트를 받을 수 있었다. 예를 들어, 팜빌에는 페이스북 친구들이 노동 작업을 돕거나 선물을 교환할 수 있는 '농장 이웃들'로 화면에 나타났다. 결과적으로 참가자는 친구들을 게임에 더 많이 참여시킬수록, 자신의 성과를 향상시키는 특별한 선물과 이점을 취할 수 있는 가능성이 더 높아졌다.

또한, 게임 사용자들은 실제 화폐를 가상 화폐로 환전하여, 자신의 지위 향상을 위해 사용할 수 있었다. 사용자들의 페이스북 화면에는 다른 참가자들이 성취한 내용들이 게시되었기 때문에, 이를 본 사용자들은 사회적 압박을 느껴서, 자신도 진도를 더 나가기 위해 실제 화폐를 사용하게 되었던 것이다.[12]

가상 거래

전통적인 비디오 게임들과는 달리 징가 게임들은 완전히 무료였다. 2010년 약 5억 달러로 추정되기도 했던 징가의 수익은 대체로 90%가 가상 제품 판매에서 나왔다.[13] 여기서 가상 제품이란 실제로 만질 수 없고 오직 게임 환경에서만 사용할 수 있는 아이템을 의미한다. 예를 들어, 팜빌에서 참가자들은 하나의 가상 농장을 관리했다. 여기서 참가자들은 그 농장에서 경작한 작물들을 추수함으로써 얻는 '농장 코인(farm coins)'을 축적했다. 작물은 미리 정해진 시간이 지난 후에만 수확할 수 있었다. 시간이 너무 많이 지나면 그 작물들은 시들어 쓸모없어진다. 그러나 참가자는 실제 돈을 사용하여, 그 작물들을 바로 회생시킬 수 있는 이중 날개 비행기를 구매할 수 있었다. 가상 제품들의 가격은 일반적으로 2~5달러로 저렴한 편이었다.[14]

어떤 이들에게는 이처럼 완전히 무형적인 제품에 실제 돈을 사용하는 것이 이해가 안 될 것이다. 그러나 일단 그러한 사람이라 해도 이 게임에 한번 몰입하기 시작하면, 가상 제품을 구입하는 것이 제2의 천성이 되어 버린다. 시장에서 가상 제품이 폭넓게 수용된 계기는 2010년 아메리칸 익스프레스가 자사의 멤버십 리워즈(Membership Rewards) 신용카드 소유자들이 그 카드의 포인트로 징가의 가상 제품들을 구매할 수 있도록 한 조치에서 찾아볼 수 있다.[15] 씨티 은행도 재빨리 땡큐 리워즈(Thank You Rewards)의 소유자들도 이렇게 할 수 있게끔 했다.[16] 그러자 이번엔 징가 쪽에서 씨티 카드 사용자들만 독점적으로 구매할 수 있는 가상 제품들을 만들어냈다.[17]

징가의 첫해 수익은 1억 달러로 추정되었는데,[18] 이로써 징가는 무형 제품들을 페이스북 사용자들에게 제공한 것이 매우 수익성이 좋은 기회였음을 입증했다. 2009년, 소셜 게임 시장의 규모는 8억 3,500만 달러에 달했다. 소셜 게임 회사들은 2010년을 16억 달러의 수익으로 마감했는데, 그 시장의 규모는 2011년까지 21억 달러로 40% 성장할 것으로 예측되었다.[19]

징가 게임의 특징

2007년, 텍사스 홀뎀의 성공적인 출시 이후, 징가는 2008년 6월엔 마피아 워즈(Mafia Wars), 2009년 6월엔 팜빌(FarmVille), 2009년 10월엔 카페 월드(Café World), 2010년 11월엔 시티빌(CityVille)과 같이 주요 블록버스터 게임들을 매년 연속적으로 출시하였다.[20] 이 외에도 다른 징가 게임들로는 트레저 아일랜드(Treasure Isle), 피쉬빌(FishVille), 프런티어빌(FrontierVille) 등을 들 수 있다. 사례 표 5.1은 2010년 페이스북상에서 제공된 징가 게임들의 상위 10개 순위를 보여주고 있다.

징가가 첫 번째 게임을 출시한 이후 채 3년이 지나기 전에, 이 회사는 20개의 게임을 더 출시했는데, 그 유형들은 퍼즐과 카드 게임에서부터 역할놀이 및 판타지 세계에 관한 게임에 이르기까지 매우 다양했다.[21] 이와 같이 풍부하고 다양하게 구성된 게임을 제공한 결과, 징가는 거대한 페이스북 세상을 통해 가치를 확보하는 데 유리한 위치를 점하게 되었다. 징가 게임들이 바탕을 둔 이해하기 쉬운 개념들―카드 게임하기, 농사짓기, 물고기 기르기와 같은―은 즉각적으로 어린아이들, 나이든 여성들, 그리고 일반적으로 비디오 게임을 하지 않는 많은 사람들에게까지 어필하고 있었다. 또한, 징가는 웹 기반의 게임들을 개발했는데, 이러한 게임들은 인터넷을 사용하고 소셜 네트워크 계정을 가진 모든 사람들을 목표 고객으로 설정했다. 이는 여타의 비디오 게임들이 제조업체에 특화된 게임 조정기, 장비, 소프트웨어를 구매한 젊은 남자들을 목표로 한 것과는 대비되는 점이다.

보도에 따르면 2010경 비디오 게임의 50%가 컴퓨터에서 수행되었고 12%가 모바일폰에서 수행되었다.[22] NPD 마켓 리서치(NPD Market Research) 그룹에 따르면, 2010년, 소셜 게임을 하는 미국인들은 5,680만 명 정도로 추산되었는데, 이는 6세 이상의 인구 중 1/5에 해당하는 수치였다.[23] 사례 표 5.2는 2010년 월간 사용자 기준으로 상위에 오른 온라인 게임들을 보여주고 있다.

놀랍게도 2010년, 페이스북 데이터들은 징가 사용자의 대부분이 중년의 여성들이라는 점을 밝혀주었다.[24] 또한, 미국과 영국에서 수행된 한 조사에서는 소셜 네트워크 게임 참가자들의 55%가 여성으로 드러났다.[25] 이러한 인구통계학적 변화는 페이스북 플랫폼에서 보아온 트렌드와 상당히 일치한다. 2009년에서 2010년까지의 페이스북 사용자들을 보면, 35세 이상의 사람들이 약 800만 명에서 거의 4,000만 명으로 늘어났으며, 모든 연령 집단에 걸쳐 여성의 수가 남성보다 많았다.[26] 게다가 징가의 사용자 중

가는 비디오 게임에서 볼 수 있는 특성이나 기능보다는 사용자들의 사회적 연결관계에 영향을 많이 받았다. 즉, 이는 사람들이 단순히 자신의 친구들이나 가족들이 그 게임을 하고 있다는 이유만으로, 본인도 그 게임을 시작하게 된 경우가 많았다는 것이다. 참가자 수는 사소한 것이 아니었다. 2010년, 팜빌 단독으로 월간 활성 사용자(monthly active users, MAU) 수가 8,000만 명을 넘었는데, 매월 증가되는 추세였다.[27]

모방 vs 혁신

아이러니컬하게도 징가는 가장 성공적인 온라인 비디오 게임 회사였음에도 불구하고, 전통적으로 게임 개발사들이 갖추고 있었던 중요한 두 가지 특성—독창성과 그래픽 디자인 역량—이 결여되어 있었다. 게임산업을 담당하는 어떤 애널리스트는 징가의 그래픽에 대해, "우리가 지금까지 이렇게 심미적인 경험에 무관심한 경우는 본 적이 없습니다."라고 언급한 바 있다.[28] 다른 비디오 게임들은 정밀하게 묘사하는 경향을 따르고 있는데, 징가 게임의 캐릭터들은 일반적으로 마치 만화 그림처럼 보였고 선명하지도 않았다.

　마찬가지로 징가는 '독창성'과는 거리가 멀었다. 이 회사가 도둑질하는 게임회사로 더욱 잘 알려져 있다는 사실에서 알 수 있듯이! 징가는 개발에 '마이크로소프트 접근법'(즉, 모방에 기초한 접근)을 사용했다는 이유로 종종 고발되기도 했는데, 징가는 이미 성공한 제품들을 찾아내서 그것들을 더 뛰어난 마케팅 및 유통 채널들을 활용하여 재창조하는 것을 자신의 전략으로 인정한 바 있다.[29] 사례 표 5.3은 징가의 성공적인 게임과 그 게임들이 바탕으로 삼았던 이전 게임들을 보여주고 있다. 경쟁자의 어떤 게임이 하나 출시되고 나면, 그 게임에 대한 징가의 버전이 출시되기까지 불과 채 몇 달이 걸리지 않은 경우도 종종 있었다.

　이러한 약탈적인 비즈니스 모델은 징가에게 효과적이었는데, 그 이유는 다른 게임의 사용자들이 단절성 없이 징가의 플랫폼으로 이전해 와서 비슷한 경험을 할 수 있었기 때문이다. 이러한 모델이 새로운 참가자들을 끌어들이는 데에는 유용했지만, 법적인 논쟁을 피해갈 수 없었다. 2009년, 징가는 몹 워즈(Mob Wars)를 만들어낸 데이비드 매스트리(David Maestri)로부터 소송을 당했는데, 그는 징가가 마피아 워즈로 자신의 저작권을 침해했다고 주장하였다.[30] 이 두 게임 모두 비슷한 등장인물과 인터페이스 그리고 전략을 사용하고 있었다. 이 소송은 법정 밖에서 1,000만 달러의 합의금으로 해결되었는데, 이 금액은 대략 징가의 7~10일치 수익에 해당했다.[31,32]

징가의 다른 게임들도 경쟁자들의 게임과 부정할 수 없는 유사성을 가지고 있었다. 한 지적재산 전문 변호사는 팜빌에 대해, "나는 그동안 소송이 없었다는 점에 깜짝 놀랐습니다. 왜냐하면 나에게는 팜빌이 팜 타운(Farm Town)을 베낀 것으로 보였기 때문입니다."라고 언급한 바 있다.[33]

어떤 내부자들은 징가의 CEO인 마크 핀커스가 지적재산 소송이 들어올 것을 충분히 예상했었고, 이러한 점을 고려하여 비즈니스 모델을 구축했다고 주장했다.[34] 이러한 주장의 근거들은 징가의 웹사이트에서 직접 찾아볼 수 있는데, 거기에서 징가는 선제적으로 경쟁자들에게 저작권 침해에 관해 어떻게 연락하면 되는지를 공지하였던 것이다. 이 페이지의 제목은 '저작권 공지 및 불만 제기'였는데, 여기서 징가는 잠재적 희생자들에게 그들의 권리에 대한 정보를 제공하였고, 지적재산 이슈와 관련해서는 징가의 대표 대리인에게 연락을 취할 수 있도록 안내했다.[35]

재정적인 측면에서 이러한 법적 이슈들은 징가에게 거의 제동을 걸지 못했다. 왜냐하면 오리지널 콘텐츠 생성자들은 일반적으로 법정 밖에서 합의할 가능성이 높은 소규모 업체들이었기 때문이다. 샌프란시스코 위클리(San Francisco Weekly)에 실린 한 기사는 익명의 징가 직원과의 인터뷰를 통해, 이 회사가 자신의 '성공 복제하기' 전략에 대해 수치심을 느끼고 있지 않으며, 프로그래머들은 종종 기존 게임들을 따라 하라는 당부를 받기도 한다는 사실을 보도한 바 있다. 그러나 징가의 직원들은 징가가 고의적으로 법을 위반한 것은 아니며, 다른 회사 게임들의 개념을 훔쳐서 특정 기법과 디자인을 흉내 내는 것만으로는 법률을 침해하는 행위가 되지 않는다고 주장했다.[36]

성장과 시장 포지션

징가는 게임이 출시되는 속도만큼이나 투자유치 실적도 빠르게 증가시켰다. 징가의 첫 번째 투자유치는 2008년 초 1,000만 달러로 시작되었고, 그 해 후반 클라이너 퍼킨스(Kleiner Perkins)로부터 2,800만 달러의 두 번째 투자유치가 성공적으로 이루어졌다.[37] 2009년엔 디지털 스카이 테크놀로지즈(Digital Sky Technologies)를 비롯하여 앤드리센 호로위츠(Andreessen Horowitz)를 포함한 여러 회사로부터 1억 8,000만 달러의 세 번째 투자유치를 이루어냈는데, 이러한 투자는 징가를 빠르게 성장시킨 반면, 잠재적 경쟁자들은 예전만 못한 수준에 머무르도록 만들었다.[38] 또한, 2010년 9월에는 구글이 징가에 1~2억 달러를 투자했다는 소문이 돌기도 하였다.[39] 2010년에 징가가 투자받은 금액은 소프트뱅크의 투자금과 합쳐서 적어도 3억 달러에 이르는 것으로 추정된 바 있

으며, 이로써 이 회사가 그때까지 투자받은 총액은 5억 1,900만 달러로 기록되었다.[40]

징가는 여러 차례의 투자유치 덕분에 더 많은 프로그래머들을 채용할 수 있었고, 보다 공격적으로 광고를 할 수 있었다. 2010년엔 직원들의 수가 전년의 775명보다 4배나 늘었다.[41] 징가의 전략은 새로운 게임이 출시될 때마다 수백만 달러를 투자하여 소셜 미디어에 광고를 하는 것이었다. 대량의 징가 광고는 경쟁자들을 더욱 어렵게 만들었다.

징가는 시장 경쟁을 더욱 제한하기 위해 성장 전략에 여러 회사를 인수하는 것을 포함시켰다. 징가는 2008년에 YoVille을 사들였고, 2010년엔 Serious Business(소셜 게임 개발업체), ZPD Media(중국 소셜 게임회사), Challenge Games(소셜 게임 회사), Bonfire Studios(PC 및 Xbox 360 게임 개발업체), Unoh(일본의 선두적인 소셜 게임 개발업체), Conduit Labs(소셜 게임 회사), NEWTOY(개발업체)를 대상으로 인수작업을 가속화했다.[42] 사례 표 5.4는 페이스북을 기반으로 한 상위 10개의 게임 개발업체를 보여주고 있는데, 여기서 징가는 시장의 50% 이상을 점유하고 있음을 알 수 있다. 한편, 플레이돔(Palydom)과 슬래시키(Slashkey)와 같은 경쟁자들이 10% 이하의 점유율을 보이는 가운데, 예전에 시장의 주도 업체였던 일렉트로닉 아츠는 12%의 점유율을 보이고 있다.

징가와 페이스북

징가는 주로 페이스북을 기반으로 한 다중 참가자 게임들을 출시했다. 또한, 징가는 자신의 비즈니스 영역을 확장하기 위한 여러 시도 중 하나로서, 자신의 유통채널을 아이폰과 안드로이드 세계뿐만 아니라 마이스페이스, 야후, 베노, 하이파이브 등으로도 확장하였다. 그러나 징가의 고객 증가에 결정적인 역할을 한 주요 채널은 바로 5억 명에 달하는 페이스북 사용자 네트워크였다.

페이스북은 징가에게 중요한 마케팅 채널임이 판명되었다. 시티빌을 출시한 지 채 2주도 되지 않아, 징가의 경영진은 페이스북상에서 1,700만 명의 사람들이 이 게임을 했다고 발표한 바 있다.[43] 비교를 해보면 시티빌이 출시되고 14일이 지났을 때, 그 사용자 수는 월드 오브 워크래프트의 6개월 누적 사용자 수보다 500만 명이나 더 많았다.[44] 마크 핀커스는 2010년 기자회견에서 "2007년 플랫폼을 개방한 페이스북은 선구자였습니다. 그리고 그로부터 딱 3년이 지나자 페이스북의 수천만 명이 팜빌과 카페월드부터 트레저 아일랜드와 마피아 워즈에 이르기까지 우리 게임을 매일같이 사용하고 있죠."라고 말했다.[45]

징가는 페이스북의 사용자 기반에 대한 대가로 페이스북에게 광고 수익을 제공했다

(매달 약 800만 달러).[46] 페이스북은 자신도 징가의 가상 제품에 대한 수익의 일부를 갖고 싶어 했는데, 이를 위해 페이스북은 징가 게임 참가자들이 페이스북에서만 통용되는 가상 화폐인 페이스북 크레디츠(Facebook Credits)로 가상 제품들을 구매하도록 함으로써, 그 수익의 일부를 확보하는 계획을 세웠다.[47] 이러한 새로운 서비스로 인해 페이스북은 페이팔과 경쟁하게 되었다.[48] 징가는 페이팔의 두 번째로 큰 고객이었기 때문에(이베이 다음으로), 이러한 움직임은 징가를 매우 불편한 상황에 놓이도록 만들었다. 어떤 이들의 추측에 따르면, "징가와 페이스북 간의 상호 의존관계가 바로 5년간의 파트너십과 징가 게임들에 대한 페이스북 크레디츠 사용을 천명한 2010년 5월의 발표가 나오게 만든 이유"이다.[49] 이러한 협약을 통해 페이스북은 징가의 가상 제품 수익의 30%까지 수익을 얻게 된 것으로 추정된다.[50]

징가에게 일어날 수 있는 문제

징가는 세계에서 최고인 것으로 보였지만, 징가 게임들에 대한 중독성에 관해 부정적인 언론매체들은 이 회사의 성공에 가려진 어두운 이면들에 대해 보도하기 시작했다. 2010년 10월, 22세의 젊은 엄마였던 Alexandra Tobias는 팜빌 게임에 빠져, 아기였던 아들 Jacksonville이 그녀를 방해하자 총으로 쏴 죽였다.[51] Tobias는 자신의 범행을 인정했는데, 이는 징가 게임 때문에 발생한 비극이었다.[52] 이와 비슷한 사례가 2001년 1월에 또 보도된 바 있는데, 또 다른 엄마 Shannon Johnson은 징가의 카페 월드를 하느라 1세 아들이 욕조에 빠져 죽어가고 있는데도 내버려 두었던 것이다.[53] 이와 같은 비극적이고 극단적인 사례를 들며, 언론매체들은 소셜 게임 중독의 심각성을 강조했고, 징가의 장점들에 대해서 많은 의구심을 제기했다.

징가와 관련된 또 다른 이슈로는 지적재산 문제를 들 수 있다. 그러나 이번엔 언론매체들이 소송의 한 측면에 자신들이 서 있음을 발견하게 되었다. 2010년, 징가는 플레이돔(Palydom)이라는 스타트업 회사를 불공정 경쟁으로 고소하였는데, 그 이유는 이회사가 징가의 이전 직원들을 고용하여 그들에게 영업비밀을 털어놓으라고 요구했다는 것이다.[54] 최고의 훔치기 회사로 알려진 징가는 이제 자신의 지적재산권을 보호해야 하는 입장에 선 것이다.[55]

결론

징가는 딱 3년 만에 소셜 게임 시장에 폭풍을 몰고 왔다. 4,500만 명 이상의 일일 활성 사용자들 그리고 치솟는 추정 수익으로, 징가는 소셜 게임이라는 새로운 영역에서 리더의 위치를 구축하였다.[56] 이 회사의 성공에는 이슈들도 함께했다. 경쟁자들은 표절을 주장했고, 페이스북 사용자들은 엄청난 양의 징가 광고 폭격으로 고통을 받았다. 이에 대해 페이스북 사용자들은 "나는 당신의 농장이나, 당신의 물고기, 또는 당신의 공원, 또는 당신의 마피아에는 관심 없어요!"와 같은 그룹을 만드는 것으로 대응하였다.

징가는 향후 어떻게 다른 기업들이 자신의 성공을 복제하지 못하도록 할 수 있겠는가? 페이스북은 룰을 바꾸어 징가의 중요한 유통채널을 제한하게 될 것인가? 징가는 중독된 사용자들의 잘못된 행동으로 비난받게 될 것인가?

사례 표 5.1 페이스북상의 징가 게임 10순위

게임	월간 활성 사용자	적극 사용자	출시일	애플리케이션 평가 (5점 만점)
Farm Ville	74,806,786	16,022,479	2009. 6. 19	4.1
Café World	30,304,588	4,228,008	2009. 10	3.1
Fish Ville	24,488,757	24,924,751	2009	3.7
Zynga Poker	24,810,241	1,505,323	2007. 9	4.0
Mafia Wars	24,174,812	1,594,810	2008. 6	3.8
PetVille	17,970,006	2,360,821	2009. 12	4.2
YoVille	14,872,748	3,391,251	2008 (인수됨)	3.6
Roller Coaster Kingdom	7,822,440	2,028,684	–	2.6
Vampire Wars	3,184,952	463,454	–	3.8
Street Racing	1,144,774	120,921	2010. 11. 30(중단됨)	3.6

출처 : Top 10 Zinga Games on Facebook. Weblog post. Retrieved from : www.associatedcontent.com/article/2634521/top_10_zynga_games_on_facebook.html?cat=19. January 26, 2010. Web; Zynga.com; and insidesocialgames.com; engagedigital.com

사례 표 5.2 2010년 온라인 게임 10순위(월간 활성 사용자 기준)

게임	개발업체	순위	월간 활성 사용자(백만)
FarmVille	Zynga	1	83.2
Café World	Zynga	2	30.3
Texas Hold'Em	Zynga	3	39.7
Mafia Wars	Zynga	4	25.3
Happy Aquarium	CrowdStar	5	23.3
FishVille	Zynga	6	22.1
PetVille	Zynga	7	21.2
Pet Society	Electronic Arts	8	19.7
Restaurant City	Electronic Arts	9	16.0
Country Life	Country Life	10	9.3

출처 : www. secondshares.com/wp-content/uploads/2010/04/Zinga-Report.pdf

사례 표 5.3 징가의 인기 게임과 그 게임이 모방한 이전 게임

징가 게임	경쟁 게임
이름 : Mafia Wars 개발업체 : Zynga 사용자 수 : 23,256,287 출시일 : 2008. 11	이름 : Mob Wars 개발업체 : Psycho Monkey 사용자 수 : 1,205,879 출시일 : 2008. 9
이름 : FarmVille 개발업체 : Zynga 사용자 수 : 74,008,714 출시일 : 2009. 6	이름 : Farm Town 개발업체 : Slashkey 사용자 수 : 14,104,459 출시일 : 2009. 4
이름 : FishVille 개발업체 : Zynga 사용자 수 : 24,460,783 출시일 : 2009. 11	이름 : Fish World 개발업체 : TallTree Games 사용자 수 : 7,607,655 출시일 : 2009. 10
이름 : Café World 개발업체 : Zynga 사용자 수 : 29,967,961 출시일 : 2009. 9	이름 : Restaurant City 개발업체 : Playfish 사용자 수 : 15,009,117 출시일 : 2009. 4
이름 : PetVille 개발업체 : Zynga 사용자 수 : 17,044,083 출시일 : 2009. 12	이름 : Pet Society 개발업체 : Playfish 사용자 수 : 20,042,566 출시일 : 2008. 9

출처 : Nick Saint. Zynga's secret to success : steal great ideas! Business Insider.January 19, 2010.

사례 표 5.4　페이스북상의 게임 개발업체 10순위

개발업체	월간 활성 사용자(백만)	순위
Zynga	237.1	1
Electronic Arts	53.3	2
CrowdStar	49.2	3
Playdom	37.1	4
Rock You(Games)	23	5
Mindjolt Games	21.4	6
Pop Cap Games	10.7	7
Slashkey	9.6	8
Country Life	9.3	9
Meteor Games	v7.6	10

출처 : Lou Kerner, Eli Halliwell, and Jay Gould for Track. com and SecondShares.com.April, 2010. Retrieved from : www.secondshares.com/wp-content/uploads/2010/04/Zynga-Report.pdf

주석

1　McGarvey, Robert. Zynga draws record VC funding. June 28, 2010. Retrieved from: www.internetevolution. com/author.asp?section_id=852&doc_id=193697&f_src=internetevolution_gnews

2　2010 Social gaming research. *PopCap Games: Information Solutions Group*. Retrieved from: www. infosolutionsgroup.com/2010_PopCap_Social_Gaming_Research_Results.pdf

3　Levy, Ari. Zynga tops electronic arts as social games spread. *Bloomberg Businessweek*. October 26, 2010. Retrieved from: www.businessweek.com/news/2010-10-26

4　Zynga $5 billion valuation: BUY – Early Leader in Social Gaming is Printing Money. *Second Shares*. April 6, 2010. Retrieved from: www.secondshares.com/2010/04/06

5　Mulligan, Jessica, & Patrovsky, Bridgette (2003). *Developing Online Games: An Insider's Guide*. New Riders. p. 444.

6　Retrieved from: www.costhelper.com

7　World of warcraft subscriber base reaches 12 million worldwide. October 7, 2010. Retrieved from: http://us.blizzard.com/en-us/company/press/pressrelease.html?101007

8　Arlington, Michael. Facebook launches Facebook Platform; They are anti-MySpace. *Tech Crunch*. May 24, 2007. Retrieved from: http://techcrunch.com/2007/05/24

9　Arlington, Michael. Facebook launches Facebook Platform; They are anti-MySpace. *Tech Crunch*. May 24, 2007. Retrieved from: http://techcrunch.com/2007/05/24/

10　Crowson, Arthur. Millions hooked on Facebook Hold 'em. *PokerListings*. Retrieved from: www.poker listings.com/millions-hooked-on-facebook-holdem-4406512.

11　Inside Zynga: Now the creators of CityVille. *ABC Nightline Exclusive Interview*. Retrieved from: http://abcnews.go.com/Nightline/inside-zynga-creators-farmville/story?id=12169767

12　Kohler, Chris. Farm wars: How Facebook games harvest big bucks. *Wired*. May 19, 2010. Retrieved from: www.wired.com/gamelife/2010/05/farm-wars/3

13　Sherman, Chris. Pincus says no IPO for Zynga. *Engage Digital*. April 22, 2010. Retrieved from: www.engagedigital.com/2010/04/22

14　Buckman, Rebecca. Zynga's gaming gamble. *Forbes Magazine*. November 16, 2009.Retrieved from:

www.forbes.com/forbes/2009/1116/revolutionaries-technology-social-gaming-farmville-facebook-zynga.html

15 Morrison, Chris. American Express offers Zynga virtual goods as a member reward. *Inside Social Games.* November 30, 2010. Retrieved from: www.insidesocialgames.com/2010/11/30

16 Ashby, Alicia. Citi adds Zyngs Virtual Goods to Thank You Rewards. *Engage Digital.* December 7, 2010. Retrieved from: www.engagedigital.com/2010/12/07

17 Ashby, Alicia. Citi adds Zynga virtual goods to thank you rewards. *Engage Digital.* December 7, 2010. Retrieved from: www.engagedigital.com/2010/12/07

18 Crowson, Arthur. Millions hooked on Facebook Hold 'em. *PokerListings.*Retrieved from: www.pokerlistings.com/millions-hooked-on-facebook-holdem-44065

19 Helft, Miguel. Virtual goods expected to grow by 40% next year study says. *New York Times.* September 28, 2010. Retrieved from: http://bits.blogs.nytimes.com/2010/09/28/virtual-goods-expected-to-grow-by-40-percent-next-year-study-says

20 Zynga. Retrieved from: www.zynga.com/about/timeline.php

21 Zynga. Retrieved from: www.zynga.com/games/

22 2010 social gaming research. *PopCap Games: Information Solutions Group.* Retrieved from: www.infosolutionsgroup.com/2010_PopCap_Social_Gaming_Research_Results.pdf

23 NPD Group. 20 percent of the population, or 56.8 Million U.S. consumers, reports having played a game on a social network. *Press Release.* August 23, 2010. Retrieved from: www.npd.com/press/releases/press_100823.html

24 Shipman, Claire, Kelly Hagan and Suzan Clarke. Betting the farm: FarmVille soars in popularity. *ABC Good Morning America.* September 6, 2010.Retrieved from: http://abcnews.go.com

25 2010 social gaming research. *PopCap Games: Information Solutions Group.*Retrieved from: www.infosolutionsgroup.com/2010_PopCap_Social_Gaming_Research_Results.pdf

26 Retrieved from: www.istrategylabs.com/2010/01/facebook-demographics-and-statistics-report-2010

27 Retrieved from: www.socialtimes.com

28 Jamison, Peter. FarmVillians: Steal someone else's game. Change its name. Make millions. Repeat. *San Francisco Weekly.* September 8, 2010. www.sfweekly.com/2010-09-08/news

29 Saint, Nick. Zynga's secret to success: Steal great ideas!" *Business Insider.* January 19, 2010. Retrieved from: www.businessinsider.com/how-zynga-is-just-like-microsoft-2010-1?slop=1

30 Jamison, Peter. FarmVillains. *San Francisco Weekly.* September 8, 2010. www.sfweekly.com/2010-09-08/news/farmvillains/2

31 Ashby, Alicia. Zynga and Playdom settle lawsuit. *Engage Digital.* November 23, 2010. Retrieved from: www.engagedigital.com/2010/11/23/zynga-and-playdom-settle-lawsuit

32 Carlson, Nicholas and Kamelia Angelova. Chart of the day: FarmVille-maker Zynga's revenues reach $600 million fueled by social obligation. *Business Insider.* April 26, 2010. www.businessinsider.com/chart-of-the-day-monthly-active-users-of-various-widgets-on-facebook-2010-4

33 Jamison, Peter. FarmVillains. *San Francisco Weekly.* September 8, 2010. Retrieved from: www.sfweekly.com/2010-09-08/news/farmvillains/2

34 Jamison, Peter. FarmVillains. *San Francisco Weekly.* September 8, 2010. Retrieved from: www.sfweekly.com/2010-09-08/news/farmvillains/2

35 Retrieved from: www.zynga.com/about/dmca.php

36 Jamison, Peter. FarmVillains. *San Francisco Weekly.* September 8, 2010. Retrieved from: www.sfweekly.com/2010-09-08/news/farmvillains/2

37 Zynga Blog »2008» July. *Zynga Blog.* Web. December 16, 2010. Retrieved from: http://zblog.zynga.com/?m=200807

38 Zynga. Retrieved from: www.zynga.com/about/timeline.php

39 Kushner, David. Why Zynga's success makes game designers gloomy. *Wired Magazine.* September 27, 2010. Retrieved from: www.wired.com/magazine/2010/09/pl_games_zynga/

40 O'Dell, Jolie. Startups that bucked the recession. *Forbes.com.* August 31, 2010. Retrieved from: www.forbes.com/2010/08/31/groupon-zynga-twitter-technology-startups.html

41 MacMillan, David. Zynga and Facebook. It's complicated – BusinessWeek. *BusinessWeek.* April 22, 2010. Retrieved from: www.businessweek.com/magazine/content/10_18/b4176047938855.htm

42 Zynga Press Room and Zynga Blog. Retrieved from: www.zynga.com/about/blog.php

43 Winda, By. Zynga's new Strategy Turns CityVille into boom town. *Technology.* December 14, 2010. Retrieved

from: http://technolog.msnbc.msn.com/_news/2010/12/14/5649599-zyngas-new-strategy-turns-cityville-into-boom-town

44 World of warcraft subscriber base reaches 12 million worldwide. October 7, 2010. Retrieved from: http://us.blizzard.com/en-us/company/press/pressrelease.html?101007

45 Facebook and Zynga enter into five year partnership, expand use of Facebook credits. *TechCrunch.* May 18, 2010. Retrieved from: http://techcrunch.com/2010/05/18/facebook-and-zynga-enter-into-five-year-partnership-expand-use-of-facebook-credits

46 MacMillan, David. Zynga and Facebook. It's Complicated. *BusinessWeek.* April 22, 2010. Retrieved from: www.businessweek.com/magazine/content/10_18/b4176047938855.htm

47 McGarvey, Robert. Zynga draws record VC funding. June 28, 2010. Retrieved from: www.internetevolution.com/author.asp?section_id=852&doc_id=193697&f_src=internetevolution_gnews

48 Facebook now takes PayPal. *TechCrunch.* February 18, 2010. Retrieved from: http://techcrunch.com/2010/02/18/facebook-now-takes-paypal

49 Facebook and Zynga enter into five year partnership, expand use of facebook credits. *TechCrunch.* May 18, 2010. Retrieved from: http://techcrunch.com/2010/05/18/facebook-and-zynga-enter-into-five-year-partnership-expand-use-of-facebook-credits

50 McGarvey, Robert. Zynga draws record VC Funding. June 28, 2010. Retrieved from: www.internetevolution.com/author.asp?section_id=852&doc_id=193697&f_src=internetevolution_gnews

51 Jacksonville mom shakes baby for interrupting FarmVille, pleads guilty to murder. *Jacksonville.com.* October 27, 2010.

52 Jacksonville mom shakes baby for interrupting FarmVille, pleads guilty to murder. *Jacksonville.com.* October 27, 2010.

53 Shannon Johnson admits playing Facebook game as son drowned. *Huffingtonpost.com.* January 14, 2011. Retrieved from: www.huffingtonpost.com/2011/01/14/shannon-johnson-facebook-game_n_809170.html

54 Ashby, Alicia. Zynga and Playdom Settle Lawsuit. *Engage Digital.* November 23, 2010. Retrieved from: www.engagedigital.com/2010/11/23/zynga-and-playdom-settle-lawsuit

55 Ashby, Alicia. Zynga and Playdom settle lawsuit. *Engage Digital.* November 23, 2010. www.engagedigital.com/2010/11/23/zynga-and-playdom-settle-lawsuit

56 Parr, Ben. Zynga has more than 45 million daily active users. December, 2010. *Mashable/Social Media.* Retrieved from: http://mashable.com/2010/12/09/zynga-has-over-45-million-daily-active-users

미니트클리닉

서론

앰버(Amber)는 인후염으로 잠에게 깨어났지만 일하러 가야 했다. 그녀는 연쇄상구균에 감염되었을까 염려되어 주치의 사무실에 전화를 했지만, 자동응답기에서는 오전 8시 이후에 전화를 다시 해서 약속을 잡으라는 메시지만 흘러 나왔다. 그녀는 결국 접수담당자를 찾아가 5분을 얘기한 끝에, 가장 빨리 진료받을 수 있는 시간이 4주 후라는 것을 알게 되었다. 그때면 그녀의 병이 진정될 수도 있고, 또는 악화될 수도 있을 것이다. 사소한 증상만으로 응급실을 간다는 것은 돈도 너무 많이 들고 불필요한 선택이라 생각되었다. 그러나 당시 그녀의 상태가 항생제나 어떤 다른 처방으로 치료될 수 있었던 상황이라면?

2010년 당시 앰버의 경험은 미국 시람들이 일반적으로 겪어야 하는 의료 절차 때문에 발생하는 전형적인 불편함을 보여주고 있다. 비록 약속이 잡히더라도 한두 시간 기다리는 것은 다반사다.

그래서 사람들이 '소형진료소(mini-clinic)'—예약 없이도 직접 방문할 수 있고, 사소한 질병은 저렴한 비용으로 치료할 수 있는 곳—에 열광하게 되었던 것이다. 이러한 새로운 형태의 병원은 'in-store' 병원, 'walk-in' 병원, 'retail' 병원, 'convenience care' 병원, 'onsite' 병원, 'McClinics'와 같은 이름으로도 알려져 있는데, 이러한 병원들은 환자들의 불만스러운 경험을 상당 부분 해결해주었다.

소형진료소

각각의 소형진료소는 의사가 아니라 임상간호사나 진료보조인력(physician assistant, PA) 한 명이 일한다. 예약이 필요 없으며 진료비는 보험으로 처리된다. 사람들은 감기, 중이염, 인후염, 기관지염, 또는 발진 등과 같은 경미한 증상들에 대해 치료받을 수 있다. 또한 이러한 병원들은 예방접종과 건강검진을 해주기도 한다. 임상간호사들은 정기적인 차트 검토, 상담, 임상시험계획서 등을 통해 의료 행위에 대한 관리감독을 받는다. 일반 병원과는 달리 소형진료소는 심각한 질병이나 상처는 치료하지 않는다. 전문적인 진료—엑스레이, 부러진 뼈 고정, 수술 등과 같은—가 필요한 문제들은 보다 장비가 잘 갖추어진 응급실이나 응급센터에서 다루어진다.

의료 서비스에 대한 비용은 투명한데, 웹사이트와 진료소 벽에 게시되어 있다—마치 패스트푸드점에서 볼 수 있는 것과 같이. 한 번 방문에 기본 의료비가 평균 50~60달러인데, 이는 대부분의 미국인들이 주치의를 만나는 데 드는 비용의 절반 이하이며, 응급실 비용의 1/4에도 채 못 미치는 비용이다. 소형진료소는 의사들에게 직접적인 경쟁 대상이 아니고, 오히려 의사들과 협업 관계를 가지고 있는 것으로 볼 수 있다. 소형진료소의 서비스 범위를 넘어서는 상황이 생기면, 가까운 지역의 의사를 소개해준다. 소형진료소는 환자나 의사에게 제공할 수 있는 전자기록을 보유하고 있다. 주치의가 없는 환자들은 새로운 환자들을 받는 이웃 의사들의 리스트를 제공받는다.

장소와 시간

소형진료소들은 일반적으로 약국, 식료품점, 대형할인매장, 회사 건물, 공항 등에 위치하고 있다.[1] 약국에 위치한 진료소들은 환자들이 같은 장소에서 처방전의 약을 구입할 수 있다는 장점이 있다. 소매점에 위치한 진료소들은 환자가 방문한 김에 심부름까지 해결할 수 있게 해주는 장점이 있다. 환자가 기다려야 하는 경우에는 무선 호출기를 주는데, 이것을 통해 차례가 되면 알려준다.

대부분의 소형진료소들은 주중엔 하루에 12시간 동안 문을 열며, 주말엔 8시간 동안 문을 연다. 즉, 소형진료소들은 일반 병원이 근무하는 시간과 동일한 시간 동안 문을 열며, 일반 병원에서 제공하는 서비스의 일부만을 제공한다. 소형진료소를 오픈하기 위해서는 CAT 스캔, MRI, 초음파 장비 등과 같은 고가의 전문 장비들 대신에, 기존의 매장 공간에 저가 컴퓨터, 진단 소프트웨어, 대여 가구들만 들여놓으면 된다. 소형진료소들은 보통 14m² 이하의 공간에서 업무를 한다.[2] 별도의 제한 공간을 만들기 위한 벽 등과 같이, 건물에 특별한 구조물을 추가하거나 건물 구조 자체를 변경할 필요도 없다. 2007년, 소형진료소 하나를 오픈하는 데 드는 비용은 75,000~100,000달러 정도밖에 들지 않는 것으로 집계된 바 있다.[3]

고객 반응

여러 조사를 통해 밝혀진 바로는 기존의 주치의나 응급실을 이용하는 것보다 소형진료소를 이용하는 비용이 상당히 저렴하다는 것을 다수의 환자들이 이미 알고 있다. 어떤 조사에 따르면 다섯 가지 일반적인 질병(인후염, 요로 감염, 중이염, 결막염, 축농증)으로 소형진료소를 방문하는 경우에 드는 비용은 주치의를 내방하는 것보다 51달러가 저렴하고, 응급실에 가는 것보다는 279달러가 저렴한 것으로 나타난 바 있다.[4] 또한 2009년, *Annals of Internal Medicine*에 발표된 또 다른 조사에서는 요로 감염, 인후염, 중이염에 대한 진료비용과 품질을 비교한 바 있는데, 진료비가 일반 병원에서는 166달러, 응급센터에서는 156달러, 응급의학과에서는 570달러가 드는 반면, 소형진료소에서는 110달러가 든다는 것이다.[5] 의료서비스 품질 면에서는 소형진료소가 63.6점인 데 반해, 일반 개인병원은 61, 응급센터는 62.6, 응급의학과는 55.1로 조사되었다.[6]

2009년 딜로이트 건강 센터(Deloitte Center for Health Solutions)의 보건의료 소비자 조사에 따르면, 응답자의 12%가 지난 1년간 소형진료소를 이용한 적이 있으며, 30%는 소형진료소 진료비가 주치의를 만나는 것보다 저렴하다면 앞으로 이용할 의사가 있다고 응답했다.[7]

당연히 많은 사람들, 특히 보험이 없는 사람들은 소형진료소를 선호했다. 보험회사들 또한 소형진료소를 좋아했는데, 왜냐하면 보험회사 입장에서는 개인 병원이나 대형 병원에 비해 비용이 덜 들었기 때문이다. 일부 보험사들은 지정된 소형진료소를 이용한 가입자들에게는 기본 의료비를 줄여주기까지 하였다. 2008년, 미네소타 지역의 의료보험 조합인 미네소타 블루 실드(Blue Shield of Minnesota)는 주치의 대신 소형진료소를 이용하는 것이 고용주와 보험사 모두에게 경제적으로 이득이라는 점을 깨닫고, 보험 가입자가 소형진료서를 이용하는 경우 기본 의료비를 감면해주었다.[8] 소형진료소가 시간과 돈 모두를 절감해주기 때문에 많은 고용주들도 수형진료소를 좋아했다. 사실 직원의 건강관리 비용이 상승함에 따라, 일부 기업들은 소형진료소를 자신의 직원들이 있는 곳에 유치하기 시작했다.

반대

실제 소형진료소들은 투명한 가격, 저렴한 비용, 편의성, 현장 약국, 전자의무기록 (electronic medical record, EMR) 등을 포함한 많은 장점을 가지고 예측 가능한 서비스를 제공했다. 그러나 특히 이름 있는 의료 단체 등은 여전히 소형진료소에 대해 회의적인 입장을 견지하고 있다. 의사들로 구성된 미국의학협회(American Medical Association, AMA)는 사소하게 보이는 증상이 실제로는 심각한 문제가 있음을 알려주는 단서가 될 수 있기 때문에, 이를 임상간호사들이나 진료보조인력들의 손에 맡길 수 없다고 주장했다. 심지어 어떤 이들은 약국이 딸린 소형진료소에서 임상간호사들이 약 매출을 부추기기 위해 불필요한 약들을 처방하고 인센티브까지 받는다고 주장했다. 일부 주들의 규제기관들은 소형진료소가 안전하고 효과적인 진료에 대한 '타협물'이라 판단하고, 그러한 진료소를 허가하지 않거나 활동 범위를 제한했다. 2010년, 소형진료소들은 32개 주에서만 운영되었다.

그러나 일부 대형 병원들은 소형진료소를 위험한 것으로 생각하기보다는 자신들의 비용을 절감할 수 있는 도구로 보았다. 법에 따르면 응급실은 보험이 없는 환자들을 되돌려 보낼 수 없다. 특히 이러한 환자들의 상태가 응급실의 치료와 자원까지 필요로 하지 않은 경우에는 소형진료소를 통해 해결할 수 있다는 점에서, 그들에게 소형진료소는 유용한 도구가 될 수 있었다.

파괴적 혁신? 미국에서의 보건의료

추정에 의하면 미국에서는 2009년에 보건의료 분야에서 GDP의 17.3%인 2조 5,000억 달러(인당 8,047달러)가 지출되었는데, 이는 2008년에 비해 6.8%가 증가한 수치다. 그럼에도 불구하고 세계보건기구의 보고에 따르면, 서비스의 품질은 세계에서 최고가 아니라는 것이다. 사례 표 6.1은 미국의 보건의료 지출 분포를 보여주고 있다. 어떤 이들은 미국에서 의료비 상승에 대한 우려가 증가하고 있다는 점을 지적하면서, 소형진료소와 같이 새롭고, 비싸지 않은 혁신물이 바로 해결책이라고 주장한 바 있다. 소형진료소와 같은 혁신물뿐만 아니라 제너럴 일렉트릭의 1,000달러짜리 휴대용 심전도기와 15,000달러의 PC 기반 초음파 검사기와 같은 혁신물들은 모두 비용 절감에 대한 강한 열정을 갖게 만들었다. 이에 따라 병원 신설 건수의 감소 추세가 멈춘 것으로 보인다. 2009년 7월 미국에는 1,107개의 소형진료소가 있는 것으로 집계되었는데, 이는 그 이전 해의 960개와는 대비되는 수치이다.[9] 사례 표 6.2는 2006년 이후 미국에서 개업한 소형진료소들의 수를 보여주고 있다.

미니트클리닉

최초의 미니트클리닉(Minute Clinic)은 공시적으로 퀵메드(QuickMedx) 센터로 알려져 있는데, 이것은 2000년 5월 미니애폴리스 거리의 세인트 폴 지역에 있는 클럽 푸즈라는 상점에서 문을 열었다. 이 이름에 대한 아이디어는 공동 창업자인 릭 크리거(Rick Krieger)가 1년 전 아픈 아들을 미니애폴리스에 있는 응급센터로 데리고 갔을 때 떠오른 것이었다. 그때 그의 아들은 패혈성 인후염 검사를 받기 위해, 겨울 주말에 두 시간이나 기다려야 했다. 2002년, 릭과 그의 공동 창업자인 더글라스 스미스(Douglas Smith)(MD)와 스티브 폰티어스(Steve Pontius), 그리고 케빈 스미스(Kevin Smith)(RN, FNP)는 자신의 진료센터 이름을 '미니트클리닉'으로 바꾸었다. 2006년, 이 회사는 CVS 케어마크 코퍼레이션(CVS Caremark Coporation)에 인수되었는데, 이 회사는 CVS/파머시(CVS/pharmacy)와 케어마크 파머시 서비스(Caremark Pharmacy Services)의 모회사였다.

채용

2010년 8월 당시, 미니트클리닉은 26개주와 워싱턴에 걸쳐 CVS 파머시 안에 있는 소형진료소를 500여 개나 가지고 있었다.[10] 각각의 진료소에는 진료보조인력 또는 임상간호사들이 일하고 있었다. 진료보조인력은 의사의 지휘감독하에서 의료시술을 할 수 있는 자격을 갖춘 사람을 의미한다. 몇몇 예외는 있지만 진료보조인력은 관련 분야의 석사학위를 가지고 있어야 하는데, 그 분야와 학위명은 다음과 같다: 진료보조학(Physician Assistant Studies, MPAS), 보건학(Health Science, MHS), 또는 의학(Medical Science, MMSc). 어떤 이들은 진료보조학박사(Doctor of Science Physician Assistant, DScPA) 학위를 가지고 있기도 하다. 임상간호사들은 공인된 간호학 석사학위(Master of Science in Nursing, MSN) 프로그램을 마치고 국가자격증시험에 통과해야 한다. 사례 표 6.3은 진료보조인력과 임상간호사들이 자격을 부여받은 수행 활동을 보여준다.

운영 및 가격 정책

미니트클리닉들은 주로 CVS 파머시 안에 위치해 있다. 이 진료소들은 일주일 내내 문을 여는데, 월요일부터 금요일까지는 아침 8시부터 저녁 8시까지, 그리고 토요일엔 아침 9시부터 저녁 6시까지, 그리고 일요일엔 오전 10시부터 오후 5시까지 문을 연다. 예약은 필요 없고, 일반적인 검진은 10~15분 정도 소요된다. 진료소의 활동들은 투명하게 공개된다. 치료 내역과 비용뿐만 아니라 진료소에서 진행된 절차들까지도 명확하게 웹사이트에 게시된다(사례 표 6.4).[11] 환자별로 관리되는 전자의무기록을 바탕으로 다음 치료 단계로 넘어갈 수 있는데, 그 기록은 환자의 요청에 따라 주치의나 응급실 또는 여타의 치료기관으로 전달될 수도 있다.

보험 및 기타 사항

2009년 4/4분기에 미니트클리닉 수입의 80% 이상은 환자가 아닌 보험사와 같은 제3의 기관들로부터 들어온 것이었으며, 한편 CVS 케어마크가 미니트클리닉에 투자한 가치는 주당 0.05~0.06달러였다.[12] 2010년 2/4분기에 이 진료소의 방문 환자 수는 전년 동기 대비 36%나 증가했다.[13] 2010년 4월, 미니트클리닉은 천식, 당뇨, 고혈압, 고콜레스테롤 등의 판정을 받았던 환자들을 모니터링하기 시작한 첫 번째 소형진료소가 되었다. 이 진료소는 주치의를 방문하는 환자들이나 정기적으로 검진을 받지 않는 환자들을 대상으로, 이러한 증세들을 모니터링하기 위한 임상시험 및 검사를 수행했다.

경쟁자

2009년, 미니트클리닉은 41%의 시장 점유율을 보였다. 소형진료소 산업의 주요 경쟁자들로는 테이크 케어 클리닉(Take Car Clinic)(31%), 더 리틀 클리닉(The Little Clinic)(9%), 타깃 클리닉(Target Clinic)(3%), 월마트 클리닉(Wal-Mart Clinic)(3%), 레디클리닉(RediClinic)(2%), 그리고 여타의 단독 진료소들(11%)이 있다.[14] 모든 경쟁자들은 서로 유사한 서비스와 진료가격표를 제공했으며, 심지어는 동일한 고객 혜택―대기 시간이 짧고, 비용이 저렴하다는―을 웹사이트와 마케팅 자료를 통해 광고까지 했다.

2010년 당시 이 산업은 여전히 꽤 새로운 것이었고, 전국적으로 구축되어 있지도 않았다. 따라서 각 회사는 서비스보다는 위치로 차별화를 시도했다. 어떤 브랜드들은 소수의 주들에서만 운영되기도 했고, 특정 매장과 연합하여 운영되기도 했다. 예를 들어, 테이크 케어 클리닉은 월그린즈 지역 내에서만 운영된 반면, 더 리틀 클리닉은 퍼블릭스(Publix)나 크로거(Kroger)와 같은 식료품 체인들과 연계하여 몇 개의 주에서 운영되었다. 마찬가지로 레디클리닉은 HEB 식료품 체인점과 연계하여 텍사스 주에서만 운영되었다. 흥미롭게도 월마트 클리닉은 월마트라는 이름을 브랜드로 사용하였지만, 모두 해당 지역에 기반을 둔 독립적인 의료보건업체들에 의해 소유되었다.

저가 의료보건 비즈니스의 미래

전통적인 주치의 시스템에 대한 대안을 기대하는 사람들과 조직들이 계속 늘어남에 따라, 새로운 의료 서비스 방안들이 소형진료소의 잠재적 경쟁자가 되고 있다. 2009년, 하와이는 온라인 케어(Online Care)를 개시한 첫 번째 주가 되었다.[15] 이 서비스는 아메리칸 웰(American Well)과 하와이 의료 서비스 협회(HMSA) 간의 파트너십에 의해 개시되었는데, 이 새로운 서비스는 하와이 주민들에게 인터넷을 통해 언제든 의사와 만날 수 있게 해주고 있다.

HMSA 보험에 든 사람들은 단 10달러에 온라인 웹 상담을 통해 의사를 만날 수 있는 반면, 비가입자들은 45달러를 지불해야 한다.[16] 환자를 대하는 사람이 진료보조인력이나 임상간호사인 소형진료소와는 달리, 하와이의 온라인 의료 서비스는 환자들을 일반 진료, 가정의학과, 심장병, 정신과 등의 해당 전문 분야의 의사들과 연결시켜준다.[17] 만약 환자의 이슈가 인터넷 회의를 통해 해결될 수 없으면, 환자가 직접 방문해야 할 의사를 지정해준다.

결론

미국 국민들은 계속해서 나이를 먹어가고 있고, 정부는 다수의 중요한 의료보건 이슈들에 직면하고 있는데, 이러한 상황에서 복잡하고, 느리고, 비싼 주치의 시스템에 대한 대안으로 소형진료소라는 개념이 더욱 매력적인 대안으로 인식되고 있다. 소형진료소는 환자들이 진단에서 치료까지의 단계가 빨리 진행되도록 재촉하는 경우를 줄여줌으로써, 그동안 미국인들이 일상적인 질병을 치료하는 과정에서 겪어 왔던 주요한 고통을 치유해주고 있다.

그러나 소형진료소는 의사들의 반대로 성공을 거두기가 어려워질 것인가? 주 법률은 소형진료소들이 더 이상 확장되는 것을 막는 방향으로 가게 될 것인가? 더욱 저렴한 온라인 대안들은 소형진료소가 누려 왔던 성공을 약화시키게 될 것인가?

사례 표 6.1 미국의 의료보건 지출

항목	비중
병원 간호	31
의사 서비스	21
약	10
요양원	8
관리비	7
진단 및 임상실험실 테스트, 약국, 의료기기 제조업체 등	23

출처 : Wikipedia. (2010). Health care in the United States. Retrieved August 18, 2010 from http://en.wikipedia.org/wiki/Health_care_in_the_United_States

사례 표 6.2 미국의 소형진료소 수

시점	소형진료소	시점	소형진료소
2006.10	202	2009.2	1,185
2007.4	424	2009.3	1,188
2007.7	521	2009.4	1,111
2007.10	710	2009.5	1,118
2007.12	868	2009.6	1,111
2008.4	964	2009.7	1,107
2008.7	969	2009.8	1,125
2008.8	981	2009.9	1,110
2008.9	1,028	2009.10	1,142
2008.10	1,066	2009.11	1,154
2008.11	1,104	2009.12	1,172
2008.12	1,135	2010.1	1,183
2009.1	1,175	2010.2	1,197

출처 : Merchant Medicine. Retrieved from : www.merchantmedicine.com/home.cfm

사례 표 6.3 임상간호사 및 진료보조인력이 할 수 있는 활동

- 일반 질병 및 경미한 상처에 대한 진단 및 치료
- 약 처방
- 의료기록 열람
- 신체 평가 및 검사
- 진단 및 임상시험 수행 및 결과 해석
- 건강 및 영양에 대한 상담 및 지도
- 전문의와 여타 진료 서비스 제공자 조사 및 환자 연결
- 환자가 자신의 건강에 관한 결정을 할 수 있도록 교육

출처 : MinuteClinic's website : www.minuteclinic.com/en/USA/About/Qualty/Qualified-Clinicians.aspx

경미한 질병 검사 (69달러, 별도의 언급이 있는 경우 제외)	알레르기 증상 몸살 감기 귓병 귀지 제거, 59달러	독감 같은 증상, 　69~129달러 눈 가려움증 멀미 방지 코막힘	유행성 결막염 축농증 증상 인후염, 69~122달러 요로 감염 증상, 69~ 　84달러
경미한 상처 검사 (69달러, 별도의 언급이 있는 경우 제외)	물집 화상 벌레 물림 및 쏘임 각막 긁힘	해파리 쏘임 자상 가시 박힘	삠(발목, 무릎) 봉합 및 봉합선 제거 상처 및 찰과상
피부 상태 검사 (69달러, 별도의 언급이 있는 경우 제외)	여드름 무좀 수두 감기 및 구내염 감염 　(경미한) 이	구강/입 상처 옻나무 중독 발진(경미한) 버짐 옴	대상포진 다래끼 햇볕 화상(경미한) 물음 사마귀 치료, 69~109달러
건강 및 예방, 19~104달러	천식 검사, 69~102달러 에피펜 리필, 49달러 임신 진단평가, 69~ 　89달러 금연, 19~29달러 결핵 검사, 27달러	건강 검진, 94~104달러 콜레스테롤 검사, 59달러 당뇨 검사 　포도당, 44달러 HbA1c(당화혈색소), 　54달러 혈압 검사, 29달러 체중 검사, 29달러	신체 검사 캠프 신체 검사, 35달러 　(일반가, 69달러) 대학 신체 검사, 35달러 　(일반가, 69달러) 비행 신체 검사, 84달러 스포츠 신체 검사, 35달러 　(일반가, 69달러)
백신, 29.95~147달러	DTaP(디프테리아, 파상풍, 무세포성 백일해), 　82달러 독감(계절), 29.25달러 A형 간염(성인), 117달러 A형 간염(어린이), 97달러	B형 간염(성인), 102달러 B형 간염(어린이), 　102달러 뇌막염, 147달러 MMR(홍역, 유행성 이하 선염, 풍진), 116달러	폐렴, 77달러 소아마비(IPV), 96달러 TD(파상풍, 디프테리아), 　76달러 Tdap(파상풍, 디프테리아, 백일해), 92달러
건강검진, 69~114달러	천식 검사, 102달러 당뇨 검사, 69~114달러 고혈압 검사, 69~99달러 고콜레스테롤 검사, 　69~99달러		

출처 : MinuteClinic's website : www.minuteclinic.com/services retrieved August 19, 2010

주석

1 Big-box stores are supercenters, superstore, and megastore. These are the physically large retail establishments such as Wal-Mart, Carrrefour, Target, etc.

2 Sturm, Arthur C., Jr. Miniclinics: trend, threat, or opportunity? All Business. January 1, 2006. Retrieved on January 16, 2011 from www.allbusiness.com/marketing/channel-marketing/857114-1.html

3 McGirt, Ellen. 2007. Fast-Food medicine. Fast Company.com, December 19, 2007. Retrieved on August 15, 2010 from www.fastcompany.com/magazine/118/fast-food-medicine.html

4 Thygeson, M., Van Vorst, K.A., Maciosek, M.V., and Solberg L. 2008. Use and costs of care in retail clinics versus traditional care sites, *Health Affairs*, 27(5): 1283–1292.

5 Mehrotra Ateey (MD) et al. 2009. Comparing costs and quality of care at retail clinics with that of other medical settings for 3 common illnesses. *Annals of Internal Medicine*, 151: 321–328.

6 Authors used well-established quality measures used in the medical field. See Mehrotra Ateey (MD) et al. 2009. Comparing costs and quality of care at retail clinics with that of other medical settings for 3 common illnesses. *Annals of Internal Medicine*, 151: 321–328.

7 Keckley, P.H. Underwood, H.R. Ganhi, M. 2009. Retail clinics: Update and implications. Deloitte Center for Health Solutions. Retrieved August 14, 2010 from www.deloitte.com/assets/Dcom-UnitedStates/Local%20Assets/Documents/us_chs_RetailClinics_111209.pdf

8 Enrado, P. 2008. Blues plan supports retail health use. *Healthcare Finance News*, August 27, 2008. Retrieved August 15, 2010 from www.healthcarefinancenews.com/news/blues-plan-supports-retail-health-use

9 Keckley, P.H. Underwood, H.R. Ganhi, M. 2009. Retail clinics: Update and implications. Deloitte Center for Health Solutions. Retrieved August 14, 2010 from www.deloitte.com/assets/Dcom-UnitedStates/Local%20Assets/Documents/us_chs_RetailClinics_111209.pdf

10 CVS Caremark Press Release. August 2, 2010. Retrieved August 14, 2010 from http://investor.cvs.com/phoenix.zhtml?c=99533&p=irol-newsArticle&ID=1455064&highlight

11 For services, see www.minuteclinic.com/services/ and for pricing, see www.minuteclinic.com/services

12 CVS Caremark Corporation Q2 2010 Earnings Call Transcript, July 29, 2010. Retrieved August 14, 2010 from http://seekingalpha.com/article/217241-cvs-caremark-corporation-q2-2010-earnings-call-transcript

13 CVS Caremark Corporation Q2 2010 Earnings Call Transcript, July 29, 2010. Retrieved August 14, 2010 from http://seekingalpha.com/article/217241-cvs-caremark-corporation-q2-2010-earnings-call-transcript

14 CVS Caremark Corporation Q4 2009 Earnings Call Transcript, February 8, 2010. Retrieved August 15, 2010 from http://seekingalpha.com/article/187379-cvs-caremark-corporation-q4-2009-earnings-call-transcript

15 Lott, Laura. Hawaii launches online health care through HMSA. Hawaii Health Guide.com January 17, 2009. Retrieved January 15, 2011 from http://hawaiihealthguide.com/healthtalk/display.htm?id=726

16 Wicklund, Eric. Hawaii debuts new online care service for all residents. *Healthcare IT News*. January 16, 2009. Retrieved January 20, 2011 from www.healthcareitnews.com/news/hawaii-debuts-new-online-care-service-all-residents

17 Lott, Laura. Hawaii launches online health care through HMSA. Hawaii Health Guide.com January 17, 2009. Retrieved January 15, 2011 from http://hawaiihealthguide.com/healthtalk/display.htm?id=726

스와치 : 시간의 전쟁[*]

서론

스와치 그룹의 전 CEO이자 회장이었던 니콜라스 조지 하이예크(Nicolas George Hayek)는 2010년 6월 28일 세상을 떠났다. 1980년대 하이예크는 '스와치(Swatch)'라는 브랜드를 가지고 새로운 비즈니스 모델을 만들어냈는데, 이 브랜드는 스위스의 시계 제조산업을 일본의 추월로부터 구해내는 역할을 했다.

2010년, 경제위기가 다시 스위스 시계 제조산업을 위협했다. 이와 관련하여 많은 이들은 하이예크의 선견지명 있는 리더십이 없었더라면, 스위스의 소중한 산업이 생존하기 힘들었을 것이라고 생각하고 있다.

스위스 시계산업의 배경

스위스의 제네바는 오래전부터 귀금속산업의 중심지로 알려진 곳이다. 16세기 중반, 'Ordonnances Ecclésiastiques'로 알려진 법령은 귀금속을 몸에 부착하는 것을 금지했다. 그 결과 귀금속 제조 지식과 기술을 가지고 있던 대부분의 금세공인들은 자신들의 직종을 시계제조로 변경하면서 귀금속 시장을 떠나갔다.[1]

----

* 이 사례는 Allan Afuah 교수의 지도하에 Xiaoqi Wang, Achariya Leevanichayakul, Jing Gao, Koji Nakajima, Shana Anderson에 의해 작성되었으며, 단지 수업 토론 자료로 활용하기 위해 작성된 것이지, 경영을 잘했는지 못했는지를 기술하고자 하는 의도로 작성된 것이 아님을 밝혀둔다.

시계 제조 및 조립에 있어 시계의 정확성과 신뢰성은 물론이고 외관 요소들의 심미성도 스위스 사람들에게는 중요한 기준이었다. 따라서 스위스에서의 시계 생산은 높은 수준의 기계 조작 기술과 정밀성, 그리고 솜씨를 필요로 했다. 보통의 시계는 100여 개 이상의 요소들로 구성되는데, 귀금속은 시계를 돋보이게 만드는 데 사용되었고, 나중엔 품질의 상징이 되었다.[2] 스위스 사람들에게 있어서 시계를 소유하는 것은 자신의 지위와 권위를 나타내는 것으로 여겨졌다. 좋은 시계는 자자손손 대물림이 될 수 있었기 때문에 시계 구입은 일종의 재무 투자로도 인식되었다.

스위스 시계들은 19세기 중반 내내 귀금속 상점과 고급 백화점에서만 판매되었다.[3] 판매상들에게는 시계 수리 또한 수입의 지속적인 원천이 되었다.[4] 롤렉스, 오메가, 모바도, 피아제, 론진 등과 같은 스위스의 권위 있는 브랜드들이 18세기와 19세기에 걸쳐 시계 시장에 등장했다.[5] 사례 표 7.1은 스위스 시계 제조에 대한 가치 사슬을 보여주고 있다. 1945년경 이러한 스위스 브랜드들은 시계산업을 지배했는데, 당시 전세계의 시장 점유율은 80%에 이르렀다.[6]

일본 시계회사 '세이코'에 의한 석영 혁명

1950년부터 1970년대경까지 스위스 시계 제조사들은 글로벌 시장을 지배했다. 1969년, 일본의 시계회사, 하토리-세이코(Hattori-Seiko)[후에 세이코 코퍼레이션(Seiko Corporation)으로 알려진]는 세계에서 처음으로 석영(quartz) 손목시계를 만들었는데, 그 이름은 쿼츠 아스트론(Quartz Astron)이었다.[7]

초기의 석영 시계들의 기술 수준은 심미적 측면과 기능적 측면 모두에서 스위스 수준에 못 미치는 것으로 여겨졌다. 석영 시계의 전자회로는 전력이 많이 소모되었고, 따라서 배터리 수명이 오래가지 못했다. 더욱이 석영 시계들은 내구성이 약했고, 이에 따라 마모로 인한 손상에 대해 신뢰받지 못했다. 1976년, 석경 시계의 반품률은 30%나 되었다.[8]

그러나 일본의 시계 제조업체들은 고객 불만에 대응하기 위해 지속적으로 기술을 향상시켜 나갔다. 그 결과 1976년경 일본의 석영 기술은 가장 정확하게 시간을 알려줄 수 있는 기술로 여겨졌다.[9] 더욱이 석영 시계는 기계식의 스위스 시계들에 비해 부품이 매우 적었다. 이러한 단순성은 부가적인 이점을 제공했는데, 즉 사람들은 시계를 청소하고 수리하기가 용이했고, 이에 따라 스위스 시계보다 더욱 적극적으로 취급했다.

스위스 시계와 석영 시계 간의 가장 큰 차이점은 아마도 가격일 것이다. 석영 시계는 상당히 쌌다. 기계식 시계를 만드는 것은 정교한 솜씨가 필요했던 반면, 석영 시계는 대량생산이 가능했는데, 석영 시계에 대한 수요가 증가하면서 제조비용이 더욱 낮아질 수 있었다.

아이러니컬하게도 스위스 회사들은 일본이 석영 시계를 제공하기 이전에 이미 이 기술을 시험해본 적이 있다.[10] 그러나 스위스의 시계 제조사들은 석영 기술의 채택을 꺼렸는데, 석영 기술을 사용할 경우 스위스 시계들의 고급스럽고 기계 방식의 전통적인 이미지가 희소될까 우려했기 때문이다. 이처럼 석영 사용을 꺼리는 바람에 스위스 시계업체들은 시장의 포지션에 손상을 입게 되었고, 세이코와 같은 저가의 신규 진입자들에게 빠르게 추월당하게 되었다.

세이코는 1881년에 세워진 회사로서, 일본의 선두적인 시계 제조사들 중 하나이다. 세이코는 일본어로 '성공'과 '고품질', 이 두 가지의 의미를 모두 담고 있다. 이 이름은 다음과 같은 회사의 철학이 반영된 것이었다: "일관성 있게 고객 지향적인 접근에 초점을 두고, 훌륭한 품질의 제품과 서비스를 제공하는 것".[11]

세이코는 엄청난 마케팅 캠페인을 통해 가격 적정성을 강조하면서 자신의 석영 시계들을 판매했다. 스위스는 일본의 석영 시계 제조사들로 인해 경쟁이 치열해지자, 과거에 누려왔던 리더의 위치를 상실하게 되었고, 결국에는 세이코뿐만 아니라 홍콩의 업체들을 포함한 여타의 시계 제조사들과도 더 이상 경쟁할 수 없는 지경에 이르게 되었다.[12]

스위스 시계산업의 전복

시계 제조산업에서 일본의 공격이 시작된 이후 20년 동안, 스위스는 더욱 내리막길을 걸었다. 스위스의 세계 시장 점유율은 1946년 80%에서 1970년대 42%로 떨어진 반면(그리고 그 이후에는 더욱더 떨어졌는데), 시계에 대한 글로벌 수요는 계속해서 증가했다.[13] 고전적인 스타일을 고수하는 '혁신자의 딜레마'로 인해, 스위스 시계산업은 거의 초토화가 되었던 것이다.[14]

스위스는 석영 기술 때문에 자신들의 기존 제품 라인들이 사라질 것을 우려하여, 석영 기술 도입에 계속해서 저항했다. 게다가 아주 세밀하게 분할되어 있는 스위스의 시장 구조도 새로운 기술을 보다 응집력 있게 받아들일 수 있는 능력을 발휘하기 어렵게 만들었다. 스위스 시장을 지배하고 있었던 시계 제조사인 ASUAG와 SSIH는 100여 개 이상의 브랜드를 가지고 있었고,[15] 스위스 시계 제조산업은 1,600개 이상의 회사들로 붐비고 있었다.[16] 이러한 스위스 업체들은 일관성이 결여된 전략 그리고 브랜드별로 연구개발, 마케팅, 제조 등의 기능이 분산되어 있는 구조 때문에 대량생산에 초점을 맞추고 있던 아시아 경쟁자들과의 경쟁을 제대로 할 수 없었다.

스위스 업체들이 일본 업체들에 대해 제대로 대응을 하지 못하는 사이에, 스위스 업체들의 글로벌 시장 점유율은 계속해서 떨어졌다. 스위스는 수익성을 유지하기 위해서 정기적으로 가격을 인상시킨 반면, 외국의 경쟁사들은 중저가로 시장 점유율을 확대해 나갔다. 그 결과 스위스 업체들은 중저가 시장에서 밀려나 고가 시장에 고립되는 신세가 되었는데, 그나마 그 고가 시장도 전통적인 장인들의 솜씨에 대한 의존성 때문에 쇠퇴하고 있었다.

1970년대 후반과 1980년 초반, 스위스의 시계업체들이 석영 기술 도입을 꺼리는 바람에 시계산업 전체의 재무 성과가 부진해졌다. 시계 수출은 1974년 9,400만 개에서 1983년 4,300만 개로 줄었고, 세계 시장 점유율도 같은 기간 43%에서 15%로 감소했다.[17] 기업들의 파산으로 인해 기업의 수도 1,600개 이상에서 600여 개로 줄어들었다.[18]

스위스 시계산업의 르네상스 : 우물쭈물할 시간이 없다

1983년, SSIH와 ASUAG는 채무지불 불능 상태에 빠져 경영권이 스위스 신용은행들에게 넘어가게 되었다.[19] 이 은행들은 유명한 스위스 브랜드들을 일본 업체들에게 팔아넘겼다.[20] 그럼에도 불구하고 스위스 시계산업 대표 고문이자 취리히에 본사를 둔 컨설팅업체, 하이예크 엔지니어링(Hayek Engineering)의 CEO인 니콜라스 하이예크는 이 두 회사가 살아날 수 있는 가능성을 평가했는데, 그 결과 이 업체에게 합병할 것을 권고했다.[21] 그리고 하이예크는 합병된 회사, SMH(Société Suisse de Microélectronique et d'Horlogerie)의 CEO가 되었다.

스위스의 새로운 전략 : 스와치

하이예크의 주도하에 SMH의 전략은 제품의 모든 세분 시장, 특히 저가 시장에서 글로벌 포트폴리오와 수익성 있는 브랜드들을 만들어내는 방향으로 이동하였다. 하이예크는 만약 스위스가 저가 시장에서 강력한 포지션을 구축할 수 없다면, 다른 시장에서도 품질과 가격을 통제할 힘을 얻을 수 없을 것이라고 언급한 바 있다.[22] 저가 시장의 중요성을 깨달은 하이예크는 '스와치'라는 브랜드명으로 자신의 전략을 수행해 나가기 시작했다.

스와치(Swatch, Swiss+Watch)는 스위스의 전통을 깨는 진정한 혁명이었다. 스와치는 석영 기술을 장착한 저가 제품이었다. 아시아인들의 경제력에 맞추기 위해서는 제조비용을 줄여야 했는데, 이를 위해 스와치는 고전적인 스위스 시계의 여러 가지 속성을 없애는 방향으로 설계되었다. 이에 따라 대량 판매 시장을 겨냥한 스와치 시계의 외관은 값싼 플라스틱을 사용하였다. 가격 또한 40달러 이하로 맞추는 저가 전략을 채택했다. 스와치는 '디자인과 이미지'에 초점을 맞추어 저가 시장의 다른 제품들과 차별화를 시도하였다. 하이예크는 뉴욕타임스(*The New York Times*)와의 인터뷰에서, "우리 각자가 우리의 상상과 문화를 감성적인 제품에 보탤 수 있다면, 우리는 그 누구라도 이길 수 있을 것으로 확신했습니다. 감성은 그 누구도 모방할 수 없는 것입니다."라고 언급한 바 있다.[24] 스와치는 젊은이들의 개인주의적 성향을 자사의 시계에 불어넣었다. 고객 자아상이 디자인으로 반영됨에 따라, 소유자들은 스와치의 제품에 더 몰입하게 되었다. 게다가 평판이 좋은 '스위스 제조(Swiss Made)' 상표는 스와치가 저가 경쟁자들에 비해 상대적으로 더 높은 가격으로 팔 수 있도록 해주었다.

1983년, 첫 번째 스와치 시계들이 출시되었고, 즉각적으로 성공을 거두었다. 그 시계들은 대중에게 인기 있는 패션 장신구로 인식되었다. 1985년에는 7,000만 개가 팔렸는데, 이는 SMH의 전체 판매량 중 80%를 차지했다.[25] 스와치 팬들의 대부분은 시계에 관심이 별로 없었던 젊은 사람들이었다. 더욱이 밝은 색상과 끝없는 창의력, 적정한 가격, 매년 70여 가지의 모델로 나오는 고유한 디자인들로 인해, 스와치 시계는 출시되는 즉시 수집할 만한 것이 되었다.[26]

1990년, 스와치는 스와치 콜렉터 클럽(Swatch Collector Club)을 만들었는데, 첫해 50,000명 이상의 회원이 가입했다. 회원들은 90달러의 연회비로 매년 스와치 시계 수집가 전용으로 만들어진 시계 하나와 더불어 스와치와 대중 문화의 동향을 보도하는 '스와치 스트리트 저널(Swatch Street Journal)'을 받을 수 있었다.[27]

스와치 디자인

우리는 아이디어를 생산해내는 절차가 없습니다. 우리는 끊임없이 전세계 도처를 다닙니다. 우리는 대형 패션쇼들을 보러 가기도 합니다. 또한 우리는 오페라와 미술 전시회도 갑니다. 우리가 얼마나 많은 책과 잡지를 읽고 있는지, 그리고 우리가 얼마나 많은 화가에 대해 연구하고 있는지, 아마 여러분은 모를 겁니다. 우리는 우리 자신을 현재 우리가 살고 있는 문화에 흠뻑 젖도록 만듭니다. 그러고 나면 일이 벌어지기 시작합니다.

스와치 디자인 랩 대표, 프랑코 보시시오[28]

스와치가 경쟁자들과 차별화시킨 부분은 바로 디자인이다. 스와치의 대단한 성공은 시계를 시간을 보는 기기만큼이나 패션 부대용품으로 인식한 데서 나왔다. 환희 보이는 내부와 멋진 몸체로 만들어진 스와치의 플라스틱 시계는 자신 나름대로의 독특한 성향을 갈망하는 젊은 고객들의 마음을 자극했다.

스와치는 자신의 제품군과 제품 모델들을 자주 업데이트했다. 스와치는 매년 두 가지 유형의 제품군 각각에 대해 70여 개의 모델로 제품을 고객들에게 제공했다. 모든 모델은 패션의 중심지인 이탈리아 밀라노에 소재한 랩에서 디자인되었다. 이 랩의 디자이너들은 다양한 국가 출신들이며, 또한 다양한 배경을 지니고 있었는데, 그들은 다양한 인기 모델들을 개발했다. 스와치는 패션 분야에서 유행을 선도하는 최정상 자리를 유지하기 위해 이 랩의 디자이너들을 자주 순환시켰는데, 그들 중 2년 이상을 거기서 근무한 경우는 거의 없었다.[29]

제조

만약 우리가 제조에 있어 직접 노무비를 총비용의 10% 이내로 떨어뜨릴 수 있도록 제조 프로세스를 설계할 수만 있다면, 세계에서 인건비가 가장 높은 스위스에서 우리의 제품 생산을 중단시킬 수 있는 요인은 전혀 없을 것이다. 전혀!

스와치 그룹 CEO, 니콜라스 하이예크[30]

20년보다도 더 오래된 과거에 원래의 스와치 팀들은 다음과 같은 엉뚱한 질문을 했다. "왜 스위스에서는 대단히 멋있고, 저가이며, 고품질인 시계를 설계하고 만들지 못하는 것일까?" 그러나 스위스는 그러한 시계를 '만들어'냈던 것이다. 하위직 비서에 대한 직접 노무비가 태국이나 말레이시아에서의 상급 엔지니어보다 더 높은 스위스에서! 이러한 전략은 스위스의 비싼 인건비 때문에 은행, 투자자, 그리고 심지어는 공급자들에게까지 매우 의심쩍게 보였을 것이다.

스위스의 높은 인건비를 고려해볼 때, 스와치는 오직 제품과 생산 프로세스에 대한 급격한 변화를 통해서 이러한 목표를 달성할 수 있었다. 첫째, 스와치는 시계의 외형 구조물과 시곗줄에 대해 각기 전통적으로 사용해 온 금속과 가죽 대신에 플라스틱을 사용하였다. 둘째, 스와치는 석영에 의한 동작 방식을 채택했고, 이것으로 기존의 기계식 동작 방식을 대체했다. 셋째, 엔지니어들은 시계의 내부 설계를 단순화시켰고, 이 과정을 통해 부품을 91개에서 51개로 대폭 줄였다.[31] 넷째, 더 새롭고 저렴한 조립 기법들을 개발했다. 스와치는 나사 대신에 초음파 기술을 이용하여 시계의 외형 구조물을 봉했다. 스와치는 이와 같은 개선점들을 모두 취하는 가운데, 완전히 자동화된 생산라인에서 시계를 생산할 수 있었는데, 이러한 생산라인은 직접비가 총비용에서 차지하는 비중을 30%에서 10%로 줄여주었다.[32] '스위스 제조'가 적힌 상표를 선호하고, 기꺼이 10%의 할증금까지 내고자 하는 많은 고객들을 볼 때, 스위스의 높은 인건비라는 단점은 더 이상 장애물이 되지 않았다.[33]

마케팅과 유통

우리가 수행하는 모든 일과 그 일을 수행하는 방식들로부터 메시지를 찾을 수 있다.

스와치 그룹 CEO, 니콜라스 하이에크[34]

스와치의 팀은 시계의 시간이 정확히 맞도록 하는 것은 시계 간에 더 이상 중요한 차별점이 될 수 없다는 점을 깨닫고, 예술적이고 감성적인 제품을 만드는 데 초점을 맞추기로 결정하였다. 하이에크는 감성을 포착하는 스와치의 능력은 다른 경쟁자들에게 모방될 수 없다고 믿었다.[35] 그러나 아주 멋진 디자인 외에도 스와치는 계속해서 자사의 시계들이 고품질, 저가, 좋은 평판, 도발적이고, 생동감 넘치는 제품으로 인정받도록 할 필요가 있었다.

스와치는 마케팅 활동에 있어, 제품 출시 및 유명인 광고와 연계시킴으로써 유행에 한발 앞서가는 이미지를 구축하는 데 성공할 수 있었다. 또한 자사의 브랜드를 광고하기 위해 세간의 이목을 끄는 특별한 이벤트들을 후원했다. 예를 들어, 스와치는 무게가 30톤에 이르는 152.4미터짜리 시계를 독일 프랑크푸르트의 코메르츠은행 본사에 세움으로써, 기네스북의 세계 기록에 이름을 올린 바 있다.[36]

스와치는 시계 판매를 위해 수많은 스와치 매장들을 오픈했다. 이 회사는 백화점에 스와치 브랜드만을 취급하는 매장을 열었으며, 여행자들의 구매를 위해 주요 공항에 키오스크를 설치하기도 하였다. 사례 표 7.1은 이 회사의 가치 사슬을 보여주고 있다.

10년 후 : 새로운 도전

앞에서 언급했듯이 21세기는 새로운 도전과제들을 가져왔는데, 거기에는 전세계적인 경기후퇴도 포함된다. 스와치 그룹의 판매 수익은 2009년 9.4%나 떨어졌다.[37] 전반적으로 스위스 시계의 수출 성장률은 특히 고가 제품 시장에서 거의 30%나 떨어졌다. 2010년, 니콜라스 조지 하이예크의 손자인 마크 알렉산더 하이예크(Marc Alexander Hyayek)가 스와치 그룹의 새로운 CEO로 임명되었다. 이러한 시점에서 스와치 그룹이 고민해야 할 문제는 바로 다음과 같다. 앞으로 이러한 새로운 유형의 전쟁에서도 과연 승리를 쟁취할 수 있을 것인가?

사례 표 7.1 석영 위기 이전의 스위스 시계산업의 가치 사슬

기술	제품 설계	제조	마케팅	유통	서비스
• 미세기계 기술 • 귀금속 제조사	• 내구성 • 우아함 • 솜씨	• 100개 이상의 　부품 • 솜씨 • 귀금속 케이스 • 보석 장식 • 전국에 분산된 　공급자들	• 조심스러운 　판촉 • 상위계층 겨냥 • '스위스 제조' 　이점	• 귀금속 판매상 • 고급 백화점	• 애프터서비스 • 수리 • 유지보수

출처 : Case writers' estimates.

사례 표 7.2 스와치의 가치 사슬

기술	제품 설계	제조	마케팅	유통	서비스
• 석영 기술 • 전자 기술	• 단순성 • 사용 후 폐기 • 유행	• 부품이 51개로 　감소 • 자동화된 라인 • 직접 노무비 　<10% • 플라스틱 　케이스 • 초음파 봉인 • 판매망 확대	• 패션쇼 • 유명인 광고 • 특별 이벤트 • 수집가 클럽	• 백화점 내 　전용 매장 • 스와치 매장 • 여행자용 　키오스크	• 1년 보증 • 수리 서비스 　제공 안 함 • 유지보수 　서비스 제공 　안 함

출처 : Case writers' estimates.

주석

1 Ram Mudambi. 2005. Branding time: Swatch and global brand management. The Richard J. Fox School of Business and Management.

2 Cyril Bouquet. 1999. Swatch and the global watch industry. Richard Ivey School of Business.

3 Cyril Bouquet. 1999. Swatch and the global watch industry. Richard Ivey School of Business.

4 Cyril Bouquet. 1999. Swatch and the global watch industry. Richard Ivey School of Business.

5 Youngme Moon. 2004. The birth of Swatch. Harvard Business School.

6 Youngme Moon. 2004. The birth of Swatch. Harvard Business School.

7 Seiko Quartz Astron 35SQ. The watch that revolutionized horological history. December 1969. Retrieved from: http://global.epson.com/company/milestones/05_35sq.htm

8 Carlene Stephens and Maggie Dennis. 2000. *Engineering Time: Inventing the Electronic Wristwatch.* Cambridge University Press.

9 Carlene Stephens and Maggie Dennis. 2000. *Engineering Time: Inventing the Electronic Wristwatch.* Cambridge University Press.

10 Ram Mudambi. 2005. Branding time: Swatch and global brand management. The Richard J. Fox School of Business and Management.

11 Seiko company website "About Us" retrieved from: www.seiko.co.jp/en/corporate/philosophy/index.php

12 Ram Mudambi. 2005. Branding time: Swatch and global brand management. The Richard J. Fox School of Business and Management.

13 Case study on Swatch. Retrieved on November 26, 2010 from www.scribd.com/doc/35656270/Swatch-Watch-A-Case-Study

14 Clayton M. Christensen. 1997. *The Innovator's Dilemma When New Technologies Cause Great Firms to Fail.* Harvard Business Press.

15 Youngme Moon. 2004. The birth of Swatch. Harvard Business School

16 Cyril Bouquet. 1999. Swatch and the global watch industry. Richard Ivey School of Business

17 Gabor George Burt. 2009. Getting the Blue Ocean strategic sequence right. Retrieved November 29, 2010 from http://blueoceanstrategy.typepad.com/creatingblueoceans/2009/04/blue-ocean-strategy-strategic-sequence-step-four.html

18 Ram Mudambi. 2005. Branding time: Swatch and global brand management. The Richard J. Fox School of Business and Management.

19 Ram Mudambi. 2005. Branding time: Swatch and global brand management. The Richard J. Fox School of Business and Management.

20 Ram Mudambi. 2005. Branding time: Swatch and global brand management. The Richard J. Fox School of Business and Management.

21 Ram Mudambi. 2005. Branding time: Swatch and global brand management. The Richard J. Fox School of Business and Management.

22 Ram Mudambi. 2005. Branding time: Swatch and global brand management. The Richard J. Fox School of Business and Management.

23 Cyril Bouquet. 1999. Swatch and the global watch industry. Richard Ivey School of Business.

24 Ram Mudambi. 2005. Branding time: Swatch and global brand management. The Richard J. Fox School of Business and Management (p. 5).

25 Cyril Bouquet. 1999. Swatch and the global watch industry. Richard Ivey School of Business.

26 Youngme Moon. 2004. The birth of the Swatch. Harvard Business School. Note: the annual membership fee in 2010 was $24.

27 Cyril Bouquet. 1999. Swatch and the global watch industry. Richard Ivey School of Business.

28 Robert Howard. 1993. *The Learning Imperative: Managing People for Continuous Innovation.* Harvard Business Press.

29 Robert Howard. 1993. *The Learning Imperative: Managing People for Continuous Innovation.* Harvard Business Press (p. 65).

30 Robert Howard. 1993. *The Learning Imperative: Managing People for Continuous Innovation.* Harvard Business Press (p. 60).

31 Robert Howard. 1993. *The Learning Imperative: Managing People for Continuous Innovation.* Harvard Business Press.

32 Robert Howard. 1993. *The Learning Imperative: Managing People for Continuous Innovation.* Harvard Business Press.

33 Robert Howard. 1993. *The Learning Imperative: Managing People for Continuous Innovation.* Harvard Business Press.

34 Robert Howard. 1993. *The Learning Imperative: Managing People for Continuous Innovation.* Harvard Business Press (p. 68).

35 Ram Mudambi. 2005. Branding time: Swatch and global brand management. The Richard J. Fox School of Business and Management.

36 Ram Mudambi. 2005. Branding time: Swatch and global brand management. The Richard J. Fox School of Business and Management.

37 Wright Comparative Business Analysis Report, report date: October 29, 2010.

에스페리온 : 당신의 동맥을 위한 드라노*

로저 뉴턴(Roger Newton) 박사는 그날 사무실을 나온 뒤 차에서 집으로 출발하기 전에 차 안에서 앉아 잠시 쉬고 있었다. 그때가 2003년 11월 후반이었는데, 뉴턴 박사가 설립한 회사, 에스페리온 테라퓨틱스(Esperion Therapeutics)가 파이저로부터 13억 달러에 인수 제안을 받은 직후였다. 그는 약간의 미소를 지으며, 여러 해 전에 그가 워너 램버트(나중에 파이저에 인수된)에서 일할 때 세계에서 가장 성공적인 약제 리피토 개발로 회사에서 인정받았던 당시를 떠올리고 있었다. 당시 뉴턴 박사는 공로상과 함께 20,000달러의 상금을 받았었다. 이제 시대도 분명 바뀌었고, 그동안 그의 공적을 바탕으로 여러 가지 탁월한 심혈관계 복합제들을 개발해 온 에스페리온도 분명 크게 성장해 있었다. 뉴턴 박사와 그의 팀은 시간, 돈, 그리고 엄청나게 많은 생각과 노력을 에스페리온에 투자했고, 그 결과 파이저로부터 진지한 제안까지 받게 되었는데, 그는 당시의 시점이 인수 제안을 받아들이기에 적절한 시점인지 고민이 되었던 것이다. 에스페리온은 후보 약제에 관한 매우 긍정적인 임상 데이터를 막 발표했고, 이와 관련하여 고혈압을 다스리는 참신한 기법이 과학자 집단과 비즈니스 집단 모두의 큰 관심을 불러일으키고 있었다. 지금이 회사를 팔 적기인가, 아니면 최근의 성과들을 더 밀어붙여 에스페리온을 종합적인 바이오테크 회사로 성장시켜야 하는가? 에스페리온의 성공을 지

---

* 이 사례는 Allan Afuah 교수의 지도하에 Brian Lovy, Melissa Vasilev, Jess Rosenbloom, Scott Peterson, Patrick Lyon에 의해 작성되었으며, 단지 수업 토론 자료로 활용하기 위해 작성된 것이지, 경영을 잘 했는지 못했는지를 기술하고자 하는 의도로 작성된 것이 아님을 밝혀둔다.

  역주 : 드라노(Drano)는 가정용 배수관 세척제 중 대표적인 브랜드이다.

속시키기 위해서는 파이저가 적합한 상대인가, 아니면 이보다 더 나은 회사를 기다려야 하는가? 만약 인수를 받아들일 경우 에스페리온에게 ― 이 회사를 설립하고 발전시켜 온 사람들에게, 그리고 오늘날 높게 평가되고 있는 약 성분들을 개발한 사람들에게 ― 는 어떤 일이 일어날 것인가? 뉴턴 박사는 자동차 키를 돌려 에스페리온의 주차장을 빠져나갔다. 그는 파이저의 제안을 분석하는 데 여러 주를 보냈지만, 그럼에도 불구하고 그가 고려하는 점들에 대해 충분히 생각하기 위해서는 시간이 더 필요할 것 같았다.

콜레스테롤

콜레스테롤은 세포막 형성에서 호르몬 생성에 이르기까지 다양한 목적을 위해 사용되는 자연물질이다. 사람이 필요로 하는 대부분의 콜레스테롤은 간에서 만들어지지만 많은 음식에서도 찾아볼 수 있다. 콜레스테롤 수준은 유전과 영양 섭취에 영향을 받는다. 유전적 영향은 사람의 통제를 넘어서는 반면, 지방이 많은 음식이나 운동 부족 등의 생활을 고수하고 있는 많은 사람들에게 콜레스테롤 수준은 증가한다.

콜레스테롤은 지질단백질(lipoprotein)이라는 특별한 운송수단과 결합될 때 혈액순환을 통해 이동된다. 저밀도지질단백질(low-density lipoprotein, LDL)은 종종 '나쁜' 콜레스테롤로 언급되기도 하는데, 이것은 간에서 생성된 콜레스테롤을 세포로 이송한다. 고밀도지질단백질(high-density lipoprotein, HDL)은 종종 '좋은' 콜레스테롤로 언급되는데, 이것은 동맥 벽과 여타의 조직들로부터 콜레스테롤과 여타의 지방성분을 간으로 이송하는데, 그러면 간은 그것들을 제거한다.

콜레스테롤로 인한 합병증

과도한 수준의 LDL은 동맥 벽에 콜레스테롤과 여타의 지방성분들이 쌓여서 동맥이 좁아지는 결과를 초래하는데, 이러한 증상을 동맥경화증(atherosclerosis)이라 한다. 이러한 상태를 조기에 발견하지 못하면, 결국은 동맥 벽에 달라붙어 있는 것들이 굳어져 플라크가 될 수 있다. 플라크가 떨어져 나가 덩어리가 되면, 동맥이 막히거나 심장마비를 일으킬 가능성이 크다. 혈액을 심장으로 이송하는 동맥에 과도한 양의 플라크가 존재하는 동맥을 관상동맥이라 한다. 관상동맥은 서서히 산소를 필요로 하는 심장근육을 약화시킨다. 이러한 합병증을 종합적으로 관상동맥질환이라 부르는데, 이는 미국 사람들의 주요 사망 원인 중 하나로 꼽히고 있다(사례 표 8.1).

또한 높은 수준의 LDL은 뇌졸중의 가능성을 증대시킨다. 떨어져 나간 플라크가 심장으로 연결된 관상동맥을 막히게 하듯이, 그러한 덩어리가 뇌로 유입되는 혈액을 막는다면, 신경계에 심각한 장애가 오거나 심지어는 죽음에 이르기도 한다. 더욱이 높은 LDL로 인해 혈압이 높아진 상태에서는 뇌 근처의 예민한 동맥들이 파열될 위험성이 커지고, 이렇게 되면 신경계에 손상이 생기거나 죽음에 이르는 결과가 초래된다.

치료방법

높은 수준의 LDL을 치료하고 건강상의 위험을 초래할 가능성을 줄이기 위해서 사용할 수 있는 방법은 여러 가지가 있다. 의사들은 기본적으로 항상 포화지방이 적은 식사를 하고 운동량을 늘리라고 권유한다. 그러나 이러한 생활방식의 변화만으로는 이미 높아져 있는 LDL 수준을 떨어뜨리기에 충분치 않다. 의사들은 콜레스테롤에 의한 위험을 더욱더 줄이기 위해 종종 다음과 같은 방법을 선택한다.

약물(pharmaceuticals)치료(콜레스테롤 저하제) : 생활방식을 바꾼 지 6~12주 후에도 LDL 수준이 충분히 떨어지지 않으면, 의사들은 스타틴이라고 하는 콜레스테롤 저하제를 권유하는데, 이것은 LDL 수준을 떨어뜨리는 작용을 한다. 스타틴은 콜레스테롤을 생성하는 간의 기능에 관여를 하는데, 스타틴은 환자에 따라 HDL 생성을 약간 증가시키는 경우도 발생한다.

혈관확장술(angioplasty) : 동맥경화증이 보다 진전된 상태이고 극한 상황이 올지도 모르는 환자들에 대해서, 의사들은 동맥 속의 플라크에 대한 영향을 줄일 수 있는 외과적 해결책을 선택할 수도 있다. 혈관확장술은 외과의사가 작은 튜브나 공기주머니를 동맥이 막힌 지점에 삽입하는 수술이다. 이 공기주머니는 팽창되어 동맥을 확장시켜줌으로써, 그 공기주머니를 통해 더 많은 혈액이 흐를 수 있도록 해준다.

스텐트(stent) : 관상동맥에 혈관확장술이 시술된 경우 일반적인 방법 중 하나가 스텐트를 사용하는 것이다. 스텐트란 동맥 벽을 확장시켜서 유지시켜주는 작은 금속 파이프다. 혈관확장술을 통해 동맥 속에 남겨진 스텐트는 오랫동안 더 많은 혈액이 순환될 수 있도록 해준다. 약물방출스텐트(drug-eluting stent)라 불리는 스텐트는 재협착증(restenosis)으로 알려진 미래의 막힘 현상을 방지하기 위해 스텐트에 특화된 약제 성분이 입혀져 있다.

심혈관계 약제 시장

콜레스테롤 약제 시장은 2003년 당시 연간 170억 달러의 시장 규모로 세계에서 가장 큰 시장을 형성하고 있었으며, 2010년까지 5%의 연평균성장률을 보일 것으로 예측되었다.[1] 이 시장은 세 가지 치료 유형 — 스타틴(statin), 수지(resin), 파이브레이트(fibrate) —으로 구성되는데, 스타틴 유형이 지배적인 치료법으로서 금액 면에서 90% 이상을 차지하고 있다. 스타틴 시장에서는 과점업체들이 치열하게 경쟁하고 있었다. 파이저, 브리스톨마이어스 스큅, 머크가 서로에 대항해서 각기 리피토(Lipitor), 프라바콜(Pravachol), 조코(Zocor)를 홍보하고 있었는데, 이들은 각각 80억, 22억, 55억 달러의 규모를 형성하고 있었다.[2] 이 약제들은 서로 비슷한 효능과 안전성을 확보하고 있었기 때문에 해당 제약회사들은 심장전문의들에게 자신의 약제를 차별화시키기 위해 대규모의 판매인력, 높은 마케팅 비용, 완벽한 사후승인 임상시험 전략 등을 활용하고 있었다.

이러한 업체 간의 힘겨운 경쟁이 전개되던 상황은 고지질혈증(hyperlipemia) 시장의 성장에 도움이 되고 있었는데, 여러 가지의 부가적인 특성들이 이 시장의 성장에 기여할 것으로 예상되었다. 최근 업데이트된 치료 가이드라인들로 인해 의사들은 환자들의 지방 수준을 낮추는 것을 추구하게 되었고, 이에 따라 의사들은 환자들의 스타틴 적정 복용량을 늘리게 되었다. 게다가 첫 번째 배합제품 제티아(Zetia)가 최근 출시되었는데, 이것은 스타틴 효능을 높이기 위해 스타틴에 대해 보조적으로 사용할 수 있었으며(전반적인 치료비용을 증가시키는 가운데), 이에 따라 이 약제를 고려한 치료가 기대되었다. 끝으로 환자들의 인구통계학적 데이터를 볼 때, 세계적으로 심혈관계 질병의 발생이 증가할 것으로 예상되었다. 노령화와 미국과 유럽에서의 건강에 해로운 식습관 증가 등은 발병 확률을 크게 증가시키는 요인으로 작용하고 있었다.[3]

환자 모집단과 새로운 치료 가이드라인들이 고지질혈증 시장을 증대시키고 있는 동안 두 가지 이슈가 이 시장의 성장을 위협했다. 조코, 프라바콜, 리피토, 모두 2010년경 특허가 만료되었는데, 그러자 복제약들의 진입이 시작되었고(일반적으로 브랜드를 가진 특허 약품보다 10~20% 더 싼 가격으로), 이에 따라 기존의 특허 약제들은 상당한 피해가 발생하기 시작했다. 게다가 환자들이 스타틴을 성실히 복용하지 않는 상황은 여전히 계속되는 이슈였다. 왜냐하면 스타틴은 예방적 수단으로써(심장마비나 여타의 건강 문제가 발생하기 이전에) 처방되는 것이었기 때문에, 환자들은 종종 자신의 건강을 지속시키는 데 있어, 이러한 약제들의 중요성을 인식하지 못했다. 이에 따라 그들은 종종 의사들이 권유한 치료방식을 충실히 따르지 않았는데, 결국 이는 매출에 부정적인 영향을 주었다.

약제 개발 프로세스

2003년, 스타틴은 이미 시장에서 확고하게 자리를 잡고 있었고 효능 면에서도 훌륭했기 때문에, 그 이후에 실험되고 있거나 미래에 개발될 것으로 기대되는 스타틴들이 거의 없었다.[4] 대신 그러한 스타틴들의 치료 성과를 보조하거나 향상시키기 위한 목적으로 새로운 유형의 약제들이 개발되고 있었다. 그러나 이러한 목적으로 개발된 새로운 성분들이 시장에 도착해서는 엄청난 어려움을 겪었는데, 그 이유는 상당한 규제 사항들과 재무적 요구사항들 때문이었다(사례 표 8.2)

약제 연구개발에 드는 비용이 무척 높았는데, 새로 약제를 하나 승인받기 위해 연구개발에 드는 비용이 8억 5,000만 달러나 들었다. 게다가 목표 약제에 대한 결정이 이루어지고 난 이후에, 그 약제가 각 단계의 임상시험을 통과하고 성공적으로 출시되는 확률은 매우 낮았다. 전임상 연구(preclinical studies)를 통과한 약제 중 미국 식품의약국(FDA)의 승인을 받는 건은 8%밖에 되지 않았다(사례 표 8.3)

이와 같이 약제 개발에 비용이 많이 소요되고, 각각 시험 단계와 관련하여 많은 리스크가 존재하기 때문에, 제약회사들의 신약 개발 결정은 매우 신중하게 이루어졌다. 이러한 이유로 의료보건회사들 간의 제휴가 종종 일어난다. 참신한 성분을 개발한 작은 회사들은 종종 자신들보다 판매 및 마케팅에 더 많은 초점을 둔 '대형 제약사'들과 파트너십을 맺음으로써 개발비용을 분담하고 많은 매장들에 제품들을 제공할 수 있다. 사실 거품경제 시기였던 2002년, 생명공학회사들은 투자자문사, 신규상장 그리고 여타의 자금조달 방식을 통해 105억 달러의 자금을 조달했다. 그러나 이러한 생명공학회사들은 추가적으로, 411개의 파트너와의 협약을 통해 얻은 수익으로부터 75억 달러를 더 끌어왔다. 이는 당해년도에 조달한 총금액 중 42%에 해당되는 금액으로서 협약 건당 평균적으로 약 1,800만 달러가 된다.

경쟁

2003년, 시장의 주요 콜레스테롤 제약업체들로 파이저, 브리스톨마이어스 스큅, 머크를 꼽을 수 있는데, 그중 머크는 스타인 약제 범주의 선구자였고, 파이저의 리피토는 46%의 시장 점유율을 점하고 있었고, 머크의 조코는 32%, 그리고 브리스톨마이어스 스큅의 프라바콜은 13%의 시장 점유율을 점하고 있었으며, 나머지 9%는 여타의 스타인 약제들과 비스타틴 약제들로 분할되어 있었다.[5] 이러한 기업들이 경쟁하고 있던 콜레스테레롤 약제 시장, 그들의 재무정보, 그리고 자본비용은 각각 사례 표 8.4, 8.5, 8.6에서 볼 수 있다.

파이저

1949년에 설립된 파이저는 세계 최대의 제약회사로 성장했다. 이 기업은 뉴욕에 기반을 두고 있으며, 인간 및 동물 모두에 대한 약물 발견, 개발, 마케팅, 판매에 초점을 두고 있다. 파이저는 세계에서 가장 인기 있는 리피토를 가지고 스타틴 시장을 주도해 왔다. 리피토 외에도 파이저의 톨세트라핍(Torcetrapib)이라는 콜레스테릴 에스테르 전이 단백질(Cholesteryl Ester Transfer Protein, CETP) 억제제 개발은 이 회사의 심장병 시장에 입지를 강화시켜주었다. 파이저는 유망한 임상 제2상 시험(Phase II Studies)의 결과를 바탕으로, 리피토와 톨세트라핍의 합성물에 대한 임상 제3상 시험(Phase III Studies)에 초점을 맞추고 있었다. 임상 제3상 시험은 지금까지 그 어떤 종류의 약제에 대한 시험보다도 규모가 큰 시험이었을 것이다. 톨세트라핍은 파이저가 개발 중인 약제 중 가장 유망한 약제였을 뿐만 아니라, 전체 CEPT 억제제 중에서도 기대가 가장 큰 약제였다.[6] 파이저는 리피토와 여타의 약제들에 대해 업계에서 가장 강력한 판매 및 마케팅 활동을 펼쳤다.

머크

머크(Merck & Co., Inc.)는 1901년 뉴저지를 기반으로 설립된 글로벌 제약회사이다. 이 회사는 시장에 메바코(Mevacor)와 조코(Zocor)라는 두 가지의 스타틴 약제를 출시했는데, 메바코는 1987년에, 최초의 스타틴 약제로 시장에 출시되었다. 메바코는 엄청난 성공을 거두었는데, 이로 인해 시장에서는 머크의 2세대 스타틴, 즉 조코에 대한 기대도 매우 컸고, 결국에는 2002년 조코가 메바코를 대체하게 되었다.[7] 조코는 머크의 약제 중 가장 많이 팔리는 약제가 될 정도로 인기가 높았고, 전세계 콜레스테롤 약물 시장에서 두 번째로 큰 점유율을 차지했다.[8] 오랜 기간 동안 머크의 약제들은 여러 치료 영역에서 수많은 성공을 거두어 왔지만, 2002년경 임상 제3상 시험에서 여러 번 차질을 겪게 되자 준비 과정에 의문이 제기되었다. 머크는 준비 중인 유망한 관절염 약제들과 당뇨 약제들의 개발은 지속적으로 수행하였지만, 심혈관계에 대한 준비 과정은 상대적으로 약했다.[9] 결국 가장 큰 기대가 되는 심혈관계 약제는 머크와 셰링 플라우 (Schering Plough) 간의 합작 투자를 기반으로 개발이 추진되었다. 이 두 회사는 공동으로 복합약제인 조코-제티아를 개발했는데, 이것은 다양한 방식으로 콜레스테롤을 공격할 수 있어 조코만을 사용할 때보다 더욱 효과적인 것으로 평가되었다.[10]

브리스톨마이어스 스큅

브리스톨마이어스 스큅(Bristol-Myers Squibb, BMS)은 1914년에 설립되었으며, 뉴욕에 근거지를 두고 있다. 2002년, BMS는 181억 달러의 수익을 창출했는데, 이 중 81%는 약제로 인한 수익이었다.[11] BMS의 스타틴 약제, 프라바콜은 세계에서 3위를 차지하고 있다. 프라바콜은 2006년 특허가 만료됨에 따라 향후 몇 년간 점유율이 떨어질 것으로 예측된 바 있다.[12] 최근의 부진했던 BMS의 개발 기록을 고려해볼 때, 프라바콜은 BMS에서 유일하게 성공한 콜레스테롤 약제라 할 수 있다. BMS는 2003년, 두 가지의 신약, 퀘스트란(Questran)과 프래비가드 팩(Pravigard Pac)을 출시했는데, 이들 모두 상당한 수익을 창출하는 데에는 실패한 것으로 추정된 바 있다. 항동맥경화제(cholestyramine)인 퀘스트란은 비스타틴 방식의 콜레스테롤 저하제였는데, 이 약제의 시장은 스타틴 시장에 비해 훨씬 작았다. 프래비가드 팩은 단순히 프라바콜과 아스피린의 복합제로서, 이 두 가지 약물 모두를 필요로 하는 성인을 위해 개발된 약제였다.[13]

여타의 경쟁자

런던에 근거지를 두고 있는 아스트라제네카(AstraZeneca)는 2003년 크레스토(Crestor)라는 스타틴을 출시했다. 겉으로 보기에 크레스토는 이미 포화된 시장에 직면한 것으로 보였지만, 크레스토는 대단한 성공을 거둔 리피토가 존재하는 시장에서, '의심할 여지 없이' 가장 효과적인 스타틴임을 보여주었다.[14] 어떤 애널리스트는 크레스토가 7년 안에 콜레스테롤 약세 시장의 30%를 점유할 것으로 추정하기도 하였다.[15] 이와 같이 크레스토의 유망한 가능성은 현재의 과점 체제를 약화시키고 현재의 주자들이 새로운 콜레스테롤 치료방안을 찾아 나서도록 몰아갈 것이다.

제약 시장에는 대형 제약사들 외에도, 35개 이상의 회사들이 임상시험 단계에 있는 지방질 치료제들을 개발 및 홍보하고 있다. 얼마나 더 많은 기업들이 해결책들을 찾고 있는지는 알려져 있지 않다.[16] 최근 콜레스테롤 치료를 위한 대부분의 신약 개발은 스타틴으로 LDL 수치를 떨어뜨리는 기존의 접근과는 달리 다양한 새로운 방식을 통해 HDL의 양을 증가시키는 데 초점을 맞추어 추진되고 있다.

에스페리온 테라퓨틱스

회사 역사

에스페리온 테라퓨틱스는 4개의 창업투자사와 여러 개의 알려지지 않은 투자자들에 의해 제공된 자본금 1,600만 달러로 1998년 7월에 설립되었다.[17] 이 회사는 미시간 주의 앤 아버를 기반으로 하고 있으며, 콜레스테롤 약제에 명확한 강조점을 두고, 심혈관계 약제에 대한 대규모의 분자 연구 수행에 집중해 왔다.

에스페리온의 비즈니스를 주도한 힘은 회장이자 CEO인 로저 뉴턴 박사에게 있었다. 에스페리온의 창립 당시, 뉴턴은 이미 심혈관계 제약 분야에서 확고한 입지를 차지하고 있던 인물이었다. 뉴턴은 워너램버트의 수석 과학자로서 그가 세운 공적으로 매우 유명한 박사였는데, 그 회사에서 그는 리피토 개발에 중요한 역할을 했다.[18] 뉴턴은 리피토를 개발한 이후, 콜레스테롤 약제의 발전을 더욱 촉진시키기 위해 에스페리온의 설립에 박차를 가했다. 그는 콜레스테롤 치료의 선구자 중의 한 사람으로 인정되고 있었다.

에스페리온은 설립 이후 단 한 달 만에 아포A-1 밀라노(ApoA-1 Milano)라 불리는 HDL 상승제의 사용권을 스웨덴의 파마시아(Pharmacia)로부터 취득함으로써 중요한 첫 걸음을 떼었던 것이다.[19] 아포A-1 밀라노 개발의 배경으로는 이탈리아 장수마을 사람들에 대해 30년간 진행된 연구를 들 수 있다. 이 연구에서 이 마을사람들의 유전적 변이를 밝혀냈는데, 이것이 아포A-1 밀라노 개발의 기초가 되었던 것이다.[20] 파마시아로부터 사용권을 받은 이 약제는 에스페리온 연구의 초석이 되었고, 에스페리온에 의해 ETC-216이라는 명칭으로 사용되었다. ETC-216의 HDL 상승 가능성은 LDL 감소를 목표로 하는 스타틴으로부터 벗어날 수 있는 극적인 출발점을 제공했다. 에스페리온은 ETC-216에 대한 유망성 및 유사 HDL 상승제들(예 : ETC-588)에 대한 연구를 발판으로, 2000년 8월 신규상장(initial public offering, IPO)을 할 수 있었는데, 에스페리온은 이를 통해 1달러의 매출도 올리지 않았음에도 불구하고 5,800억 달러를 끌어들일 수 있었다.[21] 에스페리온이 설립 이후, 창업투자사와 주식공개를 통해 조달한 금액은 2억 달러에 달한다.[22]

에스페리온은 신규상장을 통해 끌어들인 돈으로, 여러 해 동안 자신의 HDL 약제들에 대한 임상시험을 추진해 나갔다. 2003년 6월, 에스페리온은 ETC-216에 대한 중요한 진전을 발표했다. 임상 제2단계 시험의 결과는 ETC-216이 실험 참가자들의 혈액 속 플라크를 성공적으로 감소시키는 것으로 나왔다. 이러한 시험에는 47명의 환자가 참여했고, 그 숫자는 통계적으로 의미를 갖기에는 너무 적은 표본 수였지만, 치료 효능과 속도 때문에 제약업계에 빠르게 퍼져나갔다.[23] 더욱이 콜레스테롤 산업에 있어 뉴턴의 명성은 ETC-216의 성공으로 계속해서 커져만 갔다. 에스페리온의 주가는 6월 발표 이후 52주 신고가를 경신했다.[24]

도전과제

ETC-216의 임상 제2상 시험에 대한 많은 이들의 관심에도 불구하고, 에스페리온은 힘든 싸움에 직면하게 되었다. 많은 생물약제회사들이 임상시험 초기 단계들에서는 유망한 결과를 얻다가도 후기 단계에서는 심각한 차질을 겪는 일이 많다.[25] 에스페리온도 이러한 경향을 벗어나지는 못했다.

게다가 에스페리온은 신생 생물약제회사였고 자신보다 규모가 큰 경쟁자들만큼 역량을 갖추고 있지 못했다. 이러한 이유로 자신의 치료 요법들을 상품화할 수 없었고, 그 결과 임상시험 노력을 뒷받침하기 위해서는 창업투자사로부터 조달한 자금뿐만 아니라 IPO를 통해 조달한 자금에도 크게 의존할 수밖에 없었다. 에스페리온의 어느 한 약제가 임상시험을 통과하여 FDA로부터 승인을 받을 수 있는 가능성이 있다 하더라도 에스페리온은 그것을 영리화할 수 있는 기반구조가 없었다. 에스페리온이 자신의 신약을 시장에 성공적으로 출시하기 위해서는 다시 한번 제3자에게 의존해야만 했던 것이다.

준비 중인 약제

에스페리온 제품 준비 상태를 보면 수술뿐만 아니라 스타틴 치료까지도 대체하고 있는 것으로 보였다. 임상시험에 대한 예비 결과들에 따르면, 에스페리온의 제품 후보들은 HDL의 수준을 높일 수 있었다. 이러한 성능은 몸속에서 플라크를 완전히 추방하기 위해 플라크를 간으로 이동시키는 것은 물론이고 동맥 벽에 붙어 있는 플라크를 제거하는 것도 촉진시켰다. 게다가 손상된 동맥들은 스스로 복구할 수 있었다. 에스페리온이 다음과 같은 네 가지 준비 중인 제품에 대해 하나라도 임상시험을 최종적으로 통과시킬 수 있다면, 그 제품은 의사들이 심혈관계 질병을 치료하는 방식을 혁명적으로 바꾸어 놓을 수 있을 것이다.

- ETC-216(AIM) : ETC-216은 급성관상동맥증후군(acute coronary syndrome, 심근경색증)을 겪고 있는 환자들에 대해 투입하는 치료제로 개발되고 있었다.[26] ETC-216의 특성들은 HDL의 기능을 향상시키는 것뿐만 아니라 자연발생적인 HDL을 흉내 내는 것까지도 가능케 해준다. ETC-216에 대한 임상 제1상 및 제2상 시험뿐만 아니라 초기 예비 임상조사도 긍정적인 결과를 보여주었으며 기능들을 입증해주었다. ETC-216은 이제 임상 제3상 시험에 들어가려 하고 있었다. 에스페리온은 ETC-216이 콜레스테롤 약제산업에서 주요한 성공작이 되기를 희망하고 있었다. 1999년 당시, 이미 미국 시장에는 47가지의 약제가 5억 달러 이상의 규모를 형성하고 있었다.[27]
- ETC-588(LUV) : 급성관상동맥증후군 치료제.[28] ETC-588은 혈액에 투입되는 약제로 출시되었는데, 혈액 속에서 콜레스테롤을 흡수하는 '스펀지'와 같은 역할을 했다. 동물을 대상으로 한 전임상 연구는 ETC-588이 동맥으로부터 콜레스테롤을 제거했으며 동맥이 유연성과 기능을 회복하는 데 도움이 된다는 결과를 보여주었다. ETC-588은 임상 제2상 시험단계를 시작하고 있었다.
- ETC-642(RLT 펩타이드) : 에스페리온은 급성관상동맥증후군 치료를 위해 계속해서 RLT 펩타이드를 개발했다.[29] ETC-642는 HDL을 흉내 내는 점에서 ETC-216 및 ETC-588과 유사한 생물학적 특성들을 가지고 있었으며, 이를 통해 동맥 벽에 콜레스테롤이 쌓이는 것을 방지해주었다. 2002년 중반, 임상 제1상 시험의 실험들은 RLT 펩타이드가 여러 가지 상이한 복용량에 대해서도 안전하고 잘 수용된다는 점을 보여주었다. 이 실험들은 콜레스테롤의 이동이 빨라지고 HDL 콜레스테롤 수준이 증가했다는 근거들도 보여주었다.
- ETC-1001(HDL 상승/지방질 조절제) : 에스페리온은 HDL-C의 수준을 높여주고

RLT 흐름을 향상시켜줄 수 있는 작은 유기분자의 발견과 개발을 추진하고 있었다.[30] 전임상 연구에서는 동물의 HDL-C 분자들이 증가한 것뿐만 아니라 또한 이러한 분자들이 항생적 특성과 비만억제 특성까지도 가지고 있을 수 있다는 점이 제시되었다. 에스페리온은 ETC-1001에 대한 신약신청서 제출과 더불어 2003년 임상 제1상 시험이 시작되기를 희망했다.

파이저의 배경

전략 개관

파이저(Pfizer Inc.)는 다음과 같은 세 가지 방식으로 연구 및 제품의 성장을 추진했다: 내부 R&D, 합병 및 인수, 협약 및 제휴. 이러한 구조에서 파이저는 세계 곳곳에 수많은 자회사들을 가지고 있었다. 최근 몇 년간 보아온 것보다 더 빠른 속도로 약제를 개발해야 한다는 압력에도 불구하고, 제약산업에서의 합병 및 인수(M&A) 규모는 2001년 230억 달러에서 2002년 중반 단 30억 달러로 감소되었다. 거래와 관련해서 구매자들은 보다 조심스러워졌고, 사용권(라이선스) 거래에 크게 의존하기 시작했다.[31] 파이저의 행위는 이러한 룰을 벗어난 것으로 입증되었는데, 이 회사는 다음과 같은 두 건의 중요한 합병을 수행했던 것이다. 2000년의 워너램버트(유례없이 가장 규모가 컸던 적대적 인수)와 2003년의 파마시아. 치열하게 경쟁하고 있는 기업들에게 통합하라는 압력이 주어지는 상황에서, 파이저는 제약업계에서 가장 큰 제약 R&D 조직을 뽑내고 있었는데, 이 조직은 700건 이상의 주요하고 활동적인 협력관계들과 2003년 71억 달러의 R&D 예산을 가지고 있었다.[32] 파이저의 제품개발 전략은 파이저 글로벌 연구 및 개발의 책임자인 라마티나 박사의 검토를 통해 확정되었다.

> 파이저의 강점은 우리의 내부 프로그램과 파트너십으로부터 나오는 기회들을 극대화하는 능력입니다. 우리의 예산 규모와 R&D 범위는 우리의 목표에 매우 엄격히 집중할 수 있도록 해주는 분명한 장점이 됩니다. 우리의 경쟁자들 중 일부는 '연구관리'란 용어를 현실과 모순된 개념으로 보지만, 파이저에 있는 우리는 그렇게 생각하지 않습니다. 사실, 원하는 것이 언제 밝혀지게 될지를 예측하는 것은 매우 어렵습니다만, 발견이 일어날 가능성을 극대화하도록 프로세스를 관리하는 것은 가능합니다. 우리는 파마시아 인수를 마무리하기 전에, 광범위한 분야에 대해 상당히 주의 깊게 살펴보았고, 준비 상태에 있는 제품들의 가치와 파이저의 방식하에서 그러한 R&D 결실을 보완할 수 있는 방법에 대해서도 생각했습니다. 그렇게 놀랄 만한 일은 거의 없었고, 우리는 파마시아가 하고 있던 프로젝트의 대부분을 계속해서 진행시키고 있습니다.[33]

파이저는 학계 및 업계의 250개 이상의 파트너들과의 관계 속에서 인수를 적절히 관리해 나가고 있는데, 이를 통해 파이저는 참신한 R&D 도구들과 최근 주목 받는 트렌드와 관련된 핵심 데이터들을 활용할 수 있게 됨으로써 과학의 최첨단에 서 있는 파이저의 위상은 더욱 강화되었다.

마케팅

1997년, FDA가 약제 광고에 대한 제약을 완화하기로 결정하자, 파이저는 소비자 미디어 조직을 만들고 소비자에게 직접 접근하는(direct-to-consumer, DTC) 미디어 활용에 대한 접근방법을 개발하기 위해 1999년 미디어 책임자를 채용하였다.[34] 2년 후, 파이저는 지르텍(Zyrtec)과 비아그라(Viagra)와 같은 히트 상품들로 인해 DTC 방식을 통한 브랜드 구축의 선두주자로 인식되었다. 파이저는 TV 광고에 많은 돈을 지출함으로써 매년 TV 광고의 주요 주자가 되었다. 파이저는 2001년 첫 6개월 동안 DTC 광고에 약 7,600달러를 지출함으로써 DTC 광고 분야에서 지출 규모가 두 번째로 큰 회사가 되었다.[35]

제조 및 유통

수십 년간 제약산업에 있어 제조는 비효율적으로 유지되어 왔는데, 제조비용은 산업의 전체 비용에서 36%를 차지했다. 상위 업체 16개는 2001년 제조에 900억 달러를 지출하였다.[36] 저품질 및 제품 리콜의 결과를 초래하는 비효율성으로 인해 FDA는 2003년에 제조 관련 규정을 25년 만에 처음으로 업데이트했다. 이에 대응하여 파이저는 제조 방식에 대한 연구를 위해 투자를 했고, 그 결과 빠르고 정확하게 약제를 테스트할 수 있는 새로운 방법을 개발하였다. 이 기술은 전세계에 있는 파이저의 공장 중 몇 곳에서 테스트되고 있었다.

파이저는 전세계에 걸친 수십 개의 시장들에서 동시에 제품을 출시할 수 있는 유통 역량을 갖추게 되었다. 2000년 당시, 파이저의 미국 판매인력은 9개 부문에 걸쳐 5,400여 명의 영업직원들로 구성되어 있었다. 파이저의 엄격한 훈련과 지속적인 교육 프로그램들은 이 산업에서 타의 추종을 불허했는데, 이를 통해 영업직원들은 최고 수준으로 육성되었다. 그들은 인식과 질병치료의 발전에 대해 수많은 의료건강 서비스 제공자들과 지속적으로 소통하였다.[37] 2002년, 파이저의 약품 판매 조직은 9개의 핵심 전문 집단에 속한 미국 의사들을 대상으로 7년 연속해서 전반적인 사항들에 대해 설문조

사를 했다.[38]

파이저와 콜레스테롤 약제 시장

파이저는 2000년 워너램버트에 대한 인수를 통해 블록버스터 약제인 아토르바스타틴 (Atorvastatin)(리피토)에 대한 권리를 획득했다. 그 이전인 1996년엔 워너램버트가 그 약제를 성공적으로 출시하기 위해 파이저와 마케팅 협약을 맺었다.

　워너램버트는 리피토를 시장에 내놓았을 당시 자사의 주요 제품들에 대한 일련의 리콜 사태를 겪는 등 많은 어려움이 있었다. 게다가 워너램버트의 영업인력은 이미 콜레스테롤 약제 시장에서 입지를 굳힌 경쟁자들에 비해 상대적으로 그 규모가 훨씬 더 작았다. 이러한 여건들로 인해 파이저와 공동마케팅 제휴를 맺었던 것이다. 파이저는 리피토를 시장에 내놓기 위해 자신의 광범위한 판매직원 네트워크를 활용했을 뿐만 아니라 리피토 출시에 따른 비용도 상당 부분 분담했다.[39] 그 대가로 파이저는 리피토 의 매출 목표를 기반으로 수익의 일부를 받았다.

　1999년 11월 5일, 아메리칸 홈 프로덕츠 코퍼레이션(American Home Products Corporation)은 워너램버트와 700억 달러에 합병하기로 했음을 발표하였다. 이러한 거래는 파이저와 워너램버트 사이의 리피토에 대한 마케팅 권리 및 제휴에 대한 미래 상황에 대해 상당한 불확실성을 남겼다. 수십억 달러에 달하는 리피토 매출은 파이저 약제 판매 포트폴리오의 상당한 비중을 차지했었다. 따라서 파이저는 워너램버트와의 공동마케팅 제휴를 끝내기 전에, 워너램버트에 824억 달러의 적대적 기업 인수 제의를 했다. 그 결과 2000년 이 두 회사는 마침내 합병했고, 동시에 워너램버트는 파이저에 게 리피토에 대한 모든 권리를 넘겼다.[40] 파이저는 확보한 리피토와 임상 제3상 시험에 들어간 톨세트라핍으로 인해, 콜레스테롤 약제 시장에서 입지를 굳힐 만반의 태세를 갖추게 되었다.

파이저의 제의

2003년 11월, 에스페리온은 ETC-216에 대한 연구 결과를 미국 의약협회학술지 (*Journal of the American Medical Association*)에 공식적으로 발표하였다. 이 논문은 이 약 을 임상 제2상 시험에서 일주일에 한 번씩 환자들에게 주사로 투여한 결과, 단 5주 만 에 동맥에 생성된 지방질 플라그가 4% 이상 감소했다는 것을 보여주었다.[41] 파이저의 연구 책임자인 존 라마티나(John LaMattina)는 ETC-216이 "수백 명, 가능하면 수천

명의 사람들에게 시험되어야 할 것이고, 심장마비와 같은 2차 위험이 상당히 감소되는 것으로 나타나야" FDA로부터 승인을 받을 수 있을 것이라 언급한 바 있다. 이러한 유형의 실험은 상당한 투자를 필요로 한다.[42]

이러한 임상시험 결과가 미국 의약협회학술지에 게재된 이후, 뉴턴은 에스페리온이 이 약을 제품으로 개발하고 시장에 내놓을 파트너를 찾겠다는 의사를 공식적으로 발표하였다. 파이저는 파마시아에 대한 인수를 통해 ETC-216에 대한 공동 개발 및 상품화에 대해 우선 협상권을 획득하였다.[43]

2003년 12월 21일, 파이저는 에스페리온 테라퓨틱스를 13억 달러에 인수할 의사가 있음을 발표하였다. 파이저는 에스페리온의 보통주를 주당 35달러에 사들여 지분을 확보하겠다는 제안서를 제출했다.[44] 이는 인수 이전의 주식시장 20일 거래 동안의 평균 마감가보다 54%나 더 비싼 가격이었다.[45] 제안 당시 뉴턴은 에스페리온 주식 890,000주를 소유하고 있었다.

결정

뉴턴은 에스페리온이 주요 제약회사를 사들이는 것이 이득이 되는지 결정해야 했다. 뉴턴 박사는 그의 회사가 계속되는 ETC-216의 개발로 힘든 시간을 보내게 될 것을 알고 있었다. 에스페리온은 임상 제3상 시험을 치르기 위해 엄청난 비용이 필요했고, 따라서 창업투자사를 통한 자금조달과 권리주(potential stock) 제시를 통한 현금 확보를 고려해야 했다. 뉴턴 박사는 임상 제2상 시험 결과가 긍정적으로 나왔지만, 이것만으로는 제3상 시험의 성공과 FDA의 승인을 장담할 수 없다는 것을 알고 있었다. 그러나 ETC-216이 제3상 시험을 성공적으로 통과하게 되면, 에스페리온은 제품 출시와 판매를 도와줄 파트너를 찾아야 할 것이다.

뉴턴 박사는 생각할 것들이 많았다. 그는 약제를 개발하는 과학자들이 자신의 연구에 대해 제대로 보상받을 수 있는 기업 환경을 만들기 위해 에스페리온을 창업했다. 그런데 그가 에스페리온을 파이저에게 팔아넘긴다면, 이는 자신이 그렇게 열심히 일해 왔던 모든 것을 포기하는 일이 되는 것일까? 에스페리온은 새로운 심혈관계 약제 개발을 이끌었던 기업의 정체성을 유지해 나갈 수 있을까? 뉴턴은 에스페리온이 개발 중에 있는 ETC-216과 여타의 유망한 약제들에 대한 관리를 더 이상 할 수 없게 될 것인가? 게다가 직원들은 새로운 주요 제약업체에서 일하게 된 것에 대해 어떤 반응을 보이게 될 것인가?

뉴턴 박사는 에스페리온의 미래를 위해서는 독립적인 생명공학회사, 대형 제약사가 전액 출자한 자회사, 또는 통합된 대형 제약사의 일부분 중 어느 형태로 존재하는 것이 나을지 결정해야 했다.

사례 표 8.1 2003년 미국의 주요 질병 통계

한 가지 이상의 심혈관계질환을 가진 사람들	71,300,000
고혈압	65,000,000
관상동맥질환	13,200,000
심근경색(심장마비)	7,200,000
협심증(가슴통증)	6,500,000
뇌졸중	5,500,000
심혈관계질환으로 인한 사망	910,614
관상동맥질환으로 인한 사망	479,305
암(모든 유형)으로 인한 사망	554,642
사고로 인한 사망	105,695

출처 : Cardiovascular disease statistics, 2003, American Heart Association.

사례 표 8.2 약제 개발 프로세스

FDA는 약제 개발 과정을 통제하고 후보 약제의 안전성과 효능성을 확인하기 위한 시험 단계들의 진행을 요구한다.

- **약제 발견(drug discovery)** : 약제 개발의 첫 번째 단계로서, 질병의 대상 탈체(ex vivo)(즉, 살아 있는 대상이 아닌)에 대한 후보 성분의 효과를 검사하기 위해 수행된다. 일단 질병에 대한 기본적인 이해가 확립되면, 과학자들은 질병 메커니즘에 효과가 있는 것으로 보이고 체내 부위(in vivo)(즉, 살아 있는 대상)에 대한 검사를 타당하게 하는 한 개 또는 여러 개의 '실마리' 합성물을 결정하기 위해 수많은 합성물들을 조사하여 걸러낸다.

- **전임상 연구(Preclinical Studies)** : 새로운 성분이 살아 있는 유기체에 대해 효과가 있는지 결정하기 위해 새로운 동물을 대상으로 시험을 한다. 과학자들은 시험 성분이 인간에게도 효과가 있을지에 대해 이해하고자 하는 관점에서 대상 동물에 대해 그 약의 안전성을 관찰하고, 목표 질병에 대한 효과도 관찰한다. 전임상 연구에는 일반적으로 3~6년이 소요된다.

- **임상 제1상 시험(Phase I Studies)** : 일반적으로 20~100명의 건강한 자원자들을 대상으로 하며, 잠재적 신약이 인간에 대해 일으킬 수 있는 기본적인 특성들을 측정하기 위해 수행된다. 그 특성들로는 그 약제가 어떻게 흡수되고, 전달되며, 대사작용하고, 배설되는지뿐만 아니라, 약리역학(얼마나 오래 신체 내에서 활성화된 상태를 유지하는지)도 고려된다. 임상 제1상 시험은 일반적으로 6개월에서 1년이 걸린다.

- **임상 제2상 시험(Phase II Studies)** : 일반적으로 100~500명의 대상 질병을 가진 사람들을 대상으로 수행된다. 이 단계에서 회사들은 잠재적 신약이 실제 목표 질병에 대해 긍정적인 효과가 있을 것이란 '개념 입증'을 확립하는 것을 목표로 한다. 과학자들은 해당 질병에 대한 효과뿐만 아니라 가능한 부작용과도 관찰하고, 적정 복용량를 설정한다. 임상 제2상 시험은 일반적으로 6개월에서 1년이 걸린다.

(계속)

- **임상 제3상 시험(Phase III Studies)** : 일반적으로 1,000~5,000명의 환자를 대상으로 하며, 후보 신약이 목표 질병에 대해 통계적으로 유의하게 효과가 있음을 입증하기 위해 수행된다. 의사들은 정기적으로 환자들을 관찰하고 부작용에 대한 검사를 한다. 이 단계의 실험을 마치는 데에는 일반적으로 1~4년이 걸린다. 이 단계가 성공적으로 끝나는 즉시, 회사들은 이 약제의 출시와 상업적 판매를 승인받기 위해 FDA에 신약신청서(New Drug Application, NDA)를 제출한다.

- **임상 제4상 시험(Phase IV Studies)** : 해당 약제가 승인은 받았지만, 그 이후 해당 약제와 관련된 추가적인 데이터들이나 보다 장기적 사용에 따른 영향에 대한 근거들을 FDA에 제공하도록 요구 받은 경우에 수행하는 시험들을 의미한다(종종 '조건부 승인'을 받은 약제들이 이에 해당). 회사들은 이러한 데이터 요구사항들을 이행해야 하지만 해당 약제를 상업적으로 출시한 후 그렇게 해도 된다. 이 시험에 소요되는 기간과 비용은 다양하다.

출처 : Clinical trials. Retrieved July 22, 2008, from http://en.wikipedia.org/wiki/Clinical_trial.

| 사례 표 8.3 | 약제 승인에 소요되는 비용과 시간 |

	R&D	동물	제1상	제2상	제3상	합계
비용(백만 달러)	358.0	12.5	42.9	117.8	325.8	857.0
시간(개월)			21.6	38.0	56.5	116.1
성공률(%)			69	38	15	8(FDA 승인)

출처 : Joseph Dimasi, Ronald Hansen, and Henry Grabowski, The price of innovation : new estimates of drug development costs, *Journal of Health Economics*, 2003. Bain and Co., 2003.

| 사례 표 8.4 | 고지질혈증 시장의 매출액 및 예상치 |

연도	2000	2001	2002	2003E	2004E	2005E	2006E	2007E	2008E	2009E
매출액 (백만 달러)	13,937	15,830	17,210	19,845	21,990	24,232	25,390	2,725	27,680	29,115

출처 : CDC IXIS Securities, Cholesterol: The battle rages on, February 24, 2003.

| 사례 표 8.5 | 주요 제약회사에 대한 재무 정보(천 달러, 2002년) |

	달러	달러	파이저(달러)
매출액	18,119	51,790	32,373
생산	6,388	33,054	4,045
마케팅, 영업, 관리	5,218	6,187	10,846
R&D	2,218	2,667	5,176
기타 비용	1,648	(331)	510
총비용	15,472	41,577	20,577
세전수입	2,647	10,213	11,796
세금	613	3,064	2,609
순수입	2,034	7,149	9,187

출처 : Firm 10-Ks

사례 표 8.6 제약산업에 대한 명목 자본비용 및 실자본비용(1985~2000년)

	1985(%)	1990(%)	1994(%)	2000(%)
명목 자본비용	16.1	15.1	14.2	15.0
물가 상승률	5.4	4.5	3.1	3.1
실자본비용	10.8	10.6	11.1	11.9

출처 : Dimasi, 2003, Tufts Center for the Study of Drug Development.

주석

1 CDC IXIS Securities. (February 24, 2003). Cholesterol: The battle rages on.

2 CDC IXIS Securities. (February 24, 2003). Cholesterol: The battle rages on.

3 CDC IXIS Securities. (February 24, 2003). Cholesterol: The battle rages on.

4 Two drugs are notable exceptions. Crestor (AstraZeneca) was expected to be launched in 2003 with a better safety and efficacy profile than any currently marketed statin. Additionally, Novartis/Sankyo's Pitavastin was a statin currently in Phase IIb trials in Europe expected to be launched in 2007.

5 CDC IXIS Securities. (February 24, 2003). Cholesterol: The battle rages on.

6 Deutsche Bank Securitiers. (December 22, 2003). Pfizer Inc.: Building cardio dominance.

7 How far we've come. (August 1, 2006). *Pharmaceutical Executive*.

8 CDC IXIS Securities. (February 24, 2003). Cholesterol: The battle rages on.

9 UBS Investment Research. (November 21, 2003). Merck & Co.

10 Harper, M. (2003). Merck's troubles, Schering's solution. Retrieved December 6, 2006, from www.forbes.com/2003/11/21/cx_mh_1121mrk.html

11 Bristol-Myers Squibb Co. (2002). 10-K.

12 Bristol-Myers Squibb Co.: Where's the growth? Oppenheimer Equity Research. November 19, 2003.

13 Bristol-Myers Squibb Co. (November 19, 2003). Where's the growth? Oppenheimer Equity Research.

14 CDC IXIS Securities. (February 24, 2003). Cholesterol: The battle rages on.

15 CDC IXIS Securities. (February 24, 2003). Cholesterol: The battle rages on.

16 Frost & Sullivan. (November 10, 2005). U.S. lipid therapeutics market. (Section 2.6.1).

17 Thomson Financial Venture Economics. (September 27, 2006). Esperion Therapeutics, Inc. Company Report (VentureXpert).

18 Rozhon, T. (2003, December 22). Pfizer to buy maker of promising cholesterol drug. *New York Times*.

19 Datamonitor Company Profiles. (January 24, 2004). Esperion Therapeutics – History.

20 Winslow, R. (2003, November 5). New HDL drug shows promise in heart study. *The Wall Street Journal*.

21 PR Newswire. (October 31, 2000). Esperion Therapeutics, Inc. announce results for third quarter 2000.

22 Rozhon, T. (2003, December 22). Pfizer to buy maker of promising cholesterol drug. *New York Times*.

23 Winslow, R. (2003, November 5). New HDL drug shows promise in heart study. *The Wall Street Journal*.

24 Braunschweiger, A. (2003, June 26). Esperion shares surge on study of heart-plaque treatment. *Dow Jones Business News*.

25 Esperion. (2002). 10-K.

26 Esperion. (2002). 10-K.

27 Dimasi, J., Hansen, R., & Grabowski, H. (2003). The price of innovation: New estimates of drug development costs. *Journal of Health Economics*, 22(2), 151–185.

28 Esperion. (2002). 10-K.

29 Esperion. (2002). 10-K.

30 Esperion. (2002). 10-K.

31 Young, P. (2002, September 18). Troubling times for Pharma. *Chemical Week*.

32 Pfizer.com. (March 2004). Press release.

33 Pfizer.com. (March 2004). Press release.

34   Goetzl, D. (2001, October 1). Media mavens: Donna Campanella. *Advertising Age.*

35   Goetzl, D. (2001, October 1). Media mavens: Donna Campanella. *Advertising Age.*

36   Abboud, L., & Hensley, S. (2003, September 3). Factory shift: New prescriptions for drug makers; update the plants – after years of neglect, industry focuses on manufacturing; FDA acts as a catalyst; the three story blender. *Wall Street Journal.*

37   Physician survey ranks Pfizer sales force first in industry for fifth consecutive year. (2000, January 20). *PR Newswire.*

38   Pfizer sales force most esteemed by US doctors. (2002, February 18). *Marketletter.*

39   Mintz, S.L. (2000). What is a merger worth? Retrieved October 12, 2006, from www.cfo.com/article.cfm/2988576

40   Morrow, D.J., & Holson, L.M. (1999, November 5). Warner-Lambert gets Pfizer offer for $82.4 billion. *New York Times.*

41   Pfizer to buy maker of promising cholesterol drug. (2003, December 22). *New York Times.*

42   Ibid.

43   Ibid.

44   Pfizer to acquire Esperion Therapeutics to extend its research commitment in cardiovascular disease. (2003, December 21). *Pfizer Press Release.*

45   Pfizer to buy Esperion for $1.3bn. (2003). Retrieved October 10, 2006, from www.cnn.com/2003/BUSINESS/12/21/us.pfizer.reut

픽사 : 게임의 법칙 바꾸기[*]

2008년 6월 29일은 '라따뚜이(Ratatouille)'를 개봉한 지 1주년이 되는 기념일이었는데, 이날 예전 픽사 애니메이션의 주주들은 픽사가 자신을 디즈니에 판 것이 잘한 일이었는지 궁금해했다. 라따뚜이는 캐릭터 상품 판매까지 포함해서, 전세계를 통해 6억 달러 이상의 수익을 올렸었다. 이러한 수익보다 더 놀라운 점은 '라따뚜이'가 대부분의 영화들이 흥행에 실패하는 상황에서 픽사의 연속 8번째 히트작이었다는 사실이다. 픽사는 어떻게 그러한 성공을 거둘 수 있었을까? 이러한 성공은 디즈니하에서도 지속될 수 있을까? 픽사는 디즈니와 지속적인 제휴관계를 유지하면서 독자적인 회사로 남아 있는 것이 더 나았을까, 아니면 서로 다른 길을 가면서 다른 파트너를 찾는 것이 더 나았을까? 8번 연속으로 히트를 치는 동안 그 영화들의 대부분은 5억 달러 이상의 수익을 올렸다!

픽사 디지털 기술의 기원

유타대학교 시절

픽사 기술의 기원은 에드 캣멀(Ed Catmull)이 유타대학교 컴퓨터과학 프로그램 박사과정 학생으로 입학했던 1970년대로 거슬러 올라간다.¹ 그 프로그램은 컴퓨터 그래픽 분

---

* 이 사례는 Allan Afuah 교수의 지도하에 Catherine Crane, Will Johnson, Kitty Neumark, Christopher Perrigo에 의해 작성되었으며, 단지 수업 토론 자료로 활용하기 위해 작성된 것이지, 경영을 잘했는지 못했는지를 기술하고자 하는 의도로 작성된 것이 아님을 밝혀둔다.

야에서 명성을 떨치고 리더십을 발휘했는데, 이러한 점에 매료되어 훗날 스타가 된 여러 명의 인재들이 유타로 향했던 것이다. 존 워녹(John Warnock)도 그러한 초창기 개척자 중 한 사람이었는데, 그는 나중에 어도비 시스템즈(Adobe Systems)를 설립하고 포스트스크립트(PostScript) 페이지 기술 언어(page description language)로 출판계에서 혁명을 일으켰다. 또 다른 동문인 짐 클라크(Jim Clark)는 나중에 실리콘 그래픽스(Silicon Graphics)를 세우고, 그다음 넷스케이프 커뮤니케이션즈(Netscape Communications)를 이끌었다.

1970년대 내내 이 프로그램은 컴퓨터 그래픽 분야에서 중요한 진전을 이루어냈다. 캣멀 자신도 1974년 박사학위 논문을 통해 컴퓨터 그래픽 분야의 주요한 진전을 이루어냈는데, 그 논문은 텍스처 매핑(texture mapping), z-버퍼와 곡면 렌더링에 초점을 맞추었다. 1974년, 뜻밖의 인물로부터 이 유타 프로그램의 작업이 관심을 받게 되었는데, 그 사람은 바로 백만장자이자 뉴욕공과대학(NYIT)을 세운 알렉산더 슈어(Alexander Schure)였다. 당시 그는 '터비 더 튜바(Tubby the Tuba)'라 불리는 어린이 레코드 앨범의 스토리를 사용하여 만화영화를 만들고 싶어 했다. 캣멀 박사는 유타의 평범한 신분으로서 훌륭한 컴퓨터 과학자들로 구성된 팀을 꾸리게 되었고, 그는 컴퓨터 생성 만화에 대한 실험을 시작하게 되었다.

루카스필름 시절 : 1979~1986년

캣멀의 팀이 NYIT에서 고군분투하는 동안, 할리우드는 영화 제작에 있어 컴퓨터 그래픽의 이점을 인식하기 시작했다. 이러한 맥락에서 할리우드의 초기 개척자 중 한 명으로 조지 루카스(George Lucas) 감독을 들 수 있는데, 그는 '스타워즈(Star Wars)'에서 깜짝 놀랄 만한 특수효과를 보여주었다. 이러한 블록버스터를 만들어낸 경험이 있었던 루카스는 스타워즈 시리즈의 다음 편, '제국의 역습(The Empire Strikes Back)'의 이미지 편집과 특수효과 개발을 위해, 컴퓨터 그래픽 활용에 더욱 관심을 가지게 되었다. 루카스는 이 영화의 특수효과를 만들어내기 위해, 트리플 I(Triple I)이라는 외부의 컴퓨터 그래픽 제작사와 함께 일을 했지만, 결국 그 특수효과들을 사용하지 못했다. 그러나 이러한 경험은 실물 사진과 동일하게 보일 정도로 컴퓨터 그래픽을 정교하게 만드는 것이 가능하다는 점을 입증해주었고, 이러한 점에 고무되어 루카스는 자신의 특수효과 회사인 루카스필름에 컴퓨터 그래픽 부문을 신설하기로 결정하였다.

1979년, 루카스는 NYIT에 있는 캣멀의 팀을 발견하였다. 조지 루카스는 루카스필름에서 함께 일하고 싶으니 그 팀에게 캘리포니아 북부로 오라고 제안을 했고, 그 팀은 아주 기쁜 마음으로 그 제안을 받아들였다. 캣멀 박사는 부사장으로 임명되었고, 그 이후 6년에 걸쳐, 루카스필름의 새로운 컴퓨터 그래픽 부문은 컴퓨터 그래픽 산업의 아주 훌륭한 아티스트들과 프로그래머들로 구성된 팀을 만들어 나갔다.

픽사의 탄생(1984~현재) : 창조적인 발전

스토리 시작의 주인공 : 존 라세터

에드 캣멀처럼 존 라세터(John Lasseter)도 컴퓨터 그래픽 애니메이션의 미래를 오랫동안 꿈꾸어 왔다. 라세터는 디즈니에서 처음으로 컴퓨터 지원 방식을 이용한 영화 '트론 (Tron)'(1981) 제작에 참여했다. '트론'은 거의 30분 분량의 고품질 컴퓨터 그래픽을 필요로 했는데, 이러한 요구는 당시의 컴퓨터 그래픽 제작사에게는 상당히 부담스러운 일이었다. 트론의 컴퓨터 생성 이미지는 기술적으로 매우 멋있게 보였지만, 사이버 모험을 주제로 한 내용 자체는 그리 매력적이지 못했다. 디즈니는 그 영화에 약 2,000만 달러를 집중적으로 투자했지만 흥행에는 크게 실패했다. 그 결과 발생된 재무 손실만으로도 디즈니는 컴퓨터 그래픽 매체에 대한 흥미를 완전히 잃었다.

트론은 흥행에 실패했지만, 라세터는 그 영화에서 중요한 통찰력을 얻었다. 라세터는 동료 애니메이션 제작자들이 컴퓨터 그래픽 이미지를 이용하는 것을 보면서, 100% 컴퓨터 애니메이션으로만 만들어진 영화의 가능성을 인식하기 시작했다. "트론에 나오는 라이트 사이클 장면들은 굉장한 차원성과 견고성을 가지고 있었는데, 그 장면들을 보았을 때 그것은 마치 완전히 새로운 세계로 들어가는 내 머릿속의 작은 문과 같았습니다."[2]

라세터와 동료 애니메이션 제작자인 글렌 킨(Glen Keane)(이후 '미녀와 야수'를 만든)은 모리스 센닥(Maurice Sendak)(동화작가)의 괴물이 사는 나라(Where the Wild Things Are)라는 작품을 컴퓨터로 만든 표준 애니메이션 그림들을 활용하여 30초짜리 애니메이션으로 만들었고, 이것으로 애니메이션에 대한 디즈니의 관심을 유도했다. 그러나 몇 년간 영화 흥행에 부진한 성과를 낸 후 다시 소생하기 위해 애쓰고 있었던 디즈니는 아직 시도되지 않은 순수 컴퓨터 애니메이션에 대한 실험에 흥미를 느끼지 못했다. 1984년, 실망한 라세터는 결국 디즈니를 떠났다. 그러자 라세터의 친구였던 에드 캣멀은 그에게 루카스필름에 들어와서 딱 한 달만 같이 실험을 해보자고 그를 설득했다. 존 라세터는 순수 애니메이션 영화가 가능하다는 자신의 발견을 좋아했고, 이후 루카스필름에 계속 남았다.

'다음' 세대의 등장 : 스티브 잡스

1984년, 라세터의 합류로 루카스필름의 컴퓨터 그래픽 부문은 보다 강화되었지만, 그 프로젝트에 대한 조지 루카스의 관심은 시들해졌다. 캣멀은 개발되고 있는 기술의 엄청난 잠재력에 대해 이미 인식하고 있었지만, 루카스는 그 프로젝트가 완료된 것으로 간주하고 그 컴퓨터 그래픽 부문을 인수할 사람을 찾기 시작했다. 인수업체를 찾던 초반기에 고려되었던 구매자는 거대 기업, 제너럴 모터스의 EDS(Electronic Data Systems)와 독일의 재벌기업인 필립스 NV의 한 단위조직 간의 협의체였다. 캣멀의 기대는 컸지만, 그 인수는 결국 이루어지지 못했다.

애플 컴퓨터의 CEO였던 스티브 잡스(Steve Jobs)는 루카스가 컴퓨터 부문을 매각하려 한다는 소식을 들었다. 잡스는 이러한 상황이 애플에게 좋은 인수 기회가 될 것이라 생각했지만, 불행히도 애플의 이사회는 동의하지 않았다. 잡스가 1985년 애플을 떠났을 때, 픽사는 루카스필름 부문을 유지하고 있었다.

아이러니컬하게도 그 컴퓨터 부문의 최종 매각은 잡스가 애플을 떠나 있을 때 이루어졌다. 자신의 애플 주식 매각으로 1억 달러 이상의 개인 자산을 가지고 있던 잡스는 루카스에게 접근하여 그 컴퓨터 부문에 대한 자신의 관심을 다시 보였다. 1986년, 마침내 루카스는 1,000만 달러에 그 부문을 잡스에게 매각했다. 스티브 잡스는 그 부문을 넥스트 컴퓨터(NeXT Computer)라고 하는 자신의 다른 기업에 흡수시키는 것을 고려했지만, 그 대신에 픽사라는 독립회사로 설립하여, 자신은 CEO를 맡고 에드 캣멀에게는 최고기술관리자(CTO) 자리를 맡기기로 결정하였다.

캣멀 및 라세터와 더불어 잡스는 컴퓨터 기술을 이용한 만화와 순수 애니메이션 영화 제작을 이 회사의 최종 목표로 바라보았다. 그러나 이러한 목표를 달성하기까지는 여전히 여러 가지 해결해야 할 장애물들이 존재했다. 이러한 장애물 중 가장 중요한 것은 이 팀이 꿈꾸는 영화 제작을 가능케 해주는 소프트웨어 도구들을 개발하고 개선시키는 것이었다.

혁신을 할 것인가, 말 것인가? 그것이 문제로다!

픽사는 획기적인 소프트웨어 시스템들—마리오네트, 링마스터, 렌더맨, 레이저 녹화 시스템인 픽사비전─을 개발했다. 마리오네트(Marionette)는 모델링하고, 움직이게 만들고, 영사시키는 작업들에 대한 시뮬레이션 기능들을 제공하는 애니메이션 소프트웨어 시스템이었다(사례 표 9.1의 애니메이션 영화의 가치 사슬 참조)[3] 링마스터(RingMaster)는 애니메이션 프로젝트들을 대상으로 일정을 계획하고, 업무를 조정하고, 진행 상황을 추적하는 제작관리 소프트웨어 시스템이었다. 픽사비전(Pixarvision)은 전례 없이 높은 품질로 디지털 컴퓨터 데이터들을 이미지들로 변환시켜 영화 저장장치에 저장하는 레이저 녹화 시스템이었다. 이러한 세 가지 시스템은 고품질의 3D 그래픽 제작에 중요한 역할을 했으며, 시장에서는 이를 대신할 수 있는 도구들을 찾을 수 없었기 때문에 픽사가 상당한 경쟁우위를 갖는 데 크게 기여했다.

픽사만이 사용하는 이러한 소프트웨어 시스템들과는 달리 렌더맨(RenderMan) 소프트웨어 시스템은 상업화됨으로써 빠르게 중요한 순익의 원천이 되었고, 이에 따라 2001년 픽사는 총수익 중 10%를 이러한 소프트웨어 사용권 제공으로부터 얻었다. 렌더맨의 상업용 버전은 1989년에 출시되었는데, 이 시스템은 컴퓨터 그래픽 아티스트들이 질감과 색상을 3D 이미지에 입힐 수 있도록 해줌으로써, 실제처럼 보일 정도로 정교한 이미지를 만들 수 있게 해주었다. 픽사는 이 도구를 제3자들에게 라이선스 방식으로 판매했는데, 마침내 10만 카피 판매의 기록을 세우게 되었다. 렌더맨은 빠르게 산업 표준으로 자리잡아 갔고, 실제 액션 장면에 특수효과를 추가하기 위해 광범위하게 사용되었다. 10년에 걸쳐 이 소프트웨어는 오스카상 중 최고 시각 효과상을 받은 10개의 영화 중 8개, 다시 말해 '매트릭스, 천국보다 아름다운, 타이타닉, 포레스트 검프, 쥬라기 공원, 죽어야 사는 여자, 터미네이터 2, 어비스'에 사용되었다. 그러나 렌더맨과 그것을 만들어 낸 사람들에게 진정으로 기념물이 된 것은 2001년 영화 예술 및 과학위원회가 픽사 회장인 에드 캣멀, 수석 과학자인 로렌 카펜터(Loren Carpenter), 소프트 엔지니어링 부문 부사장인 롭 쿡(Rob Cook)에게 수여한 아카데미(오스카)상이었다─"영화 렌더링 분야에서의 대단한 진전은 픽사의 렌더맨으로 대표될 수 있습니다."라는 멘트와 함께.

픽사의 창조적 발전

1990년대 스티브 잡스는 렌더맨과 여타 도구들의 매출만으로는 영화 제작을 포함하여 픽사의 기술 연구 및 내부 프로젝트들에 대한 자금을 충분히 댈 수 없음을 깨달았다. "문제는 여러 해 동안 컴퓨터로 애니메이션을 만드는 비용이 너무 많이 들었다는 것이다."⁴ 잡스는 픽사에 다양한 고객들을 상대로 한 TV 광고 제작 기술을 도입했다. 픽사가 리스테린(구강청결제), 라이프 세이버스(박하 드롭스) 등에 대한 TV 광고를 만들면서 성공적인 애니메이션 영화사로 발전함에 따라, 광고 책임자였던 존 라세터는 픽사의 1등공신이 되었다. 픽사는 라이프 세이버스 '콩가' 광고로 1993년 클리오 금메달(Gold Medal Clio Award)을 받았고, 리스테린 '애로우즈' 광고로 1994년 클리오 금상(Gold Clio Award)을 받았다.

픽사의 두 번째 성공적인 창조적 배출구는 단편 영화였다. 1986년, 픽사의 첫 번째 단편 영화, '룩소 2세'는 아카데미상의 베스트 단편영화(애니메이션) 부문의 후보로 올랐다. 1988년, 픽사의 또 다른 단편 영화, '틴 토이(Tin Toy)'는 아카데미상의 베스트 단편영화(애니메이션) 부문의 수상작이 되었다. 이러한 경험을 통해 이 두 영화를 모두 감독한 존 라세터는 업계에서 선두적인 애니메이션 제작자로서의 충분한 명성을 구축하게 되었다. 라세터의 명성은 픽사의 창의적인 기반을 확립하는 데 크게 기여하였다. 한편, 이러한 라세터의 성공은 간과되지 않았다. 디즈니의 마이클 아이스너(Michael Eisner)와 제프리 카젠버그(Jeffrey Katzenberg)가 라세터를 다시 데려오려고 애썼지만 그는 정중히 사양하였다. "나는 지금 너무 재미있게 지내고 있어요. 나는 내가 뭔가 새로운 것으로 넘어가고 있다는 느낌을 받아요. 여기서 우리는 모두 개척자들이에요."라고 말했다.⁵

네 가지 애니메이션 영화에 대한 이야기

새로운 영역 개척을 위한 팀 구축 : 디즈니와 픽사

1991년, 존 라세터는 픽사의 단편영화 작업과 광고들을 검토했는데, 그 결과 그는 이 회사가 TV 특별 프로그램으로 한 시간짜리 애니메이션 제작을 충분히 할 만하다고 확신했다. 그는 그가 예전에 근무했던 디즈니와 픽사가 함께 이 프로젝트를 할 수 있기를 바라는 마음으로, 디즈니에 이 아이디어를 제안했다. 또한 그는 디즈니가 이 아이디어에 필요한 자금을 제공하기를 기대했다.

타이밍이 딱 좋았다. 1984년 그가 '토스터(Toaster)'를 권유했을 때와는 달리, 디즈니는 1991년 애니메이션 분야에서 경이적인 성공가도를 누리고 있었다. 디즈니는 컴퓨터 애니메이션을 어느 정도 활용했던 '인어공주'(1988)와 '미녀와 야수'(1991)의 대성공으로, 새로운 기술에도 투자할 태세를 갖추고 있었던 것이다. 디즈니의 CEO인 마이클 아이스너와 영화 대표 제프리 카젠버그는 TV 프로젝트를 거절하는 대신, 이 두 회사가 거의 희망해본 적이 없었던 거래를 제안했다. 그것은 바로 이 두 회사가 합동으로 장편 영화를 만들고, 자금과 유통은 디즈니가 담당하면 어떻겠느냐는 것이었다.

1991년 7월, 픽사는 3개 영화에 대한 거래에 사인을 했다. 그 거래는 디즈니가 제작 및 홍보비용을 대고, 픽사는 영화 및 비디오 매출 수익의 일정 부분을 가져가는 것으로 정해졌다. 그 거래에서 픽사의 몫은 영화 매출 정도에 따라 수익의 10~15% 정도로 추정되었다. 픽사는 그 영화들을 완성하는 데 필요한 애니메이션 도구와 기술에 대한 개발비용뿐만 아니라 약속된 예산 수준에서 일정 비용을 대야 했다.

픽사는 영화 및 비디오 수익의 일정 부분만을 가져가는 대신, 디즈니의 마케팅 및 유통 네트워크를 활용할 수 있었을 뿐만 아니라, 디즈니의 베테랑들의 창의적인 조언도 얻을 수 있었다. 그러나 실질적으로 디즈니가 이러한 거래의 대가로만 더 많은 수익을 올린 것은 아니었다. 이러한 거래 외에도 디즈니는 그 영화들과 관련된 등장인물들과 관련된 모든 소유권을 보유함으로써 추가적인 수익을 얻을 수 있었다. 또한 디즈니는 유일하게 그 영화들에 대한 사용권과 장난감이나 옷과 같은 수익성 좋은 캐릭터 상품들에 대한 사용권을 확보했다. 픽사는 단지 비디오 속편과 그 영화들을 제작하는 데 사용된 데이터 파일과 렌더링 기술에 대한 권리만을 보유할 수 있었다.

스티브 잡스는 체결된 계약과 관련한 질문에 대해 "만약 우리의 첫 번째 영화가 적당히 성공한다면 — 7,500만 달러의 극장가 수입이 발생한다면 — 심지어는 우리 둘 다 파산까지도 할 수도 있습니다. 만약 1억 달러의 수익이 발생하면, 우리는 둘 다 돈을 벌게 되는 것이고요. 그러나 그 영화가 정말 블록버스터가 되고 2억 달러의 수익이 발생하거나 극장가에서 그 정도의 수익이 발생하면, 우리는 꽤 괜찮은 수익을 얻게 될 것이고, 특히 디즈니는 정말 큰돈을 벌게 될 것입니다."라고 언급한 바 있다.[6]

1995년, 영화 1 : 토이 스토리

계약 체결로 인해 이제 픽사는 기술력과 창의성을 제공할 수 있다는 것을 입증해야 했다. 1991년, 픽사는 단지 수십 명의 스태프만 데리고, 3개의 영화 중 첫 번째 영화를 신속하게 설계하고 생산하는 일에 착수해야 했다. 1992년 말경, 모든 핵심요소들이 구비되있다. 영화 대본은 디즈니에게 승인받았고, 등장인물 중 우디는 톰 행크스(Tom Hanks)가, 버즈 라이트이어는 팀 앨런(Tim Allen)이 맡기로 결정되었고, 이제 애니메이션 제작진은 카우보이 인형, 우디, 그리고 버즈 라이트이어로 이름 붙여진 플라스틱 우주인 간의 경쟁에 관한 얘기에 생명을 불어넣을 준비를 완료했다.

픽사는 '토이 스토리(Toy Story)'를 110명의 스태프를 데리고 완성을 했는데, 이러한 스태프 수는 디즈니나 다른 영화사들이 일반적으로 애니메이션 제작에 사용하는 스태프 수의 대충 1/6에 불과한 숫자였다.[7] 그 스태프 중, 27명은 애니메이션 제작 역할을 맡았는데, 이는 이전의 디즈니 영화에서 75명 이상의 스태프들이 참여한 것과는 상당히 대비된다. 보통 애니메이션 제작 스태프 한 명에 10만 달러의 인건비가 드는 점을 고려할 때, 이렇게 적은 수의 스태프들만을 활용함으로써, 3년 제작 기간 동안 절감할 수 있었던 총비용은 1,500만 달러 이상이 될 것으로 추정된다.

'토이 스토리'는 1995년 추수감사절 주말, 대대적인 광고와 언론 보도 속에서 개봉되었다. 5일간의 추수감사절 연휴 동안, '토이 스토리'의 극장가 수입은 총 3,910만 달러에 이르렀는데, 이는 1995년 말까지 연휴에 맞춰 개봉한 영화로는 대단한 기록이었다. 이 영화는 그해 최고의 수익을 올린 영화로 기록되었는데, 미국 내 극장가에서는 1억 9,200만 달러 이상을 그리고 전세계적으로는 3억 5,800만 달러 이상의 수익을 올렸다.

1998년, 새로운 계약과 벅스 라이프

'토이 스토리'가 대단한 성공을 거두긴 했지만, 그 영화로 고작 4,500만 달러밖에 수익을 올리지 못했던 픽사는 1997년 12월, 디즈니와 계약에 대한 재협상에 들어갔다. 픽사는 컴퓨터 애니메이션 특성이 들어간 극장 영화 5개를 제작하기로 했고, 유통은 디즈니가 맡기로 했다. 픽사와 디즈니는 제작비용을 공동으로 부담하고, 영화를 공동으로 소유하고, 브랜드를 공동으로 사용하고, 모든 관련 상품에서 나오는 수익을 포함하여 모든 영화 수익을 동등하게 나누는 데 합의했다.

이와 같은 새로운 계약하에서 출시한 첫 번째 영화가 바로 '벅스 라이프(A Bug's Life)'였는데, 이 영화는 1998년 개봉되었다. 이 영화의 스토리는 개미와 베짱이 우화를 바탕으로 만들어낸 것인데, 개미 식민지를 중심으로 개미들의 음식을 겨울마다 훔쳐가는 메뚜기들에 저항하는 플리크라는 개미와 메뚜기들을 물리치려는 그의 원정대에 의해 전개된다. '벅스 라이프'는 이전의 모든 추수감사절 연휴 개봉작들의 기록을 깼으며, 1998년 가장 많은 수익을 거두어들인 애니메이션 영화가 되었는데, 미국 내 극장가에서는 1억 6,300만 달러 이상을 벌어들였으며, 전세계적으로는 3억 6,200억 달러 이상의 수익을 올렸다. '벅스 라이프'는 해외 개봉 일주일 만에 태국, 아르헨티나, 오스트레일리아 등을 포함한 16개 해외 시장에서 1위를 차지했다.

컴퓨터 기술은 '벅스 라이프'에서 사용된 컴퓨팅 파워가 '토이 스토리'에서 사용된 파워보다 10배가량 향상된 수준으로 발전하였다. 이러한 발전으로 인해 전례 없이 더욱 실제와 같은 이미지들을 생성하는 것이 가능해졌다. 게다가 픽사는 처음으로 픽사 비전(레이저 녹화 시스템)을 사용하여 디지털 컴퓨터 데이터들을 영화 저장장치의 이미지들로 변환시켰는데, 변환 및 저장 시간이 더 빨랐을 뿐만 아니라 색상 재생 및 이미지의 정교성에 대한 품질도 더 뛰어났다.

1999~2012년 : 더 많은 블록버스터의 해

'벅스 라이프'에 이어 1999년 11월 19일, '토이 스토리 2'가 출시되었는데, 역사상 처음으로 완전히 디지털 방식으로 제작되고 표현된 영화였다. 또한 이 영화는 첫 번째 애니메이션 속편이었으며, 1편보다 더 많은 수익을 올렸다. 이 영화는 골든 글로브상의 베스트 영화, 뮤지컬, 코미디 부문에서 수상을 하였다. '토이 스토리 2'에 이어 '몬스터 주식회사(Monster, Inc.)', '니모를 찾아서(Finding Nemo)', '인크레더블(The Incredibles)', '카(Cars)', '라따뚜이'와 같은 애니메이션들이 모두 블록버스터로 기록되었다(사례 표 9.2). 이후, '월-E(Wall-E)'(2008), 업(Up)(2009), '토이 스토리 3'(2010), '뉴트(Newt)'(2011), '곰과 활(The Bear and the Bow)'(2011), '카 2'(2012)와 같은 애니메이션 작들이 연이어 출시되었다.

경쟁자

픽사의 대표적인 경쟁자들로는 디즈니, PDI/드림웍스, 폭스 스튜디오, 루카스필름 등을 들 수 있다. 사실 항상 최고의 흥행을 낸 애니메이션 영화 5개 중 2개는 픽사의 영화가 아니고 PDI/드림웍스의 영화였다(사례 표 9.3과 9.4 참조).

픽사의 미래에 대한 숙고 - 다음은 어디인가

2004년, 스티브 잡스와 그의 팀은 계약에 대한 재협상을 위해 디즈니로 향했는데, 그들은 그동안 자신들이 제작한 6개의 블록버스터에 대한 막강한 기록이 새로운 계약을 체결하기에 충분하다고 확신했다. 그러나 디즈니의 CEO인 마이클 아이스너는 스티브 잡스와 견해가 일치하지 않았고, 결국 아무 거래도 성사되지 못했다.[8] 그러나 2005년 10월 1일, 밥 아이거(Bob Iger)가 디즈니의 CEO로 임명되면서 픽사와의 협상을 재개하였다. 2006년 1월 24일, 디즈니는 전적으로 주식 거래를 통해 픽사를 74억 달러에 인수하기로 픽사와 합의했다고 발표하였다.[9] 이 거래는 픽사 주주들의 승인이 난 후, 2006년 5월 5일에 비로소 완전히 마무리되었다.[10] 그러나 당시 픽사의 일부 주주들과 애널리스트들은 여전히 픽사가 옳은 판단을 한 것인지 의문을 가지고 있었다. 픽사는 계속해서 독자적으로 존재하는 것이 바람직했을까?

사례 표 9.1 애니메이션 영화의 가치 사슬

자금조달, 구매, 인적자원관리 등				
창조적인 개발	제작	사후 제작	마케팅 및 캐릭터 상품 판매	유통
스토리 및 캐릭터 개발	모델링 화면배열 동영상 제작 그늘처리 빛처리 렌더링 영화 녹화	음향 처리 그림 처리 음향 효과 악보 기타		

출처 : Case writers' estimates.

사례 표 9.2 픽사의 장편 애니메이션 영화

애니메이션 영화	개봉일	첫 주($)	미국 수익($)	전세계 수익($)	예산($)
토이 스토리	11/22/95	29,140,617	191,796,233	356,800,000	30,000,000
벅스 라이프	11/20/98	291,121	162,798,565	358,000,000	45,000,000
토이 스토리 2	11/19/99	300,163	245,852,179	485,828,782	90,000,000
몬스터 주식회사	11/2/01	62,577,067	255,870,172	525,370,172	115,000,000
니모를 찾아서	5/30/03	70,251,710	339,714,978	864,614,978	94,000,000
인크레더블	11/5/04	70,467,623	261,437,578	631,437,578	92,000,000
카	6/9/06	60,119,509	244,082,982	461,782,982	70,000,000
라따뚜이	6/29/07	47,027,395	206,445,654	617,245,654	150,000,000
픽사의 단편영화 모음-볼륨 1	11/6/07				
월-E	6/27/08				180,000,000

사례 표 9.2　　픽사의 장편 애니메이션 영화(계속)

애니메이션 영화	개봉일	첫 주($)	미국 수익($)	전세계 수익($)	예산($)
업	5/29/09				
토이 스토리 3	6/18/10				
뉴트	8/31/11				
곰과 활	12/31/11				
카 2	8/31/12				
	합계		1,907,998,341	4,301,080,146	866,000,000
	평균		238,499,793	537,635,018	96,222,22

출처 : The Numbers. Retrieved June 21, 2008, from www.the-numbers.com/movies/series/DigitalAnimation.php.

사례 표 9.3　　애니메이션 영화 수익 상위 12

애니메이션 영화	개봉 연도	영화사	전세계 수익($)
슈렉 2	2004	PDI/드림웍스	920,665,658
니모를 찾아서	2003	픽사	864,625,978
슈렉 3	2007	PDI/드림웍스	798,957,081
라이온 킹*	1994	월트 디즈니	783,841,776
아이스 에이지 2	2006	폭스	647,330,621
인크레더블	2004	픽사	631,436,092
라따뚜이	2007	픽사	617,245,650
몬스터 주식회사	2001	픽사	529,061,238
마다가스카르	2005	PDI/드림웍스	527,890,631
알라딘	1992	월트 디즈니	504,050,219
토이 스토리 2	1999	픽사	485,015, 179
슈렉	2001	PDI	484,409,218
카	2006	픽사	461,782,982

출처 : The Numbers. Retrieved June 21, 2008, from www.the-numbers.com/movies/series/DigitalAnimation.php.
* 라이온 킹은 캐릭터 상품 판매, 테마 공원, TV 저작권 및 비디오를 통해 10억 달러의 수익을 올린 것으로 추산되었다.

사례 표 9.4   애니메이션 영화 흥행 실적

디지털 애니메이션 영화	개봉 연도	영화사	전세계 수익($)
개미	1998	PDI	152,457,863
슈렉	2001	PDI	484,409,218
슈렉 2	2004	PDI/드림웍스	920,665,658
마다가스카르	2005	PDI/드림웍스	527,890,631
슈렉 3	2007	PDI/드림웍스	798,957,081
아이스 에이지	2002	블루 스카이 스튜디오/폭스	382,387,405
로봇	2005	블루 스카이 스튜디오/폭스	260,700,012
아이스 에이지 2	2006	블루 스카이 스튜디오/폭스	647,330,621
호튼	2008	블루 스카이 스튜디오/폭스	N/A

출처 : The Numbers. Retrieved June 21, 2008, from www.the-numbers.com/movies/series/DigitalAnimation.php.

주석

1   Hormby, T. (2007). The Pixar Story: Dick Shoup, Alex Schure, George Lucas, Steve Jobs, and Disney. Retrieved June 21, 2008, from www.the-numbers.com/movies/series/Pixar.php

2   *Toy' Wonder*. (1995). Retrieved June 29, 2008, from www.ew.com/ew/article/0,,299897,00.htm

3   From "Toy Story" to "Chicken Little." (2005, December 8). *The Economist*.

4   Schlender, B., & Furth, J. (1995). Steve Jobs' amazing movie adventure Disney is betting on Computerdom's ex-boy wonder to deliver this year's animated Christmas blockbuster. Can he do for Hollywood what he did for Silicon Valley? Retrieved June 21, 2008, from http://money.cnn.com/magazines/fortune/fortune_archive/1995/09/18/206099/index.htm.

5   *Toy' Wonder*. (1995). Retrieved June 29, 2008, from www.ew.com/ew/article/0,,299897,00.html.

6   Schlender, B., & Furth, J. (1995). Steve Jobs' amazing movie adventure Disney is betting on Computerdom's ex-boy wonder to deliver this year's animated Christmas blockbuster. Can he do for Hollywood what he did for Silicon Valley? Retrieved June 21, 2008, from http://money.cnn.com/magazines/fortune/fortune_archive/1995/09/18/206099/index.htm

7   Hormby, T. (2007). The Pixar story: Dick Shoup, Alex Schure, George Lucas, Steve Jobs, and Disney. Retrieved June 21, 2008, from www.the-numbers.com/movies/series/Pixar.php

8   Face value: Finding another Nemo. (2004, February 5). *The Economist*.

9   Disney: Magic restored. (2008, April 17). *The Economist*.

10   Kafka, P. (2006, January 23). Mickey's big move. *Forbes*.

리피토 : 세계 최대의 매출 약제(2008)[1]

파이저(Pfizer)의 CEO인 제프 킨들러(Jeff Kindler)는 리피토 매출에 대해 곰곰이 생각하고 있었다. 이 약은 2007년 127억 달러의 수익을 올렸다.[2] 이 블록버스터는 스타틴이라 불리는 약제 유형에 속했는데, 스타틴은 몸에서 콜레스테롤을 생산하는 과정을 억제시킴으로써 체내의 콜레스테롤 수준을 낮추어주는 역할을 한다. 리피토와 파이저의 무엇이 이 약제를 그렇게 잘나가게 만들었는가? 파이저나 다른 제약사들은 그와 같은 위업을 다시 한 번 만들어낼 수 있을까?

관상동맥질환

2008년, 관상동맥(coronary artery)질환은 매년 심장마비를 겪는 사람이 100만 명이 넘는 미국에서 사망률을 주도하는 요인으로 믿어지고 있었다. 관상동맥질환을 발생시키는 주요 원인은 혈관 내의 플라크(plaque) 축적인데, 이는 동맥 막힘, 심장마비, 뇌졸중 등을 유발한다. 이러한 플라크의 축적은 종종 과도한 콜레스테롤, 특히 저밀도지질단백질(LDL)로 불리는 '나쁜' 콜레스테롤의 수준이 높아짐으로써 발생한다. 높은 수준의 중성지방(triglyceride) 또한 이와 마찬가지로 부정적인 영향을 미친다. 그러나 높은 수준의 소위 '좋은' 콜레스테롤로 언급되는 고밀도지질단백질(HDL)은 LDL이 간에서 제거될 수 있도록 LDL을 간으로 이송함으로써, LDL의 해를 줄여주는 긍정적인 역할을 한다. 콜레스테롤은 세포막, 위액, 호르몬 등의 생성에 사용되는 자연 물질이다. 그러나 다른 대부분의 좋은 것들과 마찬가지로 지나치면 좋지 않다. 인체에서 필요로 하는 콜레스테롤의 대부분은 간에서 만들어지지만 음식을 통해서도 직접 섭취될 수 있다.

스타틴의 역할

스타틴이 등장하기 이전에 높은 수준의 콜레스테롤은 그것이 인체 내에서 자연적으로 생성되었는지 또는 음식을 통해 섭취된 것인지 상관없이, 콜레스테롤을 분해하거나 흡수하는 약물로 치료하였다. 이와 같은 치료방식은 다소 효과가 있었지만, 많은 환자들에게는 LDL 수준을 감소시키는 것만큼 효과가 있지 못했다. 더욱이 이러한 치료방식은 위통과 메스꺼움을 비롯한 많은 부작용을 유발했다. 머크가 메바코라는 스타틴을 1987년 출시하자 모든 것이 바뀌었다. 스타틴은 인체 내의 중요한 효소가 콜레스테롤을 생산하는 것을 억제시키는 작용을 했다. 기존 약제를 이용한 치료는 인체 내에서 콜레스테롤이 생산되기를 기다렸다가 생산이 되면 그것을 제거하는 방식을 사용했지만, 스타틴은 인체가 콜레스테롤을 생산하는 과정에 직접 개입했다. 브리스톨마이어스 스큅과 노바티스도 곧 스타틴 시장에 진입하여 콜레스테롤 약제를 제공하기 시작했다. 리피토가 출시되기 직전의 스타틴 시장 점유율은 사례 표 10.1에서 볼 수 있다.

리피토에 대한 연구개발

리피토 개발에 착수하기로 한 워너램버트의 결정은 환영받지 못했는데, 그 이유는 그 약이 시장에서 5번째의 스타틴 약제, 즉 미투(me-too) 약제로 여겨졌기 때문이다. 그러나 1992년 수행된 임상 제1상 시험에서 이 약제는 기존의 약제들보다 LDL 수준을 훨씬 많이 떨어뜨려주는 것으로 나타났다. (FDA에 승인받기 전에 거쳐야 할 단계들에 대해서는 사례 표 10.2 참조). 그래서 워너램버트는 리피토를 계속 개발해 나가기로 결정했다. 당시 신약신청에 대한 승인이나 거부를 위해 데이터를 분석하는 데 걸리는 시간은 12개월 정도가 걸렸는데, 그 기간을 단축시키기 위해 워너램버트는 가족성 고콜레스테롤혈증(familial hypercholesterolemia)이라는 치명적 유전병을 지닌 사람들을 대상으로 실험을 했는데, 이 병은 예외적으로 높은 콜레스테롤 수준을 초래하는 병이었다. 이러한 시도를 한 이유는 심각하거나 생명을 위협하는 상황 또는 기존의 의료 방법으로는 해결이 불가능한 상황을 타개할 수 있는 신약 신청을 FDA가 신속하게 처리하도록 권고하는 법을 활용하기 위해서였다. 이러한 시도는 리피토가 FDA에 승인 요청을 한 지 6개월 만에 승인을 받음으로써 성공했다.

워너램버트는 마케팅 팀의 요청으로 소위 직접비교(head-to-head) 임상시험이라고 하는 특별한 단계를 수행했는데, 이는 경쟁 약제들에 대한 임상 데이터들을 수집하여 직접 비교하는 시험방식이다. 다행히도 그 데이터들은 리피토가 다른 스타틴 약제들보다 뛰어나다는 것을 보여주었다. 리피토는 LDL 수준을 40~60% 줄여주었고, 중성지방을 19~40% 줄여주었다. 다른 스타틴 약제 중 최고였던 조코는 LDL 콜레스테롤을 약 40%밖에 줄여주지 못했다.[3,4,5]

1988년, 론 크레스웰(Ron Cresswell)이 워너램버트에 R&D 책임자로 들어온 이후, 그는 바이오테크놀로지에 중점을 두고 규제 감사와 임상 연구를 R&D 부서로 통합했고, 신약 개발 프로세스에 마케팅을 보다 일찍 관여시켰다. 또한 그는 제조과정을 보다 밀접하게 연계시켰다.

워너램버트는 1996년 12월, 리피토에 대해 FDA의 승인을 받았는데, 이는 대다수의 애널리스트의 예상보다 1년 빠른 것이었다.

리피토의 시장 출시

워너램버트의 경영진은 리피토를 출시하기 위해 마케팅 및 영업 자원을 보유하고 있는 회사들과의 파트너십 구축을 추진했다. 파이저는 대규모의 영업직원을 두고 있었지만, 최고로 인정받는 콜레스테롤 약제는 가지고 있지 않았다. 파이저는 워너램버트의 이러한 생각을 환영했고, 리피토 판매권에 대해 선불 및 후불 포함해서 2억 500만 달러를 즉시 지불하기로 했다. 워너램버트는 리피토를 우수한 약제라는 위상으로 올려놓았으나, 그 가격은 다른 시장의 선두주자들보다 낮게 책정했다(사례 표 10.3).

리피토가 출시되자 워너램버트와 파이저의 영입팀의 통합으로 2,200명을 넘어서게 된 대규모의 영업직원들은 콜레스테롤 저하제를 처방했던 기록을 가지고 있는 약 91,000여 명의 의사들(심장병 전문의, 인턴, 일반의, 주치의)을 방문하였다.

리피토가 출시된 지 채 1년도 되지 않은 1997년 1월, 리피토는 미국 내에서 10억 달러 매출을 달성했으며, 세계적으로는 9억 달러의 매출을 올린 것으로 추정되었다(보다 상세한 추정치들은 사례 표 10.4 참조). 2000년 6월 19일, 파이저는 워너램버트를 사들였다. 다른 모든 경쟁자들의 스타틴에 대한 직접소비자(direct-to-consumer, DTC) 미게팅은 계속되었다. 2005년, 브리스톨마이어스 스큅은 자신의 프라바콜을 리피토에 대해 직접비교 방식으로 테스트를 수행하였다. 그 테스트 결과는 브리스톨의 프라바콜이 아니라 리피토가 더 우수한 것으로 나왔다. 바보 같은 브리스톨!

파이저의 CEO 킨들러는 파이저가 어떻게 될지 궁금했다. 그가 리피토가 개발되었던 R&D 시설을 폐쇄한 것은 옳은 일이었을까? 또 다른 리피토를 얻기 위해 그는 무엇을 해야 했나?

전임상 연구

명칭에서 알 수 있듯이, 이는 기업이 약제에 대한 실제 임상시험을 시작하기 전에 수행하는 연구를 의미한다. 전임상 연구(preclinical study)는 후보 약제가 실제 살아 있는 유기체에서 효과가 있는지 파악하기 위해, 체외(in vitro)(즉, 시험관이나 연구실)에서 체내 부위(in vivo)(동물을 대상으로 한)를 이용하여 수행된다. 이 단계의 연구에서는 과학자들이 다음 임상시험 단계로 나아갈지 말지를 결정하기 위해 후보 약제의 효능, 유독성, 약리역학(약제가 얼마나 잘 흡수되고, 전달되고, 대사작용하고, 배설되는지)에 대해 관찰한다. 이 단계의 시험은 보통 3~6년이 소요된다.

임상 제1상 시험

이 단계에서는 처음으로 인간을 대상으로 한 시험이 수행된다. 20~80명의 건강한 자원자들을 선발하여 시험에 참여시킨다. 이 단계의 시험들은 후보 약제가 인간에게 미치는 기본적인 특성들을 파악하기 위해, 특히 안전성, 안전 복용량 범위를 파악하고, 부작용을 식별하기 위해 수행된다. 이 단계는 후보 약제가 대상 질병을 가진 환자들에게 적용되기 전에 일단 안전한지를 확인하는 데 주안점을 둔다.

임상 제2상 시험

임상 제1상 시험에서 일단 그 약제의 안전성이 확인되면, 그다음엔 더 많은(100~300명) 사람들을 대상으로 제2상 시험이 수행되는데, 이때 피험자들은 목표 질병을 가진 자원자들로 선정된다. 이 단계의 초점은 그 후보 약제의 효과성이 확보되는지 그리고 더 나아가서 안전성이 확보되는지를 확인하는 데 있다. 따라서 이 단계에서는 그 약제가 목표로 하는 질병에 유익한 효과를 나타내는지를 검증하고 제1상 시험에서 부분적으로 검증된 안전성에 대한 검증을 지속해 나간다. 이 시험을 통해 후보 약제가 기대한 대로 작용하지 않거나 독성 효과가 발생하면, 제2상 시험은 실패로 판정된다. 즉, 효능성과 안전성을 입증하시 못하면 그 후보 약제는 실패작이 되는 것이다. 통상 제2상 시험은 6개월에서 1년이 소요된다.

임상 제3상 시험

이 단계는 여러 센터들을 통해 많은 환자들(1,000~3,000명)을 대상으로 무작위 방식으로 수행되는데, 피험자들은 후보 약제 사용이 목표로 하는 질병에 걸려 있어야 한다. 이 단계의 초점은 후보 신약이 목표 질병에 통계적으로 유의한 효능을 나타내는지 검증하는 데 있다. 환자들은 일정 시간을 주기로 그 치료 효과와 부작용에 대해 관찰된다. 이 단계의 시험이 성공적으로 끝나면, 해당 제약회사는 신약신청서(NDA)를 FDA에 제출한다. 만약 FDA가 그 신청서의 내용에 만족하면, 그 제약회사는 그 약제에 대한 출시 및 상업적 판매에 대한 승인을 취득하게 된다. 이때 승인은 제4상 시험을 조건으로 이루어질 수도 있다.

임상 제4상 시험

이 단계는 사후 마케팅 감시 시험(post marketing surveillance trial)이라고도 알려져 있는데, 이 단계는 제약회사가 (FDA의 승인을 통해) 마케팅 및 판매에 대한 허가를 받았음에도 불구하고, 그 이후에 신약의 안전성에 대한 데이터를 더 제공하고 기술적 지원을 하도록 설계된다. 이 단계에서는 더 많은 표본을 대상으로 신약의 효과에 대해 보다 장기간에 걸친 데이터를 제공해야 하는데, 그 데이터에는 신약의 위험성, 이점, 적절한 사용과 관련된 내용들이 포함된다. 이 단계의 시험 결과에 따라 그 신약은 시장에서 퇴출되거나 사용이 제약될 수도 있다.

출처 : Understanding clinical trials. 2008. Retrieved July 22, 2008, from http:// clinical trials.gov/ct2/info/understand. Clinical trials. 2008. Retrievcd July 22, 2008, from http:// en.wikipedia.org/wiki/Clinical_trial.

사례 표 10.1 콜레스테롤 저하제의 미국 시장 점유율(1997년 1월)

약제 이름	제조사	출시 연도	시장 점유율(%)
메바코	머크	1987	14
프라바콜	브리스톨마이어스 스큅	1991	21
조코	머크	1992	32
레스콜	노바티스	1994	14

출처 : C. Seiden (October 8, 1997). Pfizer, Inc., JP Morgan.
주의 : 시장 점유율은 콜레스테롤 저하제 시장 전체를 대상으로 했음(스타틴만이 아니라)

미국에서 판매되는 약제의 안전성과 효능을 보장하기 위해서는, 임상 제1상, 제2상, 제3상의 시험을 통과해야 하며, 판매를 위해서는 그 시험 결과들에 대한 미국 식품의약국(FDA)의 면밀한 검토를 통해 승인을 받아야 한다. 제4상 시험은 FDA 승인 후 장기간의 효과를 추가적으로 파악할 필요가 있을 때 수행된다.

사례 표 10.3　스타틴 평균 처방전 가격

약제 이름	1997년 처방전 평균 가격($)	1999년 처방전 평균 가격($)
레스콜	52	50
리피토	84	91
프라바콜	93	105
조코	95	125
메바코	125	137

출처 : IMS. (January-December 1997). National Prescription Audit. Price Probe Pricing History Report, 1992–1999.

사례 표 10.4　리피토의 전세계 매출액 예상치(1997년)

연도	1997	1998	1999	2000	2001	2002	2003
수익(10억)	0.9	2.2	3.4	4.6	5.6	6.7	7.7

출처 : ING Baring Furman Selz, LLC, April 12, 1999.

주석

1　This mini-case draws heavily on the case Leafstedt, M., Marta, A., Marwaha, J., Schallwig, P., & Shinkle, R. (2003). Lipitor: At the heart of Warner-Lambert. In Afuah, A. N. (2003). *Business Models: A Strategic Management Approach.* New York: McGraw-Hill/Irvin (pp. 356–370).

2　Loftus, P. (2008). Pfizer to protect Lipitor sales until November 2011. Retrieved June 20, 2008, from www.smartmoney.com/news/ON/index.cfm?story=ON-20080618-000684-1151

3　Grom, T. (May 1999). Reaching the goal. *PharmaBusiness.*

4　Mincieli, G. (June 1997). Make room for Lipitor. *Med Ad News.*

5　Lipitor. (March 1997). *R&D Directions.*

뉴 벨지움 : 사회적 책임 맥주기업[*]

2008년 6월 11일, 인베브(InBev) ─ 벨기에 맥주회사로서 브라질 사람이 운영하고 있으며, 세계 2위의 양조업체 ─ 는 앤하이저부시(Anheuser-Busch)에 대한 입찰에 460억 달러를 제시하였다.[1] 앤하이저부시의 일부 관리자들은 그 회사가 팔린 다음에는 어떤 일이 일어날지 궁금해했지만, 한편으로 뉴 벨지움 브루어리(New Belgium Brewery, NBB)의 많은 직원들은 만약에, 인베브와 같이 환경 지속성 기록이 알려져 있지 않은 대형 맥주 생산업체가 자신들을 사들인다면, 어떻게 투표해야 할지 알고 있었다 ─ 반대! 킴 조던(Kim Jordan)과 그녀의 남편 제프 리베시(Jeff Lebesch)는 1991년 NBB를 세웠는데, 그 이유는 그들의 고품질 맥주에 대한 열정을, 그들이 함께 일할 수 있고 결국 자신들에 대해 뿌듯함을 느낄 수 있는 회사를 통해, 실현시키고 싶었기 때문이다. 2008년경, 이 회사는 사회적 책임을 수행함으로써 자신을 차별화시킬 뿐만 아니라 비용까지 낮춘 사례로 언급되었는데, 그 회사가 이렇게 언급되는 것은 드문 일이 아니었다.

미국의 맥주산업

2008년, 앤하이저부시는 혼자 미국 맥주 시장의 50% 이상을 점유하고 있었다.[2] 이 회사에 이어지는 3개의 회사는 약 40%를 차지했다. 나머지 8%는 다수의 소형 맥주업체

---

[*] 이 사례는 Allan Afuah 교수의 지도하에 Ali Dharamsey, Lei Duran, Claudia Joseph, Steve Krichbaum, Shama Zehra에 의해 작성되었으며, 단지 수업 토론 자료로 활용하기 위해 작성된 것이지, 경영을 잘했는지 못했는지를 기술하고자 하는 의도로 작성된 것이 아님을 밝혀둔다.

―그중 다수는 소위 초소형 맥주업체라 불리는―가 차지했다. 보리, 홉, 병, 캔 등과 같은 생산 및 포장에 필요한 투입물의 구매비용이 총비용의 59%로 가장 큰 비중을 차지하고 있었다(사례 표 11.1). 15%의 이익률은 드문 일이 아니었다. 미국의 많은 주들에서는 맥주 판매가 지역, 날짜, 시간 등을 기준으로 제약을 받고 있었다. 법적 음주 가능 나이는 21세였다. 맥주 생산업체들은 자신의 맥주를 유통업체들에게 판매했고, 유통업체들은 맥주를 소비자들에게 판매했다. 유통업체들은 종종 주요 맥주 생산업체들과 독점 계약을 맺었다.

수제 맥주

수제 맥주들은 품질, 가격, 성분으로 다른 맥주들과 차별화되고 고가격으로 판매된다. 2000년 초, 수제 맥주 분야는 연 40%의 성장률을 보였다. 맥주의 주류 분야는 한 자릿수의 성장률을 보였지만, 수제 맥주들은 적은 분량으로 생산되며, 대량으로 생산되는 맥주들에 비해 상대적으로 더 맛있었다. 수제 맥주 제조업체들은 자신만의 고유한 제조 방식을 통해 그 어떤 맥주와도 구별되는 맥주를 생산하려고 애썼다. 예를 들어, 피츠 브루잉(Pete's Brewing)[피츠 위키드 에일(Pete's Wicked Ale)]은 상대적으로 큰 수제 제조업체 중 하나인데, 이 회사는 강렬한 성격을 띠는 고객들을 위해 독하고 강한 맛이라는 이미지를 구축하려 애썼다. 이러한 이미지는 포장, 맛, 그리고 웹사이트 등과 같이 관련된 모든 것들을 통해 강조되었다.

1991년 : 콜로라도의 포트콜린스

제프는 자전거로 유럽 여행을 하는 동안 열렬한 맥주 팬으로 변해 갔다. 제프는 콜로라도로 돌아와 자신이 마실 목적으로 맥주를 만들었는데, 그의 친구들도 그 맥주를 좋아했다. 킴은 밖에서 먹어서 먹어 본 맥주 중에서 제프의 맥주만큼 맛있었던 맥주가 없었다는 것을 깨닫고, 제프의 자가 양조를 상업화하는 데 관심을 갖게 되었다. 브레인스토밍을 한 후, 킴과 제프는 '뉴 벨지움'이라는 이름의 벤처를 세우기로 합의했다. 이름을 그렇게 지은 이유는 제프의 맥주 제조 과정이 벨기에의 제조 방식에 영향을 많이 받았기 때문이다. 그들은 자신들의 첫 번째 상업용 맥주를 '팻 타이어(Fat Tire)'로 이름 붙였다.

CEO는 킴이 맡았다. 그녀와 제프는 자신들이 그 무엇보다도 자신들만의 핵심가치를 제공해줄 수 있는 가치와 제품을 가진 회사를 구축하고 싶어 한다는 것을 깨달았다. 더 많은 브레인스토밍을 거친 끝에, 그들은 자신들의 회사의 가치를 다음과 같은 세 가지의 이념으로 설정하기로 했다: 자선사업(philanthropy), 소유권(ownership), 지속가능성(sustainability). 그녀는 이러한 핵심가치들이 세상을 더 좋은 곳으로 만들고자 하는 회사의 설립 목표를 공유할 수 있는 새로운 직원들의 관심을 끌 것으로 믿었다. 그다음 그들은 고객의 관점에서 다른 맥주들과는 차별화된 맥주들을 만들어냈다. 후에 그녀는 다음과 같이 말한 것으로 전해진다. "자신이 하고 있는 일에 믿음을 갖는 것은 아름다운 일입니다."[3]

지속가능성

뉴 벨지움은 1995년 환경친화적 방식에 초점을 두고 본사를 설계했다. 본사는 2개의 '스타이넥커(Steinecker)'라는 제조 하우스와 4개의 품질관리 연구실, 그리고 공정 용수를 정화하여 에너지로 재생할 수 있는 폐수처리 시설로 구성했다. 게다가 이것들에 대한 운영은 전적으로 풍력을 사용했는데, 이는 직원-소유자 투표(보다 자세한 내용은 다음의 소유권 절 참조)에 의해 결정된 방안이었다. 킴과 제프는 뉴 벨지움이 환경에 대한 오염을 감소시킬 수 있는 혁신에 지속적으로 노력을 기울였다. 뉴 벨지움은 지속가능성 책임자인 힐러리 미지아(Hillary Mizia)를 채용했는데, 그녀는 "우리는 에너지 순환고리를 끊어 가고 있는 중입니다. 그것은 우리가 하고 있는 모든 일 이면에서 고려되고 있는 원칙입니다."라고 언급한 바 있다.[4]

뉴 벨지움은 미국 내 맥주 제조업의 주요 업체 영역과 수제 맥주 제조업체 영역 모두에서 완전한 풍력 이용업체로는 첫 번째가 되었다. 또한 뉴 벨지움은 2006년에도 여전히 미국에서 풍력을 가장 많이 이용하는 맥주 제조업체였다.[5] 이러한 풍력 활용은 3,000톤의 석탄 연소를 줄였고, 이로 인해 CO_2 배출을 5,700톤이나 줄일 수 있었다. 그러나 뉴 벨지움의 풍력 활용은 표준 전력 에너지 비용과 비교할 때 비용이 킬로와트당 1센트 정도가 더 들었기 때문에(2006), 경제적 이점을 제공하는 데에는 실패한 몇 안 되는 에너지 활용 방식 중 하나였다.[6] "우리의 효율화 프로젝트는 사업적인 측면에 잘 맞아야 했습니다."라고 뉴 벨지움의 지속가능성 자선사업 담당자인 힐러리 미지아는 말했다. 또한, 그녀는 "사회적·환경적 영향은 재정적 영향만큼 중요하지만, 재정적 영향이 우리가 비즈니스를 계속할 수 있게 만들어줍니다."라고 언급했다.[7]

뉴 벨지움은 여름 동안 실내의 열기를 줄이기 위한 목적으로 햇볕을 반사시킬 수 있는 코팅 유리창을 사용함으로써 에어컨 가동을 줄일 수 있었다. 여름이 지나면, 남향에 있는 그러한 유리창들은 작은 구멍이 많이 난 얇은 금속판들로 교체되었는데, 이 금속판의 색은 문틀과 마찬가지로 흰색으로 칠해져 있었다. 이러한 창은 햇볕을 실내에 50%까지 더 제공할 수 있어서 전등 전력을 줄일 수 있었다.[8] 이 외에도 여타의 추가적인 변경들을 통해 에너지 비용을 더 줄였는데, 이러한 변경 사항들로는 실내 온도를 시원하게 유지할 수 있도록 자동으로 열리는 창문, 사용되고 있는 공간에만 불이 들어오도록 해주는 동작감지 센서 전등 등을 들 수 있다. 이와 같은 노력들을 통해 뉴 벨지움은 에너지 소모를 맥주 1배럴당 40%가량(미국 맥주 제조업체들의 평균과 비교할 때) 줄였다.[9] 뉴 벨지움의 옥상녹화(green roof) 시도는 전력 소비를 줄이는 데 있어 기대만큼 성공적이지는 못했다. 그러나 이러한 시도를 통해 킴은 더 많은 것을 알게 되었다. 그녀는 "대체 에너지의 한계와 관행을 뛰어넘기 위해 돈을 쓰는 것은 즐거운 일입니다."라고 말했다. 또한, 그녀는 "기존의 에너지 순환고리를 완전히 끊고 우리의 폐기물들로부터 나오는 에너지만을 사용하는 것이 우리의 최종 목표입니다."라고 덧붙였다.[10]

세 번째 추진 활동으로는 맥주 제조로부터 발생하는 폐수에서 나오는 메탄을 모으고, 그것을 사용하여 290킬로와트의 발전기를 가동시키는 500만 달러짜리 시스템(설비) 구입을 들 수 있다(사례 표 11.2). 이 발전기를 가동하면, 하루에 평균 10~15시간 동안, 맥주 제조에 필요한 전력의 60%까지 생산할 수가 있다. 이를 통해 한 달에 2,500~3000달러의 절감효과를 얻을 수 있다. 또한, 뉴 벨지움 브루어리는 양조 탱크들에서 생성되는 열을 포착하여 다시 물을 데우는 데 활용함으로써 전기를 절약할 수 있었다.[11] 증기 굴뚝 교환기와 같은 재생 가능한 난방 및 냉방 시스템들도 활용하였다. 이 회사는 폐수처리를 통해 그 도시에 있는 자신의 설비들에서 필요로 하는 용수 부담을 덜 수도 있었다. 또한, 뉴 벨지움은 에너지를 생물가스 형태로 복구하고, 물을 비양조 과정에서 재사용함으로써 총체적인 지속가능성을 지원하는 프로세스들을 구축할 수 있었다. 2006년, 뉴 벨지움은 양조되는 맥주 1리터마다 4.75리터의 물을 사용했다(맥주 판매의 표준 단위로는 1배럴이 119리터).[12] 이러한 4.75리터는 기존에 맥주산업에서 일반적으로 20리터가 사용되었던 것과 비교하면 매우 적은 양이었다. 뉴 벨지움의 목표는 3리터로 그 양을 줄이는 것이었다. 뉴 벨지움은 물 소비의 감소와 발전기 시스템의 활용을 통해 포트콜린스 시당국이 양조 과정에서 발생하는 영양이 풍부한 폐수처리에 대해 부과하는 큰 금액의 세금을 크게 줄일 수 있었는데, 이는 이 회사의 가장 큰 비용 부담을 절감할 수 있었다는 점에서 그 의미가 크다. 이 회사는 법률에 따라 사용된 물이 공공 정수 시스템으로 유입되기 전에 재처리를 해야 했는데, 이러한 재처리 시스템을 구축하는 데에는 443만 달러가 들었다.

소유권

뉴 벨지움은 개인 회사이긴 했지만, 직원들이 소유권을 가지고서 직원이자 소유자로서 일할 수 있는 곳이었다. 평균적으로 직원들이 32%의 소유권을 가지고 있었으며, 직원들은 모든 회사 이슈에 대해 동등한 투표권을 누리고 있었다.[13]

'신뢰와 상호 책임성'이라는 이념에 따라 뉴 벨지움의 장부는 직원들에게 항상 공개되어 있었다.[14] 또한, 개인적인 소유권은 회사의 전략, 데이터, 성과 수치 등을 완전 공시로부터 막아줄 수 있었다. 2006년, 이 회사는 갚지 못한 공채도 가지고 있지 않았다. 직원들의 집단 문화는 도덕성을 증대시키는 추가적인 특전들로 말미암아 소유권을 넘어선 수준으로 확장되어 있었다. 직원들은 건강관리, 치과치료, 은퇴설계 등을 포함한 폭넓은 혜택들을 제공받았다. 점심식사는 격주로 직원들에게 무료로 제공되며, 직원들은 매년 (외부의 전문시설에서) 무료로 마사지를 받을 수 있었다. 킴과 제프는 직원들이 아이들과 심지어는 애완동물까지도 일터로 데려오는 것을 권장하였다. 5년 이상 이 회사와 함께해 온 직원들은 '맥주 문화'를 이해하기 위해 벨기에로 여행을 가는 모든 경비를 제공받았다. 조직 내 모든 부서의 직원들은 자선사업위원회에 대한 역할도 부여받았는데, 이 위원회는 회사가 사회와 자선사업을 위한 자금을 어떻게 사용하면 좋을지를 결정했다(보다 자세한 내용은 다음의 자선사업 절 참조).

자선사업

뉴 벨지움은 판매되는 맥주 1배럴당 1달러씩을 모아서 학습 및 발달장애 어린이들을 돌보는 단체와 같은 지역사회단체에 기부했다.[15] 뉴 벨지움은 시작 초기부터 2006년까지 자사가 비즈니스를 수행하고 있는 지역의 자선단체들에게 160만 달러 이상을 기부해 왔다. 이러한 기부금의 액수는 전체 매출 중 각 주의 매출이 차지하는 매출 비율에 따라 주별로 다르게 정해졌다.[16]

기부와 관련한 의사결정은 자선사업위원회에서 이루어졌는데, 이 위원회는 소유자, 직원 소유자, 지역 리더, 생산 작업자 들로 구성되었다. 이 위원회에서는 창의성과 다양성이 입증되고 자신들의 미션과 목표에 대해 혁신적 접근이 입증된 비영리 조직들을 선정했다. 이 위원회는 또한 자신의 목표를 달성한 지역사회의 그룹들을 찾고자 노력했다. 과거의 수령단체들로는 콜로라도 야외활동 자원봉사(Volunteers for Outdoor Colorado) 팀과 라리머카운티 수색 및 구조(The Larimer County Search & Rescue) 팀을 들 수 있다.

마케팅

대부분의 수제 맥주 제조사들처럼 뉴 벨지움도 비수제 맥주 제조사보다 배럴당 2배의 광고비를 썼다. 광고의 주요 초점은 맛과 브랜드에 대한 '경험'과 인지를 강조하는 데 맞추어졌다. 킴은 주력 상품인 팻 타이어와 핵심가치에 대한 명확한 개념을 앞세운 아래와 같은 문구를 모든 뉴 벨지움 제품 포장에 넣음으로써 자신의 포지션에 활력을 불어넣는 방향으로 나아갔다.

> 이 박스에는 우리의 자발적인 노력이 들어 있습니다. 우리는 사람들의 삶을 향상시켜주는 좋은 맥주를 만들고 있다는 점에서 엄청나게 운이 좋다고 느끼고 있습니다. 우리가 이러한 맥주를 만들 때 우리는 모닥불 옆에서 트리펠(Trippel)을 즐기고, 팻 타이어를 친구들에게 나누어 주고, 애비 에일(Abbey Ale)을 선물로 주고 있는 여러분을 생각하고 있습니다. 즐기세요! 그리고 잠시 들러 우리의 맥주가 어땠는지 알려주세요. 우리는 여러분을 만나고 싶습니다!

킴은 뉴 벨지움의 특성에 활력을 불어넣는 데 성공했는데, 이러한 성공은 맥주 애호가들의 열광뿐만 아니라 더욱 중요하게는 브랜드 챔피언/전도사/외교 대사의 제품이나 회사에 대한 지지를 통해서도 볼 수 있었다.[17] 맥주 애호가들을 겨냥한 수많은 사이트 중에서 한 커플 전도사인 섀넌(Shannon)과 아담(Adam)이 2005년 10월 10일(애비 제품과 관련하여) 언급한 내용을 찾아볼 수 있는데, 그 내용은 다음과 같다.

> 우리가 이 맥주를 마신 이후 줄곧, 이 맥주는 우리가 유일하게 좋아하는 것이 되었습니다. (우리는 심지어 우리가 결혼식을 하는 동안에도 취해 있었습니다.) 여러분의 동네 상인들이 이 맥주를 자기네 상점에 가져다 놓도록 그들을 계속 괴롭히세요. 이 맥주는 진열대의 절반 이상을 차지할 만한 가치가 있습니다. 그리고 쿠어스(Coors)가 사라진 것에 대해 기뻐하세요.[18]

이와 같은 소비자들의 감정은 뉴 벨지움과 더 나아가서는 이 회사의 제품들이 경쟁하고 있는 경쟁환경에 대한 이해까지도 적나라하게 보여주고 있다. 지지자들이 결집하여 더 많은 유통량을 요구하는 것은 킴이 그녀의 고객들과 뉴 벨지움 사이에서 달성하고자 해왔던 동맹관계를 보여주는 것이었다.

뉴 벨지움의 미래

킴과 제프는 그들의 회사를 미국에서 세 번째로 큰 수제 맥주 제조업체[시에라 네바다(Sierra Nevada)와 사무엘 아담스(Samuel Adams)에 이어서]로 성장시켰다. 직원 규모는 260명 이상으로 늘어났다.[19] 매출도 33만 배럴 이상으로 늘어났다. 이제 뉴 벨지움은 미국에서 가장 빠르게 성장하고 있는 수제 맥주회사가 되었다. 연간 수익은 7,000만 달러를 넘어섰다 – 기업이 추구하는 정신을 온전히 간직한 채. 킴과 제프는 미래를 바라볼 때 계속해서 자신들의 핵심가치를 충실히 유지하면서 지역사회와 뉴 벨지움을 위해 무엇을 더 할 수 있을지 궁금해하고 있다.

사례 표 11.1 미국 맥주 제조업체의 평균 제품 생산비용

항목	비용 (%)
구매	59.0
임금	7.6
감가상각	4.5
공공요금	1.5
임대료	0.4
기타	12.0
이윤	**15.0**

출처 : IBS World.

사례 표 11.2 발전기 구매에 따른 유발비용

새로운 물 처리 설비비용	5,000,000달러
물 처리 설비 가동 추정비용	4,430,000달러
전기 관련 비용	
전기 사용료	0.0164달러/KWh
고정 수요 전기요금	4.31달러/KWh
최대 수요 전기요금	11.62달러/KWh
월별 전기 추정 절감액	2,500~3,000달러
물 관련 비용	
물 비용/갤런, 콜로라도, 덴버 기준	0.001 달러
리터로 환산한 1갤런	3.79
리터로 환산한 맥주 1배럴	119
뉴 벨지움 : 맥주 1배럴 생산에 소요되는 물의 양(리터)	4.75
산업 평균 : 맥주 1배럴 생산에 소요되는 물의 양(리터)	20
뉴 벨지움 : 연간 맥주 추정 생산량(배럴)	330,000

출처 : Case writers' estimates usin company sources.

주석

1   A bid for Bud. (2008, June 19). *The Economist.*
2   A bid for Bud. (2008, June 19). *The Economist.*
3   Inc. staff. (2006). Bringing fundamental change to everyday life. And, for that matter, death. Retrieved July 22, 2008, from www.inc.com/magazine/20061101/green50_integrators.html
4   Kessenides, D. (2005, June). Green is the new black. *Inc Magazine,* 27(6), 65–66.
5   The brewery with the big green footprint. (2003). *In Business,* 25(1), 16.
6   Raabe, S. (2005, June 1). Brewery supplements profits with energy savings. *Knight Ridder Tribune Business News* (p. 1).
7   Retrieved from: http://fcgov.com/utilities/wind-power.php.
8   Kessenides, D. (2005, June). Green is the new black. *Inc Magazine,* 27(6), 65–66.
9   Raabe, S. (2005, June 1). Brewery supplements profits with energy savings. *Knight Ridder Tribune Business News* (p. 1).
10 Cohn, D. (2006). This green beer's the real deal. Retrieved July 22, 2008, from www.wired.com/news/technology/0,70361-0.html
11 Kessenides, D. (2005, June). Green is the new black. *Inc Magazine,* 27(6), 65–66.
12 Retrieved from: www.paulnoll.com/Oregon/Canning/number-liters.html
13 Liquid – metric to non-metric. (n.d.). Retrieved July 22, 2008, from www.paulnoll.com/Oregon/Canning/number-liters.html
14 Brewing up fun in the workplace. (n.d.). Retrieved July 22, 2008, from www.e-businessethics.com/NewBelgiumCases/NBB-BreweryFun.pdf
15 Armstrong, D. (2006, November 28). Philanthropy gets serious for some companies: Growing number are making donations from revenue, not from profit. Inc.com.
16 Retrieved from: www.newbelgiumbrewery.com/philanthropy
17 Brand evangelists/ambassadors/champions are consumers that feel so strongly connected with the brand that they spread the word of the brand and attempt to help the brand succeed.
18 Retrieved from: www.mylifeisbeer.com/beer/bottles/bottledetail/293
19 Inc. staff. (2006). Bringing fundamental change to everyday life. And, for that matter, death. Retrieved July 23, 2008, from www.inc.com/magazine/20061101/green50_integrators.html

닌텐도 Wii

마이크로소프트의 투자자들은 그 뉴스를 믿을 수 없었다. 마이크로소프트는 비디오 게임 콘솔 사업에 뛰어든 지 7년이 지났지만, 여전히 이 사업에서 적자를 기록하고 있었다. 마이크로소프트의 Xbox는 2001년에 출시되었는데, 수십억 달러의 적자를 냈으며, 보다 정교한 Xbox 360도 돈을 벌고 있지는 못한 것으로 보였다. 소니의 더 정교한 PS3 역시 적자를 내고 있었다. 그런데 이와는 대조적으로 닌텐도 Wii에 대한 수요는 2007년 크리스마스 시즌 동안 매우 높았는데, 당시 고객들은 Wii를 자신에게 판매하겠다는 확인증을 닌텐도에게 요구할 정도로 Wii를 구입하려는 의지가 엄청 강했다. 사실 Wii에 열광적인 고객들은 온라인 경매 사이트에서 Wii를 권장소매가인 249달러보다 더 높은 가격으로 구매하는 일도 잦았는데, 이는 다른 제품의 경우에는 매우 보기 드문 일이었다. 닌텐도 Wii는 왜 그렇게 인기가 있었던 것일까? 마이크로소프트는 비디오 게임 시장에서 왜 그렇게 부진했던 것일까? 소니는 비디오 게임 시장에서 처음에는 선전하다가 왜 이렇게 부진해진 것일까? 마이크로소프트의 투자자들은 마이크로소프트가 닌텐도 Wii로부터 교훈을 얻었는지 궁금해했다.

게임업체 간의 경쟁 : 초창기

비디오 게임의 발명은 토마스 T. 골드스미스 주니어(Thomas T. Goldsmith Jr.)와 에슬 레이 만(Estle Ray Mann)이 "브라운관 오락 기기(Cathode Ray Tube Amusement Device)"[1]로 특허를 받은 1947년으로 거슬러 올라갈 수도 있지만, 보통은 아타리(Atari)

가 처음으로 성공적인 가정용 오락 기기를 출시한 업체로 여겨져 왔다. 아타리는 1975년 오락실 게임으로 인기가 높았던 퐁(Pong)[시어스 텔레게임 시스템(Sears Tele-Game System)이라 불렸던]이라는 오락 기기의 가정용 버전을 출시하여, 그해 크리스마스 때 15만 개를 팔았다.[2] 여타의 많은 기업들은 홈 비디오 게임 콘솔 사업에 진출했지만, 닌텐도가 닌텐도 엔터테인먼트 시스템(Nintendo Entertainment System)—소위 3세대 시스템이라 불리는—을 출시하기 전까지는 아타리가 시장을 지배했다. 그러나 닌텐도 또한 1989년 세가(Sega)의 세가 메가 드라이브(Sega Mega Drive)[미국에서는 세가 제네시스(Sega Genesis)라 불린] 출시로 도전을 받게 된다. 세가 제네시스는 소위 4세대 콘솔로 평가되었다. 닌텐도가 반격을 했지만 세가는 소니가 진입하기 전까지 시장의 새로운 리더로서 자리를 지켰다.

Wii가 직면한 시장

제품

소니가 일본에서는 1994년에 그리고 미국에서는 1995년에 플레이스테이션을 출시하면서 홈 비디오 게임 사업에 진출했다. 세가와 닌텐도는 이에 반격을 가했지만 결국 소니가 승자의 자리를 굳혔다. 소니의 성공은 마이크로소프트에 위협이 되었는데, 마이크로소프트는 소니가 플레이스테이션 2를 출시한 바로 다음 해인 2001년에 Xbox를 출시했다. 전세계 1등 소프트웨어 회사로 회자되는 마이크로소프트는 Xbox 개발에 20억 달러를, 그리고 홍보를 위해 5억 달러를 투입한 것으로 알려져 있다. 2001년 Xbox가 출시되었을 때, 마이크로소프트 임원들은 콘솔과 관련해서는 적자가 날 것을 알고 있었지만, 소프트웨어(즉, 게임) 판매로 이를 보전할 수 있을 것으로 기대했다. (비디오 콘솔산업에서 소니와 같은 플랫폼 소유자들은 그 플랫폼에서 사용되는 게임들을 판매하는 게임 개발업체들로부터 플랫폼 사용료를 받았다.) Xbox 고객들이 Xbox 콘솔을 갖게 된 첫해에는 3개의 게임을 그리고 그 이후부터는 1년에 1개의 게임을 구매할 것으로 예상되었다. 사례 표 12.1은 Xbox의 매출액과 비용 그리고 출시되었을 때의 가격에 대한 추정치들을 보여주고 있다. Xbox가 출시된 지 막 4년이 되던 2005년 11월, 마이크로소프트는 Xbox 360을 미국 시장에 출시했다. 그로부터 1년 뒤에는 소니가 PS3를 출시했다.

진보된 기술의 활용

오늘날 대부분의 사람들이 사용하는 휴대전화, 많은 연구실과 책상에 있는 컴퓨터, 대부분의 길모퉁이에 설치되어 있는 ATM 등에 들어가 있고, 아이패드, 아이폰, 블랙베리 등을 우리가 사용할 수 있게 만든 마이크로칩 기술 혁명은 비디오 게임산업을 주도한 기술이기도 하다. 마이크로칩 기술은 이러한 그 응용기술의 영역을 확장시켰고, 비디오 콘솔 제조사들은 그 확장된 영역을 활용하였다. 새로운 세대의 콘솔들은 속도가 더 빠른 마이크로프로세서와 더 높은 해상도를 제공하는 그래픽 프로세서들을 통해 발전되어 나갔다. 예를 들어, Xbox는 733메가헤르츠에서 돌아가는 인텔 마이크로프로세서와 초당 3억 개의 폴리곤(polygon)을 전송해주는 그래픽 프로세서에 의해 작동되었는데, 여기서 사용된 그래픽 프로세서의 성능은 마이크로소프트가 대체하고 싶어 했던 이전 세대의 콘솔인 PS2의 그래픽 프로세서보다 3배 이상 뛰어난 것이었다.[3] Xbox가 출시된 지 4년 후 마이크로소프트는 Xbox 360을 출시했는데, 이것은 3.2기가헤르츠 프로세서를 사용함으로써 5억 개의 폴리곤을 전송할 수 있었다. 이는 3억 개의 폴리곤을 전송하는 Xbox에 비해 훨씬 더 빠른 성능을 제공했다. 소니의 PS3도 3.2기가헤르츠 프로세서와 소니에서 개발한 고용량의 블루레이 DVD 기술을 활용했다.

이러한 기술 혁신의 진전으로 인해 소프트웨어(즉, 게임) 개발자들은 콘솔의 세대가 거듭될 때마다 더욱 실제와 유사한 게임들을 설계할 수 있게 되었고, 그러한 게임들은 이전 세대의 게임들에 비해 주요 게이머들한테 더욱 매력적으로 다가갈 수 있었다. 그러나 이와 같은 기술의 최첨단을 밟아나가는 과정에서 콘솔 제조업체들은 매우 높은 비용을 치러야 했다. 콘솔 제조업체들은 자신들의 콘솔에 전용으로 사용될 수 있는 맞춤화된 칩을 개발하거나, 아니면 시장에서 가장 빠르고 최고의 품질을 가진 칩들을 사용해야 했다. 그 결과 콘솔의 개발 및 생산비용이 너무 커서 제조업체들은 판매에서 손실을 입었지만, 대신 그들은 소프트웨어 판매에 대한 저작권 수입과 부대용품들의 판매를 통해 수익이 발생하기를 희망했다.

실제로 새로운 세대의 콘솔이 나올 때마다 그 콘솔들은 이전 세대에 비해 더욱 뛰어난 기술적 성능과 더욱 실제 같은 이미지들을 제공했고, 주요 게이머들한테 더욱 어필했다. 또한 새로운 세대의 콘솔이 나올 때마다 그 콘솔들은 이전 세대보다 더욱 복잡해졌고, 게임 시간도 더욱 길어졌다. 가상 폭력도 점점 보편화되었다. 더욱이 이러한 다수의 게임들을 하기 위해서는 콘솔의 복잡한 조종 버튼들을 복합적으로 사용하는 방법을 익혀야 했으며, 게임에 관한 많은 노하우와 전문지식이 필요했다.[4] 각각의 새로운 세대의 콘솔들은 이전 세대의 콘솔들을 주요 게이머들이 보기에 기술적으로 진부하고 유행이 지난 것으로 보이도록 만들었다. 게다가 대부분의 게임은 새로운 콘솔에 맞춰 발전되었고, 종종 이전 게임들을 진부한 것으로 만들었다. 또한, 제품 출시 주기 —새로운 세대의 첫 번째 제품이 출시된 시점으로부터 다음 세대의 첫 번째 제품이 출시되기까지의 시간—도 점점 더 짧아졌다.

Wii

닌텐도는 2006년 11월 19일 Wii 비디오 콘솔을 출시했는데, 이 시점은 바로 소니가 PS3 콘솔을 출시했던 11월 11일에서 약 일주일이 막 지났을 때였지만, 마이크로소프트가 Xbox 360을 출시한 시점으로부터는 1년 정도가 지난 시점이었다. Wii는 Xbox 360과 PS3보다 디자인이 더 단순해서, 게임에 오래(몇 시간 또는 며칠씩) 몰두하지 않는 게이머나 기존의 복잡한 콘솔 사용이나 게임에 익숙하지 않은 평범한 또는 과거의 게이머들에게 어필했다.[5] Wii는 조종이 쉬웠고, 게임들은 현실과 다른 세계의 내용이 아니라 현실세계의 내용을 다루었다. 포춘지의 제프리 M. 오브라이언(Jeffrey M. O'Brien)에 따르면, Wii는 Xbox 360과 PS3와는 여러 가지 면에서 달랐다.

> 닌텐도는 많은 공급자들이 제공하는 규격품을 사용했다. 소니는 PS3의 3.2기가헤르츠 '셀' 칩을 공동 개발했으며, 생산은 자신의 공장에서 했다. 닌텐도는 729메가헤르츠 칩을 케이마트에서 구입했다. (설마! 그러나 거의 그렇다!) 닌텐도의 그래픽들은 PS2와 Xbox보다 약간 나았지만, PS3와 Xbox 360에 비해서는 한참 못 미쳤다. 닌텐도는 이러한 방식을 취함으로써, Wii를 미국에서 250달러에 출시할 수 있었고(PS3는 599달러에 그리고 Xbox 360은 399달러에 출시된 것과는 대비됨), 한 개를 팔 때마다 수익이 발생했다.[6]

또한 Wii에는 하드디스크가 없었으며, DVD와 돌비 5.1도 장착되어 있지 않았다. Wii의 비디오 RAM은 24MB였는데, 이는 PS3의 256MB와 Xbox 360의 512MB와 대비된다.

그러나 Wii는 첨단기술력을 가진 경쟁자들이 갖고 있지 못했던 혁신적인 특성들을 가지고 있었다.[7] 그것은 바로 TV 리모컨과 비슷하게 생긴 지팡이 모양의 원격 조종기였는데, 그것은 PS3와 Xbox 360의 버튼이 쫙 깔린 복잡한 조종기와는 대비된다.[8] 이러한 조종기로 인해 게이머는 비디오 게임에 맞춰 자유롭게 이동하거나 움직일 수 있게 되었다. 예를 들어, 게이머는 게임 속의 테니스 라켓이나 골프채를 휘두르기 위해 원격 조종기가 마치 그것들인 양 조종기를 문자 그대로 휘두를 수 있다. 이러한 휘두름은 Wii 프로세서에 의해 원격으로 탐지되고, 게이머는 진짜 테니스나 골프를 하는 것과 같은 느낌으로 운동을 할 수 있다. 이러한 특징을 PS3나 Xbox 360의 경우와 비교해보라. PS3나 Xbox 360을 사용하는 경우, 적시에 이러한 채들을 휘두르기 위해서는 복잡한 버튼들을 복합적으로 정확하게 누를 수 있을 정도로 충분히 숙련되고 알아야 한다. 그러나 Wii를 사용하는 경우에는 이러한 복잡한 이해나 조작 없이, 단지 행동으로 그러한 동작을 게임 속에 실현시킬 수 있었다. 다른 차별화된 특징으로는 Mii를 들 수 있다. Mii는 게이머가 Wii에서 만들어낼 수 있는 디지털 캐릭터이다. 일단 캐릭터가 만들어지면 그 캐릭터는 여러 게임에서 지속적으로 사용될 수 있었다. 게이머는 자신의 성격이나 외모를 비롯하여 다양한 성격과 외모를 취할 수 있었다. 닌텐도의 회장인 사토르 이와타(Saturo Iwata)에 따르면 Wii가 출시되었을 때, 조종에 대한 아이디어와 더 짧고 더 간단한 게임들은 닌텐도의 휴대용 기기인 닌텐도 DS에서 개발되고 테스트되었다는 것이다. 또한, Wii는 DS와 연결될 수 있도록 만들어졌는데, 이는 DS가 Wii에 대한 입력 장치로 사용될 수 있도록 하기 위함이었다.

원격 조종기와 Mii를 넘어서 Wii는 여타의 특징을 가지고 있는데, 그 예로는 게임큐브(GameCube)의 모든 공식적 소프트웨어들과의 하위 호환성 그리고 대기 모드에서 Wii가 뉴스나 기상 등에 관한 정보들을 인터넷을 통해 받아볼 수 있게 해주는 '위커넥트24(WiiConnect24)' 등을 들 수 있다.

Wii의 초기 성공에도 불구하고 일부 주도 업체들은 소니나 마이크로소프트에 대해 상당한 위협이 될 것으로 보지는 않았다. 소니의 미국 컴퓨터 엔터테인먼트의 잭 트레톤(Jack Tretton)은 다음과 같이 언급한 바 있는데, 이러한 내용이 드물게 언급되는 내용은 아니었다.[9]

> 당신은 닌텐도가 이루어낸 것들에 대해 점수를 주어야 합니다. 그러나 당신이 그 산업을 바라본다면, 그 산업이 어떻든지 간에 일반적으로 기술적인 후퇴는 볼 수는 없을 것입니다. Wii는 혁신적이지만 기본적으로 게임큐브를 새로운 용도로 변경시킨 것으로 볼 수 있습니다. 이미 당신이 그동안 사용하던 콘솔을 혁신적인 것으로 새로 교체했다면, 당신은 자신에게 그것이 오래갈 수 있을까라는 질문을 해볼 필요가 있습니다.[10]

마이크로소프트의 투자자들은 Wii가 얼마나 오랫동안 계속해서 인기를 끌지 궁금해했다. 투자자들은 마이크로소프트 대신 닌텐도에 투자하는 것이 바람직했을까? 마이크로소프트는 2001년 비디오 게임 콘솔 시장에 진입했을 때, 왜 닌텐도 방식의 전략을 따르지 않았을까? Wii에 적용된 것과 같은 방식의 전략을 따르기에는 너무 늦었던 것일까?

Wii, Xbox 360, PS3에 대한 추정비용, 도매가, 권장소매가는 사례 표 12.2에서 볼 수 있고, 판매량 추정치는 사례 표 12.3에서 볼 수 있다.

사례 표 12.1 2001년 Xbox의 매출, 비용, 가격에 대한 추정치

	2002	2003	2004	2005	2006
콘솔 추정 판매량(Xbox의 판매 개수)	4	10	11	12	13
콘솔 1개당 소매가($)	299	249	249	249	199
도매가($)	209	174	174	174	139
생산비	350	300	250	250	250
게임 1개당 소매가($)	49	49	49	49	49
게임 1개당 생산비($)	36	36	36	36	36

출처 : Microsoft forecasts and analysts' estimates.

사례 표 12.2 비용, 소매가, 도매가

제품	출시 연도	첫해			두 번째 해 이후		
		비용($)	권장소매가($)	도매가($)	비용($)	권장소매가($)	도매가($)
Xbox 360	2005년	525	399	280	323	399	280
소니 PS3	2006년	806	499	349	496	399	280
닌텐도 Wii	2006년 후반	158.30	249	199	126	200	150

출처 : Company reports. Various sources includinga: R. Ehrenberg (2007). Game console wars II: Nintendo shaves off profits, leaving competition scruffy. Retrieved September 8, 2007, from http://seekingalpha.com/article/34357-game-console-wars-ii-nintendo-shaves-off-profits-leaving-competition-scruff

사례 표 12.3 콘솔 및 게임 판매량 추정치(백만)

	2005	2006	2007	2008	2009	2010
콘솔						
Xbox 360	1.5	8.5	10	10	5	
소니 PS3		2	11	13	13	7
닌텐도 Wii			5.8	14.5	17.4	18.3
게임						
Xbox 360	4.5	25.5	30	30	15	
소니 PS3		6	33	39	39	21
닌텐도 Wii			28.8	66.5	114.3	128.8

출처 . Company and analysts reports. IISBC Global Research. 2007. Nintendo Co. (7974). Telecom, Media &Technology Software. Equity-Japan. July 5, 2007.

주석

1 Video game. (2007). Retrieved December 25, 2007, from http://en.wikipedia.org/wiki/Video_games.

2 Afuah, A. N., & Grimaldi, R. (2003). Architectural innovation and the attacker's advantage from complementary assets: The case of the video game console industry. Working paper. Stephen M. Ross School of Business at the University of Michigan, Ann Arbor, MI.

3 Megahertz is a crude measure of the speed or power of a processor. The higher the megahertz, the faster the processor is supposed to be. The "number of polygons" is a measure of the graphical detail in the resulting images.

4 Playing a different game: Does Nintendo's radical new strategy represent the future of gaming? (2006, October 26). *The Economist.* Gapper, J. (2007, July 13). Video games have rediscovered fun. *Financial Times.*

5 Playing a different game: Does Nintendo's radical new strategy represent the future of gaming? (2006, October 26). *The Economist.* Gapper, J. (2007, July 13). Video games have rediscovered fun. *Financial Times.*

6 O'Brien, J. M. (2007). Wii will rock you. Retrieved December 27, 2007, from www.mutualofamerica.com/articles/Fortune/June%202007/fortune2.asp

7 Turott, P. (2007). Xbox 360 vs. PlayStation 3 vs. Wii: A technical comparison. Retrieved December 27, 2007, from www.winsupersite.com/showcase/Xbox 360_ps3_wii.asp.

8 Gapper, J. (2007, July 13). Video games have rediscovered fun. *Financial Times.*

9 Bird D., Bosco N., Nainwal S., & Park E. (2007). The Nintendo Wii. Working case. Stephen M. Ross School of Business at the University of Michigan, Ann Arbor, MI.

10 O'Brien, J. M. (2007). Wii will rock you. Retrieved January 2, 2008, from http://money.cnn.com/magazines/fortune/fortune_archive/2007/06/11/100083454/index.htm

찾아보기

용어 색인

[ㄱ]

가격결정 모델 10

가상세계 129

가상 제품 396

가상 화폐 396

가치 177

가치 사슬 314

가치 상점 14

가치성 36, 47, 82, 83, 181, 331

가치 제안 227

가치 창출 225, 314

가치 확보 226, 306, 311

간접 효과 210

거래비용 13

검색 비즈니스 47

게토레이 351

경계 연결자 293

경량급 프로젝트 관리자 294

경영논리 267

경쟁등위 207

경쟁세력 모형 237

경쟁열위 207

경쟁우위 206

경쟁 포지셔닝 관점 57

경제 지대 255

계획생산 모델 42

고가재 263

고객 가치 제안 6, 18, 79, 99, 129, 135, 158

고밀도지질단백질 428

고투닷컴 258

골드코프 3, 89

곰 316

관계 역량 126, 198

관상동맥 428

관상동맥질환 457

구글 17, 46, 67, 258

구글 검색 비즈니스 51

구글 검색엔진 48

구글 월렛 342

구글의 검색 비즈니스 모델 48, 49

구글의 검색 비즈니스 수익 모델 50

구글의 광고 모델 9

규모의 경제 253

그루폰 머천츠 343

근거리자기장통신(NFC) 칩 342

글라소 349

글라소 스마트워터 350

글로벌 노브랜드 전략 329

글로벌 스타 전략 328

글로벌 전략 유형 326

글로벌 탐험가 전략 326
글로벌 헤비급 전략 328
글로벌화 316, 311
기능 구조 284
기술 혁신 319

[ㄴ]

낚시 가격 정책 212
네슬레 323
네트워크 구조 210, 287
네트워크 외부성 256
네트워크 효과 126, 209, 256
넷플릭스 42, 362, 379
뉴 벨지움 464, 465
뉴 벨지움 브루어리(NBB) 463
뉴스 코퍼레이션 371
뉴트리워터 356
닌텐도 5, 147, 471

[ㄷ]

다국적 글로벌 기업 318
다국적 기업 317
다국적 역량 기업 317
다국적 자원 기업 317
다국적 포지션 기업 317
다면 시장 9
다운튼 애비 378
다측면 네트워크 139
달리기 전략 12, 204
대리인 비용 225
더 비디오 스테이션 363

던전스 앤 드래곤스 394
델 17, 199, 207, 264
도전형 크라우드소싱 92
동맥경화증 428
동적 역량 관점 58
디즈니 12, 259, 371, 447
디지털 지갑 341

[ㄹ]

라따뚜이 445
라이언에어 10, 152, 229
라이프워터 356, 358
레드박스 372
레드오션 160
레스이즈모어 혁신물(LIMI) 147
렌더맨 449
로쿠 370
롤플레잉 게임(MMORPG) 394
롱테일 67, 106
롱테일 분포 71, 79
루카스필름 446
룩소 2세 450
리니지 394
리드의 법칙 210
리복 354
리서치 인 모션 345
리피토 4, 199, 427, 457
릴리해머 379
링미스디 449

[　　　　　　　　　■　　　　　　　　　]

마리오네트 449

마이크로블로그 123

마이크로소프트 5, 202, 471

마피아 워즈 398

매트릭스 구조 285

맥도날드 146, 244

머드(MUD) 게임 394

머천트 커스터머 익스체인지 342

머크 432

메바코 432

메인프레임 173

멧칼프의 법칙 210

면도기-면도날 수익 모델 17, 81

모방가능성 200

모방불가성 36, 83, 203, 331

모어이즈베터 혁신물(MIBI) 149

몹 워즈 398

못말리는 패밀리 379

무알코올 음료 351

무형물 196

무형적 자산 196

무형적 자원 196, 213

문지기 111, 293

미국 식품의약국(FDA) 431

미국의학협회(AMA) 410

미니컴퓨터 173

미니트클리닉 411

미투 242

밀러 브루잉 컴퍼니 201

[　　　　　　　　　ㅂ　　　　　　　　　]

발명 역량 198

배틀그라운드 379

뱅크 오브 아메리카 344

버거킹 146

버드와이저 201

벅스 라이프 452

벌 314

보완업자 8

보완적 역량 198, 260

보완적 자산 12, 113, 198, 271

보완제품 213

보잉 40, 328

보톡스 53, 71, 236

브리스톨마이어스 스큅(BMS) 433

블로그 123

블록버스터 비디오 363

블록버스터 온라인 366

블록버스터 익스프레스 372

블록버스터 토털 액세스 368

블루오션 전략 160

블리자드 엔터테인먼트 394

비디오 게임 397

비디오 스트리밍 산업 380

비버 315

비영리 조직 57

비영리 조직의 비즈니스 모델 26

비오리지널 377

비즈니스 모델 4, 226, 283

비즈니스 모델 발견 프로세스 23, 46

비즈니스 모델에 대한 초상화 46

비즈니스 모델의 구성요소 6
비즈니스 모델의 잠재적 수익성 36, 56
비즈니스 모델 초상화 23, 25
비즈니스 모델 혁신 4, 52, 281, 331
비타민워터 349
비타민워터 제로 355

[　　　　　　ㅅ　　　　　　]

사업 계획 16
사업부제 구조 285
사우스웨스트 항공 146
사회적 자본 133, 198
산업 생태계 22
생명공학 431
생산비용 13
석영 시계 418
석유산업 306
선 마이크로시스템즈 268
선발주자 254, 256
선발주자 난점 265, 272
선발주자 이점 252, 271
선점 효과 175, 182, 188
성장 모델 7, 102, 229
세분 시장 6, 79, 135, 227
세이코 코퍼레이션 418
소니 5
소베 358
소셜 122
소셜 게임 394, 396, 397
소셜 네트워크 지원 구조 286
소셜 네트워킹 126

소셜 미디어 121
소셜 북마킹 126
소액금융 74
소형진료소 407
숏헤드 66
수요 가격 탄력성 311
수요자 90, 101
수익 모델 7, 79, 135, 228
수익성 36, 83, 331
수익 원천 100
수제 맥주 464
수출 보조금 312
슈퍼스타 240
스레드리스 4, 130, 389
스와치 417
스와치 콜렉터 클럽 421
스위스 시계 418
스카이프 167
스퀘어 338
스퀘어 레지스터 339
스퀘어 월렛 341
스키니코프 392
스키밍 55
스키밍 전략 81
스키밍 가격 전략 55
스타워즈 446
스타트업 187, 188
스타틴 429, 457
스텐드 429
스트림픽스 380
스포츠 드링크 351

스폰서 광고 51
승자의 법칙 52
시네매치 364
시장-공략형 프로젝트 조직단위 297
시합 기반 크라우드소싱 93, 96, 100

[　　　　　　　ㅇ　　　　　　　]

아마존 369, 378, 379
아마존 인스턴트 비디오 스토어 375
아마존 프라임 인스턴트 비디오 375
아메리칸 홈 프로덕츠 코퍼레이션 439
아스트라제네카 433
아이튠즈 78, 84, 85, 86
아이튠즈 뮤직 스토어 77
아이튠즈 비즈니스 모델 79, 82
아이튠즈 비즈니스 모델 초상화 79
아이튠즈 스토어 78, 369
아이튠즈에 대한 잠재적 수익성 평가 83
아이팟 12
아이패드 12, 374
아이폰 12, 221
아쿠아피나 에센셜즈 356
안드로이드 폰 342
애플 12, 85, 147, 371
애플 TV 374
애플 컴퓨터 448
앱 스토어 78
약제 발견 441
양면 9
어 데이 인 더 라이프 379
어도비 아크로뱃 209

언더 더 돔 378
언박스 스토어 369
에너지 브랜즈 350
에버퀘스트 394
에스페리온 테라퓨틱스 427
에어버스 196, 329
엘러간 53, 237
여우 315
역량 7, 195, 229
역량-구축 비즈니스 모델 혁신 2, 298
역포지셔닝 전략 162
역혁신물 157
오리지널 콘텐츠 377, 379
오버추어 258
오픈 소스형 크라우드소싱 93
오픈 이노베이션 90, 109
온라인 케어 413
와치 나우 369
워너램버트 427, 458
월간 활성 사용자(MAU) 398
월드 오브 워크래프트 394
월마트 13, 73, 366
위키 127
위키피디아 91
유보가격 9, 228
유형적 자원 196
은행간 자동결제(ACH) 341
이노센티브 98, 105
이베이 22, 211
이온음료 352
이중 네트워크 211

인스톨드 베이스 214, 256
인텔 12, 204, 318
임상 제1상 시험 442
임상 제2상 시험 442
임상 제3상 시험 442
임상 제4상 시험 442

[ㅈ]

자산 14
자원 14, 135, 196
자원 기반 경쟁우위 330
잠재적 수익성 평가 82
잠행 포지셔닝 전략 162
저밀도지질단백질(LDL) 428
적응성 36, 181, 331
전략적 포지셔닝 관점 57
전임상 연구 441
전환비용 50, 263
정보 여과장치 111
제너럴 일렉트릭 241
제넨테크 15
제록스 5, 197, 239
제품-공략형 프로젝트 조직단위 298
제품-시장-포지션(PMP) 324, 325
제품-시장-포지션 관점 57
제품 혁신 전략 244
조직문화 260, 290
조직 시스템 288
조직의 구조 283
조직적 자원 196
조코 432

주문생산모델 42
주문형 비디오 370
중개자 101
지멘스 241
지배논리 268
지배적 경영논리 267, 291
지속가능 기술 175
지식 유입 110
지식 유출 112
지적자산 258
직접 효과 209
징가 393

[ㅊ]

차단 전략 11, 133, 203
챔피언 292
철회 불가능한 투자 262
침투 가격 정책 212

[ㅋ]

카드 케이스 341
컴캐스트 371
컴팩 42, 207, 269
컴퓨터 애니메이션 447
코닥 10, 42
코인스타 373
코카콜라 196, 241
콘솔 474
콘텐츠 377
콜레스테롤 428
콜레스테롤 저하제 429

콩가 450

퀄컴 259

퀘이커 오츠 351

크라우드소싱 89, 197

크라우드소싱의 단점 98

크라우드소싱의 장점 96

크라우드펀딩 91

클릭당 비용(CPC) 51

클릭당 지불(PPC) 51

[　　　　　　　E　　　　　　　]

타타 모터스 148

탈피 포지셔닝 전략 162

탐색자 239

탐색재 264

텍사스 홀덤 395

토이 스토리 452

트론 447

트위터 123, 146

트위터의 비즈니스 모델에 대한 초상화 135

트윗 123

티스 모델 200

틴 토이 450

팀 구축 전략 12, 133, 202

[　　　　　　　Ⅱ　　　　　　　]

파괴적 기술 161

파괴적 기술/혁신물 172

파괴적 기술 모델 169, 186

파괴적 기술 모델의 단점 179

파괴적 기술의 유형 184

파괴적 기술 프레임워크의 유용성 176

파괴적 혁신물 178

파레토의 법칙 363

파워에이드 352

파이저 4, 427, 457

팔로우당 비용(CPF) 138

팜빌 393

팜 타운 399

팰로앨토 연구소 239

팻 타이어 464

페이스북 89, 400

페이스북 크레디츠 401

페이스북 플랫폼 395

페이팔 히어 342

펩시콜라 241

평범한 비즈니스 모델 혁신 19, 295

포스터의 S-커브 170

포지션-구축 비즈니스 모델 혁신 21

폭스 TV 371

푸르트워터 350

프로세스 177, 288

프로젝트 관리자 293

프로젝트 그리핀 370

프로펠 피트니스 워터 352

프리미엄 수익 모델 132

플레이돔 401

플레이버크리에이터 357

플레이스테이션 472

플리커 90

픽사 12, 259, 451, 454

픽사비전 449

픽사 애니메이션 445

[**ㅎ**]

하우스 오브 카드 379

항동맥경화제 433

해결자 90, 101

헤비급 프로젝트 관리자 293

혁명적 비즈니스 모델 혁신 21, 296

혁신 4, 198

혁신물 71, 207

혈관확장술 429

협력경쟁자 12

협력 기반 크라우드소싱 93

혼다 41, 327

홀 푸드 마켓 74

활동 14, 135, 197

활용자 240

후발주자 254

후발주자 전략 268

후원 광고 모델 17

후원자 292

훌루 371

훌루 플러스 374

흡수 역량 110

희소성 36, 84, 182, 331

[**기타**]

ASUAG 420

B2C 211

BS^{2}PE 프레임워크 283

C2C 211

CAT 스캔 201

CVS 케어마크 코퍼레이션 411

DVD 363

ETC-216 434, 440

IBM 212, 282, 297

LIMI 150

LIMI의 단점 154

LIMI의 전략적 이점 151

MCX 343

Mii 475

NBC 유니버설 371

NIHS 95

PC 173

PMP 기반 경쟁우위 329

PESTN 분석 186

PS3 471, 473

RC 콜라 201

SSIH 420

S-커브 170

VARIM 모델 25, 82

VARIM 분석 86

VARIM 프레임워크 36, 56, 205, 331

VARIM 프레임워크의 요소 37

VOIP 기술 167

VRIO 프레임워크 57

Wii 5, 41, 145, 471, 474

Xbox 471, 472

3D 그래픽 449

50 센트 354

👤 인명 색인

[　　　　　　　　ㄱ　　　　　　　　]

김위찬 160

[　　　　　　　　ㄴ　　　　　　　　]

네빌 이스델(E. Neville Isdell) 356
니콜라스 조지 하이예크(Nicolas George
　　Hayek) 417

[　　　　　　　　ㄷ　　　　　　　　]

다리우스 비코프(J. Darius Bikoff) 350
댄 레빈탈(Dan Levinthal) 110
데이비드 티스(David Teece) 199

[　　　　　　　　ㄹ　　　　　　　　]

로간 라하이브(Logan LaHive) 345
로저 뉴턴(Roger Newton) 427
로한 오자(Rohan Oza) 353
르네 마보안(Reneé Mauborgne) 160
리드 헤이스팅스(Reed Hastings) 362
릭 크리거(Rick Krieger) 411

[　　　　　　　　ㅁ　　　　　　　　]

마이클 포터(Michael Porter) 58
마크 랜돌프(Marc Randolph) 363
마크 핀커스(Mark Pincus) 395
문영미 162

[　　　　　　　　ㅅ　　　　　　　　]

스티브 잡스(Steve Jobs) 13, 448

[　　　　　　　　ㅇ　　　　　　　　]

앤디 그로브(Andy Grove) 52

에드 캣멀(Ed Catmull) 445
에릭 폰 히펠(Eric von Hippel) 73
웨슬리 코헨(Wesley Cohen) 110

[　　　　　　　　ㅈ　　　　　　　　]

잭 도시(Jack Dorsey) 337
제이콥 디하트(Jacob DeHart) 389
제이크 니켈(Jake Nickell) 389
제프 리베시(Jeff Lebesch) 463
조셉 슘페터(Joseph Schumpeter) 185
조지 루카스(George Lucas) 446
존 라세터(John Lasseter) 447
짐 맥켈비(Jim McKelvey) 337
짐 키즈(Jim Keyes) 372

[　　　　　　　　ㅊ　　　　　　　　]

체이스 페이먼테크(Chase Paymentech) 346

[　　　　　　　　ㅋ　　　　　　　　]

크리스 앤더슨(Chris Anderson) 67
클라이너 퍼킨스(Kleiner Perkins) 15
클레이튼 크리스텐슨(Clayton Christensen)
　　161
키스 라보이스(Keith Rabois) 345
킴 조딘(Kim Jordan) 463

[　　　　　　　　ㅌ　　　　　　　　]

톰 벨(Tom Bell) 344

[　　　　　　　　ㅎ　　　　　　　　]

헨리 체스브로(Henry Chesbrough) 109
힐 퍼거슨(Hill Ferguson) 343

저자 소개

Allan Afuah

MIT에서 박사학위를 취득하고, 현재 미시건대학교의 로스 비즈니스 스쿨에서 전략 분야의 부교수로 재직 중이다. Afuah 교수는 2012년 *Academy of Management Review*(AMR)에 발표한 '원거리 탐색에 대한 해결책으로서의 크라우드소싱(*Crowdsourcing as a solution to distant search*)' 논문으로 최우수 논문상을 수상한 바 있는데, 이 논문은 Christopher Tucci와의 공동연구로 작성되었다. AMR은 전세계 172개의 경영관리 학술지와 116개의 비즈니스 학술지, 두 분야에서 모두 1위를 차지하고 있는 유명 학술지이다.

역자 소개

서우종(wjsuh@inha.ac.kr)
인하대학교 경영학과 교수
연세대학교 상경대학 응용통계학과 졸업
연세대학교 석사(응용통계 전공)
KAIST 박사(경영정보 전공)
PricewaterhouseCoopers(PwC) 컨설턴트 및
  포스코경영연구소(POSRI) 연구위원 역임